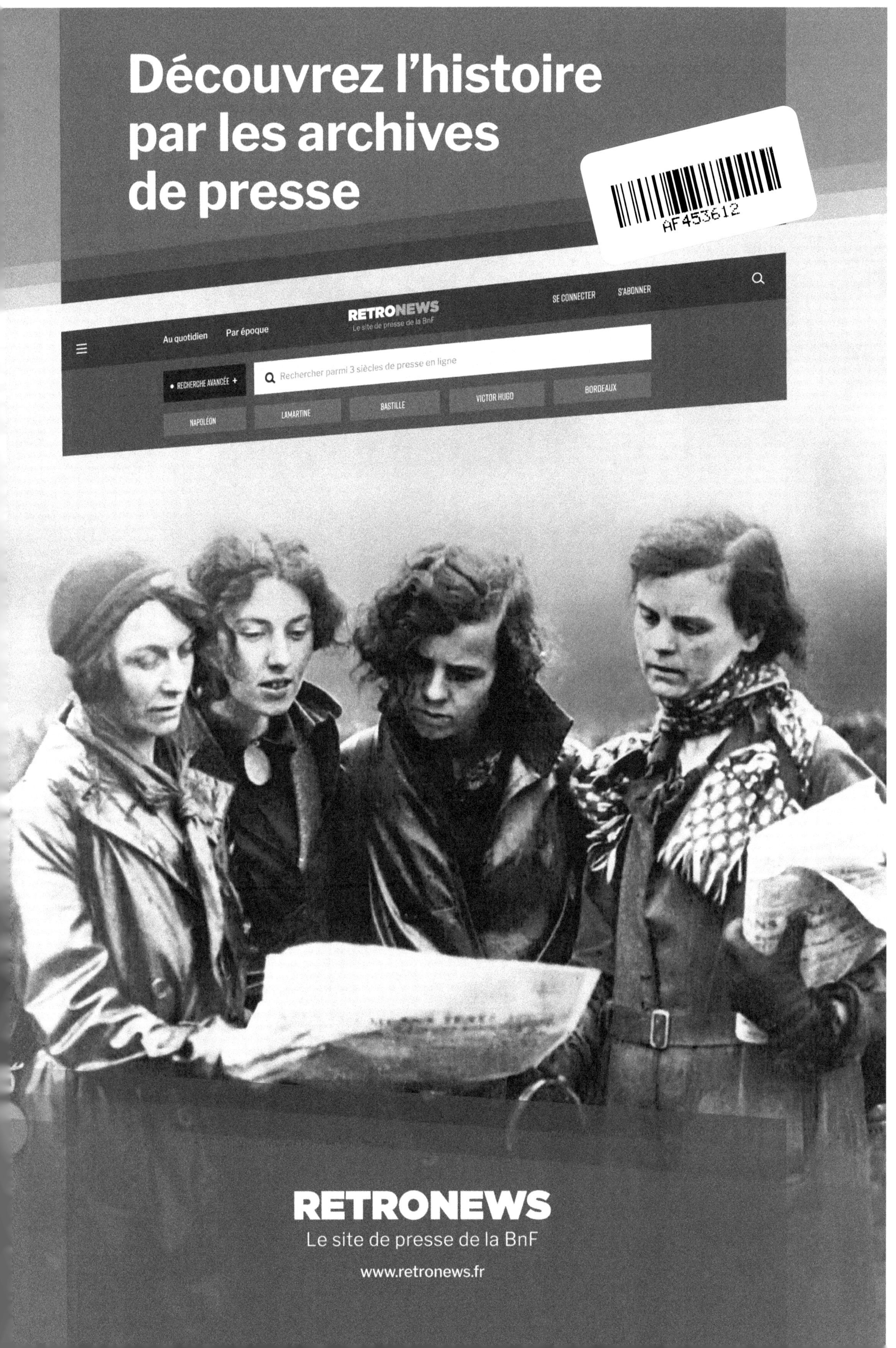

Découvrez l'histoire par les archives de presse

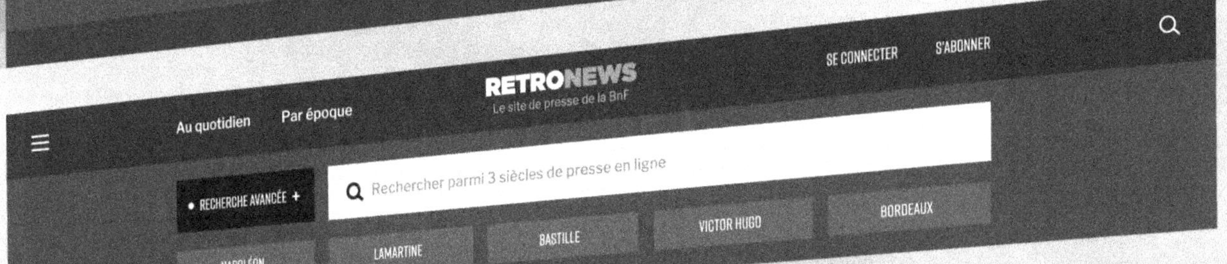

RETRONEWS

Le site de presse de la BnF

www.retronews.fr

LA VIE ARTISTIQUE

1888

DEUXIÈME ANNÉE

COMPIÈGNE. — IMPRIMERIE HENRY LEFEBVRE

31, Rue Solferino, 31.

LA VIE ARTISTIQUE

COURRIER HEBDOMADAIRE ILLUSTRÉ

DES ATELIERS ET DES EXPOSITIONS

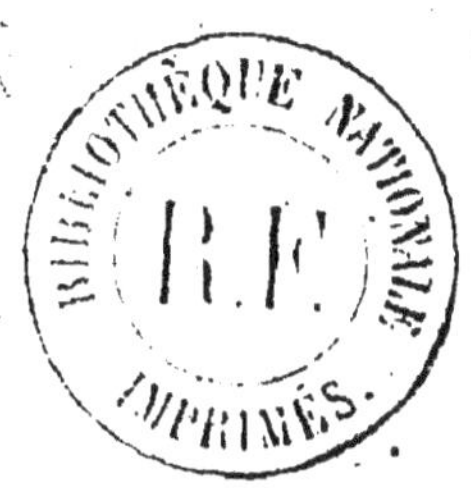

1888

LA VIE ARTISTIQUE

COURRIER HEBDOMADAIRE ILLUSTRÉ

Des Ateliers, des Expositions & des Théâtres

BUREAUX A PARIS	DIMANCHE 8 JANVIER 1888	ABONNEMENTS
42, Rue de Chabrol, 42	N° 1	Un An : DIX FRANCS

SOCIÉTÉ LIBRE DES BEAUX-ARTS

A Monsieur Louis Ulbach.

Dans un article généreux et élevé, monsieur, paru dans le journal *Paris*, le 23 décembre, sous le titre : *Les individualités souffrantes*, vous plaidez la cause des talents qui restent souvent si longtemps inconnus quand ils ne le demeurent pas toujours, et vous écrivez :

« Est-il chimérique de souhaiter pour les écrivains une sorte de conseil supérieur, comme il en existe dans les Sociétés d'ingénieurs et d'industriels, pour prendre connaissance de la première œuvre d'un inconnu ? Pour l'encourager et l'aider même pécuniairement ? »

Plus loin, vous formulez cette pensée :

« Il est très bon de songer aux recrues. »

Pour l'amour du prochain, monsieur, j'aurais voulu que tous ceux qui ont lu votre article eussent éprouvé en le lisant la même joie que moi-même. Il paraît alors que depuis des semaines je travaille à mettre en pratique précisément l'idée qu'il exprime. Voilà des mois qu'elle me poursuit, cette idée ; j'ai l'ardente conviction qu'elle est utile, qu'elle est belle, qu'elle va donner naissance à une œuvre qui durera et sera féconde. Fort de la foi que j'ai en elle — on est très fort quand on veut une chose — j'en ai parlé à plusieurs reprises dans la *Vie artistique*, j'en ai entretenu mes camarades, et même ceux qui ne l'étaient pas, j'ai organisé, pour la soutenir, plusieurs réunions d'amis, chez moi et dans l'atelier de Roll, partout j'ai rencontré de l'enthousiasme et reçu des adhésions. Si, jusqu'ici, je n'ai pas encore saisi la publicité de mon projet, c'est que je le voulais au préalable armé de statuts, condensé dans un règlement, prêt à l'application immédiate.

Mais une circonstance fortuite, le legs de Mme Boucicaut à la Société des gens de lettres, vous a inspiré un article qui contient la substance même de mon programme et confirme sa raison d'être. Je ne veux plus attendre ; et profitant de l'occasion que me donnent l'autorité de votre nom, la notoriété de votre grand talent, je saisis votre pensée au vol, j'y attache mon projet, afin qu'ils prennent leur essor ensemble, et soyez remercié !

**

« Plus que personne, je m'incline avec une « respectueuse émotion devant la vieillesse malheureuse, je regrette qu'on ne puisse faire pour « elle plus qu'on ne fait en réalité. La charité « est chose sublime ; mais si le passé a droit à « des aumônes, le présent qui vit, qui lutte, qui « se débat, n'est-il donc digne que de nos indifférences ? — Le talent jeune c'est l'espoir, c'est « l'avenir, c'est le jour qui luira demain, c'est « une gloire de plus dont va rayonner notre art « national ; l'entourer de notre sollicitude est « un devoir et un devoir aussi sacré que de manifester notre reconnaissance envers des « hommes que l'âge, que la maladie, ces fatalités, ont rendus impuissants ou infirmes. »

J'écrivais cela, il y a quinze jours environ ; et il s'agissait non-seulement des peintres, des sculpteurs, des graveurs ou des architectes, mais encore des musiciens et des gens de lettres : journalistes, romanciers, auteurs dramatiques. Créer une grande Société non *de secours*, mais *d'encouragement*, ouverte à tous ceux qui vivent de la pensée et du cerveau, tel était, tel est le principe.

En somme, qu'a-t-on fait jusqu'à présent pour

les artistes littérateurs ou les artistes plastiques ? On a organisé des masses de secours mutuels en faveur des incapacités de travail. Rien de plus ; songez-y : on a oublié les militants au combat.

Quand vous avez donné quelques centaines de francs de rente à un pauvre diable d'écrivain paralysé, quand nous avons voté une pension de retraite à un peintre devenu aveugle (alors que l'un et l'autre, d'ailleurs, étant sociétaires, avaient versé, pendant de longues années, une cotisation qui leur garantissait un droit) nous avons rendu hommage à la misère, soit; mais en quoi avons-nous servi l'art français ?

Au cours de l'exécution de toute œuvre d'art, il y a pour l'auteur sans ressources pécuniaires une phase douloureuse : l'intervalle entre la conception première et l'achèvement. Il faut manger. Le romancier doit être débarrassé de la nécessité de recourir au reportage ; le compositeur doit échapper aux leçons de piano à 1 franc le cachet ; le peintre a besoin de modèles.

Nous serons là.

Ce n'est pas tout. L'œuvre terminée que sera-t-elle, si elle n'est mise en lumière, présentée à l'intérêt, aux admirations du public ? Le peintre, le sculpteur ont les expositions annuelles. Le littérateur, le musicien sont privés de ces moyens de se manifester. Le devoir est de faire connaître ceux-ci, comme de soustraire ceux-là au despotisme des coteries puissantes.

Nous serons là encore.

*
* *

Vous craigniez, Monsieur, en jetant la semence de votre idée « d'être accusé d'utopie. » Que va-t-on dire de moi, qui, sans avoir l'influence d'une personnalité telle que la vôtre, ne crains pas d'élargir l'horizon et ai l'audace de vouloir renverser la barrière — qui ne doit pas exister d'ailleurs — entre l'art littéraire et l'art plastique ?

Mais si vous saviez quelle conviction est la mienne, combien je voudrais la faire passer dans l'esprit de ceux qui m'entendent — et j'y parviendrai, je vous le jure ! — si vous saviez comme je suis décidé à me jeter à corps perdu à la poursuite de mon projet, à l'étreindre, à le faire entrer de gré ou de force dans la réalité, vous apprécieriez mes efforts... Quelque chose me dit que c'est ce que vous allez faire.

« La conception est séduisante en elle-même, répondra-t-on, mais comment lui donner une forme pratique ? C'est une entreprise considérable. » Je le sais bien.

« Comment appliquer le principe ? »

L'application ? je vais vous l'exposer.

Nous aurons d'abord des sociétaires en nombre illimité ; la cotisation sera de peu d'importance, c'est là le plus sûr moyen d'en obtenir en grand nombre. Un comité composé, je suppose, de quatre-vingts membres, gèrera les affaires de la Société et comprendra deux sections égales, l'une pour la littérature, l'autre pour les arts plastiques et la musique. Chaque section sera divisée en autant de groupes qu'il y aura de genres distincts, peinture, sculpture, gravure, architecture, musique d'un côté, roman, art dramatique, critique, journalisme de l'autre. Les deux sections délibéreront séparément sur les encouragements sollicités auprès de chacune d'elles ou à proposer par chacune d'elles. Le comité, réuni en séance plénière, et consacrant ce principe vrai de l'unité de l'art, statuera en dernier ressort sur les propositions qui lui seront soumises.

Son action s'exercera de deux manières, soit par l'appui de son influence qui grandira et ne peut manquer de devenir considérable, soit par allocations en espèces.

Je prends deux exemples :

Un jeune écrivain, un musicien inconnu encore, nous apportent l'un un roman, l'autre un opéra : ils ont du mérite mais pas de relations. — Dieu sait si j'invente ici d'invraisemblables hypothèses ! — Les commissions spéciales examinent les envois, et après avis favorable, après certitude que l'œuvre révèle un talent, le comité agit, auprès soit d'un directeur de théâtre, soit d'un éditeur, qui, d'ailleurs, vraisemblablement, feront tous deux partie de la Société.

Un paysagiste se trouve-t-il dans l'impossibilité, faute de fonds, de quitter la capitale, la belle saison venue ? un sculpteur n'a-t-il pas en poche de quoi faire les frais d'un moulage ? la Société, vérification faite de la valeur de l'artiste ou de l'œuvre, donne à l'un la clef des champs, à l'autre la joie de voir sa statue dans la blancheur du plâtre.

Vous me ferez grâce, n'est-ce pas ? d'entrer pour le surplus dans tous les détails d'un mécanisme que l'usage seul peut ajuster de toutes pièces.

Mais ici, une grave question va m'être posée ; il y a toujours des sceptiques, d'ailleurs il en faut.

Et l'argent ? me répliquera-t-on ; comment vous procurerez-vous tout l'argent qu'il faudra ? Ah ! je ne suis nullement embarrassé pour répondre.

Oublierait-on par hasard que nous serons toute la force intellectuelle de l'art français ? que nous unirons dans un admirable faisceau les puissances vives de l'esprit national ? et qu'une partie de la fortune du pays est employée à des dépenses dont l'art est le prétexte ? Hésite-t-on à aller au théâtre voir des pièces à succès, quel que soit le prix de la location ? Ne court-on pas les expositions ? N'acquiert-on pas, à des prix fabuleux, des tableaux signés d'artistes en vogue ? Dans ce goût du public, nous avons un levier dont on saura se servir.

Ce sont là des phrases ? Je veux bien. Précisons alors des faits à prévoir. Il est évident que les cotisations — quoique nous ne devions pas servir de pensions — ne sauraient suffire à entretenir l'œuvre dans son rôle d'utilité féconde. Mais n'a-t-on pas le droit de compter, dès à présent, sur d'autres ressources ?

Les maîtres de littérature contemporaine ne se refuseront pas à nous donner, au moins à tour de rôle, une nouvelle, un article, une étude qu'on réunira pour composer un volume qui, publié à bon compte par un éditeur, sera vendu au profit de la Société.

Ne pourra-t-on pas organiser des expositions, des soirées dramatiques ou musicales, des tombolas, de ces ventes où les dames du monde révèlent de si admirables instincts de commerce ?... Et nous aurons la presse, toute la presse pour propager notre œuvre, la faire connaître, l'aider dans ses tentatives, proclamer ses succès, intéresser le public à sa prospérité.

N'y aura-t-il plus par hasard de ces Mécènes, de ces possesseurs de grande fortune dont c'est la joie d'apparaître comme des protecteurs de l'art ?

Et puis, la Société constituée pourra un peu compter sur elle-même, sur les revenus de ses bienfaits. Aura-t-elle réussi, en encourageant de ses deniers la bonne volonté d'un directeur, à faire voir les feux de la rampe à une pièce de théâtre pendant cent représentations, à faire acquérir une toile ou une statue, ne pourra-t-elle pas, le cas échéant, rentrer dans ses déboursés, voire même accepter une petite part des bénéfices, offerte en manière de reconnaissance ?

Pourquoi ce titre de *Société libre des Beaux-Arts* ? demandera-t-on encore. Ce n'est pas moi qui l'ai inventé. Il existe : il est la propriété officiellement reconnue de cette Société qui, fondée il y a cinquante-huit ans, a eu des heures brillantes : elle a été reçue, en 1830, par le roi, en audience solennelle avant l'Académie des Beaux-Arts ! Prise d'un commencement de léthargie, il fallait la secouer et lui infuser un sang nouveau. C'est à elle que je dois d'avoir trouvé le projet dont je viens d'avoir l'honneur de vous entretenir.

Ah ! monsieur, quelle belle chose nous allons faire ! Je dis nous, parce que je compte, n'est-ce pas ? sur votre concours efficace. Si vous doutiez encore du succès, hâtez-vous de vous convertir, car l'œuvre va se faire. Que dis-je ? elle est faite. Je la vois ainsi, non en halluciné, mais en homme qui croit, qui veut, et est prêt, sans phrases, à y consacrer sa vie toute entière.

Roger BALLU.

NOMINATIONS DANS LA LÉGION D'HONNEUR

A l'occasion du 1er janvier, les artistes dont les noms suivent ont été promus ou nommés dans l'ordre de la Légion d'honneur :

Officiers. — MM. Kaempfen Albert, directeur des musées nationaux et de l'école du Louvre, ancien directeur des Beaux-arts ; Massenet Jules-Emile-Frédéric, membre de l'Institut, compositeur de musique, professeur de composition au Conservatoire.

Chevaliers. — MM. Rodin Auguste, sculpteur ; médaille 3e classe 1880. — Boucher Alfred, sculpteur ; médailles : 3e classe 1874, 2e classe 1878, 1re classe 1886, prix du Salon 1887. — Besnard Paul-Albert, peintre ; prix de Rome 1874, médailles : 3e classe 1874, 2e classe 1880. — Clairin Georges-Jules-Victor, peintre ; médailles : 3e classe 1882, 2e classe 1885. — Paulin Edmond-Jean-Baptiste, architecte, inspecteur des bâtiments civils ; prix de Rome 1875, médaille 1re classe 1880, médaille d'honneur 1882.

LA GALERIE DES PORTRAITS D'ARTISTES

Nous avons signalé l'intention de M. Castagnary, directeur des beaux-arts, de créer une galerie des portraits des grands peintres français. Dans un rapport qu'il adresse au ministre M. Castagnary dit :

On avait conçu l'idée d'une vaste collection de portraits rassemblée dans une galerie appropriée, c'est-à-dire agencée à la moderne, avec éclairage par en haut et ornementation luxuriante courant dans les voussures supérieures. Un tel projet eût exigé des centaines de mille francs. On s'était arrêté devant le chiffre de la dépense, et l'on n'avait rien fait.

Il m'a semblé qu'avec moins d'ambition et plus d'esprit pratique il était possible de réaliser la pensée commune. Mais, pour aboutir, il fallait savoir se borner. Que demandait, en somme, l'opinion ? Que l'institution fût fondée. Son développement se ferait ensuite sans effort, par le laps même du temps et l'effet des sympathies qui ne manqueraient pas de lui advenir. L'essentiel était de commencer, de créer un noyau suffisant pour éveiller l'intérêt du public et déterminer les dons des amis des arts. Si plus tard, un agrandissement de local devenait nécessaire, ceux qui nous succèderont trouveraient bien les moyens d'y parer et de loger convenablement une collection devenue inappréciable aux yeux de tous.

Ecartant donc résolument tout parti pris de dépense,

nous avons, mes collaborateurs et moi, choisi la moins mauvaise des salles disponibles ; nous y avons rangé les portraits d'artistes peints (par eux-mêmes ou par leurs contemporains) que possédait le Louvre, Versailles, le Luxembourg et l'Ecole des beaux-arts. Aujourd'hui, la salle des portraits existe et le public va être admis dans quelques jours à la visiter.

Il restait toutefois à résoudre une question délicate, celle de savoir si l'on admettrait dans cette galerie des portraits d'artistes vivants.

M. Castagnary s'explique ainsi sur cette question :

Je n'hésite pas à me prononcer pour l'affirmative. D'abord, il ne faut pas douter que la présence des célébrités contemporaines, françaises et étrangères, n'ajoute un vif attrait de curiosité à tous ceux qui attireront le public dans la salle en formation. A un point de vue supérieur, un musée de portraits doit être comme un livre ouvert, ouvert à toutes les gloires et perpétuellement tenu à jour. Si nous ne recueillons pas de leur vivant les images de nos grands artistes, nous aurons peu de chance de les retrouver après leur mort, et la chaîne de leur histoire se trouvera interrompue, comme elle l'a été si souvent hélas ! dans le passé.

M. Castagnary, pour compléter sa création, a décidé d'inviter les sculpteurs à donner d'eux-mêmes des médaillons ou des bustes qui trouveraient également place dans la salle des portraits. Ici, le passé ne nous a presque rien légué : tout est à créer ; mais les œuvres qu'on recueillera formeront l'embryon d'une section nouvelle qui ajoutera un intérêt spécial à notre musée de portraits, le rendra dans l'avenir plus complet, et, partant, plus curieux qu'aucun autre.

Le ministre a approuvé le projet de M. Castagnary et, en conséquence, il a pris l'arrêté suivant :

Article premier. — La salle des portraits, fondée au musée du Louvre, comprend : pour le passé, les portraits d'artistes peints par eux-mêmes ou par leurs contemporains ; pour le présent, les portraits, bustes ou médaillons d'artistes, exécutés par eux-mêmes.

Art. 2. — Une commission consultative, instituée auprès de la direction des beaux-arts, sera chargée de proposer au ministre les noms des artistes vivants qui, à raison de leur notoriété, pourront être invités à offrir leurs portraits, bustes ou médaillons.

Art. 3. — Cette commission est composée de :

MM.

Le directeur des beaux-arts, président ;
Le directeur des musées nationaux, vice-président ;
Le conservateur du département de la sculpture au même musée ;
Le conservateur du musée du Luxembourg ;
Le conservateur du département de la peinture et des dessins au musée du Louvre ;
Le président de l'Académie des beaux-arts ;
Le président de la Société des artistes français ;
Henri Havard, inspecteur des beaux-arts ;
Charles Yriarte, inspecteur des beaux-arts ;
André Michel, critique d'art ;
Fourcaud, critique d'art ;
Gonse, directeur de la *Gazette des beaux-arts* ;
Véron, directeur du journal *l'Art*.

LE COMITÉ DES 90

Le comité des 90, chargé d'administrer les intérêts de la Société des artistes français pendant les années 1888, 1889 et 1890 s'est réuni lundi, à une heure, au Palais de l'Industrie, sous la présidence de M. Bailly, doyen d'âge, pour constituer son bureau et procéder ensuite à la validation des élections du 22 décembre 1887.

ÉLECTION DU BUREAU

Ont été élus membres du bureau, à l'unanimité et par acclamation :
Président : M. Bailly ;
Vice-présidents : MM. Guillaume et Bouguereau ;
Secrétaire-rapporteur : M. Tony Robert-Fleury ;
Secrétaires : MM. de Vuillefroy (peinture) : Thomas (sculpture) ; Garnier (architecture) : J. Jacquet (gravure).
Trésorier : M. Daumet.

SOUS-COMITÉ D'ADMINISTRATION

Il a été procédé ensuite au vote pour l'élection du sous-comité d'administration qui est ainsi composé :
MM. Bernier, Bonnat, Busson, Cabanel, Hector Le Roux, Albert Meignan, Yon, Guillemet, Humbert, Jules Lefebvre (section de peinture) ; Etienne Leroux, Cuvelier, Boisseau, Guilbert (section de sculpture) ; Boeswilwald et Questel (section d'architecture) ; Waltner, Didier, Gilbert et Hugot (section de gravure).
Les bureaux de chaque section ont été enfin nommés :
Section de peinture. — Président, M. Bouguereau ; secrétaire, M. de Vuillefroy.
Section de sculpture. — Président, M. Cavelier ; secrétaire, M. Etienne Leroux.
Section d'architecture. — Président, M. Vaudremer ; secrétaire, M. Garnier.
Section de gravure. — Président, M. Waltner ; secrétaire, M. Laguillermie.
Le nouveau comité des 90, ainsi constitué, a procédé à la validation des élections du 22 décembre, en ce qui concerne les sections de sculpture, architecture et gravure.
Sur la section de peinture, une discussion s'est engagée à propos des incidents qui ont marqué le recensement général des votes de cette section. On se rappelle que les bureaux avaient décidé de compter séparément les voix obtenues par tel candidat sur son nom et sur son prénom. Le comité, à l'unanimité des voix, moins celles des intéressés qui se sont abstenus a annulé la décision des bureaux et posé en principe, pour les élections futures, que toutes les fois qu'il s'agirait d'une notoriété, les voix données au prénom et au nom seraient additionnées au profit du candidat.
Sept candidats avaient été l'objet, au scrutin du 22 décembre, des mesures séparatistes prises par les bureaux.
Voici d'ailleurs modifiée et définitive la liste des cinquante membres du comité élus pour la section de peinture :
MM. Tony Robert-Fleury, 939 voix ; Jules

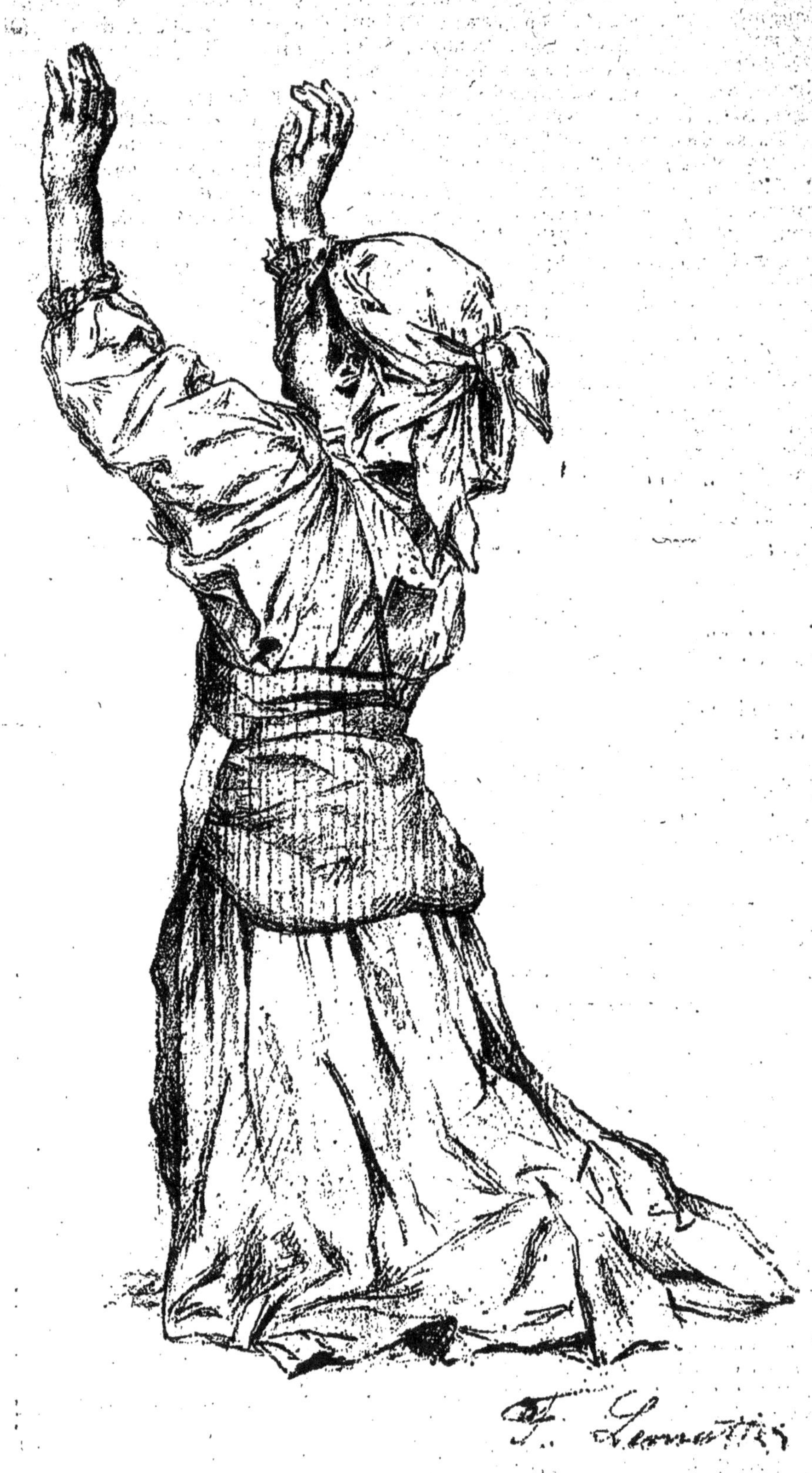

FERNAND LEMATTE

Lefebvre, 925 ; Bouguereau, 920 ; Bonnat, 918 ; Harpignies, 911 ; Henner, 906 ; Jean-Paul Laurens, 893 ; de Vuillefroy, 889 ; Detaille, 889 ; Puvis de Chavannes, 885 ; Jules Breton, 883 ; Cabanel, 882 ; Vollon, 857 ; Barrias, 844 ; Boulanger, 841 ; Luminais, 839 ; Albert Meignan, 836 ; Busson, 835 ; Carolus Duran, 831 ; Guillemet, 822 ; Rapin, 822 ; Humbert, 818 ; Benjamin Constant, 814 ; Bernier, 814 ; Yon, 811 ; Français, 796 ; Pille, 775 ; Cormon, 770 ; Hector Leroux, 730 ; Hanoteaux, 719 ; Meissonier, 717 ; Gérôme, 716 ; Pelouze, 711 ; Feyen-Perrin, 694 ; Protais, 674 ; Saint-Pierre, 652 ; Cazin, 642 ; Lansyer, 638 ; Vayson, 638 ; Roll, 636 ; Duez, 616 ; Renouf, 611 ; Jules Dupré, 601 ; Gervex, 601 ; Aimé Morot, 571 ; Sautai, 564 ; Emile Lévy, 548 ; Van Marcke, 540 ; Dagnan-Bouveret, 571 ; Léon Glaize, 487.

Le Comité s'est séparé à sept heures, après s'être longuement occupé de l'Exposition universelle de 1889 et après avoir arrêté les grandes lignes de la conduite qu'il compte tenir vis-à-vis de cette imposante manifestation de l'art et de l'industrie.

Nous avons fait connaitre les noms des vingt élus du comité de la sculpture. Un abonné nous demande d'indiquer les artistes qui, après eux, ont réuni le plus de voix dans cette section. Les voici :

A. Lefeuvre, 98 ; Thabard, 95 ; Levillain, 93 ; Oliva, 89 ; Cambos, 89 ; Paris, 89 ; Roubaud, 87 ; Fremiet, 86 ; Croisy, 84 ; Boucher, 81 ; Morice, 78 ; Falguière, 71 ; Barrau, 71 ; Perrey, 68 ; A. Millet, 57 ; Delaplanche, 46 ; Saint-Marceau, 35.

LA DÉCORATION PICTURALE

de l'Hôtel de Ville.

On sait que le Conseil municipal a constitué une commission consultative chargée, d'une part, de dresser un plan d'ensemble pour la décoration picturale de l'Hôtel de Ville, et, d'autre part, de désigner les peintres auxquels l'exécution de cette décoration pourrait être confiée.

Cette commission est composée de trente-quatre membres parmi lesquels se trouvent le préfet de la Seine, le directeur des travaux de Paris, douze conseillers municipaux, deux députés de Paris, quatre architectes, trois statuaires, des critiques d'art et quelques membres de l'administration préfectorale. Les peintres, on le voit, ne sont pas représentés.

Depuis qu'elle a été constituée, cette commission a tenu un certain nombre de séances qui ont été consacrées, pour la plupart, à des discussions générales ; elle s'est occupée d'abord de désigner nominativement les artistes qui pourraient être chargés par le conseil, de la décoration de telle ou telle partie du monument.

C'est ainsi qu'elle a décidé de proposer M. Delaunay pour les peintures du plafond de l'escalier d'honneur, dit « escalier du préfet ». Le salon situé dans le pavillon qui est à l'angle du quai et de la place de l'Hôtel-de-Ville, et qui sert actuellement de cabinet au préfet de la Seine, comprend de vastes emplacements pour la peinture murale ; la décoration de cette pièce serait mise au concours.

A côté de ce salon se trouvent les trois salons de réception, séparés entre eux par des murs de refend coupés de larges baies, de-là leur nom de « salons à arcades ». Ils ont jour sur le quai. Il s'agit de la décoration des plafonds. Les noms mis en avant sont ceux de MM. Bonnat, Jules Lefebvre et Besnard. A ce propos, il n'est pas inutile de dire comment la commission a été amenée à formuler ces choix. Quelques personnes avaient une liste composée de MM. Bonnat, Lefebvre et Henner. D'autres préféraient MM. Gervex, Duez et Besnard. La commission a remplacé sur la première liste, M. Henner par M. Besnard.

Après les « salons à arcades » se trouve le salon qui fait le coin du quai et de la place Lobau : c'est dans cette pièce que se trouvait le buffet des dames aux derniers bals de l'Hôtel de Ville. Ce salon comprend surtout, comme le cabinet du préfet, des surfaces verticales. M. Jean-Paul Laurens serait chargé d'y effectuer des peintures historiques.

Dans le projet de la commission, on confierait à M. Cabanel la décoration des voussures du salon des Cariatides, cette salle qui se trouve à côté de la grande salle des Fêtes, et au-dessus du vestibule qui donne accès aux deux grands escaliers par lesquels le public se rend de la salle Saint-Jean au premier étage du monument.

Enfin on attribuerait à MM. Roll et Puvis de Chavannes les peintures des deux vestibules latéraux qui conduisent à la salle des Fêtes.

Mercredi, la commission a statué sur les sujets. Elle a décidé que le plafond de l'escalier d'honneur, confié à M. Elie Delaunay, symboliserait le *Triomphe de la Ville de Paris*.

Les salons d'honneur, confiés, à MM. Bonnat, Jules Lefebvre et Besnard, continueraient l'allégorie de la Ville de Paris. M. Bonnat représenterait les *Arts de Paris*, M. Lefebvre les *Lettres*, M. Besnard les *Sciences*.

M. Galland avait proposé d'y représenter, en général, l'histoire du travail ; la commission s'est placée à un point de vue particulier, en s'en tenant à la symbolisation de quelques industries plus particulièrement parisiennes.

L'EXPOSITION DES 33

Ils sont 33. Pourquoi ? sans doute parce que le nombre impair a plu jadis aux Dieux. De quelle école ? D'aucune, ma foi, car chacun y vient avec son tempérament propre.

Voici M. René Billotte, par exemple, avec ses aperçus sur une nature grise et rêveuse. Ne sont-ils pas charmants et d'où se recommandent-ils ? De personne en vérité.

On en peut dire autant de M. Moreau-Nélaton dont les scènes traitées sobrement constituent d'attrayantes choses, bien en lumière et bien trouvées. Tout cela vit et vibre, deux conditions premières de l'œuvre d'art.

M. Dauphin, né à Toulon, ne va pas demander à un autre soleil que celui de la Provence la richesse de ses effets. Son pinceau se joue avec les vibrations de la lumière dans l'air, avec ses réverbérations sur l'eau. Il y a des qualités réelles chez ce peintre à qui nous pouvons prédire un bel avenir si le soleil continue à lui être favorable. La recherche de la lumière est le problème que poursuit aussi, et non sans succès. M. Dinet dans ses paysages algériens, brillamment chauffés de rayons, curieusement observés et consciencieusement traduits.

Avec son portrait de M. Jules Claretie dans son cabinet directorial, avec son portrait de Coquelin dans son intérieur, avec son propre portrait et celui du bon peintre Petitjean, M. Émile Friant va piquer la curiosité parisienne.

M. Jeanniot est l'un des peintres très intéressants de notre époque par sa sincérité et sa préoccupation du vrai. Il est tourmenté en ce moment par le problème de la lumière parisienne et de la lumière lunaire, et il nous montre quelques effets d'automne brumeux et de nuits froides qui sont particulièrement originaux. Les onze tableaux sont à regarder. Nous en aimons la mélancolie et nous savons d'ailleurs qu'au soleil de mai la palette de M. Jeanniot se réchauffera et s'éclairera de nouveau.

Peut-être y a-t-il quelque maladie dans les toiles de M. Fernand Knopff, un Belge décadent, qui a donné le dernier mot de cet art dans une composition nébuleuse et fantastique, qu'il intitule : *Une Sphinge*. La sagesse de M. Laurent Desrousseaux, un Français de l'Ile-de-France, nous remet de cette troublante vision et nous applaudissons à sa *Grand'Mère* et à ses *Litanies de la Vierge*, d'un caractère si recueilli et si reposé. Chez M. Lobre, le repos règne aussi ; peut-être même règne-t-il trop souverainement. La préoccupation de Chardin, dont ce peintre paraît rechercher le secret, l'a entraîné au delà de son but. Il fait froid dans ses intérieurs.

Une facture qui n'est pas froide, c'est celle de M. Ochoa. Il y a de la tourmente dans sa manière. Avec tout autant de talent et plus de sobriété, Mme Clémence Roth compose des portraits dont nous sommes charmés. Nous signalerons notamment celui de la dame à l'éventail, celui — très énergique — d'une dame en noir avec un manteau de fourrure, et une tête d'enfant qui est aussi très intéressante.

Parmi les peintres étrangers célèbres qui ont pris part à cette exposition figure M. Christian Skedsvig, un artiste norvégien bien connu à Paris. Les travaux de M. Van Strydanck sont également à voir, si l'on ne craint pas la facture au couteau en haut relief.

M. Ary Renan a rapporté de Syrie des études pleines de poésie et de lumière. Son vieux pont de la baie de Djouni, sa rade de Beyrouth, ses montagnes près de la mer Morte, nous donnent puissamment la vision d'un pays vers lequel nos rêves se sont souvent envolés à la recherche de la poésie et de la lumière.

M. Alexis Vollon, le fils d'Antoine Vollon, a envoyé six tableaux à la galerie. Il y a certes, dans plusieurs morceaux de l'entrain et de la maestria. Mais à côté, bien des mollesses et des hésitations.

M. Blanche a joint à une série d'éventails, d'un arrangement original, un portrait bien expressif et bien vrai d'un vieillard encore vert.

M. Emile Barau nous a conduit au milieu de plaines intéressantes où les verts et les gris se mêlent agréablement dans une gamme fine.

Enfin, à la sculpture nous remarquons plusieurs envois d'un très réel caractère par Mme Charlotte Besnard et divers morceaux de M. Guillaume Charlier.

EXPOSITION DE BORDEAUX

La 36ᵉ exposition de la Société des Amis des Arts aura lieu à Bordeaux prochainement.

Remise des envois chez Toussaint, 13, rue du Dragon, du 10 au 20 janvier.

NÉCROLOGIE

Joseph Palizzi, le peintre animalier, est mort dimanche matin à Paris. Il avait exposé à presque tous les Salons depuis près de quarante ans. On lui doit le *Printemps* (1852), le *Petit poney* (1867), les *Charbonniers*, le *Pâtre italien*, etc. Il était chevalier de la Légion d'honneur.

**

L'art délicat de la peinture sur verre vient de faire une grande perte en la personne de M. Claudius Lavergne, président du syndicat de la corporation des peintres-verriers de France, et critique d'art des plus estimés.

C'était un homme d'un réel talent, élève d'Ingres.

Parmi ses plus importants travaux, il convient de citer, en France : les vitraux du chœur des églises Saint-Merri et Saint-Augustin à Paris ; la restauration de la chapelle du château de Versailles ; celle de la chapelle Louis XII, au château de Blois ; les vitraux des cathédrales de Beauvais, de Senlis et de Noyon ; ceux des cathédrales de Reims et de Verdun ; l'église Saint-Nizier à Lyon ; celle de Saint-Léonard, à Alençon ; la chapelle de Notre-Dame-des-Grâces, à Honfleur, et celle du Gesù, à Cannes.

A l'étranger, les vitraux de la chapelle des écoles françaises, à Rome ; ceux de la chapelle du couvent des Dames de la mère de Dieu, à San-Remo ; l'église Notre-Dame de Genève ; le monastère des Bénédictins, dans la province de Burgos (Espagne). Mais ce n'est pas tout ; il porta plus loin encore la renommée de l'art français, car les vitraux de l'église Saint-Patrick à Sydney (Australie), et ceux de la chapelle des sœurs de Saint-Vincent-de-Paul, à Buenos-Ayres font encore partie de l'œuvre de cet artiste infatigable.

**

On annonce la mort de l'architecte Guenepin, grand prix de Rome, membre du jury de l'école des Beaux-Arts.

Il était né à Montenotte en 1807.

ÉCHOS ET NOUVELLES

L'Académie des beaux-arts, après avoir entendu plusieurs rapports de sections sur les modifications à apporter dans le règlement de l'Académie de France, à Rome, a procédé la semaine dernière à l'élection d'un vice-président pour l'année 1888. M. Chapu a été élu, MM. Bailly et Questel ont été nommés membres de la commission centrale administrative de l'Institut pour l'année 1888.

Les employés du *Bon-Marché* ont décidé de charger M. Chapu d'exécuter un grand buste en marbre de Mme Boucicaut. Ce buste serait mis à une place d'honneur dans les magasins.

Le testament de Mme Boucicaut, la bienfaisante propriétaire des magasins du Bon-Marché, contient quelques dispositions en faveur des institutions artistiques. Nous nous faisons un devoir de signaler ces dons à la gratitude de ceux qu'ils intéressent. Ce sont : Art. 10. À l'Association des artistes peintres, sculpteurs, architectes, graveurs, dessinateurs : 100,000 francs. — L'Association des artistes musiciens, celle des artistes dramatiques, celle des inventeurs et artistes industriels ont également chacune 100,000 francs. C'est donc une somme totale de 400,000 francs pour les diverses associations fondées par le baron Taylor. — Art. 21. Au ministre des Beaux-Arts, pour les musées du Louvre et du Luxembourg : Un Fromentin ; *La Biche sous bois*, de Courbet ; *Les Faucheurs*, de Julien Dupré.

La Commission administrative du Musée de Reims, se plaçant au-dessus des considérations politiques, vient d'autoriser le replacement du portrait de Louis-Philippe, remisé dans un grenier de l'Hôtel-de-Ville en 1848.

Lundi dernier, au Conseil municipal, M. Cernesson a proposé l'acquisition de *la Scène* de M. Puech. Cette proposition a été repoussée.

M. Galland est chargé de l'exécution des médaillons qui doivent entourer l'œuvre de M. Puvis de Chavannes à la Sorbonne, et qui représenteront la *Littérature*, l'*Histoire* et la *Science*.

On sait que le conseil général de la Seine a alloué dernièrement un crédit de 75,000 fr. pour les frais de concours et l'exécution des peintures destinées aux mairies d'Arcueil-Cachan et de Nogent-sur-Marne.

Ces peintures seront placées dans les salles de mariage.

Les esquisses du concours devront être déposées le 19 mars prochain à l'Hôtel de Ville.

Le Jury de l'académie Julian a rendu le jugement suivant pour les concours des mois d'octobre et novembre 1887 :

CONCOURS D'ACADÉMIE HOMME

1er	*ex-æquo* :	Brun Clément.
—		Lenoir Charles.
2e	*ex-æquo* :	Devambez.
—		Ballot.
3e	—	De Plument.
4e	—	Fox.
5e	—	De Bouteyre.
6e	—	Blanchecotte.
7e	—	Voluzan.

CONCOURS DES 4 SEMAINES

Figures dessinées.

Prix *ex-æquo* : Dessar.
— Hale.
Mentions : Fox Schreibev Tucker.
— Pfrimmer, Alston.

ESQUISSES PEINTES

Prix *ex-æquo* : Creswell Albert.
— Gillet Numa.
Mentions : Devambez, Chabrier.

Pour les ateliers de dames le concours consistait en un portrait de jeune fille peint ou dessiné, ont obtenu : *Grande médaille d'argent* Mlle Downes, sont classées Mlles Godin, Olsen, Guardia, Lagercrantz, Meyly Phillippar, Lucas, Joliot, Besson, Lacaussade, Marchetti, etc.

ACADÉMIE JULIAN

ATELIERS DE PEINTURE
Sculpture et Dessin.

Distincts pour Hommes et pour Dames.
Toute la journée modèle vivant.

ATELIERS DE

MM. **BOUGUEREAU** et **T. ROBERT-FLEURY**
MM. **BOULANGER** et **J. LEFEBVRE**
Atelier de Sculpture, professeur : M. **CHAPU**

Ces éminents professeurs donnent régulièrement leurs conseils aux élèves.

COURS pour HOMMES
48, faubourg Saint-Denis (près la porte St-Denis).

COURS pour DAMES

27, galerie Montmartre (Passage des Panoramas).
28, Faubourg Saint-Honoré (Près de la Madeleine).

COURS D'ANATOMIE : M. CUYER.

Préparation au brevet de professeur de dessin de la ville de Paris et de l'Etat et aux concours de l'École des Beaux-arts.

Aquarelle — Pastel — Nature morte, etc.

Il n'y a jamais de vacances.

On trouve dans chaque Atelier les renseignements qui le concerne.

L'ART Revue bi-mensuelle. — Cité d'Antin, Paris.

L'Imprimeur-Gérant : HENRY LEFEBVRE.

Compiègne. — Imprimerie HENRY LEFEBVRE.

LA VIE ARTISTIQUE

COURRIER HEBDOMADAIRE ILLUSTRÉ

Des Ateliers, des Expositions & des Théâtres

BUREAUX A PARIS	DIMANCHE 15 JANVIER 1888	ABONNEMENTS
42, Rue de Chabrol, 42	2e ANNÉE — No 2	Un An : DIX FRANCS

GUSTAVE GUILLAUMET

—

C'est toujours une chose grave que de vouloir enfermer dans quelques pages l'impression faite par un œuvre d'artiste ; surtout quand cet artiste est mort en pleine fleur de talent, alors que tous ses ouvrages sont là, réunis une dernière fois dans une exposition, comme par un jugement général et une consécration solennelle, puisque tout cela va disparaître, sera dispersé sans retour, et que de cette agitation éphémère autour d'un nom, du va-et-vient de la foule à travers les salles, il ne restera plus qu'un flottant souvenir où sera fixée la part de gloire qui est due.

Gustave Guillaumet n'a rien à craindre de cette confrontation dernière ; mais l'instant est unique pour bien voir l'œuvre dans sa conception totale, pour en évoquer l'esprit ; aussi celui qui est chargé, en tête du catalogue — cet inventaire des richesses laissées — de résumer l'opinion d'hier, de prévoir celle de demain, de proposer comme une estimation raisonnée des valeurs, a-t-il le droit, au début, d'être pris de trouble : il peut avoir peur de ne pas tout dire, ou de ne pas dire avec mesure.

J'ai l'intention ou la prétention de ne citer aucun tableau, de ne tenter aucune description. Les visiteurs entre les mains desquels passera cette brochure auront vu chaque toile : en quittant l'Ecole des Beaux-Arts ils emporteront une impression d'ensemble : c'est cette impression-là que je voudrais fixer. Travail de synthèse et non d'analyse qui tentera de dégager la portée morale d'un art qui fut tout personnel. En outre, la biographie de Guillaumet comme l'étude chronologique de ses œuvres a été faite dans l'*Artiste*

par M. E. Durand-Gréville avec cette compétence que donnent le goût et le savoir, et cette exactitude que lui assurait le souvenir inoubliable de relations intimes avec le peintre. Se placer à un même point de vue, serait témérité.

A l'heure où tant de courants contraires traversent notre école contemporaine, où l'esprit moderne monte à l'assaut de la tradition qui ne veut pas abaisser ses ponts-levis, où des divergences dans la manière de regarder, de voir et de sentir entraînent des antagonismes de talents, et établissent des camps opposés, il est absolument remarquable que Guillaumet ait pu passer au milieu de tous, sans essuyer le feu d'une critique de principe, admiré parfois, loué souvent, considéré toujours.

Les partisans des opinions extrêmes s'inclinaient, s'inclinent encore devant lui, et les esprits pondérés ou mieux ouverts, bien que divisés entre eux, s'entendaient sur son nom. Bien plus, chaque parti l'eût volontiers réclamé pour un des siens.

Qu'y avait-il donc dans sa manière de si éclectique, de si favorable aux compromis ? Faut-il voir dans ce phénomène l'indice d'une souplesse prévoyante ou d'une habileté qui savait partout se ménager des faveurs ?

Oh ! nullement. Mais Guillaumet avait, au suprême degré, une qualité qui tout d'abord caractérise son talent et en a été l'essence même : il était sincère.

La sincérité, voilà sa force, voilà le secret du charme qu'il exerçait sur tous, la raison de cette place à part qu'il avait su prendre, ou plutôt qu'on lui avait donnée. Sur ce point, quelques-uns pourront l'égaler, je gage qu'on ne le dépassera jamais.

Cette sincérité se manifeste non seulement

dans ses rendez-vous en tête-à-tête avec la nature, dans la chaleur d'une esquisse, ou l'émotion première d'un croquis : elle persiste lors de la conception du tableau, de la mise en scène, de l'exécution : l'œuvre finie, on la retrouve toujours. Son œil sensible avait la fidélité qui n'oublie jamais. Il ne perdait rien de l'image revue, et ce n'était pas du souvenir, c'était la vérité même qui revenait au premier appel.

Dès lors, on s'explique, n'est-ce pas cette sorte d'unanimité de faveurs dont l'entourèrent les deux écoles ?

Il planta sa tente d'artiste et son chevalet de peintre aux abords du désert, dans ce merveilleux pays où la lumière est une fête, où les habitants ont conservé je ne sais quelle biblique grandeur d'attitude.

Ceux qui tiennent avant tout pour la noblesse des formes, les silhouettes circonscrites par des lignes accusées, qui estiment que dans les règles du canon grec réside l'inspiration unique de l'art de tous les temps, et voudraient qu'on y remontât toujours, ceux-là n'eurent garde de ménager leurs éloges à Guillaumet, qui leur montrait des personnages inconsciemment épiques, des figures naïvement sculpturales, des costumes flottants et drapés. Ils l'admirèrent d'avoir, par la représentation de la majesté orientale, évoqué la majesté antique, et les imposants équilibres de ses modèles. Au fond — qu'on comprenne bien ma pensée, je n'y sous-entends aucune malveillance — on se réjouissait qu'une maîtrise comme la sienne eût échappé à l'art moderne, aux brouillards, aux vêtements contemporains, à la fatale redingote. Avait-on raison ? Oui, puisque c'était sous un autre ciel qu'il avait trouvé ce qu'il avait à dire, et qu'il l'a dit merveilleusement bien.

Mais Guillaumet qui sur les conseils instants de son maître Félix Barrias, dont le nom doit être prononcé ici en hommage de gratitude, avait quitté les historiques sujets d'atelier pour les grands horizons du Sahara, Guillaumet a été vrai, partout et avant tout. Il a peint ce qu'il voyait, sans faire jamais de concession à la convention, sans se préoccuper d'une tradition quelconque. Dans la réalité, il a découvert la noblesse et la grandeur ; son cœur d'artiste, son pinceau de peintre s'en sont emparés comme d'un inestimable butin. Ce qu'on appelle le style, c'est-à-dire, pour d'autres, la nature revue et corrigée, n'avait là rien à faire. Il avait un don : celui de voir clair et de sentir juste. Toutefois, le mérite de la façon dont il a accompli sa tâche lui appartient en propre, et cette façon, elle a été admirable.

D'un autre côté, les artistes que le souci de la vérité tourmente, qui se plaisent aux rendus fidèles des milieux, aux enveloppements de l'air ambiant, qui veulent rendre la sensation de l'atmosphère impalpable, et faire apparaître les figures dans la lumière qui est la leur, ne purent ménager leurs hommages à une personnalité dont l'autorité, de l'aveu de tous, s'affirmait chaque jour davantage, et légitimait leurs tendances. Elle était pour eux un argument que nul n'était en droit de contester. Guillaumet avait-il sacrifié à la fiction ? Se servait-il des défroques et des modèles d'ateliers ? Récitait-il par cœur la leçon de l'école, suivant le précepte et la formule ? Interprétait-il, traduisait-il la nature ? Non, il jetait au contraire l'impression toute vive sur le panneau de bois ou la toile. Il peignait la lumière et ses vibrations, la chaleur rayonnante, les espaces sans fin ; il fixait, doué d'une puissance de pénétration singulière, les types de ces habitants lointains : il étreignait superbement et avec sérénité le caractère local des hommes et des choses avec lesquels il s'était trouvé face à face.

Si j'insiste sur cette trêve des partis, à l'appel de son nom, c'est qu'elle me semble, pour Guillaumet, un honneur d'autant plus grand, qu'à peu près le seul par le temps qui court il a pu l'obtenir... Et qu'en sait-on ? Peut-être, dans cette peinture franche, honnête et loyale, y a-t-il, à l'adresse des irréconciliables des deux camps, tout à la fois, un exemple, un conseil et une leçon ?

C'était un sincère, ai-je dit : ce fut aussi un limpide. Du premier coup on saisit la note dominante de chaque œuvre. On lit sa signification, l'impression à laquelle il a obéi ce jour-là ; on se rend compte de ce qui l'avait touché et fait prendre ses pinceaux.

Outre ses tableaux, il a laissé de merveilleuses études. Parcourez-les ; toutes racontent leur naissance et la justifient : il ne savait pas parler dans le vide. Toutes, elles découvrent l'artiste en proie à une émotion particulière et chaque fois nouvelle. Mais il va droit au but, il touche le point exact, précis, qui fera vibrer le caractère ; son œil était aussi juste que sa main était prompte.

Et quelle placidité de facture fut la sienne ! Il ne peinait point dans l'exécution ; il ne s'embarrassait pas au choix des tons. Il avait la palette heureuse : et il me semble le voir à Laghouat, ou à Biskra, ou à l'ombre d'une oasis, assis devant son chevalet, enthousiaste du spectacle, mais sûr de lui, tranquille, souriant et très calme.

A sa sincérité absolue, il dut un autre privilège : la variété. Si les magies du ciel de l'Afrique le prirent presque tout entier et en firent leur peintre, il tira de cette immensité un répertoire infini de sensations diverses. Jamais il ne se spécialisa dans un point de vue, dans une manière, dans un tableau. Il ne se servit pas de formules, et ne travailla pas de pratique.

Les variations des heures du jour, les embrasements de lumière, les enveloppes assoupies des grandes nuits, les horizons sans bornes, l'ampleur des habitations sahariennes, la pénombre des demeures basses, l'immobilité grave des figures orientales, le balancement des chameaux, l'intérieur des tentes, les costumes aux notes vives, éclatantes comme des fleurs ; il a raconté tout cela, il a montré tout cela à la vieille Europe, ayant, chaque fois qu'il abordait un sujet, le souci de s'identifier avec lui, de s'en pénétrer pour en pénétrer les autres.

Coloriste, il l'a été, et des plus fins, des plus puissants qui aient pu être. Volontiers, cependant, on omettrait de vanter ce charme en lui, tant il est le bien naturel de l'homme qui a fixé en maître les magnificences des colorations orientales. Il semble que ce soit un pléonasme d'ajouter au nom l'épithète.

Mais il la mérite cette épithète encore comme écrivain. Il a publié une série d'articles qu'on devra tôt ou tard réunir en volumes et où son style a un pouvoir d'évocation tout individuel et des séductions inimitables. Dans son étude sur l'artiste, M. Durand-Gréville a eu l'ingénieuse idée, qui est bien celle d'un délicat, de placer au-dessous de la description de quelques tableaux un passage dû à la plume de Guillaumet, et pouvant se rapporter à l'œuvre peinte. On juge de suite que, sous une autre forme, c'est le même art. On retrouve le même mode de sentir et d'exprimer, quoiqu'avec un fonds de poésie plus grande. Ici et là la mise en scène est simple, sans artifices, mais attachante par la vérité, très nettement présentée, et elle absorbe : dès les premières lignes, l'esprit est très loin : il est dans le douar, ou près d'un campement de goum.

Chez lui, les trois êtres étaient absolument d'accord et formaient une unité complète : le peintre, l'écrivain et l'homme. C'était un causeur clair. Il parlait sobrement et d'une manière élevée. Son jugement était sain et sûr, empreint de raison et de noblesse. Quand il discourait de son art, son calme apparent le quittait, il s'animait ; et sans l'aide de phrases sonores, il découvrait au cours de la conversation, des points de vue qui étaient des sommets éclairés de pleine lumière par un mot.

Lui demandait-on son avis personnel sur l'œuvre qu'on venait de faire, il se redressait, jetant sa tête en arrière pour vous regarder fixement ; son œil brillait alors, et on voyait jusqu'au fond de lui-même sa sincérité. Le quittait-on, on ne pouvait douter une seconde qu'il n'eût pas tout dit. Pour lui, il y avait une tromperie au fond d'une louange banale. Il répugnait à l'une et méprisait l'autre.

Pauvre cher et grand Guillaumet ! c'est de ce jour que la postérité va commencer pour lui. Il peut dormir tranquille. Il a fait son œuvre, elle est belle, et d'une sérénité pure comme les grands ciels qu'il aimait. D'autres, suivant une autre voie que la sienne, ont eu des aspirations vers le domaine du sentiment, des envolées à travers les idéals humains ; d'autres ont pénétré plus avant dans le monde des âmes, par l'expression de la joie, de la souffrance, ou de l'amour ; mais jamais peintre ne fut plus peintre et aussi bien peintre que lui, jamais artiste dans sa personnalité d'homme et de voyant ne fut vis-à-vis de la nature plus attentif, plus fidèle et plus éloquent !

Roger-Ballu.

LES DÉCORATIONS DU JOUR DE L'AN

Nous avons fait connaître les décorations accordées aux artistes dans l'ordre de la Légion d'honneur.

Voici les décorations académiques qui les complètent :

OFFICIERS D'INSTRUCTION PUBLIQUE

MM. Duserre, architecte, inspecteur des monuments diocésains à Orléans, Durand-Claye, professeur à l'école des Beaux-Arts. Hirsch, artiste peintre. Lenglet, professeur à l'école municipale des Beaux-Arts du Hâvre. Trélat, professeur à l'école spéciale d'architecture. Chabat, architecte. Ulman, architecte, prix de Rome 1871. Mme Léon Bertaux sculpteur. Firmin Javel, critique d'art.

OFFICIERS D'ACADÉMIE

Mme Bloch (Elisa) statuaire. M. Pepin, artistre peintre. MM. Ancelet, architecte du Conservatoire des arts et métiers. Lafollye, architecte du château de Saint-Germain-en-Laye. Chabrol, architecte du Palais-Royal. Moyaux, architecte du palais de l'Institut. Roux, architecte de l'institution des jeunes aveugles. Bobin, architecte de l'Ecole vétérinaire d'Alfort.

MM. Buhot (Félix), peintre-graveur. N. Gœneutte, peintre-graveur. Chéret, dessinateur et lithographe. Willette, peintre-dessinateur. Camino, peintre et miniaturiste. Ringel, sculpteur. Mathieu-Meusnier, sculpteur, Filleul, sculpteur. Hayon, sculpteur ornemaniste. Morand, sculpteur ornemaniste. Bonal, professeur de dessin et conservateur du musée de Montauban. Cailleau, professeur de dessin à Charleville. Cervoni, secrétaire de l'Ecole spéciale d'architecture de Paris.

MM. Gaussen, professeur de dessin à Troyes, Mme Héreau, inspectrice de l'enseignement du dessin dans les écoles de Paris. MM. Ilista, professeur à l'école d'application des beaux-arts à l'industrie, à Paris. Lavit, professeur à l'école des beaux arts de Montpellier. Mme Mac Nab, directrice de l'école de dessin du 9e arrondissement. MM. Pradel, professeur à l'Ecole La Martinière, à Lyon. Rousselot, professeur des beaux-arts d'Alger.

Sanier, directeur de l'école professionnelle des dessina-teurs lithographes. Thiriot, dessinateur industriel.

MM. Crouchandeu, conservateur du musée de Perpi-gnan. Lecas, sculpteur-ornemaniste. Gauvin, ciseleur-damasquineur. Vernier, sculpteur-ciseleur. A. Delaher-che, céramiste. Jousseau, céramiste. Lépine, artiste-peintre. Camille-Martin, artiste-peintre et professeur de dessin. Mme Marie Drapier, artiste peintre et pro-fesseur de dessin. MM. Montader, artiste peintre et illustrateur. Guérillon, secrétaire de la Société d'en-couragement pour la propagation des livres d'art. Lau-rens, éditeur d'art. Wiener, artiste-éditeur.

- MM. Lutton, architecte. Mention, architecte. Esnault-Pelterie, architecte. Gosset, architecte à Reims. Frantz-Jourdain, architecte et homme de lettres. Eudel (Paul) publiciste. Arsène (Alexandre), critique d'art. Marmot-tan (Paul), critique d'art. Devillers, critique d'art. Gleize-Grivelli, critique d'art.

Devillez, statuaire. Zakascma, artiste peintre. Dos Santos, critique d'art. Leuch, critique d'art, Kohn-Abrest, critique d'art.

L'EXPOSITION DE 1889

Une grosse question émeut en ce moment le monde artistique et a fait le sujet d'une longue discussion dans la récente séance du comité des 90. Il s'agit des intentions du ministre en ce qui concerne l'exposition de peinture et de sculpture à l'exposition universelle de 1889.

Son projet, très intéressant en l'espèce, con-sisterait à installer une exposition rétrospective d'art de tous les chefs d'œuvre de l'école fran-çaise depuis le commencement du siècle, en y adjoignant dans le même local la production de nos artistes modernes à compter de ces dix dernières années.

Cette combinaison n'a pas souri aux artistes.

Les 90 ont donc prié M. Bouguereau, membre de la commission, de leur faire connaître, aussi-tôt qu'elle serait officieuse, la décision minis-térielle, et, dans ce dernier cas, le comité se déciderait à faire une démarche auprès du mi-nistre, en lui exprimant le vœu de voir les an-ciens et les modernes complètement séparés, leur réunion offrant à ses yeux un grave péril et pouvant amener l'abstention des artistes.

LES ENVOIS AU PROCHAIN SALON

M. Boulanger envoie au Salon *Esclaves à vendre*. Ce tableau est comme le complément de celui que le maître envoyait il y a deux ans, représen-tant des esclaves sur un tréteau. Cette année, c'est l'intérieur de la taverne du *Mango* que le peintre a brossé : la scène se passe à Rome : un noir accroupi, hébété, attend son sort, avec le calme de la brute inconsciente ; une femme debout, nue, un écriteau au cou, les yeux mornes et désespérés, étale son corps, appuyée contre un mur, n'ayant plus l'énergie suffisante pour supporter sa situation.

M. Yvon vient de commencer le portrait offi-ciel de M. Carnot, président de la République.

M. Carnot est représenté tête nue, de trois quarts, en habit noir, avec la plaque et le grand cordon de la Légion d'honneur.

M. Jules Lefebvre enverra un *Portrait de Mⁱ Perquez*, en robe de velours rouge, — et de plus une *Eve*.

Gérome termine une grande toile, le *Poète*. Son personnage est en méditation sur le rivage de la Méditerranée ; derrière lui, la Muse ; dans les eaux, Vénus, Neptune, les nymphes, etc.

M. J.-J. Henner envoie un *Saint-Sébastien*.

M. Carolus Duran : deux portraits, dont un : le *Portrait de M. Vanderbilt*, le nabab améri-cain.

M. Franck Lamy : *Paquerette*, étude de femme nue dans un paysage vert tendre ; puis *Prin-temps*, fantaisie.

M. Albert Vallet : 1° *Les chiens du moulin à Cernay* ; 2° Paysage décoratif.

M. Joubert : 1° *La Vallée des Ardoisières à Rochefort-en-Terre* (Morbihan) ;
2° *Bords de la Seine à Pont-de-l'Arche*.

M. Gueldry expose un intérieur d'usine : *Les Mouleurs*, et des bords de l'eau.

M. Alexandre Bloch : *La mort du général Beaupuy*, 14 ventôse an II ; et l'*Arrestation du comte de Sombreuil*.

M. Grolleron, un *Convoi de blessés*, et *A la baïonnette*, sujet tiré des *Chants du Soldat*, de Paul Déroulède.

M. Boutigny : une grande composition : *Mort de Franchetti*, commandant des éclaireurs de la Seine : Une civière est déposée devant une ambulance ; deux soldats prennent leur com-mandant et l'y transportent.

M. Delahaye, à côté de *Sedan*, qui représente la charge du général de Galliffet à la tête de sa poignée de cavaliers, termine un des panneaux du plafond de l'escalier de l'hôtel de ville de Saint-Denis. Commande du conseil général de la Seine obtenue à la suite d'un concours, ce panneau est intitulé l'*Education maternelle*.

LES ŒUVRES D'ART AUX ÉTATS-UNIS

On a dit que le gouvernement des Etats-Unis se propose d'affecter au dégrèvement du tarif des douanes l'excédent des recettes de son bud-get.

Ajoutons que M. Belmont, président du comité des affaires étrangères, a déposé un bill pour l'abolition des droits d'entrée sur les œuvres d'art.

M. Roustan, ministre de France à Washington, s'emploie activement, sur les instructions venues de M. Flourens, ministre des affaires étrangères, à suivre cette affaire si intéressante pour le monde artistique.

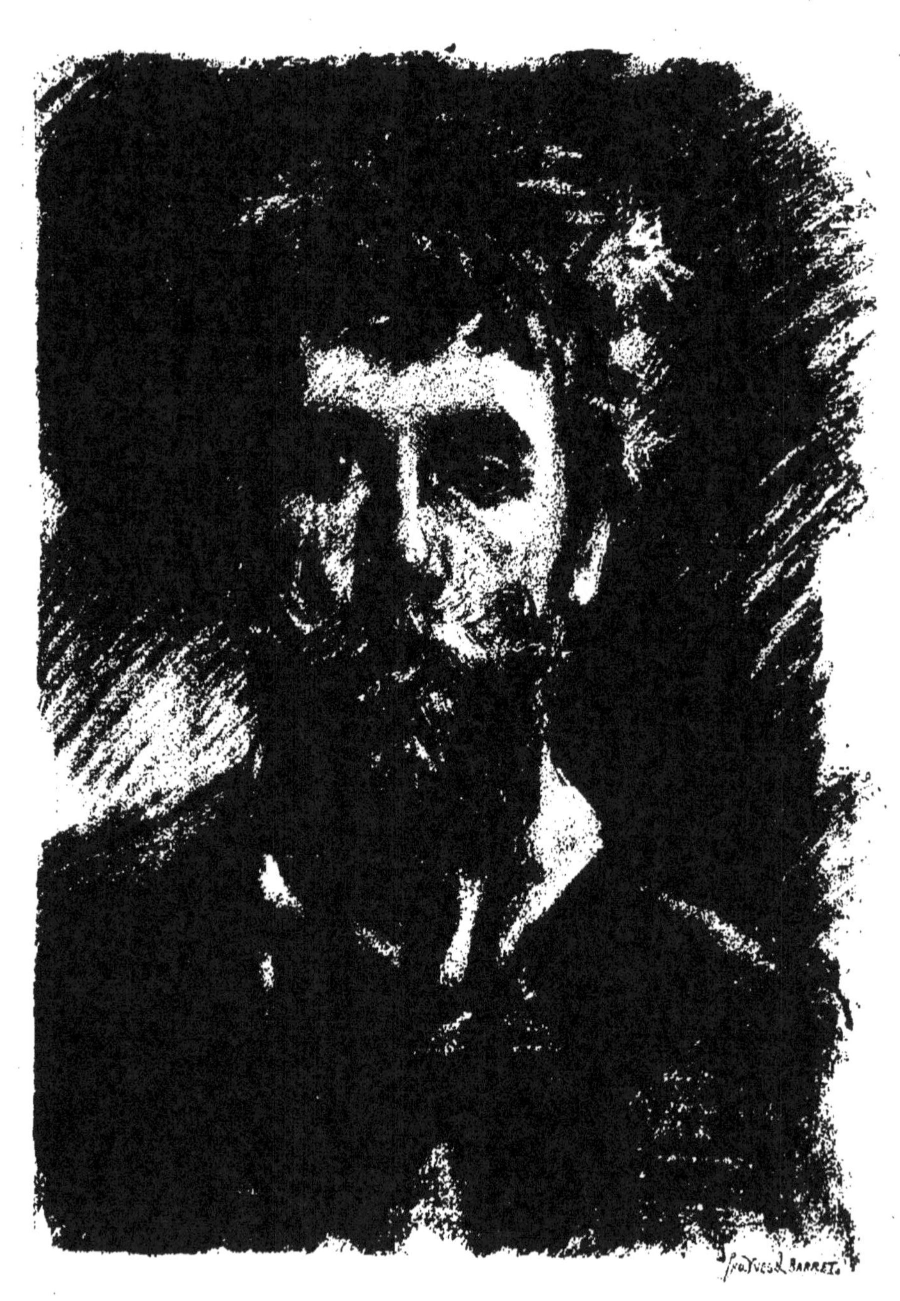

ROLL

LE CONCOURS PALFYN

On sait que Courtrai veut élever un monument à son citoyen, à Jean Palfyn, chirurgien et anatomiste du XVII⁰ siècle (1650-1730) qui au déclin de sa vie, fit une grande découverte : à l'âge de 71 ans il inventa le forceps (le tire-tête ou *mains de fer de Palfyn*.)

Un comité local s'est formé et a rassemblé les fonds nécessaires à l'érection d'une statue. La commande de ce monument a fait l'objet d'un concours public.

Une première épreuve a été jugée au commencement du mois de mai dernier. Elle n'a donné aucun résultat, les quinze concurrents furent renvoyés « dos à dos ».

Le résultat du nouveau concours a encore été négatif : aucun des concurrents n'a reçu la commande ; mais trois d'entre eux sont désignés pour faire une nouvelle maquette, avec indemnité pécuniaire assurée : MM. Lagae, Devreese et Willems.

LES VENTES PUBLIQUES

La première vacation de la vente de l'atelier de Clésinger a produit 6,211 fr.

L'enchère la plus importante a été obtenue par la *Marguerite entrant à l'église*, de Falguière, avec droit de reproduction et de réduction, qui a été vendue 1,700 fr. *Mademoiselle Lili*, du même, n'a obtenu que 200 fr., *Dorothée et sa chèvre*, 440 fr.

Le *Christ expirant*, par Clésinger, 880 fr.; la *Danseuse*, du même, 65 fr.

La deuxième vacation n'a pas donné de résultats plus brillants. Le public semble reculer devant l'obligation de faire reproduire ces œuvres originales ; c'est ainsi que le *Taureau vainqueur*, de Clésinger, bronze remarquable mesurant 1 m. 20 en hauteur, 36 centimètres en largeur et 1 m. 28 en longueur, avec quatre réductions en bronze et trois modèles en plâtre, a été péniblement vendu 800 fr.

Le *Taureau romain*, qui était adjugé dans les mêmes conditions, s'est encore plus mal vendu. Sur une demande de 2,000 fr., il a été payé 500 fr. Le *Combat de taureaux*, 840 fr.; la *Paix*, 151 fr.; la *Jeunesse de Bacchus*, 470 fr.; *Néréide*, 505 fr.; la *Femme piquée par un serpent*, 370 fr.; *Faune et faunesse*, 105 fr.

La *Danseuse aux cymbales*, statue en bronze de Clésinger, qui est une œuvre fort appréciée, mesurant 1 m. 20 en hauteur, avec quatre réductions et trois modèles en plâtre, sur une demande de 3,000 fr. est tombée à 500 fr.

Signalons encore du même sculpteur *Sapho*, 135 fr.; *Léda et le cygne*, 185 fr.; *Hercule enfant étouffant un serpent*, 100 fr.; la *Femme à la rose*, 420 fr.; le *Sommeil*, 50 fr.; *Mai*, 60 fr.; *Ariane*, 505 fr.; *Hélène*, 65 fr.

Les bronzes de Falguière n'ont pas été plus appréciés. La *Danseuse égyptienne*, bronze de 1 m. 30 de hauteur, avec ses quatre réductions et son modèle en plâtre, sur une demande de 5,300 fr., a été payée 1,400 fr.; la *Vérité*, sur une demande de 2,600 fr., a été adjugée 990 fr.; la *Source*, 510 fr., et enfin l'*Élégie*, bronze dont l'original en marbre est à l'Opéra, 420 fr.

La vente s'est terminée samedi par l'adjudication sans droit de reproduction des marbres et des bronzes. Voici quelques-uns des prix obtenus :

Clésinger : le *Taureau vainqueur*, 1,205 fr. ; le même bronze avec ses quatre réductions et les modèles en plâtre, ne s'était vendu, avec obligation de reproduction, que 800 fr. ; le *Taureau romain*, 700 fr. ; la *Danseuse aux castagnettes*, 1,205 fr.; le *Combat de taureaux*, groupe important en marbre rouge antique original, 2,800 fr.; *Bacchante sur le bouc marin*, groupe en marbre de Carrare, 2,000 fr.; *Cléopâtre morte*, marbre de Carrare, 1,160 fr.; le *Camélia*, 1,005 fr. ; la *Néréide*, groupe original en marbre de Paros, 2,600 fr.

Falguière : *Marguerite à l'église*, statue originale en marbre de Carrare, 3,700 fr. La même œuvre en bronze, avec une réduction de deux modèles en plâtre, avec obligation de reproduction, n'avait obtenu que 1,700 fr.

Cette vente a commencé lundi à l'hôtel Drouot. Parmi les œuvres qui ont atteint des enchères élevées, il faut citer :

L'*Innocence tourmentée*, groupe : une jeune femme autour de laquelle lutinent trois amours, mise à prix 600 fr. et montée à 830 fr. ; — les *Deux amours*, groupe de trois personnages, mise à prix 100 fr., vendu 460 fr.

Viennent ensuite : *La confidence*, 400 fr. ; — *Eve et ses enfants*, 385 fr.; — les *Frisonnes*, 300 francs ; — les *Trois grâces* (support de jardinière), 425 fr. ; — le *Triomphe de Silène*, 365 fr.; — la *Dianeau chien*, statuette, 210 fr., — *Une liseuse* (moyen âge) 310 fr.

Parmi les bustes inédits, les figures d'*Antiope* et de *Tomyris* ont atteint 395 et 400 fr.

Des allégories : *Papillon* (tête de jeune fille), *Alsace*, etc., ont été adjugées entre 150 et 200 francs.

Un buste de *Marguerite Bellangé*, s'est vendu 285 fr.

Les bustes historiques ont eu moins de succès.

Citons encore : comme œuvres originales, la *Défense de Paris*, groupe plâtre, 600 fr. ; *Jeanne d'Arc*, statue équestre, avec deux bas-reliefs ; la *Prise d'Orléans* et le *Sacre du Roi à Reims* ; groupe en plâtre, 410 fr. ; *Rachel chantant la Marseillaise*, statue en plâtre, 915 fr. ; la *Tentation de saint Antoine*, groupe en plastéline, dernière œuvre du maître, telle qu'il l'a laissée, 750 fr. ; Marbres, *Eve*, 640 fr. ; *Automne*, buste, 1,035 fr.

Groupe en terre cuite : les *Frisonnes*, 300 fr. ; la *Confidence*, 400 fr. ; le *Baiser d'amour*, 435 francs ; *Faune et Bacchantes*, décor de jardinière, 400 fr. Parmi les statuettes de terre cuite, la *Diane aux chiens*, 355 fr., et la *Source*, 350 francs, ont atteint les prix les plus élevés. Bustes inédits, *Antiope*, 400 fr. ; *Tamyris*, 395 francs, *Gallia*, 590 fr. Dans les dessins, celui des *Arts guidés par la Sagesse*, grand dessin ayant servi de modèle au vase du musée de Sèvres, 300 fr., mérite seul d'être mentionné.

La dernière vacation a été consacrée à la collection particulière de l'artiste. Nous y relevons :

Cinq panneaux en tapisserie de Bruxelles du dix-septième siècle, à sujets guerriers, tirés de l'histoire romaine, 961 fr. ; deux portières lambrequins, tapisserie de soie à fleurs du dix-septième siècle, 940 fr. ; une soupière de Rouen, 350 fr. ; une crédence en bois sculpté du seizième siècle, 900 fr. ; un meuble à deux corps, bois sculpté de la même époque, 905 fr.

La vente de Carrier-Belleuse a produit environ 60,000 francs.

NÉCROLOGIE

Adolphe Siret est décédé à Anvers, le 6 janvier 1888.

Membre de l'Académie royale de Belgique, commissaire honoraire de l'arrondissement de Saint-Nicolas, chevalier de l'Ordre de Léopold, Adolphe Siret était né à Beaumont (Hainaut) le 15 juillet 1818.

Adolphe Siret avait débuté dans les lettres par un volume de vers : *les Genêts*. Il essaya ensuite de la littérature dramatique, mais c'est surtout comme écrivain d'art qu'il s'est fait un nom, en publiant son *Dictionnaire historique* des peintres de toutes les écoles, et en fondant le *Journal des Beaux-Arts*. Il appartenait à l'Académie depuis 22 ans.

On annonce la mort d'un peintre de talent, M. de Beaumont. Artiste très distingué et d'une grande finesse, il a remporté pendant longtemps de très beaux succès aux salons annuels. Un de ses tableaux figure au Luxembourg. M. de Beaumont n'était âgé que de soixante-six ans.

L'ART ANECDOTIQUE

Comme quoi nos peintres ont le sentiment des nuances, d'après Paul Courty, du *Journal amusant* :

Henner allant un jour chez Chapu, qui tenait à lui faire voir une statue en train, s'y rencontra avec un peintre des plus médiocres, lequel, de son côté, venait présenter au sculpteur un de ses tableaux.

Quand le barbouilleur sut à qui il avait affaire :

— Cher maître, dit-il à Henner, je serais bien heureux d'avoir votre opinion sur mon œuvre.

Henner s'approche, regarde un instant à peine, et froidement :

— C'est très bien, très bien !

— Votre éloge me comble, maître, reprend l'autre ; mais ne pourriez-vous me donner une appréciation plus détaillée ? Ne craignez point de me fâcher ; je suis homme à supporter la vérité.

Et Henner, toujours glacial :

— Non, c'est très bien, très bien !

Pendant cette petite scène, Chapu avait eu le temps d'enlever les linges mouillés qui cachaient sa statue, et l'œuvre apparaissait éclatante.

Alors Henner, avec enthousiasme :

— Ah ! ça, c'est bien !

ÉCHOS ET NOUVELLES

Le Président de la République, accompagné de Mme Carnot et du général Brugère, secrétaire général de la Présidence, a visité samedi, à l'école des Beaux-Arts, l'exposition des œuvres du regretté peintre Gustave Guillaumet.

M. Faye, ministre des Beaux-Arts ; M. Castagnary, directeur des Beaux-Arts ; M. Jules Comte, directeur des bâtiments civils ; M. Kaempfem, directeur du Louvre ; MM. Gustave Boulanger et Paul Dalin, membres de l'Institut, entouraient le Président de la République, qui a été reçu et conduit à travers les salles par M. Roger-Ballu, inspecteur des Beaux-Arts, chargé de l'organisation de l'exposition.

On annonce pour les premiers jours de février l'ouverture de l'exposition annuelle du Cercle des Mirlitons. Parmi les portraits qui figureront à cette exposition, nous pouvons citer celui de Mlle Darlaud, la ravissante Bettina de l'*Abbé Constantin*, par M. André Brouillet, dont on se rappelle le succès au Salon de l'an dernier, avec son grand tableau, *Charcot à la Salpétrière*.

Le sculpteur Delaplanche vient de terminer la statue d'Homère destinée à la Sorbonne.

Cette statue qui représente l'auteur de l'*Iliade* assis, ne mesure pas moins de 2 m. 45.

Comme son mari à Bellème, Mme Boucicaut va bientôt avoir statue à Verjux (Saône-et-Loire), dans son village natal.

MM. Boileau et Perrey, le premier architecte et le second sculpteur, ont été chargés d'exécuter ce monument.

Ces deux artistes seront heureux de pouvoir contribuer à l'hommage rendu à cette femme de bien, dont ils sont eux-mêmes les obligés.

M. Perrey, pour avoir sculpté une partie du monument du Bon-Marché et organisé la galerie des tableaux dans ce magasin, a été inscrit dans le testament pour une forte somme.

M. Boileau est l'architecte qui a construit le pont de Verjux, dont Mme Boucicaut avait gratifié ses compatriotes.

Les journaux russes nous apprennent que le musée impérial de l'Ermitage possède actuellement 948 tableaux de l'école flamande. La section des maîtres anciens français, qui est la plus riche de l'univers après celle du Louvre, se compose de 172 toiles.

Le musée de l'Ermitage possède notamment des Rembrandt de premier ordre et de fort beau Rubens, parmi lesquels le célèbre portrait d'Hélène Fourment, la seconde femme du grand peintre anversois.

*

L'ouverture de la salle des portraits est annoncée comme devant être très prochaine ; mais le jour n'est point encore fixé.

C'est à tort que l'on a annoncé que certains peintres auraient été invités à offrir leurs portraits au Louvre, tandis que d'autres se trouveraient exclus de la liste des demandes ; nous sommes en mesure d'assurer qu'aucun portrait n'a été demandé, qu'aucune liste n'a été dressée ; la commission spéciale instituée par le ministre pour cet objet n'a même pas été convoquée.

Quant à la salle elle-même, nos lecteurs savent qu'elle est essentiellement provisoire. Il y a déjà plusieurs semaines qu'à la demande de la direction des beaux-arts, l'architecte du Louvre, M. Guillaume, étudie l'aménagement d'une salle répondant d'une façon complète au but de l'institution et ayant l'élasticité nécessaire pour assurer son développement futur.

Cette salle définitive se trouverait dans le voisinage de la salle des Etats, occupée autrefois par le conseil municipal de Paris et, plus tard, par l'exposition des diamants de la couronne.

*

Le jury de l'académie Julian vient de rendre les jugements suivants pour les concours de décembre 1887 :

CONCOURS D'ACADÉMIE (FEMME)

1 Lenoir Charles.	5 Triquet.
2 Brun Clément.	6 De Plument.
3 Duvent.	7 De Bouteyre.
4 Fox.	8 Gallen.

CONCOURS DES 4 SEMAINES

Figures dessinées.

Prix *ex-æquo :* Weatherstone.
Mentions : Alston. Lévy H-L., Richardson.

Esquisses peintes.

Prix *ex-æquo :* Devambez.

SCULPTURE

CONCOURS D'ACADÉMIE (HOMME)

1 Fosse.
2 { Laurent.
{ Reymond.
3 Dubois.
4 Reverdy.

Bulletin des Expositions et Concours

Barcelone. — Du 15 septembre 1887 au 15 avril 1888.

Basses-Loges. — Exposition permanente régionale. Envois à M. Dorion, atelier des Basses-Loges, près la gare de Fontainebleau.

L'Imprimeur-Gérant : HENRY LEFEBVRE.

Compiègne. — Imprimerie HENRY LEFEBVRE.

LA VIE ARTISTIQUE

COURRIER HEBDOMADAIRE ILLUSTRÉ

Des Ateliers, des Expositions & des Théâtres

BUREAUX A PARIS	DIMANCHE 22 JANVIER 1888	ABONNEMENTS
42, Rue de Chabrol, 42	2e ANNÉE — N° 3	Un An : DIX FRANCS

LES LETTRES

Et la Société libre des Beaux-Arts.

Un journal du soir, *La France*, a bien voulu tout dernièrement, par la plume de M. René Vincy, s'occuper de la création de la *Société libre des lettres et des beaux-arts*.

Il paraît que mon distingué confrère juge mon enthousiasme exagéré, — s'il savait que depuis lors il a grandi encore, que dirait-il?... — En termes forts galants et courtois, il me remercie, il loue mon projet, mais un peu de haut, par complaisance. La bonne intention l'a touché : voilà tout. Il est travaillé de doutes à l'endroit de la réussite. Toutefois, il affirme lui-même qu'il se gardera bien de me décourager, et c'est à cette résolution là que je dois sans doute la bénignité de ses critiques et le peu de force de ses objections.

On se rappelle que la mission principale de la Société nouvelle sera d'aider l'artiste aux heures de la production, de soustraire le militant, peintre ou homme de lettres, aux difficultés de la vie, mais à une condition *sine qua non*, c'est qu'il y ait eu indice ou révélation de talent.

Hier, on me parlait d'un peintre qui s'était résigné à ne pas exposer cette année au Salon, faute de fonds. L'histoire du grand prix de Rome en musique devenu chef de gare, n'est pas une légende ; et combien d'écrivains ont dû faire de la copie à tant la ligne, parce que, n'ayant pas le pain quotidien assuré, ils manquaient de cette tranquillité d'esprit nécessaire à l'élaboration d'une œuvre ! Cette idée de tendre la main à des jeunes étreints par la vie me paraît en elle-

même si simple, si rationnelle, que je m'étonne vraiment qu'elle n'ait pas reçu plus tôt une forme pratique, qu'elle n'ait point servi de départ à une institution quelconque.

Or, l'argument premier qu'on m'oppose est celui-ci : « Comment découvrir le talent ? Comment distinguer le futur grand romancier du futur raté ? Balzac a écrit dix romans sur le vu desquels il eût fallu lui conseiller de renoncer à la littérature. »

Certes, personne en ce monde ne peut avoir la prétention d'être infaillible prophète. Avant qu'ils n'aient été couvés, qui peut reconnaître les œufs clairs? Par défiance envers la nature, faut-il les casser tous ? Si notre Société avait existé du temps de la toute-jeunesse de Balzac, elle eût bien fait de l'éconduire. Mais, après l'apparition de la première œuvre qui, en marquant une manière nouvelle, révélait un talent, croit-on que Balzac soit entré de plain-pied dans le succès et la prospérité? C'est à cette heure-là précise où sa notoriété naissante avait encore à se débattre contre le souvenir d'échecs antérieurs mérités, que nous aurions pu intervenir, le soutenir, l'arracher aux soucis d'une situation précaire. Notez que si, au lieu de tout autre, je prends comme exemple l'auteur de la *Comédie humaine*, c'est qu'on m'a fait l'honneur d'évoquer sa grande ombre pour démontrer l'utopie d'un projet qui demain entrera dans le domaine des faits.

Après Balzac, voici Flaubert. On nous accorde la découverte d'un génie quelconque. L'hypothèse est tout au moins flatteuse et nous nous y plaisons. Mais, sait-on quel coup droit terrible elle nous ménage ? — Non, vous ne le savez pas. « Le futur génie est découvert ; combien « de temps le secours accordé lui sera-t-il main-

— 18 —

« tenu ? Jusqu'à complet achèvement de son
« œuvre ? Mais si, comme Flaubert pour *Ma-*
« *dame Bovary*, il a besoin de sept années pour
« cela ? L'aidera-t-on un si long temps ? »

Voilà le coup reçu. Las ! nous ne sommes pas
encore morts, ni même blessés. Sans vouloir
donner une prime aux rapides pondaisons littéraires, j'imagine qu'il ne faut pas d'ordinaire
sept ans pour écrire un roman : ce serait un
grand mal pour les éditeurs, les cabinets de
lecture, pour tout le public ; ce serait une preuve
navrante de l'appauvrissement de notre littérature nationale. Et l'on avouera que combattre
une idée générale, un principe, par la citation
d'un fait particulier, d'une exception peut-être
unique, est un procédé de discussion dont je ne
saurais me plaindre. Flaubert, qui avait de l'aisance, se plaisait aux conceptions et aux exécutions lentes, il poussait la recherche, dit-on,
jusqu'à raturer les mots qui, vus à distance, ne
faisaient pas bien dans la ligne. Ce procédé d'artiste raffiné, difficile à se contenter soi-même,
n'a pas heureusement créé d'école. Cette sorte
de septennat dans l'incubation n'est point, que
je sache, devenue de règle. Pourquoi, dès lors,
s'en tourmenter l'esprit ! N'importe. J'ai grand
plaisir à remercier M. René Vincy qui a été
jusqu'au bout de la prévoyance et de la sollicitude, et ne voulant laisser aucune objection dans
l'ombre, si petite qu'elle fût, a cru devoir s'attacher à celle-là.

On m'accordera que je ne me soustrais point
à la discussion. Je la serre, au contraire, tant
que je puis et je reprends argument par argument.

Il paraît que M. Duquesnel a refusé de monter
à la Porte-Saint-Martin une pièce déclarée fort
remarquable d'un jeune auteur, parce que la
mise en scène exigeait quatre-vingt mille francs !
Si elle avait été signée Sardou, assure-t-on, les
écus auraient dansé. Mais engager une aussi
grosse somme en faveur d'un débutant, c'était
courir de grands risques, et la direction, prudente, a décliné l'entreprise.

« Eh bien ! nous est-il demandé, qu'auriez-
vous fait dans l'espèce ? Les auriez-vous avancés,
vous, les quatre-vingt mille francs ? Non, n'est-
ce pas ? » Et la conclusion sous-entendue est
celle-ci : « Vous le voyez : votre projet n'est que
chimérique. »

Mais, j'ai hâte de répondre que les pièces de
théâtre ne demandent pas plus toutes quatre-
vingt mille francs que les romans n'exigent tous
une période de sept ans pour venir au monde.
Autrement, toutes les directions de théâtre seraient ruinées, et il faudrait mettre la clef sur la
porte des salles de spectacle. Grâce au ciel, le

talent peut encore se manifester à moins de frais.
Sans examiner la grave question de savoir si
les somptuosités fastueuses des mises en scène
contemporaines servent réellement le grand art
dramatique, il est évident que le mérite d'une
pièce est indépendant des frais qu'elle a nécessités, et qu'il y a des chefs-d'œuvre qui ne coûtent
pas cher à représenter.

D'ailleurs, dussé-je ressembler au renard devant les raisins, j'estime que, quand même nous
pourrions disposer un jour d'une pareille somme,
facilement, pour plusieurs pièces à la fois, ce
serait mauvaise chose que de le faire. Les directeurs de théâtre prendraient la douce habitude de vendre des droits de représentation et
pourraient être amenés à préférer de parti pris
les auteurs escortés de capitaux à ceux qui ne
se présenteraient que sous le patronage d'un talent consacré. Mais c'est là un tout autre côté
de la question.

En dehors des subsides pécuniaires, des
avances de premiers frais, notre Société aura
une action utile autant que belle à exercer par
son influence. Forte de l'autorité des membres
de son comité, elle viendra à bout des résistances d'un directeur, elle excitera l'esprit d'initiative d'un éditeur.

« Tout cela est bien, très beau, nous réplique-
t-on ; supposons même l'éditeur payé, le directeur de théâtre commandité ; mais qui forcera
le public à acheter le livre, à aller voir jouer la
pièce ? »

Ah, non ? en vérité, je ne m'attendais pas à
cette botte. Peut-être vais-je augmenter les inquiétudes du scrupuleux examinateur de mon
projet ? Toutefois j'avoue franchement que nous
n'avons nullement l'intention, tous tant que
nous sommes, de monter sur les tréteaux à la
porte des théâtres pour faire entrer la foule à
son de grosses caisses ; nous ne pousserons même
pas le dévouement jusqu'à organiser une armée
de claqueurs au parterre et au poulailler.

Mais, pour parler sérieusement, ne sera-ce pas
déjà un très louable résultat, et dont nous serons
fiers, si nous parvenons par nos efforts à faire
voir les feux de la rampe ou la vitrine d'un li-
braire à une œuvre digne de la publicité, et qui,
sans nous, aurait dormi dans les cartons verts et
dans la poussière des manuscrits ?

Il est des ouvrages dont le succès marche tout
seul, comme les poussins dès leur naissance ;
c'était le jour et la lumière qu'il leur fallait. Le
public, d'ailleurs, n'est pas si fermé encore
qu'on veut bien le dire. Souvenez-vous de ce
qui se passa, il y a plus de vingt ans, dans un
théâtre. On y joua une saynète, un duo d'amour
en vers, qui, léger comme un chant de fauvette,

ne semblait pas devoir impressionner la foule. Le lendemain de la première, la petite brochure jaune était dans toutes les mains, le nom de l'auteur sur toutes les lèvres. Et le théâtre était l'Odéon lointain. M. François Coppée siège aujourd'hui à l'Académie française ; y siègerait-il sans le *Passant*, qui le livra tout vif à la célébrité ? Il avait pu à son heure avoir la scène : combien ne sont jamais arrivés à l'obtenir !

Il est d'autres ouvrages, oh ! je ne le conteste pas ! qui, sans même rencontrer l'indifférence, sont tenus systématiquement à l'écart par des coteries triomphantes, inquiètes d'être détrônées. Nous bataillerons pour ces ouvrages des jeunes. Nos amis, nos sociétaires de la presse, livreront le combat ; les polémiques ne sont en somme que favorables au mérite ; et ce sera la partie active de notre tâche, de notre mission, de notre devoir.

Ici, j'imagine, je vise la dernière objection de M. René Vincy ; les vieux, dit-il, sont arrivés au succès, à la fortune, à la gloire ; ils y sont, et prétendent y rester. D'accord. A la tradition nous adressons notre respect, mais nous voulons, nous, la lumière, comme c'est notre droit. La dernière pensée, empreinte de mélancolie, de l'article auquel j'ai répondu point par point, sans parler « de mes peintres et de mes sculpteurs », légitime notre œuvre, elle en affirme toute la raison d'être. Aider, soutenir les militants pendant la lutte, voilà notre programme. Quant au surplus, nous ne croirons jamais pour l'artiste à la nécessité de la misère.

Roger-Ballu.

LA QUESTION DU NU

Nos lecteurs se rappellent sans doute avoir vu, étalé à toutes les vitrines, un intéressant dessin de Willette, — le peintre des Pierrots et des Colombines, — représentant une femme nue, « la sainte Démocratie » accoudée à la Guillotine et « attendant des amants. »

Il y avait dans l'œuvre une Pensée politique. Le parquet voulut poursuivre, sous prétexte..... d'indécence ? *Caliban* a pris fait et cause pour l'artiste. Il a plaidé.... dans le *Figaro* la cause de Willette, et esquissé, pour son avocat possible l'égayant et très topique plaidoyer que voici :

« — Haussons le débat, messieurs, et portons-le sur un tertre plus digne de votre jurisprudence érudite. La représentation du corps nu — du corps humain s'entend, car celle du corps des autres animaux est autorisée la représentation par les arts, dis-je, du corps humain sans poil et sans plume attente-t-elle à l'ensemble des conventions mystico-sociales dont se compose la morale ? Telle est la question connue sous le nom de question du « nu ». A cela, nos accusateurs répondent : — Oui, elle y attente. Les sociétés occidentales et christianisées étant des sociétés habillées et cachant leurs formes, tout ce qui rappelle ces formes, ou les évoque, constitue un fait d'indécence, soit de pornographie. — Je consens à l'admettre. Mais si le nu est pornographique, le nu féminin l'est-il plus que le masculin ? Vous dites qu'il l'est incontestablement davantage, et parlant ainsi, vous sous-entendez : pour les hommes. De telle sorte que si Willette, au lieu de sa jeune nymphe décolletée jusqu'aux talons, avait assis sur sa guillotine un jeune faune, il n'eût point même été inquiété ? Ce jeune faune n'aurait donc pas produit sur les femmes le même effet pornographique que la jeune nymphe sur les hommes ? Pardon, qu'en savez-vous ? Y a-t-il des représentants du beau sexe parmi nos juges ? De quel droit me supposez-vous plus troublé par une Vénus que l'une de mes concitoyennes ne l'est par un Apollon ? Il y a donc un degré de nudité dans le nu ? — Oui. — Lequel ? Est-ce la différence des sexes ? Je ne vous soupçonne pas, messieurs, de penser une telle absurdité !. . »

Ainsi plaidera l'avocat de Willette, s'il sait plaider Et puis, il s'élancera dans les sphères de la Philosophie de l'Histoire.

« — Le nu, messieurs, le nu, voulez-vous que je vous dise ce que c'est que le nu ? Eh bien ! c'est ce qui nous reste de paganisme dans la macédoine de notre éducation hétéroclite, inconséquente et désordonnée. C'est un des ratas de la ratatouille. Les livres où des poètes heureux exaltaient la beauté du corps et sa force se mêlent, dans nos bibliothèques classiques, avec ceux où des prophètes chantent la mortification et le cilice. Entre deux enseignements, sans compter les autres, dont l'un ravale ce que l'autre célèbre, qui donne au mal ce que l'autre attribue au bien, et qui voit des dieux là où l'autre ne reconnaît que le démon ; entre ce paganisme enfin qui édifia sous des formes idéales toutes les forces de la nature et leur dressa des autels à tous les coins des bois, et le culte miséricordieux, doux aux faibles, dont le Christ a promulgué la loi triste et pleine d'angoisses éternelles, les malheureux civilisés hésitent encore, après dix-huit cents ans, et ils ne peuvent se décider. Notre christianisme, messieurs, est incurablement atteint d'idolâtrie, et le nu, que vous n'osez proscrire ni tolérer, est l'expression de l'incertitude universelle où nous nous débattons entre deux traditions également vénérables et sacrées. C'est pourquoi l'artiste moderne lui reste fidèle.

Le christianisme n'admet le nu que dans la mort, et le Sauveur ne quitta sa tunique sans couture qu'à l'heure seule du crucifiement. Car le corps n'est pas admis aux joies de la révélation, et la seule beauté qui soit agréable au Dieu des humbles est la beauté de l'âme. La plus pure forme plastique n'est à ses yeux que la guenille et le cocon, et l'idée de l'indécence du nu vous vient de cette doctrine évangélique à laquelle vous devez la moitié de votre éducation. La moitié seulement, Messieurs, puisque vous devez l'autre aux poètes païens, aux prêtres d'une Mythologie persistante, au culte virtuel d'un Olympe où cette guenille est divinisée dans toutes ses incarnations.

Donc, d'une part, le corps humain vous est présenté, dès l'enfance, comme la honte et la misère de l'espèce, et de l'autre, il en réalise la gloire et la splendeur. — « Voile-le », vous dit une voix surnaturelle. — « Exerce-le au soleil ! » vous ordonne une autre voix tonitruante. Et, comme Willette, vous ne savez plus à qui entendre, ô gallo-latins que vous êtes. Pour vous rendre à l'église de votre culte, vous traversez des allées remplies de dieux de l'autre culte, et vous avez dans la main gauche saint Augustin et Bossuet, et dans la main droite Platon et Sénèque. Que dis-je, votre culte, vous le célébrez dans la langue de l'autre, de telle sorte que tout est anomalie et incohérent en votre philosophie et que, adorateurs de la beauté naturelle, vous en arrivez à vouloir condamner ceux qui passent leur vie à la glorifier, sous prétexte qu'ils en divulguent le mystère à des gens qui le savent par cœur. . .

Eh bien! Messieurs, voici autant d'exemplaires du dessein de Willette que vous êtes de juges à ce tribunal. Que celui d'entre vous qui, en sortant de l'audience, ne courra pas le faire encadrer pour le suspendre dans son cabinet se lève et lui jette la sentence de mort!

Caliban a eu gain de cause.

Une ordonnance de non-lieu a été rendu au profit de Willette.

Décidément, il y a des juges qui sont gens d'esprit.

L'EXPOSITION DE 1889

Par arrêté en date du 13 janvier 1888, le ministre du commerce et de l'industrie, commissaire général de l'Exposition universelle de 1889, a nommé :

1° Vice-président de la commission d'organisation et de direction des congrès et conférences, M. Meissonier, membre de l'Académie des beaux-arts;

2° Membre du comité de la section II (beaux-arts) des congrès et conférences, M. Puvis de Chavannes, membre du conseil supérieur des beaux-arts, en remplacement de M. Meissonier, nommé vice-président de la commission d'organisation et de direction.

DEUX MARBRES ROYAUX

MM. Gautherin et Chapu sont occupés en ce moment à tailler dans le marbre les bustes de la princesse de Galles et de l'impératrice de Russie.

L'histoire des circonstances dans lesquelles ils y furent amenés est curieuse.

Elle vaut qu'on la raconte, ne fût-ce que pour montrer en quelle estime on tient nos artistes à l'étranger.

Entre toutes les galeries particulières, une des plus célèbres, et qui peut aller de pair avec les musées d'Etat, est celle de M. Jacobsen, un nabab de Copenhague. Tous les maîtres français modernes y sont représentés par quelque chef-d'œuvre, mais les sculpteurs y tiennent la plus large place, comme il sied chez un compatriote de Thorwaldsen. On y trouve, à côté de fragments superbes de Barrias, Gautherin, etc., l'œuvre *entier* de Mercié, de Dubois et de Chapu. Il y a là telle statue ou tel groupe dont la possession a nécessité, de la part du propriétaire, la volonté la plus tenace jointe à la diplomatie la plus astucieuse.

Le *Gloria Victis* de Mercié, par exemple, et le *Paradis perdu*, de Gautherin, appartiennent à la Ville de Paris ; et l'on sait que la Ville, pas plus que l'Etat, n'autorise un artiste à tirer un second exemplaire de l'œuvre dont elle s'est faite acquéreur, à moins qu'il ne s'agisse de réductions en bronze. Or, ces deux chefs-d'œuvre sont chez M. Jacobsen, absolument identiques aux originaux. Rien ne démontre mieux, ce me

semble, la cordiale intimité qui règne entre la nation française et la nation danoise.

Il avait une marotte, notre nabab : c'était d'avoir dans son Musée les deux filles de son souverain, l'impératrice de Russie et la princesse de Galles, et de les avoir ciselées par deux de ses maîtres favoris, Gautherin et Chapu. Mais il fallait l'autorisation du roi Christian : elle lui fut accordée, à la condition qu'il léguerait au royaume de Danemarck ces marbres augustes.

Le pacte conclu, la commande faite aux deux artistes, restait la plus grosse difficulté : entrer en relations avec les modèles. M. de Mohrenheim s'entremit gracieusement auprès de la Czarine, pour qu'elle daignât poser devant Gautherin ; tandis que Chapu partait pour Londres où, pendant quelques jours, il essaya vainement d'approcher la princesse de Galles. Et il rentrait à Paris, découragé, lorsqu'il reçut de Fredensborg une dépêche ainsi conçue :

« Impératrice et princesse sont ici qui consentent à poser. Venez vite. — GAUTHERIN. »

Chapu refit ses malles et débarqua trois jours après à Fredensborg, où l'attendait son modèle.

Nos deux artistes passèrent là des mois délicieux, en un commerce exquis avec cette admirable famille royale, et, de leur aveu, jamais modèles ne furent plus dociles ni plus complaisants.

L'esquisse des statues une fois terminée, on fit des bustes, puis des médaillons. Bref, Gautherin et Chapu seraient encore là-bas, si la Czarine n'avait dû quitter le Danemark pour la Russie et la princesse de Galles pour l'Angleterre.

Aujourd'hui, les deux statues s'achèvent à la lumière de l'atelier. Mais Gautherin a de l'avance.

La Czarine est assise, de grandeur nature, en son costume de grand gala, le diadème au front, le voile de dentelles retombant sur les épaules, au cou les fameux rangs de perles, la robe, bordée d'hermine, décolletée en carré, et la grande traine de cour. Elle tient de la main gauche les plans des nombreuses institutions philanthropiques qu'elle a fondées ; la droite est levée légèrement, comme suspendue au cours d'une conversation. Un air de mélancolie profonde et de suave douceur est répandu sur cette tête fine de marquise du dix-huitième siècle.

Quant à la statue de la princesse de Galles, elle n'est encore qu'à l'état d'ébauche. D'ailleurs, à peu de chose près, la pose sera semblable à celle de la Czarine, assise comme elle ; et, comme elle, grandeur nature. Il n'y aura guère de différence que dans le costume et dans le mouvement.

On fait en ce moment d'actives démarches pour obtenir l'autorisation d'exposer ces statue au Salon de 1889. Et, puisque j'ai parlé de buste, l'Exposition prochaine des Mirlitons nous réserve peut-être à cet égard une précieuse surprise. La diplomatie de la rue de Grenelle est en jeu. Chut! j'ai promis le secret.

Mais n'est-ce pas qu'il a grande allure ce Danois qui, non content d'avoir chez lui les chefs-d'œuvre des rois de l'art, y veut encore des statues de reines ciselées par ces rois ?

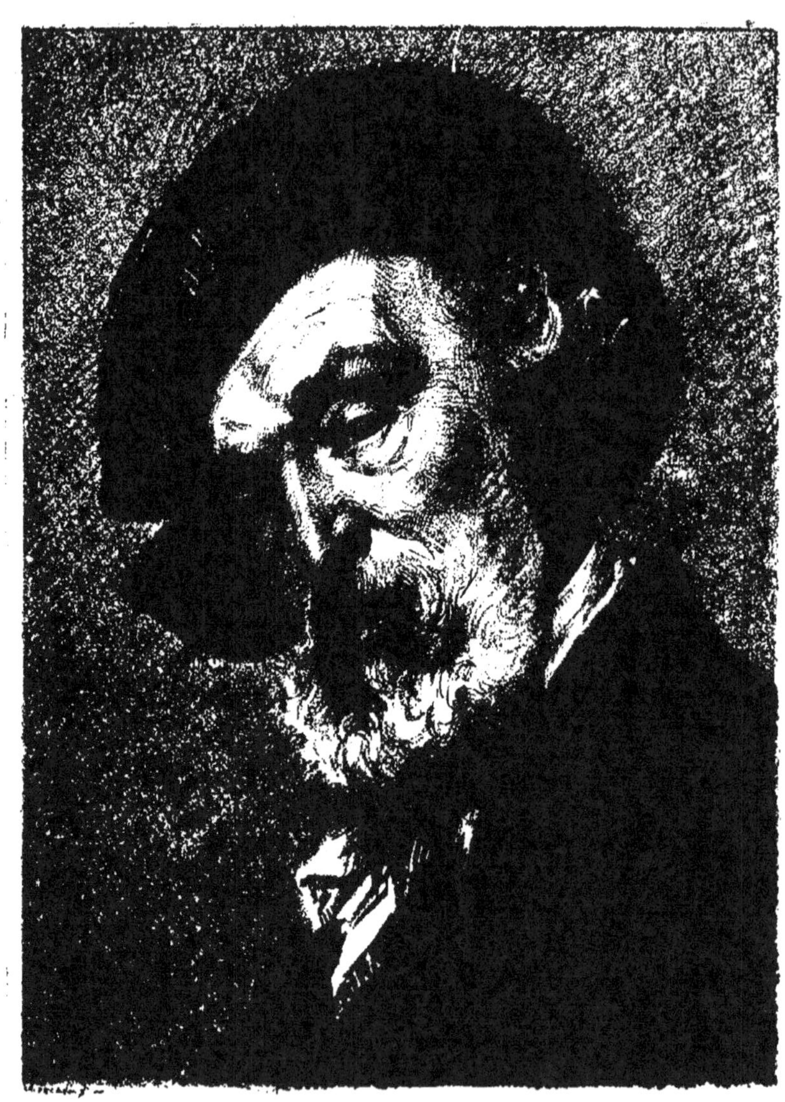

DANTAN AINÉ

(Dessin d'Edouard Dantan).

LES SALONS EN ARCADES
De l'Hôtel de Ville.

——

On sait que le conseil municipal a nommé une commission chargée de lui soumettre un plan d'ensemble pour la décoration picturale de l'Hôtel de Ville et de désigner les artistes auxquels pourrait être confiée l'exécution des diverses parties de cette décoration. Nous avons dit que cette commission avait déjà proposé M. Delaunay pour le plafond de l'escalier du préfet, MM. Jules Lefebvre, Bonnat et Besnard pour les plafonds des salons en arcades, M. Jean-Paul Laurens pour les fresques du salon-fumoir, M. Cabanel pour les voussures de la salle des Cariatides, enfin MM. Roll et Puvis de Chavannes pour les fresques des deux vestibules qui donnent accès aux deux salons annexes de la salle des Fêtes.

La commission, dans ses dernières séances, s'est occupée plus spécialement de la décoration des salons en arcades, qui présentent le plus d'importance au point de vue pictural. Les architectes de l'Hôtel de Ville, MM. Ballu et de Perthes, ont, en effet, réservé dans ces salons le plus grand nombre de surfaces propres à recevoir des peintures. Ces salons constituent plutôt un grand salon coupé par des murs de refend percés de larges baies en forme d'arcades.

La commission a pensé que chaque petit salon pouvait être considéré comme indépendant des autres, et que l'on pouvait confier l'exécution des trois plafonds à trois peintres différents, au lieu de conserver, pour l'ensemble décoratif, une unité de facture et de conception. Elle a proposé à M. Bonnat de prendre le plafond du milieu et d'y peindre les Arts. MM. Jules Lefebvre et Besnard représenteraient dans les autres salons : le premier, les Lettres, et le second, les Sciences.

On aurait pu penser que la commission aurait confié à ces trois artistes le soin de peindre toutes les surfaces qui font partie de la décoration du plafond, c'est-à-dire les écoinçons situés au-dessus des arcades, les frises placées sur les fenêtres et les dessus de portes. Mais il paraît que l'idée du conseil municipal est de morceler le travail le plus possible afin de faire concourir un grand nombre de peintres à la décoration de l'Hôtel de Ville, et d'obtenir, par suite, une sorte de collection comprenant les œuvres des différents artistes qui composent notre école moderne. La commission a donc décidé que les écoinçons, les frises, les dessus de portes, les médaillons et les vingt-quatre panneaux verticaux, qui se trouvent sur les divers piliers ou entre-fenêtres, seraient donnés à des peintres différents. Toutefois, elle a reconnu que les surfaces situées au-dessus des corniches formaient un ensemble décoratif dans lequel il devait exister une réelle harmonie. En conséquence, elle a prié MM. Bonnat, Jules Lefebvre et Besnard de dresser une liste d'artistes auxquels on accorderait les dessus de portes, les frises et les écoinçons. Ces messieurs ont fait, lundi matin, leurs propositions à la commission et voici quelles désignations ont été faites :

1er salon. — Les *Lettres*. Plafond : M. Jules Lefebvre ; dessus de portes : M. Henner : frises : M. Cormon ; écoinçons : M. Maignan ; médaillons : M. Raphael Collin.

2e salon. — Les *Arts*. Plafond : M. Bonnat ; frises : M. Glaise ; écoinçons : M. Gabriel Ferrier ; médaillons : M. Rivey.

3e salon. — Les *Sciences*. Plafond : M. Besnard ; frises : M. Gervex ; dessus de portes : M. Duez ; écoinçons : M. Gabriel Ferrier ; médaillons : M. Marchal.

Les collaborateurs de MM. Jules Lefebvre, Bonnat et Besnard, pour les dessus de portes et les frises, devront représenter des scènes se rapportant aux lettres, aux sciences et aux arts. Dans les médaillons, MM. Collin, Rivey et Marchal feront probablement les profils des principaux hommes de lettres, artistes ou savants de notre siècle.

————◆————

LES ACQUISITIONS
De l'Union centrale des arts décoratifs

——

L'Union centrale des arts décoratifs a ouvert une exposition intéressante : celle des objets achetés aux industriels et ouvriers d'art qui avaient récemment rempli de collections si précieuses le palais de l'Industrie.

Ce sont, tout d'abord, de nombreux emprunts aux musées d'art des pays voisins, qui sont très riches déjà : une première vitrine renferme les copies d'œuvres appartenant aux galeries de Berlin, de Vienne, de Buda-Pesth. De Berlin vient le magnifique pot à boire à couvercle en argent repoussé et doré, qui est un merveilleux spécimen de travail des ciseleurs au quinzième siècle ; il a été payé 2.375 francs. Du même musée, un superbe pokal gothique en argent (935 francs) et des coupes de toute beauté.

Dans la vitrine qui fait face à celle-là, on aperçoit le splendide morceau de verrerie dont nous avons raconté l'histoire : cette lampe en verre bleu que M. Brocard fabriqua pour M. Goupil, et que celui-ci présentait aux collectionneurs ébahis comme le chef-d'œuvre d'un ouvrier arabe. M. Brocard eut la délicatesse de révéler l'origine de cette lampe et de couper court à une légende fâcheuse pour la bourse des « connaisseurs » ; ceux-ci estimaient déjà à 40,000 fr. cette merveille pour laquelle ils n'eussent pas offert le vingtième de ce prix s'ils en avaient connu l'auteur.

Nous signalerons de délicates boiseries de l'époque Louis XIV, un surtout de glace Régence ; une table Louis XV qui provient des ateliers de M. Fourdinois ; de délicieuses miniatures persanes et toute une collection d'aquarelles japonaises exquises. Puis des dentelles de toute provenance, parmi lesquelles de superbes points d'Alençon ; une robe Louis XV, vert émeraude, d'un travail exquis ; un très joli pourpoint vénitien rouge doré ; enfin, à côtés de casques et de lances d'origine allemande, des ustensiles de table, cuillères et fourchettes du dix-huitième siècle, qui sont d'un bien délicat modèle.

LES VENTES PUBLIQUES

—

Les œuvres modernes des maîtres de l'école française atteignent, à l'étranger, des prix extraordinaires.

On vient de vendre, à Bruxelles, le célèbre tableau de J.-F. Millet, l'*Homme à la Houe* : il a été acquis par M. Van den Eynde, au prix de 125,000 fr.

Lors de l'apparition de ce tableau au Salon de 1863, Millet, pour répondre aux critiques violentes qui l'assaillirent, écrivit à son ami Sensier une lettre dont nous extrayons le passage suivant :

..... Les on-dit sur mon *Homme à la Houe* me semblent toujours bien étranges, et je vous remercie de me les communiquer..... Il en est qui disent que je nie les charmes de la campagne..... Je vois très bien les auréoles des pissenlits, et le soleil qui étale, là-bas, bien loin, par delà le pays, sa gloire dans les nuages. Je n'en vois pas moins dans la plaine, tout fumants, les chevaux qui labourent, puis, dans un endroit rocheux, un homme tout *enrené* dont on a entendu les han ! depuis le matin, qui tâche de se redresser un instant pour souffler. Le drame est enveloppé de splendeurs.

Cela n'est pas de mon invention, il y a longtemps que cette expression : *le cri de la terre*, est trouvée.

Ce tableau fut acheté au Salon de 1863, par M. Blanc, beau-père d'Alfred Stevens, au prix de 1,500 fr. On s'étonna alors qu'il se fût trouvé un original pour payer ce prix une œuvre aussi médiocre.

L'*Homme à la Houe* avait fait partie de la collection Defoer ; il fut adjugé, à la vente de cette galerie qui eut lieu, il y a quelques mois, 56,000 fr.

————— ◆ —————

NÉCROLOGIE

—

Nous avons annoncé sommairement, dans notre dernier numéro, la mort du peintre Ed. de Beaumont.

Complétons aujourd'hui nos indications.

Né en 1821, il était fils de Jean-Baptiste de Beaumont, sculpteur peu connu par ses œuvres, mais qui prit une part assez considérable à la création des galeries historiques de Versailles.

A l'exemple de son père, Edouard de Beaumont avait débuté par la sculpture, et s'étant trouvé par suite de ses relations paternelles, en rapport avec la famille d'Orléans, il aida dit-on, la princesse Marie à exécuter la *Jeanne-d'Arc* qui porte le nom de cette princesse.

Différents autres travaux de sculpture qu'il entreprit et qui lui coûtèrent beaucoup plus qu'ils ne lui rapportèrent l'obligèrent à abandonner un art aussi ingrat. Il se fit alors peintre.

Elève de Boisselier, il débuta par le paysage. Il exposa au Salon de 1838 une *Vue prise à Cernay*. Deux autres paysages marquèrent sa présence aux Salons de 1839 et 1840. Mais bientôt les dettes qu'il avait contractées comme sculpteur l'obligèrent à gaspiller son très réel talent en une foule de petites œuvres extrêmement maniérées, dont il illustra certains recueils périodiques, et qu'il reportait lui-même sur pierre.

Il se créa ainsi une réputation de lithographe léger et d'aquarelliste de petit genre.

Plus tard, quand les jours se firent meilleurs, de Beaumont voulut revenir à un ordre de travaux plus relevés.

Grand collectionneur d'épées, Edouard de Beaumont écrivit aussi à ses moments perdus, quelques ouvrages qui témoignent assurément d'une grande culture d'esprit, mais qui demeurent insuffisants pour assurer, à cet homme remarquable à tant d'égards, la célébrité posthume à laquelle il aurait pu prétendre s'il eût été plus maître de son sort.

Sur la tombe, M. Alexandre Dumas fils a prononcé le discours suivant :

Messieurs,

Je vais profiter, pour ainsi dire, de ce que Beaumont ne peut plus rien entendre pour vous parler un peu de lui, car c'était un homme d'une simplicité et d'une modestie telles que, s'il avait prévu sa mort, il m'aurait demandé qu'elle restât aussi ignorée, aussi secrète que possible. Il avait horreur de tout bruit, surtout du bruit dont il aurait pu profiter. Très connu, très estimé, très recherché comme artiste par les délicats et les raffinés, il était presque inconnu comme homme.

Nombre de ceux qui sont venus lui rendre un dernier hommage aujourd'hui ne savaient pas au juste, il y a deux jours, s'il était jeune ou vieux, mort ou vivant. Ses amis les plus intimes, cinq ou six de sa génération, nous ne pénétrions auprès de lui qu'à l'aide de certaines paroles magiques, de certains signaux convenus. Nul n'aura vécu plus retiré, plus solitaire dans le sens absolu du mot.

Il demeurait quelquefois quinze jours, trois semaines, sans sortir de son atelier ou de sa chambre, sans adresser la parole à un être humain, pendant ses repas de cénobite sur le coin de sa table de bois blanc. Il restait ainsi, dessinant, lisant, étudiant ; car il était un curieux, un lettré des plus érudits et des plus fins.

Il adorait le travail dont il avait fait ce qu'il doit être, l'ami le plus fidèle et l'agent le plus sûr de la dignité et de la liberté de l'homme. Il n'ambitionnait ni la gloire ni la richesse, mais il voulait les jouissances de l'esprit et l'indépendance du caractère. Il exécutait son œuvre avec tendresse, il la livrait au marchand ou à l'amateur et ajoutait le produit à son petit capital acquis par un travail opiniâtre et incessant, rêvant d'arriver à posséder quatre ou cinq mille livres de rente afin de n'avoir jamais ni à demander ni à recevoir.

Et cependant il pouvait disposer d'une fortune, d'une véritable fortune ; il n'avait qu'à étendre la main pour la saisir. Il était l'homme dans le monde qui se connaissait le mieux en épées. Il a écrit sur cette matière un livre des plus remarquables, l'*Epée et la Femme*, livre qui sera suivi de deux autres, entièrement terminés, contenant l'historique de toutes les épées célèbres. Il possédait trente-cinq ou quarante épées et dagues, entre les plus belles qui soient. Elles ne lui venaient ni par héritage de famille ni par don particulier. Du temps que l'on n'attachait pas grand prix à ces sortes d'objets, il les avait recherchés et achetés, Dieu sait au prix de quelle patience et de quels sacrifices ! C'était la passion de ce Bénédictin. Il avait donc une collection authentique, et qui est rare.

Un jour, devant moi, un amateur millionnaire lui dit : « Si vous voulez me laisser choisir vingt épées dans votre collection, je vous mets cinq cent mille francs sur cette table.

« Merci, lui répondit Beaumont, ce sont justement celles-là que je veux laisser au Musée de Cluny. »

Et il continua à travailler pour pouvoir faire à son pays ce présent royal.

J'ai raconté le fait à qui m'a demandé des détails sur notre ami ; il doit être déjà connu ; j'ai voulu le redire publiquement sur cette tombe, parce que les choses du désintéressement et de la générosité sont celles qu'on ne saurait trop répéter quand elles sont si simplement accomplies.

Edouard de Beaumont a beaucoup souffert par la maladie dont il est mort, maladie du cœur, celle des laborieux et des fiers. Depuis six mois sa vie n'était plus qu'une longue agonie, et ces quinze derniers jours ont été terribles de douleurs et de luttes. Heureusement la solitude qu'il avait tant aimée n'a pas abusé de cet amour, et en dehors de quelques amis qui le visitait assidùment, mais qui, n'étant que des hommes, étaient insuffisants à lui rendre tous les soins nécessaires, il avait trouvé ce qu'un cœur comme le sien devait trouver aux heures dernières, un dévouement de femme, dévouement jeune, constant, filial, discret, anonyme, qui, pour sa récompense, a eu la dernière pensée, le dernier sourire et la dernière larme de cet homme de talent qui fut un homme de bien.

ÉCHOS ET NOUVELLES

L'art français à l'étranger :

Le tableau qui, l'an dernier, a réalisé le chiffre le plus élevé de tous les tableaux vendus aux enchères en Angleterre est le portrait de Mme de Pompadour par Boucher. A la vente de la collection de lord Lonsdale, dont nous avons parlé, il a été payé 10.935 liv. sterl., soit 273.275 fr.

* * *

Par les soins du directeur des beaux-arts, une inscription commémorative de la fondation du musée du Louvre va être placée dans la Rotonde, au-dessus de la belle porte en fer forgé qui donne accès dans la galerie d'Apollon. Cette inscription, qui sera visible dans quelques jours, est ainsi conçue :

Le musée du Louvre
fondé le 16 septembre 1792
par décret de l'Assemblée législative
a été ouvert le 10 août 1793
en exécution d'un décret rendu par
la Convention nationale

* * *

Les délégués de l'Association des architectes diplômés ont été reçus, la semaine dernière, par le ministre des beaux-arts, auquel ils ont remis la lettre que voici :

Monsieur le Ministre,

Au mois de novembre 1886, M. Goblet, ministre des beaux-arts, fit annoncer que le monument destiné à perpétuer le souvenir de la Révolution française allait être mis au concours.

Au mois de février suivant, M. Berthelot, ministre des beaux-arts, institua une commission chargée d'élaborer les conditions du programme.

Au mois de juillet dernier, la Chambre des députés a voté les crédits nécessaires.

Les architectes soussignés, diplômés par le gouvernement, considérant qu'un délai de dix-huit mois seulement nous sépare du 14 juillet 1889, ont l'honneur, monsieur le ministre, de vous demander l'ouverture très prochaine de ce concours, depuis longtemps décidé et impatiemment attendu.

Persuadés que le gouvernement voudra lui donner un

éclat exceptionnel, ils émettent également le vœu que les délais accordés aux concurrents soient suffisamment longs, afin de permettre aux artistes de la nation tout entière d'y prendre une large part et de produire des œuvres sérieuses et dignes de la plus glorieuse date de notre histoire.

Veuillez agréer, etc., etc.

*

Sont nommés membres de la commission administrative des beaux-arts, pour une période de trois ans, à partir du 11 janvier :

Pour la section de peinture, M. J.-P. Laurens.

Pour la section de sculpture, M. Dalou.

Pour la section d'architecture, M. Bailly.

Pour la section comprenant un graveur en médaille un graveur en taille-douce et un membre hors catégorie, M. Liouville.

Bulletin des Expositions et Concours

Barcelone. — Du 15 septembre 1887 au 15 avril 1888.

Basses-Loges. — Exposition permanente régionale. Envois à M. Dorion, atelier des Basses-Loges, près la gare de Fontainebleau.

Gand. — Exposition d'arts industriels en 1888.

Pau. — Du 15 janvier au 15 mars 1888. — Dépôt chez Pottier, 14, rue Gaillon, du 25 novembre au 8 décembre 1887.

L'Imprimeur-Gérant : HENRY LEFEBVRE.

LA VIE ARTISTIQUE

COURRIER HEBDOMADAIRE ILLUSTRÉ

Des Ateliers, des Expositions & des Théâtres

BUREAUX A PARIS
42, Rue de Chabrol, 42

DIMANCHE 29 JANVIER 1888
2e ANNÉE — N° 4

ABONNEMENTS
Un An : DIX FRANCS

LE BANQUET DU 24 JANVIER

C'est mardi dernier qu'a eu lieu au *Lyon d'Or*, — une hostellerie amie des arts, dont l'aménagement et la décoration procèdent d'un goût épuré, — le banquet offert au sculpteur Rodin et au peintre Besnard, par un groupe de leurs admirateurs, à l'occasion de leur récente nomination comme chevaliers de la Légion d'honneur

Quatre-vingts convives avaient pris place aux côtés des deux nouveaux chevaliers. Parmi eux, on remarquait : MM. Antonin Proust et Pichon, députés, Alphonse Daudet, André Theuriet, Charpentier, Roll, Cazin, Gervex, Duez, Alfred Stevens, John Lewis-Brown, Montenard, L. et A. Flameng, Lhermitte, Jeanniot, Damoye, Morse, Lucas, Dupaty, Maincent, Jacques Hermant, Baudoin, Delahaye, Devillez, Moreau-Nélaton, Couturier Blanchard, Ferry, Billotte, Michel Malherbe, Thévenot, Ary Renan, Carrière, Roty, Roger-Jourdain, Frantz Jourdain, Drake, Lenoir, Jean Béraud, M. Lelièvre, Emile Barrau, Carlès, Chéret, F. Rops, Willette, Biollay, Roger Marx, A. Dayot, Georges Petit, Paul Eudel, F. Champsaur, Emile Cardon, Harry Alis, Edmond Bazire, Wormser, A. Hustin, Léon Bry... etc. etc.

M. Roger Ballu, à l'heure des toasts, a pris la parole en ces termes :

Messieurs,

J'éprouverais un grand trouble à prendre la parole devant des convives tels que vous, si je n'avais l'esprit occupé d'un sentiment plus fort : la joie que m'inspire cette réunion, et la cause qui vous a fait venir en si grand nombre.

Amis et admirateurs de Rodin et de Besnard nous fêtons leur nomination dans l'ordre national de la légion d'honneur. Et tout d'abord vous me permettrez de prendre à parti sans attendre, un des membres de l'administration des beaux-arts, que j'aperçois ici, aussi modeste que vous même, mais qui par ses opinions depuis longtemps affirmées dans la presse, par

son zèle généreux, était bien digne de seconder la vaillante direction des Beaux-Arts dans ce juste hommage rendu à nos amis, et je prie M. Roger-Marx de présenter toutes nos gratitudes et toutes nos félicitations à M. le directeur des Beaux-Arts et à M. le Ministre.

Mon cher Rodin, vous le sculpteur qui avez si superbement fait remuer dans la matière les palpitations et les frénésies des passions humaines. — Mon cher Besnard, toi le peintre qui as penché dans un monde inexploré de reflets, de lumière enveloppante, mystérieuse, toujours exquise, et clairement décorative. C'est aujourd'hui la fête de l'amitié, mais c'est aussi la fête des idées que vous représentez, que nous aimons et que nous défendrons.

Quoique l'on dise, il y a en ce moment dans l'art contemporain quelque chose qui commence, et quelque chose qui finit.

Vous êtes, nos amis, avec ceux qui nous entourent : les uns, des maîtres qui vous on précédé dans le succès, les autres des talents qui vous ont accompagnés ou suivis dans la lutte, vous êtes de ce qui commence — or, vous le savez, on n'aime pas à finir, c'est là une loi de nature, mais nous serions bien simples en vérité, en face des coteries organisées, enrégimentées, obéissant à un mot d'ordre, implacables dans leur haine, comme dans leur égoïsme, société de succès mutuels, serres chaudes où l'on élève en culture forcée non les talents, mais les récompenses et les médailles destinées à être cueillies d'avance par des mains dociles, — nous serions bien simples, de ne pas nous unir et nous soutenir, de ne pas nous affirmer, de ne pas planter aussi haut et aussi loin que possible notre drapeau, qui est celui de l'indépendance de l'art.

Vous avez lutté, encouragés par les sympathies venues ici aujourd'hui même, vous avez été contestés, je crois même que vous l'êtes encore ; mais c'est là un mérite de plus, soyez en sûrs, car être incontesté ou incontestable de son vivant auprès de la masse, c'est recevoir un brevet de perfection même que l'on tient de la banalité du public ou de l'inconscience du vulgaire.

Honneur à vous ! Vous n'êtes pas de ceux qui trainés par les haridelles d'une convention vieillie et flageollante sous elle, imbus des préceptes selon la formule, soutenue par les toniques factices d'une école patentée, avez été au succès, au petit train, doucement, facilement, comme on va à l'Odéon, en fiacre, voire même à plusieurs, en omnibus !

Non! les traditions défraichies pendaient autour de vous comme des loques ; vous les avez, en marchant votre chemin, saisies par un coin, et vous les avez arrachées au passage, afin de dégager l'horizon qui était vôtre, que vous vouliez regarder de vos yeux, non par les regards de vos devanciers !

Les uns ont protesté et protestent encore ; c'était leur droit, il fallait s'y attendre. Les autres ont crié : « Bravo ! » Soyez fiers de ces autres là. Parmi ceux dont la présence est ici un hommage pour vous, je vois un maitre écrivain, à la tête du mouvement littéraire contemporain, un militant devenu un illustre, et je vois un ancien ministre des arts, qui, par une décoration décernée à un précurseur, a donné des gages inoubliables aux fervents de l'art moderne.

Messieurs, je porte de tout mon cœur, et dans l'émotion d'une joie profonde, la santé de Rodin et de Besnard et dans les applaudissements qui vont accueillir leurs noms, vous entendrez comme un écho qui répondra : « Boire à Rodin et à Besnard, c'est saluer l'art jeune, indépendant, personnel, libre et très vivant ! »

De nombreux applaudissements ont souligné, à diverses reprises, les passages les plus piquants de cette brillante allocution.

M. Besnard a remercié en termes émus et M. Roger Ballu et tous ceux qui étaient venus s'associer à cette « fête de l'amitié », marquant ainsi qu'ils approuvaient, qu'ils comprenaient les efforts tentés dans l'ordre artistique par les deux nouveaux chevaliers.

M. Antonin Proust s'est levé ensuite. Il a prononcé le discours suivant, qui a produit sur l'assistance une grande impression :

Messieurs,

Le souvenir qu'a rappelé M. Roger-Ballu m'a si profondément ému que je tiens à lui adresser mes remerciements. Oui, j'ai honoré un artiste qui a été — M. Roger-Ballu l'a dit — un précurseur. (Applaudissements.) Mais à ce propos il me sera permis de dire que l'on ne fait point un acte de courage en rendant hommage aux manifestations viriles de l'art. On fait simplement un acte de justice et souvent un acte de justice tardive. (Applaudissements.) Ce qui fait que l'on peut s'y tromper, c'est que l'on n'est point accoutumé à des actes semblables. Mais j'espère, je suis même convaincu que l'on ne tardera pas à s'y accoutumer. Quand on a la bonne fortune d'avoir à la tête de l'administration des beaux-arts un homme comme mon ami Castagnary, quand l'art français est servi par des artistes tels que vous, quand il rencontre des avocats aussi éloquents que Rodin et Besnard, ce grand pétrisseur de chair humaine et cet amant passionné de la pleine lumière, la cause est bien près d'être gagnée. (Applaudissements.)

Et cependant — on vient de le rappeler — les résistances sont ardentes. Je ne veux pas irriter ces résistances. Je veux, au contraire, les rassurer. Je tiens à leur dire qu'elles se méprennent et sur nos intentions et sur nos actes. Je fais en ce moment allusion, messieurs, à un fait qui s'est produit récemment. L'administration des beaux-arts a constitué une commission qui a pour mandat d'organiser l'Exposition des beaux-arts de 1889. On a toujours eu le projet, vous le savez, de faire figurer dans cette Exposition les œuvres les plus remarquables produites par l'art français pendant le siècle qui vient de s'écouler. Il a paru dès la première heure, c'est-à-dire du jour où l'on a donné à la solennité de 1889 son véritable caractère d'Exposition centenale, qu'il pouvait être curieux, intéressant, instructif et pour nous et pour les étrangers de montrer ce que notre art national a donné de 1789 à 1889. (Très bien ! très bien !)

Eh bien ! messieurs, quand cette proposition a reparu devant la commission, on s'est récrié. Il s'est rencontré des artistes qui nous ont dit : « Prenez garde ! vous allez écraser les vivants avec les morts. » J'avoue que je ne comprends pas. Je connais des vivants qui sont absolument morts. (Salve d'applaudissements), et des morts qui sont tout à fait vivants. (Nouvelle salve d'applaudissements).

Mais ce n'est pas cela, parait-il, que l'on voulait dire. On voulait nous faire entendre que le présent serait sacrifié au passé, parce qu'il ne pourrait pas résister à son voisinage. En vérité, le présent est trop modeste. Et nous avons, nous, cet orgueil de croire qu'il est de taille à se défendre. Dussions-nous d'ailleurs nous tromper, nous affirmons que c'est notre droit de montrer nos ancêtres, et que notre premier devoir est de ne les pas renier. Nous pensons que notre siècle sera fier de se regarder dans le miroir qui lui appartient, et que personne ne peut le condamner à se contenter du fragment qu'on a la prétention de lui mesurer. (Applaudissements.)

Ce qu'il faut donc, messieurs, que vous sachiez bien, c'est qu'il importe de dissiper l'équivoque que l'on s'efforce de créer dans cette affaire. L'exposition décennale des artistes vivants aura sa place. L'Exposition rétrospective aura la sienne. Et nous pourrons, en 1889 comme aujourd'hui, associer les modernes aux anciens et boire à l'art français en buvant à Rodin à Besnard ! (Salve d'applaudissements.)

Les applaudissements n'ont pas été ménagés à l'ancien ministre des Beaux-Arts et les tentatives obstructionnistes qu'il a si courageusement flétries, ont défrayé, pendant le reste de la soirée, toutes les conversations. On commentait, en la désapprouvant, la démarche faite par M. Bouguereau au président de la République pour essayer de faire avorter le projet d'organiser, en vue du centenaire de 1789, une exposition rétrospective des œuvres des maîtres français, de façon à pouvoir embrasser d'un seul coup d'œil le mouvement de notre art national depuis un siècle. On est resté sur cette parole de M. Proust qu'il n'était pas possible de « renier ses ancêtres » au profit des plus méprisables intérêts et c'est avec la confiance absolue que pareille injure serait épargnée aux maîtres qui ont honoré notre école moderne, que l'on a quitté les salons hospitaliers du « *cabaret du Lyon d'Or.* »

P. S. — Nous oubliions de dire qu'au café M. Alphonse Daudet a lu les vers suivants de M. Edmond Bazire.

A AUGUSTE RODIN

Donc vous avez vaincu les vieux casques de Rome...
Je vous revois toujours, Rodin, quand, vous penchant,
Attentif, sur son front tourné vers le couchant,
Vous dessiniez tout bas, et très timide, comme

Un fidèle pieux qui retiendrait son chant ;
Je vous revois devant celui que l'azur nomme
Victor Hugo, — ce monde enfermé dans un homme,
Le père du petit, le tyran du méchant.

L'avez-vous fait vivant, ce juge qui fut juste !
L'avez vous fait humain, l'avez-vous fait auguste !
Je vous aime d'avoir modelé ce cerveau,

Où se mêlent l'ancêtre avec le renouveau
La bonté qui pardonne et le mépris qui tue...
En esquissant son front, vous faisiez sa statue.

EDMOND BAZIRE.

Paris, 24 Janvier 1888.

Puis ce fut le tour de M. Paul Eudel qui a dit les jolis vers que voici, signés Armand Dayot :

AUX AMIS BESNARD ET RODIN

L'un nous fait oublier la tristesse des choses
Dans des décors légers baignés de clartés roses
Où les femmes ont l'air de fleurs à peine écloses.

L'autre toujours hanté par le sombre et l'amer
Sculpte l'éternel deuil dans un frisson de chair
Et son œuvre grandit aux lueurs de l'Enfer.

Et tous deux évoquant de leurs mains attendries
Le songe qui tourmente et charme tour à tour
Ouvrent à nos pensées de vastes rêveries
Où pleurent nos regrets, où chante notre amour.

ARMAND DAYOT.

AU CERCLE VOLNEY

Le Cercle de la rue Volney vient d'ouvrir son exposition annuelle. On y voit quantité de toiles et on y admire quelques bons tableaux. Parmi les meilleurs, nous placerons en première ligne un délicieux paysage d'Henner, dont la sobriété et la simplicité des moyens vous étreignent. Un ciel rasséréné après l'averse, une colline, des masses perdues dans l'ombre, une touffe d'arbres et un clair ruisseau reflétant tranquille et calme l'azur éthéré. L'impression est considérable ; c'est de l'art vibrant au premier chef, de ce même art dont se recommande ce portrait d'homme aux allures mystérieuses, doucement caressé par la lumière, qui porte également la signature du maître.

M. Bouguereau, — qui renie les ancêtres, — est le voisin de M. Henner. Sa fillette en guimauve, au bord d'un ruisseau en zinc, au milieu d'un paysage en carton, ne peut soutenir la majesté puissante de ce vallon des Vosges où le maître alsacien a rêvé quelque soir. Faisons lui grâce, et passons.

Le portrait abonde. Il y a d'abord celui, très intense de M. Bonnat ; celui, très élégant de pose, de M. Jules Lefebvre ; deux merveilles de précision de M. Weerts, d'autres de MM. Surand, Jules Garnier, Giacomotti Coeylas, Valadon, Carolus Duran, qui ne nous plaît pas plus que son dos de femme impassible et une belle étude de cardinal de Delaunay.

M. Ziem, a envoyé deux pages superbes : *Des galères appareillant pour l'Orient* et une *Pêche dans les lagunes.*

De M. Roll, nous voyons d'abord un *Mulet mort,* puis un *Verger normand,* tout en fleurs. Cette page franchement belle est la préface des nombreux paysages, parmi lesquels il faut citer ceux de MM. Damoye, Montenard, Guillon, Yon. Une étude de vache, par M. Dameron, et des vaches à l'étable, par M. Vayson, représentant l'apport des animaliers. MM. Rixens, Brispot, Doucet, Maurice Eliot, Emile Barau, Veyrassat figurent au salon de la rue Volney avec des anecdotes dont quelques-unes ne sont pas dénuées d'intérêt.

Bergeret est représenté par des *Nèfles* d'une facture toujours grasse et large ; M. Emile Berton par les *Moissons* et les *Bouleaux,* deux études d'un faire délicat ; M. Roussaton par des *Oies* et des *Roses de Noël,* d'un réel intérêt.

Avec un portrait de femme, M. François Flameng expose une toile où il nous conte avec esprit un épisode militaire de la Révolution.

M. Luminais reste le maître fort, avec *Polyte et son chien.* M. Moreau-Nélaton nous présente son *Chez lui* avec une grande sveltesse de brosse; M. Rixens une femme à sa toilette ; enfin M.

Thiollet un coin de ce Villerville qu'il affectionne et qui captive du reste tous ceux qui y ont quelque peu estivé.

Parmi les œuvres de la sculpture, citons en première ligne deux superbes bustes de Croisy, deux autres bustes très réussis de Gautherin et un médaillon de Rixens.

UNE EXPOSITION CHARMANTE

Elle a lieu galerie Durand-Ruel : elle n'a pas fait grand bruit dans la presse. La petite salle qui la contient est bien tranquille, mais que de choses exquises elle renferme !

Vous verriez là une quarantaine de pastels clairs et légers, de dessins doux d'exécution, sans noirs tapageurs ; ils sont signés : Ch. Serret.

« Avez-vous été à l'exposition Serret ? » ai-je dit depuis samedi que l'exposition est ouverte, à tous les artistes et amateurs que j'ai rencontrés.

— « Serret, Serret ?... je ne connais pas. » Telle fut la réponse que l'on m'a trop souvent faite, ô injustice de la notoriété.

J'avais plusieurs fois remarqué les œuvres de cet artiste au salon, mais dans les galeries vides qui surplombent la sculpture, où on l'avait indignement relégué. J'avais été touché de ce talent aussi discret que son charme même. J'ai couru rue Laffitte, mis au courant par un ami. Le public est vraiment bien bizarre, il ne s'engoue qu'aux échos de la réclame.

M. Serret s'est consacré aux enfants. Partout des enfants jouent, pleurent, s'ébattent, se roulent à terre dans ses dessins ou ses pastels. Mais non des bébés, jolis, pomponnés, avec des figures roses de boîtes de bonbons, et la physionomie lisse et cirée des chromolithographies.

Il a saisi, il sait par cœur, les tournures, les attitudes, les gestes, les silhouettes campées de ces petits bonshommes au ventre encore lourd sur leurs jambes incertaines, leurs sucements de pouces boudeurs, leurs airs mutins, malins, décidés, hésitants, craintifs.

Les voilà dans un appartement jouant aux soldats, avec un rideau comme place forte, se cachant en file derrière une draperie pour faire une farce, les voilà à la campagne, lançant ou tenant des ballons, ou grimpés sur un banc en groupes, et ils n'ont pas posé, je vous assure. Cela ne sent pas la composition. Les charmants petits êtres, comme on les retrouve !

M. Serret commence à l'âge du baby titubant encore, et s'arrête à la fillette grandie, qui débute dans l'âge ingrat, et joue à la petite mère de famille.

Et dans ces quelques années de la vie humaine il a trouvé des petits poèmes attendris, pénétrants.

Un dernier mot.

Je n'ai pas la prétention d'avoir découvert M. Serret, je m'en voudrais de le laisser croire : d'autre part, je ne le connais pas, je ne l'ai ja-

mais vu. J'admire seulement sa modestie, autant que je m'indigne de l'indifférence dont il semble entouré.

Et je me fais plaisir à moi-même en écrivant ces lignes.

Roger BALLU.

EXPOSITION DES « GONES » A LYON

On nous écrit de Lyon :

Cette Exposition, due à l'initiative privée de la Société dite *Les Gones* de Lyon, a parfaitement réussi. Un vernissage, un vrai vernissage a eu lieu : ce qui se passait pour la première fois à Lyon, où l'on est passablement en retard sur ces usages parisiens. Plus de 3.000 personnes passèrent au tourniquet. Des invitations avaient été lancées dans tout le haut Lyon. Aussi la recette pour les pauvres, en cette seule après-midi, atteignit-elle 2.000 francs.

Malgré l'originalité du titre, c'est une sérieuse exposition, bien organisée vu l'exiguité du local et son genre d'éclairage.

En entrant, on aperçoit une grande toile de ROLL : *Etude* (femme et taureau) d'une grande hardiesse et fort appréciée, de plus une *Etude de soldat*.

A côté : *La Junon*, de M. P. BLANCHARD, panneau décoratif très distingué.

De M. MOREAU de TOURS, *La Mort de Pichegru*, superbe toile qui devrait rester à Lyon pour un Musée, car c'est d'enseignement ces choses-là.

La Cigale du même auteur.

L'*Abreuvoir* de M. BINET, est d'une jolie enveloppe ; bien dessinés ses chevaux.

L'*Accueil au Presbytère* de M. CHIGOT, quoique poussée au détail, est une bonne peinture ; ses militaires bien francs.

Fort bien le *Pêcheur raccommodant ses filets* de M. DARIEN, de Paris. Et ses *Raisins d'Espagne ?* acquis par un sérieux amateur !

M. DEBAT-PONSAN, *Près du Ruisseau*, paysage avec animaux ; assez bien.

M. ELIOT. *Les foins; l'Eglise de Boussy;* études originales bien ensoleillées.

De M. GIRARDOT, *Un renfort*, scène militaire bien écrite. Deux études de M. Eug. GLUCK ; à citer.

Mais arrêtons-nous un peu devant la *Vieille à l'église* de M. Stephen JACOB ; très étudiée la vieille.

Puis encore devant deux œuvres d'un haut mérite de M. Ch. LANDELLE : *Petite indolente,* superbement rendue, et *Fervente prière* — jeune fille. — Pastel d'une étonnante expression. C'est un clou.

La Petite Glaneuse de M. LAUGÉE ; fort bonne étude de figure.

Mais encore, de M. METTLING, quelle superbe *Tête de vieille femme;* quelle pâte, patte et coloration.

Encore un tableau : *Le 5ᵉ Cuirassier à Mouzon* 1870, de M. Alfred PARIS, d'une bonne exécution.

Deux pastels de M. RIOU, ainsi qu'un petit

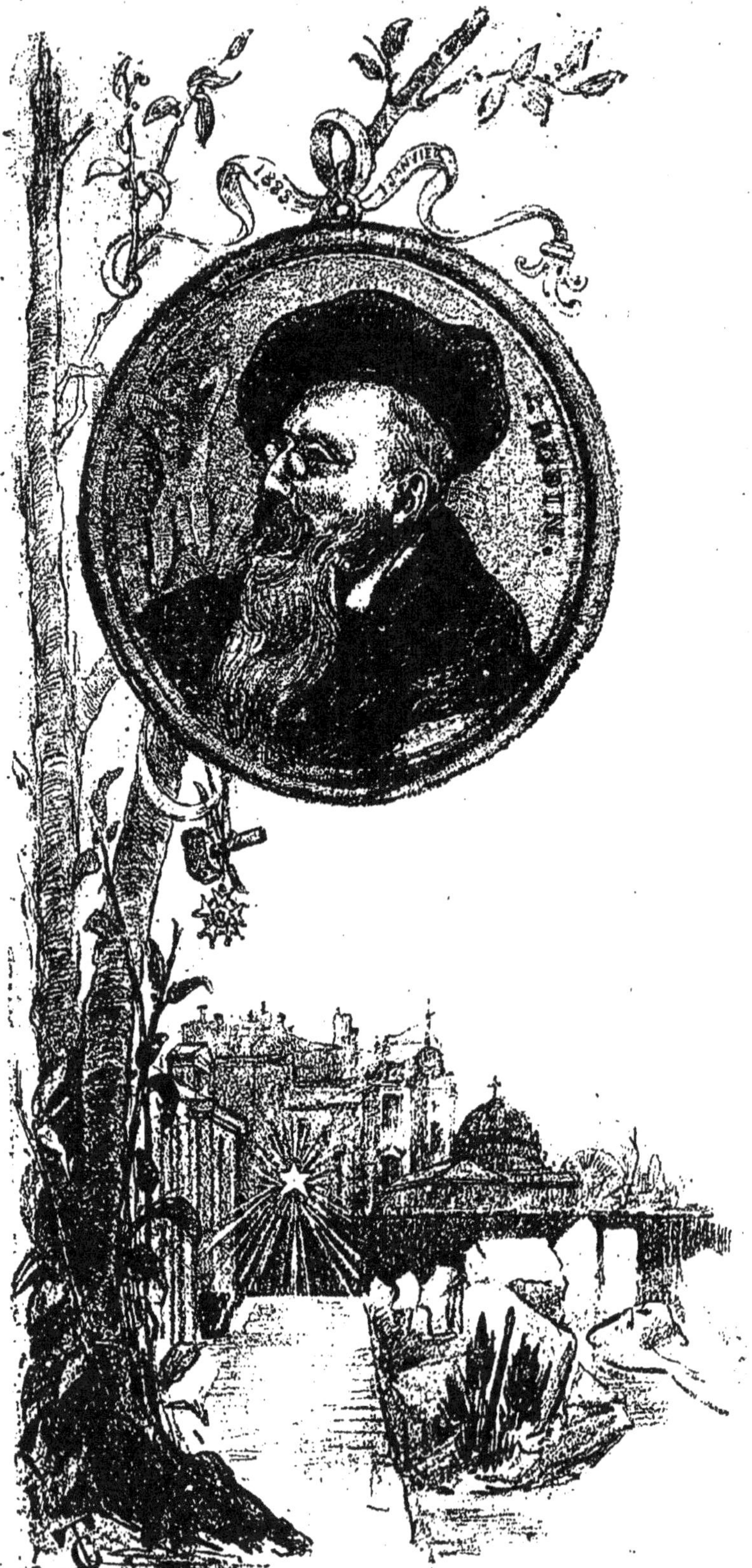

Fragment de la porte d'Enfer
Que sculptent tes mains souveraines,
Ami Rodin, tu m'as offert
Un Sphinx de bronze et des Sirènes.

Or j'aime, n'en sois pas surpris,
Tout en redoutant sa caresse
Ta femelle aux genoux meurtris
Qui sur les deux poings se redresse,

Et maigre, raidissant ses reins,
Belle et bestialement nue,
Sous sa chevelure de crins
Offre au désir sa gorge aiguë.

Presque autant qu'elle j'aime encor
Les sœurs à la chanson perverse,
Dans le palais de nacre et d'or
Où le flot transparent les berce :

Et tes étranges Déités,
La Sphynge, les filles des grèves,
Avec leurs charmes contrastés,
Parfois, depuis, hantent mes rêves.

Lorsque tout dort en mon logis
Elles ont souvent des querelles :
Comme les nymphes de jadis
Je les entends causer entre elles.

Dis-nous, là-bas, qui donc es-tu ?
Sybille à l'œil plein de tourmentes,
O vieille femme au front têtu,
Qui te tords et qui te lamentes ?

Et de quel nom vous nommez-vous,
Sous vos parures corallines
Vierges dont le regard est doux,
Vierges dont les voix sont câlines ?

Pour nous les pâles matelots
Bravent le gouffre qui déferle :
Nous sommes les filles des flots
Les Sirènes aux corps de perle.

Je suis la Sphynge des sommets
Où tourbillonne un vent farouche :
Mes amants gardent à jamais
L'amer souvenir de ma bouche.

Si belles nous apparaissons
A l'enfant qui meurt pour nous suivre
Et s'enivrer de nos chansons,
Qu'il en prend le dédain de vivre.

L'homme m'aime en m'injuriant !
Sous mes caresses infinies
Le plus lâche meurt souriant...
Je fais les nobles agonies !

L'oubli flotte en nos cheveux longs,
Ma froide lèvre est savoureuse,
Nous tuons et nous consolons !
Je suis l'implacable amoureuse.

Qui fut nôtre part sans effroi
En plein azur, l'âme ravie
Car nous sommes le Rêve. — Moi,
Je suis la Douleur et la Vie.

Paul Arène.

Le Sculpteur RODIN. Dessin de C. Toché.

POÉSIE DE PAUL ARÈNE.

bijou intitulé : *Solitude*, petit paysage à la Corot, mais avec un zeste de coloration en plus.

Une superbe étude de M. Alex. RAPIN: *L'Etang des côtes de Saint-Martin*.

Deux curieux Paul SAÏN.

M. SMITH-HALD a envoyé : *Idylle au bord de la mer* et *Solitude*, deux charmantes rêveries norwegiennes.

Une étude de : *Chasse au Marais*, de M. TATTEGRAIN; bien nature.

M. YON, un aquarelle, *Etude*.

N'oublions pas le maître, J. JEANNIN avec ses *Lilas et ananas*, comme lui seul en fait.

Puis BARRILLOT avec ses *Vaches au paturage*. M. E. BELLANGÉ, avec un *Zouave au repos*, fort belle aquarelle.

Deux tableaux de *feu* James BERTRAND.

M. Eug. CLAUDE, *Bouquets, œufs sur le plat*, tout est réussi.

M. DELORME, un fort beau buste.

M. FAIVRE-DUFFER, *Baptistine*.

Voici un piocheur : M. l'abbé GUÉTAL, *La Vallée de Montluçon*, très belle étude et un *Effet de neige* nature.

M. Aug. HIRCH, *Mauresque*, toujours la même note.

Un paysagiste sérieux que M. E. ISENBART; son *Eté* est frais ; on irait dans son herbe. *Après la pluie retour des vaches* est un charmant tableau, bien mouillé et surtout nature.

M. G. LEROUX, *Une marchande de roses*, terre cuite qui n'est pas sans valeur.

Une Etude de M. PETITJEAN.

De M. RIVOIRE, une fort belle aquarelle.

Mme SALLE-WAGNER donne *Loreley* et *Hébé*, panneau décoratif.

M. SICARD, de Lyon : *Un officier en observation* et *Un général*, deux petites choses.

STENGELIN a envoyé des paysages de la Hollande naturellement bien.

Je m'arrête devant un *Buste de Corot* et une statuette de *J.-J. Rousseau* par M. VASSELOT, qui a envoyé là deux fort beaux bronzes.

M. NOZAL. Deux paysages assez touchés.

Puis vient la Kyrielle des *Lyonnais à Lyon*.

M. APPIAN, avec deux études-paysages. D'APVRIL. BÉRARD, avec un portrait. Un portrait d'un jeune, M. CAMBET, qui promet. CARRAND, paysage *indécis*.

M. BOURGEOT, statuaire, a 2 jolis bustes. Deux aquarelles de M. DESPLAGNES, à citer. Mais voici deux superbes gravures du *Maître* Lyonnais, M. DANGUIN, *Un jeune homme au bord de la mer*, d'après FLANDRIN et la *Danse des Muses*, d'après MANTEGNA. *L'amour Captif*, plâtre d'un jeune élève de l'école, M. DEVEAUX, qui montre un certain tempérament. Un portrait assez bon de Mlle KITTY FORNIER. — Deux toiles de FRAPPA. Deux bustes de M. de GRAVILLON. *Une Cocasserie* de LEBOURG DE PARIS. Le petit pêcheur, *Statuette* de M. LARCHE. Deux cartes de visites de notre paysagiste LORTET.

Un juge en robe rouge, très ressemblant, par M. LOUBET. Deux marins du Nord de PHILIPSEN.

Une bonne tête de M. Piot, encore un jeune.

De M. J.-B. PONCET, une grande composition: *Ariane, couronnée par Bacchus*, et un portrait de Mme PUYROCHE-WAGNER, de superbes *Géraniums*, flamboyants de coloration.

Deux jeunes, MM. BOUVET et BESSON, ont en-

envoyé de grandes figures de femmes. Ce sont des essais de plein-air fort difficiles dont la réussite n'est pas donnée à tous ceux qui en tatent, même aux plus malins.

Des *Bouquins* de M. AIMÉ PONSON. Un portrait de M. TOLLET.

Le *Dessinateur* de M. ROMAN, peinture originale à deux tons est bien trouvée.

Je termine par PIERRE SALLÉ, qui nous donne *Un intérieur d'Etable*, réussi. Plus: *Une aprèsmidi dans la cuisine du château*, peinture pleine de lumière et dans une voie toute différente à ses habitudes. Ce tableau dénote de sérieuses recherches.

Il est regrettable que M. CASTEL-DESGRANGES, le zélé président et artiste, ait cru devoir s'abstenir d'exposer ses œuvres. Le public en a été privé.

La kyrielle dans l'énumération ne serait pas finie, mais je m'arrête, car je trouve que pour des *Gones*, ils ont parfaitement su trouver et recruter assez de sérieuses toiles d'artistes d'un grand talent : ce qui a fait le succès complet de cette exhibition qui aura profité aux amateurs de bonne peinture et surtout... aux déshérités de la fortune.   VÉRITAS.

NOTA. — Les recettes quotidiennes depuis le 23 décembre à fin janvier sont pour l'œuvre des fourneaux de la presse.

SOCIÉTÉ DES PASTELLISTES

La Société des pastellistes s'est réunie lundi pour élire un nouveau membre.

Par 24 voix sur 26 M. Dagnan-Bouveret a été élu.

L'exposition de la Société ouvrira le 6 février prochain, dans les salons Georges Petit.

LA DÉCORATION DU PANTHÉON

Jeudi dernier le ministre de l'instruction publique et des beaux-arts a entretenu le conseil de cabinet de la décoration picturale du Panthéon et du retard apporté par certains artistes à la livraison de leurs commandes. Des mesures vont être prises pour remédier a ce retard.

Il nous a paru curieux d'indiquer à ce propos quelles sont les commandes que l'Etat a faites et qui ne sont pas terminées.

Voici les noms des peintres qui n'ont pas encore achevé leurs commandes ainsi que le prix que l'Etat leur alloue pour leur travail :

Paul Baudry. — *Jeanne d'Arc en prison*, 50,000 francs.

Delaunay. — *Attila*, 20,000 francs.

Galland. — *Saint Denis prêchant*, 20,000 francs.

Blanc. — *Clovis*, 50,000 francs.

Meissonier. — *Sainte Geneviève*, 50,000 francs.

Maillot. — *Peintures décoratives* 50,000 francs.

Humbert. — *Peintures décoratives*, 50,000 francs.

Lenepveu. — *Peintures décoratives*, 50,000 francs.

Les commandes faites à MM. Delaunay, Galland, Blanc et Meissonier datent du 12 mai 1874.

La commande faite à M. Maillot date du 26 janvier 1875, celle de M. Humbert du 29 octobre 1877 et celle de M. Leneupveu du 26 janvier 1886.

Baudry est mort sans avoir pu achever son œuvre et Meissonier ne veut pas exécuter la commande d'après le sujet qui lui a été indiqué et qu'il ne trouve pas à sa convenance. Il y a donc lieu de décider ce qu'il convient de faire en cette circonstance.

LA DÉCORATION DE L'HOTEL DE VILLE

La Commission chargée d'élaborer un programme pour la décoration de l'Hôtel de Ville s'est occupée, lundi matin, de la désignation des artistes qui seront proposés au Conseil municipal pour la décoration des 12 panneaux réservés aux compositions avec figures, dans les trois salons à arcades donnant sur le quai.

Ont été désignés :

Pour le salon central, ou salon des Arts (dont M. Bonnat doit exécuter le plafond) :

MM. Tony Robert-Fleury ; Ranvier ; Dagnan-Bouveret ; Layraud.

Pour le salon des Lettres (plafond de M. Jules Lefebvre) :

MM. Eugène Thirion ; Hector Leroux ; Monginot ; Benjamin Constant.

Pour le salon des Sciences (plafond de M. Besnard) :

MM. Buland ; Armand Berton ; Rixens ; Jeanniot.

La commission a, en outre, désigné MM. Ribot et Vollon pour l'exécution de dessus de portes dans la grande salle à manger.

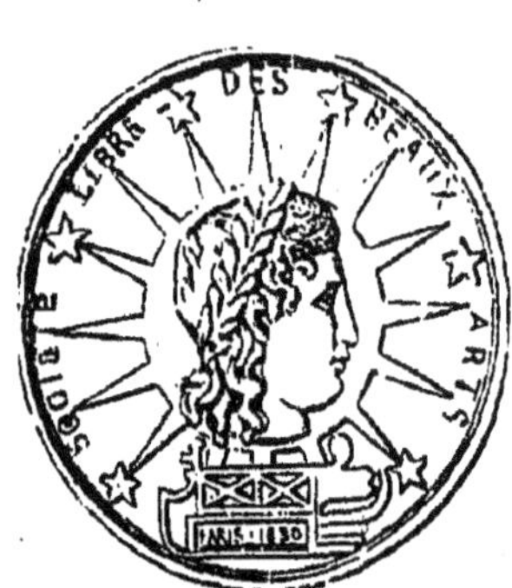

SOCIÉTÉ LIBRE DES BEAUX-ARTS
ET DES LETTRES

Mardi 24 janvier, à quatre heures et demie, a eu lieu, sous la présidence de M. Roger-Ballu, président, une séance de la Commission administrative de la Société libre des Beaux-Arts, dans laquelle ont été prises les décisions suivantes :

1° La cotisation, à la suite d'observations présentées par MM. Auguste Morse et Léon Pillaut, a été réduite, pour la présente année 1888, à la somme de *seize francs* payables en un, deux ou quatre termes ;

2° L'abonnement des membres titulaires au journal *la Vie Artistique* a été prorogé jusqu'au 31 décembre 1888 ;

3° La Société, élargissant son rôle, s'appellera à l'avenir *Société libre des Beaux-Arts et des Lettres* afin de consacrer l'union chaque jour plus intime des Lettres et des Beaux-Arts ;

4° Les *Annales* de la Société cesseront de paraître et les travaux de ses membres seront désormais insérés dans *la Vie Artistique*.

Le Bureau de la Société libre des Beaux-Arts a, dans cette même séance, reçu comme *membres titulaires* de la Société :

Classe de peinture, gravure et dessin.

MM. Léon Bry.
Jules Garnier.
A. Hustin.
Frédéric Régamey.
Rixens.

Classe d'architecture.

M. Desplechin.

Classe de musique.

M. Canoby.

Le secrétaire général,
Charles Lucas.

SESSION NORMALE PRÉPARATOIRE

Au professorat de dessin
dans les établissements universitaires.

Le ministre de l'Instruction publique, des Cultes et Beaux-Arts, a pris à la date du 16 janvier, l'arrêté suivant :

Art. 1er. — Une session normale aura lieu, à Paris, du 2 au 7 avril prochain inclusivement, afin de préparer les candidats à subir les examents institués pour l'obtention des certificats d'aptitude à l'enseignement du dessin dans les établissements universitaires.

Art. 2. — Peuvent être autorisés à assister à cette session, dont le programme sera ultérieurement déterminé :

1° Les professeurs de dessin des lycées, collèges, écoles normales primaires et écoles spéciales de beaux arts ou de dessin situés à Paris ou dans les départements ;

2° Les personnes domiciliées à Paris ou dans les départements qui, bien que n'étant attachées à aucun des établissements ci-dessus désignés, se livrent ou se destinent à l'enseignement du dessin.

Art. 3. — Les candidats à la session normale devront faire parvenir, avant le 10 mars (terme de rigueur), au ministère de l'Instruction publique, des Cultes et des Beaux-Arts (direction des Beaux-Arts), une demande dans laquelle ils indiqueront, s'il y a lieu, les divers établissements auxquels ils sont attachés.

Les demandes seront transmises par les inspecteurs d'académie ; elles seront examinées par le Comité des inspecteurs de l'enseignement du dessin, sur l'avis duquel les admissions seront prononcées.

Art. 4. — Les candidats des départements n'auront droit à aucune indemnité de séjour à Paris, mais leurs frais de voyage, en deuxième classe, leur seront remboursés.

LES VENTES PUBLIQUES

Les ventes de tableaux à l'hôtel Drouot amènent des surprises qui doivent quelque peu décourager les collectionneurs : une vacation qui comprenait 205 toiles a donné ces résultats entre autres :

Rousseau (Th.). — *Sous bois*, étude, demande 500 fr.; adjugé 24 fr.

Daubigny. — *Paysage*, demande 500 fr.; vendu 80 fr.

Dupré. — *Paysage*, étude, 16 fr.

Millet (J.-F.). — *Etude paysage*, 22 fr.

Courbet. — *Chute d'eau*, 13 fr.

Troyon (C.-I.). — *Sanglier*, 20 fr.

Diaz (N.). — *Ecole*, 30 fr.

Diaz (N.). — *Etude raisins* (fond de paysage), 80 fr.

Rousseau (Th.). — *Première manière*, 86 francs.

Corot. — *Etude paysage*, 52 fr.

Cette vente, d'ailleurs a été gaie : le catalogue, déjà, contenait des mentions dans le genre de celles-ci :

Prudhon. — *Dessin à la main*, 28 fr.

Quant à l'expert, il ne craignait pas d'avoir recours à des boniments du genre de celui-ci :

« Messieurs, nous vendons un grand tableau de mouton; il pourrait être de Ch. Jacque, il ne l'est pas et c'est dommage, car sans cela nous en demanderions 30,000 francs; aussi nous sommes plus modestes, nous en demandons 2,000 francs. »

En dépit de tout ce verbiage, la mise à prix a descendu, descendu; finalement, ce tableau a été retiré de la vente, personne n'en donnant 5 francs.

La vente de l'atelier de Philippe Rousseau a eu lieu jeudi.

Parmi les tableaux, études et deseins qui ont atteint le plus haut prix, nous citerons :

Le *Garde-manger*, 1,200 frans; les *Parfums de France*, 1,950 francs; *Bocal d'abricots*, 1.720 fr.; *Cinq Prunes*, 1.259 fiancs; *Une Tranche de melon*, 825 francs ; *Six Péches*, 1.200 francs, etc.

Parmi les toiles des différents maîtres qui figuraient dans l'atelier de Philippe Rousseau, *Un intérieur de Cuisine*, de Chardin, a atteint le prix de 3.200 francs; l'*Orage*, d'Isabey, 1.100 francs; à *Marée basse* du même, 1,220 fr.; l'*Arrivée d'Ab-el-Kader à Marseille*, de Raffet, 2,020 francs.

Le total de la vente s'élève à plus de 20.000 fr.

NÉCROLOGIE

Un peintre d'histoire qui a décoré plusieurs de nos musées, M. Louis Matout, est mort à Paris, dans sa soixante-seizième année.

Au Louvre, il a fait le plafond de la salle des Empereurs romains ; il a signé plusieurs panneaux à la Faculté de médecine, et de nombreuses toiles de lui sont au musée du Luxembourg.

Il était, depuis de longues années, chevalier de la Légion d'honneur.

Le sculpteur François Truphème vient de mourir à Paris, à la suite d'une longue maladie.

M. Truphème, venu d'Aix, sa ville natale, à Paris, vers 1840, sous les auspices de son compatriote Mignet, s'était fait parmi les statuaires une brillante place. Son œuvre la plus remarquée, fut le *Mirabeau*, dont le moulage en bronze figure à l'hôtel de ville d'Aix. Il avait été, plusieurs fois, élu comme juré du Salon. Il avait été l'un des fondateurs de l'association des Cigaliers, et on a pu voir de lui, ici même, dans la *Vie artistique*, la reproduction de son buste de Rabelais, pour Meudon.

ÉCHOS ET NOUVELLES

M. Dalou est chargé d'exécuter le buste de M. Boussingault, le membre regretté de la section d'économie rurale à l'Académie des sciences.

L'administration des beaux-arts a commandé à MM. Alfred Lenoir et Injalbert les bustes de deux grands artistes bien français : Daumier et Gavarni.

Les modèles de ces bustes figureront prochainement à l'Exposition des maîtres de la caricature française.

D'une organisation très libérale, la Société des compositeurs de musique donne chaque année plusieurs concerts dont le programme comprend des œuvres appartenant à l'Ecole française, tirées pour la plus grande partie au sort et exécutées par des maîtres instrumentistes comme MM. Diemer et Paul Viardot ou par de jeunes habiles artistes comme mesdemoiselles Raunay et Cremer. Le duo de *Beatrix et Benedict* de Berlioz, chanté par ces deux cantatrices a été le grand succès du premier concert de la saison donné dans les Salons Pleyel, le 26 janvier et a fait applaudir, à côté du sentiment exquis répandu à foison dans cette œuvre magistrale, le talent de Mlle Cremer dont la voix, la morbidesse et le charme rappellent beaucoup Madame Charton-Demeur lorsqu'elle fit entendre autrefois avec Mme Viardot cette page exquise entre toutes dans l'œuvre de Berlioz.

L'Imprimeur-Gérant : HENRY LEFEBVRE.

Compiègne. — Imprimerie HENRY LEFEBVRE.

LA VIE ARTISTIQUE

COURRIER HEBDOMADAIRE ILLUSTRÉ

Des Ateliers, des Expositions & des Théâtres

BUREAUX A PARIS	DIMANCHE 5 FÉVRIER 1888	ABONNEMENTS
42, Rue de Chabrol, 42	2e ANNÉE — N° 5	Un An : DIX FRANCS

NOS GRANDS MORTS

ET DE PETITS VIVANTS

Traitons-la résolûment cette question des vivants et des morts à l'Exposition universelle de 1889.

Mardi dernier a eu lieu une séance de la Commission des Beaux-Arts ; le règlement a été voté, mais jusqu'à la fin de la séance, à tout bout de champs, avec un entêtement infatigable quoique fatiguant pour les autres, une personnalité qu'il est bien inutile de nommer, s'est acharnée sur *la rétrospective*, donnant tête baissée contre le projet, pour le disloquer, le disjoindre, et le réduire en pièces. Coups de boutoir superflus ! L'idée généreuse a passé ; demain elle entrera dans la pratique, et des attaques violentes, il ne restera pas même une égratignure... Elevée et noble qu'elle était, elle se trouvait hors d'atteinte.

Mais enfin, quelle peut être la cause d'une résistance si âpre, d'une si trépignante colère ?

« Si on donne de la place aux morts, les vivants crieront ! » a-t-il été dit textuellement. C'est un aveu, cette phrase cynique, aveu de crainte, de jalousie et d'égoïsme.

Les vivants crieront, et vous comprenez, ils existent eux ; il faut tenir compte de leurs réclamations ; ils peuvent faire du bruit et beaucoup, se réunir, protester et malmener ceux qui auraient contribué à leur faire du tort, tandis que les morts ; oh ! il n'y a pas de danger qu'ils reviennent de là où ils sont ; pourquoi s'inquiéter d'eux ? Qu'on fasse ce que l'on voudra, qu'on piétine sur leurs tombes, qu'on chasse leurs souvenirs, qu'on efface leurs noms, ils ne bougeront pas. C'est très commode, avec eux. Puis — approchez-vous, que je vous parle à l'oreille — les morts, ils ne votent pas ; ils ne s'occupent pas d'élection, vous comprenez ? Chut !

Eh bien ! non ! personne n'a le droit de parler ainsi, et pour l'honneur des artistes français, je nie qu'un mandat pareil ait pu être donné ; je défie qu'on ose le confier ouvertement ou que quiconque puisse l'accepter à moins d'être assoiffé de popularité malsaine.

On paraît redouter les clameurs de certains vivants — je demande à les connaître ceux-là — mais on ne songe pas aux morts qui pendant leur existence, ont jeté des cris non de protestation, mais de douleur, persécutés, écrasés qu'ils étaient sous l'indifférence, les dédains iniques, les méchancetés basses. Elles ont droit à une réparation de gloire, ces grandes victimes. L'occasion s'offre. En même temps qu'il passera en revue ses richesses, notre siècle fera son examen de conscience.

* * *

Si réagissant contre une indignation légitime, on examine de sang froid la question, on est tout surpris de ne pas même comprendre la cause de l'inutile et misérable campagne entreprise, et dont le sentiment public a déjà fait justice.

Quoi ! la France prépare la célébration du centenaire 1789. Elle invite le monde entier à venir chez elle juger ses travaux, ses conquêtes, ses progrès.

Elle est fière de son art national ; elle veut le montrer dans ses développements, ses métamorphoses, ses manifestations maîtresses depuis cent années, et ce sont des artistes, ou de soi-disant tels, qui viennent combattre cette volonté et lui refuser ce droit !

— Dans le perfide espoir de rendre irréalisable ce projet, on a essayé de dire que la France ne pouvait pas équitablement faire seule une Exposition rétrospective, et qu'il fallait accorder à tous les étrangers une faculté semblable. Grand merci de la condescendance ! Mais nous sommes chez nous, et c'est pour faire acte de large hospitalité que nous offrons en somme ce que nous avons de meilleur, de plus incontestablement bien, l'essence et la quintessence de notre génie artistique.

Quelle nation d'Europe sera en état de dévoiler des trésors comparables aux nôtres. Une ère d'art prodigieusement variée, où des renouvellements ininterrompus témoignent de la vitalité de notre race où foisonnent des chefs d'œuvres inspirés par des principes si différents qu'ils semblent contraires ; une merveilleuse série qui commence à David se termine à Mamet et passe par Géricault, Ingres, Delacroix, Th. Rousseau, Millet, etc..., toute une école de paysage créée, comme on n'en avait jamais vu, une esthétique austère et solennelle à ses débuts, devenant tour à tour dramatique, sentimentale, mondaine, expressive, et finissant par se reposer avec délices dans les visions simples dans les délicates sensations de l'œil, un cycle parcouru d'une étendue prodigieuse, voilà ce que nous avons à révéler pour l'honneur de notre pays, et nous le cacherions ? Allons donc !

* *

On a allégué que les morts feraient tort aux vivants en prenant leur place, place matérielle, s'entend, en accaparant les murailles destinées aux œuvres des contemporains.

Cette allégation là est fausse puisque l'exposition rétrospective s'ouvrira dans un bâtiment spécial; d'ailleurs les vivants alors qu'ils occuperont en 1889 les galeries du Champ de Mars qui leur sont dès à présent affectées, n'en pourront pas moins s'étaler à leur aise aux Champs Elysées, où l'exposition annuelle sera organisée comme de coutume. Quel préjudice donc, au point de vue de la cimaise, Ingres ou Delacroix feront-ils à... par générosité, je ne cite pas de nom.

Mais trêve aux sollicitudes hypocrites ; celui qui réclame ou qui proteste, qui s'est confié à lui-même la mission de défendre des intérêts dont il n'a pas la garde, dont il n'a jamais été chargé, celui-là cède à la pusillamine peur non de perdre quelques mètres de surface, — il ne peut avoir de doutes à cet égard — mais d'être

victime de certains rapprochements, de certaines comparaisons écrasantes... Détournons la tête ; nous sommes français, l'Europe va venir, réunissons pour la recevoir le plus de gloires françaises possible !

* *

Si l'explication que je viens d'essayer de trouver, ne vous satisfait pas, de grâce, donnez m'en donc une autre. Croyez-vous que la raison dominante, mais soigneusement cachée par délicatesse, soit de ne pas dégarnir nos musées nationaux ? Le motif généreux est fait pour m'étonner, malheureusement, vous vous abusez encore. Il n'est nullement question de ravir, même pour un temps, des toiles soit au Louvre, soit au Luxembourg. Mais, n'y a-t-il pas dans les collections particulières, ou dans les musées de province, des œuvres de premier ordre, qui sont comme des dates, des étapes de notre art, et dont la réunion résumerait l'histoire de la peinture du siècle ? Millet est-il au Louvre ? Le Louvre contient-il le génie de Rousseau et de tant d'autres ? Un exemple entre mille : le fameux *Marat*, de David, est encore dans la famille du maître. On ne s'imagine pas quelles découvertes on peut faire chez les amateurs.

* *

Je me résume : je rougirais de sembler croire une seconde, que les artistes de mon temps sont capables au nom d'un mesquin intérêt personnel, de renier l'art qu'ils aiment, qui est leur vie, leur joie; et de sacrifier à des basses cupidités, l'admiration dont ils entourent les chefs-d'œuvres de leurs devanciers.

Jamais je n'admettrai de pareilles hypothèses; mes convictions, mes amitiés m'interdisent même d'y songer.

Quant à ceux qui considèrent l'art sacré, comme un métier où l'on gagne beaucoup d'argent, où l'on se gorge d'honneurs, qu'ils jouissent de leur reste, qu'ils s'assouvissent, les malheureux! qu'ils se redressent, pygmées bouffis devant les grandes ombres qui les dédaignent ! La postérité, ils peuvent en être sûrs, ne s'occupera pas d'eux: ils sont déjà et d'avance marqués pour l'oubli éternel. Car, ainsi que le disait l'autre jour si éloquemment M. Antonin Proust : « s'il y a des morts qui sont bien vivants, il y a des vivants qui sont tout à fait morts. »

* *

N'importe. Il est étrange que ce soit nous les jeunes, les militants, *les modernes*, nous à qui on reproche de malmener la tradition, il est étrange que ce soit nous, et tous nos amis auxquels incombe aujourd'hui le devoir de rappeler au respect des maîtres du passé, certains parvenus du succès prêts à sacrifier tout aux intérêts d'une coterie, dont ils sont les meneurs.

Et cela prouvera notre sincérité, notre ardent amour pour l'art pur, notre inébranlable attachement aux artistes... qui sont des artistes.

Roger Ballu.

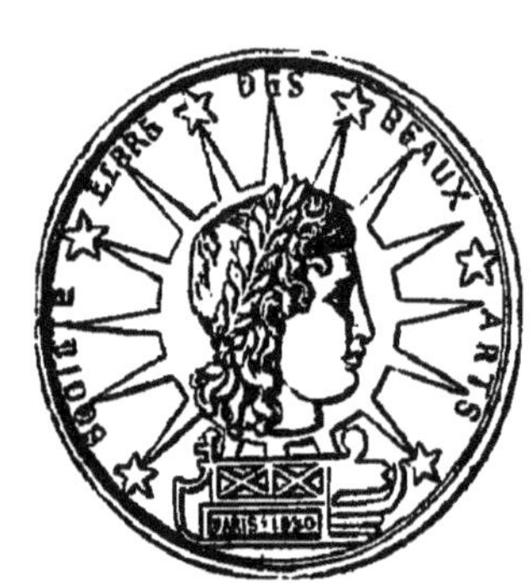

SOCIÉTÉ LIBRE DES BEAUX-ARTS
et des Lettres.

La Société libre des Beaux-Arts et des Lettres a perdu cette semaine *un membre honoraire français*, M. Cн. Questel, architecte, membre de l'Institut, vice-président du Conseil général des Bâtiments civils, ancien membre de la Commission des Monuments historiques, ancien président de la Société centrale et de la Caisse de défense mutuelle des Architectes, membre honoraire du Comité de l'association des Artistes fondée par le baron Taylor, membre honoraire de l'Institut royal des Architectes britanniques, membre du Comité de la Société libre des Artistes français, officier de la Légion d'honneur et de l'Instruction publique, etc., et *un membre correspondant étranger*, M. George Godwin, architecte et publiciste anglais, ancien vice-président de l'Institut royal des Architectes britanniques et honoré de la grande médaille d'or de cet Institut, ancien directeur du journal *the Builder*, qui lui doit en grande partie son étonnante prospérité.

Les discours prononcés sur la tombe de M. Ch. Questel ont dit la longue carrière si honorablement remplie et si féconde en belles œuvres et en grands enseignements de M. Ch. Questel ; mais il nous sera permis de rappeler ici que cet éminent artiste avait accepté le 6 mars 1883 de succéder, comme membre honoraire de la Société, à M. Eugène Godebœuf, heureux nous disait-il alors, d'entrer dans cette réunion d'artistes qui avait été présidée par ses maîtres et ses amis, ses prédécesseurs à l'Académie des Beaux-Arts, MM. Blouet, Debret et Duban.

M. George Godwin appartenait depuis le 6 avril 1841, à la Société libre des Beaux-Arts à laquelle il avait été présenté par deux de ses amis, M. J.-J. Hittorff, alors président de la Société et plus tard membre de l'Institut, et M. Donaldson, président de l'Institut royal des Architectes britanniques, associé étranger de l'Institut de France.

En 1866, lors d'un remarquable envoi fait par M. Godwin à la Société, envoi comprenant à la fois des études archéologiques sur les églises de Londres, et des travaux sur l'hygiène et l'amélioration du sort des populations ouvrières des grandes villes, la Société libre des Beaux-Arts avait décerné à M. Godwin sa médaille d'encouragement, distinction qu'il avait fort appréciée et que nous voyons aujourd'hui rappelée dans les Notices que consacrent à sa carrière les nombreux organes de la Presse d'Outre-Manche.

** **

Admissions prononcées par le Bureau de la Société, dans sa séance du 31 janvier 1888.

Classe d'architecture.

M. Chancel (Adrien).

Classe de musique.

M. Cieutat.

Le Secrétaire général,
Charles Lucas.

** **

Legs d'un violon de Stradivarius, au Conservatoire de musique.

Il existe à Paris, un musée qui est certainement un des plus intéressants de la capitale, et qui n'est peut-être pas aussi connu qu'il devrait l'être.

C'est le musée instrumental du Conservatoire de musique. Là, se voient tous les intruments de musique, que l'art musical a délaissés dans sa marche progressive, et qui, dans leur temps, ont fait les délices d'une société élégante, et raffinée : luths, théorbes, archiluths italiens des xvi° et xviii° siècle, *viole di gamba*, violes d'amour allemandes, françaises et italiennes : clavecins ornés de peintures, harpes sculptées et dorées du xviii° siècle, musettes et vieilles de salon, pochettes des maîtres à danser, flûtes d'ivoire et de porcelaine de Saxe, enfin, tout ce qui, en charmant l'oreille, cherchait encore à plaire aux yeux.

Toutes ces pièces, outre leur intérêt musical, sont encore des objets d'art de première valeur.

Un don considérable est venu combler une lacune, au milieu de ces richesses du passé. C'est un violon de Stradivarius légué au Conservatoire par feu le général Davidoff. La facture géniale du maître italien, n'était représentée au musée que par une très curieuse pochette et une guitare.

Cet instrument fait le ravissement des amateurs, par la beauté de ses tables, celle du fond surtout. La perfection et l'harmonie de ses formes, le magnifique vernis qui les recouvre et dont le secret est perdu, font de cet ouvrage du célèbre luthier crémonais, un des plus beaux modèles de facture instrumentale, que puisse offrir un musée d'instruments de musique. Le son de l'instrument répond à son aspect : facilité d'expansion, égalité, coloration et distinction du timbre.

Feu le général Davidoff, qui était un amateur distingué, avait acquis cet instrument en Russie. Il s'en servit jusqu'à sa mort qui arriva l'année dernière à Paris, où il séjournait depuis long-temps..

Cette marque de sympathie envers notre pays mérite d'être signalée à la reconnaissance nationale. Jamais, peut-être, sans cette généreuse pensée, le musée instrumental n'eût possédé un pareil instrument, tant les violons de Stradivarius ont acquis de valeur. Il est exposé au musée du Conservatoire de musique, qui est ouvert au public le lundi et le jeudi, de midi à quatre heures.

Léon PILLAUT,
Vice-Président de la Société.

COMMANDES ET ACHATS

faits aux Artistes par le Ministère.

Nous allons étudier avec M. Henry Maret l'état général des commandes et achats faits aux artistes par le ministère des Beaux-Arts depuis 1870 jusqu'au 31 janvier 1886.

PEINTURE

Le total général des commandes et achats est, pour les seize années, de 1,205,700 fr., sur lesquels 362,500 fr. ont seulement été payés. Il reste donc dû par l'administration des Beaux-Arts une somme 843,200 fr.

Il ne faut pas déduire de ces chiffres que les Beaux-Arts sont en retard dans leur paiement, seuls les artistes sont en retard dans la livraison de leurs commandes.

Si nous prenons l'année 1870, nous voyons une commande de 6,000 fr. faite à Bertall sur laquelle l'artiste toucha un acompte de 5,000 fr. et mourut sans avoir donné un coup de crayon.

En 1872 une copie du portrait de M. Guizot commandée à Risler n'a pas été exécutée.

En 1873 une copie de la revue de l'empereur du Maroc a eu le même sort.

Par exemple, sur les deux commandes aucune avance n'avait été faite.

Il n'en a pas été de même de la série d'aquarelles (vues d'Algérie), commandées à M. Marquette. Un acompte de 2,000 fr. a été versé et la série n'est pas encore livrée.

Mêmes faits pour les commandes de décorations intérieures du Panthéon qui remontent cependant au mois de mai 1874.

Des avances assez sérieuses ont été faites et les travaux sont loin d'être terminés, comme on l'a vu dans notre dernier numéro.

M. Meissonier n'a pas donné un coup de pinceau depuis plus de treize ans, aussi la somme de 50,000 francs n'a t-elle été maintenue au budget de 1888 que pour un autre artiste.

En 1884, un inspecteur, qui s'était entretenu avec M. Meissonier, concluait : « On peut pré-
« voir que l'artiste n'exécutera jamais sa com-
« mande. Mille circonstances particulières, son
« âge, l'affaiblissement de sa vue, des défiances
« non avouées qui peuvent l'assaillir en face
« de vastes espaces à décorer, alors que pen-
« dant cinquante ans il s'est voué à la peinture
« de chevalet dans des proportions minuscules,
« tout enfin peut faire prévoir qu'il y a eu une
« heure d'enthousiasme dans laquelle il a brûlé
« de laisser sa trace dans un monument, sans
« peut-être consulter ses forces et en n'écou-
« tant que les nobles sentiments qui peuvent
« pousser un grand artiste à découvrir de nou-
« veaux horizons. »

L'inspecteur des Beaux-Arts ne s'est pas trompé dans ses prévisions, car depuis cette époque les cartons de M. Meissonier n'ont pas avancé d'un centimètre.

En résumé, sur beaucoup de commandes faites par l'Etat peu d'exécutées.

Il faut avouer qu'elles sont maigrement payées, mais personne ne contraint les artistes à les accepter.

La plupart des commandes et des achats sont faits pour des musées ou des mairies de province. Ont été particulièrement favorisées les villes d'Amiens, de Reims, de Châteaudun, de Bastia, de Nantes, de Nancy, de Limoges, de Lyon, de Montpellier, de Beauvais, de Toulon, du Tréport, de Belley et d'Angers.

A Paris, les commandes se sont distribuées entre les établissements suivants :

Musée du Louvre. — Peintures décoratives de M. H. Le Roux, 10,000 fr.

Musée du Luxembourg. — Peintures allégoriques de M. G. Lefebvre, 12,000 fr. ; Achat Bonvin, 22,000 fr. ; tableau Eugène Lambert, 4,500 francs.

Ministère de la guerre. — Copie portrait de Louvois, par Mme Las-Juinais, 2,000 fr. ; peintures décoratives de M. J. Blanc, 20,000 fr. ; et de M. P. Pompon, 5,000 fr.

Ecole de pharmacie et Muséum. — Peintures décoratives de M. E. Bin, 15,000 fr. ; de M. A. Besnard, 18,000 fr.

Cour de cassation. — Peintures décoratives de M. A. Girard, 25,000 fr.

Ecole de Médecine. — Peintures décoratives de M. Matout, 20,000 fr.

Ecole des BeauxArts. — Achat copies d'après les fresques de Michel-Ange, 6,000 fr.

Manufacture des Gobelins. — Six grandes figures et quatre figures d'enfant, de M. Olivier Merson, 4,500 fr.

Petit Lycée Louis-le-Grand. — Peintures décoratives de M. P. Fritel, 15,000 fr.

Nouvelle-Sorbonne. — Peintures décoratives de MM. B. Constant, 30,000 fr. ; Cazin, 16,000 fr. ; Th. Chartran, 40,000 fr. ; Clairin, 5,000 fr. ; R. Colin, 5,000 fr. ; Duez, 5,000 fr., F. Flameng, 40,000 fr. ; P.-V. Galland, 15,000 fr. ; L. Lhermitte, 5,000 fr. ; H. Lerolle, 7,000 fr. ; Olivier Merson, 5,000 fr. ; Puvis de Chavannes, 35,000 fr.; Roll, 5,000 fr. ; Wencker, 7,000 fr.

Salle d'honneur des pompiers. — *Mort du colonel Froidevaux,* par M. E. Renard, 15,000 fr.

Ministères de la marine et de la guerre. — La *Ville de Hué* le *Port d'Haï-Phong* et l'*Arrivée du Schamrock,* par M. G. Roullet, 8,000 fr.

Outre les œuvres citées, il s'en trouve un grand nombre de MM. Lazerge, Félix Régamey, Marchal, Mathon, Lansyer, Cormon etc., etc., n'ayant pas reçu encore de destination.

A noter deux commandes faites en 1880 et qui ne seront jamais exécutées. La première : *La Garde nationale à Paris,* de M. Tournachon, artiste ayant disparu. (Acomptes versés : 1,000 fr. sur 1,500 fr.). La deuxième : *La dis-*

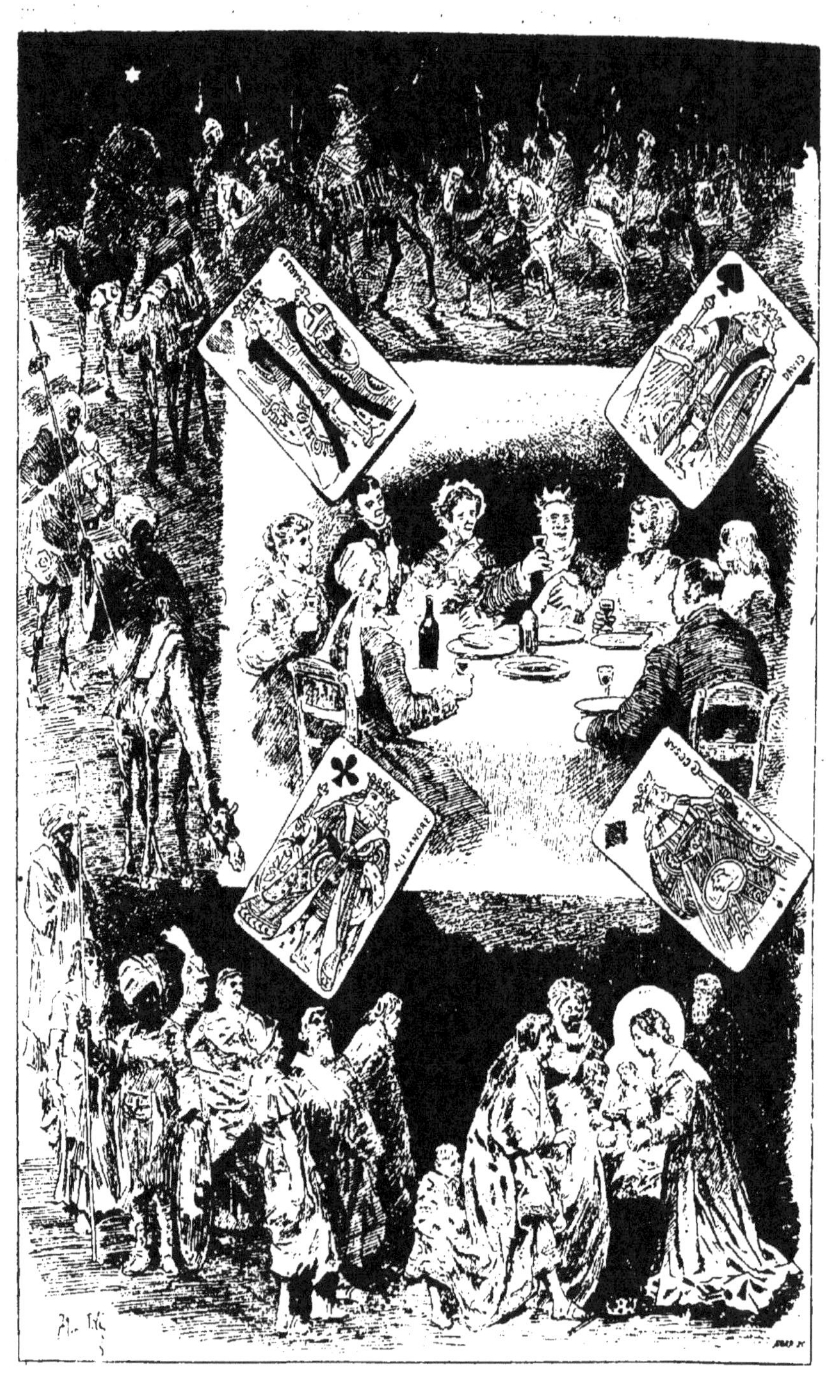

HENRI PILLE

tribution des drapeaux, de M. Becker, artiste en Russie depuis quatre ans. (Acomptes versés : 14,000 fr. sur 30,000 fr.)

Dans un prochain article nous examinerons l'état des commandes et achats faits aux artistes sculpteurs et graveurs.

------◆------

LA DÉCORATION DE L'HOTEL-DE-VILLE

Voici les dernières décisions de la Commission :

Les panneaux du salon des lettres (plafond de M. Jules Lefebvre), ont été confiés à MM. Guillemet, Lansyer, Lavieille, Henri Saintin.

Ceux du salon des arts (plafond de M. Bonnat) à MM. Bellel, Gustave Colin, Français et Lapostolet.

Ceux du salon des sciences (plafond de M. Besnard), à MM. John-Lewis Brown, Lépine, Luigi Loir et Pierre Vauthier.

Soit, en tout, douze panneaux confiés à d'éminents paysagistes.

De plus, on s'est occupé de la décoration des couloirs parallèles à la salle des Fêtes et qui donnent sur les cours intérieures de l'Hôtel de Ville. Ici encore, il y aura de grands paysages pour lesquels on a pensé à MM. Jules Breton, Damoye, Harpignies, Pelouse et Rapin.

* * *

On a également discuté le sujet des peintures de la grande salle des Fêtes, peintures dont on a demandé à M. Lavastre une esquisse d'ensemble. C'est sur cette esquisse que MM. les commissaires vont pâlir d'ici à la prochaine séance.

Nous connaitrons bientôt le résultat de leurs méditations.

------◆------

DÉCORATION ARTISTIQUE

**Des salles des mariages des mairies d'Arcueil-Cachan
et de Nogent-sur-Marne.**

Un concours est ouvert entre tous les peintres français :

1° Pour la décoration artistique de la salle des mariages de la mairie d'Arcueil-Cachan, se décomposant ainsi qu'il suit, savoir :

1 grand panneau	15.000	»
1 panneau latéral	7.500	»
1 autre panneau latéral	7.500	»
Soit au total	30.000	»

2° Pour la décoration artistique de la salle des mariages de la mairie de Nogent-sur-Marne, se décomposant ainsi qu'il suit :

1 grand panneau	15.000	»
1 panneau (côté des fenêtres)	9.000	»
1 panneau latéral	7.500	»
1 autre panneau latéral	7.500	»
Soit au total	39.000	»

La liberté la plus absolue est laissée aux artistes dans le choix et la composition des sujets et des motifs devant servir à la décoration desdites salles.

Les concurrents produiront des esquisses au 1/10ᵉ de l'exécution ; chaque esquisse sera signée de son auteur.

Lesdites esquisses devront être déposées contre récépissé, le 16 avril 1888, de 11 heures à 5 heures, à l'Hôtel de Ville, salle Saint-Jean, ou dans tel autre lieu que l'administration fera connaitre ultérieurement.

Le jugement sera rendu, au plus tard, le dixième jour de l'exposition publique, qui durera quinze jours et commencera le 22 avril 1888.

Le jury chargé du classement des projets sera composé du Préfet de la Seine, président, et de huit membres, savoir : trois nommés par le Conseil général, deux délégués par l'Administration, trois nommés par les concurrents eux-mêmes. Le Préfet désignera le vice-président et le secrétaire, lequel pourra être pris en dehors du jury, mais avec une voix consultative seulement.

Les concurrents procèderont à l'élection de leurs trois jurés le 17 avril à deux heures précises, dans la salle Saint-Jean, à l'Hôtel de Ville, sous la présidence du Préfet de la Seine, ou de son délégué assisté de deux membres du Conseil général.

L'élection se fera au premier tour de scrutin à la majorité absolue, et au deuxième, à la majorité relative. Le Conseil général désignera les trois autres jurés qui seront pris, soit dans le sein du Conseil, soit au dehors.

Les concurrents ne recevront pas d'autre convocation que celle indiquée dans le programme. Ils apporteront les pièces nécessaires pour que, le jour de l'élection, le Bureau puisse constater au besoin leur identité et leur qualité de Français.

Tout membre du jury qui sera parent ou allié d'un candidat à un degré quelconque sera récusé d'office par l'Administration.

Trois esquisses pourront être choisies, pour chaque concours, parmi les œuvres des concurrents.

Les auteurs de ces trois esquisses seront chargés de peindre chacun, grandeur d'exécution, un fragment compris dans les sujets présentés par eux, ce fragment devant renfermer une des figures du sujet.

L'artiste qui, sur ce fragment, aura réuni les suffrages du jury, sera chargé de l'exécution définitive ; les deux autres, classés suivant le mérite de leurs œuvres, recevront pour chaque concours : le premier une prime de 1.500 fr.; le second une prime de 1,000 francs. Ils pourront, sur l'avis conforme du jury, recevoir des commandes appropriées à une des mairies de banlieue ne se prêtant pas à un ensemble décoratif, mais offrant, néanmoins, des panneaux convenables pour des compositions isolées.

Tous deux seront tenus, pour l'exécution de leurs travaux respectifs, à présenter à l'Administration des esquisses nouvelles s'appliquant spécialement aux surfaces qu'ils sont appelés à décorer!

Dans le cas où aucun des trois envois ne serait jugé digne d'être adopté, les trois concurrents pour chaque concours recevront néanmoins chacun une prime fixe de 1,000 francs.

Il sera donné à chaque concurrent un délai de deux mois pour l'exécution de son travail. Le jugement définitif aura lieu dans le courant de juillet 1888.

Si le jury use de son pouvoir de ne pas décerner le prix d'exécution, ou s'il décerne ce prix, il devra, dans l'un ou dans l'autre cas, motiver son jugement par un rapport écrit rendu public.

Les trois esquisses provenant de chaque concours appartiendront de droit à l'Administration.

Tout artiste qui en fera la demande recevra, outre l'exemplaire du présent programme, un plan des emplacements à décorer avec les dimensions des surfaces à couvrir.

Il devra, à cet effet, s'adresser au bureau Beaux-Arts, à l'Hôtel de Ville (escalier D, 2ᵉ étage).

Les esquisses qui n'auront pas été réservées par le jury devront être enlevées dans un délai de cinq jours après l'exposition publique par les soins des concurrents, l'Administration ne prenant plus, passé ce délai, la responsabilité de leur conservation.

La dépense s'élevant à la somme de 75,000 francs, y compris les primes et les frais dudit concours, sera payée jusqu'à concurrence de 6,500 francs, représentant les primes et frais des deux concours, sur le sous-chap. 11, art. 2, du budget de 1887 ;

Et pour le surplus, soit 69,000 francs, au moyen de trois annuités, de 23,000 francs chacune, sur les crédits de même nature à ouvrir aux budgets de 1888, 1889 et 1890.

La subvention de 5,000 francs pour travaux accessoires de décoration de la salle, votée par la commune d'Arcueil-Cachan, et celle analogue votée par la commune de Nogent-sur-Marne, seront mises à la disposition de l'artiste lauréat qui devra, pour en déterminer l'emploi aux travaux en question, s'entendre avec l'architecte du monument.

LE MONUMENT DE DELACROIX

Samedi a eu lieu, comme nous l'avions annoncé, la fonte de la première des trois grandes statues qui composeront le monument d'Eugène Delacroix.

On sait que ce monument comprendra trois figures de deux mètres et demi à trois mètres, le *Temps* qui élève dans ses bras la *Gloire* jusqu'au buste du grand peintre, et au bas *Apollon* qui applaudit.

Ces trois figures sont d'un mouvement superbe et personnifient d'une manière frappante le génie de Delacroix.

C'était l'Apollon qu'on fondait samedi, à cire perdue, chez Bingen, rue des Plantes.

Etaient présents : MM. Auguste Vacquerie, président du comité ; Dalou, Fantin-Latour, Maurice Tourneux, Alfred Robaut, etc.

C'est un spectacle émouvant que les versements des chaudières dans la grande cuve. Deux grues gigantesques les soulèvent et les approchent de la cuve ; des ouvriers, d'une intrépidité et d'un sang-froid admirables, la figure ruisselante de sueur et léchés par les flammes, renversent le métal en fusion, et c'est comme une avalanche rouge. Il a fallu huit chaudières pour la quantité de bronze nécessaire.

La dernière versée, une grue a enlevé la « quenouille » qui bouchait le trou par où la fonte doit se répandre dans le moule. Elle y est tombée avec le bruit d'un coup de canon.

Lorsque le moule en a eu assez, l'excédent est sorti par un exutoire, et il y a eu un jaillissement qui a produit une espèce de bouquet de feu d'artifice.

L'opération a parfaitement réussi.

Alors on a fait venir des bouteilles de vin de champagne et l'on a bu, comité et ouvriers, au prompt achèvement du monument.

UNION DES FEMMES
PEINTRES ET SCULPTEURS

—

AVIS

Nous rappelons aux intéressées que les œuvres destinées à l'exposition de l'Union doivent être déposées les 11 et 12 février prochain, au Palais des Champs-Elysées (porte n° 5).

Les demandes d'adhésion sont reçues au siège de la Société, 147, avenue de Villiers, par la présidente Mᵐᵉ Léon Bertaux.

L'exposition sera ouverte du 22 février au 14 mars.

Bulletin des Expositions et Concours

—

Bordeaux. — Exposition du 1ᵉʳ mars. Délais d'envoi expirés.

Glasgow. — Exposition de mai à octobre. — Envois avant le 21 février chez Guinchard et Fourniret, 76, rue Blanche.

Liège. — Du 29 avril au 17 juin. Envois directs avant le 7 avril.

Lyon. — Du 1ᵉʳ février au 15 mars. — Délais d'envoi expirés.

Nimes. — Du 1ᵉʳ mai au 10 juin. — Délais d'envo expirés.

Paris. — Exposition de l'Union des femmes du 15 février au 15 mars.

— Exposition des *Indépendants* du 21 mars au 3 mai. Envoi des œuvres au pavillon de la ville de Paris (Champs Elysées) du 10 au 14 mars inclus.

Rome. — Du 19 février au 15 avril.

Vienne. — Du 1ᵉʳ mars au 31 mai. Délais d'envoi expirés.

NÉCROLOGIE

M. Victor Thiébaut, le fondeur bien connu et dont le nom est attaché à un grand nombre d'œuvres artistiques de cette époque, vient de mourir en son domicile, rue Chaptal.

M. Thiébaut était âgé de soixante-quatre ans. Ancien maire du dixième arrondissement, il était officier de la Légion d'honneur. Ses ateliers, situés rue de Chazelles, étaient connus du monde entier, et l'une des dernières œuvres qui en soient sorties a été la colossale statue la *Liberté éclairant le monde*, de Bartholdi.

* *

Un artiste dont les fusains ont été remarqués au Salon où il exposait tous les ans, M. Velay, vient de mourir à Verneuil, dans le département de l'Eure.

Il n'avait que quarante-quatre ans.

M. Velay avait fait la campagne de 1870 comme lieutenant de la garde mobile de l'Eure.

Grièvement blessé, au mois de décembre 1870, sur le champ de bataille de Patay, il avait, par son sangfroid et son énergie, échappé aux Allemands et à la captivité : il ne put cependant rentrer dans les rangs avant la fin de la guerre. et ce fut à l'hôpital où le retenait sa blessure qu'il reçut la croix de la Légion d'honneur.

ÉCHOS ET NOUVELLES

M. Adolphe Guillon vient d'offrir au musée du Louvre une pierre portant une inscription funéraire en langue grecque avec noms hébraïques, trouvée à Jaffa.

Dans la séance du 22 décembre dernier, le Comité consultatif des musées nationaux a accueilli avec empressement ce don intéressant.

* *

Le Comité de la Société des compositeurs de musique vient de reconstituer ainsi son bureau :
Président : M. C. Saint-Saëns ;
Vice-présidents. — MM. G. Pfeiffer, A. Guilmant, E. Altès et E. Guiraud ;
Secrétaire-général. — M. E. d'Ingrande ;
Secrétaire-rapporteur. — M. G. Canoby ;
Secrétaires. — MM. D. Balleyguier, L. de Vaux, F. de la Tombelle et L. Michelot ;
Bibliothécaire-archiviste. — M. J.-B. Weckerlin.

* *

Les *Premières armes de Louis XV*, la nouvelle opérette en répétition aux Menus-Plaisirs, sera précédée d'un lever de rideau, le *Rêve*, paroles de MM. A. Sémiane et Albert Gerès, musique de M. Henri Cieutat, l'aimable secrétaire du directeur des Beaux-Arts.

* *

L'administration des beaux-arts vient d'être officiellement informée que Mme Sevène, récemment décédée, a institué par testament le Musée du Louvre légataire universel de toute sa fortune.

Le legs de Mme Sevène représente une somme d'environ 380.000 francs.

* *

Des artistes français l'ont emporté dans le concours ouvert par la ville de Lisbonne pour la création d'un grand parc à l'extrémité de l'avenue de la liberté.

Le premier prix a été décerné à M. Lusseau ; le second, à M. Duchêne ; le troisième, à M. Denys.

* *

C'est samedi prochain qu'aura lieu l'ouverture, à Bruxelles, du Salon des XX, qui constitue, chaque année, l'événement artistique de la saison. Un millier d'invitations ont été lancées dans le monde des arts, de la diplomatie, etc., pour cette solennité, très recherchée des mondaines et du Tout-Bruxelles élégant.

*

Un appel qui sera entendu :
Il s'organise à Saint-Pétersbourg, sous le haut patronage de Mme la princesse Eugénie d'Oldenbourg, et par les soins du comité des Sœurs de charité de la Croix-Rouge, une exposition des œuvres des peintres français modernes, au bénéfice de la Société de la Croix-Rouge de Russie.

Le comité a déjà obtenu l'appui de M. Castagnary, directeur des Beaux-Arts, qui a promis de constituer incessamment un comité, composé de sommités artistiques. MM. Bonnat, Bouguereau, Detaille, Carolus Duran, Gérôme, Guillaume et Jean-Paul Laurens ont également promis leur concours.

Nous espérons que tous nos grands artistes saisiront cette occasion de resserrer les liens d'amitié qui unissent la France à la Russie.

* *

Notre confrère M. Marius Vachon vient d'être chargé par le ministre des beaux-arts, d'aller étudier la situation des industries d'art et l'organisation des musées et écoles d'art industriel en Belgique, en Hollande et en Danemark.

Ce travail sera en quelque sorte le complément des précédentes missions confiées à notre confrère.

* *

La troisième exposition de Blanc et Noir, faite avec le patronage et sous la présidence de M. Eugène Guillaume, membre de l'Institut, aura lieu du 1er octobre au 15 novembre 1888 au pavillon de la Ville de Paris.

L'Imprimeur-Gérant : HENRY LEFEBVRE.

LA VIE ARTISTIQUE

COURRIER HEBDOMADAIRE ILLUSTRÉ

Des Ateliers, des Expositions & des Théâtres

BUREAUX A PARIS
42, Rue de Chabrol, 42

DIMANCHE 12 FÉVRIER 1888
2e ANNÉE — N° 6

ABONNEMENTS
Un An : DIX FRANCS

UNE ADMIRABLE DÉCOUVERTE

LE PASTEL FIXÉ

Au moment de prendre la plume, je suis pris d'une certaine émotion à l'idée d'écrire les lignes suivantes :

Le moyen de fixer le pastel est trouvé; c'est là un fait accompli, j'ai pu moi-même en acquérir la certitude. Quelle conquête, et quelle joie !

Le 3 avril 1887, j'avais ici moi-même cette étonnante affirmation : « Je sais qu'on a voulu fixer le pastel. Peine perdue. Les procédés chimiques ne peuvent rien ici. Les fixatifs essayés par des esprits inventifs altèrent les tons, et la fraîcheur est tuée. »

Je me suis bien trompé, et d'autres ont fait de même; mais j'ai mille fois plus de plaisir à constater l'heureux résultat que je n'ai de peine à reconnaître mon erreur. Si d'ailleurs, j'ai rappelé mon opinion de l'an dernier, c'était pour établir, que je ne suis pas de ceux qui auraient pu, dans l'espèce, s'enthousiasmer sans raison, et prendre facilement pour une réalité la chimère d'un inventeur.

Non, mon incrédulité a obstinément résisté, aux assertions, aux certificats, aux affirmations les plus autorisées. Je me disais : « Oui, fixer le pastel, ce n'est pas d'hier qu'on cherche cela ; mais c'est impossible…, allons donc ! »

Eh bien, j'ai vu, j'ai touché, j'ai fait mes petites expériences personnelles : et je suis ravi de pouvoir qualifier d'un mot la découverte en disant qu'elle est merveilleuse.

L'auteur, — je livre de suite son nom, — est M. H. Lacaze, artiste peintre; il cherchait comme tant d'autres une méthode pour fixer la poussière des crayons de couleur sur le papier ou sur la toile.

Ce n'est pas, j'imagine, un inventeur de profession, un de ces savants qui devant des cornues ou des alambics oublient le boire et le manger. Au cours de ses travaux, il pensait au pastel dont il appréciait les ressources et les charmes : un beau jour, il eut une idée, — laquelle ? c'est là son secret, — il l'appliqua. Il fut tout d'abord surpris du résultat; il m'a même avoué qu'il eut quelque peine à se convaincre lui-même. Afin de se mettre en garde contre ce qui pouvait être une illusion personnelle, il montra autour de lui, à des camarades, les résultats obtenus. L'accueil qui lui fut fait l'enhardit.

Alors, M. Lacaze s'adressa aux personnalités en vue de l'art contemporain ; il alla voir quelques membres de notre Société de pastellistes français. L'attitude un peu sceptique qui se trahissait toujours au premier abord, se changeait en véritable enthousiasme…

Tout à fait édifié sur la valeur de son invention, M. Lacaze se décida à prendre un brevet; dans très peu de jours son fixatif sera dans le commerce, et les pastellistes pourront rire au nez de ceux qui prétendent qu'ils jettent leur talent en poudre aux quatre vents !

* *

L'application se fait comme pour les autres fixatifs à l'aide d'un vaporisateur très fin. Il paraît que les éléments constitutifs du pastel étant, en raison des corps qu'ils contiennent, susceptibles de fermenter, de se désagréger, M. Lacaze a dû chercher un fixatif antiseptique… Ce sont là choses de science, pour lesquelles, je l'avoue, je ne suis pas grand clerc ; mais ce que j'ai pu constater, et c'est là l'important, le voici :

Le pastel une fois fixé, est sec au bout de cinq ou six minutes, vous pouvez l'épousseter, le frapper du coin d'un mouchoir, le secouer sur une table, rien ne tombe, rien ne se déplace, vous ne constaterez même pas au microscope la moindre molécule de couleur ayant glissé. Il est certain, pour tout dire, que si vous frottez en appuyant du pouce sur un endroit quelconque, vous écraserez les grains déposés par le crayon, et que, par cette sorte d'usure, vous altérez le ton qui devient plus fondu ; mais passez la paume de la main sur le papier ou sur la toile, la surface n'est nullement entamée, et votre main n'a aucune trace de pastel.

J'ai pris une feuille de mince papier blanc que j'ai appliquée sur un pastel fixé ; j'ai promené l'ongle en tous sens, de façon à rayer le papier ; les raies en dessous étaient en saillies, mais, entièrement blanches, la couleur n'avait pas déchargé le moins du monde.

J'ai été plus loin encore : (j'affirme la chose, et je l'affirme avec d'autant plus d'énergie, que je me serai le premier refusé à la croire, si on me l'avait contée) j'ai déposé sur une teinte rose degradée, sur un bleu gris, sur un blanc pur, une goutelette d'eau. Après l'évaporation, il n'y avait aucun cerne, et je n'ai pu distinguer la place précédemment mouillée.

Qu'on tente une de ces expériences sur un pastel non fixé, et l'on verra quelle pauvre mine sera la sienne !

* *

Voilà pour la solidité du pastel. Quant à l'adhérence de la matière, examinons les résultats de la découverte de M. Lacaze, au point de vue du maintien de la couleur. Là, n'est-ce pas, gisait la difficulté, le point délicat. Les essais antérieurs modifiaient les teintes, il fallait calculer dans quelle proportion chaque ton descendrait et tenir, avant l'opération, l'un ou l'autre plus ou moins monté.

Rien de semblable pour le procédé nouveau. Le pastel garde toute sa fleur, son épiderme ; rien ne bouge. Les verts eux-mêmes qui, comme on le sait, sont rebelles, et noircissaient au fixage, conservent la fraîcheur de la touche. Un fait dont j'ai été témoin, en dira plus que toutes phrases. M. Lacaze a fixé par moitié un pastel, et l'œil était dans l'impuissance complète de reconnaître le côté soumis au vaporisateur !

Un avantage des plus précieux de cette belle invention est de permettre à l'artiste de revenir sur son œuvre. La toile fixée, le peintre a la faculté de mettre des touches, des accents, il a *des dessous* comme dans la peinture à l'huile,

il reprend certaines colorations, et il refixe ensuite. Plusieurs couches successives de fixatif sont d'une innocuité complète.

* *

Tout le monde comprendra les conséquences admirables d'une telle conquête. C'est tout une révolution dans l'art du pastel. Art charmant et délicat, de charme et de genre français. On ne lui reprochait que sa fragilité : elle était proverbiale et légendaire. Nous-a-t-on assez comparé son éclat éphémère avec celui d'une aile de papillon qu'un doigt d'enfant déflore ! Nous nous moquons bien du papillon, maintenant ! Le pastel tout de grâce et d'harmonie est en droit de lutter avec son austère sœur la peinture à l'huile, et comme elle, il n'a pas à craindre les craquelures sinistres, l'envahissement des noirs qui repoussent, les trahisons du bitume perfide.

A la première exposition de la société des pastellistes français, le public jugera d'ailleurs. Le succès de M. Lacaze sera sa récompense. Il en aura une plus belle dans la reconnaissance des artistes.

Roger BALLU.
Président
de la Société de Pastellistes français.

Post-scriptum. — On me pardonnera de revenir toujours sur une idée qui m'est chère. Je suppose qu'une invention de cet ordre n'ait pu, pour des motifs d'ordre pécuniaire, se répandre et triompher de l'indifférence, la *Société libre des Beaux-Arts et des Lettres*, aurait compris son devoir. C'est là un exemple de plus que je livre en passant.

R. B.

LE SALON DE 1888

Le règlement du Salon de 1888 vient de paraître. Nous ne perdrons pas notre temps à reproduire ce document, reproduction du règlement de 1887 dans ses dispositions les plus essentielles.

Nous nous bornons à reproduire seulement les modifications apportées à ce règlement que les artistes trouveront au livret de 1887.

Voici ces modifications :

Art. 5. — Le jury, en recevant chaque œuvre, lui assignera un numéro de placement. Ce numéro sera consigné sur le procès-verbal, où chaque artiste pourra, dès l'ouverture du Salon, vérifier celui qu'il a obtenu. Ces numéros seront de plus collés sur les cadres jusqu'à la fin du placement, afin que le jury puisse exercer sa surveillance sur celui-ci. Il y aura trois numéros.

Cet article s'applique également aux œuvres admises de droit au Salon.

L'artiste qui ne serait pas satisfait du numéro qui aura été donné à son ouvrage par le jury, pourra le retirer. Il devra aviser de son intention le Président de la Société dans le délai qui lui sera fixé par la lettre d'avis qui aura été adressée à chaque exposant. Passé ce délai, l'artiste ne pourra plus reprendre son tableau.

ART. 6. — La Médaille d'honneur en peinture sera votée après les autres médailles. Les médaillés et mentionnés du Salon de l'année pourront prendre part au vote.

Le vote pour la Médaille d'honneur aura lieu le 31 mai

ART. 7. — Le jury disposera de 40 médailles, dont : 3 premières. — 10 deuxièmes — 27 troisièmes.

Les médailles de 1re classe pourront donner lieu à trois tours de scrutin, mais si elles ne sont pas données, elles ne pourront en aucun cas être reportées sur des médailles d'un ordre inférieur et venir augmenter le nombre de celles-ci. Tout au contraire, les secondes et les troisièmes médailles ne donneront lieu qu'à un seul tour de scrutin, mais les secondes médailles qui ne seraient pas données augmenteront d'autant le nombre des troisièmes médailles à décerner. Par contre, si le vote donnait un nombre de voix égal à plusieurs concurrents pour la dernière des médailles de seconde classe ou de troisième classe, des médailles supplémentaires seraient accordées à chacun des concurrents qui auraient obtenu le même nombre de voix pour chacune de ces dernières récompenses.

Section de Gravure et Lithographie.

Art. 7. — La Médaille d'honneur sera votée par tous les artistes français exposants, les artistes médaillés antérieurement exposants ou non, et le jury de la section. La Médaille d'honneur sera décernée à la majorité absolue des votants ; elle ne pourra donner lieu qu'à trois tours de scrutin. Les artistes qui jugeraient qu'aucune œuvre exposée ne mérite cette haute récompense, mettront un zéro sur leur bulletin ; si ces derniers sont en majorité, il ne sera pas procédé à un second tour de scrutin. Les bulletins blancs seront considérés comme nuls. Le vote par correspondance n'est pas admis pour la Médaille d'honneur.

LES BEAUX-ARTS A L'EXPOSITION DE 1889

Voici les principales dispositions du règlement :

L'Exposition s'ouvrira le 5 mai 1889 et sera close le 3 octobre de la même année ; elle comprendra les œuvres des artistes français et étrangers exécutées depuis le 1er mai 1878 et rentrant dans les cinq genres suivants :

1° Peinture ; 2° dessin, aquarelle, pastel, miniature, émaux, porcelaines ; 3° sculpture, gravure en médailles et sur pierres fines ; 4° architecture, modèles et décoration monumentale ; 5° gravure et lithographie.

Sont exclus : 1° les copies ; 2° les tableaux ou dessins non encadrés ; 3° les sculptures en terre cuite.

L'exposition d'art international comprendra :

1° Une section française ; 2° autant de sections étrangères distinctes qu'il y aura de pays représentés par des commissaires généraux ou des comités nationaux.

Section française.

Les artistes français devront déposer, au commissariat des expositions (palais des Champs-Elysées, porte n° 1), du 15 mai au 1er juin 1888, une notice, signée par eux, des ouvrages qu'ils désirent exposer au palais du Champ-de-Mars.

La notice contiendra la **désignation des œuvres**, leurs dimensions et les expositions où elles ont déjà figuré.

Le nombre que peut présenter chaque artiste est limité à 10.

Le jury examinera, du 1er juin au 1er juillet prochain, les listes envoyées.

Les artistes dont les ouvrages auront été admis d'office sur le vu des listes seront avisés par lettres, avant le 15 juillet 1888.

Le dépôt de ces œuvres, contre récépissé sera effectué au palais du Champ-de-Mars, du 15 au 20 mars 1889.

Les artistes qui n'auraient pas reçu avis de leur admission d'office, à la date du 15 juillet 1888, devront faire le dépôt des œuvres indiquées dans leurs notices, du 5 au 20 janvier 1889, au palais du Champ-de-Mars, n° 1, pour que ces œuvres soient examinées par le jury.

Devront être déposés dans les mêmes conditions et à la même date les autres ouvrages qu'auraient à présenter les artistes admis ou non d'office.

Les artistes dont les ouvrages seront admis en seront immédiatement avisés par la Direction des beaux-arts.

La moitié, au moins, des jurés, dans chaque section, est nécessaire pour la validation des opérations ; il s'ensuit que les œuvres présentées ne seront admises qu'à la majorité absolue des membres présents. En cas de partage, l'admission sera prononcée.

Un jury international sera chargé de décerner les récompenses. Ce jury ne comprendra que des membres ayant renoncé à toute récompense pour eux-mêmes. Les artistes acceptant de faire partie de ce jury seront considérés comme hors concours.

Section étrangère.

L'administration des beaux-arts prend à sa charge tous les frais d'installation, de décoration et de gardiennage.

Les commissariats généraux ou les comités institués dans chaque pays sont invités à se faire représenter auprès du ministre de l'instruction publique et des beaux-arts, avant le 15 mars 1888, par un délégué muni de leurs pouvoirs.

Section internationale.

Les artistes étrangers dont le pays n'est pas représenté par un commissariat général ou un comité national, devront adresser leur demande au directeur des beaux-arts avant le 15 mai 1888. — Il indiquera le nombre des œuvres qu'il désire exposer, le sujet et les dimensions (cadre compris).

Un jury spécial se prononcera sur l'admission des œuvres des artistes étrangers.

Les ouvrages destinés à ce jury devront être remis, francs de port, au Palais des Champs-Elysées, du 5 au 20 décembre 1888. Ils devront être accompagnés d'une notice, signée par l'artiste, contenant les indications des œuvres.

Dispositions communes aux diverses sections.

Les frais d'emballage et de transport des œuvres sont à la charge des exposants.

Chaque artiste aura droit à trois lignes dans le catalogue, pour l'indication de ses noms, prénoms, lieu de naissance, son adresse et ses récompenses. Deux lignes seront accordées, en outre, à chaque œuvre. Une carte d'entrée permanente sera mise à la disposition de chaque exposant.

Aucune œuvre d'art ne pourra être retirée avant la clôture de l'exposition, sans une autorisation spéciale.

Les ouvrages exposés devront être retirés dans le mois qui suivra la clôture de l'exposition.

LE MONUMENT COMMÉMORATIF
de la Révolution.

Le projet d'un monument commémoratif de la Révolution française dont il est question depuis longtemps déjà, va-t-il aboutir ?

Il y a lieu de l'espérer, car en même temps qu'une commission se formait, à la Chambre avec charge d'examiner un projet de loi relatif au concours pour l'érection de ce monument, une délégation du conseil municipal se rendait auprès du ministre de l'instruction publique, afin de l'entretenir de la même question.

MM. Emile Richard, Delhomme et Hector Depasse ont exprimé l'espoir qu'un vote définitif ne se ferait plus attendre. Ils ont rappelé au ministre les efforts incessants du conseil municipal pour la réalisation de ce projet et les études de la commission extra-parlementaire nommée l'année dernière par M. Berthelot.

On sait que cette commission avait arrêté, en principe, un projet de concours extrêmement large, laissant aux artistes la liberté la plus absolue.

Dans l'entrevue de jeudi on est tombé d'accord sur deux points essentiels : d'abord, que le monument de 1789 doit présenter un grand caractère architectural et sculptural, et, ensuite, qu'il devra contenir un musée de la Révolution, auquel seraient jointes plusieurs de nos collections trop à l'étroit dans le Louvre.

Le ministre a promis de faire son possible pour hâter les résolutions de la Chambre, et il a affirmé à nouveau qu'à son avis, le monument devait présenter un grand caractère — ou n'être pas.

On prévoit que la dépense se montera à huit ou dix millions, et on pense que le concours de la Ville pourra être accordé assez largement, comme pour la Sorbonne.

LE MONUMENT DES GIRONDINS

Le concours préparatoire ouvert à Bordeaux pour le monument des Girondins a été jugé jeudi. En voici le résultat :

Sont admis *ex æquo* au concours définitif les projets suivants :

1° Projet présenté par MM. Esquié, architecte, et Labatut, statuaire. Devise : *Atal fa qui pot.*

2° Projet présenté par M. Guadet, architecte et statuaire. — Devise : *Dette de famille.*

3° Projet présenté par MM. Deverin, architecte, et Dumilâtre, statuaire. — Devise : *Gloria victis.*

4° Projet présenté par MM. Edouard Larché, architecte, et Raoul Larché, statuaire. — Devise : *Lex.*

5° Projet présenté par MM. Rouyrre, architecte, et Léopold Steiner, statuaire. — Devise : *Pax.*

Tous les concurrents habitent Paris.

Le jury était composé de MM. Chapu et Barrias, sculpteurs ; Daumet et Pascal, architectes, et de membres de la municipalité de Bordeaux.

A AMIENS

Dimanche a eu lieu à Amiens une solennité artistique en l'honneur de M. Puvis de Chavannes.

L'administration municipale et la commission du musée avaient invité un certain nombre de personnes pour la réception de la grande toile du maître : *Pro patria ludus,* qui complète sa belle décoration du grand escalier, où figurent aussi : *le Travail, le Repos, l'Etude, la Contemplation.* Le musée, qui possédait aussi *la Paix, la Guerre, le Triomphe, la Dévastation, l'Abondance,* etc., contiendra ainsi une grande partie des œuvres importantes de M. Puvis de Chavannes.

En présence de M. Lozé, préfet de la Somme, M. F. Petit, sénateur, maire d'Amiens, accompagné de ses adjoints, du conseil municipal et des notabilités de la ville, a adressé une charmante allocution à M. Puvis de Chavannes :

« Les jeunes générations, a-t-il dit, qui viendront ici puiser les inspirations de l'art le plus élevé, y trouveront encore un autre enseignement en contemplant ces jeunes Gaulois s'exerçant pour la patrie. *Ludus pro patria,* la légende de votre toile, n'est-ce pas aujourd'hui la devise même de la France ! »

M. Puvis de Chavannes, très ému, a répondu par des paroles qui, comme l'allocution du maire, ont été très applaudies.

L'administration des beaux-arts n'était point représentée à cette fête.

DÉCORATION DU MUSÉE DE ROUEN

M. Puvis de Chavannes vient d'être chargé par la municipalité de Rouen qui s'était préalablement entendue avec la direction des Beaux-Arts, de la décoration du grand escalier du nouveau musée. L'éminent artiste devra exécuter trois panneaux, un grand et deux petits.

Quant à la décoration de l'escalier de la bibliothèque, elle a été confiée à M. Baudouin.

La direction des beaux-arts participe aux dépenses de ces peintures évaluées à 43,000 francs, pour une somme de 18,000 francs. La ville de Rouen donnera 20,000 francs et le département 5,000 francs.

SOCIÉTÉ LYONNAISE DES BEAUX-ARTS

C'est le 17 février que s'ouvre à Lyon, dans un pavillon situé place Bellecour, l'exposition annuelle de la Société des beaux-arts. Plus de douze cents œuvres ont déjà été envoyées. Le jury d'admission a été constitué hier matin ; il est composé de seize membres, parmi lesquels nous remarquons MM. Appian, Danguin, Beauverie, Sicard et Poncet.

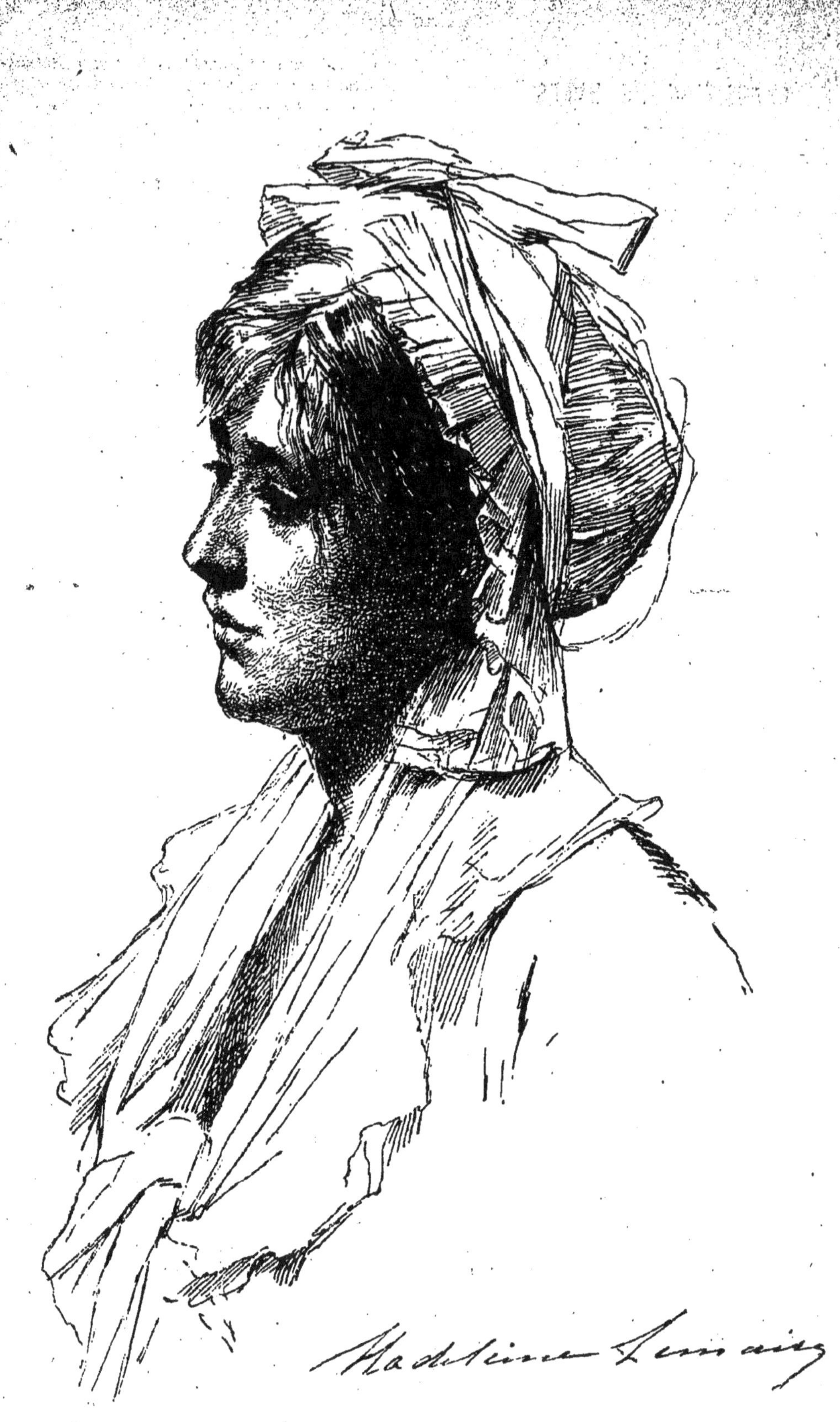

MADELEINE LEMAIRE

EXPOSITION DE NIMES

Une exposition d'ouvrages de peinture, sculpture, architecture et gravure, aura lieu à Nîmes, dans l'ancien lycée, du 1er mai au 10 juin 1888.

Les artistes qui désirent exposer doivent adresser avant le 1er avril au plus tard, à M. le secrétaire de la Société des Amis des Arts, à Nîmes, une déclaration contenant leurs nom, prénoms et adresse, l'indication du lieu de leur naissance, les noms de leurs maîtres, les titres et sujets des œuvres par eux envoyés et le prix de chacune d'elles pour le cas de vente.

Les objets devront être adressés à M. le président de la Société des Amis des Arts, à Nîmes. Il seront reçus du 1er au 15 avril 1888, terme de rigueur. Chaque caisse devra porter une adresse indiquant le nom de l'exposant et sa résidence, et non pas ceux d'un intermédiaire.

EXPOSITION

des lauréats de France, Londres 1888.

Commissariat général : 49, rue Jacques-Dulud, à Neuilly-sur-Seine, près Paris.

Une Exposition internationale de Beaux-Arts, dont le titre figure ci-dessus, s'ouvrira à Londres, le 1er mai 1888, sous la direction de M. Hervé du Lorin.

La durée de l'Exposition sera de trois mois, son siège est établi dans les vastes dépendances du magnifique palais The Royal Aquarium, situé au Centre de la Cité londonnienne, quartier de Westminster, et faisant face à la vieille abbaye de ce nom.

RÈGLEMENT

ARTICLE PREMIER. — Aucun artiste ne sera reçu sans qu'il n'ait obtenu une récompense dans un Concours ou Exposition quelconque organisé en France.

Les artistes qui n'auraient reçu qu'une simple mention honorable seront admis.

ART. 2. — Seront reçus à cette Exposition les ouvrages de peinture, sculpture, gravure, architecture, dessin et lithographie; de plus, il sera affecté une salle spéciale à l'Exposition des faïences artistiques, émaux terres cuites, etc.

ART. 3. — Il n'y aura pas de jury d'admission.

Toutes les œuvres seront acceptées et classées selon leur mérite.

ART. 4. — Les récompenses consisteront en médailles, insignes et diplômes.

ART. 5. — Les œuvres devront parvenir franco au siège de l'Exposition du 20 au 25 avril, terme de rigueur et dernier délai : *The Royal Aquarium Westminster London.*

Les bureaux seront ouverts de 10 heures du matin à 4 heures du soir.

ART. 6. — Le jury sera nommé par la Direction.

ART. 7. — Il ne sera pas reçu plus de six œuvres du même artiste.

ART. 8. — Chaque ouvrage devra être accompagné d'une notice indiquant :

1° Nom, prénoms, lieu de naissance, adresse de son auteur et récompenses obtenues ; 2° l'explication du sujet et le prix en toutes lettres.

Les caisses renfermant les tableaux ou statues devront absolument porter sur le couvercle extérieurement et d'une manière visible le nom de l'exposant.

ART. 9. — Les tableaux, gravures, dessins et lithographies devront être encadrés, et les tableaux ou dessins ovales devront être fixés sur des panneaux carrés.

ART. 10. — Les œuvres ne pourront être retirées avant la fin de l'Exposition.

ART. 11. — Le prix de tout objet, vendu même directement par l'artiste ou par son représentant, devra être versé au secrétariat avant la fin de l'Exposition.

ART. 12. — Les plus grands soins seront apportés au déballage, au placement, à la surveillance et à la réexpédition des œuvres envoyées ; la Direction n'est responsable que des accidents provenant de son fait.

Une assurance est contractée pour le cas d'incendie.

ART. 13. — La Direction fera sur les ventes une retenue de 10 0/0 à la charge de l'artiste.

ART. 14. — Si un ouvrage se trouve être vendu par la Direction et par l'artiste ou par son représentant, la vente faite par la direction sera seule valable.

ART. 15. — La Direction ne se charge d'aucun débours ; le retour sera gratuit comme le comporte le cahier des charges des Compagnies de chemin de fer et bateaux.

ART. 16. — L'Agent-Général agréé par la Direction pour recevoir les œuvres et qui est également chargé du classement et de l'expédition, M. Dangleterre fils, doreur-encadreur, 46, rue Brunel et 16, rue Labie, aux Ternes-Paris, où l'on peut également s'adresser pour tous renseignements.

ART. 17. — Un train de plaisir sera organisé de Paris pour Londres pour les artistes prenant part à l'Exposition à l'occasion de son ouverture. Les exposants qui désireraient se rendre à Londres nous en donneront avis afin de nous aider et de nous faciliter dans les démarches à faire auprès des Compagnies de chemins de fer.

Dépôt à Paris, chez Dangleterre fils, du 1er au 5 avril.

MUSIQUE

L'illustre auteur de *Faust* était à Nantes, il y a quelques jours, pour assister à un grand festival donné au théâtre, en son honneur.

Répondant à plusieurs discours, au banquet que lui offraient les autorités et les notabilités de la ville, il dit — entr'autres choses dignes de remarque — qu'il « craignait bien que les jeunes musiciens d'à présent ne s'appliquassent pas assez à imiter les maîtres. »

C'est, du moins, le texte que nous ont transmis les journaux.

Parole grave, tombant d'une bouche si autorisée, mais que le maître avait peut-être moins que tout autre le droit de prononcer, car, assurément, nul plus que lui n'a été — et n'est encore imité.

Quant au mot en lui-même, on peut l'approuver ou non, selon le point de vue auquel on se place.

Si M. Gounod a voulu dire que les jeunes musiciens n'ont peut-être plus assez l'admiration des grands maîtres et de leurs chefs-d'œuvre, qu'ils ne se fortifient pas assez par l'étude passionnée de ces purs génies, il peut avoir raison.

Il est de mode, en effet, d'affecter un certain dédain pour la musique du passé.

M. Gounod blâme cette mode — assez ridicule, du reste, — et il est lui-même la preuve éclatante que le culte des « grands morts » n'a rien « d'atrophiant » pour les vivants bien constitués.

Mais s'il a voulu dire : « hors de l'*école* point de salut, » c'est autre chose.

Nul ne peut songer à nier les grands côtés du mouvement musical actuel, M. Gounod moins que qui que ce soit, puisque c'est lui qui l'a commencé en France. Qu'il trouve qu'on va beaucoup trop vite et beaucoup trop loin, parfois, cela se conçoit — et il n'est pas le seul. Mais ce n'est pas le retour à l'imitation des maîtres qui guérira le mal. Qu'on imite les anciens ou bien les modernes, comme on le fait en ce temps — inconsciemment, nous voulons le croire, mais incontestablement — ne vaut pas mieux l'un que l'autre.

Il ne faut imiter personne, voilà le vrai. L'imitation est haïssable toujours, quelle que soit la grandeur du modèle. Imiter Bach est aussi misérable que d'imiter Wagner. L'indépendance et la personnalité, voilà les qualités premières que doivent rechercher les artistes vraiment dignes de ce nom.

D'ailleurs, l'histoire de l'art est là, qui résout la question : tous ceux qui ont été des imitateurs sont morts — oubliés ; ceux qu'on a imités sont debout, toujours glorieux, — à commencer par M. Gounod.

E. Canoby.

Bulletin des Expositions et Concours

Bordeaux. — Exposition du 1er mars. Délais d'envoi expirés.

Glasgow. — Exposition de mai à octobre. — Envois avant le 21 février chez Guinchard et Fourniret, 76, rue Blanche,

Liège. — Du 29 avril au 17 juin. Envois directs avant le 7 avril.

Lyon. — Du 1er février au 15 mars. — Délais d'envoi expirés.

Nimes. — Du 1er mai au 10 juin. — Délais d'envo expirés.

Paris. — Exposition de l'Union des femmes du 15 février au 15 mars.

— Exposition des *Indépendants* du 21 mars au 3 mai. Envoi des œuvres au pavillon de la ville de Paris (Champs Elysées) du 10 au 14 mars inclus.

Rome. — Du 19 février au 15 avril.

Vienne. — Du 1er mars au 31 mai. Délais d'envoi expirés.

LES VENTES PUBLIQUES

Vente Guillaumet.

La vente Guillaumet a duré trois jours et a produit un total de 275,000 fr.

La première vacation a eu lieu lundi et a produit 98,780 fr. Voici quelques-uns des prix auxquels ont été adjugées les œuvres exposées: *Intérieur à Bou-Saada* : 5,500 fr. ; *Intérieur à Biskra* : 2,900 fr. ; *Intérieur à Sa-Alia* : 6,900 fr. ; *La Signia*, environ de Biskra : 4,100 fr. ; *Place du Marché à Laghouat* : 3,500 fr. ; *Les Tisseuses* : 5,100 fr. ; *Laveuses à Laghouat* : 3,000 fr. ; *Femme arabe moulant du grain* : 3,000 fr. ; *L'Oued Bou-Saada* : 2,100 fr. ; *Rue à Laghouat* : 4,900 fr. ; *Rue d'El-Kantara* : 2,000 fr. ; *Fileuse arabe* : 2,100 fr. ; *Chevaux arabes* : 2,900 fr.

La deuxième vacation a produit 80,000 fr.

Voici les prix qu'ont été payées les principales toiles :

La Halte de chameliers, qui figurait au Salon de 1875, 7,200 fr. ; *Intérieur à Biskra*, 3,000 fr. ; *La Fabrication de poteries en Kabylie*, 1,800 fr. ; *Une Rue à Bou-Saada*, 3,100 fr. ; *Les Laveuses dans l'Oued Bou-Saada*, 3,010 fr. : *La Plaine du Serson*, 1,250 fr. ; *D'autres Laveuses*, 1,350 fr. ; *La Tribu de Beni-Snous*, 980 fr. ; *Oliviers à Zara*, 2,000 ; *La Place du Marché* à Lalla-Marnia, 1,900 fr.

La troisième vacation a produit 97,000 fr. Voici les principaux prix :

Courrier arabe, 4,200 fr. ; *Intérieur à Biskra*, 5,200 fr. ; *Les Fileuses*, 4,500 fr. ; *Rue à El-Kantara*, 4,350 fr. ; *Un campement à Bled-Chabaa*, 3,000 fr. ; *Fontaine dans le désert*, 3,000 fr. ; *Place d'El-Kantara*, 1,950 fr. ; *Une noce arabe à El-Kantara*, 1,450 fr. ; *Intérieur à La Alia*, 1,850 fr. ; *Les Défrichements*, 1,800 fr ; ; *La Mer près d'Oran*, 1,250 fr. ; *l'Oued El-Kantara*, 1,650 fr. ; *Porte Etendard*, 1,250 fr. ; *Arabes*, 1,700 fr.

Le musée de Rouen a acquis, au prix de 3,100 fr., la *Cardeuse de laine à Bou-Saada*, et l'Etat, pour le Luxembourg, un dessin, *Fileuse*, qui a été adjugé 410 fr.

Une étude, *Lionne couchée* par Delacroix, qui faisait partie de la collection particulière de Guillaumet, a été payée 1,650 fr.

Les dessins de Guillaumet ont atteint des prix variant de 200 à 1.000 fr.

NÉCROLOGIE

On annonce la mort à Alger du peintre A.-F. Clément, de Donzère (Drôme).

Ancien élève de Drolling et de Picot, il remporta le prix de Rome en 1856, et fut deux fois médaillé au Salon, en 1861 et en 1867.

De son œuvre, une partie est en Egypte, dans les palais officiels, pour lesquels il reçut des commandes importantes qui l'absorbèrent pendant plusieurs années.

On a de lui une *Mort de César*, la *Sieste*, *Nymphes surprises*, les *Cerises*, et bien d'autres pages d'un certain mérite.

Parmi les nombreux portraits qu'il a signés, il faut signaler celui de Paul Arène.

On annonce la mort de Madame Barye, la veuve du grand sculpteur.

ÉCHOS ET NOUVELLES

Un comité s'est formé à Nantes pour ériger une statue au Dr Guépin. Le comité ayant refusé une maquette présentée par M. Leofanti, la ville de Pontivy a repris l'œuvre pour son compte.

Un autre statuaire a alors proposé au comité de Nantes un projet qui a été accepté.

*

On nous écrit de Christiania qu'une intéressante exposition vient de s'ouvrir dans une des salles du musée des Beaux-arts.

M. Grimelund, le peintre de marines bien connu à Paris, a exposé une série de tableaux représentant, pour la plupart, des sujets norwégiens : marines, paysages, rues de villages ensoleillées où grouille tout un petit monde en costumes pittoresques.

Une vue du port de Marseille et quelques motifs de la Campine et des côtes de la Belgique complètent cette exposition, qui attire chaque jour un grand nombre de visiteurs et dont le très grand succès affirme une fois de plus la réputation de l'artiste.

*

Mme veuve Guillaumet a fait don au musée du Louvre du *Désert*, de son mari.

*

Jeudi, 9 février, a eu lieu à la salle Pleyel, le deuxième concert de la *Société des Compositeurs de musique*, concert plus didactique que le premier, mais affirmant plus encore les tendances si dignes d'encouragement de cette institution. L'enseignement y dominait, en effet, sous toutes ses formes et, après M. Populus et son entretien très-apprécié sur *le quart de ton*, entretien accompagné de morceaux d'orgue et de chant démonstratifs des théories de l'auteur, M. Henri de Lapommeraye a raconté et fait revivre, comme lui seul le pouvait faire, *Berlioz écrivain*, Berlioz, ce grand compositeur qu'il a montré homme plein de cœur, de sensibilité et même de nervosité, mais surtout et par-dessus tout de talent littéraire et d'honnêteté vraie. Aussi M. de Lapommeraye a-t-il été acclamé comme toujours, plus que toujours même, par cet auditoire d'élite que de sérieuses études musicales prédisposaient à la compréhension du génie à la fois musical et littéraire de Berlioz. Comme suite à cette causerie de M. de Lapommeraye, il était naturel de faire entendre de belles pages de l'œuvre de Berlioz, le duo (redemandé) de *Béatrix et Benedict*, chanté par Mlles Lablanchetais et Lavigne, et la *Marche hongroise* (pour deux pianos) exécutée avec une maëstria sans égale par Mlle Seveno du Minil et M. de la Tombelle. L'heure avancée n'a pas permis de répéter ce morceau si brillamment martelé par Mlle du Minil et son partenaire ; mais d'ores et déjà on espère qu'il figurera avec les mêmes interprètes au programme du concert du 23 février.

L'Imprimeur-Gérant : Henry Lefebvre.

BULLETIN DE SOUSCRIPTION

à détacher et à envoyer, accompagné d'un bon de poste, à M. A. HUSTIN, Directeur de la **VIE ARTISTIQUE**, *42, rue de Chabrol, à Paris.*

M. .... demeurant à ....

déclare s'abonner pour un an à partir du mois de ....à la **VIE ARTISTIQUE.**

Inclus la somme de **DIX FRANCS** en ....

Signature

LA VIE ARTISTIQUE

COURRIER HEBDOMADAIRE ILLUSTRÉ

Des Ateliers, des Expositions & des Théâtres

BUREAUX A PARIS	DIMANCHE 1? FÉVRIER 1888	ABONNEMENTS
42, Rue de Chabrol, 42	2e ANNÉE — N° 7	Un An : DIX FRANCS

LE PASTEL FIXÉ

———

La semaine dernière quand j'annonçais, non sans enthousiasme, l'invention de M. H. Lacaze qui a définitivement trouvé le moyen de fixer le pastel dans son velouté et sa fleur, la Société de Pastellistes Français ne s'était pas réunie encore pour émettre son avis, mais en le préjugeant, j'étais bien sûr de ne pas m'aventurer.

Donc, samedi 11 février, la réunion a eu lieu. Bien que nos séances ne soient pas publiques, comme celles du conseil municipal, — ce qui ne prouve pas qu'elles ne soient pas plus intéressantes, — je vais vous raconter ce qui s'est passé ; mais à condition que vous me garderez le secret.

C'était chez Georges Petit, ainsi qu'à l'ordinaire, que l'expérience devait être faite ; j'étais parfaitement sûr du résultat, mais je gage que plusieurs de nos camarades en se rendant au rendez-vous avaient plus que des doutes au fond de leur esprit. Ils étaient les saints Thomas du pastel fixé

Nous avions disposé d'avance sur des chevalets, trois pastels, l'un de Duez, un paysage aux verts puissants, qui était fixé ; l'autre de M. Emile Lévy qui ne l'était pas encore, et un troisième de Montenard, un ciel bleu, sur un horizon enveloppé de lumière foudroyante, dont la moitié seulement avait reçu le fixatif.

Rien ne fut plus amusant que l'arrivée des uns et des autres.

— Lequel de ces pastels est fixé ? demandait celui-ci.

— Aucun...

— Ah !

— Et alors on frappait du coin d'un mouchoir sur le pastel de Duez.

C'était un mouvement de frayeur vite réprimé de la part de celui qui avait fait la demande et souriait.

Alors il fallait le voir se baisser, regarder de près les yeux écarquillés, toucher du bout de l'index la surface peinte, constater que le doigt ne portait aucune trace, et se relever sur ces mots :

« Ma foi ! on n'y voit rien, mais ça tient. C'est étonnant ! »

— Montrez-moi le pastel qui n'est pas fixé, disait en survenant celui-là.

— Mais tous vont l'être.

— C'est donc ça ! A la bonne heure ; je me disais aussi : Je ne vois rien.

Et intrigué le nouveau venu, jetait un regard curieux sur le petit insufflateur et la fiole posés sur la table ; alors on le détrompait et on lui expliquait ce qu'il en était.

Mais, l'épreuve qui ne manquait jamais son effet consistait à montrer le pastel de Montenard.

« Eh bien ! celui-là, voyons maintenant que vous vous y connaissez, est-il fixé ? »

La réponse était faite au hasard, et naturellement ne tombait jamais juste, puisque ce pastel était fixé par moitié.

Le secret dévoilé, on posait la question suivante :

« Quel est le côté qui a reçu le fixatif ? est-ce à droite, à gauche, en long ou en large ! »

Et des gestes de dénégation indiquaient l'impuissance où l'œil était de discerner.

Ceux qui savaient passaient victorieusement le bout de la main sur un coin, la retournaient intacte, et touchaient l'autre coin du bout du doigt qu'ils retiraient marqué d'un petit rond bleu naturellement, puisqu'il s'agissait d'un ciel de Montenard.

Comment mieux prouver que le pastel ne perdait rien après le fixatif, de son épiderme de fleur, puisque la ligne de démarcation restait invisible ?

Toutes ces expériences mettaient les pastellistes en joie. Les méprises même confirmaient l'excellence du procédé. Des doutes, des réserves, il n'en était plus question. Les sceptiques devenaient des convaincus ; comme dans l'évangile les hommes de peu de foi avaient vu et avaient touché.

Quand nous fûmes en nombre, M. Lacaze fut invité à procéder devant nous à l'opération du fixage sur le pastel de M. Émile Lévy. C'était un petit portrait clair de femme en robe blanche, décolletée, et vue en pieds.

Tout d'abord à l'aide de l'insufflateur, M. Lacaze imbiba le pastel d'alcool, en lançant des jets de liquide en poussière.

Les chairs devinrent rouge brique : toutes les colorations foncèrent ; à ce moment je surpris un regard de John Lewis Brown à l'adresse d'Émile Lévy : il voulait voir si l'auteur était inquiet, et comment il supportait cette métamorphose des tons. Mais Émile Lévy chez lequel les premières expériences furent faites, savait à quoi s'en tenir : il considérait, tranquille, la manœuvre avec une sérénité toute olympienne.

Peu à peu, l'alcool s'évapora, on vit *remonter* le pastel.

Alors ce fut le tour de la seconde vaporisation avec le liquide qui constitue la découverte et son secret.

La même altération se produisit : les rougeurs reparurent. Puis peu à peu et par degrés tout s'éclaircit. Les nuances mouillées, cessèrent d'être opaques, se reprirent à devenir légères. Au bout de dix minutes la fleur se dégagea. Le pastel était sec ; il était fixé ; on pouvait aussi bien que les autres le toucher et le battre d'un coin de mouchoir sans enlever la poussière colorée.

C'était le succès constaté *de visu*. « Eh bien, ça y est cette fois, le pastel fixé » disait-on.

Je vous laisse à penser si l'on était content. Les commentaires allèrent leur train. Plus besoin pour faire des études en plein air de boîte à couleur, de pinceau, de palettes, de tout l'attirail de la peinture à l'huile. L'étude faite au pastel, on la fixera séance tenante, on la roulera sous son bras, et rentré à l'atelier, on la serrera avec les autres dans un carton.

Et comme nous allons envoyer des pastels à l'étranger ! nous en inonderons l'Amérique ! Plus de trépidation de chemin de fer à craindre !

« Moi, disait un autre, je vais faire des éventails ! »

Et comme cela serait joli pour des paravents !

Quelqu'un demande à M. Lacaze s'il s'était déjà attaqué à des pastels anciens.

« Jamais, répondit-il, je n'ai pas eu l'occasion. »

« Si vous voulez, dit Georges Petit, j'ai en bas un pastel de madame Vigée-Lebrun ; ma foi, après ce que j'ai vu, je suis décidé à tenter l'aventure. »

— Essayons, reprit tranquillement M. Lacaze.

Le pastel fut monté ! on le désencadra ; on fendit, avec la pointe d'un canif, la bande de papier qui depuis tant d'années unissait le verre à la peinture.

Et j'avoue que j'eus quelque émotion quand on plaça sur le chevalet, comme sur un instrument de torture, cette tête de jeune femme, au minois souriant, à la chevelure haute et poudrée, apparaissant sur un buste serré dans un corsage blanc rayé de bleu, qui, par une échancrure coquette, laissait voir la poitrine.

Il y avait un siècle peut-être que ce pastel n'avait vu l'air libre. Comment allait-il supporter l'épreuve... ? Je suis convaincu que sans nous le dire, chacun de nous éprouva le même sentiment.

Le petit insufflateur fit son office. Le papier détrempé se gondola, les couleurs adoucies par le temps se foncèrent. Puis tout revint. La seconde fois rien n'avait bougé. L'œuvre gracieuse et séculaire pouvait ajouter au mérite de son âge, la faculté d'aller, de venir, d'entreprendre des voyages.

Mieux encore : au sortir du bain du fixatif, il nous a semblé que le modèle avait repris de la fraîcheur et entrait dans une seconde jeunesse.

La Société délibéra ensuite, et voici quel est l'extrait du procès-verbal : « La Société de Pastellistes français, à l'unanimité des membres présents, se déclare en tous points satisfaite des expériences qui lui ont été soumises et qui sont concluantes ; elle décide d'approuver et de patronner officiellement le procédé inventé par M. Lacaze pour fixer le pastel. »

Au mois d'avril prochain, à l'exposition des Pastellistes, galerie Georges Petit, le public jugera.

Roger BALLU.

Société de Pastellistes Français

Règlement général.

Article Premier.
La Société de Pastellistes Français, fondée en 1885, est reconstituée pour manifester, développer et encourager l'art du pastel, principalement par l'organisation d'expositions.

Art. 2.
Le siège social de cette Société est chez M. Georges Petit qui s'engage à céder tous les ans pour une durée de dix années, à partir de la présente année, la salle d'exposition de la rue de Sèze pendant le mois d'avril, moyennant les conditions indiquées ci-dessous.

Art. 3.
La moitié des recettes brutes sera acquise à la Société, l'autre moitié sera abandonnée à M. Georges Petit, auquel incomberont tous les frais de l'exposition.

Art. 4.
Chaque membre aura à verser une cotisation annuelle de 100 fr. et abandonnera un droit de 10 % sur la vente des pastels exposés. Le montant de cette cotisation et de la perception de ce droit sera alloué à M. Georges Petit, pour le couvrir des frais de l'exposition.

Art. 5.
Le nombre des membres de la Société de Pastellistes Français ne pourra excéder *trente*, à moins d'une décision spéciale prise au scrutin secret, et réunissant les trois quarts des voix des sociétaires.

Art. 6.
Tout membre de la Société de Pastellistes Français aura toujours le droit de démissionner ; néanmoins la cotisation des 100 fr. est due pour l'année courante.

Art. 7.
M. Georges Petit se réserve le droit de résiliation du présent contrat, dans le cas d'expropriation ou de cessation d'exploitation de sa galerie, ou de démission d'un tiers du nombre des exposants.

Conditions d'Admission.

Art. 8.
Pour être élu membre de la Société de Pastellistes Français, il faudra avoir obtenu les trois quarts des voix des membres de la Société et déclarer adhérer aux présents statuts.

Le vote sera remis à la séance suivante, si par le nombre de votants on ne peut atteindre ce chiffre de voix.

Art. 9.
Tout candidat devra être présenté par deux membres au moins, qui se seront assurés préalablement de l'adhésion de l'artiste proposé.

Art. 10.
Ne pourront être élus, et sans exception aucune, que les artistes de nationalité française.

Administration de la Société.

Art. 11.
Le Président est chargé de l'administration de la Société. Il agit en son nom ; et gère les fonds de la Société tant activement que passivement.

Il convoque la Société conformément aux statuts, chaque fois qu'il le jugera nécessaire.

Il la représente en justice, veille à l'organisation des expositions, et d'une manière générale fait valoir et défend les intérêts par tous les moyens utiles.

Art. 12.
La Société a un conseil judiciaire.

Art. 13.
Le procès-verbal de chaque séance est transmis sur un registre spécial signé du Président et du Vice-Président.

Ressources.

Art. 14.
Les ressources de la Société consistent :

1° En la moitié des recettes brutes des expositions annuelles.

2° En le produit des autres expositions françaises ou étrangères.

3° En allocations diverses, produits, dons ou bénéfices qu'elle sera susceptible de recevoir ou de faire.

Règlement spécial des Expositions.

Art. 15.
Nul ne pourra être exposant s'il ne fait partie de la Société de Pastellistes Français.

Art. 16.
Les membres de la Société de Patellistes Français s'engagent, sauf dérogations des art. 17 et 18, à n'exposer nulle part ailleurs des pastels que dans la galerie Georges Petit, et à l'époque de l'Exposition annuelle de la Société. Ces œuvres doivent être inédites.

Art. 17.
Toutefois les portraits *proprement dits* pourront par exception spéciale, être exposés au salon annuel ; mais ceux qui y auraient figuré ne seront plus admis à l'exposition de la galerie Georges Petit.

Art. 18.
La Société se réserve le droit d'apporter une modification à l'art. 15 pour les expositions

universelles, pour les expositions de province ou de l'étranger.

Des dispositions spéciales seront prises avec M. Georges Petit pour l'organisation, la perception des recettes et l'acquittement des frais de ces expositions.

ART. 19.

Tout sociétaire qui n'ayant pas de motif valable sera resté deux ans sans prendre part à l'exposition annuelle sera considéré comme démissionnaire, mais il devra toujours la cotisation des cent francs pour l'année courante et précédente.

ART. 20.

Chaque sociétaire devra prévenir au moins deux mois à l'avance le président de la Société de l'impossibilité où il se trouve de prendre part à l'exposition de l'année.

ART. 21.

Tous les ans, au commencement du mois de février, la Société fixera la surface qui sera attribuée à chaque exposant.

Ces surfaces constitueront des emplacements qui seront numérotés et tirés au sort. Toutefois des interversions pourront être faites entre exposants du consentement de chacun.

ART. 22.

Chaque sociétaire devra disposer son panneau de façon à garnir 2 mètres 50 au moins en hauteur.

ART. 23.

Les marges blanches sont interdites.

ART. 24.

Ne pourront en aucun cas être considérés comme pastels, les dessins rehaussés seulement.

ART. 25.

Est et demeure annulé le premier règlement de la Société des Pastellistes Français que remplace celui voté à la date de ce jour.

Ce 11 février 1888.

Le Président,
ROGER-BALLU.

Le Vice-Président,
GEORGES PETIT.

A PROPOS DE L'EXPOSITION DE 1889

Il est écrit que l'exposition des beaux-arts de 1889 sera l'origine d'une série d'incidents plus ou moins graves dont les premiers font grand tapage dans le Landernau artistique.

Nous avons conté ce qui s'était passé pour l'exposition rétrospective, embrassant la période du centenaire ; nous avons rappelé la démarche inutile de quelques membres du comité des 90 tendant à augmenter le nombre des commissaires.

Aujourd'hui voici du nouveau.

On sait qu'au sein de la commission M. Castagnary a proposé :

1° Que les artistes ne puissent exposer plus de 10 toiles ;

2° Que les membres du jury soient mis hors concours.

En 1878, les Maîtres avaient jusqu'à 25 tableaux d'exposés. A eux seuls les membres de l'Institut encombraient les cimaises, et les autres peintres français n'avaient d'espoir que dans la reproduction de leurs œuvres sur les paquets de tapioca.

La première proposition a été adoptée sans protestation. Un membre de la commission s'est consolé en disant : « Ça m'est égal, je mettrai trois panneaux dans le même cadre ». Et il le fera.

Quant à la seconde proposition, — la mise hors concours des membres du jury — elle n'a pas été sans soulever de véhémentes réclamations. Quoi de plus naturel, ces messieurs ont l'habitude de se récompenser entre eux !

Des six artistes peintres, faisant partie de la commission de l'Exposition, les trois membres de l'Institut (MM. Bouguereau, Cabanel et Bonnat) ont été les plus énergiques protestataires, les trois autres (MM. Roll, Ribot et Cazin) ont accepté l'opinion de la majorité.

Avec un grand bon sens M. Guillaume, de l'Institut, a fait remarquer qu'il n'y avait pas là une question d'art, mais uniquement une question d'honnêteté, que l'on ne pouvait logiquement être juge et partie, et qu'à son point de vue, être choisi comme membre du jury lui semblait la plus haute des récompenses.

Seul, M. Bouguereau ne s'est pas rendu à cet excellent raisonnement, il a réservé son vote, et le lendemain est allé consulter ses amis Meissonier et Robert-Fleury.

Naturellement ces deux messieurs ont fait chorus avec lui. Eux qui ont l'habitude de se donner les grandes médailles d'honneur, et des rappels de grandes médailles d'honneur, ne pouvaient qu'approuver leur champion.

A l'Exposition universelle de 1878, tandis que les jurés des sections étrangères se mettaient hors concours, les jurés français se passaient la rhubarbe et le séné du zénith de la peinture à l'huile au nadir de la peinture à l'eau.

Ce qui fit chanter dans les ateliers :

> Médaillons-nous, décorons-nous,
> Quand il pleut, faut s'mettre dessous.
>
> *Bougreau* de coquin c'est toi qu'as la belle,
> T'as inventé la peintur' de groseille.
>
> Moi, dit Meissonier, j'en veux une grande,
> Car j'ai « dégoté » la peintur' flamande.
>
> Au bon Cabanel
> Soyons pas rebel.
> Cabanel a touché le but,
> Il est membre de l'Institut.
> Tous allons siéger à l'Universel !

Une réforme s'imposait donc pour l'Exposition de 1889 et il faut louer M. Castagnary d'en avoir pris l'initiative.

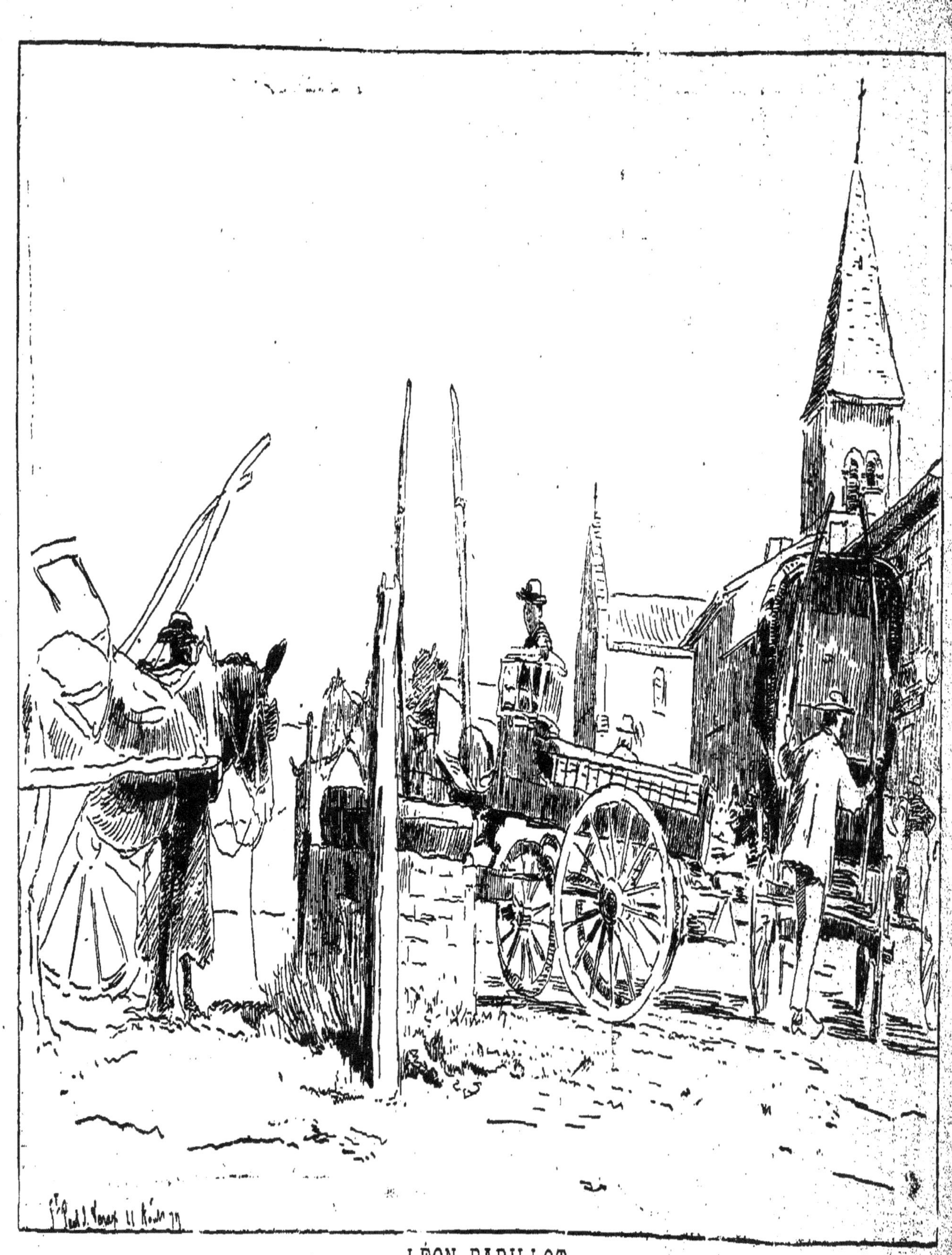

LÉON BARILLOT

M. Bouguereau ne c'est pourtant pas tenu pour battu. Il a, avec M. Meissonier, demandé audience au ministre et tous deux ont représenté à M. Faye qu'en mettant le jury hors concours, on avait mis l'art français dans un état notoire d'infériorité.

« Pensez-donc, M. le ministre, avec ce règlement dit Meissonier, il arrivera que moi, Meissonier, je n'aurai pas de récompense ! et ne pas récompenser Meissonier, c'est ne pas récompenser la France ! »

Le ministre promit de voir, d'examiner la question, de faire modifier le règlement. M. Castagnary fut mandé, sollicité. Il tint bon, et nous l'en félicitons, -- et le règlement fut maintenu.

L'affaire a depuis transpiré. Le monde des artistes s'est ému et l'adresse de félicitations suivante pour la commission de l'Exposition a été mise en circulation :

Les soussignés,

Persuadés que la commission des Beaux-Arts appelée à rédiger le règlement de l'Exposition universelle a rendu un double service aux artistes ;

1° En limitant à dix le nombre des œuvres que chacun pourra exposer ;

2° En prononçant la mise hors concours des membres du jury des récompenses ;

Considérant que la limitation du nombre des œuvres assure à tous des garanties qu'ils n'avaient jamais eues, et que la mise hors concours des membres du jury place hors d'atteinte la moralité et, par conséquent, la valeur des médailles.

Adressent leurs félicitations au président et aux membres de la commission.

Cette adresse a réuni à l'heure actuelle plus de huit cents signatures et il est inutile, assurément, de souligner la portée de cette manifestation.

------ ◆ ------

L'EXPOSITION DES MIRLITONS

L'Exposition du cercle des Mirlitons a émigré cette année. C'est dans les salons de M. Georges Petit qu'elle s'est faite et personne, assurément, ne s'en plaindra. On était à l'étroit place Vendôme ; c'est à peine si le public pouvait circuler. Rue de Sèze, on peut aborder les toiles et le jour y est bon. Est-ce à cette meilleure disposition que nous devons d'avoir trouvé l'ensemble intéressant ? L'habileté, en tous cas, y règne en souveraine maîtresse ; et si l'émotion s'en va, si les morceaux où s'accuse une empoignante maestria sont rares, on n'y passe pas moins une bonne heure de tête à tête. Ne demandez cependant ni à M. Bouguereau, ni à M. Cabanel de vous toucher, avec leur faire si propre et leurs carnations vitreuses. Ce n'est pas davantage Meissonier qui vous arrêta, sans doute, avec son portrait de jeune fille, d'une sécheresse si désagréable dans sa silhouette implacable. L'Alphonse Karr de M. Carolus Duran, enlevé de verve, d'une brosse large et hardie vous séduira plutôt parce qu'il porte l'empreinte d'une impression vivement ressentie et vivement rendue.

M. Delaunay vous touchera aussi par sa science et sa virile exécution. Mais, quelle singulière prédilection pour ce paravent qui s'ouvre on ne sait comme et détourne votre attention du modèle !

Le Falguière de M. Bonnat est aussi chose savamment établie. Mais quelle couleur grands dieux ! et quelles ombres lourdes et opaques la brosse de M. Bonnat continue à affectionner !

Ce n'est ni par la solidité, ni par l'éclat d'une lumière éparse que pèchent les deux portraits violents de M. Roll ; ce n'est pas par l'absence d'originalité que pèchent à leur tour les portraits de MM. Blanche et Moreau Nélaton.

Si vous recherchez l'élégance, regardez de préférence ceux de MM. Lefebvre, Chartran, Machard, François Flameng, Jalabert, Laguillermie. Emile Lévy, Stewart et enfin, celui de Mlle Darlaud par M. Brouillet, lequel a été le héros d'une aventure dont toute la presse a retenti. La commission de placement n'avait pas exposé ce portrait dans des conditions satisfaisantes au gré de l'artiste, qui le fit enlever. Mais vingt-quatre heures après le portrait réintégrait, la commission s'étant décidée en dernière analyse à modifier son classement originaire.

Detaille, Dupray, J. Le Blant et Berne-Bellecour représentent la peinture militaire avec des pages d'inégale valeur ; — Heilbuth, Edelfelt, Jacquet, Emile Adan, Gérome, Gervex, Victor Gilbert, Ch. Giron, la peinture de genre.

Barillot continue à tenir la tête des animaliers avec deux toiles bien nature où apparaissent des bœufs somnolents.

Avec M. G. Pelouse, nous passons au paysage. C'est à Arcier d'abord que l'artiste nous transporte au bout d'une allée plantée d'arbres et rayée de soleil qui mène à un moulin abandonné. Puis c'est en pleine campagne, aux approches d'un village aux toits agrémentés, aux coteaux perdus dans la brume de l'automne qu'il nous arrête. Tout cela est gai, facile, d'une grande sveltesse d'exécution et d'une coloration toujours riche.

MM. Montenard et Dauphin nous conduisent aux pays du soleil, tantôt sur les routes crayeuses qui vous aveuglent, tantôt dans ces ports encombrés de bateaux aux enluminures violentes ; M. Auguste Flameng, aux Sablesd'Olonne, dans une atmosphère moins implacable ; M. Lelièvre au pied de grands arbres bien étudiés et crânement interprétés.

M. Guillaume Dubufe, qui expose l'intéressante esquisse de son plafond du foyer du Théâtre Français, a rapporté d'Italie une curieuse étude. C'est un coin de cour, ombragée par une vigne luxuriante, avec des couloirs protecteurs. Il y fait frais et les rayons furtifs du soleil ne troublent que discrètement ses délicates tranquillités.

La fille d'Ève que M. Rosset-Granger nous montre, étendue sur la peau de quelque fauve, se livrant aux douceurs du farniente, est aussi un morceau délicat, distingué. Aussi le public a-t-il fait fête à l'artiste..... et au modèle !

M. Gaston Lecreux a envoyé des mandarines et de très belles Gloires de Dijon ; M. Boussaton, un souvenir de Florence, les jardins Roboli, M. Ziem et M. Benjamin Constant des motifs orientaux dans des gammes absolument opposées.

La sculpture offre une série de morceaux attrayants et forts parmi lesquels il faut citer en première ligne les deux têtes, si grassement modelées et si caractérisées de M. de Saint-Marceaux. MM. de Vasselot, Mercié, Gautherin lui font cortège avec des bustes d'un bon modelé. M. Antonin Carlès avec deux plâtres d'une réelle originalité et d'un bel arrangement.

LA GALERIE
DE PORTRAITS D'ARTISTES
AU LOUVRE

Le Louvre n'a plus lieu d'envier au musée des Offices une création à bon droit célèbre. La galerie des portraits d'artistes, que Paris devra à la persévérante initiative de M. Castagnary, a été lundi solennellement inaugurée en présence de M. le président de la République.

M. Carnot, accompagné du colonel Lichtenstein, est arrivé à deux heures au Louvre, où il a été reçu par MM. Tirard, président du conseil ; Faye, ministre de l'instruction publique et des beaux-arts ; Kaempfen, directeur des musées nationaux ; Castagnary, directeur des beaux-arts ; Jules Comte, directeur des bâtiments civils ; Roger Marx, secrétaire de la direction des beaux-arts, et par tous les conservateurs du musée du Louvre et les inspecteurs des beaux-arts.

Parmi les personnes qui ont suivi le président de la République, citons M. et Mme Jules Ferry, MM. Goblet, Antonin Proust, de Tauzia, Delpech, etc. On remarquait beaucoup Mme Dieulafoy, portant suivant son habitude, des vêtements du sexe masculin.

La visite de M. Carnot n'a pas duré moins de trois quarts d'heure.

Avant de se retirer, le président de la République a vivement félicité MM. Castagnary et Kaempfen de la création de cette intéressante galerie, qui sera un nouvel attrait du musée du Louvre.

On a tiré des musées du Louvre, de Versailles et des Beaux-Arts, cent quatre portraits d'artistes, et on les a réunis dans une des salles du pavillon Denon. En voici la nomenclature :

Adam par Perronneau, Allegrain par Duplessis, Barrois par Gueuslain, Bertin par de Jyen, Christophe et Bouchardon par Drouais, Brenet par Vestier, Buirette par Benoist, Buister par Vignon, Bazes par Aved, Collin de Vermont par Rollin, Corneille par Tournières, Coustou par Legros, Nicolas Coustou par Largillière, Guillaume Coustou par de Jyen, son fils par Drouais, Daudré Bardou par Beslin, Desjardins par Rigaud, Doyen par Vestier, Drouais par Lusurier, le Vieux Ferdinand par Gastard, Frémin par Autereau, Galloche par Tocqué, Girardon par Revel.

Noël Hallé par Aubry, Guy Hallé par Legros, Houasse par Tortebat, Hartrel par Hallé, Jean-rat par Greuze, Jeaurat par Rollin, Jouvenel par Tortebat.

Lagrenée par Mosnier, Largillière par Gueuslain, Le Brun par Largillière, Mignard par Rigaud, Le Clère par Nonnotte, Le Lorrain par Drouet, les Lemoyne et Massé par Tocqué, Mansart et Perrault par Ph. de Champaigne, Mansart par Rigaud, Montaigne par Rigaud, Montaigne par Ranc, Monnier par Tournières, Nattier par Voirot, Noiret par son frère, Oudry par Peronneau.

Paillet par de la Marne, Pierre par Voirot ; Puget par son frère, Regnaudin par Ferdinand.

Robert par Mme Le Brun, Sarrazin par Lemaire ; Sève par Gascard.

Silvestre par Valade, Soufflot par Van Loo, Testelin par Le Brun, Tournières par Lesueur, Troy par Belle et par Aved, Van Clève par Gobert, Van Loo par Lesueur et par Mme Guyard, Vassé par Aubry, Verdier par Ranc, Vernauval par Lebouteux, Vernel par Mme Lebrun, Vien par Duplessis et par Roslin, Mme Vien par le même, Vleuyels par Pesne.

Buonarotti, par un inconnu ; Canova, par Gérardy et Rembrandt, Van Dyck, Champaigne, Robristi, Maratta, Barbieri, Van Loo, Servandony, Rigaud, Ros, Ricard, Poussin, Mignard, Jyen, Le Brun, Greuze, Fragonard, David, Delacroix, Coypel, Courbet, Sophie Chéron, Bourdon, Blanchard, André, peints par eux-mêmes.

LE MONUMENT DE LA RÉVOLUTION

La commission du monument de la Révolution française s'est réunie vendredi dernier, sous la présidence de M. Ernest Lefèvre et a arrêté ses conclusions.

Elle a approuvé le projet du gouvernement consistant dans l'ouverture d'un crédit de 500.000 fr. pour couvrir les frais du concours à ouvrir entre les artistes français. Elle a également approuvé le programme du concours annexé au projet de loi par le ministre. Ce programme a été dressé par une commission extra-parlementaire d'une compétence incontestée, et la commission de la Chambre a estimé qu'elle n'avait pas à refaire ce qui avait été bien fait.

Elle a seulement décidé d'insérer dans le rapport une réserve relative à l'ouverture d'un second concours entre les artistes primés au premier.

M. Mesureur a été nommé rapporteur.

La commission a accepté ensuite la proposition de M. de Hérédia modifiée par son auteur. Au lieu de demander un crédit de 5 millions pour l'érection aux frais de l'Etat d'une colonne commémorative de la Révolution française dans chacune des 36.000 communes de France, M. de Hérédia a proposé d'ouvrir un crédit d'un million seulement, que l'Etat distribuerait aux communes de France, qui prendraient l'initiative de l'érection sur leur territoire d'un monument commémoratif de la Révolution.

ACADÉMIE DES BEAUX-ARTS

L'Académie des Beaux-Arts a procédé, dans sa séance de samedi, à l'élection des jurés adjoints qui, de concert avec les membres de ses diverses sections, auront à juger en 1888 les concours de Rome.

Voici les résultats de ces élections :

Peinture. — Jurés titulaires : MM. Laugée, L.-O. Merson, Benjamin Constant, Comerre, Cormon, E. Lévy et Humbert.

Jurés supplémentaires : MM. de Curzon et Dagnan.

Sculpture. — Jurés titulaires : MM. Lançon, Tony-Noël, Maneglier et Hugues.

Jurés supplémentaires : MM. Coutan et Delaplanche.

Architecture. — Jurés titulaires : MM. Lebouteur, Pascal, Dutert et Ancelot.

Jurés supplémentaires : MM. Moyaux et Blondel.

Gravure. — Jurés titulaires : MM. Levasseur et Blanchard.

Juré supplémentaire : M. Salmon.

Composition musicale. — Jurés titulaires : MM. Gastinel, Guiraud et Duprato.

Juré supplémentaire : M. Dubois.

ÉCHOS ET NOUVELLES

On a fêté avec un peu plus d'entrain que d'ordinaire le Mardi-Gras — la réclame aidant à l'organisation des chars

Les artistes se sont mis de la partie. Et c'est ainsi qu'un groupe formé par les élèves de l'Académie Julian, du faubourg Saint-Denis, s'est mêlé aux cortèges. Ces jeunes gens, vêtus de la blouse d'atelier et dont quelques-uns portaient comme enseignes des châssis de peintres cloués au bout de longs bâtons, formaient un chœur et un orchestre, et parodiaient gaiement les airs plus ou moins connus de tous les répertoires. Ils se sont rendus devant le groupe de la Danse de Carpeaux, à l'Opéra, et ont entonné des chants avec accompagnement de bigophones en carton ; ils ont été recommencer leur petite manifestation devant le Conservatoire et plusieurs autres monuments.

* *

Puisque nous parlons de l'Académie Julian, disons que son jury a rendu les jugements suivants pour les concours de janvier-février 1888 :

Concours de Torse (Homme.)

1er Masek. 2e Adler Jules. 3e Brun Clément. 4e Richardson.

Concours des 4 semaines :

(*Figures dessinées et esquisses peintes.*)

Prix : Letourneau, Prix ex-œquo : Sass, Rétif.

Mentions : *Prowett, Fox, Chadwell-Smith et Velghe.*

* *

On vient de restaurer, à l'église Saint-Médard, quatre peintures murales exécutées, il y a quarante ans, par le peintre Leuillier, dans la chapelle Saint-Fiacre, — deux tableaux et deux panneaux.

L'humidité avait à peu près détruit ces peintures ; M. Tartas, l'artiste chargé de la restitution de l'œuvre, a dû mettre plus de quatorze mois à ce difficile travail.

D'où venait l'humidité ? Il est amusant de le constater. Les créateurs du square assis au flanc droit de l'église avaient, dans l'intérêt de leurs plantations, amoncelé les terres jusqu'au niveau des fenêtres ; naturellement le mur se mit à moisir, le moisi pénétra dans l'église et les peintures s'écaillèrent ; naturelle-

ment aussi, l'administration ne se décida à la restauration que quand elles furent à peu près perdues.

On peut voir aujourd'hui, complètement restituées, deux pages en vérité intéressantes : dans la première, saint-Fiacre, la bêche à la main, entouré de paysans par une belle matinée d'été, des fleurs et des fruits à ses pieds, leur dit : « Prier et travailler, voilà la source de tout bien. »

Dans la seconde, saint Fiacre, au seuil de son ermitage, les pieds dans la neige, donne du pain aux pauvres en leur disant : « La prière féconde le travail, le travail féconde la charité. »

Pour le tableau de gauche, l'humidité est telle qu'on a dû percer dans le mur des trous d'aération.

L'administration daignera-t-elle nous permettre de lui dire : « Prenez garde à la peinture ! »

* *

Nous apprenons que M. Bailly, de l'Académie des beaux-arts, et président de la Société des artistes français, ne peut quitter la chambre depuis quelques jours, à la suite d'une indisposition qui, cependant, pour le moment, n'offre aucune gravité.

* *

L'Art français est entièrement consacré, cette semaine, à Rodin et à son œuvre.

* *

D'importants travaux de décoration vont être exécutés à la Bourse du Commerce, dont la coupole, mesurant une surface d'environ quinze cents mètres carrés, sera conservée.

Ces travaux ont été confiés à MM. Luminais, qui représentera l'Amérique avec ses attributs ; Laugée, les régions du Nord ; Lucas, l'Europe ; Clairin, l'Orient ; et Mazerolles, chargé de raccorder les panneaux par des figures allégoriques en grisaille.

* *

Le legs fait par M. Henri Haumont pour le rétablissement du concours... (devinez), du concours de *paysage historique*, vient d'être accepté par le Conseil d'Etat.

L'Académie des Beaux-Arts va donc pouvoir restaurer tout à l'aise le paysage « enrichi de fabriques » (de fabriques dans lesquelles on n'a jamais rien fabriqué de bon, disait un homme d'esprit).

L'Imprimeur-Gérant : HENRY LEFEBVRE.

LA VIE ARTISTIQUE

COURRIER HEBDOMADAIRE ILLUSTRÉ

Des Ateliers, des Expositions & des Théâtres

BUREAUX A PARIS	DIMANCHE 26 FÉVRIER 1888	ABONNEMENTS
42, Rue de Chabrol, 42	2ᵉ ANNÉE — Nᵒ 8	Un An : DIX FRANCS

Une Démonstration Généreuse

On a lu l'adresse de félicitations signée par nos amis et par un grand nombre d'artistes, rendant hommage à la Commission de l'exposition universelle qui a décidé de limiter à dix pour chacun, le nombre des œuvres à exposer et prononcé la mise hors concours des membres du jury des récompenses.

Cette adresse est ni plus ni moins qu'une protestation légitime et généreuse contre une coalition d'intérêts personnels, contre une coterie égoïste qui veut s'enfermer dans le succès à triple tour, et empêcher quiconque de s'en approcher.

On nous la baille belle quand on prétend qu'il ne s'agit que de faire figurer avec honneur l'art français devant l'étranger ; si ceux qui tiennent ces propos étaient sincères ils ajouteraient : « Et, c'est nous qui sommes l'art français, donc prenons nos aises ».

La liberté illimitée de l'un porte atteinte à la liberté de l'autre. En octroyant à ceux-ci la faculté d'envoyer à l'exposition autant d'œuvres qu'ils en auront la fantaisie on restreint d'autant les surfaces au détriment de ceux-là.

« Mais, nous répondra-t-on, ceux-ci ont des noms connus, consacrés, ceux-là ne sont que des débutants, des moins célèbres en date, voire même des novateurs inquiétants... » Précisément, je voudrais qu'on se préoccupât moins des hommes que des œuvres, et plus de la *valeur d'art* que *des signatures*.

Vous plaît-il d'examiner la question par le petit côté des chiffres ? A qui fera-t-on croire, qu'en augmentant ce nombre de dix, on mettra mieux en lumière un talent, qu'on lui rendra un meilleur hommage ? A qui fera-t-on croire, je vous le demande entre nous, qu'un artiste, fût-il le premier des premiers, est capable de mettre au monde plus de dix chefs-d'œuvre en dix ans ?

En vérité, cette délimitation est suffisante pour permettre même *aux vrais maîtres* de se révéler tout entiers, et de se montrer dans la plénitude de leurs forces. N'était sa banalité, je répéterais ce proverbe courant, qui a ici son application : Mieux vaut la qualité que la quantité.

S'il en advenait autrement, vous prévoyez bien ce qui se passerait. Ils seraient là une vingtaine de pères conscrits qui détiennent pour l'heure le goût public prisonnier ; ils enverraient chacun une voiture de déménagements remplie de leurs cadres ; ils se disposeraient tranquillement à la file, sur la cimaise, aux bonnes places, dans les meilleures conditions de lumière ; puis cela fait, ils se retourneraient tranquillement avec bonhomie, les mains dans leur poche, pour dire aux arrivants : « Désolés, mes pauvres amis ; « nous sommes désolés, mais il n'y a plus d'em- « placements de libres, les galeries ne sont pas « en caoutchouc, que diable ! Il va falloir vous « réduire au prorata. »

Et l'on sait, du reste, par expérience, que ce ne serait pas la première fois que l'on aurait vu pareille aventure.

* * *

Quant à la mise hors concours des membres du jury de récompense, j'avoue et je déclare hautement que c'est là une simple affaire de délicatesse et de probité. Pas autre chose.

Ma foi, j'ai peut-être la manie des dictons

aujourd'hui, mais je trouve encore celui-ci sous ma plume : On ne peut être à la fois juge et partie. Comment, dans toute commission chargée du jugement d'un concours, de quel œil verrait-on un membre qui, étant concurrent, s'aviserait de prendre part au vote ? N'est-il pas de la plus simple moralité de se recuser, alors qu'il s'agit de soi-même, ou d'un des siens ?

Et l'on oserait prétendre que dans un jugement solennel comme celui-là, en face des nations étrangères conviées à être témoins du verdict, il serait de bon goût, il serait loyal de s'écrier : « Moi, chargé de juger les autres, je juge que j'ai plus de mérite que les autres, je me récompense moi-même. » Et chacun ayant fait la même déclaration pour le moins étrange, il s'ensuivrait qu'après une touchante entente, les médaillés seraient précisément les juges des médailles à décerner.

Qu'on ne m'accuse pas de scepticisme et de manquer de confiance en des personnalités d'ailleurs fort honorables. Ceux qui tiennent pour une solution contraire à celle du règlement, les meneurs de cette campagne mauvaise prêtent le flanc à toutes les critiques et autorisent les soupçons les plus fâcheux.

Ils ne sont qu'une infime minorité heureusement, ce n'est qu'une conjuration de personnalités, entraînées les unes par une foi naïve et après tout légitime, en elles-mêmes, les autres poussées par des sentiments bas de rancune, de peur et de jalousie. Ils ont beau parler au nom « de l'école de peinture française » j'imagine qu'ils n'ont reçu de celle-ci aucun mandat sous pli cacheté ; et si on leur demandait de le produire, vous verriez que la pièce authentique se serait perdue comme par hasard.

D'ailleurs, il m'est revenu que la *Société libre des Artistes français* convoquée spécialement à cet effet, s'est prononcée à l'unanimité moins une voix, contre le projet de protestation de celui même qui avait sous cape pris l'initiative de la réunion. C'est là une décision d'honnêteté qui fait plaisir et venge les consciences droites.

Un homme, un grand artiste celui-là, aussi grand par le talent que par l'esprit et le cœur, M. Eugène Guillaume, vice-président de la Société des Artistes français, a déclaré que selon lui le juré était en quelque sorte reconnu supérieur aux autres artistes, puisqu'il était appelé à les juger, et que cet honneur équivalait aux plus hautes récompenses.

J'avoue qu'on ne saurait mieux dire, que cette déclaration noble anéantit tous autres arguments contraires, qu'elle est la justification de la décision prise par la commission, en même temps qu'elle flétrit le sentiment d'où est née la protestation.

Mais élevons le débat : et entre nous, je ne suis pas sans un peu de regret de voir que nos amis ont spécialisé sur les deux chefs que l'on sait, leurs félicitations à l'adresse de la commission.

Car enfin où veut-on en venir avec les exigences sans cesse grandissantes que témoignent certains gros bonnets de la peinture à la mode ? Quoi ! l'État en les comblant de privilèges, prouve qu'il les entoure de considération.

Il fait construire à ses frais un palais pour eux dans le Champ de Mars. Il les distingue avec raison, des autres exposants qui ont à leur charge les frais d'installation, et lui paient une redevance. Ce faisant, il rend hommage à ceux qui en somme, constituent la plus pure et la plus belle de ses gloires.

Il paraît que cela ne suffit pas à nos accapareurs de célébrité : tout ce qu'on fait pour eux n'est que dû, et ne les contente pas. Depuis qu'ils se sont constitués en société, depuis qu'ils légifèrent, *commissionnent*, votent, distribuent leurs faveurs à leurs enrôlés fidèles, ils n'admettent plus de n'être pas souverains partout et toujours.

L'administration les engage à prendre part à l'Exposition universelle : elle est chez elle, ils sont ni plus ni moins, ses hôtes. Ils n'ont garde de se tenir à leur place, et de conserver ce rôle. Ils daignent agréer les offres de l'administration, mais ils lui posent des conditions préalables.

Ils me font l'effet de personnes qui accepteraient une invitation à dîner, mais imposeraient à la maîtresse de la maison, leur menu et le choix de leurs places à table. Comment qualifierait-on ces gens-là, si ce n'est de mal élevés ?

Eh bien, comme il ne faut pas plus d'anarchie dans l'administration, que de manques aux convenances dans une société quelconque, l'État a le devoir de répondre aux ambitieux de réclame, aux vanités bouffies, aux égoïsmes autoritaires :

« Vous trouvez que ce n'est pas assez de dix œuvres pour manifester votre génie ? restez chez vous. Vous voulez à tout prix une récompense, une médaille de plus ? rentrez dans le rang, donnez votre démission de membres du jury, tant pis pour vous, et tant mieux, si ceux qui vous remplaceront en trouvent de plus dignes que vous-mêmes. »

Roger BALLU.

L'EXPOSITION DE L'UNION DES FEMMES

Cinq cents œuvres environ sont exposées en ce moment, au Palais de l'Industrie. par les soins de l'*Union des Femmes*. Il va sans dire que c'est exagéré et que dans cet océan de peintures, de pastels et de sculptures, beaucoup, — toute galanterie mise à part, — ne méritaient point les honneurs de l'exhibition. Mais ne soyons pas trop cruels ; ne détruisons pas les illusions pour le vain plaisir de critiquer et arrêtons-nous seulement aux pages qui révèlent des talents mûrs, assis et des tempéraments incontestables.

Aussi bien ces pages sont assez fortes pour nous contraindre à la discussion et racheter les faiblesses de leur voisinage.

Voici en effet, une jeune mère poétisée par Mme Demont-Breton, et fort occupée à apprendre l'alphabet à un bambin récalcitrant. C'est un morceau capital, d'un sentiment exquis, d'un dessin savant, d'une couleur riche et juste, d'un effet heureux qui fait de l'artiste la reine de céans. C'est du reste une royauté à laquelle Mme Demont-Breton est habituée et l'on sait qu'au salon, au milieu des plus vaillants pami les artistes du sexe fort, elle a toujours tenu un rang prépondérant.

Mme Ayrton partage avec Mme Demont le privilège de la peinture virile. On l'on vue à tous les salons, martelant les cuivres, modelant les biscuits, les raisins, tout ce qui constitue le nécessaire intime des petites réceptions. Cette année elle a pris son vol vers les plages heureuses où le ciel verse dans l'océan en perpétuel mouvement ses mélancolies grises. Elle en a rapporté une série d'impressions d'un ton délicat, d'une grande volonté dans son interprétation, tout ce qu'il faut enfin pour séduire et attirer une âme artiste.

Mme Ronner est aussi une virtuose de la brosse. Elle aime les masses, les plans accusés, sur lesquels on ne revient point pour les attiédir ; mais elle cherche trop les grandes surfaces pour de petits sujets et son faire ne varie pas assez suivant l'aspect des choses. Son orchestration est timide. Ses cuivres sont volontiers oxydés, éteints ; ses poissons ne sont pas assez visqueux. Mais si nous hasardons ces réserves c'est précisément parce que Mme Ronner est suffisamment douée pour les admettre et, au besoin pour en tirer profit, si elle veut bien reconnaître que nous n'apportons, à les formuler, ni prétentions ni pédagogie.

Mlle Julie Michel nous apparait aussi comme un tempérament. Sa tête de femme, à la coiffure sombre, s'enlevant sur un fond brun d'une agréable modulation, est assurément une chose bien sonore et bien libre, qui procède de certain maître contemporain, mais qui n'en reste pas moins une œuvre entrainante.

On peut rapprocher Mme Huillard de Mlle Michel ; il y a chez elle beaucoup de décision et de crânerie, dans ses portraits au pastel, comme dans sa tête de jeune femme blonde aux cheveux volontaires. Il manque à sa grande figure féminine silhouettée sur un horizon villervillais, une mise en place plus sévère.

Mlle Beaury-Saurel reparait avec un profil triomphant, aux chairs éclatantes, à la coiffure, de rouge enrubannée ; Mme Elodie La Vilette avec une grande marine, qui ne vaut pas en fermeté et en décision la série des petites études par elles groupées dans un même panneau ; Mme Métivet avec trois portraits d'un faire personnel et d'une pose distinguée, dont l'un dans une gamme claire ; Mlle Mercier avec un joli portrait d'enfant ; Mlle Descamps-Sabouret avec une série d'œuvres peintes, au pastel ou à la gouache qui montrent toutes les ressources, toutes les souplesses de son talent ; enfin Mlle Jeanne Durand avec des paysages d'une donnée toute originale.

Mme Peyrol-Bonheur se présente avec une série d'œuvres fortes et puissantes, les unes d'apparat, les autres intimes, et c'est encore à celles-ci que nous nous arrêterions de préférence. La nature y apparait dans sa richesse, sans effort, avec le respect de sa forme et de ses aspects.

Mme Inès de Beaufond expose une femme vue de dos, dont le modelé n'est pas sans agrément, mais dont la pose n'a pas grand caractère comme invention, et un bébé endormi sur une couche bleue, caressant en rêve la possession des joujous les plus divers. Il y a loin du premier au second et c'est sans hésiter au dernier de ces envois que nous donnerons la préférence.

Mme Julie Buchet, dont nous avons toujours suivi avec intérêt les expositions diverses, est ici en progrès avec ses natures mortes d'une couleur riche, chaude et d'une facture souple et décidée. Ses portraits ont des lignes plus austères et la brosse parait moins dégagée.

Mlle Madeleine Fleury n'a pas moins de quatre envois intéressants, dont trois pastels d'une tonalité distinguée et un petit portrait intime d'une libre exécution.

Je note encore deux portraits de Mme Regnauld-Marais, un pastel joliment enlevé de Mlle Thurner, un portrait après la mort de Mlle Bilinska, des aquarelles de Mlle Adrien Marie, des potirons exécutés dans une amusante donnée décorative par Mlle Viteau, des *chats*, largement traités par Mlle Demarcay, un adorable portrait au pastel de Mlle A. Valentino, et une série de pastels où Mme Claire Lemaître a fixé agréablement les aspects divers des pêches à la peau veloutée, des roses aux tons délicats, des œillets et des tulipes aux colorations légères.

A la sculpture nous trouvons les divers envois d'un sentiment tout personnel de Mme Bertaux, l'infatigable présidente de l'*Union des femmes*, divers bustes d'un beau modelé par Mme Martin Coutan et les divers essais de Mmes Olivetti, Signard et Viardot.

A. Hustin.

UN CONGRÈS D'ARCHITECTES FRANÇAIS

(Toulouse, 18-24 septembre 1887.)

Un de nos collaborateurs, M. Charles Lucas, architecte de l'Ecole municipale professionnelle du Livre, nous adresse une coquette brochure intitulée : *Quatrième Congrès provincial des Architectes français* (1), éditée ces jours derniers à Londres (2) et renfermant de nombreux passages qui nous paraissent de nature à intéresser nos lecteurs ; aussi en détachons nous les quatre paragraphes suivants dans lesquels M. Ch. Lucas retrace l'origine et la succession des Congrès des Architectes français, les impressions trop brèves qu'il a gardées de la visite des principaux hôtels dûs à la Renaissance Toulousaine, quelques mots sur la cité de Carcassonne et le fameux *Cassoulet*, enfin le sommaire de la conférence que M. Ch. Lucas, membre d'honneur du Congrès, avait été invité à faire le 20 septembre dernier à Toulouse dans l'amphithéâtre de la Faculté des Lettres, sur l'*Architecte à travers les âges*.

I. — *Les Congrès des Architectes français.*

Les Congrès des Architectes français, quoique datant de vingt années seulement, commencent à ne plus guère laisser à désirer si on les compare aux Congrès des Architectes étrangers, et tiennent aujourd'hui une place des plus honorables parmi les réunions que convoquent annuellement, tant en France qu'à l'étranger, les Associations scientifiques ou les Sociétés professionnelles.

On sait l'origine de ces Congrès des Architectes français : en 1867, à l'occasion de l'Exposition universelle de Paris, premier congrès, mais international, tenu sous les auspices de la Société centrale des Architectes ; (3) puis, de 1873 à 1887, succession ininterrompue de congrès tenus à Paris (4) et dont celui de 1878 eut le caractère international ; (5) mais, à côté et sous l'influence de ces congrès annuels organisés par la Société centrale des Architectes, les Sociétés régionales ou départementales d'Architectes français voyaient se multiplier leur nombre et s'accroître leur initiative : aussi, dès 1881, sous le titre d'*Excursion de Lille*, (6) comme un essai de congrès provincial avait lieu dans cette ville, sous les auspices de la Société régionale des Architectes du Nord de la France, et en 1883, un premier congrès provincial se tenait à Troyes sur l'invitation de la Société des

Architectes du département de l'Aube. (1) En 1884, deuxième congrès, mais celui-ci à la fois provincial, national et international, tenu à Nice à l'occasion de l'Exposition universelle de cette ville et organisé par la Société des Architectes et des Ingénieurs du département des Alpes Maritimes. (2) La même Société organisa en 1886 un troisième congrès provincial à Hyères, (3) et enfin, à la suite de réunions tenues à Carcassone et à Toulouse, à l'instigation de M. Hipp. Chevallier, architecte à Nice et président de l'Association régionale des Architectes du Sud-Est de la France, quelques architectes de Toulouse et des villes environnantes, s'inspirant des efforts tentés et poursuivis avec succès à Paris, à Lille, à Troyes, à Nice et à Hyères et désireux de plus de fonder une Association régionale des Architectes du Midi de la France (4), organisèrent un quatrième congrès provincial qui eut lieu à Toulouse, avec excursions à Albi et à Carcassonne, du 18 au 24 septembre dernier.

II. — *Quelques hôtels de la Renaissance Toulousaine.*

...enfin les hôtels dits la maison de Pierre, l'hôtel de Berruy, l'hôtel d'Assézat, l'hôtel Felzins, et l'hôtel de Lasbordes, pour ne comprendre dans ces notes que ceux classés comme monuments historiques et qui, comme tels, méritaient surtout une visite et une étude spéciales. Mais quel architecte ne connaît, au moins par la gravure (5) ou par la photographie, les admirables demeures privées de la Renaissance toulousaine, que quelques artistes enthousiastes trouvent plus variées et plus originales même que les chefs-d'œuvre de la Renaissance des bords de la Loire. Tout en n'ayant pas créé de vastes ensembles comme les châteaux d'Amboise, de Blois, de Chambord et de Chenonceaux, comme cette Renaissance du midi de la France a donné le jour à de ravissantes parties d'habitation offrant, malgré leurs lignes parfois imposantes, une grâce tout intime et dûe, plus que partout ailleurs peut-être, à l'alliance constante de la sculpture et de l'architecture ! Que ce soit à *l'hôtel d'Assézat*, dont les trois ordres superposés font penser à la Cour du Louvre ; à *l'hôtel Felzins*, dont les colonnes corinthiennes se con-

(1) In-16, André, Daly fils et Cie.

(2) Cette brochure est, avec de nombreuses additions, le tirage à part d'un mémoire paru dans les comptes-rendus de l'Institut royal des Architectes britanniques (Londres, in-4°, 10 nov. 1887) dont M. Ch. Lucas est l'un des membres honoraires français.

(3) Voir *Société Centrale des Architectes*, Conférence internationale de 1867, Paris, in-8°, 1868.

(4) *Idem, Bulletins mensuels* et suppléments, *Annales*, t. I et II, Paris, in-8° 1874-1887.

(5) *Congrès international des Architectes*, Paris, imp. nat., 1881.

(6) Ch. Lucas. *Excursion de Lille*. Paris. In-8°, 1882.

(1) Voir *Bulletin de la Société des Architectes de l'Aube*, Troyes, in-8°.

(2) Voir *Société des Architectes et Ingénieurs des Alpes-Maritimes*, Congrès international et régional tenu à Nice en 1884, Nice, in-8°.

(3) *Idem. Compte rendu du Congrès régional*, n° 2, tenu à Hyères en Mai 1886, Nice, in-8° 1886.

(4) M. Ch. Lucas, en ouvrant la séance du Congrès du 21 septembre, eut la bonne fortune de proclamer la constitution de l'*Association régionale des Architectes du midi de la France* avec Toulouse pour siège social.

(5) Nous citerons surtout, parmi les ouvrages reproduisant des fragments et des détails d'architecture et de sculpture empruntés à la Renaissance toulousaine la belle collection réunie par M César Daly sous le titre de *Motifs historiques d'architecture et de sculpture d'ornement*, II séries, ens. 4 vol. in-fol. renfermant près de 400 pl. et aussi le *Choix de Motifs ornementaux de la Renaissance dans le Midi de la France*, motifs empruntés pour la plupart à ces deux spécimens de l'architecture privée toulousaine du XVI° siècle, *l'hôtel de Lasbordes* et le *Lycée* (hôtel Berruy), album in-fol. de 40 pl. phot.

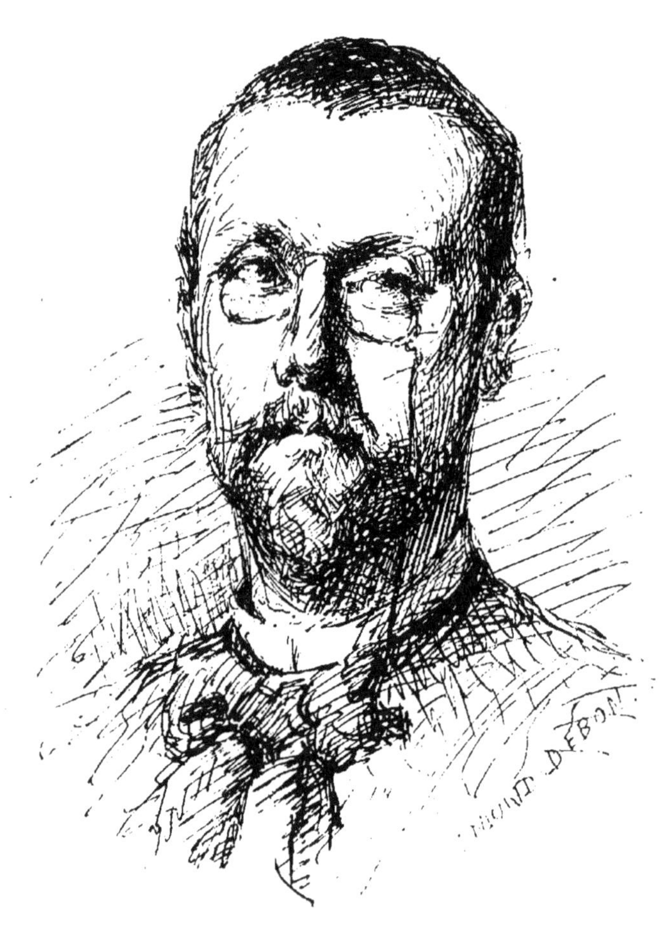

EDMOND DEBON

(Portrait autographe)

fondent avec les arabesques qui les entourent ; sur les ailes de *l'hôtel de Lasbordes*, décorées de figures ne rappelant les termes antiques que par leurs gaines, mais dont l'originalité est vivante ; que ce soit à *l'hôtel Berruy* montrant son remarquable arc décoré de caissons sculptés à l'intérieur du Lycée ; que ce soit enfin dans la *Maison de Pierre*, plus lourde et plus originale que vraiment jolie ; jamais, sauf dans quelques cavernes religieuses de l'Inde ou dans les clôtures sculptées des chœurs des cathédrales de la fin du moyen-âge, l'architecture et la sculpture ne se sont ainsi confondues et n'ont ainsi empiété sur leur domaine réciproque au point de ne faire qu'un seul tout, en s'efforçant à l'envi de charmer nos regards ! Aussi la tradition toulousaine, tradition qu'il ne faut pas trop chercher à contrôler, attribue-t-elle à un seul maître à la fois architecte et sculpteur ou tout au moins à une seule école, celle de l'illustre *Nicolas Bachelier*, un toulousain, élève de Michel-Ange, toutes ces merveilles d'architecture et de sculpture dont Toulouse s'enorgueillit à bon droit.

III. — *La Cité de Carcassonne et le Cassoulet.*

La ville et la cité de Carcassonne ont été trop de fois décrites et surtout trop bien étudiées par Viollet-Le-Duc dans ses ouvrages, pour que nous reprenions, après ce maître éminent dans l'art du moyen-âge qui a restauré avec amour (un peu trop peut-être) la cité de Carcassonne, ce sujet si intéressant mais quelque peu épuisé de l'architecture militaire au XIII° siècle. Bornons-nous donc à mentionner seulement, d'après MM. Desmarests, Saulnier et Esparceil de Carcassonne, qui nous ont dirigés le jeudi 22 septembre : la montée à la Cité, les bâtiments de la manutention (XIV° et XV° siècle), la barbacane, la porte de l'Aude et, une fois dans l'intérieur de la cité, les remparts de l'Ouest et du Sud, *la Tour de Justice, la Wisigothe et celle de l'Inquisition* (avec cachot et pilier central encore garni de chaines) ; *la tour de l'Evéque*, à cheval sur les deux enceintes ; *les tours de Cahuzac, de Mipadre et de Saint-Nazaire ; l'église Saint-Nazaire*, ancienne cathédrale avec crypte, remarquables tombeaux d'évêques et dalle tumulaire de Simon de Montfort ; *la Tour du Trésau, le château* et enfin *la porte Narbonnaise*, dans une grande salle de laquelle les membres du Congrès ont fait honneur à un mets national de l'Aude et de la région, *l'Estouffet* ou *Cassoulet*, pour la cuisson duquel avait été chauffé un four construit en 1285 (1).

IV. — *L'Architecte à travers les âges.*

Pour cette conférence commencée avec Ba-Khen-Khonsou, architecte égyptien contemporain de Moïse et terminée par George-Edmund Street, l'auteur des nouvelles Cours de Justice

(1) Au moment où l'hiver ramène avec lui les haricots secs, on ne saurait croire comme une manière agréable de les manger en repas de corps est de les faire cuire lentement, comme à l'étouffée ainsi que le mot *Estouffet* l'indique, mais avec force tranches de jambon gras, de saucissons variés et quelques canards ou perdreaux rôtis brochant sur le tout.

de Londres, nous en donnons le sommaire d'après les procès-verbaux du Congrès. I. de l'Architecture. II. Etymologie du mot Architecte, Attributions de l'Architecte. III. Les plus anciens Architectes. IV. Les différentes écoles d'Architectes grecs. V. L'Architecte à Rome, définition de Vitruve. VI. Les Architectes anciens à la fois architectes et ingénieurs. VII. Honoraires et Responsabilité des architectes anciens Honneurs qui leur furent rendus. VIII. L'art byzantin et l'art arabe. IX. Les prélats architectes et les maitres-ès-œuvres du moyen-âge. X. Rôle complexe et talents divers de l'architecte pendant le moyen-âge et la Renaissance. XI. L'architecte entrepreneur et les architectes des grands. XII. Apogée de la profession d'architectr. XIII. Education et situation de l'architecte à notre époque.

L'ART ANECDOTIQUE

LES TRUQUEURS.

Un de mes amis m'a conduit l'autre jour chez un argentier. Après quelques banalités qu'il vaut mieux supprimer, l'argentier devint très communicatif. Il travaillait à faire d'une pièce une salière Louis XV.

— Voilà, dit-il, un morceau d'argenterie dont je ne connais pas la destination, mais qui sans doute est destiné à faire figure dans une belle pièce. C'est un orfèvre très connu qui est venu me la commander. Il avait pris un déguisement : une perruque et une fausse barbe. Cela le changeait complètement. Mais, comme j'avais déjà été en relations d'affaires avec lui, je l'ai parfaitement reconnu. Il m'a demandé de faire un manche de salière d'après ce modèle (et l'argentier montrait un dessin très fouillé). Il m'a payé d'avance. Sans aucun doute, il a commandé les autres parties de l'objet à un ou deux autres de mes confrères. Le montage de ces parties sera fait par un quatrième ouvrier.

— Mais pourquoi cette division du travail ? demandai-je.

— Afin que la preuve de la récente fabrication de cet objet destiné à être vendu comme vieux ne puisse pas être faite. Supposez que l'orfèvre m'ait fait faire toute la sallière, il aurait été obligé d'acheter mon silence très cher. Et même après paiement il se serait défié de moi. J'aurais toujours pu dire : Cette salière vendue comme ancienne est mon œuvre. Je l'ai faite de toutes pièces. En s'adressant à quatre ou cinq ouvriers qui ne se connaissent pas ou qui ne se confient point leurs affaires, l'orfèvre écarte de lui toute menace de révélation.

Si demain on me présentait la salière où figurera le manche auquel je travaille, je ne pourrais pas dire : « Cette salière est de moi, » et si j'arrive à prouver que le manche est mon œuvre, l'orfèvre pourra répondre : « J'avais un tel objet endommagé ; je me suis adressé à M. X... pour le faire réparer. »

L'argentier, après cette première histoire, m'en a conté plusieurs autres sur lesquelles il m'a demandé de garder le secret, malheureusement. Je sais maintenant le nom et l'adresse de l'artisan qui a fabriqué une magnifique pièce d'argenterie dans laquelle tous les experts et tous les amateurs ont reconnu le « faire » des ouvriers du seizième siècle. Cette belle œuvre fut payée 200,000 francs, il y a un an, par un collectionneur qui la montre avec orgueil à tous ses amis.

Mais on m'a demandé d'être discret sur cette histoire et sur plusieurs autres qui ne seraient intéressantes que si on pouvait écrire des noms propres. Je me tais parce que j'ai promis, et encore parce que la discrétion est une des qualités professionnelles du journaliste qui, cependant, vit d'indiscrétions.

J'allais me retirer lorsque le porcelainier, qui est l'associé de l'argentier, rentra ; celui-là était plus réservé que son ami. C'est à peine s'il m'a laissé pénétrer dans une petite pièce où, dans un four, des assiettes en « porcelaine de Chine » séchaient sur de la terre jaune. Cette terre donne au dos de l'assiette une teinte qui lui prête une apparence indéniable d'authenticité.

J'allais m'en aller quand l'argentier ouvrit, dans la chambre de travail de son ami, une armoire remplie de petits objets en porcelaine « de Chine ». Il y avait des mandarins et des mandarines dans toutes les attitudes.

— Ceci, dit le porcelainier, est l'armoire des bains de mer. Pendant toute l'année, je fais de ces petites choses-là. Au mois d'avril je les expédie sur les plages, dans les cabanes de pêcheurs, chez les matelots. Ces braves gens les vendent aux baigneurs parisiens avec un gros profit pour moi et pour eux.

L'objet qu'ils présentent a toujours été rapporté de Chine par le matelot à son dernier voyage. Les Parisiens croient faire d'excellentes affaires en payant vingt francs ces bibelots qui me reviennent à quelques sous.

On ne m'a pas demandé le silence sur ce truc ; je n'ai donc aucun scrupule à le divulguer. Aussi bien la divulgation ne nuira point aux truqueurs, car elle ne diminuera en rien la jobarderie des jobards. Je n'aurais rien dit de tout cela si j'avais cru que je pouvais nuire à ces artisans très habiles, dont le mérite est peut-être aussi grand que le mérite de ceux qu'ils imitent avec tant de perfection.

LES VENTES PUBLIQUES

Aujourd'hui dimanche 26 a lieu, à l'Hôtel Drouot, l'exposition des aquarelles que M. Edmond Debon met en vente demain lundi, à 3 heures, salle 5.

Ces aquarelles sont au nombre de 46 et reproduisent des sites divers de Paris, de Bretagne, de Normandie. Elles comprennent quelques figures et des études d'animaux.

L'artiste, — dont nous publions aujourd'hui le portrait autographe — est un chercheur. Sa note lui est personnelle, et plusieurs de ses études, que nous avons vues dans son atelier, sont empreintes d'une saveur pénétrante et franchement moderne.

Nous ne pouvons donc que lui souhaiter plein succès auprès des amateurs.

* *

La vente de la collection, ou plutôt des collections du peintre Geslin est terminée. Il y a eu quatre vacations.

Geslin était non seulement un peintre paysagiste, mais encore architecte et archéologue érudit. Ses médailles, ses cartons remplis de dessins et d'aquarelles, exécutés dans les musées étrangers, font foi d'un travailleur infatigable. Il a fait preuve d'une activité fiévreuse dans ses recherches sur l'antiquité, sur l'art décoratif, dans ses études, ses paysages faits sur nature, à Rome, à Pompéi et un peu partout.

Aucune récompense n'a couronné tant d'efforts, tant de labeur, tant de modestie. Ses tableaux se sont vendus pour rien, excepté pourtant une *Vue du Forum*, qui a été adjugée au prix de 500 francs. Les merveilleux cartons, si amplement garnis de documents en tous genres, ont été donnés à des prix dérisoires.

MUSIQUE

Il paraît qu'on va décidément reconstruire l'Opéra-comique. Un plan adopté par le Ministère des Beaux-Arts sera prochainement soumis à l'approbation des Chambres, qui devront voter les fonds.

Le nouveau théâtre s'élèvera sur le même emplacement que l'ancien. La maison en façade sur le boulevard ne sera point achetée — comme il en avait été question — pour lui donner le développement nécessaire tant à la sécurité des spectateurs qu'au bon effet des représentations.

La dépense, paraît-il, eût été trop considérable.

On se contentera d'avancer la construction de six mètres sur la place Boïeldieu.

Ces six mètres, entre parenthèses, font vraiment rêver.

Quels agrandissements valant la peine qu'on en parle, peut-on bien trouver dans six mètres de lisière — d'un seul côté ? Si encore on les avait tout autour.

Mais passons. Ceci n'est pas de notre compétence.

En somme, si ces informations sont exactes, c'est l'ancien Opéra-comique, à peu près, qu'on s'apprête à réédifier, ce théâtre tout en boyau, sans largeur ni profondeur suffisantes, où la scène et ses abords seront d'une exiguité déplorable dès qu'il s'agira d'y jouer autre chose que la *Dame Blanche* ou le *Pré aux Clercs*.

Un théâtre pour le répertoire, enfin, et nullement en rapport avec les besoins modernes.

Certes, le répertoire est charmant, et, jusqu'à ce jour, il a suffi à la fortune du théâtre. Mais il ne durera pas toujours. Il y a là des ouvrages qui datent de plus de cinquante ans. Et nous savons que bien peu, d'ordinaire, résistent à la soixantaine. Les opéras sont comme les hommes : quand les rides apparaissent, ils n'ont plus guère que les années de grâce à vivre.

Et, qu'on y pense, ce ne seront pas des ouvrages du même genre qui les remplaceront. L'Opéra-comique, comme genre, a fait son temps. Nous sommes loin de la *comédie à ariettes* de Monsigny et de Grétry, même aussi de l'imbroglio bourgeois de Scribe.

Nous en sommes à la pièce sérieuse, sans dialogue, à l'opéra de demi-caractère, presque au drame lyrique avec ses développements musicaux puissants, son orchestre sonore aux effets violents, qui n'ont aucun rapport avec les mélodies discrètement sentimentales d'autrefois.

Pourquoi veut-on nous rendre une salle où tout cela étonnera — et détonnera, — trop à l'étroit ; au grand dommage des compositeurs, dont les combinaisons seront faussées, et du public qui ne pourra en avoir la perception juste ?

Ah ! parce que, chez nous, les questions d'art ne sont que secondaires ; les questions d'argent — ou de sentiment — priment tout.

La décision qu'on va soumettre aux Chambres — et qu'elles vont approuver, sans nul doute, — satisfera probablement l'opinion publique.

Quand on s'apercevra qu'on eût pu trouver mieux, il sera trop tard, — comme d'habitude.

G. Canoby.

LA STATUE DE DE NEUVILLE

Un comité vient de se former pour élever une statue à de Neuville, ce comité a fait appel aux amis du peintre des *Dernières Cartouches* et déjà il a reçu plusieurs adhésions, notamment celles du sculpteur Barrias, de Duez, de Roger-Jourdain et de M. Hébert qui a adressé au comité la lettre suivante :

21 février 1888.
Monsieur,
Sur un avis lu hier dans un journal d'un projet d'un monument à de Neuville, le peintre populaire de nos soldats, je m'empresse de vous envoyer mon adhésion à cette idée, heureux de m'associer aux admirateurs du grand artiste.

HÉBERT,
Membre de l'Institut.

A cette lettre était jointe une souscription de 50 francs.

ÉCHOS ET NOUVELLES

La commission chargée de la décoration de l'Hôtel de Ville de Paris a tenu lundi une nouvelle séance.

Il lui restait à désigner les artistes chargés de peindre les seize voussures de la partie supérieure de la salle des Fêtes.

Sur la proposition de M. Dalou, la commission a partagé ces voussures en quatre groupes : deux de six figures chacun et deux autres de deux figures, de façon à obtenir une décoration bien homogène.

MM. Ferdinand Humbert et Paul Milliet seront chargés chacun d'un des groupes latéraux comprenant six voussures, et MM. Bertaux et Weerts chacun d'un des groupes placés aux extrémités et comprenant deux voussures.

Le travail de la commission touche maintenant à sa fin ; il n'y a plus que peu de commandes à effectuer. Dès que le conseil municipal aura statué en dernier ressort, l'ère des concours s'ouvrira.

* *

On vient de découvrir, dans des champs de la commune de Rouez-en-Champagne, les substructions d'un temple antique, mesurant 30 mètres de longueur sur 16 mètres 65 centimètres de largeur.

Il comportait un portique à colonnades à son entrée. L'intérieur était divisé en trois nefs par des colonnes dont M. Legier, ancien architecte du gouvernement, vient de retrouver les bases.

Un édicule, orné de colonnettes, existait à l'entrée du sanctuaire. On y a trouvé de nombreuses monnaies romaines dans un état parfait de conservation.

*

Le jury spécial de l'Ecole des beaux-arts vient de décerner le prix d'architecture, fondé par M. Labarre, à M. Gaston Cousin, élève de MM. Coquart et Gerhardt.

* *

L'association qui s'est formée à New-York, afin d'élever un monument au président Grant, fait appel aux artistes de tous les pays pour lui fournir les dessins d'un monument pouvant coûter un demi-million de dollars, soit 2 millions 500.000 francs,

Les dessins seront reçus jusqu'au 1er novembre. L'association fera choix des cinq meilleurs dessins et les classera. Leurs auteurs recevront, à titre d'indemnité, de 1.500 à 200 dollars, soit 7 500 à 1.000 francs. Leurs œuvres appartiendront à l'association qui se réserve de faire exécuter le monument à sa fantaisie.

*

On nous prie de rappeler à nos lecteurs que, depuis le lundi 20 février, les réunions de la Société Libre des Artistes Français ont lieu au café des Variétés, à l'entresol.

L'Imprimeur-Gérant : HENRY LEFEBVRE.

LA VIE ARTISTIQUE

COURRIER HEBDOMADAIRE ILLUSTRÉ

Des Ateliers, des Expositions & des Théâtres

BUREAUX A PARIS	DIMANCHE 4 MARS 1888	ABONNEMENTS
42, Rue de Chabrol, 42	2e ANNÉE — N° 9	Un An : DIX FRANCS

THÉORIE SANS LE VOULOIR

C'était vers midi, dans la rue, avant-hier. Je croisais une femme en robe de velours noir courte ; sur le devant, un tablier de laine rouge relevé par un coin. La poitrine épaisse était serrée dans un corsage voyant qui dégageait sous des guipures fausses, les bras et le cou chargés de verroterie et de colliers clinquants ; aux oreilles une grappe de boules qui reluisait ; les cheveux noirs et frisottés retombaient sur le front bas.

« Oh ! maman, un masque ! » dit, en passant à côté de moi, un gamin qu'on ramenait de la pension.

Je ne pus m'empêcher de rire, ce que l'enfant avait pris pour un masque, c'était une italienne ! Italienne de Batignolles ou de Montmartre s'entend, un de ces modèles qui vont dans les ateliers donner des poses à caractère : ils s'affublent de loques bigarrées, et il paraît que ça prend encore ! Celle-là n'était pas plus authentique de naissance que de type ou de costume, n'importe : si elle s'habillait ainsi, c'est qu'elle trouvait des clients.

Cette pseudo-romaine me fit songer. Il y a quelques années — du temps où l'avenue de Villiers n'existait pas encore — les quartiers des ateliers pullulaient de *pifferari*, de napolitains mâles ou femelles. Comme c'est déjà loin de nous tout cela !

Ils avaient leur quartier général du côté de la rue Maubert, je crois. Le jour ils se répandaient dans Paris, battant les pavés, les mères traînant par la main des petites filles qui marchaient à peine. Le public parisien, les connais-

sait bien, n'y faisait plus guère attention et quand il en voyait entrer dans une maison, il savait qu'il y avait là un peintre.

C'était une des dernières formes de cette manie de tradition italienne qui persistait à sévir chez nous, et heureusement se débat pour mourir à l'heure qu'il est.

Cet engoûment nous venait, par héritage, de Léopold Robert qui avait mis à la mode les paysans de la campagne de Rome, héritage qu'a recueilli la génération des peintres qui lui ont succédé, et qu'ils ont essayé de nous transmettre... Grand merci. Braves gens, après tout. Que le bon Dieu leur pardonne ! Il ne faut pas leur en vouloir ; faisons un retour sur nous-même : ils ont eu leurs Italiens dans leur peinture, comme nous avons nous les Japonais dans notre art décoratif. Chacun a ses faiblesses... Voyez comme je suis éclectique aujourd'hui ! me voici en humeur de philosopher.

Quoiqu'il en soit, il n'y a plus de défroques italiennes ambulantes dans notre bonne ville de Paris. Si par hasard on en rencontre encore une égarée : c'est un pauvre souvenir d'histoire ancienne qui passe, allant chez un peintre qui retarde.

.   .   .

Que si l'on demande pourquoi il en est ainsi, la chose est facile à dire. On pourra prétendre que la faute en est d'abord à cette désolante unification du vêtement contemporain qui gagne tous les pays : je n'en disconviens pas. Il est évident que peu à peu les modes nationales se perdent ; les couleurs franches et vives s'éteignent ; les plis flottants des tuniques, les draperies s'en vont ; l'empereur du Japon pourrait s'habiller à la *Belle Jardinière* et les femmes de

Tivoli ou d'Albano ont des confections comme il y en a au *Louvre* (je parle du Magasin).

Oui, cela est navrant, mais cela est ; nous n'y changerons rien. Toutefois ce n'est pas à cet effacement universel du caractère des costumes qu'il faut directement attribuer la disparition des modèles italiens dans les ateliers. La raison première a eu des conséquences qui sont devenues causes à leur tour ; or, la cause est l'évolution de l'art moderne.

Et comme ce changement de goût, cet abandon d'un type spécial, d'un accoutrement particulier fait bien voir le chemin qu'il a parcouru en ces derniers temps. Il a fini par découvrir qu'il était étrange de spécialiser l'intérêt sur un pays, de donner le monopole de la beauté à un peuple, de river la vision à une forme qui fatalement devait devenir une formule.

Il s'est avisé qu'il était ridicule de s'acharner à transplanter dans notre climat des combinaisons de couleurs inventées sous une autre lumière, et de copier des attitudes qui, n'étant plus dans leur milieu, avaient des poses de mannequins.

L'Italie c'était Rome, et Rome l'antiquité. Faute de mieux la tradition classique avait fait main basse sur les solides gars et sur les belles filles, qui respiraient le même air, avaient gardé la même fierté d'allure que leurs anciens, dont les formes avaient peuplé de statues « la ville éternelle ». Et l'on expédiait à la douzaine par le chemin de fer des gaillards aux chapeaux pointus, aux guêtres de laine tricotées, aux pantalons de velours collants, et des femmes au corsage ouvert, avec une serviette pliée en quatre sur la tête, qui sous leurs bijoux de cuivre devaient grelotter à Paris par la bise de décembre. Il fut un temps où la consommation en était effrayante dans les ateliers, non-seulement chez les maîtres, mais encore à l'école des Beaux-Arts. L'italien faisait prime même pour l'enseignement !

Tout cela était très bien ; mais, nous étions en France, et l'art antique avait dit son dernier mot depuis des siècles. Bien que nous n'eussions pas au *Pont-Neuf*, dans la maison qui n'est pas au coin du quai, des complets multicolores dignes de tenter des palettes ambitieuses, il y avait gros à parier qu'on se lasserait de ces modèles d'exportation.

Le peintre français cédant à un sentiment instructif de sincérité, se met à regarder par sa fenêtre autour de lui, au lieu de s'efforcer à évoquer les nuages d'un pays où il n'était pas. Il se rapprocha de la nature naturelle et naturante conduit par le paysagiste. Ce n'est pas à Rome, mais à Fontainebleau que Rousseau et les autres plantèrent leur chevalet ; et cette nature sans souvenirs historiques, ne parut pas, vue de près, si désagréable que cela.

Peu à peu, l'art tout entier, roman ou peinture, descendit dans la vie quotidienne. Il en raconta les péripéties, les anecdotes ; il en découvrit les imprévus ; il pénétra dans l'intimité des sensations ou des passions vivantes. Tout était inexploré. Ce nouveau domaine était celui de l'humanité actuelle, vue et coudoyée. Le côté humain des êtres et des choses saisit l'artiste, il le dégagea dans son centre et son atmosphère. Dès lors il n'avait que faire pour captiver l'intérêt de regarder en arrière, et de décrocher pour les peindre des guenilles anciennes. Ce jour-là le fripier qui louait des costumes au mois, se sentit menacé dans son commerce : quand il sera ruiné, l'art moderne que nous aimons ne s'en portera pas plus mal ; et la vérité qui est son essence y gagnera.

En attendant, nous sommes débarrassés des *pifferari* ? la paix soit avec eux ! Mais voilà une théorie bien longue. Je m'en excuse ; c'est la faute aussi à cette malheureuse qui essayait encore aujourd'hui de nous la faire à l'italienne.

Roger BALLU.

LA TRAITE DES ARTISTES

On nous révèle une petite industrie très productive, mais d'une honnêteté douteuse dont les artistes peintres et sculpteurs sont les victimes.

Quelques individus sans vergogne battent, du matin au soir, tous les ateliers de Paris, raccolant des noms d'artistes obligés de travailler pour le commerce.

Ils courent également les marchands de tableaux et s'enquièrent du prix de vente de MM. X..., Y... ou Z..., et, dressant le catalogue des peintres et sculpteurs dans une situation précaire, ils les mettent ensuite en coupe réglée.

Vers les heures des repas, ils sont chez les artistes, se présentent comme des amateurs disposés à tout acheter, et prêtent beaucoup plus attention à la mine et aux dents longues de leur future victime qu'à ses œuvres.

Lorsqu'ils ont jeté leur dévolu sur une toile ou sur une sculpture, ils en demandent le prix et proposent, payée comptant, la moitié de la somme qui leur est demandée ; sous cette réserve que l'artiste ne signera pas son travail et renoncera absolument à tous les droits de reproduction.

Comme on a faim, que les louis d'or étalés sur la table vous fascinent, que les marmots dans la pièce voisine demandent à manger, on vend à vil prix ; on laisse emporter son œuvre pour une bouchée de pain.

Or, voici où la combinaison de l'acheteur se présente dans toute son effronterie.

Le Salon ouvre ses portes, des expositions particulières invitent la presse à venir apprécier les tableaux et les sculptures exposés, et, quelle n'est pas la surprise de certains des artistes dont j'ai parlé plus haut, de voir les œuvres qu'ils ont vendues jadis, s'étaler aux meilleures places, signées du nom de M. de C... ou de Mme de K...

Ils n'ont pas été prévenus de cette combinaison.

Mais, comme ils ont vendu sans se réserver aucun recours, ils doivent se taire et se contenter de lire dans les journaux les éloges que les critiques distribuent aux signataires de leurs travaux.

C'est la traite des artistes peintres et sculpteurs.

DÉCORATION DE LA MAIRIE
Du VIe Arrondissement.

Nous avons parlé du concours ouvert pour la décoration de la salle des fêtes de la mairie du 6° arrondissement, et l'on sait que d'après le programme les compositions doivent symboliser la Liberté, l'Egalité et la Fraternité.

Parmi les divers concurrents qui se sont présentés au mois de décembre dernier, MM. Henri Lévy, Urbain Bourgeois et Lionnel Royer ont été admis à l'épreuve du second degré.

Cette épreuve consiste dans la peinture, grandeur d'exécution, d'un fragment compris dans le sujet des esquisses.

M. Henry Lévy a exécuté un fragment tiré de son esquisse sur la Fraternité : « La Fraternité éteint les haines qui armaient les unes contre les autres les nations ennemies et ramène parmi les hommes la Concorde et l'Union. »

M. Bourgeois représente la Liberté victorieuse qui assure le Triomphe de l'Egalité et la Fraternité.

Enfin M. Lionnel Royer a peint une Liberté éclairant le monde.

Ce concours, qui est exposé depuis vendredi dans la salle des Prévôts, à l'Hôtel de Ville, est fort remarquable.

Le jugement sera rendu le mois prochain. Le jury se compose de MM. Cabanel, J.-P. Laurens, Puvis de Chavannes, Emile Richard, Hovelacque, Delhomme, Ginain et Alphand.

ART ET PROGRÈS

Monsieur le Directeur,

Je vous demande la permission de replacer le cliché consacré : *Votre journal est une tribune; permettez-moi donc, etc.* Il est un peu poussiéreux le cliché; mais, après un coup de plumeau, il n'y paraîtra plus. Et puis — on fait ce qu'on peut — j'en ai sérieusement besoin pour entrer en matière et, ma foi tant pis, il faudra bien qu'il serve encore aujourd'hui.

Sans être d'une indiscrétion immodérée, pourrait-on demander à M. Charles Garnier si, l'autre après-midi, à l'Institut, il a parlé seulement en son nom ou s'il a émis les idées de l'Académie des Beaux-Arts dont il était, ce jour-là, le délégué ?

La réponse me semble d'un réel intérêt, car, avec sa belle vaillance et sa franchise habituelle, l'architecte de l'Opéra a mis carrément les pieds dans le plat, et le discours publié par la *Vie Artistique* est une véritable déclaration de guerre au progrès, avec entrée de héraut d'armes et sonneries de fanfares.

Je n'affirmerai pas que les hommes vénérables qui siègent sous la coupole académique, aient tous été ravis de l'incartade de cet enfant terrible. S'ils avaient pu, plusieurs d'entre eux lui auraient volontiers envoyé des coups de pied sous la table pour lui clore la bouche. Mais la tribune est trop éloignée, impossible d'arrêter l'imprudent et de lui crier : Veux-tu te taire ; veux-tu bien ne pas raconter à ces messieurs tout ce qu'on dit à la maison ; à l'avenir nous ne causerons jamais plus devant toi, oh ! le bavard !

M. Garnier a parlé et, en somme, il est préférable de connaître, d'une façon nette et précise, les tendances de l'Académie des Beaux-Arts, tendances qu'on devinait bien un tantinet, mais qui n'avaient jamais été dévoilées avec cette crânerie. Ce manifeste est un document d'autant plus précieux qu'il émane d'un esprit supérieur, d'un homme jeune, qui ne porte pas d'abat-jour, qu'on ne couche pas à neuf heures, qui se tient au courant de tout, qu'on rencontre aux premières et qui lit autre chose que le Sageret et les *Lois du Bâtiment*.

Ce qui frappe avant tout, dans la harangue de M. Garnier, c'est la haine de l'esprit moderne; une belle haine d'ailleurs, âpre et vivante, sincère et furieuse, haine d'artiste, de croyant, de sectaire. Elle m'inspire de l'estime et du respect, certes ; car, à mon sens, les médiocres ne savent pas haïr, et j'ai à ce sujet les mêmes convictions que mon ami Zola qui trouve que « la haine est sainte ; qu'elle est l'indignation des cœurs forts et puissants, le dédain militant de ceux que fâchent la nullité et la sottise. » Mais, en même temps, elle me peine profondément, car elle est essentiellement vaine et stérile, cette aversion pour l'époque dans laquelle on vit. Les lamentations de Jérémie ont de la grandeur, je n'en disconviens pas, mais qu'ont-elles engendré et que peuvent-elles produire ?

Notre siècle est-il sublime ou bas, puissant ou débile, supérieur ou inférieur à ses aînés ? Peu importe. Il est ce qu'il est; vouloir le changer serait tenter d'arrêter une locomotive en marche avec un cure-dents. De tout temps, il y a eu — et il y aura — des esprits moroses qui, pleurant sur les années mortes, ont voulu rester inertes et immobiles; mais de tout temps aussi, il s'est trouvé des enthousiastes, amoureux de la vie présente, qui ont dépensé leur force et leur énergie à doter l'humanité de chefs-d'œuvre et qui ont jeté sans raisonner et sans compter l'or pur du génie qui bouillonnait en eux. De quel côté est la vérité ?

Troie n'aurait jamais été prise, si Ulysse,

comme Achille, s'était retiré sous sa tente pour bouder à son aise.

D'ailleurs, ce mépris pour notre audacieux et chercheur XIX° siècle est-il donc mérité ? Ne comptera-t-il pas, dans l'histoire de l'Art, celui qui a vu éclore des génies aussi opposés que Delacroix et Ingres, Baudelaire et Lamartine, Hugo et de Balzac, Méhul et Berlioz, Chateaubriand et Michelet, David d'Angers et Rude, Viollet-le-Duc et Labrouste, Flacman et Bracquemond ? D'un autre côté, les chemins de fer, la photographie, le carton-pierre, le téléphone ont largement rendu aux Arts ce qu'ils leur ont enlevé en pittoresque. Ces voyages circulaires que plaisante notre confrère n'offrent-ils pas à tous la possibilité de connaître les manifestations artistiques, — architecture, sculpture, peinture, gravure, musique même, — que pouvait seulement admirer une infime minorité d'élus ? La photographie n'a-t-elle pas vulgarisé des chef-d'œuvres, à peu près inconnus jusqu'alors de la foule ? Le téléphone ne permettrat-il pas bientôt d'entendre, du coin de notre feu, les opéras que nous ne pouvons aller écouter à Bruxelles, à Vienne, à Bayreuth et qu'une bande de voyous ineptes nous interdit d'applaudir à Paris. Enfin, n'est-ce pas grâce au carton-pierre, au staf, au moulage, que nous pouvons étudier aux Beaux-Arts et au Trocadéro, dans leurs proportions réelles dans la respectueuse restitution de leurs formes, les principaux fragments des plus glorieux monuments du monde ?

Notre époque n'est dépourvue ni de grandeur, ni de poésie, ni de caractère, ni de style. Seulement pour qu'elle conserve son rang dans l'humanité, il faut que des hommes de la valeur de M. Garnier ne s'en désintéressent pas et ne gaspillent pas les dons exceptionnels dont ils sont doués à rebâtir péniblement un passé détruit.

Là est le mal, là est le danger.

Touché par le génie, ou même par le talent seulement, tout se transforme et s'élève. Sous le pinceau d'un Millet, « le sabot crotté » grandit, s'impose, et devient mille fois plus noble que « le pied déchaussé » peint par un Picot. Le vers d'un Hugo jette des lueurs d'apothéose sur la mort d'un crapaud, tandis que l'alexandrin essouflé d'un Ponsard embourgeoise le suicide épique d'une Lucrèce. Le ciseau inspiré d'un Dubois idéalise la vulgaire *marmotte* et le jupon grossier de la paysanne, lorsque le marbre d'une phalange de sculpteurs que je ne veux pas nommer, humanise lourdement toutes les déesses de l'Olympe.

L'art est dans tout, et les moindres étincelles de ce foyer superbe qui brûle et brûlera toujours, vivifiant et fier, méritent l'attention d'un artiste. Qu'y a-t-il de plus pratique, de plus vulgaire, de plus plat, de moins artistique qu'une réclame de commerçant ? Toutes ces affiches crûment barbouillées de rouge, de jaune, de bleu, de vert hurlent à l'œil et étalent cyniquement sur nos murs leur dédain pour le goût les élémentaire. Eh bien, qu'on commande cette affiche à un Chéret, et, brusquement, le décor change : Le pinceau alerte de ce charmeur crée de petites merveilles de verve, de coloration, d'arrangement, de mouvement, et voilà Mercure qui fraternise avec Apollon.

Autrefois, les enfants n'avaient entre les mains que les grotesques images d'Epinal dont le hideux barbouillage valait le stupide dessin. Mais tout récemment, un éditeur connu lance, pour nos gamins, une imagerie nouvelle où des fantaisies naïves mais spirituelles sont interprétées avec une réelle virtuosité, une grâce charmante, un coloris harmonieux, un dessin fin et correct. C'est du progrès cela, et, franchement, je ne me sens pas l'envie de regretter les affiches du bon vieux temps, ni *Crédit est mort, les mauvais payeurs l'ont tué*, de ma belle jeunesse.

Je cite exprès des infiniment petits pour bien préciser ma pensée, n'ayant ni l'intention ni l'espace de présenter ici de faciles exemples pris dans un ordre d'idées plus élevées. Du reste. les statuettes de Tanagra, certaines gardes de sabres japonais, quelques agrafes de ceintures chinoises, qui représentent en réalité un art industriel, sont très supérieures à d'imposantes et prétentieuses tartines dites de style qui dorment dans le plus solennel oubli ! Lebrun a bien dessiné des candélabres, des fauteuils, des menus, des vêtements ; il n'en a nullement été amoindri pour cela.

Notre époque, comme les autres, a sa caractéristique, caractéristique spéciale et personnelle qui n'est évidemment ni celle de l'antiquité ni celle du moyen âge, ni celle de la renaissance, mais qui n'est ni moins intéressante, ni moins empoignante. Seulement, pour tirer parti des qualités de notre siècle, pour profiter des matériaux qui s'offrent à nous, il faut sagement — héroïquement si l'on veut — accepter la situation telle qu'elle est et ne pas assayer de marier la République de Venise evec... le czar de toutes les Russies ; il faut, entre autres, ne pas construire une gare néogrecque, un hôtel des postes classique et une banque renaissance italienne.

Hélas ! oui, la science est fréquemment l'ennemie de l'art. Eh bien, que l'art aille à elle la main tendue, et qu'il s'en fasse une amie, sans regret, sans arrière-pensées. Hélas ! oui, l'ingénieur est une calamité ; mais, sans appliquer la théorie un peu radicale de Guy de Maupassant, qui conseille de prendre un fusil et de le tuer, dès qu'on le voit, ne peut-on le museler, le civiliser, l'enguirlander, le gagner à sa cause, ce ce terrible ingénnieur ? Orphée a charmé les rochers et les bêtes féroces, les artistes arriveraient peut-être à apprivoiser M. Eiffel... ou un autre.

Reste le nu, ce diable de nu, cher au cœur de M. Garnier. Ici, je le confesse, terrain de l'attaque est bsn, car incontestablement, notre veston — avec ou sans carreaux — n'est pas joli, joli ! Et pourtant.... voyons, en bonne conscience, « ces pantalons qui s'affaissent en spirales informes, ces redingotes mal taillées » ne rendent-ils pas, fréquemment, de réels services aux admirateurs du beau ? Sans médire des charmes plastiques de mes contemporains, je ne vois pas Mme Mathilde du Palas-Royal, en Diane chasseresse, ni M. Francisque Sarcey en montagnard écossais, ni M. Naquet en sénateur romain. Le pitoresque y gagnerait — peut-être — mais l'esthétique ?

En outre, ces costumes que l'Académie des

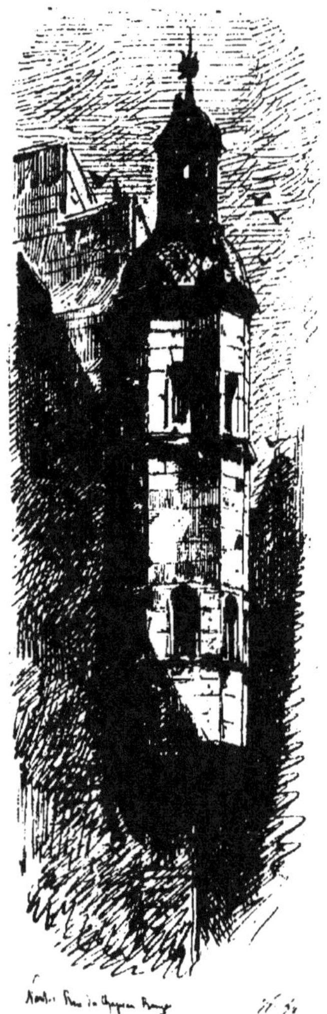

SCOTT

Beaux-Arts regrette si fort, ces costumes ne me semblent pas toujours exempts de mauvais goût. Mon éminent confrère les voit, je le crains, en poète et en habitué des théâtres. En réalité, ils avaient comme les nôtres, leurs ridicules, leurs laideurs et leurs inconvénients, et je suis certain que si le spirituel architecte était obligé de passer une semaine avec un pourpoint formant la bosse de polichinelle, des trousses baleinées et une fraise gommée de quarante centimètres, il regretterait bien vite son col rabattu, sa cravate floche et sa légendaire vareuse.

Je me résume.

Je ne me permettrai pas de donner des conseils à une des personnalités artistiques les plus brillantes de notre temps, mais j'ai du moins le droit d'émettre un vœu : que M. Garnier ne jette pas ainsi le manche après la cognée, qu'il détourne ses yeux d'un passé lumineux mais mort et bien mort, qu'il emploie ses exceptionnelles facultés, son étonnante activité cérébrale à modifier les nombreuses laideurs qui nous entourent. Restaurée par lui, — qui sait ? — la rue de Rivoli deviendrait peutêtre une œuvre d'art. Comme mon homonyme qui faisait de la prose sans le savoir, ce membre de l'Institut a d'ailleurs commis du naturalisme sans s'en douter, et personne, que je sache, ne s'en plaint. N'est-ce pas l'architecte de l'Opéra, en effet, qui a osé le premier accuser loyalement et logiquement, dans un théâtre, le foyer, la salle et la scène ? C'est plus qu'un progrès cela, c'est une révolution et une révolution aussi importante, dans l'architecture, que celle imposée par Flaubert et les de Goncourt dans le roman.

Que ce grand et véritable artiste trouve donc son chemin de Damas, qu'il jette par dessus les moulins son chapeau à plumes d'académicien, qu'il reste l'indépendant, le libéral, le novateur qu'il est au fond et que nous aimons, et qu'il se montre moins dur pour un art dont — nécessairement peut-être, mais assurément en tout cas — il est un peu le prisonnier.

C'est la grâce que je lui souhaite. *Amen.*

Croyez, Monsieur le directeur, à mes sentiments bien cordiaux.

Frantz Jourdain.

CHRONIQUE JUDICIAIRE

Le catalogue illustré du Salon.

On sait les péripéties qu'a subies le catalogue illustré du Salon monté à l'origine par M. Dumas, il n'a pas tardé à affirmer son succès et, en 1883, des pourparlers furent engagés entre ce dernier et M. Baschet, le grand éditeur des publications artistiques, en vue d'une exploitation commune.

Plus tard, M. Dumas céda ses droits à une Société et à la suite de la publication du livret de 1887 par M. Baschet, celle-ci prétendit que ce dernier avait méconnu les conditions du contrat intervenu entre M. Dumas et lui réclamait, outre son exécution, 25,000 fr. de dommages et intérêts.

M. Baschet résistait en prétendant qu'il n'avait jamais existé de traité entre lui et Dumas; qu'il n'y avait eu que de simples pourparlers entre eux et que conséquemment il n'avait pu céder à la Société demanderesse des droits qu'il n'avait point acquis.

Mais le tribunal de commerce de la Seine, saisi de la question, a pensé qu'en fait un traité du 1er janvier 1883 liait les parties et a condamné M. Baschet à l'exécution de ce traité et à des dommages et intérêts à fixer par état, pour avoir publié en son nom et pour son compte, en 1887, le catalogue illustré du Salon.

Le truquage des bijoux.

Les objets d'art ancien et notamment les objets d'orfèvrerie sont devenus de plus en plus rares depuis que le goût du bibelot s'est emparé du public. Aussi plusieurs fabriques d'objets imitant l'ancien se sont-elles établies en Allemagne; pour leur donner une apparence d'authenticité, ces négociants peu scrupuleux n'hésitent pas à les revêtir de faux poinçons français dits : « Vieux-Paris », abandonnés depuis la loi du 19 brumaire an VI. Ils sont marqués, il est vrai, à leur entrée en France du poinçon d'importation, le charançon, qui suffit à avertir les gens du métier de leur origine étrangère; mais il en est autrement pour l'immense majorité des acheteurs, dont l'éducation artistique est superficielle et qui s'en rapportent aux vieux poinçoins toujours placés d'une façon apparente. L'invasion de ces bibelots frauduleux cause un grave préjudice, non seulement aux collectionneurs peu éclairés, mais encore aux marchands d'antiquités honnêtes et aux fabricants d'orfèvrerie moderne, qui voient l'acheteur préférer à leurs plus beaux produits des pièces grossièrement travaillées, uniquement à cause des faux poinçons dont elle est revêtue.

A la suite de diverses constatations, un certain nombre de marchands d'objets d'art et de curiosités, de Paris, viennent d'être traduits en police correctionnelle pour avoir mis sciemment en vente des objets marqués de ce faux poinçon.

Ils ont été condamnés à des amendes variant de 1,000 à 3,000 francs.

Les sept cartons de Raphaël. — Les copies de Paul Baudry.

En 1868, Paul Baudry, chargé de la décoration du foyer de l'Opéra, s'était préparé à ce travail, qu'il a si magnifiquement exécuté, en faisant les copies réduites des sept cartons de Raphaël, dont les originaux sont au South Kensington Museum de Londres; ces copies dont l'exécution a été poussée très loin, représent la *Pêche miraculeuse*, la *Vocation de Saint Pierre*, la *Guérison du paralytique*, la *Mort d'Ananie*, *Elyman frappé de cécité*, *Saint Paul prêchant devant l'Aréopage d'Athènes*, ce qui reste des onze cartons peints par Raphaël, pour les tapisseries de la chapelle Sixtine, sur les ordres du pape Léon X.

Baudry avait prêté ces copies à l'École des

Baux-Arts, où elles sont encore exposées dans la salle Melpomène.

La veuve du grand artiste les a réclamées ; mais le directeur de l'Ecole n'a pas cru devoir s'en dessaisir, à cause d'une opposition formée par M. Ambroise Baudry, l'un des exécuteurs testamentaires de son frère, dont la succession donne lieu à de nombreuses difficultés. Il y a même un procès en nullité du testament du peintre.

Mme veuve Baudry a assigné en référé M. Ambroise Baudry, pour être autorisée à reprendre les copies en question.

Le président des référés a refusé de statuer sur cet incident, et a renvoyé les parties devant le tribunal déjà saisi des autres contestations.

L'ART ANECDOTIQUE

La vente, qui a lieu lundi, des aquarelles et dessins que ce pauvre Lançon a laissés à sa famille nous remet en mémoire une histoire amusante.

Auguste Lançon est mort à quarante-huit ans ; c'était un laborieux, toujours au travail ; il a produit énormément ; d'un caractère triste, il s'amusait rarement, et cependant, chaque fois qu'il se trouvait au milieu d'une réunion d'amis, il savait faire rir . Je me souviens qu'un jour, me trouvant avec lui et Pertuiset, le fameux chasseur de lions, poussé par ce dernier, il nous raconta une histoire qui depuis a fait fortune. Pertuiset venait de nous narrer une effrayante chasse aux lions ; émus, nous l'avions écouté avec une grande attention. « Eh bien ! mon cher, lui dit Pertuiset, que dis-tu de cette histoire, je crois que voilà un beau sujet de tableau. — Hum ! lui répondit Lançon, ces histoires de lions me rappellent toujours la fameuse chasse du Marseillais. — Laquelle ? raconte-nous-la.

— Un jour, reprit Lançon, un Gascon et un Marseillais devisaient entre eux : le Gascon venait de terminer une histoire de chasse, et le Marseillais semblait incrédule. — Té, mon bon, lui dit le Marseillais, ce n'est rien ton histoire, il m'est arrivé quelque chose de bien plus terrible. Ze chassais dans le désert, quand tout à coup ze vois les broussailles qui s'agitent ; pif, paf, ze tire et ze tue un lion ; deux minutes après, ze revois les broussailles s'agiter, à droite et à gauche, ze tire à tire à droite et à gauche, et ze tue deux lions ; dix minutes après, une nouvelle broussaille s'agite, et ze vois encore un lion. — Tonnerre ! interrompit le Gascon impatienté, si tu tues encore celui-là, je te f... mon pied quelque part. — Et que non, ze l'ai raté, s'empressa de dire le Marseillais.

On juge si cette histoire nous fit rire. Hélas ! quelques mois après, nous apprenions la mort de Lançon.

. . .

Comme quoi nos peintres ont le sentiment des nuances, d'après Paul Courty, du *Journal amusant* :

Henner allant un jour chez Chapu, qui tenait à lui faire voir une statue en train, s'y rencontra avec un peintre des plus médiocres, lequel, de son côté, venait présenter au sculpteur un de ses tableaux.

Quand le barbouilleur sut à qui il avait affaire :

— Cher maître, dit-il à Henner, je serais bien heureux d'avoir votre opinion sur mon œuvre.

Henner s'approche, regarde un instant à peine, et froidement :

— C'est très bien, très bien !

— Votre éloge me comble, maître, reprend l'autre ; mais ne pourriez-vous me donner une appréciation plus détaillée ? Ne craignez point de me fâcher ; je suis homme à supporter la vérité.

Et Henner, toujours glacial :

— Non, c'est très bien, très bien !

Pendant cette petite scène, Chapu avait eu le temps d'enlever les linges mouillés qui cachaient sa statue, et l'œuvre apparaissait éclatante.

Alors Henner, avec enthousiasme :

— Ah ! ça, c'est bien !

LES VENTES PUBLIQUES

La vente de la collection Charles Leroux a eu lieu la semaine dernière à l'Hôtel Drouot.

La première vacation a produit 81,369 fr. Signalons parmi les enchères : un petit tableau de Decamps, *Environs de Paris*, qui, sur une demande de 10,000 fr., a été adjugé à 14,650 fr. ; une toile importante de Louis Leloir, le *Printemps*, 3,550 fr. ; *Cavalier arabe*, par Guillaumet, 1,600 fr. ; le *Tambour*, par Bouvin, 1,150 fr. ; les *Bords de l'Oise*, étude par Jules Dupré, 2,700 fr. ; les *Dénicheurs d'oiseaux*, étude par Diaz, 2,550 fr., et *Intérieur turc*, du même, 1,800 fr. ; *Entrée au bal*, par Madrazo, 1,380 fr. ; la *Rencontre*, par Pokitonow, 1,880 fr. ; le *Porte-Drapeau*, dessin par Detaille, 2,050 fr. ; un grand tableau, les *Vendeurs*, par J. Le Blant, sur une demande de 6,000 fr., a été adjugé 2,300 fr. Trois tableaux par Boldini ont été payés : *Vedette à cheval*, 1,025 fr. ; le *Bouffon*, 1,155 fr., et *Seigneur sous Louis XIII*, 1,000 fr. Huit toiles de Claude Monet ont atteint des prix assez considérables : *Maisons sur les falaises*, 2,055 fr. ; la *Meule de blé*, 1,520 fr. ; les *Bords d'un lac*, 1,000 fr. ; *Maison de villageois*, 1,200 fr. ; les *Falaises à Etretat*, 1,000 fr. ; le *Sommet des falaises*, 1,000 fr., et *Maisons sur les falaises*, 1,250 fr. Enfin, un tableau, la *Fillette au Faucon*, par Renoir, a été vendu 1,450 fr.

. . .

La vente de la collection des monnaies romaines appartenant à M. A. de Belfort a produit 74,870 fr. Le musée de Francfort a payé 4,150 francs une pièce en or fleur de coin excessivement rare d'Uranius Antonin, et le musée de Vienne 4,270 fr. une pièce unique à la même effigie, et qui permet de fixer définitivement l'époque du règne de cet empereur.

ÉCHOS ET NOUVELLES

Jeudi s'est ouverte, au cercle Volney, une exposition d'aquarelles.

Frédéric Régamey y a envoyé de jolies vues d'atelier, que l'on retrouvera sous forme de fines illustrations, dans un prochain livre de Claude Vento Ce livre aura pour titre : les *Peintres de la Femme*.

Citons surtout, parmi les envois de Régamey, les ateliers de MM. Chaplin, Cabanel, Carolus Duran, Henner, etc.

* *

Nous avons déjà parlé, il y a quelque temps, du concours définitif pour l'érection à Cracovie du monument du grand poëte Mickievicz et nous citions le sculpteur Godebski comme l'auteur du projet primé.

Nous apprenons qu'à côté de cet artiste c'est M. Bitner, un de nos jeunes architectes parisiens, et aussi d'origine polonaise qui a obtenu avec lui la première récompense pour cette œuvre si remarquable qui, à l'étranger, fera honneur à notre école française.

M. Bitner s'est déjà fait remarquer ici par son projet présenté pour l'exposition universelle où il proposait de placer la tour Eiffel à cheval sur la Seine et qui avait été cité par toute la presse comme l'un des meilleurs.

* *

La succession d'Auguste Lançon a distrait de l'œuvre du peintre dont l'exposition aura lieu dimanche prochain à l'hôtel Drouot, deux tableaux : la *Tranchée devant le Bourget*, qu'elle a offert à la ville de Paris, et *Lionne en arrêt*, destiné au Luxembourg.

* *

Les élèves de l'atelie. Julian ont donné leur bal annuel, samedi soir chez Bonvalet.

Beaucoup de fantaisie et d'originalité dans les costumes, il y en avait de sérieux, de comiques et même d'incohérents, la plupart très réussis et très colorés, — montrant une gamme joyeuse d'étoffes et de draperies chatoyantes. Henri Pille était en Bulgare ; le dessinateur Gray, en lancier ; un Américain, en sénateur romain, détaché du tableau de Rochegrosse sur la mort de César.

A côté des Indous, des Persans, se trémoussaient des lutteurs en maillot et en peau de tigre, des clowns, des alphonses en cravate rose. Une mariée, avec la fleur d'oranger traditionnelle, prenait part à un quadrille essentiellement naturaliste.

Le côté féminin nous offrait nombre de jolies têtes poudrées, des Chinoises, des Japonaises, des merveilleuses. Nous avons reconnu beaucoup de modèles, qui ont acquis, dans les ateliers, l'entente des couleurs et qui, cette fois, s'étaient costumées pour leur compte, avec une fantaisie et un goût charmants.

Quelques familles du quartier s'étaient glissées dans cette fête joyeuse et n'ont pas regretté leur soirée.

On a dansé jusqu'à six heures du matin non sans faire de fréquentes excursions dans les salles du café, où l'on a bu, mangé, ri et chanté dans le désordre le plus complet et le plus amusant.

* *

M. Vanderbilt, le richissime Américain, vient d'acheter l'hôtel Bischoffsheim aux Champs-Elysées.

* *

L'Académie des beaux-arts a décerné le prix Rougevin (architecture), à M. Lafond, élève de M. André.

Bulletin des Expositions et Concours

Bordeaux. — Exposition du 1er mars. Délais d'envoi expirés.

Glasgow. — Exposition de mai à octobre. — Envois avant le 21 février chez Guinchard et Fourniret, 76, rue Blanche,

Liège — Du 29 avril au 17 juin. Envois directs avant le 7 avril.

Lyon. — Du 1er février au 15 mars. — Délais d'envoi expirés.

Nimes. — Du 1er mai au 10 juin. — Délais d'envoi expirés.

Paris. — Exposition de l'Union des femmes du 15 février au 15 mars.

— Exposition des *Indépendants* du 21 mars au 3 mai. Envoi des œuvres au pavillon de la ville de Paris (Champs Elysées) du 10 au 14 mars inclus.

Rome. — Du 19 février au 15 avril.

Vienne. — Du 1er mars au 31 mai. Délais d'envoi expirés.

L'Imprimeur-Gérant : HENRY LEFEBVRE.

Compiègne. — Imprimerie HENRY LEFEBVRE.

LA VIE ARTISTIQUE

COURRIER HEBDOMADAIRE ILLUSTRÉ

Des Ateliers, des Expositions & des Théâtres

BUREAUX A PARIS
42, Rue de Chabrol, 42

DIMANCHE 11 MARS 1888
2ᵉ ANNÉE — Nᵒ 10

ABONNEMENTS
Un An : DIX FRANCS

LE BRANLE-BAS ÉLECTORAL

Il commence, il est commencé, ramené par le printemps qui pour cela peut-être n'était pas pressé de se montrer. Depuis que les mœurs de la politique ont été imposées aux artistes, les ateliers ont la fièvre à cette époque des préliminaires du Salon, et d'élections du jury.

Il fut un temps où cette fièvre était donnée par la crainte de ne pouvoir finir l'œuvre commencée, par l'espoir d'un succès, par l'inquiétude d'un four : ces puérilités ne préoccupent plus guère que quelques-uns.

La grosse affaire c'est le jury; y rester pour les uns, y arriver pour les autres, voilà tout : et alors il faut voir combien certains se dominent, comme ils triturent la matière électorale, ménageant l'électeur, lui passant la main dans le dos, enthousiasmé devant l'envoi de celui-ci, s'indignant devant celui-là qu'il n'ait pas encore eu sa médaille. Et des visites, des courses, des journées passées en fiacre. Ceux qui ne travaillent pas pour leur compte ont des agents électoraux, habiles à la propagande. Ce sont les malins et les plus forts.

Mais il n'y a pas que les cochers seulement qui font des affaires : la période électorale est encore une bonne aubaine pour les imprimeurs. Ce qu'on envoie de listes est incalculable, chacun fait la sienne ou pour mieux dire chacun en fait plusieurs à son profit. On en prend une dizaine déjà mises en circulation; de ci de là, on efface un nom qu'on remplace par le sien : on fait imprimer, et en avant pour la poste.

Entre temps ce n'est que conciliabules, réunions de comités, de commission, de sous-commission, votes préparatoires, scrutins d'essai : et de tout cela il sort des listes de protestation, de fusion, de combat, d'entente, de réaction, de progrès... Dieux! que voilà du temps bien employé !

* *

Il paraît que cette année, la lutte sera particulièrement chaude. Les partisans du *j'y suis, j'y reste*, les détenteurs de l'assiette au beurre de récompenses, les francs-maçons de la formule, n'ont pas, paraît-il, pardonné à nos amis leur désintéressement, leur franche et courageuse attitude dans l'affaire du règlement de l'Exposition universelle, et méditent pour les punir, de se débarrasser d'eux cette année dans le jury.

Naturellement, les menacés ont la prétention de se défendre ; attaqués, ils attaquent à leur tour ; ils vont tenter de déloger leurs adversaires. Encore qu'ils soient dans leur droit, qu'ils aient parfaitement raison, toutes ces luttes, ces divisions, ces tiraillements, sont déplorables. Cet état de choses ne sert pas l'art; il est funeste aux artistes, parce qu'il porte atteinte à leur considération devant le public qui regarde, et commence à s'en amuser.

Nos amis réussiront-ils cette fois ? Je n'ai pas confiance. Tous les ans, on entend dauber telle personnalité autoritaire, implacable dans sa revendication étroite ou bornée, qui traite la peinture en pays conquis : de tous côtés on récrimine ; on conspire, on décide l'exil du tyran. Cependant, les boîtes de scrutin s'ouvrent, et dans les premiers vous voyez apparaître les noms de ceux qu'il était bien convenu d'écarter.

* *

A quoi cela tient-il ? Faut-il dans l'espèce,

supposer des petites trahisons, des manques de courage à la dernière heure? Nullement. Mais la machine de pression est si fortement construite qu'on ne pourra rien, tant qu'on n'aura pas supprimé plusieurs de ses rouages.

Et d'abord, l'emploi de listes imprimées devrait être interdit. Qu'il soit nécessaire en politique, où ces Messieurs prennent des inspirations, on le conçoit. Des électeurs éloignés, ignorants, insouciants, ont besoin d'avoir sous la main des bulletins tout préparés. Mais les artistes ne sont pas des campagnards qui choisissent Pierre ou Paul au hasard des événements. Ils ont toute compétence pour distinguer ceux qui représentent le mieux leurs tendances. Ils savent à merveille ce qu'ils font, et connaissent tous les candidats qui sont comme eux-mêmes de la partie. Ils ne leur serait pas bien difficile de jeter sur un bout de papier les noms qui leur plaisent. L'on éviterait ainsi les surprises, les votes influencés ou les choix par indifférence qui sont causés par la paresse d'écrire ou de chercher soi-même des jurés.

Un autre abus contre lequel nos amis devraient partir en guerre sans attendre, c'est le droit de vote par correspondance. Il arrive de la province, par fournées de centaines, des bulletins de complaisance. Les artistes éloignés de Paris, ne sont pas au courant de ce qui se passe. Ils se laissent prendre au mirage des célébrités de bon ou de mauvais aloi. Pour eux, qui ne voient pas le dessous des choses, les passe-droit, les manœuvres des coteries, M. X est du jury depuis plusieurs années, donc il le mérite, et ils votent pour M. X.

Joignez à cela que M. X et ses amis ne manquent pas l'occasion de faire les bons apôtres... à distance. Le provincial a-t-il eu une médaille? est-il sur la cimaise? Vite, quatre mots pour lui annoncer la bonne nouvelle. A-t-il échoué, est-il mal placé? l'année prochaine on sera plus heureux : et d'habiles consolations entretiennent l'espoir, et font des obligés qui n'oublieront leurs protecteurs présumés à l'heure du scrutin. Je défie ici qu'on puisse me démentir.

.

En vérité le temps est bien venu de s'entendre pour envoyer à tous les diables, ce régime de tracasserie, et de bon plaisir qui sévit sur les artistes. A tout bout de champ, on change le règlement, sans rimes ni raisons ; ou plutôt non, pour des raisons.... personnelles.... et jamais en vertu d'un principe d'ordre général.

On apprend qu'un maître, dont le haut talent empêche Y ou Z de dormir, a l'intention d'exposer un grand ensemble décoratif. Halte-là!

En séance messieurs ! et l'on décide que cette année-là, les peintures décoratives ne pourront être accrochées dans le salon d'honneur.

Un membre influent a été placé à côté d'une toile recouverte d'un verre. L'effet était heureux: Attends un peu imprudent ! Le verre sera désormais proscrit ; et pour l'année 1888, le règlement prend la peine d'interdire l'application de glace sur les peintures. Pourquoi cette mesure aussi vexatoire que ridicule ? « Mais, ça gênait les voisins, » répond le Comité bien soucieux en vérité des intérêts des autres.

Y a-t-il quelque chose de plus illogique, de moins conforme à la raison, au bon sens, que de fixer par avance le nombre des médailles et par catégorie ? Telle année, il y aura tant de médailles de troisième classe et tant de secondes. La chose et déterminée, il n'y a pas à y revenir. Mais s'il se présente des œuvres remarquables aujourd'hui, et demain des ouvrages médiocres, en nombre supérieur ou inférieur au chiffre des récompenses annoncé ? Tant pis. Il y a eu vote:

L'assemblée a prononcé. Jeunes gens taisez-vous ! Non, on n'a jamais vu de pareilles chinoiseries.

.

Donc, il faut que nos amis se défendent, et brisent les influences mauvaises qui tendent à enregimenter les artistes, et à les traiter comme des collégiens. Mais qu'ils prennent garde à ne pas tomber eux-mêmes, après la victoire, dans les torts qu'ils reprochent si justement à leurs adversaires. Qu'ils ne substituent pas une coterie à une autre coterie, qu'ils ne combattent pas un parti-pris par un parti-pris.

Quand ils auront remis les choses en état, la résolution que je les supplie de prendre, c'est de renoncer à légiférer, à scruter, à pérorer à conspirer : et de faire de la peinture.

Roger BALLU.

LE BUDGET DES BEAUX-ARTS

La Chambre a voté jeudi le budget des Beaux-Arts.

Au cours de la discussion, le ministre a déclaré qu'il ferait son possible pour assurer la conservation du monument du Mont Saint-Michel.

189.000 francs ont été votés pour les réparations de Versailles.

LES ŒUVRES D'ART
en Amérique.

Nos artistes ne peuvent avoir oublié le zèle avec lequel M. Edmond Turquet, alors qu'il était sous-secrétaire d'Etat aux beaux-arts, s'est employé auprès du gouvernement américain pour obtenir que le droit de 30 0/0, qui frappait les objets d'art, fût rapporté.

Or, samedi, M. Turquet a reçu de New-York la dépêche suivante :

Neuilly de New-York. — M. Turquet, député.

Je suis heureux de vous annoncer que dans le nouveau tarif douanier qui vient d'être soumis au Congrès, la commission des voies et moyens a décidé d'admettre les œuvres d'art, tableaux et statues en franchise.

WILLIAM SCHAUS.

Il n'est point douteux que le Congrès ne ratifie prochainement la décision de la commission des tarifs.

SOCIÉTÉ LIBRE
DES ARTISTES FRANÇAIS

La section de peinture de la Société Libre des Artistes Français, a procédé au scrutin pour la formation de sa liste du Jury. Il y a eu 100 votants.

Voici les 40 noms élus, savoir :

Ont obtenu MM. Rixens, 69. De Vuillefroy, 64. Humbert, 54. Sauzay, 52. Saint-Pierre, 51. Tony Robert-Fleury, 50. Busson, 47. Vayson, 46. L'Hermitte, 45. Gabriel Ferrier, 44. Benjamin Constant, Yon, 43. Bernier, Rapin, Roll, 42. Harpignies, Cazin, Duez, Gervex, 41. J.-P. Laurens, Guillemet, 40. Henner, Mazerolles, 39. Hector Le Roux, Jules Lefebvre, 38. Maignan, Cormon, Besnard, Quost, 37. Dupain, 36. Bonnat, Léon Glaize, Cabanel, Vollon, Pille, Morot, 35. Carolus Duran, Maillart, Damoye, 34. Puvis de Chavannes, 33.

Viennent ensuite :

MM. Dagnan, Bouveret, Lansyer, 32. Bin, Renouf, 31. Beauverie, Gergeret, Lecomte, Dunony, 30.

LA DÉCORATION DE L'HOTEL-DE-VILLE

La commission qui s'occupe de dresser le programme de la décoration picturale de l'Hôtel-de-Ville a décidé, dans sa séance de lundi, de confier à M. Galland la décoration de la galerie qui longe les trois salons à arcades.

Elle a confirmé les choix qu'elle avait faits dans sa précédente séance, savoir : de M. Aublet, pour les camaïeux du plafond de la salle des Fêtes ; de MM. F. Humbert, Paul Milliet,

Armand Bertaux et Weerts pour les dix-huit tympans qui se trouvent dans cette même salle, et sur lesquels devront être figurées des villes de France.

SOCIÉTÉ DES ARTISTES INDÉPENDANTS

La *Société des Artistes indépendants* ouvrira son Exposition le 22 mars au Pavillon de la Ville de Paris (Champs-Elysées).

Le dépôt des œuvres aura lieu au même endroit, du 10 au 14 mars ; pour tous les renseignements s'adresser 56, rue du Rocher, ou au local de l'Exposition, à partir du 7 mars.

EXPOSITION DE SAINTES

Une exposition de peinture, pastels, aquarelles, dessins, émaux, faïences, gravures, sera ouverte, salle Palissy à Saintes, le 25 avril au 31 mai 1888.

Les œuvres destinées à cette exposition devront être adressées au président de la Société des Amis des Arts, à Saintes, et arrivées *le 9 avril* dernier délai. Les artistes, domiciliés à Paris ou n'habitant pas la Charente-Inférieure ou un des départements limitrophes devront déposer leurs ouvrages chez M. Pottier, emballeur, 14 et 9, rue Gaillon, à Paris, *du 10 au 25 mars*.

EXPOSITION DE GLASGOW

Une exposition de blanc et noir aura lieu à Glasgow de mai à octobre.

Les artistes en France, Hollande et Belgique, auxquels la Commission adressera sa circulaire d'invitation spéciale, devront déposer leurs œuvres chez MM. Guinchard et Fourniret, 76, rue Blanche, Paris ; Bourguignon, 34, rue de Namur, Bruxelles ; Laarman, La Haye, *le 22 mars* 1888, au plus tard. On ne peut recevoir aucun ouvrage après la date sus-mentionnée. Cette règle sera appliquée rigoureusement ;

Une formule remplie avec le nom et l'adresse complets de l'artiste, les titres et les prix des œuvres, devra accompagner tous les envois et être envoyée au secrétaire à Glasgow. Au dos de chaque cadre devront être inscrits le nom et l'adresse de l'artiste, le titre de l'ouvrage, et le numéro auquel il correspond dans la formule de l'artiste. Les mêmes renseignements devront être reproduits sur une étiquette attachée par une ficelle au sommet de chaque cadre, de façon à être suspendue sur le devant. Les formules et étiquettes dont il agit seront fournies sur demande adressée aux agents ou au secrétaire de la section des Beaux-Arts.

Tous les cadres, dans leur forme extérieure, devront être carrés ou rectangulaires. Les dessins sur bois devront être protégés par un verre ;

L'artiste invité à contribuer par cette circulaire pourra envoyer deux dessins en blanc et noir, ou six eaux-fortes. Au cas où le même artiste désire exposer dessins et eaux-fortes, son envoi ne devra pas excéder le nombre de six cadres en tout. Plusieurs dessins ou eaux-fortes, dans un cadre, *ne compteront que comme un envoi*, pourvu que les dimensions extérieures de ce cadre ne dépassent pas 28 pouces par 20.

Une commission de 15 0/0 sera prélevée sur toute œuvre vendue (soit par l'entremise de la Commission, soit par l'artiste lui-même).

L'EXPOSITION RÉTROSPECTIVE
d'objets d'art et curiosités de Roubaix.

La Société artistique de Roubaix-Tourcoing organise une exposition rétrospective à laquelle sont conviés les antiquaires. Cette exposition aura lieu dans le hall de la Société, rue de l'Alouette, et s'ouvrira le 15 avril.

Les exposants devront adresser à M. le secrétaire de la commission de la Société artistique une notice des objets qu'ils désirent envoyer à l'exposition. Cette notice devra contenir les noms et adresses de l'exposant, son domicile actuel et l'indication de la nature et de la valeur des objets exposés qui tous seront à vendre. Tous les menus objets vendus pourront être enlevés au cours de l'exposition, mais ils devront être remplacés dans les vitrines. Les objets de grande dimension ne pourront être retirés de l'exposition qu'avec l'autorisation de la commission.

Tous les objets exposés devront être rendus avant le 15 avril, aux frais, risques et périls des exposants qui se chargeront eux-mêmes de la pose de leurs objets en suivant les instructions de la commission. Les places seront dévolues par le tirage au sort.

Les exposants auront à payer une redevance de 5 fr. par mètre carré occupé. Aucune commission ne sera prélevée sur les ventes.

Des récompenses (médailles et diplômes) seront accordées aux exposants de la manière suivante :

Une médaille de 1re classe et diplôme ;
Une médaille de 2e classe et diplôme ;
Une médaille de 3e classe et diplôme ;
Un diplôme avec mention pour chacune des 4 classes suivantes : 1re *classe* : Peinture, sculpture, dessins, gravures, teintures et tapisseries. — 2e *classe* : Meubles et bois sculptés. Objets de mobiliers anciens. — 3e *classe* : Céramique, ivoires, verres et vitraux. — 4e *classe* : Ferronnerie, bronze, argenterie et bijoux.

PREMIER CONCOURS
Littéraire et Artistique ouvert par l'Association
Franc-Comtoise « les Gaudes » 1888.

La situation financière de la Société permettant désormais d'encourager d'une manière plus effective que par le passé les jeunes littérateurs et artistes franc-comtois, le comité, dans sa réunion du 15 février a proposé, et l'association dans sa séance du 1er mars 1888, a décidé d'ouvrir un concours littéraire et artistique d'après le programme suivant :

CONCOURS LITTÉRAIRE

Étude littéraire sur un sujet franc-comtois, en prose ou en vers.

CONCOURS ARTISTIQUE

1° *Dessin*. — Frontispice pour le titre d'une histoire de la Franche-Comté.

Le dessin ne devra pas dépasser 50 c. sur 35.

2° *Sculpture*. — Figure ou groupe allégorique représentant la Franche-Comté.

Les dimensions de la figure ou du groupe ne devront pas dépasser 50 cent. plinthe non comprise

3° *Musique*. — Mise en musique de la poésie suivante de M. Ch. Grandmougin : chanson de *la Bergère*.

> Plus ne verrai mon doux ami !
> Là-bas, sur les terres lointaines,
> Sans ombrages et sans fontaines,
> Peut-être qu'il s'est endormi ;
> Plus ne verrai mon doux ami !
>
> Plus n'aurai sa lèvre vermeille
> Et son œil doux, sombre en couleur,
> Hélas de moi ! je suis pareille
> Au printemps qui serait sans fleur !
> Plus n'aurai sa lèvre vermeille !
>
> Plus ne faut qu'une douce mort
> Quand on a perdu ce qu'on aime !
> Et la tombe est le lit suprême
> Où l'amour en larmes s'endort !
> Plus ne faut qu'une douce mort !

La composition devra être écrite pour une voix avec accompagnement de piano.

Pour chacune des parties du concours, les récompenses comprendront :

1° Une médaille d'or de la valeur de 100 fr.
2° Une médaille de vermeil.
3° Une médaille d'argent.

D'autres prix supplémentaires seront décernés, s'il y a lieu, aux ouvrages qui, sans être primés mériteraient d'être récompensés.

Un jury spécial sera nommé pour juger chaque concours. Il sera choisi moitié dans la société, moitié au dehors.

L'Association se réserve le droit de publier les œuvres qui remporteront les prix du concours de littérature, de faire exécuter les compositions couronnées au concours de musique, et d'offrir à l'un des musées de Franche-Comté, avec l'assentiment des lauréats, les ouvrages médaillés en dessin et en sculpture.

Tous les envois concernant le concours devront être adressés franco avant le 15 mai, terme de rigueur, à M. Ch. Gauthier, statuaire, 108, rue de Vaugirard.

Aucun ouvrage ne devra être signé. Chaque envoi sera accompagné d'un pli cacheté, contenant les nom, prénoms, lieu d'origine, âge et adresse du concurrent, avec une devise qui sera répétée sur son ouvrage.

L'exposition des ouvrages couronnés et la distribution des récompenses aura lieu au dîner mensuel de la société du mois de juin 1888.

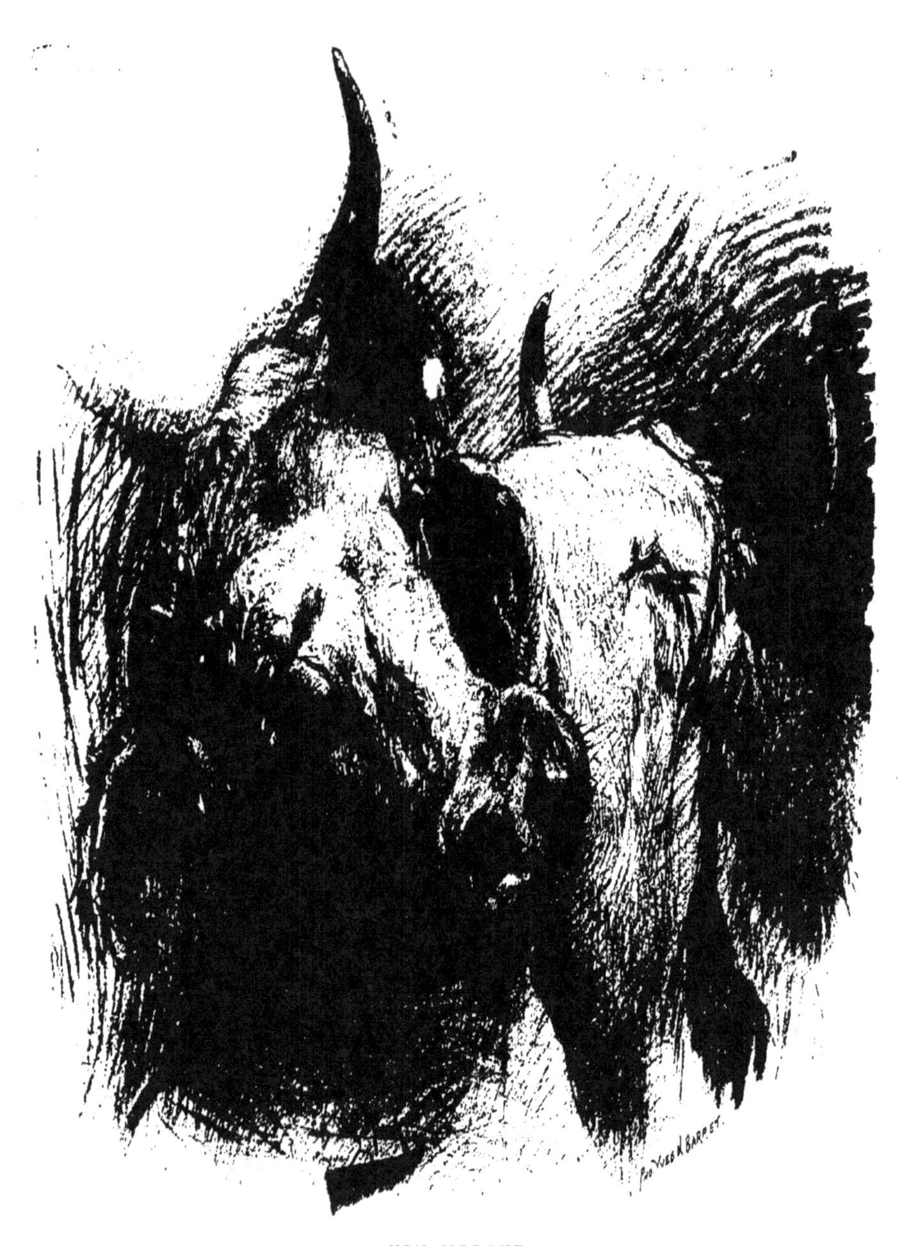

VAN MARCKE

EXPOSITION DE LYON

L'année dernière, vers la même époque, nous terminions notre article sur l'exposition de la *Société des Amis des Arts* en disant que nous espérions voir notre tâche de critique plus facile dans l'avenir, en ce sens que les obstacles et difficultés auraient disparu et que nos artistes de la région auraient à cœur de réagir contre la somnolence à laquelle ils semblaient être en proie. Enfin, qu'un réveil dans les arts viendrait, car il était nécessaire à Lyon.

Un réveil a eu lieu ; une société nouvelle s'est formée par les soins d'artistes... et d'amateurs. Elle prit le titre de : *Société Lyonnaise des Beaux-Arts* ; or, comme la *Société des Amis des Arts* avait déclaré que vu le refus des salles des musées prêtées annuellement par la municipalité, elle ne ferait pas son salon habituel, la jeune Société décida de faire tous ses efforts pour remplacer, en ce cas, sa sœur aînée.

Après bien des déboires et des... querelles, le pavillon de l'exposition s'éleva sur la place Bellecour et ensuite de la nomination d'un jury par les artistes exposants, on installa les toiles reçues par ce jury d'artistes ou à peu près... artistes.

Un jury d'artistes en province ! hum ! ! que cela semble peu réalisable ! Un jury impartial, sans haine ni rancune ! Que de jalousie, que de coteries naissent alors pour satisfaire telle où telle individualité et des ambitions personnelles. C'est ce que nous démontrerons à la fin de notre critique.

Mais entrons dans le pavillon construit provisoirement pour cette exposition. Bonnes dispositions, jour excellent, voilà pour l'habileté de l'architecte, M. Podesta ; mais c'est trop petit, car il y a autant de refusés que d'admis.

Les toiles parisiennes ne nous font pas défaut ; et des noms célèbres s'étalent en pleine lumière.

M. BENJAMIN-CONSTANT nous a envoyé son grand tableau d'*Orphée*. Mais le public Lyonnais reste indifférent devant ce morceau. Il lui faut du clinquant, et là il n'y en a pas.

De M. LUMINAIS, nous avons une page historique qui, sans faire de bruit, sans prétention est une œuvre d'enseignement complet ; une toile digne d'un musée de premier ordre. Cette œuvre est en un mot conçue, voulue et faite pour être vue, étudiée et méditée par des élèves. Ainsi la ville pense-t-elle en faire l'acquisition. Tant mieux.

Une *Victime de la mer*, de M. KRUGG, est aussi une belle toile, remplie de sentiment, de réalité et d'expression.

Il y a aussi un ROYBET, *Amateur de curiosités*, d'une grande habileté de touche et d'une grande franchise.

La *Toilette de la fiancée*, de M. JULES LEFEBVRE, est une petite toile si finement touchée et dessinée, qu'il faut s'approcher très près du tableau pour croire que c'est de la peinture à l'huile. Quel art dans la manière de grouper ses personnages ; quelle simplicité.

Admirons en passant *Une femme au tambour de basque* de M. SAINT-PIERRE ; c'est assurément la plus solidement peinte de toutes les figures qui se trouvent au salon.

Touche grasse, sûre et juste.

Comme paysagistes nous avons un splendide et mélancolique *Novembre*, de M. RAPIN. Quel style, quelle vérité, quelle harmonieuse reproduction de cette nature enveloppée de brouillards faisant pressentir l'hiver. C'est une rêverie.

Qu'ils sont jolis les deux petits tableaux de M. FRANÇOIS. Comme c'est dessiné et coquettement établi et surtout vrai.

Puis vient un PELOUSE, *Charbonniers aux bords du Doubs*. Belle facture et impressions.

M. VOLLON lui aussi, le roi des nature-mortes, a envoyé *Oiseaux morts*. Quelle habileté ! Et des plumes et du duvet !

M. FOUACE veut nous faire manger du *Jambon*, — à la gelée — et des raisins et des poires. Tout cela délicieux.

Tout près M. MONGINOT, nous donne un maigre de Carême des plus succulents : *Une truite saumonée*, d'une facture vraiment habile.

Nous citerons encore parmi les clous du salon : *L'Homme à la herse*, DE BEAUVERIE. Beau morceau d'une grande harmonie et d'une touche sentie.

VÉRITAS.

(*A suivre.*)

SOCIÉTÉ LYONNAISE DES BEAUX-ARTS
de Lyon.

RÉCOMPENSES. — VOTE DES EXPOSANTS.

Médaille du Salon. — M. PERRACHON, pour son tableau : *Hommage aux Poètes du Siècle.* Couronne de fleurs.

Médaille régionale. — M. SICARD, pour son tableau : *Après le Duel.* Exposé au dernier Salon de Paris.

Le Jury composé de 16 membres, *quoique n'étant pas au complet*, a décerné les récompenses suivantes :

Peinture, dessins, aquarelles.

Premières médailles. — MM. Marius Roy (*Dans le Manège*) ; Emile Cagniart (*le Soleil et la Neige*) ; François Rivoire (*Aquarelles*).

Deuxièmes médailles. — MM. E. Roman, Elie Laurent, Mlle Kitty Fornier, MM. Henri Biva, Eug. Deully, Guiguet.

Troisièmes médailles. — MM. J. Drevet, L. Appian, Mlle Amable Bouillier, M. E. Baudin, Mlle M. Hodieux, MM. A. Rougier, A. Sarrazin.

Mentions. — MM. C. Terraire, P. Lacour, A. Brunier, T. Lespinasse, A. Dolbeau, J. Ridet, G. Perrachio, C. Repelin, J. Darche, G. Villard, Maurice Jeannin, Mlle Desjeux, MM. F. Suc, Dauvergne.

Sculpture.

Troisièmes médailles. — MM. P. Devaux, F. Besson.

Mention. — M. Vérot.

Gravure.

Deuxièmes médailles. — MM. F. Chaigneau, J. Drevet, Reithofer.

Architecture.

Mentions. — MM. Tissot, Jamot, Jaboulay.

UNE HYPOTHÈSE NOUVELLE
sur la Vénus sur Milo

L'Amérique ne doute plus de rien. Non seulement elle entreprend d'avoir ses artistes à elle et commence par fermer son marché aux nôtres ; non seulement elle ouvre à New-York, en ce moment même, une exposition d'eaux-fortes indigènes ; mais elle s'essaye à la critique d'art et ne craint pas d'aborder les questions les plus délicates de l'archéologie. L'auteur d'un livre fort curieux publié à Boston, M. Stillman, vient de s'attaquer d'emblée au problème toujours attachant de la Vénus de Milo. Après Millingen et beaucoup d'autres, il soutient, et non pas sans talent, que la merveilleuse statue du Louvre n'a jamais été une Vénus, le caractère héroïque de ses traits et de son attitude ne répondant nullement à l'idée que les Grecs se faisaient d'Aphrodite.

Pour lui, la prétendue Vénus est tout simplement la Victoire Aptère, érigée dans un petit temple spécial aux portes de l'Acropole.

L'analogie de notre *Vénus* avec la *Victoire* en bronze de Brescia, ailée celle-là, avec celles qu'on retrouve sur certaines monnaies grecques et avec la *Victoire* en terre cuite du musée de Naples, a souvent été signalée. Cette analogie est même, selon toute apparence, la cause déterminante de l'épithète de *Victrix* ajoutée au nom de Vénus, sur le socle de la statue, par les conservateurs du Louvre. Mais il faut bien convenir que cette concession à l'écrasante majesté de la déesse ne suffit pas à expliquer son attitude si particulière. On considère trop volontiers comme article de foi le dire de Dumont-d'Urville, assurant que la statue, au moment de sa découverte dans une niche grossièrement maçonnée, avait encore ses deux bras, dont l'un élevait une pomme, tandis que l'autre retenait sa draperie. L'examen le plus superficiel de la question démontre précisément que cette assertion a été émise fort légèrement et sans aucune espèce d'enquête ou de preuve à l'appui. Personne ne pourrait affirmer non plus que les fragments de bras placés actuellement au Louvre dans une vitrine aient été extraits de la niche où le paysan de Milo découvrit la déesse ; et la meilleure preuve que le Louvre ne croit guère à cette origine, c'est qu'il n'a jamais cherché à se servir de ces fragments pour une restauration de la statue, contrairement à ses déplorables habitudes. Il faut donc examiner la question en elle-même et sans tenir grand compte de ces traditions plus que douteuses.

Eh bien ! comment admettre un instant que la statue du Louvre, ce chef-d'œuvre des chefs-d'œuvre, soit une statue quelconque, anonyme, sans célébrité spéciale, une Vénus *victrix* ou non *victrix*, mais indéterminée ? Tout proteste contre une telle hypothèse. Sa merveilleuse beauté, d'abord ; puis le soin même qu'on avait pris de la soustraire à quelque invasion menaçante, en l'emportant loin de tout centre de civilisation, dans une île écartée, pour la cacher au fond d'un tombeau de briques. Très évidemment, ce soin n'aurait pas été pris pour la première venue. On l'avait pris pour l'incomparable déesse, comme on devait, coïncidence curieuse, le reprendre pour elle seule, vingt siècles plus tard, pendant le siège de Paris. Il est donc hors de doute que, dans le monde grec comme dans le monde moderne, la statue était illustre, unique, sans rivale.

Cela posé, voici les faits nouveaux apportés dans le débat par M. Stillman. Au cours d'un récent voyage à Athènes, il a photographié avec soin les bas-reliefs mutilés du petit temple de *Niké Apteros*, la Victoire, que les Athéniens avaient faite « sans ailes », *pour qu'elle ne les désertât jamais*. Ces bas-reliefs représentent, comme on sait, une suite de petites Victoires secondaires, qui encadraient en quelque sorte la déesse principale dans sa chapelle ionique. Or, ces Victoires secondaires présentent les analogies les plus frappantes avec la statue du Louvre : type héroïque, ampleur des proportions et des formes, traitement des draperies, tout s'y retrouve, jusqu'à cette parenté indéfinissable qu'on peut reconnaître entre des morceaux de sculpture, comme entre des êtres vivants, sans être toujours en état de l'expliquer.

Ces bas-reliefs ont toujours été considérés comme l'œuvre de Scopas. Si l'hypothèse de M. Stillman est fondée, la prétendue « Vénus de Milo », en réalité la *Victoire Aptère de l'Acropole d'Athènes*, serait due au même maître. Ici encore, l'impression unanime des critiques les plus autorisés et qui ont toujours rattaché ce prodigieux chef-d'œuvre à la période intermédiaire entre Phidias et Praxitèle se trouverait pleinement justifiée.

Enfin, dernière constatation que M. Stillman a faite dans une excursion spéciale à l'île de Milo, la niche de maçonnerie où reposait la statue est manifestement *romaine* dans son travail (probablement antérieure à Pausanias et à Pline, puisque ni l'un ni l'autre de ces critiques n'a connu la statue).

Dans la théorie de l'archéologue américain, qui sur ce point revient à l'hypothèse de Millingen, la déesse aurait tenu de la main gauche un bouclier appuyé sur son genou et de la droite un style avec lequel elle écrivait sur le bouclier le nom des héros athéniens. Valentin a objecté qu'en ce cas la cuisse gauche aurait dû être portée en dehors pour assurer l'équilibre ; mais c'est là une objection purement gratuite et que démentent : 1° l'attitude de la *Victoire* de Brescia ; 2° l'expérience directe imposée au modèle vivant.

Tout concourt donc, jusqu'à plus ample informé, à établir l'intéressante hypothèse de M. Stillman, laquelle d'ailleurs n'a rien que de séduisant pour notre patriotisme. Il ne saurait à aucun titre nous déplaire de posséder la *Victoire Aptère de l'Acropole*, et les esprits superstitieux pourraient même aisément trouver dans ce fait un heureux présage.

ÉCHOS ET NOUVELLES

Par suite du décès de M. de Mérindol, architecte du gouvernement qui s'était signalé par de beaux travaux, le ministre de l'instruction publique et des beaux-arts a signé les nominations suivantes :

MM. Magne, architecte diocésain de Poitiers en remplacement de M. de Mérindol ; Potdevin, architecte diocésain d'Autun, en remplacement de M. Magne ; Adrien Chancel, architecte diocésain d'Auch, en remplacement de M. Potdevin.

* *

Contrairement à ce que l'on avait annoncé, la nouvelle salle égyptienne du musée du Louvre ne sera pas inaugurée avant trois mois.

* *

Paris a eu, ces jours derniers, la bonne fortune d'entendre deux pianistes hors ligne : M. A. de Greef, professeur au Conservatoire royal de Bruxelles, dont le jeu n'est pas sans rappeler les qualités du regretté Théodore Ritter et M. Paderewski, un des virtuoses les plus remarquables de morbidesse et de vélocité, de brio et de martelé que nous connaissions. Variations de Beethoven ou Rhapsodie de Liszt, air de Haëndel ou Nocturnes de Chopin, enfin ses compositions personnelles ont donné à M. Paderewski l'occasion de recevoir le baptême enthousiaste du public parisien qui l'a acclamé comme compositeur et comme exécutant et qui, après l'avoir entendu une première fois, voudra l'entendre encore.

* *

La famille de Viollet-le-Duc, ce regretté maître dans l'art du moyen âge, prépare la publication de la correspondance de cet artiste éminent : nul doute que certaines lettres ne réveillent, après plus de dix ans au moins et quelques-unes, après quarante ans, l'admiration des disciples et peut-être aussi une certaine polémique encore mal assoupie.

* *

L'État vient de commander au sculpteur Tournon une statue représentant l'*Astronomie*. Cette statue est destinée à l'observatoire de Meudon.

* *

Depuis lundi, le Palais de l'Industrie a pris une physionomie nouvelle.

Dès le matin, le personnel préposé d'ordinaire à la réception des ouvrages destinés au Salon a pris son service pour préparer les salles.

La réception des ouvrages de la section de sculpture a commencé le 10 mars.

* *

Dans sa séance de samedi, l'Académie des beaux-arts a élu membre associé étranger M. Antokolski, statuaire à Saint-Pétersbourg, en remplacement de M. Gallaint, de Bruxelles, décédé.

M. Ch. Garnier a été élu membre de la commission centrale administrative de l'Institut, en remplacement de M. Questel, décédé.

* *

La commission chargée du jugement des œuvres mises au concours pour la décoration de la mairie du 6° arrondissement s'est réunie, mardi, à l'Hôtel de Ville.

M. Henry Lévy, prix de Rome, a obtenu le premier prix et, en conséquence, est chargé de l'exécution moyennant 30,000 francs.

La première prime, de 2,400 francs, a été décernée au projet de M. Urbain Bourgeois, et la seconde, de 1,200 francs, à celui de M. Lionel Royer.

Ces trois artistes seuls avaient pris part au concours.

* *

Dans sa séance du 7 mars, le Conseil municipal de Paris a adopté la proposition de M. Bompard tendant à donner le nom d'Alphonse de Neuville à une partie de la rue Brémontier.

* *

Le Jury de l'Académie Julian vient de rendre les jugements suivants pour les concours de février-mars 1888.

PEINTURE.

Concours de torse (femme).

1er Prix. LENOIR, classé.
2e — BRUN Clément.
3e — MASEK, classé.
4e — LECUIT dit MONROY, classé.
5e Prix. ADLER Jules.
6e — TILCOMB.
7e — JURGENSEN.
8e — WEATHERSTONE

Concours des quatre semaines.

Figures dessinées et esquisses faites.

Prix ex-æquo, PROWETT.
— BUFFET.
Mentions, WILLIAMS, LERICHE.
— POUCHER, BOHM.

SCULPTURE.

Concours d'académie (femme).

1er Prix. FOSSE.
2e — HOEGHT.
3e — STEWARDSON.

Prix des quatre semaines.

Esquisses.

Prix ex-æquo. FOSSE.
— STEWARDSON.

L'Imprimeur-Gérant : Henry Lefebvre.

ACADÉMIE JULIAN

ATELIERS DE PEINTURE

Sculpture et Dessin.

Distincts pour Hommes et pour Dames.
Toute la journée, modèle vivant.

ATELIERS DE

MM. BOUGUEREAU et **T. ROBERT-FLEURY**
MM. BOULANGER et **J. LEFEBVRE**
Atelier de sculpture, professeur M. **CHAPU**

Ces éminents professeurs donnent régulièrement leurs conseils aux élèves.

COURS pour HOMMES

48, faubourg Saint-Denis (près la porte St-Denis).

COURS pour DAMES

27, galerie Montmartre (Passage des Panoramas)
28, Faubourg Saint-Honoré (Près de la Madeleine)

Cours d'Anatomie : M. CUYER.

Préparation au brevet supérieur de dessin de la ville de Paris et de l'Etat et aux concours de l'Ecole des Beaux-arts.

Aquarelle — Pastel — Nature morte, etc.

Il n'y a jamais de vacances.

On trouve dans chaque Atelier les renseignements qui le concerne.

Compiègne. — Imprimerie HENRY LEFEBVRE.

LA VIE ARTISTIQUE

COURRIER HEBDOMADAIRE ILLUSTRÉ

Des Ateliers, des Expositions & des Théâtres

BUREAUX A PARIS	DIMANCHE 18 MARS 1888	ABONNEMENTS
42, Rue de Chabrol, 42	2e ANNÉE — N° 11	Un An : DIX FRANCS

ÉCONOMIE OU LADRERIE ?

J'en demande bien pardon à nos députés ; mais la Chambre a fait la semaine dernière une bêtise. Les représentants d'un pays qui a d'incontestables gloires à soutenir, s'acharnent pour l'amoindrir encore, sur ce malheureux budget des Beaux-Arts, qui n'en peut mais.

Nos députés ne se font pas faute d'aller au théâtre, on peut en contempler un certain nombre les soirs de première. D'aucuns ne manqueraient pas l'ouverture d'une exposition de peinture. Ainsi que les pauvres mortels, ils aiment assez à se piquer de dilettantisme, et à laisser supposer en chacun d'eux un connaisseur.....

Mais quand, à la Chambre, une demande de crédit est faite pour quoi que ce soit qui intéresse l'art, il faut voir comme on est bien reçu ! Assis à leurs places, nos députés affectent de considérer qu'on dépense bien assez d'argent pour les Beaux-Arts ; ils trouvent que ce n'est pas sérieux. La peinture ou la musique ? il n'y a pas de quoi là retenir l'attention d'un législateur. Parlez-moi d'une ligne de chemin de fer, d'un droit d'entrée sur les céréales, de l'amnistie, d'une enquête à faire, à la bonne heure : mais s'occuper des artistes ! il n'y en a que de trop, et ils se tireront bien d'affaire tout seuls !

Cet état d'esprit, qui sévit sur la Chambre actuelle, n'est pas raisonné, n'est pas voulu, j'aime à le croire ; mais il existe, et nous en souffrons. Nos honorables semblent n'avoir ni l'instinct, ni le sentiment des choses d'art. En fait, on ne peut reprocher sa spécialité à un grand industriel ou à un agriculteur, mais il est malheureux de penser qu'il n'y a au Palais-Bourbon que deux ou trois personnalités à même de traiter une question touchant les artistes, et que dans tout le Sénat, vous chercherez en vain une compétence et une autorité.

Or, comme tout est à l'économie, et qu'il s'agit non plus d'étendre des crédits, mais de rogner un peu partout, la Chambre vient d'avoir la jolie idée de supprimer le bureau des Théâtres à la Direction des Beaux-Arts.

Je signale en passant cette irrégularité dangereuse qui consiste à supprimer un rouage administratif par voie budgétaire, sans enquête préalable, ce sont là des procédés de désordre. Heureusement que nous avons le Sénat... Mais je m'aperçois que j'ai l'air de parler politique.

Donc, les députés ont décidé que ce n'était pas la peine d'avoir un bureau des Théâtres. Il me semble que j'entends d'ici les raisonnements qui ont motivé cette mesure et que chacun de ceux qui ont voté pour elle a fait à part soi :

« L'administration n'a rien à voir dans les Théâtres : les directeurs n'ont pas besoin qu'on s'occupe d'eux, ce n'est pas parce qu'il y aura un chef de bureau et des employés de plus ou de moins, que les auteurs dramatiques, que les musiciens produiront ou ne produiront pas des chefs-d'œuvres. Il en va de même pour les comédiens et les chanteurs, on en trouvera tout autant, si nous faisons cette économie. D'ailleurs on m'a dit que le bureau des Théâtres ne servait qu'à donner des billets de spectacle. »

Cette argumentation, quelque peu superficielle et trahissant l'ignorance des choses, a prévalu du moins ce jour-là. Je crois même qu'on a proposé, sinon décidé, de rattacher au cabinet du Ministre de l'Instruction publique et des Beaux-Arts l'expédition des affaires relatives au Théâtre.

Ainsi l'art dramatique et musical échapperait à la Direction des Beaux-Arts. Ne méritant plus d'avoir un bureau pour lui seul, il serait réduit à n'être desservi que par un accessoire administratif. Les ministres qui sont malheureusement des instantanés, passeront, et les attachés à leur cabinet se transmettront les Théâtres figurés par des paquets de liasse et de dossier. Le service des Théâtres ne serait plus qu'un service d'enregistrement, d'ordre, et d'étiquetage de pièces.

Voilà ce qu'on a trouvé à l'heure actuelle, quand il faudrait faire flèche de tout bois, pour constituer un centre où les jeunes compositeurs et auteurs trouveraient aide, protection, encouragement;

Voilà ce qu'on a imaginé, alors que nous n'avons pas de théâtre lyrique, d'opéra populaire, de scène où l'on puisse entendre à prix réduit, et autrement qu'en grande tenue, les chefs-d'œuvre du passé et du présent!

Que deviendraient les conservatoires de musique et de déclamation, l'enseignement, la propagation du goût musical, tout cela serait abandonné à vau l'eau! Est-ce digne de la grande nation que nous sommes?

Les directeurs de nos théâtres subventionnés, — je ne vise aucun de ceux que nous avons actuellement — deviendraient omnipotents; débarrassés de tout contrôle, dégagés de toute surveillance, ils iraient droit au succès qui rapporte; ils suivraient docilement l'opinion qui a besoin d'être ramenée; ils obéiraient à la mode du jour, abandonnant les novateurs qui sont souvent obligés d'attendre patiemment le moment de la justice.

Qui paie les subventions, qui pourvoit aux dépenses de l'enseignement? C'est l'État. L'État a le devoir de parler haut, et d'aider sans parti pris à la manifestation des talents qui sont son honneur.

L'administrateur des théâtres, rattaché au cabinet d'un ministre, c'est l'art de la musique et de la scène livré à la politique, à ses fluctuations, à ses incessants revirements; c'est la représentation d'une œuvre dépendant d'un vote parlementaire, jetant par terre aujourd'hui le cabinet formé hier.

Ah! tenez, il court maintenant une influence mauvaise! On énerve tout principe administratif, en émiettant toute autorité : à force de lâcher la main toujours et partout, de désagréger ce qui devrait être fortement constitué, de s'effacer devant les responsabilités, de céder aux multiplicités des convoitises et des intérêts, on glisse droit dans l'anarchie.

Déjà l'État, qui a cédé le droit d'exposer les œuvres de la peinture et de la sculpture, loue,

moyennant un franc par an, le Palais des Champs-Élysées aux artistes qui finissent par s'y croire chez eux, traitent de puissance à puissance, prétendant poser des conditions, et dicter des lois. Déjà, l'État n'a plus le pouvoir d'organiser ses expositions officielles comme bon lui semble, sans être assailli de protestations.

Et maintenant, il se désintéresserait des théâtres : il renoncerait à son autorité, à son devoir de contrôle; et cela sous prétexte d'économie, pour quelques billets de mille francs!

Allons donc, pas de ladrerie, il s'agit de l'art Français, Messieurs!

Roger BALLU.

LES AQUARELLISTES

Etaient-ce les trompes de la mi-carême, les masques, les faux-nez, les chars des blanchisseuses, la curiosité de voir — malgré la pluie — les boulevards envahis par la foule (Paris est si capricieux), qui, à l'ouverture, avait attiré loin des galeries Georges Petit le public élégant qui se presse chaque année à l'exposition des aquarellistes? Etait-ce, jeudi, l'incident Boulanger captivant les esprits, qui avait porté ailleurs les préoccupations?

Toujours est-il qu'on pouvait facilement circuler dans les salles, s'y asseoir, mettre le nez sur les cadres, prendre du recul à volonté sans déranger personne. Et pour tout dire, je crains bien que la vogue ne soit plus guère à l'aquarelle. Tout a une fin — même la mode qui entre dans l'art plus qu'on ne croit. Et les aquarellistes en sont à leur dixième exposition!

A celle de cette année, je ne vois pas, du reste, d'œuvre marquante signée d'un nom nouveau.

Voici, en entrant, M. Delort avec un relais d'un art précieux et guindé, M. Duez avec des études, qui sont d'un coloriste, M. de Cuvillon avec des motifs qui ne sont pas nouveaux.

M. Emile Adan nous enchante avec son *Chemin de la ferme* et tout une série de pages finement vues et rendues.

M. Zuber voit les choses en grand décorateur et l'on peut rapprocher de ses envois ceux de M. Pujol, conçus pourtant dans une donnée différente.

Si l'on interrogeait ce dernier sur celui de ses envois qui lui tient le plus à cœur, il citerait instinctivement les *Martyrs chrétiens*, et il aurait raison. La cruauté des persécuteurs romains idéalisée par la foi des victimes; les portiques ensanglantés par les bourreaux et le ciel entr'ouvert au devant des âmes bienheureuses, tout ce poème de mort et de résurrection est un sujet qui jamais n'avait été traité ainsi à l'aquarelle avec cette conviction et cette maëstria.

Je n'en dois pas moins signaler aussi les intérieurs à la reproduction desquels M. Paul Pujol apporte un art tout personnel, vécu on pourrait dire, et un rare fini d'exécution. Des salons de famille, ainsi reproduits avec leur disposition entière, leur richesse d'ensemble et leur intimité de détails, sont autant de cadres évoquant les êtres et pouvant procurer d'aussi douces émotions que le ferait un portrait lui-même.

Fidèle au romantisme dont il est le survivant, M. Lami se complaît dans les scènes shakespeariennes et persévère jusqu'à la fin — chose respectable — dans le genre tourmenté d'une époque déjà loin.

Voici les élégants paysages de M. Harpignies, un maître, qui se heurtent aux combinaisons savantes de M. Besnard, dont certains sont morceaux de choix. N'y a-t-il pas du dévouement, une certaine ampleur sauvage dans ces grandes nuées pluvieuses qui passent tout debout au dos des montagnes, noyant à demi le paysage, versant la neige et la pluie qui s'accroche, se creuse des rigoles entre les plis du terrain, et que l'artiste intitule : *Un nuage qui marche*. La jeune fille qui cueille des étoiles — bleues comme des bleuets — et dont le profil se détache sur le fond de la nuit, porte aussi une marque bien personnelle.

J'ai encore noté une *Fin de spectacle*, que M. Jean Béraud aurait pu intituler « Effets de pardessus » ; plusieurs *Vues de Venise*, par M. Béthune ; le *Matin* et le *Soir*, de M. Claude ; les excellentes marines de M. Courant ; *Au quai aux fleurs*, de M. Gilbert ; les *Premières communiantes*, de M. Morand ; un *Sanglier* acculé par chiens et leur faisant tête sous des branches couvertes de neige, par M. Aimé Morot ; les *Chiens* et les *Chasseurs*, de M. de Penne ; une *Vue de Venise*, par Mme Nathaniel de Rothschild ; des *Cardinaux*, de M. Vibert ; des Espagnols, de M. Worms et de délicieux paysages aux ciels profonds et tourmentés de M. Yon.

Mme Madeleine Lemaire est assurément l'héroïne du lieu. Son portrait est enlevé de verve, d'une coloration charmante et, à lui seul, il en dit plus qu'un long poëme. Il est escorté d'une série de natures mortes, fruits, fleurs, d'éventails d'une grande puissance et d'une touche large et ferme.

M. J.-i. Laurens n'a qu'un envoi — mais il est de taille — le plus grand de tous. Cela est intitulé : *Sur les ruines du passé*. C'est une idylle — un garçon et une jeune fille — celle-ci assise, l'autre debout — et qui se tiennent par la main sous de vieilles arcades, au pied de lourds piliers romans. Je ne sais pas bien le rapprochement — ou l'opposition, comme on voudra — entre cette sombre architecture et ce jeune amour. Je ne sais pas davantage la raison de l'exposition de cette énigme aux aquarellistes. Il y a de tout sur ce papier démesurément grand ; de l'aquarelle, de la gouache, du pastel, du crayon et peut-être même de l'essence. Y a-t-il un sentiment d'art ?

En sortant, ne manquons pas de jeter un coup d'œil à la galerie d'entrée. Il s'y trouve de remarquables dessins signés Lhermitte, Maurice Leloir, Adrien Mari, Julien Le Blant, Boilvin, Besnard déjà nommé, et toute une série de dessins à la plume par M. Adrien Moreau, pour l'illustration de *Ruy Blas*.

LA STATUE DE PARMENTIER

On a inauguré dimanche dernier à Neuilly-sur-Seine, la statue de Parmentier, exposée au salon de 1886. par le sculpteur Gaudez.

Prisonnier en Allemagne en 1870, M. Gaudez y sculpta le monument des soldats français morts en captivité à Magdebourg. Depuis, il s'est signalé par un grand nombre d'œuvres importantes qui lui ont valu de nombreuses médailles au Salon. On lui doit le *Moissonneur* au parc Monceaux, le *Ciseleur* appartenant à la Ville de Paris, et la statue de *Lulli enfant* qui fit tant de bruit au Salon de 1884 et qui figure aujourd'hui à l'Hôtel de Ville.

C'est aussi M. Gaudez qui fut chargé, en 1885, de la restauration de la porte Saint-Denis.

Point n'est besoin, assurément, de donner ici une description de la statue.

La gravure que nous donnons ici, d'après un bois de Fleuret, exposé en 1886 également, nous en dispense.

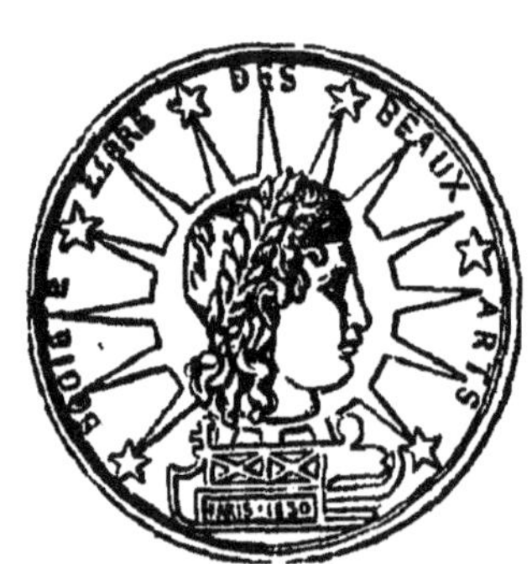

SOCIÉTÉ LIBRE DES BEAUX-ARTS
ET DES LETTRES

Le bureau de la Société a, dans ses dernières séances, décidé de remettre à M. Lucien Faucou, architecte, pour le dépôt spécial de la Bibliothèque de la Société à l'hôtel Carnavalet, les publications des Académies et sociétés savantes dont les titres suivent :

1° Mémoires de l'académie des Sciences, Inscriptions et Belles-Lettres de Toulouse, VIII° série, tomes VIII et IX, 2 vol. in-8°, Toulouse 1886 et 1887 ;

2° Mémoires de l'académie des Sciences, Arts et Belles-Lettres de Dijon, III° série, tome IX (années 1885-1886), in-8°, Dijon, 1887 ;

3° Mémoires de la société des Sciences morales, des Lettres et des Arts de Seine-et-Oise, tome XV, in-8°, Versailles, 1887 ;

4° Recueil des travaux de la société libre d'Agriculture, Sciences, Arts et Belles-Lettres de l'Eure, IV° série, tome VI (années 1882-1883-1884 et 1885), in-8', Évreux, 1888.

(*Ensemble cinq volumes*).

Le secrétaire général,
CHARLES LUCAS.

ACADÉMIE DES BEAUX-ARTS

(10 MARS)

L'académie procède au jugement définitif du concours Achille Leclère, de la valeur de 1.000 francs, et qui a pour programme : « Une salle de fêtes pour une mairie de Paris. »

Le prix est décerné à l'auteur du projet n° 1, M. Albert Louvet, élève de MM. Louvet et Ginain.

L'auteur du projet n° 2, M. Gaston Le Roy, obtient une première mention.

L'auteur du projet n° 4, M. Cailleux, obtient une deuxième mention.

Il y avait sept concurrents.

Les opérations des concours des prix de Rome commenceront mardi prochain par l'architecture. La section compétente donnera le programme du premier essai.

LE MUSÉE DE TOURCOING

Dimanche dernier a eu lieu l'inauguration du musée, de création récente, de la ville de Tourcoing. Dans une allocution très goûtée le vice-président de la commission, M. Goubet, a rappelé comment avaient été rassemblées les premières œuvres. Il a ajouté :

La ville de Tourcoing ne possédait, il y a quelques mois que vingt-quatre tableaux ; nous en avons actuellement un tiers en plus. Parmi les neuf nouveaux, les uns proviennent d'acquisitions récentes ; nous devons les autres à la générosité de l'Etat, de deux membres de la commission et d'un jeune artiste qui a tenu à acquitter sa dette de reconnaissance envers la ville natale dont il est encore le pensionnaire, en lui offrant le premier tableau qu'il a exposé au salon ! J'allais oublier et je ne me le serais pas pardonné, de signaler le don que Mme la baronne de Rothschild nous a si gracieusement fait d'une aquarelle que vous avez pu admirer à la dernière exposition de Tourcoing.

Je saisis bien volontiers l'occasion qui m'est offerte pour témoigner aux donateurs notre vive reconnaissance et pour souhaiter que leur exemple trouve beaucoup d'imitateurs.

En parcourant tout à l'heure les galeries du Musée, vous serez frappé comme nous, monsieur le Maire, de leur insuffisance prochaine. Je suis certain d'être l'interprète de la pensée de tous en appelant sur ce point votre bienveillante attention, et en vous demandant d'appuyer de toute votre autorité, auprès de la commission des travaux de l'Hôtel de Ville le prompt achèvement des deux salles destinées à renfermer les collections de la ville.

Permettez-moi encore de formuler un dernier vœu : la somme de trois mille francs mise annuellement par le conseil municipal à la disposition de la commission, pour achat de tableaux, est bien minime eu égard aux prix élevés auxquels sont cotées les œuvres d'art. Il nous paraît donc absolument indispensable de doubler la subvention municipale, aussi nous vous prions, si vous partagez notre avis, de proposer, lors de l'élaboration du prochain budget, une somme plus en rapport avec les ressources de la ville et avec nos besoins.

LE MUSÉE DES ARTS DÉCORATIFS

Le musée des Arts décoratifs, qui était fermé depuis deux mois, fera sa réouverture le 25 avril. Les nouvelles salles qui s'étendent du côté du quai, dans la partie du palais de l'Industrie précédemment occupée par l'atelier des décorateurs de l'Opéra, renfermeront, outre la collection des moulages que l'Union centrale met à la disposition des écoles, une collection des tapisseries du Garde-Meuble. Cette collection sera renouvelée tous les trois mois.

La Société de l'Union centrale a, de plus, réservé une salle pour y exposer les peintures décoratives des artistes contemporains. La salle des peintures décoratives sera inaugurée le 15 avril par M. Galland, professeur d'art décoratif à l'Ecole des beaux-arts. M. Galland exposera la grande composition qui doit prendre place au Panthéon.

Au sujet du développement du musée des Arts décoratifs au palais de l'Industrie, nous pouvons annoncer que la Société de l'Union centrale propose au gouvernement de mettre la partie du palais de l'Industrie qu'elle occupe, en état d'être chauffée, éclairée et aménagée pour recevoir définitivement le musée des Arts décoratifs.

Si l'Union centrale obtient ultérieurement la concession de l'emplacement actuellement occupé par le musée des colonies, qui peut être utilement transporté, soit au Trocadéro à côté du musée ethnographique, soit aux Invalides près du musée d'artillerie, les collections pourront être installées au palais de l'Industrie dans des conditions excellentes.

LA VÉNUS DE MILO

A propos du dernier article que nous avons publié, nous recevons la lettre suivante :

Marseille

Monsieur,

J'ai lu avec un vif intérêt, dans votre journal, la nouvelle identification par M. Stillman de la *Vénus de Milo.*

A mon humble avis, ce marbre radieux n'est ni une Aphrodite, ni une Niké ; son vrai nom se trouve dans Euripide, dans le récit fait par Talthybios à Hécube de la mort de sa fille :

« Ayant saisi son *peplum* du sommet de ses épaules, elle le déchira (le laissa tomber), jusqu'au milieu de ses hanches, au-dessous du nombril, elle montra ses seins et sa poitrine beaux comme ceux d'une statue, et « quand posé le genou en terre... »

C'est donc une Polyxène. Elle en a l'attitude et le caractère, la bravade héroïque.

Euripide a pu décrire la statue existant de son temps, ou bien le démiurge, l'artiste, s'est inspiré des vers du poète pour réaliser le type. Il aurait saisi le moment où Polyxène, se portant en avant, allait mettre genou en terre.

Je livre cette hypothèse à de plus savants que moi.

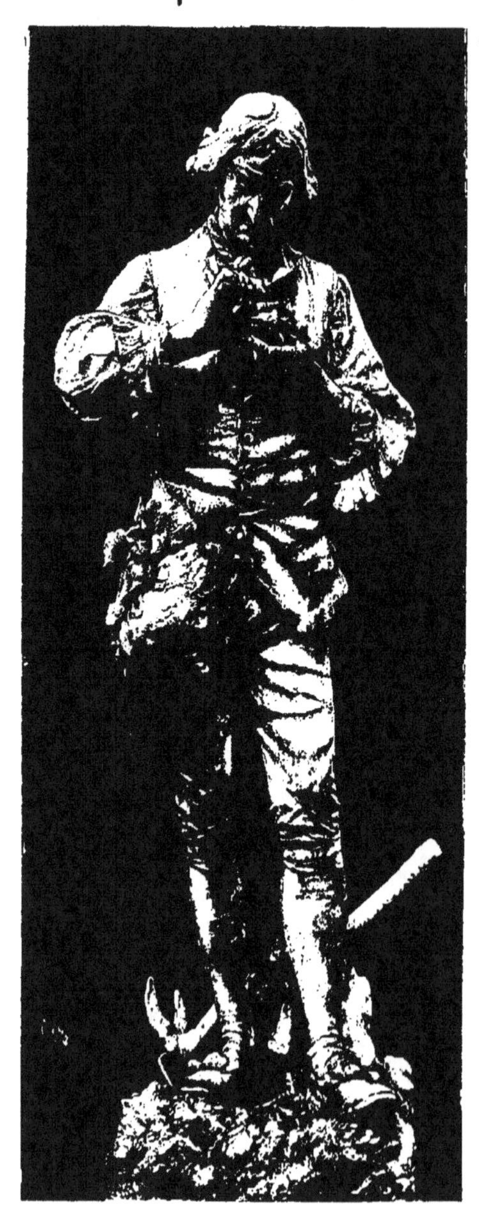

LA STATUE DE PARMENTIER

Par GAUDEZ

A ce propos, pourquoi laisse-t-on frissonner cet idéal de beauté dans un humide caveau ? Ce chef-d'œuvre ne peut s'épanouir dans l'atmosphère lumineuse de sa patrie ; mais pourquoi ne le placerait-on pas, pour le moins, au centre du salon carré du Louvre ?

Agréez, etc.

AGNOSTOS.

MUSIQUE

Ainsi que nous l'avions prévu, le projet du gouvernement pour la reconstruction de l'Opéra-Comique a suscité un mouvement d'opinion.

Les députés de la Seine se sont émus ; le Conseil municipal a émis un vœu ; les amis des monuments parisiens ont parlé — et surtout écrit.

Ces diverses manifestations avaient toutes le même but : demander que la maison sur le boulevard soit achetée — non-seulement pour donner au théâtre les dégagements qui, on le craint, continueront à lui manquer, mais pour lui faire sur la grande voie parisienne la façade décorative et monumentale que paraît réclamer le bon sens le plus élémentaire.

Le public est certainement de cet avis. Le sentiment des foules ne les trompe guère : c'est la solution vraie qui les frappe, et les motifs *à côté* ne les en font point revenir.

Il est fort probable qu'au cours de la discussion le projet en question sera assez vivement critiqué et qu'il faudra tenir compte, dans une certaine mesure, de ce sentiment public, clairement manifesté.

Mais il est à craindre que la question d'argent domine tout. Et alors nous ne sommes peut-être pas près d'en finir.

Quelqu'un , — un conseiller municipal croyons-nous, — a proposé un autre plan dont il n'a été tenu aucun compte, d'ailleurs, — qui, pourtant serait le meilleur à plusieurs points de vue, surtout au point de vue musical, — celui qui nous touche le plus.

L'ancien théâtre italien, qu'on a si malheureusement laissé détruire, il y a quelques années ; cette belle salle Vantadour si élégante, si excellente comme acoustique, si bien aménagée de toutes façons, pourquoi ne pas essayer de la racheter ?

A cela, il y aurait bien des avantages.

On gagnerait un temps précieux, d'abord, puisqu'il ne s'agirait que d'une réfection générale, coûteuse sans doute, mais facile et rapide. Au lieu d'un an — au moins — le travail qu'il faudrait ailleurs, tout ici pourrait être prêt en quelques mois.

Puis on remplacerait une scène qui, quoi qu'on fasse, restera absolument insuffisante, par une autre largement taillée, se prêtant à tout ce que comporte l'importance dramatique sans cesse grandissante des ouvrages qu'on joue maintenant à l'Opéra-Comique.

L'objection va être celle-ci :

D'abord, la salle Vantadour peut-elle être rachetée ?

Et ne coûtera-t-elle pas beaucoup trop cher ?

Sour le premier point, nous répondons :

Pour le savoir, il faut s'en inquiéter, ce que personne n'a encore songé à faire jusqu'ici.

Sur le second :

Etant donné qu'avec l'achat de la maison du boulevard, le nouveau théâtre reviendra à près de six millions — mettons cinq, si l'on veut, — ne peut-on pas admettre que cette même somme de cinq millions, augmentée de deux autres millions que produirait bien la vente du terrain délaissé, suffirait largement au rachat et à la mise en état de l'ex-théâtre italien ? Nous n'avons pas là prétention d'étudier par le menu cette intéressante question.

Ne forçons point notre talent, a dit le *bonhomme*.

Nous l'indiquons simplement, *grosso modo*, parce qu'elle nous semble renfermer la solution cherchée. A d'autre, de la creuser et de la mettre au point.

Mais nous serions bien surpris qu'elle n'eût pas, avec nous. un autre partisan déterminé : M. Paravey, qui aurait son théâtre un an plus tôt et ne s'en plaindrait certainement pas.

G. CANOBY.

LES VENTES PUBLIQUES

La vente faite au profit de la fille de Bonvin, a produit 8.150 fr.

La vente de la collection de tableaux modernes appartenant à M. Seure a eu lieu vendredi a l'hôtel Drouot. Signalons les principaux prix obtenus par quelques-uns des trente-deux tableaux de François Bonvin, que comprenait cette adjudication : *Moines au travail*, sur une demande de 3,500 fr., ont été adjugés 4,400 fr. ; l'*Ecureuse*, demande 3,000 fr., vendue 4,000 fr. ; l'*Ecole des Frères*, demande 1,500 fr., payée 2,600 fr. ; *Nature morte*, estimée 2,000 fr., adjugée 2,250 fr. ; la *Musique*, 1,450 fr. ; le *Couvreur tombé*, 1,400 fr. ; *Ecoliers se rendant à lécole*, 1.200 fr. ; l'*Ouvroir*, 1,000 fr. ; l'*Apprenti cordonnier*, 1,670 fr. ; l'*Ecolier en retenue*, 1,080 fr. Dans la même vente, on a adjugé 3,600 fr. ; le *Coup de l'Etrier*, étude pour le tableau portant ce titre par Meissonnier. et 3,000 fr. ; *Chaumières dans la campagne*, petit tableau par Jules Dupré.

On a vendu, il y a quelques jours, à New-York, la collection Albert Spencer, qui se composait de tableaux modernes importants. Le résultat de cette adjudication aura forcément son contre-coup en France, et les hauts prix obtenus vont encore faire augmenter la valeur des œuvres de quelques peintres français dont les toiles ne se vendaient pas déjà absolument pour rien.

La vente, qui comprenait soixante-huit tableaux, a produit 1.420.025 francs.

L'enchère la plus importante a été obtenue par un tableau de Troyon, *Animaux fuyant l'orage*, qui a été adjugé 130.000 fr. Le même tableau avait été payé 63.000 fr. à la vente Paturle qui eut lieu à l'hôtel Drouot le 28 février 1872. Le tableau le *Soir*, de Jules Breton, qui était l'œuvre sur laquelle on avait le plus compté, a été vendu 102.500 fr. On avait espéré qu'il serait adjugé à un plus haut prix. Ensuite viennent: le *Charmeur de serpent*, de Gérôme, qui avait coûté 75.000 fr. à M. Spencer et qui a été vendu 97.500 fr.; le *Christ au tombeau*, par Delacroix, 53.000 fr.; les *Glaneuses*, un petit tableau par J.-F. Millet, 52.000 fr. Deux tableaux par Meissonier ont été adjugés, *Un porte-drapeau de la garde civique flamande*, 46.000 fr. et un *Musicien*, 44.000 fr. Un petit tableau, *Gardeuse de moutons*, par J.-F. Millet, 37.500 fr.; *Coucher de soleil*, par Th. Rousseau, 36.500 francs; *Assomption de la Vierge*, étude par Diaz, 13.250 fr.; *Effet de soleil*, par Daubigny, 43.250 fr.; *Une après-midi d'été*, du même, 25.000 fr.; *Une ferme dans le Berri*, par Th. Rousseau, 26.000 fr.; le *Matin*, par Corot, 42.000 fr.; *Une ferme à l'Isle-Adam*, par Jules Dupré, 15.250 fr.; *Une après-midi d'automne*, par Th. Rousseau, 30.500 fr.; *Tigre se désaltérant*, par Delacroix, 30.500 fr.; *Après l'orage*, par Diaz, 20.500 fr.; *Ferme à Coubon*, par Corot, 35.000 fr.: *Fauconier arabe*, par Fromentin, 32.500 fr.; *Une fête à l'hôtel Rambouillet*, par Isabey, 23.000 fr.; *Une clairière dans la forêt de Fontainebleau*, par Diaz, 23.500 francs.

CHRONIQUE JUDICIAIRE

La Mort de Marat.

On se souvient du célèbre tableau de David, qui figurait, au mois d'avril 1885, à l'Exposition des *Portraits du Siècle*. Marat était dans sa baignoire écrivant pour l'*Ami du Peuple* quelque nouveau libelle.

L'heureux propriétaire de cette œuvre était un ancien officier de marine, aujourd'hui directeur d'une manufacture d'armes à Liège, M. Terme. Il l'avait achetée, à beaux deniers comptants, à MM. Brame et Durand-Ruel.

Un beau jour, il reçut une assignation à la requête d'un petit-fils du grand peintre, M. David-Chassagnolle. M. David émettait la prétention d'avoir entre les mains l'original du tableau et ne voulait voir dans l'œuvre exposée qu'une belle copie. Tout cela se traduisait par une mise en demeure de ne faire figurer au catalogue et à l'exposition la *Mort de Marat* qu'avec cette inscription: *D'après David*.

L'exposition se termina sans que le procès fût jugé. Et comme on l'avait renvoyé à la première chambre, où les causes viennent à l'audience avec une majestueuse lenteur, M. David-Chassagnolle eut le temps de mourir.

Le procès a été repris par la veuve sous une forme nouvelle. Et M. Terme a appelé en garantie ses vendeurs, MM. Durand-Ruel et Brame.

Le tableau de David appartient à l'histoire anecdotique de la Révolution.

C'est le représentant Guiraud, membre de la section du *Contrat social*, qui fit part à la Convention de la mort de Marat. Le *Moniteur* nous a conservé les termes de sa harangue:

Représentants, le passage de la vie à la mort est un instant bien court; Marat n'est plus. Peuple, tu as perdu ton ami! Marat n'est plus! Nous ne venons pas chanter tes louanges, immortel législateur! Nous venons te pleurer, nous venons rendre hommage aux belles actions de ta vie. La liberté était gravée dans ton cœur en caractères ineffaçables. O crime! Une main parricide nous a ravi le plus intrépide défenseur du peuple. Il s'est constamment sacrifié pour la liberté. Voilà son forfait. Nos yeux le cherchent encore parmi vous. O spectacle affreux, il est sur un lit de mort! Où es-tu, David? Tu as transmis à la postérité l'image de Lepelletier, mourant, pour la patrie; il te reste un tableau à faire.

Alors David se lève et s'écrie:
« Aussi le ferai-je! »

Le 25 brumaire 1793, David accomplissait sa promesse. Il faisait hommage de son œuvre à la Convention dans ces termes ampoulés.

Citoyens,

Le peuple redemandait son ami, sa voix désolée se faisait entendre; il provoquait mon art, il voulait revoir les traits de son ami fidèle: « David! saisis tes pinceaux, s'écria-t-il, venge notre ami, venge Marat! Que ses ennemis, vaincus, pâlissent encore en voyant ses traits défigurés, réduit-les à envier le sort de celui que, n'ayant pu renverser, ils ont eu la lâcheté de faire assassiner »; j'ai entendu la voix du peuple, j'ai obéi!...
C'est à vous, mes collègues, que j'offre l'hommage de mes pinceaux; vos regards, en parcourant les traits de Marat, vous rappelleront ses vertus, qui ne doivent cesser d'être les vôtres.

Plus tard, la Convention décrétait qu'il serait fait deux copies du tableau. Elles furent confiées à un élève de David, Langlois ou Gérard. C'est une de ces copies qui serait entre les mains de M. Terme.

L'avocat de Mme David-Chassagnolles, Mᵉ de Jouy, a expliqué quel avait été le sort du tableau et des deux copies.

Après la réaction thermidorienne, Marat aurait fait une étrange figure dans la galerie des hommes illustres. On rendit l'original et les copies à David.

Ils restèrent indivis entre les mains de ses enfants jusqu'en 1835. La baronne Meunier et Mme veuve Eugène David achetèrent à la vente publique, puis elles abandonnèrent à titre gracieux les deux copies à la baronne Janin et à M. Jules David; une convention de famille du 11 juin 1883 empêche toute confusion sur la valeur relative des trois tableaux.

L'original a passé dans les mains de M. David-Chassagnolles, l'un des petits-fils du peintre.

L'une des copies appartient au baron Janin, autre petit-fils.

Mais la deuxième copie, qui avait été abandonnée à Charles-Louis-Jules David aîné, aurait été comprise dans l'inventaire après son décès, en date du 29 février 1854, dressé par Mᵉ Dreux, notaire, avec cette désignation: « *Une Mort de Marat*, copie de celle de Louis David par Langlois. » A la mort de David aîné, cette copie est devenue la propriété de M. le baron Jérôme David, son fils, qui l'a donnée au prince Napoléon qui, en février 1862, l'a cédée à MM. Durand-Ruel et Brame, marchands de tableaux qui l'ont eux-mêmes cédée à M. Terme.

Tout cela parait bien probant.

Cependant M. Terme résiste, et par l'organe de M° Louchet, il en donne une raison assez plausible.

Pendant la Restauration, David avait lieu de craindre qu'on ne fit main-basse sur *la Mort de Marat*. Les trois toiles furent couvertes d'une couche de blanc. C'est bien plus tard qu'elles ont été nettoyées. N'est-il pas possible qu'une confusion ait été commise alors? Elle était d'autant plus facile que les copies avaient été faites avec le plus grand soin, par des peintres, comme Langlois ou Gérard, qui étaient déjà des maitres.

M. Terme conclut à une expertise.

Le tribunal, après avoir entendu M. Huard, qui s'est expliqué au nom de MM. Brame et Durand-Ruel sur la demande en garantie, a remis la cause à huitaine pour les conclusions du ministère public.

NÉCROLOGIE

BEAUGRAND (Marc-Aurèle) dit *Marc-Aurèle* mort ces jours derniers, à l'âge de vingt-sept ans. A quatorze ans, il avait envoyé au Salon une aquarelle, *Instruments de musique*, qui fut remarquée ; depuis, il avait exposé plusieurs tableaux importants, parmi lesquels *Sainte-Cécile*, *Repasseuse*, les *Altos*, le *Fournil*, *Accalmie*.

Il collaborait comme dessinateur au *Monde illustré*.

ÉCHOS ET NOUVELLES

La troisième conférence-concert de la société des compositeurs de musique a offert, au point de vue didactique, un plus grand intérêt encore que les précédentes.

M. Bourgault-Ducoudray a fait entendre, au fur et à mesure qu'il en expliquait la modalité si variée, des mélodies populaires grecques et bretonnes dont une, *l'Angelus*, ancien chant breton fort bien phrasé par Mlle Levasseur avec accompagnement d'harmonium par M. Guilmant, a obtenu les honneurs du bis : il faut citer aussi, dans la première partie de la séance, *trois hymnes grecs modernes*, composés sur des modes anciens par M. Bourgault-Ducoudray pour la fête d'inauguration d'une institution hellénique de jeunes filles à Constantinople, hymnes dont les solos chantés avec sentiment par Mlle Levasseur et les chœurs exécutés par des voix féminines bien exercées, ont obtenu un réel succès. A signaler de plus, dans le dernier de ces hymnes, une partie de *viole d'amour* jouée avec grâce par une charmante artiste, Mlle Magnien.

Mais le succès ou plutôt *le clou* de la soirée a consisté dans l'exécution, après une conférence de M. Oscar Comettant, d'airs populaires, norvégiens, suédois et danois, airs parfois empreints de la mélancolie septentrionale et parfois aussi marqués d'une gaieté bruyante quoique toujours distinguée. Mlles Ohrstrom, Kribel et Wolff, avec leurs voix au timbre pénétrant et MM. de la Tombelle et J. Wolff, sur le piano et le violon, ont rendu, à merveille et aux applaudissements de tous les

auditeurs s'associant aux bravos de la Colonie suédoise de Paris, ces mélodies du Nord qu'il faut savoir gré à la société des compositeurs de musique de nous avoir fait entendre.

Un nouveau prix de 1.000 fr. vient d'être fondé, à l'Ecole des beaux-arts, dans la section de sculpture, sous le nom de prix Lemaire. Le premier concours a été jugé lundi par le jury de l'Ecole.

Le prix a été décerné à M. Albert Loze, élève de MM. Dumont et Bonnassieux.

Une deuxième médaille a été donnée à M. Gascq, élève de MM. Jouffroy et Falguière, et une troisième à M. Thounissen, élève de M. Cavelier.

Le Conseil municipal de Colombes a décidé de donner le nom de Théodule Ribot, le maître peintre, à l'une des rues de la ville.

L'Imprimeur-Gérant : HENRY LEFEBVRE.

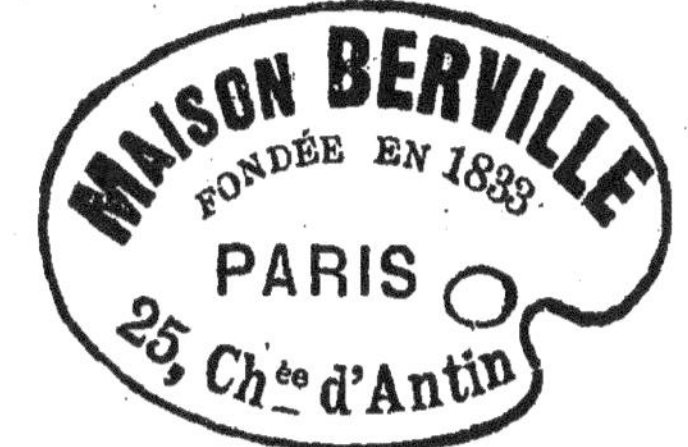

LA VIE ARTISTIQUE

COURRIER HEBDOMADAIRE ILLUSTRÉ

Des Ateliers, des Expositions & des Théâtres

BUREAUX A PARIS
42, Rue de Chabrol, 42

DIMANCHE 25 MARS 1888
2e ANNÉE — N° 12

ABONNEMENTS
Un An : DIX FRANCS

RÉFLEXIONS

A propos de l'Élection du Jury

Il faut bien que nous causions de cette élection du jury de peinture pour le Salon de l'an de grâce 1888.

C'est l'évènement de la dernière semaine.

L'agitation électorale est calmée. S'est-on assez remué, a-t-on assez travaillé, Bon Dieu ! J'ai compté dans un seul atelier soixante-seize listes différentes qu'avait apportées la poste...

Le résultat était prévu d'avance. Ce sont les mêmes noms qui sont sortis de l'urne. Toutefois, il faut être sincère, et reconnaître que l'ordre a été modifié. Tels noms qui représentaient des tendances, un parti de résistance et d'affranchissement, qui étaient ceux de chef d'école, sont arrivés bons derniers, avec un édifiant ensemble. C'est donc une défaite ? Parfaitement, c'est quelque chose de plus : une leçon, une punition même. Ah ! cela vous apprendra, mes petits amis, à n'être pas sages, à parler haut, à vous aviser de faire des réclamations imprudentes.

Il s'est fâché tout rouge, le grand marabout. Il a fait un signe, et un peu plus, vous étiez mis à la porte du jury. Pour cette fois-ci, on vous fait grâce, mais ne recommencez plus, et on espère bien que vous allez demander pardon.

** **

Tout cela est très amusant, à voir en philosophe : à quoi bon prendre les choses au tragique ? Puis rien que de très naturel ; du moment qu'on entrait en lutte, il fallait bien qu'il y eût un vaincu : et le vaincu a été le plus faible : ainsi le

veut le suffrage universel. Heureusement que les minorités de par le nombre ne sont pas toujours des infériorités de par la valeur. Disons-nous bien cela pour nous consoler.

Donc examinons la situation froidement, sans rancunes ni colères, en hommes qui ne sont adversaires que sur un terrain spécial, qui sont divisés par des façons de voir particulières mais sont destinés à se rencontrer dans la vie, à se tendre la main, à s'estimer.

Savez-vous que ce qui se passe à l'heure actuelle est grave. Que les vainqueurs soient dans la joie et triomphent, je le comprends à merveille. Ils tiennent la majorité, ils sont poussés par l'opinion publique : ils jouissent de l'honneur qui leur est fait, qui pourrait les en blâmer ?

Mais je gage, que ceux qui tiennent à l'existence de la *Société des Artistes Français* doivent être inquiets au fond d'eux-mêmes, s'ils savent voir de haut, s'ils ont les yeux clairs.

Une Société qui possède en son sein de telles causes de division, de tels ferments de discorde, où, dès les premières années, des luttes aussi âpres s'engagent, une telle Société est destinée à périr, à se dissoudre, et à entraîner dans sa dissolution l'entreprise qui avait été la cause même de sa naissance.

Cette entreprise, c'est l'exposition annuelle, c'est le Salon.

\. \.

Un jour viendra où tout un parti, lassé, écœuré des exigences de l'autre, révolté d'être en état permanent d'inutile hostilité, se retirera tout entier.

Il en entraînera d'autres, qui formeront des centres distincts d'expositions annuelles, et le

Salon s'émiettera, le Salon, naguère sorte de manifestation, sorte de revue d'ensemble de l'art national aura vécu.

A l'époque dont nous sommes, par ce temps de transformation indéniable, ce ne sont plus des individualités qui souffrent et sont victimes : des courants passent, des groupes se forment. Et si ces groupes sont tenus en échec par une coterie puissante qui, fortifiée dans la place, en interdit l'accès, ils iront ailleurs ; car ce qu'une personnalité notée ne peut faire, une réunion de convictions peut le tenter avec succès.

Oui, c'est l'institution même du Salon qui me semble menacée, songez-y.

Revenez à un système de tolérance, je ne peux dire plus large, hélas, mais plus équitable. Consentez à partager avec vos confrères, cette autorité que vous avez accaparée par une sorte d'enrégimentement non des talents mais des intérêts.

Pour ne pas vous immobiliser dans les fonctions de juré au détriment des autres, consentez au roulement du jury.

Pour laisser à chacun la pleine liberté de son vote (puisque vous tenez au suffrage universel), supprimez les votes par correspondance, et les listes imprimées.

Faites que la cimaise ne soit pas votre bien propre, la propriété exclusivement réservée tous les ans à vous et à vos fidèles.

Montrez moins de particularité, plus d'éclectisme dans la distribution des médailles : qu'elles ne soient pas comme des jetons de présence décernés à ceux qui fréquentent un établissement qui vous est cher !

Et si c'est votre conscience qui vous interdit de récompenser telle ou telle œuvre, acceptez le mode de renouvellement du jury. De cette façon chacun pourra avoir son tour.

* *
*

J'ai maintes fois déjà émis ces idées, ici même. D'aucuns ont pu m'en vouloir. Qu'ils pardonnent à ma sincérité, en faveur de mon attachement à des convictions que je crois justes, que je sais loyales !

Qu'a fait du Salon, de notre Salon national, la Société des artistes ? — Je ne parle que pour les peintres : — un grand capharnaüm, où loge la coterie, où fleurit le favoritisme. Il n'est plus question que de commerce là-dedans ! La Société se croit très forte, et est très contente parce qu'elle a amassé, parce qu'elle amasse tous les ans des gros sous. C'est un syndicat formé pour l'exploitation de la peinture.

Que fait l'art dans tout ceci ? l'art véritable, le vôtre, messieurs, qui avez un talent dont nous sommes si fiers, vous qui constituez la meilleure de nos gloires françaises !

Prenez garde, vous finirez par lasser le public.

Tous les ans, le nombre des œuvres envoyées au Salon augmente en mesure inquiétante. Vous serez sévères dans les admissions ; soit, mais tous les ans la proportion s'élève des artistes déclarés exempts ; elle n'est pas compensée par les vides qui se font au milieu des exposants.

Comment ferez-vous ? car vous n'êtes pas libres d'élever des écluses au flot qui monte : vous tenez vos pouvoirs du suffrage, et vous avez des électeurs !

Le vingtième siècle verra des choses nouvelles, peut-être n'aura-t-il pas connu le Salon. Mais s'il pouvait assister à la fin de la dernière coterie, ce serait, à coup sûr plus merveilleux encore que l'invention des ballons dirigeables.

Roger BALLU.

LE SALON DE 1888

LE JURY DE PEINTURE.

Les peintres se sont réunis dimanche, au palais de l'Industrie, pour élire leurs jurés au Salon de 1888. Cette élection a présenté un caractère de vivacité qu'elle n'avait jamais eu jusqu'à présent. Une grande animation n'a cessé de régner dans la salle Saint-Jean, pendant le vote, et le soir, au cours du dépouillement du scrutin.

MM. Bonnat, Bouguereau, Jules Lefebvre, Guillemet, Yon, Hector Leroux, Maignan et Humbert, membres du conseil d'administration de la Société des artistes français, ont tour à tour présidé le vote des électeurs et le dépouillement des bulletins.

Le comité avait fait afficher, avant l'ouverture du scrutin, dans la salle, l'avis suivant :

AVIS

1° Plusieurs listes portent en tête « Société des artistes français », le comité déclare être étranger à la rédaction de ces listes ;

2° On a répandu une liste où se trouvait ces mots : « Depuis que la société est fondée, nous n'avons qu'à nous louer du dévouement et de l'impartialité de nos jurés ; renommons-les donc en bloc. »

Il importe de remarquer que dans cette liste un nombre de noms qui figuraient sur la liste des membres du jury du Salon de 1887 ont été remplacés par d'autres noms. Donc cette liste constitue un faux véritable.

On aura une idée de la chaleur de la lutte lorsqu'on saura qu'il n'y avait pas moins de *soixante* listes, dont la plupart étaient manuscrites. Presque toutes ces listes étaient accompagnées d'inscriptions, de commentaires justifiant le titre de chacune d'elles.

C'est ainsi, par exemple, qu'on lisait sur la liste conciliatrice ces mots : « Restons unis, chers camarades, et ne faisons pas de mauvaise besogne ; qui de nous profiterait du gâchis? Cherchons, au contraire, l'équilibre ; nommons des artistes de talent, de tendances différentes et que tous les intérêts soient défendus. »

La liste de combat contenait en tête cette inscription : « Combat entre les esprits exclusifs, qui veulent faire le Salon au profit d'une coterie ; combat pour les idées libérales et contre ceux qui oublient que le Salon est fait pour toutes les tendances. »

Voici l'épigramme de la liste éclectique : « Quelques artistes semblent depuis quelque temps prendre à tâche de nous diviser ; ils préconisent une tendance d'art, ils condamnent toutes les autres. Un jury doit être éclectique, c'est-à-dire sans parti pris. Nous vous proposons donc, chers confrères une liste dont tous les noms sont connus et signifient justice égale pour tous. »

La liste des réformes porte cette courte mention : « Les candidats qui figurent sur cette liste sont partisans des réformes suivantes : 1° renouvellement partiel du jury ; 2° médailles non limitées d'avance ; 3° vote signé des récompenses. »

Signalons enfin la liste de roulement qui demande « le renouvellement du jury par moitié », et qui affirme que ce renouvellement « ne diminuera en rien le niveau artistique ».

J'en passe et des moins sérieuses.

Ces diverses inscriptions ont failli faire naître un incident avant l'ouverture du scrutin. Plusieurs membres du comité les jugeant contraires à la loi, qui exige que le bulletin de vote ne contienne que le ou les noms seuls des candidats, ont pensé à demander l'annulation des listes avec commentaires, d'autant mieux que le conseil judiciaire de la Société des artistes français, consulté la veille, se serait prononcé, dit-on, dans le sens de l'annulation ; mais ces messieurs ont avec raison abandonné toute idée de soulever un incident à ce sujet. Toutefois il est probable qu'en vue du Salon de 1889, le comité des 90 prendra des mesures pour que la loi soit observée et que les bulletins de vote ne mentionnent que les noms des candidats.

L'émotion des artistes — nous reproduisons les griefs que nous avons entendu formuler par les intéressés — vient surtout de ce que le jury est presque toujours le même, chaque année. Cette critique se trouve exposée dans une brochure qui était dimanche dans toutes les mains, qui est intitulée : « *Coup d'œil annuel sur les travaux de la Société des artistes français* » et qui établit que la perpétuité des membres du jury de peinture, si préjudiciable au sentiment de la responsabilité, est le fait de l'omnipotence des ateliers, ceux-ci étant dirigés par les membres influents du jury.

L'auteur de la brochure est convaincu que « le corps électoral, tel qu'il est enrégimenté, donnera toujours et de plus en plus, les mêmes résultats, tant que les statuts ne seront pas revisés en ce qui concerne la condition d'éligibilité. »

Cette année, les électeurs ont voté surtout par correspondance. Or, à quatre heures, quelques minutes avant la fermeture du scrutin, la poste apportait encore au bureau plus de cent bulletins de vote.

Le dépouillement du scrutin commencé à quatre heures, repris à neuf heures et demie, s'est terminé à dix heures et demie. Après la récapitulation des votes par bureau, qui a duré jusqu'à minuit, M. Bouguereau a proclamé les noms des membres élus. Les voici :

Bonnat, 1,293 ; Lefebvre, 1,279 ; Harpignies, 1,244 ; Vollon, 1,200 ; Henner, 1,184 ; Bouguereau, 1,178 ; Breton, 1,168 ; Cabanel, 1,162 ; Cormon, 1,158 ; Benjamin Constant, 1,148 ; Boulanger, 1,146 ; J.-P. Laurens, 1,129 ; Robert Fleury, 1,120 ; Detaille, 1,100 ; P. de Chavannes, 1,096 ; Busson, 1,095 ; Yon, 1,053 ; Guillemet, 1,034 ; A. Morot, 1,033 ; de Vuillefroy, 1,024 ; Maignan, 1,021 ; Carolus Duran, 1,018 ; Bernier, 1,013 ; Humbert, 1,011 ; Rapin, 1,009 ; Vayson, 1,002 ; Pille, 951 ; Luminais, 925 ; Barrias, 906 ; Saint-Pierre, 889 ; H. Leroux, 867 ; Français, 866 ; Pelouze, 859 ; Feyen-Perrin, 774 ; Dagnan-Bouveret, 767 ; Roll, 765 ; Duez, 731 ; O. Merson, 729 ; Gervex, 716 ; Lansyer, 713.

Viennent ensuite : MM. Gabriel Ferrier, 622 ; Feyen Perrin, 574 ; — Lhermitte, 570 ; Hanoteau, 520 ; Meissonier, 484 ; Cazin, 477 ; Raphaël Collin, 460 ; Ribot, 441 ; Léon Glaize, 439 ; Santai, 433 ; Rixens, 353 ; Besnard, 346 ; Sanzay, 275 ; Delaunay, 274.

Il y avait 1,805 votants.

On voit, par ce résultat, que le jury de cette année est à peu près le même que celui de l'année dernière. Les nombreuses listes de protestation contre les jurés de 1887 n'ont donc pas eu un bien grand effet, et la situation reste la même, en dépit de l'ardeur des combattants d'hier.

Quant au bureau, il a été constitué comme suit:

Président: M. Bouguereau.

Vice-Présidents: MM. Bonnat, Busson et Cabanel.

Secrétaires : MM. Guillemet, Humbert, T. Robert-Fleury et de Vuillefroy.

⁂

LE NOMBRE DES ŒUVRES.

Le nombre des ouvrages présentés cette année pour le Salon est de 7,640.

L'année dernière, il n'y en avait eu que 7,377. Le jury d'admission ne devra recevoir, pour figurer au prochain Salon, que 2,500 tableaux et 800 dessins au plus ; 4,340 des ouvrages présentés devront donc aller reprendre, leur place dans les ateliers au désespoir de leurs auteurs.

Cette année, l'examen des ouvrages présentés commencera par la lettre W.

———◆———

L'EXPOSITION DES INDÉPENDANTS

L'Exposition des Incohérents est morte, tout récemment, de l'abus du calembour étalé sur une toile ; le public — on disait jadis le « bourgeois » — n'aime plus qu'on « l'épate » (c'était le mot favori des rapins d'autrefois.) L'*Exposition des Indépendants*, qui s'est ouverte mercredi au Pavillon de la ville de Paris, pourrait bien périr de la même maladie, d'une pléthore de plaisanteries mal présentées et de défis narquois au goût public. Qui serait bien marri, en dernier lieu, de ce décès? Les amateurs — ou les peintres — qui verraient, pour trop de fantaisie extravagante déployée, les badauds eux-mêmes se détourner de cette Exposition que l'on était habitué à visiter avec bienveillance, espérant y découvrir quelque talent méconnu ou ignoré, quelque tentative artistique vigoureuse et saine? Et, en fait, les années passées, l'Exposition des Indépendants montrait un peu de tout cela ; cette fois, dans cinq salles, elle exhibe une collection d'œuvres qui sont, pour la plupart, banales ou excentriques à plaisir.

En veut-on quelques exemples entre mille (c'est à peu près le chiffre des œuvres exposées)? On n'a que l'embarras du choix...

Prenons la toile la plus grande, un *Job* colossal couché sur son fumier et entouré de trois bonshommes en bois dont l'un semble lui faire un pied de nez, au lieu d'exprimer son horreur. La légende habituelle est remplacée, sous le cadre, par une série de « croquetons » dits humoristiques, qui expliquent que ce *Job* a été refusé deux fois au Salon. Et voici l'explication :

Parmi tant d'artistes qui avaient voulu peindre Job, un seul avait su le représenter dans sa vérité et sa mollesse et comme doit l'être la grande victime de l'infernale jalousie.

Cet artiste incomparable, c'est naturellement l'auteur. — A quoi bon le nommer? — Continuons plutôt la citation :

Mais Satan ne peut souffrir la représentation sincère d'une patience qu'il n'avait pas vaincue. Et imitant la voix du divin Raphaël qui fut oculiste de Tobie, il téléphona au jury : — Allô ! Ce Job qui s'avance, c'est la perte des yeux, la révolution des entrailles. Prenez garde à la peinture !

Et ainsi de suite ; la fumisterie est prolongée longtemps, dans ce goût, avec de grosses gaietés de la quinzième année...

Parlerai-je maintenant d'une extraordinaire *Mort de Baudin* qui paraît peinte pour un musée anatomique forain et qu'un malencontreux hasard a placée presque en face du *Quatorze Juillet* de Roll, appendu depuis deux ans aux murs de ce pavillon de la Ville de Paris? Et ces portraits d'hommes grotesques, à peine ébauchés? Et ces vues de reins de femmes assises, face au public, sur un fauteuil comme des potirons en couche? Et cette divagation orange, rouge et violet, qui s'intitule *Roman sans paroles?* Et ces petits croquis au crayon, grands comme la main, exécutés par des bambins sur les bancs des écoles de la Ville?...

Mais tous ces enfantillages, ces excentricités et ces niaiseries cèdent encore la place, dans le même ordre de ridicule, aux productions exhibées dans certaines salle, — la « salle du violet ».

On se rappelle qu'à l'exposition des *Trente-Trois*, rue Laffite, la critique signale les toiles de MM. Seurat et Signac qui, tout en s'inspirant du « faire » du Claude Monet, avaient créé pourtant un procédé qui leur était personnel, la peinture par petites taches, par « lentilles » de couleur.

On retrouve dans cette Exposition des Indépendants des œuvres de MM. Signac, Seurat et Pissarro ; elles sont intéressantes encore, elles marquent une recherche pittoresque quoique le sujet des compositions soit bien bizarre et que M. Seurat, notamment, ait peint des « Modèles se déshabillant » qui ont une coloration réjouissante ; mais le malheur est que ces peintres ont fait des élèves : il y a maintenant une « école de lentille », et quelle école ! Les canevas de tapisseries criardes des mercières de province, représentant des chiens en faïence pour pantoufles, sont plus dignes d'attention que les assemblages de petits points multicolores où n'apparaît aucun souci du dessin, de la couleur juste, de la perspective enfin... Les artistes mêmes qui ont exécuté ces éclatantes fumisteries sont les premiers à sourire en expliquant les beautés qu'ils ont eu l'intention d'y mettre. On voyait, au pied de placards bariolés représentant des bateaux, des polichinelles et des chevaux extravagants, un bon rapin de Montmartre qui trouvait la « blague » bien bonne : il avait simplement déménagé à demi quelqu'un des cabarets artistiques de là-haut.

Ce n'est pas à dire, pourtant, qu'à côté de ces insanités, à côté aussi de toiles bien sages, bien vieillottes où l'on voit qu'un copiste inexpérimenté ou âgé s'est appliqué, l'Exposition ne renferme quelques œuvres estimables. — Il faut chercher et noter ces œuvres, mais on les trouve enfin. Voici, par exemple, les études de M. Gindrac, qui orneront convenablement le château auquel elles sont destinées ; une *Vue de Monaco*, par M. Leroy-Saint-Hubert, dont la coloration est toute vibrante de soleil ; du même peintre, une vue d'une rue de Paris, prise du cinquième étage, qui semble très vraie. De M. A. Bellenger, un *Coin d'atelier d'aquafortiste* montre une jolie femme brune assise, en blouse de travail, devant la cuvette d'eau-forte, dans un décor amusant et bien disposé. C'est de la bonne peinture, qui aurait sa place au Salon. Nous signalerons encore, de J. Belon, de petites scènes de la vie ouvrière ; de Jacinthe Pozier, un vieux pont ; de Schlaich, des vues de Paris ; de Serendat de Belzim, des portraits de femmes ; de Guy de Maupassant (père du romancier) d'intéressants paysages ; de Lassellaz, un *Souvenir de Dieppe;* d'Alfred Le Petit, des *Cygnes* ; de Delacour, le *Port de Granville ;* de Luce, des paysages et des vues de Paris ; de Cheremetew, des traîneaux russes fort pittoresques ; de J.-H. Delavallée, un vigoureux effet de neige ; de Paul Méry, une jolie vue de l'île de Croissy ; enfin, de Maurin, toute une collection d'études de campagne et de pochades prises dans les cafés-concerts qui, avec un portrait de jeune fille du même artiste, forment le seul coin vraiment attrayant de l'Exposition.

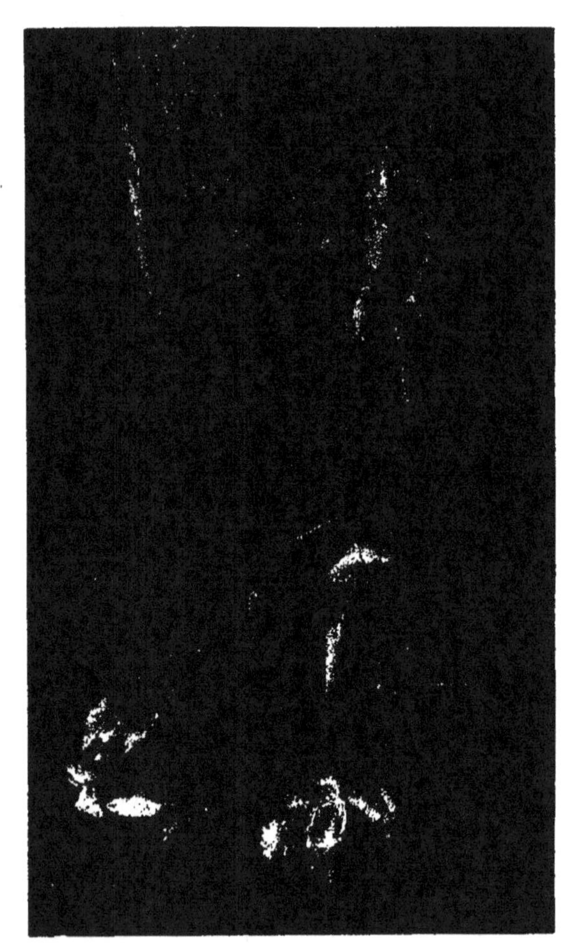

MADAME MURATON

LES CONCOURS DE ROME

La section d'architecture, le bureau de l'Académie et les jurés-adjoints ont procédé samedi au jugement du deuxième essai pour le grand prix de Rome.

Voici les noms des dix concurrents admis en loge ; ils sont classés par ordre de mérite :

1er M. Cousin, élève de MM. Coquard et Gerhardt.

2e M. Belesta, élève de M. André.

3e M. Eustache, élève de M. Ginain.

4e M. Louvet, élève de MM. Ginain et Louvet.

5e M. Heubès, élève de M. Pascal.

6e M. Cornil-Lacoste, élève de M. Ginain.

7e M. Tournaire, élève de M. André.

8e M. Sortais, élève de MM. Daumet et Girault

9e M. Leroy, élève de MM. Coquart et Gerhardt.

10e M. Huguet, élève de M. Blondel.

Lundi, à huit heures, le programme du concours définitif a été dicté par la section et le bureau.

ACHATS

La Commission municipale des Beaux-Arts, à Lyon, avait désigné dans un rapport comme pouvant être acquises les œuvres suivantes :

La mort de Chilpéric, de M. Luminais, 3.000 fr.

Cerises et abricots, de M. Thurner, 2.000 fr.

Le tableau de M. Luminais est plutôt un cadeau de l'auteur qu'un achat à lui fait.

Société Lyonnaise des Beaux-Arts à Lyon

Le tirage de la loterie aura probablement lieu le 27 mars.

Des lots d'argent de 1.000 fr., 500 fr., 300 fr., 200 fr. et 100 fr. seront tirés de l'urne et les gagnants pourront choisir et acheter eux-mêmes les tableaux ou sculptures de leur choix.

Une somme d'environ 9 ou 8.000 fr. résultant des bénéfices de cette exposition seront consacrés à cette loterie.

EXPOSITION DE BLANC ET NOIR

RÈGLEMENT

Une Exposition internationale de Blanc et Noir, aura lieu à Paris, du 1er octobre au 15 novembre 1888 au Pavillon de la Ville de Paris, aux Champs-Elysées.

A cette exposition, sera jointe une exposition d'aquarelles et de pastels.

ART. 2. — Seront compris sous la dénomination de Blanc et Noir, les dessins au crayon, à la plume, fusains, gravures au burin, eaux-fortes, gravures sur bois, lithographies, etc.

Seront aussi compris dans la section des aquarelles et des pastels : les dessins de crayons de couleurs, les gouaches, les détrempes, etc.

ART. 3. — Chaque artiste aura le droit d'exposer deux ouvrages dans chacun des genres sus-énoncés.

Sera considéré comme ne formant qu'une seule œuvre, tout assemblage dessins, gravures, aquarelles ou pastels, placés dans un cadre.

ART. 4. — Les ouvrages devront être encadrés.

ART. 5. — Tous les ouvrages seront sans exception soumis à l'examen du jury.

ART. 6. — Les membres du jury sont hors concours, ainsi que les hors concours du Salon et les médailles d'or de 1re et 2e expositions de Blanc et Noir.

Le jury décernera entre tous les exposants, des récompenses consistant en médailles d'or, d'argent, de bronze et de mentions honorables.

Les ouvrages exposés seront divisés en six sections :

1re section : Dessins.

2e section : Dessins d'art ornemental et art décoratif.

3e section : Fusains.

4e section : Les gravures.

5e section : Les aquarelles et les pastels.

6e section : Les dessins industriels et d'enseignement.

Il sera distribué dans chacune des sections ci-dessus les récompenses suivantes :

1 médaille en or ;

2 médailles d'argent de 1re classe ;

2 médailles d'argent de 2e classe ;

2 médailles d'argent de 3e classe ;

3 médailles de bronze ;

5 mentions honorables.

Nul artiste ne pourra obtenir une médaille d'un ordre inférieur ou égal aux récompenses qu'il a déjà obtenues.

JURY D'ADMISSIONS ET DE RÉCOMPENSES.

Président : M. Eugène GUILLAUME.

Dessins : MM. G. Boulanger, H. Pille.

Fusains : MM. Lhermitte, Allongé.

Dessins industriels et d'enseignement : MM. Gougny, Cernesson.

Dessins d'art ornemental : X.

Gravures au burin ; X.

Eaux-fortes : MM. Th. Chauvel.

EXPOSITION DE PÉRIGUEUX

La commission administrative des *Amis des arts de la Dordogne*, réunie le 13 mars sous la présidence de M. Rolland de Denus, décide que la deuxième exposition des Beaux-Arts organisée par la Société, s'ouvrira à Périgueux, le 15 août prochain.

EXPOSITION DE NICE

VOICI LA LISTE DES ACQUISITIONS :

L'Exposition de Nice est fermée depuis le 11 mars. Voici la liste des œuvres acquises pendant sa durée :

Allessandri : *Route de Rauba Capeu*.

Amanel : *Une Parisienne :* pastel.

Balduino : *Péripétie de voyage*.

Bonnefoy : *Italienne*

Brugnoli : *Pêche aux écrevisses*.

Canet : *Port de Dunkerque*.

Champ-Renaud (Mme de) : *Un Sauvetage. — Bourriche de pensées*.

Claude : *Melon et figues*.

Couturier : *Le coq et la perle*.

Deyrolle : *Joueur de boule*.

Ehrmann (Mlle) : *Les studieuses*.

Galerne : *Bords du Loir, Châteaudun*.

Gamba de Preydour : *Vain essors. — Fruits*.

Georget : *Soleil couchant*.

Girard (Saint-Jean) : *Premières roses*.
Hutin : *Bords de Seine à Valvins*.
Huysmans : *La Mauresque à midi. — Une partie de dames*.
Iwil : *Le ruisseau d'Etaples*.
Le Marië : *Route de la Corniche*.
Louvet (Mlle) : *Une Vierge*.
Musin (Aug.) : *Entrée de Rivière*.
Rivoire (François) : *Fleurs*.
Roch (Mlle) : *Amour en vacances*.
Roux : *Route de Mongloire*.
Timmermans : *Port de Rouen*.
Weber : *Bateau d'Yport*.

EXPOSITION TRIENNALE D'ANVERS

L'Exposition triennale d'Anvers de 1888 sera ouverte le 15 juillet et close le 15 octobre de la même année. Elle comprendra les œuvres d'artistes de *toutes nationalités*, vivants au 1er octobre 1885.

Les demandes d'admission, seront adressées à la Société directrice, au plus tard le 1er juin. Elles doivent être *signées* et renseigner le nom et prénoms, le domicile et l'adresse complète de l'artiste, le sujet des ouvrages, et, s'il y a lieu, l'indication du propriétaire ou du prix de vente *spécifié en toutes lettres*.

Les objets destinés à l'Exposition devront parvenir à la Société royale d'encouragements des Beaux-Arts, palais de l'Industrie, Anvers, au plus tard le 20 juin 1888 ; après cette date ils seront rigoureusement refusés. Les frais de transport sur le territoire belge, tant à l'aller qu'au retour (à l'exclusion des frais de prise et de remise à domicile au lieu d'origine), sont assumés par la Société directrice pour tous les objets admis par le jury et dont l'expédition aura été effectuée *par chemin de fer de l'Etat grande vitesse tarif n° 2* : les colis expédiés de l'étranger doivent être affranchis jusqu'à la frontière belge. Quant aux envois de grande dimension et d'un poids de plus de 200 kilogrammes, il est nécessaire de s'informer d'avance auprès de la Société directrice. Les frais d'expédition de tout envoi *refusé* par le jury d'admission, resteront pour compte de l'envoyeur.

LES VENTES PUBLIQUES

Aujourd'hui dimanche, a lieu à l'hôtel Drouot, salle n° 8, l'Exposition publique des quarante tableaux de Mme Muraton, dont la vente est annoncée pour demain lundi, à 3 heures.

Rien n'est plus varié que cet ensemble d'œuvres, remarquables à plus d'un titre, et rien ne montre mieux, en même temps, la souplesse de talent, l'esprit d'invention et l'originalité de l'artiste.

Mme Muraton a trouvé des arrangements à elle, des milieux qui lui sont propres et des harmonies colorées d'une haute suavité. A côté du *Rouet*, qui a figuré au dernier Salon, de natures mortes dont Chardin n'eût désavoué ni l'assemblage ni la couleur, vous trouverez des fruits habilement disposés sur des terrains aux tons neutres, mais fins et distingués, qui ont un merveilleux éclat. Les maîtres du dix-huitième siècle avaient cherché pour leurs tableaux de fruits des arrangements avec des ciels de fantaisie. Courbet, reprenant le même thème dans une note plus réaliste, nous avait montré un joyeux amoncellement de pommes au pied d'un arbre embitumé, sous un ciel discret. Mme Muraton a rêvé plus simple : un bout de terrain en pente ; à l'occasion, un peu d'eau, des mousses ; pas de ciel, mais une lumière aplomb et intense, avec les grises caresses de l'air ambiant. C'est une trouvaille dont sa facture nerveuse et sa palette si riche font valoir tous les côtés heureux. Aussi cette vente, qui s'annonce comme un succès, constitue-t-elle en même temps une véritable révélation.

* *

On a vendu lundi, à l'Hôtel Drouot, la collection Gellinard. L'ensemble a produit 199.916 francs.

Plusieurs tableaux ont obtenu des prix importants. Signalons, parmi les œuvres anciennes : *Portrait d'Anne d'Autriche*, par Philippe de Champaigne, sur une demande de 10,000 fr., vendu 6,000 fr. ; la *Comtesse de Valois*, par F. de Troy, demande 15,000 francs, vendu 7,000 fr. ; la *Leçon retenue*, par Fragonard, demande 2,500 francs, payée 2,400 fr. ; *Portrait du maréchal de Mouchy*, par Goya, estimé 6,000 fr., adjugé 2,300 fr. ; *Portrait d'une grande Dame*, par Largillière, demande 14,000 fr., vendu 7,100 fr. ; l'*Arrivée de la reine Marie Leczinska*, par Carle Vanloo, estimé 20,000 fr., payé 11,000 fr. ; le *Roi Louis XV*, du même, demande 8,000 fr., adjugé 4,300 fr. ; *Portrait de la duchesse d'Etampes*, par le même, estimé 10,000 fr., vendu 3,800 fr. ; *Portrait de la duchesse de Berry*, par Nattier, 5,250 fr. ; *Portrait de la duchesse de Nemours*, par Rigaud, demande 25,000 fr., vendu 14,600 fr. ; *Mme de Prie à Versailles*, du même, estimé 15,000 fr., adjugé 11,600 fr. ; la *Princesse de Conti*, du même, demande 15,000 fr., payé 10,000 francs.

Parmi les tableaux modernes : la *Chasse au cerf dans un marché*, œuvre importante de Delort ayant figuré au Salon 1874, sur une demande de 10.000 fr., a été adjugée 8,500 fr. ; *Descente de bohémiennes sous bois*, par Diaz, demande 20,000 fr., vendu 10,000 fr. ; l'*Orage*, par le même, 4,400 fr. ; *Bergerie au Croisic*, par Ch. Jacque, estimée 6.000 fr., vendue 7,000 fr. ; le *Porte-drapeau espagnol*, par Roybet, 4,400 fr. ; *Diane et les Nymphes au bain, surprises par Actéon*, une des premières œuvres de Corot, sur une demande de 20,000 fr. a été payée 10,900 fr.; le *Martyre de Saint-Sébastien*, du même, estimé 25.000 fr., vendu 15,000 fr.

Dans le catalogue de la même vente se trouvaient les deux désignations suivantes que nous donnons sans vouloir en tirer aucune conclusion, et à titre de simple curiosité :

Corot. — 44. *Vue de Ceile-Saint-Cloud*, animée de figures et d'animaux. En perspective on voit la Seine au milieu d'un paysage accidenté. Ce tableau a été terminé par Corot et signé à gauche par le maître.

Corot. — 45. *Paysage* accidenté, avec figures et animaux, offrant, par une éclaircie, la vue de la Seine et, en perspective, le Mont-Valérien. Terminé par Corot et signé à gauche par le maître.

Ces deux tableaux qui avaient figuré à l'exposition ont été retirés de la vente.

* *

Samedi a eu lieu la vente d'une très intéressante collection, comprenant diverses œuvres de Pigalle.

Signalons notamment *l'Enfant à l'Oiseau*, statuette en marbre blanc, vendue 19.100 fr. et un magnifique bronze, à patine brune, *l'Enfant à la Cage*, adjugé, 9.500 fr. Ces deux œuvres remarquables ont été acquises par M. Perdreau. On a vendu également de charmantes terres cuites du maître.

Parmi les tableaux, nous citerons un très beau Chardin, intitulé : *Un Coin de l'atelier de Chardin*, vendu 8.000 fr. ; puis divers tableaux de l'école française, des Restout, etc., et des toiles attribuées à Boucher, Fragonard, Guyp, etc.

NECROLOGIE

On annonce la mort d'un miniaturiste de talent, Charles Camino, décédé à Paris à l'âge de 64 ans.

Il était né à Saint-Étienne le 4 mars 1824 et avait débuté au Salon de 1857 avec un portrait du comte de R... et de la comtesse de R..., de la baronne A. R., du baron S. R., ainsi qu'une tête de fantaisie, miniature. Depuis cette époque, il avait pris part à presque tous les Salons, exposant soit des aquarelles, soit des miniatures, toujours très recherchées des amateurs. Au Salon de 1887, il exposait encore : *Portrait de M. le marquis de Sigover* (journal du 26 mai 1871), et *Portrait de la petite Marie Costa*.

Il avait épousé il y a trois ans une femme qui, au cours d'une maladie, l'avait soigné avec un dévouement à toute épreuve. De ce mariage est né un enfant qui a aujourd'hui 22 mois.

Depuis quelque temps déjà Camino ne quittait plus la chambre.

ÉCHOS ET NOUVELLES

Le Catalogue illustré du Salon de 1888 sera publié cette année dans les mêmes conditions que l'an passé, c'est-à-dire par la Société des artistes français, avec le concours de M. Le Baschet, éditeur.

* *

Après une discussion très approfondie, la commission chargée faire des propositions pour la décoration picturale de l'Hôtel de Ville a proposé les sujets suivants sur les trois plafonds de la salle des Fêtes :

Plafond du milieu (M. Benjamin Constant) : *Paris recevant les invités à ses fêtes.*

Plafond de droite (M. Gervex) : *La Musique.*

Plafond de gauche (M. Aimé Morot) : *La Danse.*

Rappelons que les artistes désignés par la commission pour les figures, camaïeux, etc., sont : MM. Benjamin Constant, Gervex, Aimé Morot, Gabriel Févries, Auble, Galland, Humbert, Paul Milliet, Bertrand et Werty.

Pour la décoration du grand escalier d'honneur à double évolution, il a été arrêté que l'architecture prédominerait sur la décoration picturale.

MM. Vaudremer, Formigé, Deperthes, Lavastie, ont été chargés de formuler un projet définitif.

* *

Mlle Louise Abbéma organise une exposition de peinture et de pastels à la galerie Petit.

Cette exposition, qui comprend près de quarante œuvres, a été inaugurée vendredi par la critique et restera ouverte aux invités et au public jusqu'au 31 mars.

La Société des Compositeurs de Musique donnera jeudi prochain 29 mars, salle Pleyel, un Concert spirituel, avec le concours de Mme Nevada, MM. Lamarche et Auguez (de l'Opéra), Mlles Renoux, Lavigne et Janssen, MM. Mousset, G. Pfeiffer, Lavignac, L. Delafosse, Lavello et Gigout, Mlles T et M. Duroziez, Mme Celmer, MM. P. Viardot, J. Wolff, J. Delsart, J. Hollman, Trombetta, Mendels, Chavy, Tourey, Prioré et Binou.

L'Imprimeur-Gérant : HENRY LEFEBVRE.

LA VIE ARTISTIQUE

COURRIER HEBDOMADAIRE ILLUSTRÉ

Des Ateliers, des Expositions & des Théâtres

BUREAUX A PARIS	DIMANCHE 1ᵉʳ AVRIL 1888	ABONNEMENTS
42, Rue de Chabrol, 42	2ᵉ ANNÉE — Nᵒ 13	Un An : DIX FRANCS

DEUX EXPOSITIONS

—

Des différentes expositions que le Tout-Paris s'offre ou s'est offertes comme des apéritifs avant le Salon, je ne veux aujourd'hui retenir que deux.

L'une est intéressante, l'autre navre ; les deux sont étranges, en dehors des habitudes. La première est toute fantaisie par la liberté de son allure, la seconde atteint le plus haut point du fantastique par l'exhibition de ses outrecuidances ; et celle-ci comme celle-là, auraient fait mourir de colère un académicien... d'il y a quarante ans ; c'est-à-dire au temps, vous savez, où l'académicien n'était pas encore sensible aux éveils de l'art moderne.

Je fais en ce moment allusion à l'exposition de Willette, et à celle des...

— Comment, entends-je dire, vous osez ici parler de Willette, le peintre du *Chat noir*, le dessinateur de cabaret, le buveur de bocks ? mais c'est un bohême, un toqué, un pitre.

Je crois savoir en effet que Willette ne court pas les salons en escarpins vernis, la fleur à la boutonnière, l'habit taillé à la dernière mode. Au point de vue du chic, il n'est pas dans le train, comme on dit. Mais quel artiste il y a en lui !

Je ne l'ai vu qu'une fois, mais j'ai visité plusieurs fois son exposition, ramené par le désir jamais irréalisé, de retrouver des sensations déjà éprouvées ; et il m'en est resté, il m'en reste une de ces impressions nettes et profondes que font seules en somme les œuvres qui ont en elles *quelque chose*.

On connaît ses illustrations, ses dessins de

graves esprits ne prennent pas tout cela au sérieux : ils ont tort. Devant Willette, on est en présence d'une personnalité, peu ou mal équilibrée peut-être, qui se dépense à tort et à travers, retenue qu'elle est dans un milieu dont l'atmosphère n'est pas saine, mais il donne à penser, à discuter ; tel de ses croquis vous remue, donc il est quelqu'un.

Notez que rien de ce qui vient de sa plume ou de son pinceau ne laisse indifférent le spectateur. Pas plus que la banalité, la médiocrité n'est son fait. Partout et toujours on sent une originalité qui fera une tournure de main et d'esprit qui ne doivent rien à personne. Il a sa forme, ce qui ne veut pas dire qu'il ait une formule.

Les figures semblent jetées plutôt que posées sur le papier en dédain de la symétrie et de l'aplomb : elles sont toujours curieusement combinées, et placées dans le cadre d'une façon charmante, imprévue, piquante et poëtique : car sous ce débraillé voulu de mise en scène, sous cette négligence fanfaronne du métier, il y a une poësie de visionnaire délicat.

Macabre et sentimental à la fois, au fond c'est un tendre ; ce gouailleur habile, cet écervelé de facture, a des mélancolies qui trahissent une nature douce et très sensible. Le scepticisme n'est qu'à la surface ; et quand il touche au sinistre, ce n'est pas pour le plaisir de causer de l'effroi, c'est une idée qu'il voulait mettre en relief, satirique, philosophique ou morale ; dans le moindre dessin, il y a une pensée : et le plus souvent elle n'est pas comique, en dépit de la forme et la caricature.

— Supposez une sorte de Gavarni moderne, touché des misères humaines, et influencé par l'esprit fantastique d'Hoffman : vous aurez, toutes proportions gardées, et, en tenant compte de l'a peu près d'une telle comparaison, une appréciation assez juste de ce que Willette a donné jusqu'ici.

Puis il me semble encore qu'il peut mesurer son talent sur deux ouvrages de portée et de signification bien différentes, mais qui à l'appel de son nom viennent se replacer dans mon souvenir. L'un, est — je vous demande pardon — au *Chat noir*. Un squelette, couronne au front, drapé dans un manteau royal chevauche sur un grand cheval qui a du sang jusqu'au ventre, et dont les longues jambes soulevées par le galop sont rouges... La plaine est sillonnée de ruisseaux de sang. L'allure de la figure, son maintien, la mise en scène de l'ensemble, cette implacable majesté de la mort, cette sinistre fierté de la fatalité souveraine. Tout cela vous a une puissance qui en passant par le pittoresque monte au superbe.

L'autre ouvrage, je l'ai vu à l'exposition: c'est un dessin de dimension restreinte : Le Christ est en croix. Une femme en costume moderne, montée debout sur un âne, dépose un baiser passionné, un baiser à deux bras, sur les lèvres du crucifié; et dans le coin pleure une figure d'amour. L'impression est pénétrante devant cette fantaisie, douce comme une idylle, grande comme une légende biblique, et je vous jure qu'il y a là-dedans plus d'art que dans n'importe quel vaste pensum consacré par les faveurs officielles!

Ceci dit, je ne m'étendrai pas plus longtemps sur l'exposition de Willette : Mon intention était ni de faire un grand homme de cet artiste doué et rare, ni de résumer ses tendances par une étude approfondie ; j'ai voulu seulement en manière de causerie livrer quelques idées que m'inspire un talent, qu'on pourrait, qu'on devrait, en l'entourant d'une considération plus grande, arracher à un milieu qui le compromet et n'est point digne de lui.

La seconde exposition, sur laquelle je désire dire brièvement ma pensée sans détour, est celle des artistes *indépendants*.

Peut-être demandera-t-on la cause du rapprochement que je fais ici. C'est précisément pour combattre toute idée de comparaison, que j'ai réuni sous le même titre les deux expositions.

Le public qui a entendu parler de l'une et de l'autre, est tenté, dans son inconscience, de les assimiler. On lui a parlé d'étrangeté, de bizarrerie, de choses réprouvées par les gens sérieux. Sa curiosité a été piquée ; et j'ai entendu de **braves gens** dire : .

« Il paraît qu'il y a, en ce moment, deux expositions où l'on s'amuse : celle des intransigeants, et celle de Willette du *Chat noir*. »

Et bien, il n'y a aucune comparaison à faire avec l'œuvre d'une personnalité qui mérite d'être mise à part dans le jugement des hommes de goût, et les barbouillages qui se trouvent réunis au pavillon de la Ville de Paris sous prétexte d'exhibition commune.

Certes, il y a là-bas des peintres de talent — (bien peu il est vrai). Mais ce sont des fourvoyés. Que vont-ils faire dans cette galère de la réclame à coups d'excentricités, et de l'impuissance qui essaye de se voiler sous d'indécentes plaisanteries ?

Oui nous voulons l'émancipation et l'affranchissement. Nous demandons qu'une tendance ne soit pas étouffée, tenue en servage par une autre ; mais nous tenons avant tout qu'il y ait *art*, et que l'art conserve la dignité et le respect de soi-même.

On reproche aux hommes politiques de se laisser entraîner à des condescendances néfastes, d'accepter des partisans qui déshonorent leur cause : « Coupez votre queue, » leur crie-ton.

Nous n'hésitons pas à couper la nôtre ; et à dire qu'il n'y a rien de commun entre les artistes que nous aimons, et ces enlumineurs de toiles.

Et s'ils devaient réussir, ces indépendants, ces intransigeants, aussi vides que ridiculement prétentieux, s'ils allaient s'aviser de faire école, nous répondrions, dans notre franchise et notre loyauté, que coterie pour coterie, nous préférerions celle qui sait à celle qui se targue de son ignorance ; et que nous aimons encore mieux entendre réciter une leçon apprise par cœur et bien sue, que d'être condamnés à écouter les bredouillements et les bégaiments de malheureux qui ne savent même pas lire !

Roger BALLU.

LE SALON DE 1888

AUX CHAMPS-ÉLYSÉES. — LES TRAVAUX DU JURY. — LES PRINCIPAUX ENVOIS

Les opérations du jury de peinture ont été très vivement menées durant cette semaine. Elles ont été terminées hier samedi. Demain lundi on passera, sans désemparer, la révision des œuvres.

Dès mercredi dernier, le nombre des tableaux admis excédait le chiffre des réceptions fixé par le règlement. Au lieu de procéder à l'opération dite du « repêchage », les jurés devront donc s'appliquer à faire une élimination. Il pourrait bien arriver, cependant, que pour ne pas écarter du Salon des œuvres d'un réel intérêt, le jury donnât au règlement une légère entorse et maintînt sur la liste de réceptions un peu plus de noms qu'elle n'en doit contenir. De l'avis unanime, en effet, des *quarante*, le Salon de 1888 comptera parmi les meilleurs que nous ayons eus depuis longtemps.

Parmi les envois qui, lorsqu'ils ont défilé sous leurs yeux, ont été le plus remarqués, citons un peu au hasard :

De M. Léon Bonnat, ses deux portraits du cardinal Lavigerie et de M. Jules Ferry ; de M. Jules Breton, sa femme aux champs et ses jeunes filles en blanc ; de M. Carolus Duran, ses portraits de sa fille et du paysagiste Français ; le *Saint Sébastien*, de M. Henner ; le *Rêve*, de M. Detaille ; la *Paysanne*, de M. Roll ; le *Tub* et la *Japonaise* de M. Gervex ; de M. Flameng, son grand panneau décoratif pour la Sorbonne ; une scène des champs, de M. Lhermite ; de M. Duez, son *Virgile* (pour la Sorbonne également) ; les *Voix du Tocsin*, de M. Maignan ; le tryptique de M. Humbert symbolisant le devoir ; de M. Vollon, un intérieur de cour et un paysage ; une Bernoise, de M. Dagnan-Bouveret ; de M. Lansyer, l'Institut ; de M. Pille, le portrait de notre confrère Roques ; celui de M. Henry Maret, par M. Cormon ; la *Déesse des héros inconnus*, de M. Hébert ; de M. Marec, *Après l'enterrement* ; de M. Gelhais, un *Laboratoire au Muséum* ; de M. Fourié, une *Kermesse* ; de M. Benjamin Constant, une grande décoration, la *Loi* ; de M. Hector Leroux, le portrait de ses deux enfants ; de M. Aimé Perret, la *Cinquantaine* ; de M. Gérôme, le *Rêve du poète* ; de M. Charles Jacque — qui ne figurait pas à nos Salons depuis plus de vingt ans — Un *Troupeau de moutons*, le soir ; de M. Jean Gigoux, une étude de femme ; le 6ᵉ *zouaves*, de M. Couturier ; un *Marché aux chevaux*, de M. Grandjean ; les *Esclaves à vendre*, de M. G. Boulanger ; de M. Perronneau, une *Salle d'attente d'hôpital* ; une *Rue à Lavardin*, de M. Busson ; l'*Eté* de M. Karbowski ; de M. Jeanniot, le portrait de M. Hennique ; l'*Etablissement* d'un pont, de M. Loustaunau ; une figurine de M. Frank Lamy ; *Aux écoutes* et un portrait de jeune fille de M. Saint-Pierre ; un portrait de Tony Robert-Fleury ; un *Combat de Chouans*, de M. Bloch ; un *Orage dans la plaine d'Enfer*, de M. Edmond Yon ; deux paysages bretons de M. Camille Bernier ; une marine de M. Bertholon ; des marines également de M. Normann et de M. Barthélemy ; un paysage de M. Guillemet ; un autre de M. Zuber, de M. Pelouze, un intérieur de forêt ; un effet de neige et un effet d'hiver, de M. Rapin ; un *Orage*, de Jean Desbroses

A citer encore parmi les tableaux qui seront remarqués au Salon une grande composition de M. Dubufe ; *Un coin des Halles*, par M. Georges Cain ; une *Vue de la Douane*, à Venise, de M. de Champeaux ; des pastels de Mme Lemaître, de Mme Mac' Nab ; des aquarelles de M. Georges Deligny, de M. Gerbault…, et la suite à bientôt.

Ajoutons que quelques membres du jury auraient décidé de soumettre à leurs collègues, à la fin de la session, une proposition tendant à supprimer le prix des entrées pour le jour du vernissage, et à faire, comme jadis, de cette solennité parisienne une solennité gratuite, à laquelle on assistera par invitation.

* *

Pour la sculpture, c'est vendredi qu'a commencé la réception des ouvrages.

En vue de l'élection du jury, qui a lieu le 7 avril, la Société libre propose la liste suivante, dans l'ordre du nombre des voix obtenues par chaque candidat :

MM. Leroux. — Boisseau. — Bartholdi. — M. Moreau. — Doublemart. — Guilbert. — Lefeuvre. Gautherin. — Croisy. — Oliva. — Boucher. — Blanchard. — Morice. — Paris. — Cambos. — St-Marceaux. — Barrau. — Turcan. — Carlès. — Roubaud. — Perrey. — Carlier. — Steiner. — Rodin. — Valton. — Leduc. — Levillain. — Alphonse Dubois. — Bourgeois. — Vaudet. .

------------◆------------

LES LOGISTES

L'Académie des Beaux-Arts a choisi, samedi, les dix artistes qui entreront en loges cette année pour le grand prix de la gravure, concours de Rome.

Voici, dans leur ordre de classement, les noms de ces artistes :

1° M. Crauk, élève de MM. Henriquel, Levasseur et Cabanel ;

2° M. Deturck, élève des mêmes ;

3° M. J. Leriche, élève de MM. Henriquel, Levasseur, Bouguereau et T. Robert-Fleury ;

4° M. Paret, élève de MM. Henriquel, Levasseur et Boulanger.

5° M. Dézarrois, élève de MM. Henriquel, Levasseur, Gérôme et Allar ;

6° M. Lavalley, élève de MM. Henriquel, Levasseur, Cabanel et Maillot ;

7° M. Julian, élève de MM. Henriquel, Levasseur et Boulanger ;

8° M. Chiquet, élève de MM. Henriquel, Levasseur et Cabanel.

L'entrée en loges de ces artists a eu lieu lundi ; le jugement définitif sera rendu le 31 juillet.

* .

Nous avons annoncé l'entrée en loges des jeunes architectes qui concourent pour le prix de Rome.

Le programme a pour titre : *Un palais pour le Parlement.*

Le projet doit comprendre : un monument commun à la Chambre des députés et au Sénat, divisé en deux parties bien distinctes et renfermant deux salles pouvant contenir, l'une 350 places et l'autre 550. Dans le monument, doivent se trouver également une salle des Pas-Perdus, les habitations des présidents, etc.

------------◆------------

LE MONUMENT DE LAFONTAINE

En 1884 un comité s'était formé, composé de MM. René Goblet, président d'honneur, Sully-

Prudhomme, président, Marmottant, Lockroy, etc. etc., pour élever un monument au plus célèbre de nos fabulistes, à Lafontaine.

Une souscription fut ouverte et la somme nécessaire fut bientôt recueillie.

Le sculpteur choisi fut M. Dumilâtre qui s'adjoignit pour l'architecture M. Jourdain, et M. Ducros pour la partie ornementale.

Le monument est aujourd'hui terminé en plâtre, et le comité vient de décider qu'avant d'être inauguré au Ranelagh de Passy, il serait exposé le 1ᵉʳ avril prochain rue des Tuileries, dans un emplacement spécial offert par le gouvernement.

Au centre d'un hexaèdre, sur lequel on pourra s'asseoir, l'artiste a dressé un piédestal au sommet duquel sera placé le buste de Lafontaine. A droite de ce piédestal se dressera le groupe principal : l'*Apothéose de Lafontaine*. La *Gloire* et le *Génie de la Fable* représentés sous les traits d'une femme qui jette des fleurs au pied du buste et d'un enfant, qui tient d'une main une verge et de l'autre un masque.

A gauche, au pied du piédestal, un *Lion*, souvent mis en scène par le fabuliste, se dresse majestueux.

Les fables les plus connues sont représentées par quelques animaux: Un singe et un chat (Bertrand et Raton), le Corbeau et le Renard, l'Alouette et ses petits.

Ce monument aura sept mètres de hauteur; l'hexaèdre, huit mètres de large.

Toute la partie sculpturale sera en bronze ; la partie architecturale en roche des Vosges.

LA DÉCORATION DE L'HOTEL-DE-VILLE

La commission chargée de dresser le programme de la décoration picturale de l'Hôtel-de-Ville s'est encore occupée de la grande salle des Fêtes. On sait qu'elle avait décidé précédemment que, sur les voussures, entre les fenêtres de cette salle, on peindrait les Villes de France.

La commission est revenue sur cette décision. Les artistes chargés de décorer ces voussures — qui sont au nombre de seize — devront représenter les principales régions de la France et les colonies françaises.

Quant aux camaïeux de cette même salle, ils devront reproduire des figures d'enfants, des bijoux ou des objets servant au cotillon.

La prochaine séance de la commission n'aura lieu que dans trois semaines. On s'occupera de la décoration des grands escaliers d'honneur.

L'EXPOSITION DE LA CARICATURE

Le comité de l'Exposition des maîtres français de la *caricature* au XIXᵉ siècle s'est réuni jeudi matin, sous la présidence de M. Antonin Proust. La date d'ouverture de cette exposition très originale est fixée au jeudi 19 avril, à l'Ecole des Beaux-Arts.

La salle du rez-de-chaussée de l'Ecole, où figureront les bustes de Daumier et de Gavarni, commandés par la direction des Beaux-Arts à MM. Injalbert et Alfred Lenoir, sera transformée en un salon de lecture où l'on pourra feuilleter d'intéressants albums, gracieusement prêtés par des collectionneurs.

Le premier étage, divisé en cinq salles, renfermera environ 650 peintures, aquarelles, dessins, lithographies choisis avec le plus grand soin parmi les œuvres des caricaturistes et des peintres de mœurs du siècle, depuis Boilly, Isabey, Karl Vernet, Bosio, etc., jusqu'à Cham et Gill.

Les clous de cette exposition seront les peintures et les dessins de Daumier, les aquarelles de Gavarni, les compositions d'Henri Monnier et la collection de portraits-chargés d'Eugène Giraud, mis par M. de Nieuwerkerke à la disposition du comité. Véritables documents historiques où figurent les remarquables portraits, avec autographes, tous très ressemblants, de Musset, Sainte-Beuve, Flaubert, Meissonier, Alexandre Dumas (père et fils), Maxime Du Camp, Cabanel, Eugène Guillaume, Arsène Houssaye, Carpeaux, etc.

Les recettes de cette intéressante Exposition seront versées entre les mains de M. Alfred de Courcy, le président de la Société de secours aux familles des marins français naufragés.

EXPOSITION DE LYON

(Suite.)

Les Filles du Fermier, de M. Durst, se meuvent dans une grande toile ; vrai plein air et belle exécution.

M. Harpignies nous a envoyé tardivement son *Lever de lune*, du dernier salon de Paris.

Superbe, le *Bien aller*, de M. Hermann-Léon : des chiens bien dessinés et peints avec une grande habileté.

Danseuse indienne, de M. Cormon est une petite étude très vibrante comme coloration.

Un étonnant portrait par M. Carolus Duran, d'une audacieuse tonalité ; surtout dans la manière de traiter les ombres en bleu.

En Bateau, de M. Dupain; quel soleil et quelle vérité ! Tout y est traité sans dureté et cependant c'est vibrant. Ce petit bateau en perspective sort du cadre.

Un joli petit crépuscule de M. Japy.

La *Salle des Etats au Louvre*, de M. Béroud, est un bon tableau avec des détails qui doivent demander de l'habileté et une patience à toute épreuve.

M. Lemaire (Louis), nous donne des lilas, des pivoines et des roses bien traitées.

Une toute petite étude de M. Tattegrain, *Dunes à Berck*, d'une vérité et d'une simplicité de touche étonnante.

Une bonne chose que l'*Ange gardien*, de M. Ravel de Genève.

Des Magnolias et Phlox, de Mme Villebesseyx bien dessinés.

Près du Pont Saint-Michel et en Sologne, deux charmantes petites peintures de M. Damoye.

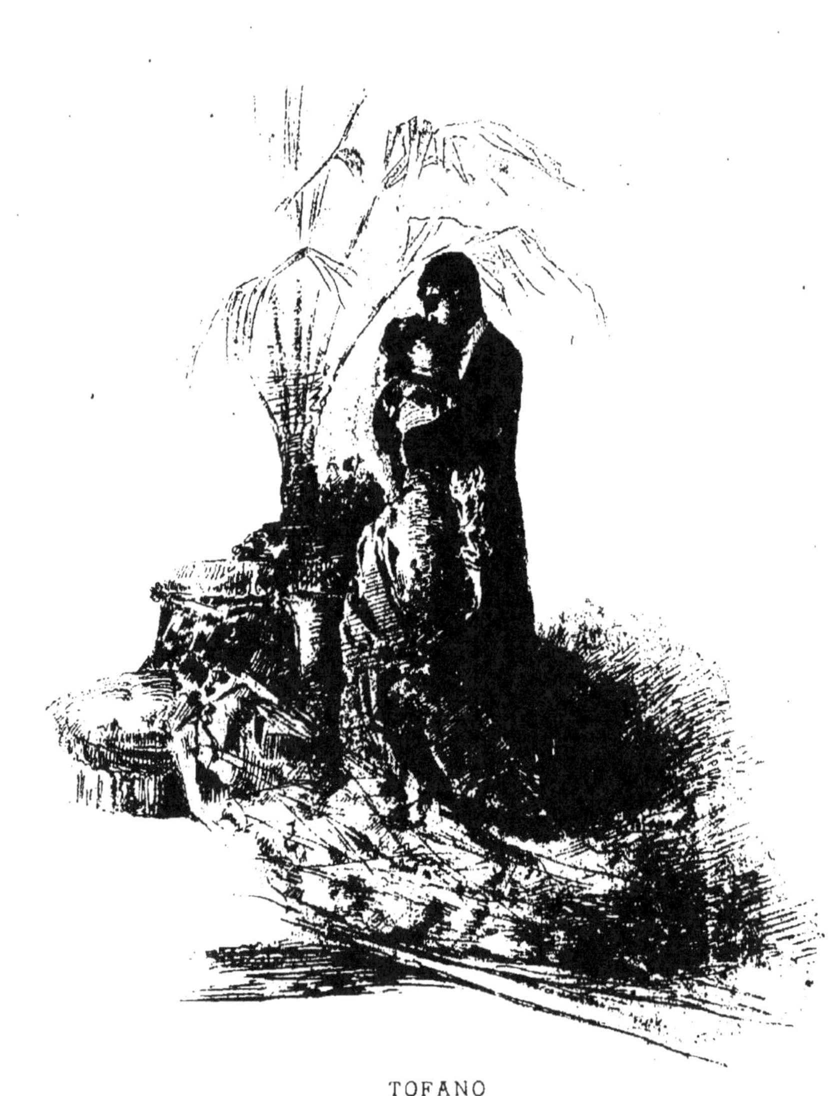

TOFANO

De M. Ferrier, nous avons aussi un *Ange gardien*, bien connu par la reproduction.

Une Eve, de M. Deully, est une remarquable étude de femme, bien peinte et bien dessinée ; aussi une 2e médaille lui a-t-elle été décernée à juste titre.

Les vues de *Morsalines* de M. Iwil sont ravissantes de franchise et de vérité.

Un effet de *Soleil et neige* de M. Cagniart, médaillé en 1887, est d'une grande originalité ; mais il y a des effets de soleil que tout le monde ne comprend et ne s'explique pas.

Deux jolies petites études marines de M. Auguste Flameng, biens prises sur nature.

M. Montenard nous a envoyé son grand *Vapeur sortant du port de La Rochelle*, avec un petit tableau, *Une barque de pêche*, bien voilée, et bien étarquée.

Une des bonnes marines du Salon est bien celle de M. Barthélemy, *Une épave* ; les vagues sont bien troussées et d'une coloration vraie et agréable, mais elle est placée trop haut.

Le Chemin creux, de M. Bernier est une belle étude, forte de pâte et solidement peinte et dessinée. M. Boudin, ne nous a envoyé que deux petites, petites études grandes comme la main, très vraies de ton, mais insuffisantes.

De M. Frère (Charles), nous avons le *Fardier*, du salon de Paris 1886, fort belle peinture, chevaux superbes et paysage nature.

Veritas.

(*A suivre.*)

EXPOSITION DE PAU

Liste des acquisitions pour la loterie.

Amandry (Mlle) : *Les primevères*. — Barillot (Léon) : *Vergers normands en septembre*. — Beaumont (comte de) : *Matinée d'Automne, à Taussut*. — Berton (Paul) : *En plein bois, forêt de Fontainebleau*. — Bouchard : *Vue des coteaux de Marly*. — Brandot (H.) : *Manon*. — Chocarne-Moreau : *Parisienne*. — Claude (Eugène) : *Les provisions*. — Crémieux (Ed.) : *Intérieur de forge*. — Defaux (Alex.) : *Bords du canal du Loing*. — Deyrolle (Th.) : *La leçon de musette*. — Didin-Pouget : *Marie Cam*, (étude). — Furcy de Lavault : *Chrysanthèmes*. — Hutin : *La salade japonaise*. — Garat (F.) : *Une posada à Saragosa*. — Gorse : *Maisons basques, à Cibournes*. — Guignard : *Moutons en plaine*. — Lapostolet : *Bords de la Seine, près Rouen*. — Le Sénéchal de Kerdiout : *Plage de Berck, soleil couchant*. — Lecamus : *Bords de la Seine, à Vilemus* — Monginot : *Une truite*. — Petit-Jean : *Un coin de quai à Rouen*. — Rivoire : *Fleurs et bibelots* (aquarelle). — Sébilleau : *Le matin à Antibes*.

Achats pour le Musée.

Vénat (Mlle) : *Les deux orphelines* (Salon de Paris, 87).

Achats de la Ville pour le Musée.

Adan (Louis-Emile : *La sortie de l'Eglise, à Libourne* (Salon de Paris 1887). — Gervex (Henri) : *L'échaudoir* (étude d'après nature). — Yarz (Edmond) : *Les Pyrénées vues de Plaque* (Haute-Garonne).

Achats particuliers.

Annesley (Mlle) : *Fleurs* (2 assiettes). — Arcos-Santiago : *Le Rémouleur, Maroc* (aquarelle). — Delaunay : *Cathédrale de Rouen* (eau-forte). — Delpy C. : *Le village de Rangiport*. — *Lever de lune*. — Desliens (Mlle) :

La dernière cuillerée. — Deyrolle : *Les Faneurs*. — Egt (Mme) : *Roses*. — *Pêches*. — Fontan : *La Garonne devant Bordeaux* (aquarelle). — Gélibert (Jules) : *S'ennuyant* (aquarelle) — Girardet (Eugène) : *Le berger d'Estretat*. — Gravier (du) : *Un débucher*. — Mouchot : *Un canal à Venise*. — Isenbart : *Canal à Thorain*. — Menta : *Poste restante*. — *La Chanson* (aquarelles). — Pezant : *Une matinée d'automne en Basse-Normandie*. — Rivey : *Une mission*. — Rivoire : *Roses* (aquarelle). — Saint Germer : *Cloître à San-Zéno* (Vérone). — Stener : *Ballade à la Lune* (terre cuite). — Tallée : *Un coin de table*. — Tersbuur : *Chevaux de bûcherons*. — Zandgmenghi : *Au Café* (pastel). — Le Sénéchal de Kerdriout : *Coin de marché au Tréport*.

EXPOSITION BRETONNE-ANGEVINE
Conditions et règlement.

La première Exposition Bretonne-Angevine aura lieu à Paris, du 25 mai au 25 juin prochain, dans la salle Petit, rue de Sèze.

Elle comprendra la Peinture, la Statuaire, les Dessins, Cartons, Aquarelles, Gravure, les Emaux et Faïences.

Ne pourront y prendre part que les artistes nés en Bretagne ou en Anjou ou nés de parents bretons ou angevins qui font partie de l'Association ou qui auront été invités par le Comité.

Cette Exposition, faite sous le patronage de l'Association Bretonne-Angevine, est organisée par un Comité composé de : MM. Elie Delaunay et Leneupveu, membres de l'Institut ; Lansyer, Luminais, Luc-Olivier Merson. Toulmouche, A. Guillou, Beauquesne, Alleaume, Corcineau, Léonfanti, Astruc, David d'Angers, Dénécheau et Taluet,

En raison de l'exiguité de la salle Petit, les tableaux ne pourront avoir dans leur cadre plus de 2 mètres sur le plus grand côté.

Les envois de toutes sortes devront être adressés de province à M. Georges Petit, 12, rue Godot-de-Mauroy, avec cette mention : Exposition Bretonne-Angevine.

Les ouvrages devront être déposés du 15 au 20 mai au plus tard.

Un catalogue illustré sera mis en vente le jour même de l'ouverture de l'Exposition. Ce catalogue contiendra le portrait de chaque exposant avec la nomenclature de ses ouvrages, et le dessin gravé de l'œuvre la plus importante qui figura à cette exposition.

Pour tous les renseignements s'adresser à *M. Léon Séché, secrétaire-général de l'Association-Bretonne-Angevine*, 9, boulevard de Port-Royal, Paris.

LES ŒUVRES D'ART
en Amérique.

On avait annoncé que le congrès réuni à Washington avait voté le *tarif bill* permettant l'entrée en franchise de droit de tous les objets d'art. Ce renseignement n'est malheureusement pas exact. Ce qui est vrai, c'est qu'une partie de la commission des voies et moyens a émis un vœu dans ce sens. Il n'est pas du tout certain que ce projet de loi soit voté et tout fait craindre au contraire que les protectionnistes ne triomphent encore une fois en faisant rejeter ce bill qui a été déjà proposé deux fois depuis 1883. C'est le 15 mars que s'est réuni le congrès de Washington et nos renseignements nous laissent croire que la proposition en franchise de droit a peu de chance d'être votée.

Il est probable qu'on se contentera d'abaisser de 10 ou au maximum de 20 0/0 les droits existants.

Du reste, cette dernière proposition remet les choses en état, comme elles l'étaient antérieurement à 1883.

NÉCROLOGIE

On annonce la mort de Frère-Bey (Théodore). peintre orientaliste, décédé à Paris, le 23 mars.

Charles Frère-Bey était né à Paris en juin 1815. Elève de Camille Roqueplan et de J. Coignet il avait débuté au Salon de 1834, obtenu une médaille de 2e classe en 1848, et une médaille en 1865.

Après avoir exposé aux Salons de 1834, 1835 et 1836, des paysages pris soit, aux environs de Strasbourg, soit en Normandie, il était allé en Algérie, avait assisté à la Prise de Constantine, parcouru le désert et les provinces d'Orient et pris dans ses voyages de nombreux croquis dont il se servit plus tard dans ses tableaux les plus appréciés, Théodore Frère était revenu en France et avait exposé au Salon de 1839 : *Vue de la mosquée Sidi Abder Akmann, prés d'Alger ; — Vue prise au faubourg de Bab a Zounn.* Depuis cette époque, à chaque exposition, M. Théodore-Frère envoyait des vues d'Algérie, de Constantinople, de Syrie, d'Egypte, qui le placèrent au premier rang des orientalistes.

Le Musée de Laval possède deux tableaux de Théodore Frère : *Vue de Karnac* et *Les Ruines de Louqsor.* Le Musée de Nancy en possède un : *Repos d'Arabes dans un Caravansérail.*

Théodore-Frère était le frère ainé de Edouard Frère, le peintre de genre, mort en 1886.

Morel-Ladeuil (Léonard), sculpteur, né à Clermont-Ferrand (Puy-de-Dôme), est mort à Boulogne-sur-Mer, le 18 mars.

L'art de la grande orfèvrerie française a perdu en M. Morel-Ladeuil, une de ses illustrations.

MUSIQUE

Les lecteurs de ce journal ont pu remarquer, à plusieurs reprises — aux échos et nouvelles — d'intéressantes et sympathiques notes sur les concerts et conférences de la Société des compositeurs de musique.

Quelques mots d'explication à ce sujet ne leur paraitront peut-être pas inutiles.

La Société don' il s'agit se compose, comme son nom l'indique, *exclusivement* de compositeurs, depuis les plus illustres jusqu'aux plus modestes.

Elle n'a qu'une raison d'être, qu'une ambition : servir l'art.

Les concerts qu'elle inaugure cette année n'ont pour but unique que de venir en aide à ceux de ses membres qui sont trop peu connus, à leur gré, en les mettant *directement* — sans intermédiaire intéressé d'aucune sorte — en contact avec le public.

Poussant ses idées libérales aussi loin que possible, elle s'est interdit le droit de contrôler préalablement les œuvres que désirent faire entendre les sociétaires.

Le Comité a refusé de se constituer en jury.

La majorité des numéros de ses programmes est *tirée au sort.*

Le reste est choisi par le Comité, qui a tout pouvoir à cet égard.

En somme, la Société des compositeurs de musique fait œuvre intéressante et donne un bon exemple. Le système des jurys a été assez violemment attaqué *toujours*, il a donné d'assez déplorables résultats *souvent*, pour qu'il commence enfin à avoir fait son temps, pour qu'on se décide à y renoncer.

On dit : mais pour les concours, par exemple, comment s'en passer ?

D'accord, on ne le peut.

Ce serait peut-être les concours, alors, dont il faudrait se passer.....

Mais ceci est une autre question que nous n'entendons pas traiter, pour le moment.

Ce qu'il y a de certain, c'est que les jurys, s'ils ont fait du bien parfois — ce que j'ignore — ont fait plus souvent encore du mal. Nul doute qu'ils auraient évincé Wagner, à l'occasion, de même que l'Institut a refusé, jadis, le prix de Rome à Saint-Saëns.

Et quelles que soient les raisons que beaucoup d'artistes mettent en avant pour justifier, ou pour excuser les erreurs fréquentes des jurys, mieux vaut mille fois aller tout droit devant le public, juge en dernier ressort, qu'on ne l'oublie pas, d'ailleurs, et qui ne ratifie pas toujours les jugements qu'on lui soumet. Au contraire !

En vain objecte-t-on son ignorance en fait d'art.

Il ne *sait* pas ? Soit. Mais il *sent.*

Nous autres, gens du métier, notre défaut, je le crains, c'est que nous *savons* trop pour être bien libres de *sentir.*

Et voilà ce qui nous égare.

Donc, l'idéal, à mon sens, serait que l'artiste pût toujours faire entendre son œuvre, *sous sa seule responsabilité*, à des auditeurs non prévenus par des questions de tendances ou des questions de boutique, lesquels jugeraient avec une entière bonne foi, naïvement et sincèrement.

C'est cet idéal que la Société des compositeurs de musique tente de réaliser, au risque même de quelques impairs sans importance qui peuvent sans doute se produire.

Et, je le répète, elle donne là un excellent, un salutaire exemple.

Il est seulement fâcheux que la modicité extrême de ses ressources l'oblige à commencer si modestement.

Mais viennent de plus larges moyens d'action, et l'on verra quels grands résultats !

G. CANOBY.

ÉCHOS ET NOUVELLES

La souscription pour le monument Paul Bert atteint le chiffre de 42,000 fr. sur lesquels 30,000 fr. seront affectés à la statue à élever à Auxerre et 12,000 fr. au monument que le corps enseignant a projeté pour Paris. Paul Bert aura une troisième statue au Tonkin.

On va placer à l'Hôtel-de-Ville la *Charmeuse*, du sculpteur Béguine. Cette statue, exposée l'année dernière, en plâtre, avait été acquise par la Ville de Paris.

Les habitués des musées du Louvre ont pu remarquer que, souvent, dans la section de peinture, plusieurs artistes, autorisés à prendre, à la fois, des copies des œuvres exposées, envahissaient certains points des salles, au point de cacher aux visiteurs la vue des tableaux dont ils prenaient copie.

Pour remédier à cet état de choses, le nouveau conservateur des musées a décidé qu'une seule personne copiera chaque tableau. En outre, la toile de l'artiste devra être disposée de façon à ne pas empêcher les visiteurs de voir le tableau dont il prend copie.

Ce n'est jamais en vain qu'on fait appel au bon cœur des artistes

On sait la malheureuse situation dans laquelle se trouve M. Auvray, statuaire, âgé de 78 ans, ancien président du *Comité central des artistes* et rédacteur du Livret annuel du Salon jusqu'à l'époque de la suppression des expositions faites par l'Etat.

Le sculpteur Croisy a adressé au président de la Société des artistes français une longue lettre émue, dans laquelle il a rappelé le passé laborieux de M. Auvray, sa collaboration a divers journaux d'art et demandé le concours de la Société en sa faveur.

« Malgré sa vie modeste et régulière, dit Croisy, M. Auvray n'a pu réaliser d'économies, accablé qu'il était par les charges de deux familles qu'il soutenait.

Cet artiste vient non seulement de perdre sa femme, l'amie, la compagne de sa vieillesse. Mais avec elle il perd encore la petite rente viagère qui les faisait vivre. De sorte que M. Auvray n'a pour toutes ressources aujourd'hui que sa pension de retraite de 300 fr. de l'association Taylor.

Si notre Société des artistes français n'a pas encore de pensions à sa disposition, elle a au moins des secours ; le nom ne fait rien à la chose. Pension ou secours, ce qu'on fera pour lui sera reçu avec reconnaissance. »

L'appel de Croisy a été entendu et le Comité a voté une allocation de 500 fr. à M. Auvray,

Le deuxième concert du pianiste slave J. Paderewski a eu lieu lundi 26 mars à la salle Erard et, plus encore que le premier, a fait applaudir sa puissante originalité de compositeur et sa vertigineuse maëstria d'exécutant.

L'auditoire qui réunissait, à côté des pianistes français les plus en vogue, quelques hauts personnages titrés dans les salons desquels on entend réellement de bonne et vraie musique, a fait de chaleureuses ovations à M. Paderewski après l'andante et le scherzo de sa sonate (exécuté pour le violon avec le concours de M. Gorski), après certaines des études symphoniques de Schumann et la Polonaise de Chopin, mais surtout après une légende inédite, un thème avec variation et la toccata (ces derniers morceaux également inédits) de l'auteur-exécutant Paderewski, morceaux qui seront demain sur tous les pianos des pianistes français... capables de les jouer.

Comme prologue au Salon, Mlle Louise Abbéma a fait, chez Georges Petit, une exposition de trente-deux de ses œuvres.

Il y avait là toute une série de pastels, d'études et d'esquisses rapportés des Petites Dalles, qui montrent le talent si souple de la jeune artiste sous ses aspects les plus variés.

Chaque année, on constate dans la manière de Mlle Louise Abbéma des progrès considérables. Après avoir longtemps cherché sa voie, elle semble l'avoir définitivement trouvée. Et c'est la bonne.

Il y a eu foule, cette semaine, à cette jolie exposition, qui s'est fermée vendredi. Le grand-duc Wladimir l'a visitée avant son départ, et il a très chaudement complimenté l'artiste.

Mme Edouard André, qui signa tant de charmantes toiles sous le nom de Nelly Jacquemart, vient de faire à la Société philanthropique un cadeau vraiment éblouissant : elle lui a donné tous ses bijoux.

La collection de ces joyaux superbes est exposée chez M. Boucheron, au Palais-Royal ; on estime que leur vente produira un million environ. La Société philanthropique pourra, grâce à cette générosité extraordinaire, continuer ses bonnes œuvres, créer en plus grand nombre des dispensaires, asiles de nuit, etc., etc.

L'Imprimeur-Gérant : HENRY LEFEBVRE.

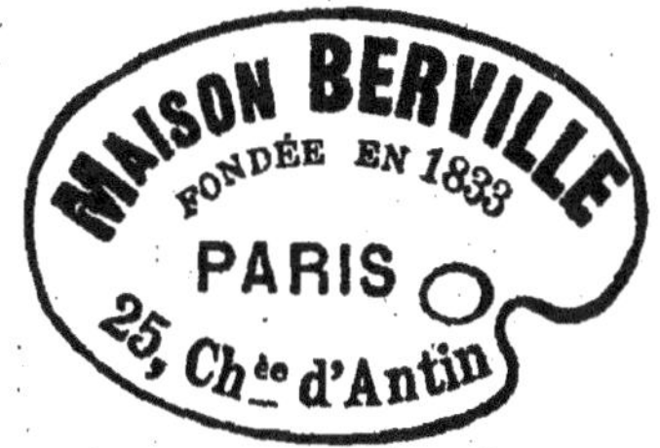

LA VIE ARTISTIQUE

COURRIER HEBDOMADAIRE ILLUSTRÉ

Des Ateliers, des Expositions & des Théâtres

BUREAUX A PARIS
42, Rue de Chabrol, 42

DIMANCHE 8 AVRIL 1888
2e ANNÉE — N° 14

ABONNEMENTS
Un An : DIX FRANCS

RÉPONSE A UNE LETTRE

J'ai reçu cette semaine une lettre que je demande la permission de reproduire, avec commentaires à la suite. Je la donne telle quelle sans rien y ajouter, et je ne retranche qu'une chose, par raison de convenance, la signature de l'artiste très considéré qui me l'a écrite :

Mon cher ami,

Avec vous je n'y vais pas par quatre chemins. Je veux vous parler franchement : j'en ai quelque droit de par mon âge, de par ma très vive affection que j'ai pour vous, et aussi de par le temps que je vous connais.

Eh bien, vous faites une campagne dangereuse dans la Vie Artistique, dangereuse pour vous-même. Je ne dis pas que vous n'ayez pas raison parfois, et en principe ; vous vous faites des ennemis, et croyez-moi, cela est toujours inutile.

Vous avez plein la bouche de l'art moderne, des tendances modernes, de la peinture des jeunes. A vous entendre il n'y a plus que ça au monde. Les vieux ont du bon cependant.

Vous vous êtes jeté à corps perdu dans une catégorie d'artistes, un peu à la légère ou avec trop d'entrain, sans tenir compte de vos traditions de famille, ou de vos relations personnelles... et moi, je viens en vieil ami, vous crier : gare !

A quoi cela vous sert-il ? Ne pouviez-vous pas conserver vos idées de derrière la tête, les garder pour vous, et vous dispenser de les étaler en public ? Personne ne vous en eût demandé compte. Au lieu de cela, vous vous précipitez tête baissée en pleine mêlée, en criant à tue-tête. Vous avez de l'ambition, mon cher Roger ;... Vraiment vous avez manqué de diplomatie, et même d'adresse.

Tenez, quelle idée avez-vous eue de partir en guerre contre la Société des artistes français ? Vous ne sauriez croire ce que j'aurais donné pour vous voir, dans votre intérêt même rester tranquille. Les 90 sont une force, et une force indiscutable : ils en ont encore pour longtemps. Qu'ils aient commis des passe-droits, des abus d'autorité, je ne dis pas non ; mais ils ont fait comme tant d'autres, et ceux qui les remplaceront agiront peut-être de même, ou pis encore. Qu'aviez-vous besoin de vous mêler à ces affaires-là ?

Aussi, qu'est-il arrivé ? Vous avez maintenant dans tout un groupe un clan d'ennemis que je crois, pour ma part, irréconciliables. Leurs amis qui étaient les vôtres, préfèrent se tenir sur la réserve, et craignent de se compromettre avec vous, ou d'être compromis en se faisant voir avec vous. Quant à ceux pour lesquels vous avez engagé la lutte, ah ! à la première occasion, ils vous tourneront le dos, ils vous lâcheront..... et vous serez assis entre deux selles.

Tâchez donc, je vous en prie, de revenir à une tactique plus habile, peut-être en est-il temps encore ?

Je voulais vous dire toutes ces choses l'autre jour ; l'occasion m'a fait défaut. Je vous les écris aujourd'hui en toute franchise. Croyez toujours, mon cher Roger, à ma vieille amitié, et voyez-en une preuve nouvelle dans le courage que j'ai à vous parler à cœur ouvert.

. . . .

Je remercierai tout d'abord mon correspondant des sentiments d'amitié qu'il a pour moi, et dont je suis touché autant que fier.

A son point de vue, il a raison, évidemment ; mais au mien j'ai la conscience de n'avoir pas tort.

Au fond il me reproche de m'intéresser à l'art de ma génération, — je ne parle plus de l'art moderne — mais, je le lui demanderai respectueusement, à l'époque où il est entré en scène, n'a-t-il pas eu lui-même une tendance à affirmer, une tradition à écarter ? Se serait-il, de gaité de cœur, habillé de vêtements façonnés trente ans avant lui ?

Il était un artiste du pinceau, un praticant, et moi, je ne le suis pas, je n'ai pas l'honneur de l'être ? Soit, mais ceux qui l'ont soutenu, encouragé, défendu de leurs convictions et de leurs plumes, leur en a-t-il fait un grief, ne leur en a-t-il pas été reconnaissant ?

En fait de diplomatie, je n'en connais qu'une, en pareille matière : la sincérité ; et la franchise me semble encore la plus estimable des habiletés.

Si parler nuit, les silencieux et les muets auraient en fin de compte tous les avantages.

Est-ce notre faute à nous, si sous l'influence du temps qui est le nôtre, nous avons des idées différentes de celles qui ont prévalu naguère ; idées que nous aimons, auxquelles nous sommes attachés, et auxquelles nous resterons fidèles ?

Alors, ces idées qui sont notre raison d'être, qui, bonnes ou mauvaises, sont le milieu de notre activité intellectuelle, qui forment ce pourquoi nous raisonnons, nous discutons, nous faisons défense de cerveau, il faudrait les dissimuler, les cacher au fond de nous-même, et en avoir d'autres pour la galerie, pour la montre ! Si cela devait être, j'aimerais mieux laisser sécher ma plume, me faire commerçant, industriel, banquier, vendu du coton, ou crier sous la colonnade de la Bourse : à combien les Rio-Tinto ! Au moins, je ferais un métier en conscience.

Ainsi par exemple, j'ai beaucoup de respect pour l'Académie, j'y compte des affections dont je m'honore, et je serai toujours plein de déférence pour certains de ses membres qui m'ont à plusieurs reprises témoigné leur bienveillant intérêt, mais quand j'ai lu, l'autre jour, le sujet d'un concours d'essai donné, à l'Ecole des Beaux-Arts je crois, pour le prix de Rome, en peinture, je n'ai pu m'empêcher de sourire.

Savez-vous ce qu'on a proposé à de malheureux jeunes gens enfermés en loge ?

Le Triomphe de Mardochée !

Des archéologues les plus érudits, les antiquaires les plus invraisemblablement savants, auraient grand peine à préciser les différences des costumes de l'Amalécite Aman et du juif Mardochée. Ils ne savent même pas au juste si l'Assuérus d'Esther n'est pas Atarxercès Ier. En tout cas, ils ne pourraient reconstituer une scène qui s'est passée vers 453 ans avant Jésus-Christ, et on va demander à des élèves d'improviser en douze heures une esquisse qui montre Mardochée goûtant les joies du triomphe !

N'est-ce pas encourager l'à peu près, l'ignorance dans la fantaisie, n'est-ce pas vouloir user des imaginations jeunes dans des entreprises ridicules ?

Ce n'est là qu'un fait, mais il dénote tout un système de traditions usées, de vieilles routines, de coutumes rapiécées, contre lesquelles il est temps de réagir ; et il nous est bien permis de réclamer que dans un établissement national, on ouvre un peu la porte, pour qu'il y entre l'air frais des idées nouvelles !

Dans tout ceci, il n'y a pas la moindre irrévérence. Oh ! ce n'est pas en contant tous les soirs nos doléances à notre oreiller que nous obtiendrons des réformes et des améliorations, que

nous parviendrons à mettre d'accord l'image et le reflet, le temps qui est le nôtre, et l'art qui doit le représenter.

Quant à la Société des Artistes Français, que veut-on ? J'ai la conviction que nos artistes ont mieux à faire qu'à perdre leur temps dans des commissions, qu'à jouer la comédie du suffrage universel où les élus sont sans cesse en scène devant les électeurs.

Je ne me suis jamais attaqué qu'aux principes, sans citer même un nom, et si par allusion, j'ai frondé certaines personnalités néfastes, c'était qu'elles incarnaient précisément les doctrines mauvaises qu'il faut combattre.

J'ai des amis qui sont d'un avis contraire au mien : c'est leur droit ; je n'ai pas plus droit de leur en vouloir qu'ils en ont de me garder rancune. D'autres, et ils sont plus nombreux qu'on ne pense, partagent bien ma manière de voir, mais ils n'osent le dire : ils sont pris dans l'engrenage. Ah ! s'ils étaient dégagés de certaines obligations que je comprends, comme ils me donneraient raison ?

Je ne sais ce que sera l'avenir, mais j'ai la certitude que jusqu'ici j'ai fait preuve de sincérité et de loyauté.

Et je persiste à croire, mon cher correspondant, que quand on a l'occasion de parler, il faut dire ce que l'on pense et tout haut.

Roger BALLU.

EXPOSITION DES PASTELLISTES FRANÇAIS

L'ouverture de la quatrième exposition de la *Société des pastellistes français*, a eu lieu hier samedi 7 avril, dans la galerie Georges Petit, rue de Sèze. Nous en rendrons compte dans notre prochain numéro.

VASSILI VERESCHAGIN

M. Vereschagin n'est pas un inconnu à Paris. Ce peintre russe nous avait déjà, en 1876, déposé sa carte de visite. On se rappelle, en effet, qu'à ce même cercle Volney, où il vient d'ouvrir une exposition de ses œuvres, il avait, à la suite de la guerre turco-russe, réuni quelques-uns des souvenirs rapportés d'une lutte qu'il avait pu étudier de près.

D'abord officier de marine, Vereschagin vint à Brest avec une frégate école russe. Est-ce à ce moment que sa vocation se dessina ? C'est probable. Toujours est-il qu'elle le domina tellement que malgré son père, maréchal de la noblesse à Novgorod, il abandonna sa première profession, pour devenir peintre. C'est dans l'atelier de Gérôme qu'il travailla en premier lieu. Il a exploré l'Inde, la Palestine, l'Asie centrale. Son exposition actuelle est formée des tableaux qu'il a peints pendant ou après ce dernier voyage.

Trois grandes toiles principales, s'il faut en croire le catalogue, répondent aux préoccupations philosophiques de l'auteur. M. Vereschagin a, nous dit-il, été frappé de l'adoration de la masse pour le meurtre ; qu'il se produise par masses collectives et alors il prend le nom de guerre, ou individuellement, et dans ce cas il s'appelle exécution. Les tableaux exposés en 1876, après la guerre turco-russe, se rattachant à la première catégorie, comme encore celui qui est inscrit sous le n° 60 représentant 10,000 prisonniers turcs enveloppés après Plewna dans un tourbillon de neige. C'est un grand drame, puissamment rendu. « La neige les couvrait, dit M. Vereschagin, le vent perçait leurs habits raides de glace, — pas de feu, pas d'abri, pas de pain. De temps à autre de la masse s'élevait une plainte rauque poussée par des millions de voix qui répétaient : « Allah ! Allah ! » Quelle page plus saisissante peut-on écrire contre la guerre ?

Trois autres grandes toiles appartiennent à la seconde catégorie. C'est le crucifiement de Jésus, la mort par le canon dans l'Inde anglaise des Indiens révoltés et une scène de pendaison en Russie. Je serais bien étonné si ces deux dernières compositions ne faisaient pas courir tout Paris. Il y aura des frémissements d'horreur à la vue de cette exécution en coupe réglée d'une centaine d'Indiens attachés à la gueule d'un canon, et dont les corps se disperseront tout à l'heure en poussière sanglante, quand ces artilleurs alignés autour des pièces auront obéi à l'ordre de faire feu.

Les souvenirs rapportés de Palestine, ou ceux qui nous retracent les beautés de l'architecture et des paysages indiens, sont comme l'oasis de cette exposition. M. Vereschagin est un travailleur infatigable, qu'un bel effet de soleil levant, que la vue d'un riche monument arrête au passage. Les types mêmes qu'il rencontre ne lui sont jamais indifférents, et il s'empresse de les fixer sur la toile. C'est en réalité un véritable voyage que l'on fait avec ce maître. J'ai vu maintenant les grandes mosquées de l'Inde, avec leurs galeries féeriques, où les murs sont de marbre blanc, les acteurs vêtus de blanc, j'ai vu le lever du soleil dans l'Himalaya ; j'ai fait le pieux pèlerinage en Palestine ; j'ai vu Samarie, ses temples, la fontaine d'Elisée, le mont Chattin, la mer Morte, Jérusalem, la muraille de Salomon formée des six rangées de pierre qui appartenaient au temple de Salomon.

On l'appelle le lieu des gémissements, car c'est là que les Juifs ont l'habitude de venir pleurer leurs douleurs, leurs misères, se lamenter de leurs souffrances. Tous, appuyés contre les pierres qui s'élèvent au-dessus de leurs têtes comme un immense rocher taillé à pic, ils pleurent, ils crient, ils appellent la miséricorde de Dieu et réclament le Messie. La toile n'est pas grande, mais l'impression est forte. A côté d'elle, il y a nombre d'autres œuvres que les amateurs se disputeront. Le peintre qui a produit les unes et les autres est désormais célèbre, et lorsque paraîtra dans quelques jours le livre où paraît-il, avec nombre de croquis, il a raconté sa jeunesse, ses explorations, son nom sera dans toutes les bouches. L'affaire est bien lancée.

------------◆------------

EXPOSITION DE M. PETITJEAN

Jeudi s'est ouverte, 5, rue de la Paix, l'exposition du peintre E. Petitjean, que nous avons annoncée.

En entrant dans la salle, on se sent tout de suite en présence d'une individualité. Une trentaine de toiles, tout au plus, mais dont chacune arrête le regard, fixe l'attention par sa netteté, par sa franchise. C'est de la claire et belle peinture.

M. Petitjean nous promène tour à tour des bords de l'Escaut, des ports mouvementés de la Hollande aux collines de la Lorraine et du pays boisé de Mirecourt aux rives de la Seine, dans la plantureuse Normandie, à Rouen et au Havre. On remarquera l'*Estacade des pilotes à Flessingue*, la *Meuse à Dordrecht*, les *Quais à Rotterdam*, les *Dunes à Heyst-sur-Mer*, l'*Escaut sortant d'Anvers*, d'une largeur d'aspect, d'une vastitude d'horizon qui n'ont guère été dépassés.

J'ai encore noté le *Val-du-Bois d'Enfer*, en Lorraine, *Circourt* et une vue de la *Seine à Rouen*, d'un effet superbe.

L'exposition de M. Petitjean restera ouverte jusqu'au 21 avril, de dix heures à cinq heures.

------------◆------------

EXPOSITION D'ÉPINAL

Une exposition des Beaux-Arts, s'ouvrira à Epinal du 9 juin au 15 juillet 1888, dans le bâtiment de l'école Guilgot, rue de la Maix.

Les œuvres des artistes vivants ou morts dans l'année, nés ou domiciliés dans les *7 départements de la région, sont seules admises à prendre part à cette exposition.*

Les exposants ne pourront adresser plus de quatre objets d'art dans chacune des diverses catégories admises.

Tous les encadrements devront être ramenés à la forme rectangulaire.

Tout tableau ayant plus de trois mètres de haut, cadre compris, ne pourra être admis.

Les œuvres déjà exposées dans le département des Vosges depuis 1881 ne seront pas admises.

Les artistes qui désirent exposer voudront bien remplir une notice qui devra être retournée remplie, avant le 15 avril, à l'adresse de M. Garnier, président de la Commission des Beaux-Arts, à Epinal.

Les expéditions des œuvres d'art devront être arrivées à destination avant le 20 mai, à l'adresse ci-dessus, en gare d'Epinal (dernier délai). — L'expéditeur supportera les frais de transport, aller et retour, dans le cas où les objets d'art qu'il aura adressés seraient arrivés après l'ouverture de l'exposition ou refusés par le Jury d'examen.

SOCIÉTÉ DES AMIS DES ARTS
du département de l'Eure

La réunion générale annuelle de cette Société, a eu lieu, le 25 mars dernier, à Evreux, sous la présidence de M. Emile Hérissay, vice-président. — Le peintre Ribot, que des liens étroits attachent au département de l'Eure, a été élu à l'unanimité et par acclamation, président de la Société pour l'année 1888. Conformément aux délibérations prises dans cette réunion, la Société se propose d'organiser prochainement dans le local qu'elle vient de louer rue Buzot, soit une exposition permanente d'œuvres d'art, soit une exposition des œuvres des artistes de la région. — Sur la proposition d'un de ses membres, l'Assemblée a décidé de consacrer à la mémoire de Philippe Rousseau, décédé à Acquigny en 1887, un souvenir commémoratif de son séjour dans le département, et elle a voté dans ce but une somme de 100 francs à titre de première souscription.

Bulletin des Expositions et Concours

Anvers. — Exposition triennale du 15 juillet au 15 octobre. — Réception jusqu'au 20 juin.

Barcelone. — Ouverture le 8 avril 1888.

Barcelone. — Concours pour un ouvrage d'Archéologie Dépôt des ouvrages jusqu'au 25 octobre 1891.

Buenos-Ayres et **Montevideo.** — Expositions successives en 1888.

Copenhague. — Exposition internationale, ouverture le 1er mai.

Epinal. — Du 9 juin au 15 juillet. Envoi à M. Garnier, en gare d'Epinal.

Gand. — Concours d'arts industriels en 1888.

Glascow. — Exposition d'art ancien et moderne, de mai à octobre.

Liège. — Exposition des Beaux-Arts du 29 avril au 17 juin.

Melbourne. — Exposition internationale du 1er août 1888 au 1er janvier 1889.

Munich. — Exposition internationale du 1er juin au 1er octobre 1888.

Nimes. — Exposition de la Société des Amis des Arts à l'occasion du concours régional. Du 1er mai au 10 juin. Envois du 1er au 15 avril au président de la Société à Nîmes.

Paris. — Salon de 1888. Exposition des artistes vivants, Palais des Champs-Elysées. Ouverture le 1er mai jusqu'au 30 juin.

Paris. — Exposition internationale de 1889. Champ-de-Mars, du 5 mai au 3 octobre.

Paris. — Exposition du *Blanc et Noir* du 1er octobre au 15 octobre 1888. S'adresser à M. E. Bernard, rue de la Condamine, 71.

République Argentine. — Concours pour la construction d'un Pavillon à l'Exposition Universelle de 1889. — Dépôt des projets jusqu'au 15 avril, au siège de la commission, 85, rue Taitbout.

Rotterdam. — Exposition des Beaux-Arts, du 27 mai au 8 juillet. Envois du 30 avril au 12 mai, à la commission de l'*Académie Coolvert* à Rotterdam.

Tunis. — Exposition des Beaux-Arts du 25 avril. — Envois jusqu'au 11 avril à l'inspecteur de l'Agriculture de la régence.

Turin. — Exposition des Beaux-Arts du 1er mai au 31 mai 1888. — Envois du 15 au 20 avril, au secrétariat de la Société à Turin.

LA COULEUR BLEUE DES CIEUX

Le professeur Tyndall vient de communiquer au *Forum*, de New-York, une très importante étude sur la coloration des cieux et sur la cause de cette coloration bleue.

L'illustre physicien fait d'abord remarquer qu'en dissolvant du mastic de gomme dans certaines proportions d'alcool, et en projetant la solution dans de l'eau pure vivement agitée avec une baguette de verre, on obtient une masse de particules de mastic extrêmement ténues, en suspension dans l'eau : et cette eau, examinée contre un fond sombre, violet ou noir, par exemple, apparait absolument bleue. Il en est de même du lait étendu d'eau ou naturellement faible. Il en est de même des yeux bleus, si admirés des poètes et des amoureux, et qui sont seulement des lentilles troubles, d'après le professeur Tyndall.

Pour produire ainsi un ciel artificiel, l'eau n'est pas indispensable. On peut y arriver en mêlant à l'air des particules de matière suffisamment divisées : par exemple, en se servant de composés chimiques dont les éléments se dissolvent sous l'action de telle ou telle ondulation lumineuse.

Un grand nombre de liquides donnent des vapeurs qui se mêlent à l'air et, soumises à l'action d'un rayon solaire ou électrique, se décomposent pour rester en suspension à l'état de particules solides ou liquides dans ce rayon même. Il suffit de se rappeler que ces ondes lumineuses sont plus ou moins fortes, pour se rendre compte que les particules seront relativement plus ou moins grosses par rapport à telle ou telle ondulation. De même, au bord de la mer, un petit caillou arrêtera et réfléchira une plus importante fraction d'une simple ride liquide que d'une forte lame. Il faut donc se représenter des ondulations lumineuses, de force variée dans leur ténuité même, passant à travers l'air chargé de particules très divisées. Fort évidemment, ces particules, en faisant obstacle à toutes les ondulations, exerceront une action plus marquée sur les plus faibles. Et, par suite, la sensation de couleur qui répond aux plus faibles ondulations — c'est-à-dire le bleu sera prédominante.

Cette théorie s'accorde exactement avec ce que nous observons dans le firmament. Le ciel, en effet, est bleu, mais ce bleu n'est ni pur ni égal : en l'examinant au spectroscope, nous y

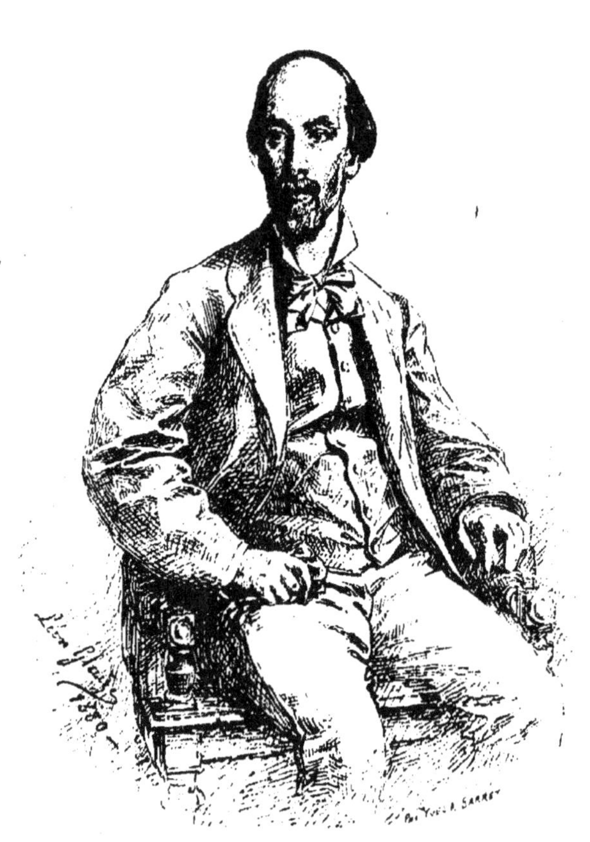

LÉON GLAISE

Portrait de M. Auguste Vacquerie.

troùvons toutes les couleurs du spectre, couleurs où le bleu est simplement la dominante.

De même encore, le ciel est moins bleu vers les bords de l'horizon, cette dégradation de la teinte bleue résultant de ce que les particules les plus grossières restent en suspension dans les couches inférieures de l'air. Si l'atmosphère tout entière, avec les particules qu'elle tient en suspension, venait à disparaître, le ciel serait tout noir, et, sur ce fond noir, nous verrions briller des étoiles qui ne scintilleraient pas, car la scintillation est un phénomène purement atmosphérique. Dans une certaine mesure, on voit cette hypothèse se réaliser si l'on gravit une haute montagne : plus on s'élève et plus le ciel passe du bleu au sombre, parce que les particules en suspension sont à la fois plus rares et plus ténues.

Enfin, la présence de ces particules explique également les splendeurs d'un lever et d'un coucher de soleil. Les rayons solaires traversent, en effet, une plus grande épaisseur d'atmosphère quand ils viennent des bords de l'horizon, et, d'autre part, y rencontrent des particules plus grossières. Les ondulations les plus courtes du spectre, — celles qui produisent le *violet* et le *bleu*, — étant arrêtées en plus forte proportion par ces obstacles, la lumière qui nous arrive est plus riche en ondulations longues, — celles qui produisent le *rouge*. Ce phénomène donne des effets particulièrement remarquables sur les glaciers et les cimes neigeuses des grandes altitudes, comme le fait remarquer le professeur Tyndall : soit au coucher, soit au lever du soleil, quand le sommet seul de la montagne reçoit les rayons lumineux, alors que tout le reste est plongé dans l'ombre, on voit les neiges étinceler comme des rubis.

LA COLLECTION VAN PRAET

On est fixé sur le sort de la collection de tableaux modernes de feu M. Jules Van Praet. Cette magnifique galerie ne sera pas vendue aux enchères publiques, ainsi qu'on l'avait annoncé.

M. Van Praet étant mort intestat, c'est son neveu, M. Paul Devaux, qui en est devenu héritier. Comme M. Devaux occupe une fonction officielle auprès du roi des Belges, il lui aurait été fort difficile de ne pas accepter les propositions qui lui ont été faites par le directeur des beaux-arts de son pays. Il est donc certain que c'est le musée de Bruxelles qui deviendra propriétaire de la belle collection Van Praet. Il ne reste plus à déterminer que la somme que l'Etat payera à M. Devaux.

Nous croyons savoir que cette somme sera inférieure à un million.

On sait qu'un marchand parisien en avait offert seize cent mille francs.

Par l'acquisition de cette galerie, qui se compose de vingt-un tableaux de premier ordre, certains maîtres français seront mieux représentés à Bruxelles qu'à Paris ; aussi croyons-nous intéressant de donner les désignations des principaux tableaux.

La collection Van Praet comprend : trois J.-F. Millet, la *Gardeuse de moutons*, la *Plaine au petit jour* et la *Gardeuse d'oies* ; cinq Meissonier, la *Barricade*, le *Liseur près de la fenêtre*, l'*Homme à l'épée*, le *Déjeuner* et le *Liseur blanc* ; deux Troyon, l'*Abreuvoir* et le *Valet de chiens* ; deux Jules Dupré, la *Vanne* et le *Pécheur* ; trois Théodore Rousseau, la *Plaine*, effet du soir, *Sous bois* et *Lisière de forêt* ; trois Delacroix, la *Résurrection de Lazare*, la *Barque* et un *Cavalier turc* ; un Fromentin, *Arabes et chameaux* ; un Decamps, *Jésus couronné d'épines* ; un Corot, *Paysage*. Outre ces tableaux, la collection Van Praet comprend deux études de Géricault et trois portraits signés Ingres, Louis David et Gainsborough, et quelques autres tableaux de moindre importance.

CHRONIQUE JUDICIAIRE

L'usine Van Beers.

Tout le monde connait ce peintre, qui fait plutôt de l'enluminure que de la peinture et qui poursuit le petit détail avec la ridicule implacabilité de l'objectif. On se rappelle l'histoire de son tableau exposé à Bruxelles et légèrement gratté, ce qui appela l'attention sur une œuvre délaissée ; on n'a pas oublié davantage son procès contre un journal qui avait avancé qu'il peignait sur photographies.

Voici qu'aujourd'hui un débat judiciaire nous montre en M. Van Beers un vulgaire industriel !

Voyons plutôt les faits, tels qu'ils ont été exposés par M. le juge d'instruction Decock.

Au cours du mois d'août dernier, le peintre Van Beers, se trouvant en villégiature à Ostende, remarqua à l'étalage d'un magasin quatre tableaux signés de son nom. M. Van Beers porta plainte au commissaire de police, prétendant que les tableaux étaient faux. Une instruction fut ouverte, et les quatre tableaux furent saisis conformément à la loi de 1886. Le marchand fit connaître qu'il tenait les tableaux en consignation de M. Baudoin Roland, marchand de tableaux à Anvers. Celui-ci, mis en prévention, n'hésita pas à déclarer que les tableaux devaient être considérés comme authentiques ; qu'en effet ceux-ci avaient été vus chez lui par le peintre Eisman Semenowsky qui lui avait affirmé y avoir travaillé avec Van Beers ; qu'au surplus il était à sa connaissance que Van Beers faisait confectionner par d'autres des copies de tableaux qu'il mettait ensuite sous sa signature, dans le commerce. M. Eisman confirma ces assertions devant le magistrat instructeur.

Le second témoin qui comparait à l'audience est le plaignant Jan Van Beers, peintre à Paris. Il déclare : Je persiste dans ma plainte, j'affirme que trois des tableaux saisis portent une fausse signature ; quant au quatrième, représentant une Monténégrine, je crois, après examen, qu'il est authentique.

Eisman Semenowsky, peintre à Paris, déclare : J'ai travaillé plusieurs années dans l'atelier de Van Beers et aussi chez moi, pour son compte. Il exploitait mon talent à son profit. Je faisais des copies de ses tableaux, et aussi parfois des originaux que Van Beers signait et mettait dans le commerce. Quelquefois Van Beers retouchait mes œuvres, mais pas toujours.

Je reconnais ma main dans les quatre tableaux saisis. Van Beers les a-t-ils retouchés ? Je ne puis l'affirmer : mais je n'y ai pas apposé la signature Van Beers. Quand des tableaux n'étaient pas très réussis, Van Beers les faisait signer de son nom par un autre et même par son domestique. Van Beers faisait cela pour pouvoir les désavouer au besoin ; il disait de ces œuvres mal réussies : « Nous allons faire de cela un faux Van-Beers ! » C'était le terme d'atelier consacré.

J'ai fait des centaines de tableaux pour Van Beers ; et notamment l'Italienne qui figure parmi les tableaux saisis a été reproduite par moi au moins une douzaine de fois, peut-être même vingt fois. Je livrais tous ces tableaux non signés à Van Beers.

Le président. — L'atelier de Van Beers était donc une fabrique de tableaux ? C'était de l'art industriel ?

Le témoin. — Absolument.

Van Beers, invité à s'expliquer sur cette déposition, dit : Je n'ai jamais vendu un tableau signé de moi sans y avoir mis la main. J'ai fait beaucoup de peintres anciens ; j'achevais des tableaux ébauchés par d'autres. Je reconnais qu'Eisman Semenowsky a travaillé pour moi. Il est arrivé que j'ai laissé signer de mon nom par un autre un tableau peu réussi, mais c'était là une farce d'atelier que l'on ne devrait pas divulguer.

Paul Dewit, peintre à Paris. — J'ai travaillé pour M. Van Beers. Il y a huit à neuf ans, il s'est formé à Paris une association sous la direction de Van Beers, dont le but était de fabriquer des Van Beers. Quand Van Beers avait achevé un original, il nous chargeait d'en faire des copies ; nous étions là une demi-douzaine de peintres pour cette besogne. Quelquefois M. Van Beers retouchait, mais pas toujours. Quelquefois aussi, il faisait signer les copies. D'après l'accord, nous avions droit à la moitié du prix du tableau ; mais nous nous sommes aperçus que Van Beers nous trompait, et à la fin nous n'avons plus voulu travailler que pour un prix convenu.

J'ai la conviction que les tableaux ici à l'audience ont été mis dans le commerce dans ces conditions. Ces tableaux devaient passer pour des Van Beers.

Van Beers, invité à s'expliquer sur cette déposition, déclare : Il n'y avait pas une demi-douzaine de peintres employés par moi, il n'y avait que MM. Eisman Semenowsky, Dewit, Cogaert et un quatrième. Cette fabrique de tableaux a existé, je dois le reconnaître, mais les quatre tableaux en question n'en sortent pas.

Van Goetsnovo, antiquaire à Anvers :

J'ai eu également des désagréments avec le parquet de Malines au sujet de la vente de deux Van Beers, dont celui-ci avait contesté l'authenticité. Il y a eu une ordonnance de non-lieu.

Mᵉ Vranken, avocat à Anvers, présente la défense du prévenu B. Roland. Il expose que M. Van Beers, commençant à ressentir les effets désastreux de ses procédés, cherche à s'en tirer en dénonçant les marchands de tableaux. Mᵉ Vranken donne lecture du dossier de Malines ; les faits sont absolument les mêmes.

M. Duwelz, substitut du procureur du roi, déclare qu'il ignorait l'affaire de Malines, et s'il a mis la présente affaire à l'audience, c'était pour donner une occasion à Van Beers de se laver des faits graves articulés contre lui. Mais tout reste debout, et il faut renoncer à la prévention. Si quelqu'un devait être poursuivi, dit l'honorable magistrat en terminant, ce serait Van Beers lui-même, convaincu de contrefaire ses propres œuvres.

Le Tribunal acquitte Baudouin Roland sur les bancs.

M. Van Beers a tenu cependant, — notre impartialité nous fait un devoir de l'indiquer, — à protester contre ces révélations dans une lettre qu'il adresse au *Rappel*. La voici :

Paris, le 4 avril 1888.

Monsieur le secrétaire de la rédaction du *Rappel*,

Sur la foi des reporters belges vous publiez un compte-rendu, d'ailleurs inexact, d'un procès que j'ai suscité à Bruges. Je n'ai pas dit, naturellement, qu'il y ait eu chez moi une fabrique de faux tableaux.

Voici mon affirmation : J'ai employé autrefois, pour les besognes préparatoires de certains tableaux (généralement de têtes de femme), quelques jeunes rapins que j'obligeais ainsi. Mais toujours je repeignais moi-même ces têtes avant de les signer et de les vendre. *Voilà la vérité*. Tout le reste est moyen de défense ou calomnie de quelques Perrichons de la peinture.

Si jadis j'ai laissé faire sous ma direction ces ébauches, et si j'affirme que jamais je n'en ai vendu une seule en mon nom sans en avoir assumé la responsabilité par une entière retouche et donné à mon acheteur un reçu écrit de ma main, est-ce un motif pour que je laisse afficher pour vraies des copies plus ou moins récentes et fabriquées à *mon insu* ? Car personne n'ignore qu'il existe en effet, tant en Belgique qu'à l'étranger, des ateliers clandestins où se copient abusivement les meilleures toiles d'artistes en renom et que bien spécialement on y fabrique de mes œuvres.

D'ailleurs, employer des praticiens pour les parties accessoires d'une œuvre, n'est-ce pas ce qu'ont fait Rubens et Dumas père, pour rappeler des exemples familiers et célèbres ? Tout modeste que je sois, me voilà en bonne compagnie.

Voici du reste, pour finir, une comparaison topique : Dira-t-on qu'un avocat tient une fabrique de plaidoiries parce qu'il a fait préparer ses dossiers par ses stagiaires et qu'il plaide d'après leurs notes ?

Je fais appel à votre courtoisie, monsieur le secrétaire, pour insérer cette réponse dans le plus prochain numéro de votre journal, et vous prie d'agréer l'assurance de ma parfaite considération.

JEAN VAN BEERS.
Villa des Arts, 15, impasse Hélène, avenue de Clichy.

NÉCROLOGIE

On annonce la mort du peintre Jean-Conrad Hamman, qui a succombé hier matin à Paris, à l'âge de soixante-huit ans.

M. Hamman qui était né à Ostende, en 1819, était élève de l'École des Beaux-Arts d'Anvers. Il avait reçu en 1864 la croix de chevalier de la Légion d'honneur.

ECHOS ET NOUVELLES

On annonce le mariage de M. Henri Galland, fils du peintre bien connu, professeur à l'Ecole des beaux-arts, avec Mlle Elisabeth de Joly, fille de M. Edmond de Joly, architecte de la Chambre des députés.

La cérémonie nuptiale a été célébrée le 5 avril, à Sainte-Clotilde.

* *

Consacré à la musique de chambre et à la musique spirituelle, le 3e concert que la Société des compositeurs de musique a donné le jeudi soir 29 mars, salle Pleyel, a, malgré quelques modifications dans le programme, obtenu un très légitime succès : MM. G. Pfeiffer, de la Tombelle et Lavello s'y sont fait applaudir comme compositeurs et, parmi les exécutants, M. G. Pfeiffer, dans la partie de piano de son élégant quintette, le violoniste Johannis Wolff et le violoncelliste Hollmann, les cantatrices, qui ont nom Mlles Renoux et Lavigne et surtout Mlle Agussol (cette dernière remplaçant à l'improviste Mme Newada) ont été rappelés avec enthousiasme par un auditoire fin connaisseur et dont partie a dû passer la soirée dans les magasins de piano faute de place dans les grands et petits salons ou sur l'estrade encombrée d'exécutants. — La prochaine conférence-concert, la quatrième, aura lieu le jeudi 19 avril prochain.

* *

Par suite du renversement du ministère, M. Faye s'est trouvé remplacé aux beaux-arts par M. Edouard Lockroy.

* *

Le monument de Gambetta, sur la place du Carrousel, est terminé. Il ne reste plus qu'à en faire la toilette.

L'inauguration en demeure fixée au 13 juillet prochain.

Sa construction aura duré trois années.

La dépense, qui est couverte au moyen d'une souscription, s'élève à 350,000 fr., dont 175,000 pour la construction proprement dite et 175,000 pour tout ce qui concerne la statuaire.

* *

C'est par erreur que plusieurs de nos confrères ont annoncé que le groupe du statuaire Jetot, *France-Alsace-Lorraine*, serait présenté au Salon de cette année.

Ce groupe ne sera exposé qu'en 1889.

* *

M. A. de Tiremois, massier pendant vingt ans de l'atelier Bonnat, vieillard malade et infirme se trouve dans la plus grande misère. Un groupe d'artiste se dispose à lui assurer l'existence de ses vieux jours en organisant une vente dont le produit, jusqu'à concurrence de six mille francs, sera placé en viager et le surplus versé à la caisse de l'Association, fondation Taylor, qui en servira la rente au bénéficiaire, sa vie durant, pour ensuite soulager une autre infortune.

Parmi les donateurs figurent déjà : MM. Bonnat, Jules Lefebvre, Jean Sévaud, Barillot, de Brancard, Aviat, Pavis de Chavannes, Brest, Appian, Valadon, Boussaton, G. Ferrier, Cazin, Duez, Pille, Madrazo, Valadon, Mme A. Viteau, Français, O. de Thoren, de Vuillefroy, Valton, Watelin, Fantin Latour, H. Pille, Ed. Detaille, A. Bida, Arcos.

Les adhésions parvenues dès à présent assurent déjà à cette vente un véritable succès.

La vente se fera le 5 mai prochain avec exposition la veille à l'Hôtel Drouot, par le ministère de Me Tual, 56, rue de la Victoire, assisté de M. Bernheim jeune, expert, rue Laffitte, 8.

Les Gobelins seront représentés à l'Exposition de 1889 pour l'envoi de treize superbes tapisseries, dont sept sont en ce moment terminées, entre autres les *Arts*, la *Peinture*, les *Sciences*, la *Poésie pastorale*, la *Poésie lyrique* et la *Poésie satirique*.

Ces tapisseries sont destinées au palais de l'Elysée.

Trois panneaux décoratifs, d'après Herman, représentant les *Arts*, les *Muses*; la *Littérature dans l'antiquité*, iront orner la grande salle de la Bibliothèque Mazarine, c'est-à-dire l'ancienne chambre de Mazarin.

Enfin, pour le palais du Sénat, deux verdures avec animaux destinées à garnir le grand escalier.

Ajoutons, à propos des Gobelins, qu'on répare actuellement les ateliers et les logements des artistes-tapissiers, qui était dans un état de dégradation extrême. On a remplacé aussi la porte d'entrée de la manufacture par une porte monumentale d'un grand effet.

* *

Un nouveau prix de 1,000 francs vient d'être fondé, à l'Ecole des beaux-arts, dans la section de sculpture, sous le nom de prix Lemaire.

Le premier concours a été jugé hier par le jury de l'Ecole.

Le premier prix a été décerné à M. Albert Loze, élève de MM. Dumont et Bonnassieux.

Une deuxième médaille a été donnée à M. Gascq, élève de MM. Jouffroy et Falguière, et une troisième à M. Thounissen, élève de M. Cavelier.

L'Imprimeur-Gérant : HENRY LEFEBVRE.

Compiègne. — Imprimerie HENRY LEFEBVRE.

LA VIE ARTISTIQUE

COURRIER HEBDOMADAIRE ILLUSTRÉ

Des Ateliers, des Expositions & des Théâtres

BUREAUX A PARIS
42, Rue de Chabrol, 42

DIMANCHE 15 AVRIL 1888
2e ANNÉE — N° 15

ABONNEMENTS
Un An : DIX FRANCS

L'EXPOSITION DES PASTELLISTES

Deux artistes entre tous, MM. Besnard et Thévenot, captivent l'attention à l'Exposition des Pastellistes, ouverte la semaine dernière dans la galerie Georges Petit.

M. Besnard s'y montre sous ses aspects divers, s'attardant ici dans le rêve, évoquant des types dont la virginité sereine et froide s'exalte au contraste de couleurs violentes, cherchant par là, comme dans la fille d'Eve qui se chauffe auprès de l'âtre, comme dans le portrait de M. de Los Rios, à fixer les modulations des reflets dans des milieux où les lumières s'entrechoquent et s'opposent. Nous ne savons dans laquelle de ses manifestations M. Besnard s'est complu davantage ; il semble qu'il soit passé de l'une à l'autre avec une même aisance, une même affection pour des hardiesses peu accessibles au vulgaire. Pour notre part, c'est devant le portrait que nous nous sommes arrêté de préférence. Il est d'une intensité extrême, d'une justesse dans l'expression, d'une vérité dans la coloration qui nous ont singulièrement touché. Il a de plus, sur la femme qui se chauffe, la saveur de l'inédit et nous devons sans doute à toutes ces raisons réunies une impression ici traduite telle que nous l'avons ressentie.

L'art de M. Thévenot est d'une écriture moins hiératique. Sa lecture est plus facile. Mais c'est aussi un art fort, puissant, traînant à son service des crayons d'une exceptionnelle sonorité. Son portrait de femme, à la physionomie volontaire, avec sa chevelure blanchie par les ans, dont le profil, reflété dans une glace, vous a de faux airs de Marie-Antoinette, est une

œuvre capitale dont il faut, sous peine de partialité, tenir grand état. La facture en est personnelle, d'une heureuse hardiesse et il n'y a eu qu'une voix, dans le monde des arts, pour en saluer la virile affirmation.

M. Helleu a vivement intéressé aussi tous ceux qui demandent à l'art de renouveler un peu ses formules. Il a, chemin faisant, dans son portrait de jeune fille, dans ce grand cadre où, assise, attend patiemment quelque belle parisienne dont la toilette indique les récriminations contre les temps pluvieux qui nous accablent, trouvé de précieuses délicatesses, indiqué d'amusants rapports. Mais tout cela est un peu sommaire et la pensée de l'artiste gagnerait assurément à être précisée davantage.

M. Jacques Blanche, dans une gamme différente, nous montre Mlle Bartet, de la Comédie française, toute de noir vêtue. La tête est fine, délicate ; elle eût gagnée assurément à se détacher sur un fond plus aérien.

M. Puvis de Chavannes se présente non loin de là avec une série de compositions discutables. Çà et là, on retrouve bien le coloriste, le poète qui a chanté sur un mode nouveau le thème païen. Mais les petites surfaces s'accommodent mal de ses recherches ; son sentiment décoratif n'y trouve plus les éléments nécessaires à son affirmation et il serait à souhaiter qu'un maître de sa valeur ne s'exposât pas à de pareilles erreurs, dans l'unique but de sacrifier au goût du moment pour un moyen d'expression qui se prête difficilement à ses grandes conceptions.

Nous ne signalerons que pour mémoire l'*Été* de Madame Cazin, pastiche par trop évident d'un art dont le caractère personnel constitue le principal attrait. Et nous passerons à M. Lhermitte dont l'exposition variée, comme notes et comme sujets, est assurément intéressante. Ici c'est le soleil qui dore les blés, là c'est la nuit qui s'approche silencieuse et calme ; plus loin c'est le repas au logis, ou la *Confirmation* dans une église aux murs clairs, emplie de lumière et de jeunesses en blanc costume. On retrouve là toutes les qualités du dessinateur qui ont porté si haut la renommée de M. Lhermitte ; mais on y retrouve aussi cette indication que parfois des mains bien douées n'ont pas absolument besoin de la couleur pour conter ce qu'elles voient et le bien conter.

La *Rue Déserte* de M. Jean Béraud constitue une aimable anecdote, bien présentée, dans une lumière suffisamment observée.

Avec M. Montenard reparaissent le soleil du Midi et ses cuisantes ardeurs, que tempèrent çà et là des ombres transparentes et violacées.

Avec M. Duez, nous voici sous un climat moins brûlant, plus calme, où l'œil se repose de ces exaltations du ciel de Provence, dans un milieu tout d'harmonies blondes et nacrées. La nuit est descendue sur cette mer d'une adorable tonalité qu'arrêtent les falaises de Villerville ; ses vagues sont devenues grises, sombres ; elles s'avancent silencieusement sous l'estacade, en agitant, dans leurs douces ondulations, ces lumières reflétées des phares de la Hève.

Plus loin, nous retrouvons cette même mer émeraudée, se brisant sur les rochers d'Etretat. C'est M. Nozal qui l'a entrevue et d'une main habile, fixée sur le papier, mais on l'oublie vite pour rentrer dans les terres avec l'artiste et contempler cette belle nature qui commence à se parer avec le retour du printemps. Il y a là des gris délicats et fins, une heureuse harmonie qui charme et enchante, au milieu des exubérances de colorations qui lui font cortège.

C'est par la fraîcheur que se distinguent les blondes naïades de M. Roll, par la science et l'arrangement que se recommandent surtout les portraits très personnels de MM. Jules Lefebvre, Machard, G. Dubufe et Madeleine Lemaire, laquelle a joint à ses envois dans ce genre des fleurs et des fruits rendus comme elle sait les rendre.

M. Gervex nous touche à son tour par ses préoccupations de la couleur ; ses crayons sont distingués, harmonieux et cette tête de bambin coiffée d'un berret empanaché est jetée sur le papier d'une agréable façon. Il faut reprocher cependant à ses envois divers des négligences de construction, des yeux dont l'attache n'est pas toujours suffisante et des poses d'un goût contestable.

Nous ne ferons point la même critique à propos de M. Émile Lévy, par lequel nous termi-
nerons ce rapide examen d'une exposition pleine d'intérêt. Ses modèles sont bien posés, son dessin est ferme, sûr, et sa couleur riche et joyeuse, — si l'on veut bien négliger un portrait de jeune fille en gris, sans grand caractère, et des baigneuses minuscules qui nous reportent aux paysages en zinc de M. Francais. Mais n'est-il pas permis de se demander si le talent ici dépensé, si cette facture raisonneuse et cette exécution complète ne s'accommoderaient pas mieux de l'huile, avec ses ressources si multiples, sa solidité et son éclat ? Le pastel nous a toujours apparu comme un mode d'expression approprié spécialement à de certains sujets modestes, à des notations sommaires et rapides, telles que les comprennent MM. Besnard, Thévenot et Helleu. Vouloir lui faire dire autre chose, lui demander de parler une langue par laquelle il n'est point fait, c'est méconnaître son rôle, sa destination, sans profit pour lui, sans avantage pour l'artiste qui succombe à la tentation de lui enfler la voix.

A. Hustin.

LES JURYS DU SALON

JURY DE SCULPTURE

Nous avons parlé des petites manœuvres électorales qui se sont donné libre cours lors de l'élection du jury de peinture. L'élection du jury de sculpture n'a pas moins été animée.

Entre autres circulaires envoyées dans les ateliers, la suivante a soulevé une vive émotion :

Un groupe de sculpteurs, membres de la Société des artistes français, voulant manifester leur reconnaissance envers les membres des jurys qui ont participé à la bonne organisation des Salons annuels, se sont réunis et ont décidé, à l'unanimité des membres présents, de les réélire en *excluant* toutefois *ceux qui*, comme l'an dernier, *se sont rendus indignes* d'un aussi noble mandat *par leur partialité excessive* et les scènes regrettables et scandaleuses causées pendant le fonctionnement du jury.

Ils vous invitent à s'unir à eux en votant la liste ci-jointe.

La liste jointe comprenait trente noms pris en dehors du premier jury, sauf MM. Alphée Dubois, Etienne Leroux, Mathurin Moreau et Vaudet.

Pour répondre à cette manifestation, le Comité fit distribuer la protestation suivante :

Société libre des artistes français.

(Section de sculpture).

Les artistes, membres du jury ayant fonctionné l'année dernière, protestent avec indignation contre la circulaire qui tend à faire croire que des membres du jury du Salon de l'an passé se sont rendus indignes de leur mandat ; ils dénoncent à leurs confrères cette manœuvre électorale.

Les artistes sculpteurs de la Société libre, réunis en

assemblée générale le 6 avril, ont voté à l'unanimité un vote de blâme pour flétrir les auteurs de cet inqualifiable procédé. **LE BUREAU.**

Des autres avis distribués, nous avons retenu le programme de la Société Libre :

Article 1er. — Décentralisation pour le placement des œuvres au Salon, adoptée dans ces dernières années : nul exposant ne pourra occuper deux années de suite la même place.

Art. 2. — Une commission de cinq membres, prise dans le jury, sera nommée à l'effet de faire exécuter le placement selon les décisions du jury. La commission se tiendra en permanence au palais de l'Industrie.

Art. 3. — Les candidats de la Société libre s'engagent à proposer la signature des bulletins de vote le jour du vote des récompenses.

Art. 4. — Un procès-verbal devra être rédigé et mis à la disposition des exposants.

P. S. — Tous les candidats de la Société libre ont adhéré au programme ci-dessus et s'engagent à appuyer de tout leur pouvoir le principe d'un système de roulement du jury.

Cinq cent trente votants ont répondu à l'appel du comité. Ce n'est qu'à neuf heures du soir que l'on a eu le résultat du scrutin.

Votants : 548.

Ont été élus : MM. Etienne Leroux, 396 voix ; Mathurin Moreau, 387 ; Chapu, 342 ; Barrias, 340 ; Doublemard, 337 ; P. Dubois, 331 ; Mercié, 327 ; Gautherin, 325 ; Falguières, 324 ; Guillaume, 315 ; Saint-Marceaux, 315 ; Boisseau, 312 ; Thomas, 288 ; Bartholdi, 276 ; Guilbert, 275 ; Cavelier, 262 ; Albert Lefeuvre, 252 ; Cambos, 245 ; Delaplanche, 237 ; Rodin, 236 ; Aimé Millet, 235 ; Paris, 221 ; Aubé, 206 ; Morice, 206.

Animaliers : MM. Fremiet, 371 ; Caïn, 269.

Jurés supplémentaires : Oliva, 196 ; Croisy, 192 ; Turcan, 187 ; Boucher, 186 ; François, 78.

—

GRAVEURS EN MÉDAILLES.

Alphée Dubois, 349 ; Levillain, 318 ; Chaplain, 247.

—

EAU-FORTE.

Votants : 114.

Chauvel, 92 ; Courtry, 81 ; Lecouteux, 70 ; Lefort, 67. — Supplémentaires : Boilvin, Laguillermie, Champollion, Mongin, Monziès.

—

BURIN.

Ach. Jacquet, 29 ; Didier, 28 ; Waltner, 26 ; Blanchard, 24. — Supplémentaires : Jules Jacquet, Levaneur, Lamotte, Lévy, Harsoullier.

—

LITHOGRAPHIE.

Ach. Girouy, 33 ; Gilbert, 31 ; David, 28 ; Mauron, 23 ; Gocott, 14 ; E. David, 14. — Supplémentaires : Chauvel, J. Didier, Lamens, Bellanger.

—

BOIS.

Robert, 102 ; Barbay, 68 ; Baude, 68 ; Huyot, 61. — Supplémentaires : Perrichon, Lepère, Pannemaker fils, Cusmon, Pisan, Langeval.

ARCHITECTURE.

Votants : 148.

Pascal, 124 ; Daumet, 123 ; Bailly, 115 ; Coquart, 114 ; Garnier, 104 ; Vaudremer, 102 ; Raulin, 90 ; Ginain, 87 ; André, 85 ; Guillaume, 81 ; Mayeux, 81 ; Laviot, 80.

Jurés supplémentaires : Moyaux, 63 ; Guadet, 58.

Viennent ensuite : Boeswilwald, 57 ; Lisch, 52 ; de Baudot, 49 ; Corroyer, 43 ; Lheureux, 41 ; Selmersheim, 37 ; Deslignières, 35 ; Darcy père, 31.

** * **

Le jury de sculpture a constitné son bureau de la façon suivante : président, M. Guillaume ; vice-présidents, M. Mathurin Moreau et Etienne Leroux ; secrétaires, MM. Boisseau, Guilbert et Aimé Millet.

Ajoutons que, dans cette section, 1650 œuvres ont été déposées.

LE CONFLIT AVEC L'ÉTAT

Une série de mesures ont été prises à l'égard de la Société des artistes français, qui, comme on le sait, affranchie de la tutelle de l'État depuis 1880, exploite elle-même et pour son compte le Salon annuel de peinture.

Ces mesures émanent de deux sources fort différentes.

C'est d'abord l'Assistance publique qui, devant les recettes annuelles du Salon, s'élevant à environ cent mille francs, dénonce le contrat d'abonnement qu'elle avait consenti au chiffre de deux mille francs et réclame l'application intégrale du règlement. Or, l'application du règlement à la Société des artistes, c'est une redevance de trente mille francs environ qui doit entrer dans la caisse de l'Assistance publique. Disons, à ce propos, que les termes des règlements de l'Assistance publique sont formels, et qu'ils ont été appliqués dans nombre d'expositions qu'on aurait cru pouvoir exempter, telles par exemple que quelques-unes des expositions du quai Malaquais, organisées au profit des veuves et des orphelins des artistes célèbres.

Mais l'Assistance publique ne se borne pas à réclamer dès aujourd'hui l'application du règlement ; elle réclame en même temps de la Société des artistes français une somme de 60,000 francs environ, représentant la différence entre le contrat d'abonnement primitivement consenti et le tant pour cent qu'elle doit légalement percevoir.

Enfin le comité des 90 ne sait plus où donner de la tête et il y a là dedans quelques vieilles badernes qui sont toutes surprises d'être obligées de se remuer un peu. Ça leur fera du bien « ou je me trompe beaucoup. »

La seconde mesure n'est pas moins importante. La Société des artistes français, dont le capital atteint aujourd'hui 600,000 francs, adresse chaque année au ministre une demande de concession du palais de l'Industrie. Cette demande est transmise, non pas comme semble le croire la Société des artistes français, à la direction des beaux-arts, qui n'est pas consultée en cette circonstance et qui ne donne pas son avis, mais à la direction des domaines civils. Et, comme il est dû une redevance pour l'affectation du palais de l'Industrie, la direction des domaines civils écrit au ministère des finances pour le prier de réduire cette redevance au minimum, soit à un franc. Cette année, de même que les années précédentes, les choses se sont passées ainsi.

Mais, dans sa réponse à la direction des domaines civils, le ministre des finances a précisément voulu tenir compte des réclamations qui avaient été formulées. Rappelant particulièrement les articles publiés dans le *Temps* l'année dernière, il n'accordait à la Société des artistes cette réduction qu'à la condition qu'elle mettrait le jeudi après-midi sous le même régime que le dimanche, c'est-à-dire la gratuité complète des entrées pour le public. La Société des artistes pouvait d'ailleurs continuer de percevoir un franc par personne dans la matinée de chacun de ces jours.

C'est contre cette double mesure que proteste avec énergie le comité de la Société des artistes français. Le comité croit que ces décisions lui causeront un préjudice considérable et que peut-être même, au lieu de cent mille francs de bénéfice, il éprouverait un déficit.

Le comité a donc chargé M. Tony Robert-Fleury de rédiger un rapport au ministre des Beaux-Arts, invitant celui-ci à laisser le règlement du Salon tel qu'il était les années précédentes. En échange de cette complaisance, le comité promet de faire une journée de *vernissage* gratuite, — sur invitations, s'entend.

Une démarche a même été faite lundi auprès de M. Lockroy, pour que grâce à son intervention les difficultés soient aplanies.

M. Lockroy a expliqué que l'affaire était de la compétence du ministre des finances. Le bureau est donc allé voir M. Peytral qui a répondu que l'affaire était du ressort des Beaux-Arts !

Une nouvelle proposition est faite par plusieurs membres : celle d'accéder à la demande de l'Etat à la condition d'obtenir une prolongation de quinze jours au moins pour compenser la perte des jours gratuits.

UNE EXPOSITION AJOURNÉE

Samedi devait s'ouvrir chez M. Sedelmeyer, rue de la Rochefoucauld, une exposition d'œuvres de Jan van Beers. Depuis quelques jours, des affiches bizarres, apposées dans tout Paris, annonçaient que cette exposition comprendrait 300 paysages et 125 toiles diverses.

Le malheur a voulu que les journaux publiassent, ces jours-ci même, le compte-rendu du curieux procès engagé en Belgique, qui a démontré que M. Jan van Beers fait travailler dans les prisons — c'est-à-dire dans son atelier — quatre ou cinq peintres dont il signe les œuvres retouchées.

Devant cette révélation, et quoique M. Jan van Beers ait pris la peine d'écrire aux journaux qu'il se considère, en somme, comme autorisé à employer des « rapins-secrétaires » ainsi que les avocats emploient des stagiaires pour la préparation de leurs dossiers, M. Sedenmeyer n'a pas osé prêter ses galeries à l'exhibition d'un tel lot de « peintures van Beers et Cie » : l'exposition n'aura probablement pas lieu. Il est inutile de regretter toute cette contrefaçon belge. Ce serait encourager un vice légendaire en ce pays.

M. Sedelmeyer s'en est expliqué du reste dans une lettre qu'il a adressée à M. Van Beers et où il dit :

« ..... Beaucoup de mes amis, à qui j'ai parlé de cette question hier soir et aujourd'hui, m'engagent à ne pas autoriser l'exposition dans ma galerie, parce qu'il arriverait forcément que mon nom se trouverait mêlé à cette affaire qui émeut très défavorablement l'opinion publique.

« Malgré que je ne sois pour rien dans ces faits, j'aurais toujours l'air de patronner votre exposition et de prendre parti pour la démonstration que vous voulez faire et dont le résultat final est très incertain.

« Hier soir, à ma fête, les personnes qui regardaient vos tableaux, disaient en plaisantant : « Est-ce que ce sont de vrais Van Beers, ou de faux Van Beers provenant de la fabrique ?

« Lorsque j'ai consenti à vous louer ma galerie, j'ai supposé naturellement qu'il s'agissait d'y organiser une véritable exposition d'artiste, qui ne provoquerait que des critiques sérieuses. Mais si, après l'incident survenu depuis, je dois craindre que votre exposition soit l'occasion de plaisanteries et de scandales, la face des choses se trouve changée et je me considérerais comme dégagé de ma promesse, à moins que vous n'ayez réfuté victorieusement d'ici peu de jours toutes les accusations portées contre vous dans les journaux, etc. »

M. Van Beers, dont toutes les dispositions étaient prises en vue de l'exposition annoncée, a répondu à cette lettre en assignant M. Sedelmeyer en référé ; il demandait à être mis en possession de la galerie promise — au besoin avec l'assistance du commissaire de police.

Après avoir entendu Mes Herbet et Gouget, avoués des parties, le président a déclaré n'y avoir lieu à référé, la question soulevée par l'inexécution du contrat étant de la compétence du tribunal civil, devant lequel il a renvoyé MM. Van Beers et Sedelmeyer à se pourvoir au principal.

Bulletin des Expositions et Concours

Anvers. — Exposition triennale du 15 juillet au 15 octobre. — Réception jusqu'au 20 juin.

Barcelone. — Ouverture le 8 avril 1888.

Barcelone. — Concours pour un ouvrage d'Archéologie. Dépôt des ouvrages jusqu'au 25 octobre 1891.

Buenos-Ayres et **Montevideo.** — Expositions successives en 1888.

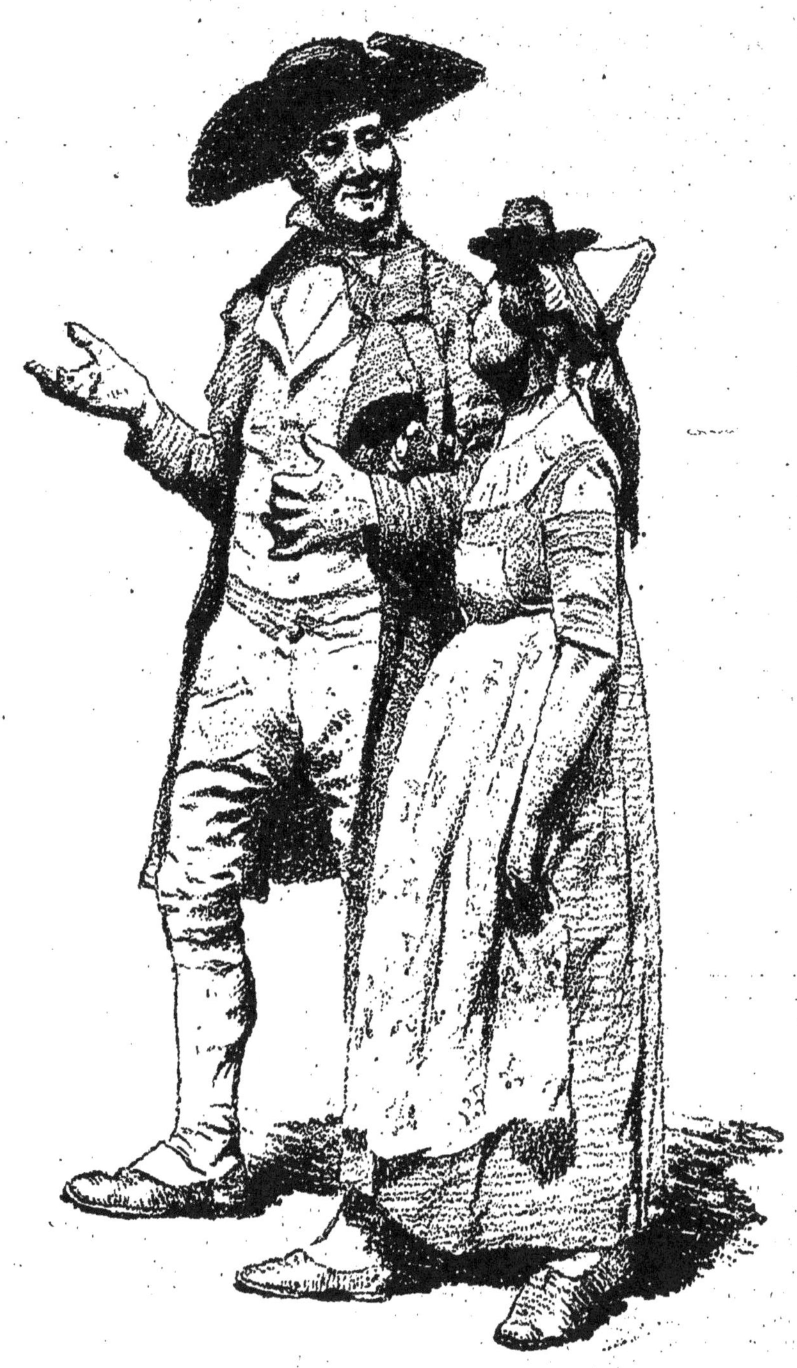

AIMÉ PERRET

Copenhague. — Exposition internationale, ouverture le 1er mai.

Epinal. — Du 9 juin au 15 juillet. Envoi à M. Garnier, en gare d'Epinal.

Gand. — Concours d'arts industriels en 1888.

Glascow. — Exposition d'art ancien et moderne, de mai à octobre.

Liège. — Exposition des Beaux-Arts du 29 avril au 17 juin.

Londres. — Exposition des Lauréats de France. — Beaux-arts et sciences. — Délais d'envoi au 25 avril, terme de rigueur, à la *Royal aquarium Westminster London*. — Voir notre numéro du 12 février, page 46.

Melbourne. — Exposition internationale du 1er août 1888 au 1er janvier 1889.

Munich. — Exposition internationale du 1er juin au 1er octobre 1888.

Nimes. — Exposition de la Société des Amis des Arts à l'occasion du concours régional. Du 1er mai au 10 juin. Envois du 1er au 15 avril au président de la Société à Nimes.

Paris. — Salon de 1888. Exposition des artistes vivants, Palais des Champs-Elysées. Ouverture le 1er mai jusqu'au 30 juin.

Paris. — Exposition internationale de 1889. Champ-de-Mars, du 5 mai au 3 octobre.

Paris. — Exposition du *Blanc et Noir* du 1er octobre au 15 octobre 1888. S'adresser à M. E. Bernard, rue de la Condamine, 71.

République Argentine. — Concours pour la construction d'un Pavillon à l'Exposition Universelle de 1889. — Dépôt des projets jusqu'au 15 avril, au siège de la commission, 85, rue Taitbout.

Rotterdam. — Exposition des Beaux-Arts, du 27 mai au 8 juillet. Envois du 30 avril au 12 mai, à la commission de l'*Académie Coolvert* à Rotterdam.

Tunis. — Exposition des Beaux-Arts du 25 avril. — Envois jusqu'au 11 avril à l'inspecteur de l'Agriculture de la régence.

Turin. — Exposition des Beaux-Arts du 1er mai au 31 mai 1888. — Envois du 15 au 20 avril, au secrétariat de la Société à Turin,

---

EXPOSITION DE STRASBOURG

Cette exposition ouvrira le 6 mai, pour se prolonger jusqu'au 10 juin.

Les artistes de Paris, qui désirent être exonérés de tous soins et frais, pourront envoyer leurs œuvres, *du 10 au 20 avril*, à M. Portier, rue Gaillon, 14, qui se chargera de l'emballage et de l'expédition aux frais de la Société.

Les lettres concernant l'Exposition devront être adressées au Conservateur de la *Société des Amis des Arts*, M. Ad. Seyboth, 32, boulevard de Saverne, Strasbourg.

EXPOSITION DE DOUAI

L'ouverture de cette exposition est fixée au 18 juillet prochain, la fermeture au 1er août suivant.

A moins de conventions spéciales, les tableaux ne devront pas excéder la dimension de *deux mètres* sur le plus grand côté, cadre compris.

La Société se réserve la faculté de réduire à trois le nombre des ouvrages à exposer par un même artiste.

Le soin de statuer sur l'admission des ouvrages envoyés est réservé à la commission administrative qui peut refuser les œuvres ne répondant pas à l'objet de l'exposition.

Les ouvrages envoyés de Paris devront être déposés *chez M. Dupuy-Vildieu, emballeur, 5 et 8 rue de l'Echiquier, du 25 juin au 4 juillet.*

Les ouvrages d'autre provenance devront être envoyés directement, dans le même délai au local de l'exposition.

LES EXPOSITIONS DE LA POMME

Sur l'initiative de leur président, M. Albert Christophle, les Pommiers viennent de décider l'organisation d'expositions particulières, où seront produites les œuvres des sociétaires, et d'expositions publiques auxquelles seront conviés les artistes normands et les artistes bretons.

Un Comité permanent a été formé en vue de ces Salons de la *Pomme*. Il est composé de :

MM. Guillemet ; Etienne Leroux ; Edouard Krug ; Alphonse Lemerre ; Chaplin ; Lansyer ; Léandre ; J. le Fustec ; Dr Edmond Barré.

La première exposition publique de la Pomme s'ouvrira, au Palais de l'Industrie, le 25 juillet prochain.

LA QUESTION DU SALON

Le différend pendant entre la Société des artistes français et l'Etat vient de recevoir une solution.

M. Peytral a signé un arrêté par lequel le Palais de l'Industrie est concédé à la Société des artistes exactement dans les mêmes conditions que les années précédentes.

Le Salon de 1888 aura donc lieu dans les mêmes conditions de durée, de prix comme entrées, et de gratuité le dimanche à partir de midi, que les précédents.

Toutefois, la Société des artistes se propose de faire la journée du vernissage gratuite, c'est-à-dire sur invitations.

M. Carnot, devant quitter Paris le 25 avril, le chef de l'Etat visitera le Salon le 24, à deux heures.

LE TRUQUAGE

Après le truquage des tableaux, voici venir une nouvelle industrie du même genre, tout aussi originale : celle de la fabrication des faux drapeaux historiques.

M. Germain Bapst, qui au ministère de la guerre, s'occupe avec activité de l'organisation de l'exposition militaire de 1889, a écrit à M. Meissonier, membre de la commission de cette exposition, une lettre où il lui signale que, depuis qu'on a décidé de faire figurer à l'Exposition les enseignes de chaque régiment, on a mis en vente, sur les points les plus différents de Paris et par petits lots de quatre ou cinq, des drapeaux dont quelques-uns simulent des drapeaux de nos anciens régiments.

Comme ils sont salis, usés, percés de trous, bien maquillés, ajoute M Bapst, que les étoffes dont ils sont faits sont anciennes, ainsi que le fil dont ils sont cousus, il est évident que, même avec une certaine attention, on doit les prendre pour des objets authentiques. Il se pourrait donc qu'ils fussent achetés soit par des musées, soit par des régiments, pour l'ornementation de leurs salles d'honneur.

Or, ces drapeaux sont de fabrication moderne, ce sont des œuvres de truquage. Voici les raisons qui ne permettent aucun doute à cet égard.

Jusqu'en 1768, les drapeaux des régiments mesuraient plus de deux mètres cinquante centimètres, soit plus de huit pieds de côté (Voir à la Bibliothèque du ministère de la guerre, *Recueil des drapeaux*, 1721-1724, par Hermand.) A cette date, une ordonnance en diminua la grandeur, mais ils conservèrent encore cinq pieds, c'est-à-dire environ un mètre soixante-cinq centimètres de chaque côté. C'est ce format qu'à le drapeau du régiment de Watteville, conservé au musée d'artillerie.

Les drapeaux que l'on met en vente, au contraire, mesurent à peine un mètre ou un mètre dix centimètres.

En outre, les drapeaux de l'ancienne monarchie, lorsqu'ils portaient des insignes telles que fleurs de lis, couronnes, etc., avaient ces insignes peintes en or et en semis dans les endroits qu'elles devaient couvrir. Dans ceux que l'on offre actuellement, les fleurs de lis sont en soie, découpées et appliquées avec une bordure de points de chaînette en une seule ligne.

Ces drapeaux ont probablement été copiés sur des aquarelles anciennes dont les couleurs se sont altérées par le temps, car partout où l'on devrait trouver des parties couleur de feuilles mortes, l'on retrouve du jaune, — tels sont les drapeaux du Royal-Italien et de Penthièvre.

Ajoutons que ces drapeaux, au lieu d'être en taffetas, ont tous au moins leur croix blanche d'une faille identique tirée du même coupon ; ce qui est impossible pour une masse considérable de drapeaux dont les régiments étaient en garnison sur des points très éloignés les uns des autres.

Enfin, certains de ces drapeaux n'auraient pu être faits qu'à quarante ans de distance, puisque, dans les lots mis en vente se trouvent des drapeaux de la garde nationale de Paris et de province qui ne peuvent dater que de 1789, tandis qu'il en est d'autres, comme celui du régiment de Cambrésis qui a été licencié en 1775 et, cependant, l'étoffe est toujours du même coupon.

Des drapeaux de l'armée, passons à ceux de la garde nationale. Il était assez adroit de mettre en vente des drapeaux de la garde nationale faits pour la fête de la Fédération. Ces drapeaux, de couleurs et de dessins les plus divers, étaient figurés dans les volumes du « Recueil d'Hoffman », conservés à la Bibliothèque de Noailles au Louvre. Ces volumes ayant été brûlés en 1871, il est donc impossible aujourd'hui de les restituer. On n'en trouve plus qu'une indication fort succincte dans le troisième volume des « Costumes militaires » de MM. Marbot et Du Noyer de Noirmont.

Ces drapeaux de la garde nationale de province sont aussi faux que ceux de l'armée, car leur croix blanche est, comme les autres, de la même faille que ceux de 1775. L'un d'eux porte au centre une couronne royale ; or, cette couronne, loin d'affecter la forme qu'avaient les couronnes du temps de Louis XVI, est exactement dessinée sur le modèle de la couronne qui fut faite pour le sacre de Charles X.

Je crois en avoir assez dit pour prouver la fraude et pour mettre en garde contre cette tromperie.

NÉCROLOGIE

Mme Rouvier, la femme de l'ancien président du conseil, vient de mourir à Nice dans sa villa de Saint-Jean. Depuis quelques mois elle était atteinte d'un mal que les médecins déclaraient incurable. Mme Rouvier, connue dans les arts et dans les lettres sous le pseudonyme de Claude Vignon, était une femme de beaucoup d'esprit, et elle exerçait une grande séduction sur tous ceux qui la connaissaient. Elle était née Noémie Cadiot, et elle était veuve de M. Constant lorsqu'elle épousa M. Rouvier.

Sculpteur distingué, elle a successivement exposé aux divers Salons l'*Enfance de Bacchus* (1852), un buste de Romieu (1853), *Idylle*, puis des bustes de Canova, de La Fontaine, de M. Lefuel, de M. Goupy, de Gavarni, de M. le baron de Beaulieu, de M. Lefebvre-Duruflé, de M. Montferrier, de M. Thiers (buste acquis par l'Etat), de M. Maurice Rouvier, etc. Elle a exécuté en partie les bas-reliefs de la bibliothèque du Louvre et de la fontaine Saint-Michel.

Comme littérateur, Mme Claude Vignon a publié de nombreux volumes : *Jeanne de Manguet*, *Victoire Normand*, *les Complices*, *Château-Gaillard*, *Révoltée*, et tout récemment encore, *A travers l'Espagne*.

La semaine dernière, on retrouvait dans la Seine, près des pontons de la station des bateaux-mouches, au Trocadéro, le corps d'un homme paraissant âgé de soixante ans. Il n'avait sur lui que quelques papiers et une lettre adressée à une personne des Lilas, où il habitait un appartement plus que modeste.

Après enquête, le corps qui avait été transporté à la Morgue, a été reconnu par un de ses amis, pour celui du caricaturiste Lavrate.

Sans être un artiste de talent, Lavrate possédait une verve particulière ; ses dessins avaient popularisé son nom, sans lui apporter la fortune, pas même l'aisance. — C'est là toute l'explication de sa mort.

C'était un ancien élève de Saumur; télégraphiste distingué, il fut blessé en Italie, ce qui ne l'empêcha pas de reprendre du service en 1870 et de faire bravement son devoir.

Ses œuvres s'étalaient à tous les kiosques du boulevard ; mais c'était surtout dans la banlieue que son pinceau trouvait plus spécialement son emploi et on pourrait suivre la trace de ses pérégrinations autour de Paris, en lisant son nom sur les enseignes des restaurants champêtres et dans les salles de cabarets ornées de ses singulières compositions.

Nous apprenons la mort d'un statuaire de talent, M. Henri Dumaige, décédé à Saint-Gilles-Croix-de-Vié (Vendée), le 31 mars, dans sa cinquante-huitième année.

Henri Dumaige était l'auteur de la statue de Rabelais qui figura au Salon de 1880 où elle obtint une seconde médaille et qui fut inaugurée la même année à Tours.

ÉCHOS ET NOUVELLES

L'approche du Salon de 1888, qui va fournir une nouvelle occasion pour l'Etat d'acheter un certain nombres d'œuvres d'art vient rappeler l'attention sur le musée du Luxembourg dont l'agrandissement est réclamé depuis longtemps.

M. Arago, conservateur de ce musée, va soumettre très prochainement au ministre des beaux arts un projet tendant à construire une nouvelle galerie qui, se détachant du bâtiment principal (ancienne Orangerie) viendrait aboutir à peu de distance de la rue de Vaugirard.

* * *

L'Académie des beaux-arts vient de recevoir, pour le concours fondé par M. Duc, en faveur des hautes études architectoniques, deux projets qui seront jugés par la section et l'Académie : l'un est de M. Albert Ballu, *Un Palais de Justice à Bucharest;* l'autre de M. Dauphin, *Une Ecole supérieure des sciences et lettres à Alger*.

Les deux concurrents sont architectes du gouvernement.

* * *

Ces jours derniers, il y a eu foule à l'atelier de M. Vibert.

On venait voir le tableau qu'il vient d'achever et qu'il montrait à ses amis avant de l'envoyer en Russie, où le réclame l'acheteur.

C'est un concert que se donnent des prêtres.

* * *

Le président de la République et Mme Carnot sont allés visiter mardi, au cercle Volnay, l'exposition des œuvres du peintre Vereschagin.

* * *

Les vingt concurrents admis en loge pour le grand prix de sculpture ont reçu le programme du deuxième essai.

Il consiste en deux épreuves :

1° Une esquisse modelée; sujet: *Méléagre reprenant ses armes* ; 2° une figure nue, modelée d'après nature.

Le jugement sera rendu le lundi 23 avril.

* * *

M. Bailly, président de la Société des Artistes français, a été reçu mercredi, par M. le président de la République. Cette visite avait pour but d'inviter le chef de l'Etat et sa famille à aller visiter le Salon le 29 avril, veille de la journée dite « du vernissage ».

M. Carnot a promis d'aller visiter le Salon au jour convenu, à moins d'empêchement absolu, tel qu'une absence possible à l'époque de l'ouverture de cette exposition.

L'Imprimeur-Gérant: HENRY LEFEBVRE.

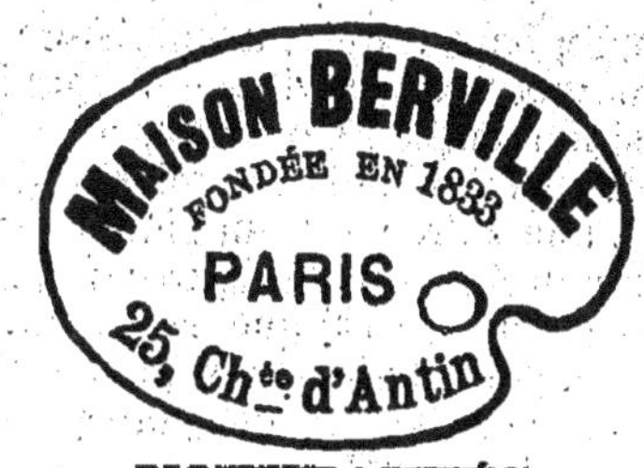

NOUVEAUTÉS

FIXATIF H. LACAZE SPÉCIAL POUR LE PASTEL

PAPIER *Lalanne* pour LE FUSAIN
FORMAT GRAND AIGLE (1ᵐ05 × 0ᵐ70)

Nouvelle Pâte plastique pour le Modelage.
PEINTURE SUR TERRE FINE CÉRAMIQUE
ENVOI FRANCO DE TARIFS

ACADÉMIE JULIAN

ATELIERS DE PEINTURE

Sculpture et Dessin.

Distincts pour Hommes et pour Dames.
Toute la journée modèle vivant.

ATELIERS DE

MM. **BOUGUEREAU** et **T. ROBERT-FLEURY**
MM. **BOULANGER** et **J. LEFEBVRE**

Atelier de sculpture, professeur M. **CHAPU**

Ces éminents professeurs donnent régulièrement leurs conseils aux élèves.

COURS pour HOMMES
48, faubourg Saint-Denis (près la porte St-Denis).

COURS pour DAMES
27, galerie Montmartre (Passage des Panoramas)
28, Faubourg Saint-Honoré (Près de la Madeleine)

COURS D'ANATOMIE : M. CUYER.

Préparation au brevet supérieur de dessin de la ville de Paris et de l'Etat et aux concours de l'Ecole des Beaux-arts.

Aquarelle — Pastel — Nature morte, etc.

Il n'y a jamais de vacances.

On trouve dans chaque Atelier les renseignements qui le concerne.

Compiègne. — Imprimerie HENRY LEFEBVRE.

LA VIE ARTISTIQUE

COURRIER HEBDOMADAIRE ILLUSTRÉ

Des Ateliers, des Expositions & des Théâtres

BUREAUX A PARIS
42, Rue de Chabrol, 42

DIMANCHE 22 AVRIL 1888
2ᵉ ANNÉE — Nᵒ 16

ABONNEMENTS
Un An : DIX FRANCS

A PROPOS DES PASTELLISTES

LES ABSENTS. — COMMENT LA SOCIÉTÉ EST NÉE.

Que le lecteur se rassure ! je ne reviens pas ici sur l'exposition elle-même dont mon ami Hustin a rendu compte dans le numéro précédent. Je vais me borner à parler de ceux qui ont manqué au rendez-vous.

Sur trente, sociétaires, vingt-deux seulement ont exposé. *Quid* des huit autres ?

Dagnan-Bouveret, qui a été élu il y a quelques mois, en remplacement du pauvre Guillaumet, revient d'un voyage en Afrique, et on lui a fait crédit jusqu'à l'année prochaine.

Francois Flameng, après avoir terminé sa grande décoration de la Sorbonne, a déclaré, lui, qu'il allait partir, et que, pour le moment,

il ne pouvait plus rien voir en peinture.... sa peinture même : c'est ce qu'on appelle aimer à se singulariser.

Cazin a sans doute pensé, mais à tort, qu'il suffisait que le nom de Mᵐᵉ Marie Cazin figurât en bas d'un grand pastel.

James Tissot travaille à une série de deux cents tableaux représentant les scènes du Nouveau Testament : l'évocation de tout un monde.

Adrien Moreau a fait l'école buissonnière. Je vous le livre : il pèche par son absence, mais c'est nous tous qui sommes punis.

A. Maignan et E. Yon ont exposé... de mauvaises raisons, qu'il a bien fallu, à notre grand regret, faire semblant de trouver bonnes. Il doit y avoir du jury de Salon dans l'affaire ; comme si c'était juste de nous priver de la bonne aubaine de leur talent, pour assurer ou empêcher la participation à l'exposition annuelle d'un tas de peintres qui nous est parfaitement égale !

Heilbuth avait commencé un pastel. Je l'ai vu, c'était une chose exquise. On sait de reste que les crayons de couleur conviennent merveilleusement à la manière si délicate d'Heilbuth. Et voilà qu'il s'est ajourné pour raison de caresses dernières. Au moment de la séparation, son cœur de père a molli. A titre de compensation, nous avons, sur la foi du serment, l'assurance que dans douze mois l'enfant se présentera escorté de plusieurs compagnes.

Reste Vollon. Hélas ! chaque fois qu'on va le voir, cet admirable peintre, c'est toujours demain qu'il se mettra à la besogne.

⁂

Le public s'est pressé en foule à l'exposition. Je renonce à essayer d'analyser par des noms les causes de cet empressement.

Et dire que quand notre Société est née, personne, sauf quelques-uns, ne croyait à son existence : on avait même prédit qu'elle n'arriverait pas à terme ! J'ai là-dessus des souvenirs qu'il m'est infiniment agréable de rappeler. Qu'on me le pardonne.

C'était, il y a cinq ans, à l'exposition des Dessins du siècle, à l'Ecole des Beaux-Arts. Je ne sais comment, devant ces admirables dessins rehaussés au pastel de Millet, le regret me vint de penser que ce genre si français, si fécond en ressources, était à peu près abandonné ; et cependant je dois reconnaître que déjà Emile Lévy avait réussi à le mettre en faveur pour les portraits, et que Duez s'en était servi dans de charmants panneaux de fleurs. Les aquarellistes existaient bien, pourquoi n'aurions-nous pas aussi les pastellistes ?

C'est sous cette forme que l'idée se présenta à moi. A peine avait-elle traversé ma pauvre cervelle, — et peut-être n'aurait-elle fait que passer seulement, — que j'aperçus, en me retournant, Georges Petit, qui venait de se constituer l'hôte des aquarellistes.

Alors, avec un imperturbable aplomb, prenant de suite mon désir pour une réalité, j'annonçai à Georges Petit que j'organisais une Société de Pastellistes et qu'à peu près composée déjà, elle allait ouvrir à l'Ecole même sa première exposition.

Georges Petit sauta sur le projet, me dissuada, sans trop de peine naturellement, de conserver l'emplacement du quai Malaquais. Un quart d'heure après, nous avions échangé notre parole pour un traité à intervenir.

Mais il fallait trouver des pastellistes ! C'était bien, somme toute, le principal. J'ai encore à l'oreille le concert des objections, les représentations des incrédules : « Le pastel est un art mort, il a fait son temps — on ne fera jamais mieux que La Tour…, il n'y a plus de peintres qui fassent du pastel : vous n'en trouverez jamais assez pour organiser une Société, voire même une exposition. »

Malgré cela, je réunis assez vite une quinzaine d'artistes qui m'encouragèrent et acceptèrent la proposition. Bien des fois, il me fut répondu : « Je ne demanderais pas mieux que de faire partie de la Société, mais je n'ai jamais fait de pastel. » — « Ce n'est pas une raison, vous en ferez, répliquais-je. » Et comme ils ne se trouvaient pas seuls à tenter l'aventure, cela les enhardissait. Quand on est artiste de race, comme ils l'étaient tous, la pratique du pastel ne devait être qu'un tour de main à prendre. C'est ainsi que nous eûmes Paul Baudry et Gustave Guillaumet.

Les statuts rédigés, par lesquels il fut décidé que la Société ne se composerait jamais de plus de trente membres (les sociétés fortes et qui durent, sont les fermées et les peu nombreuses), il fallut faire acte d'existence.

La date de l'ouverture de la première exposition fut fixée au samedi 1er avril 1885. Dame ! on était peu nombreux encore. Quatorze artistes vivants, membres de la Société nouvelle, étaient à même d'exposer, et peu d'œuvres. Il fallut appeler les morts à la rescousse.

Nous allâmes à Saint-Quentin chercher des La Tour. Les collections particulières nous prêtèrent des Perroneau, des Largillière, des Rosalba, des Coypel, des Chardin, des Prud'hon, des Reynolds, des Vigée Le Brun. Le dix-huitième siècle, qui nous servait de préface radieuse, nous donnait des leçons, en même temps qu'un patronage, et nous recommandait auprès du public pris au charme.

L'année suivante, les cadres étaient pleins. A l'heure actuelle, aucune place n'est vacante. Ce n'est pas tout, il y a une liste de soixante-cinq candidats !

Et, le plus joli, c'est que, une semaine après l'ouverture de la première exposition, on ne trouvait plus de boîtes de pastels, à Paris, chez les marchands de couleur ! Rassurez-vous, ils en sont pourvus maintenant.

On vient de découvrir un nouveau procédé pour fixer le pastel, qui a donné des résultats inattendus. La Société va partir, au mois de mai, pour Copenhague. Que l'Amérique l'appelle, elle ira.

Oh ! les bons prophètes qui avaient prédit que l'art du pastel étant mort, rien ne saurait le ressusciter ! Je pourrais citer leurs noms ; à quoi bon ? Je me contenterai de dire seulement qu'on ne leur avait pas demandé de faire partie de la Société de Pastellistes français.

Celle-ci a eu un tort bien grave, en vérité : elle n'a voulu chez elle que de véritables artistes, et elle y a réussi.

Roger BALLU.

LES EXPOSITIONS DE LA SEMAINE

C'est dans les galeries Durand Ruel que M. Van Beers a réuni son œuvre presque complet. Nous y avons retrouvé les divers motifs qui avaient figuré aux Salons de Paris et de Belgique, depuis les grandes toiles librement traitées, jusqu'aux compositions de dimensions modestes et d'une exécution aussi mièvre que prétentieuse. A côté de ces vieilles connaissances, M. Van Beers en a placé d'autres, d'un ordre assurément plus intime et où les horizontales du boulevard s'exhibent parfois en des poses qui n'ont rien de la correction plastique. Le faire en est maniéré, petit, et il est fâcheux qu'un peintre, qui est en somme un coloriste parfois délicat, ait sacrifié à ce point au bizarre et à la précision qu'il ne laisse plus rien à désirer aux artistes capillaires !

M. Van Beers s'était annoncé comme d'une autre école et ses tendances actuelles sont d'autant plus fâcheuses qu'il est, dans son exposition, tels paysages d'une poésie bien franche et d'une observation juste.

* *

A l'Ecole des beaux-arts s'est ouverte l'exposition des caricaturistes du siècle, organisée par M. Armand Dayot, inspecteur des beaux-arts, au profit des familles des marins morts à la mer.

Il n'y a ici que des morts. Léonce Petit et André Gill ferment la marche. Elle est ouverte par les caricaturistes anonymes des premières années du siècle, qui n'ont guère fait de politique et qui se sont limités à la peinture comique des costumes du temps et aux scènes de mœurs. C'est de la caricature claire, un peu géométrique, emprisonnée dans des formules froides et qui rappellent tout à la fois des bas-reliefs gréco-romains et les keepsakes anglais. Si elle ne paraît attaquer personne en particulier, elle ne manque ni d'audace ni de libertinage. Elle nous fait voir des « petits jeux de société » dont ne s'accommoderait pas trop notre moderne retenue. Je ne cite que pour mémoire le supplice infligé au jeune monsieur que l'on voit à genoux au pied d'une jeune dame, lequel se casse le cou pour regarder l'heure à une montre placée tout juste derrière sa tête et, dans le mouvement qu'on lui impose, est obligé de passer bouche close devant les lèvres entr'ouvertes de sa partenaire.

Sitôt que l'empire a disparu et que les rois commencent à remontrer le bout de leur couronne, sans sortir de l'anonymat la caricature devient plus audacieuse. Elle commence à s'attaquer aux personnes ; elle le fait avec une liberté tout anglaise. Un des types les plus curieux de cette collection de caricatures non signées que l'on nous montre aux beaux-arts est une duchesse d'Angoulême bousculant Charles X avec cette légende :

— Ah ! si j'avais ce qui te manque !

Mais c'est là presque une exception. Carle Vernet ne s'engage point dans cette voie. Il s'en tient à la charge des types parisiens, comme la *Marchande d'eau-de-vie*, à des scènes libres et par soi-même comiques, comme le *Coup de vent*.

L'âge épique de la caricature politique ne commence guère qu'à l'époque où Philippon mena Grandville, Traviès, Daumier et Gavarni à l'assaut du gouvernement de Juillet. On a voulu rendre hommage à cet intrépide lutteur ; on a logé son portrait par Gustave Doré, en belle place, entre ses deux compagnons favoris, Gavarni et Daumier.

Daumier est là en effet, avec les cinq grands dessins qu'il composa pour l'*Association mensuelle typographique*, entreprise par Philippon afin de venir en aide aux condamnés politiques,

dessins qui mirent le caricaturiste pour toujours hors de pair.

Voici d'abord un dessin de plein air, les hauteurs du Père-Lachaise. Dans le fond, l'horizon de Paris, des arbres, des toits. Un extraordinaire croque-mort pleure sur une tombe. Il est prêt à tomber à genoux devant un corbillard qui passe ; ses mains ne cachent pourtant pas si bien son voisinage qu'on ne voie dépasser ses favoris légendaires :

— Enfoncé Lafayette ! s'écrie le pleureur hypocrite.

Et voilà, en regard de cette planche, la plus populaire des œuvres de l'artiste : la *rue Transnonain*. Il y a une épreuve en noir et une épreuve en couleur. L'épreuve en noir, est plus transparente, plus vigoureuse. Hélas ! le souvenir de ce drame est resté dans toutes les mémoires. Daumier n'a pas permis qu'on l'oubliât. Nous avons pour toujours dans les yeux cette paillasse fouillée à coups de baïonnette, ce cadavre en chemise, sur les carreaux d'un logis d'ouvrier, l'enfant, la femme et le vieillard étendus et raides dans l'ombre !

Henri Monnier, plus loin, est représenté par les meilleures pages : la *Dernière scène du roman chez la portière*, le *Pharmacien sergent-major trésorier de fabrique*. M. Prudhomme, debout, prononçant cette parole :

— Otez l'homme de la société, vous l'isolez.

Et qui s'assoit pour lancer cet autre aphorisme :

— Je maintiens mon dire. Si Bonaparte fût resté lieutenant d'artillerie, il serait encore sur le trône.

Avec infiniment plus de variété et de fécondité d'invention, Cham, le charmant Cham, est un peu gringalet près de ces maîtres. Mais si son dessin fléchit, quelle grâce, quel esprit toujours aussi reluisant dans les légendes des *Douze années comiques*, de l'*Assemblée nationale comique* et des *Folies parisiennes*, qui garnissent ici les murailles et que l'on retrouve au rez-de-chaussée dans les albums.

Il faut dire un mot, pour finir, d'une section spéciale de cette exposition de caricatures qui paraît devoir piquer tout particulièrement l'attention des visiteurs : celle des caricaturistes d'occasion.

On a réuni sur un seul pan de mur quelques charges signées Victor Hugo, Théophile Gautier, Alfred de Musset. Musset est représenté par une série de portraits comiques de Paul Foucher, Hugo par une « ancienne déesse Raison rencontrée rue Saint-Louis le 27 septembre 1847 » et des profils pour la *Sorcière*, qu'il convient sans doute de regarder non seulement avec respect mais avec fétichisme.

Le reste de cette salle est garni de la fameuse collection des caricatures de Giraud, qui forment le précieux album de M. de Nieuwerkerke. C'étaient des souvenirs de ces fameuses soirées du Louvre où se réunissaient tous les hommes d'esprit de ce temps-là. Ils y sont tous, ceux que nous connaissons aujourd'hui chauves ou grisonnants, beaux garçons pour lors, bruns, frisés, pommadés, la jambe raide. C'est Hébert, c'est Lami, ce sont Isabey, Cabanel, Meissonier, Gérôme, Charles Garnier, Viollet-le-Duc, Silvestre de Sacy, Carpeaux avec un air d'ouvrier en habit noir, du Sommerard, Arsène Houssaye, Alfred de Musset, dont les yeux verdâtres, bordés de rose, le teint pâlot, la barbe délavée, vont désillusionner bien des jolies femmes, Dumas fils avec un front bombé, des yeux de saphir; Dumas père, au gilet blanc, le cigare à la bouche, l'air d'un planteur gourmand et réjoui; Vernet, aux yeux de crabes, à la barbiche de bouquet; Sainte-Beuve, admirable, grassouillet, chauve, rasé, un composé de furet, de vieux curé et de vieille cuisinière. Enfin, le Gustave Flaubert au sujet duquel M. de Nieuwerkerke eut l'an passé une polémique avec M. Bergerat, et qui a servi à M. Bernstam, l'habile statuaire du musée Grévin, à modeler un buste saisissant de vie, que vous verrez au *Salon* et qui sera sans doute acquis par l'Etat.

LES CARICATURES D'ÉMILE ZOLA

M. Zola a été, assurément, un des hommes les plus caricaturés de notre époque. Il n'est pas un dessinateur fantaisiste qui ne se soit « payé sa tête. »

M. Henry Céard, un disciple du maître, a réuni tous ces piquants documents.

La première caricature date de 1866, et fait allusion au vigoureux « Salon » publié dans *l'Evénement*. Elle a paru dans le *Journal amusant*, et elle est de Stop.

M. Zola traverse les salles, au loin. Deux messieurs vont le croiser. — Mon ami, dit l'un d'eux, cachez-moi. — Pourquoi donc? — J'aperçois M. Zola, de l'*Evénement*. — Ah! eh bien? — J'ai eu le malheur d'être membre du jury, et j'ai peur qu'il ne m'injurie!

Une caricature, aussi, à propos du portrait de M. Zola, exposé par Manet, dans la *Parodie* de Gill.

Puis des années se passent avant que la caricature s'occupe encore de lui. Il a beau publier *Thérèse Raquin, Madeleine Férat, la Curée*, les dessinateurs satiriques s'abstiennent. En 1876, cependant, après *S. E. Eugène Rougon*, Gill représente M. Zola assis sur la pile de ses livres et examinant à la loupe un fantoche qui porte les attributs classiques du bonapartiste.

Mais tant qu'il se borne à son œuvre de romancier, le silence de la caricature n'est que rarement troublé. C'est un fait curieux à noter, au contraire, que les charges apparaissent par légions dès qu'il aborde le théâtre. Alors, elles emplissent les journaux illustrés, elles deviennent une véritable obsession. C'est la représentation de l'*Assommoir* qui les fait éclore. Dès ce moment M. Zola ne cessera d'être représenté en ouvrier, en chiffonnier, piquant son crochet dans des tas d'ordures, à la recherche du « document, » et, fréquemment, accompagné d'un fidèle cochon. C'est le thème principal, celui sur lequel les caricaturistes brodent le plus volontiers leurs fantaisies.

Dans l'œuvre de M. Zola, c'est *Nana* qui a le plus inspiré les railleurs : on arriverait bien à un total de deux cents dessins! Les caricatures gagnent jusqu'à une petite feuille de propagande politique, *le Père Gérard*.

Quelques exemples, voici dans le *Molière* du 8 juin 1879, sous la signature d'Alexandre Bloch, une planche fort drôle, coloriée, qui montre M. Zola en petite Nana, les cheveux dans un filet, en tablier, un ruban bleu au cou, la robe courte, laissant apercevoir des bas à côtes. En guise de livre de classe, cette étrange Nana lit le *Voltaire*, où se publiait alors ce roman, en feuilleton. On s'égaye aussi de la publicité colossale faite autour de *Nana*. Un Grévin, dans le *Charivari* : un homme-affiche disparaît entièrement sous l'annonce du feuilleton. Au-dessous du dessin, cette légende :

— Nouveau truc de Walder pour dépister la police.

Un Draner, assez libre, dans le *Charivari* : Un infortuné passant s'est aventuré dans une colonne Rambuteau. Il se trouve aussitôt bloqué par une affiche de *Nana*, qui lui ferme toute issue.

Gill, dans la *Lune rousse*, donne un tableau... mythologique, la *Naissance de Nana-Vénus*. La belle fille, au lieu de sortir de l'onde, s'élance d'une cuvette, non pas nue, mais déshabillée, et M. Zola soulève indiscrètement ce qui reste de ses jupes.

Dans la *Vie Parisienne*, Sahib représente M. Zola (il devait, à ce moment-là, s'attendre à tout!) coiffé d'une casquette à trois ponts, et frappant sur une grosse caisse d'où s'échappe Nana. Robida, inépuisable, déployant l'imagination la plus folle dans des planches colossales, dépensant une verve singulière, ne cesse, alors, de prendre M. Zola à partie. C'est la 100ᵉ de *Nana*, où les hommes sont costumés en malades, où les femmes sont en chemise. M. Zola, coiffé d'un bonnet de coton, danse une valse avec Mlle Massin. Ou bien il annonce la prochaine apparition d'un grand drame : « *La Maison de Zola*, par le maître, assisté de plusieurs médecins et pharmaciens naturalistes. On nous promet quelques maladies assez dégoutantes, une opération assez délicate, etc. » C'est Robida encore qui, à l'apparition des *Soirées de Medan*, montrera M. Zola porté en triomphe par quatre Nanas, tandis que ses disciples agitent des bannières où on lit de plaisantes inscriptions contre les idéalistes, une, entre autres, avec ces simples mots : « Qu'on les empaille ! » C'est lui aussi qui consacrera une autre planche au *Danger des mauvaises connaissances*, « imité de Berquin, par Zola. »

La grande querelle de M. Alexandre Dumas et de M. Zola excite aussi la malignité des dessinateurs. Voici, dans la *Silhouette* de 1881, les deux écrivains en bateleurs, faisant la parade dans deux baraques rivales. Ailleurs, M. Zola, en athlète, exerce ses forces sur une tête de Turc, figurée par M. Sardou.

Les caricaturistes passent parfois les bornes du bon goût, mais tout n'est-il pas permis à ces enfants terribles? *La Vie Parisienne* montre les chevaliers de la casquette à trois ponts rendant visite à M. Zola, à l'occasion du jour de l'An. Dans les *Biographies contemporaines*, Hope représente le romancier en chiffonnier, ramassant son portrait. Moloch, dans le *Trombinoscope*, le dessine en habit noir, assis sur un pot

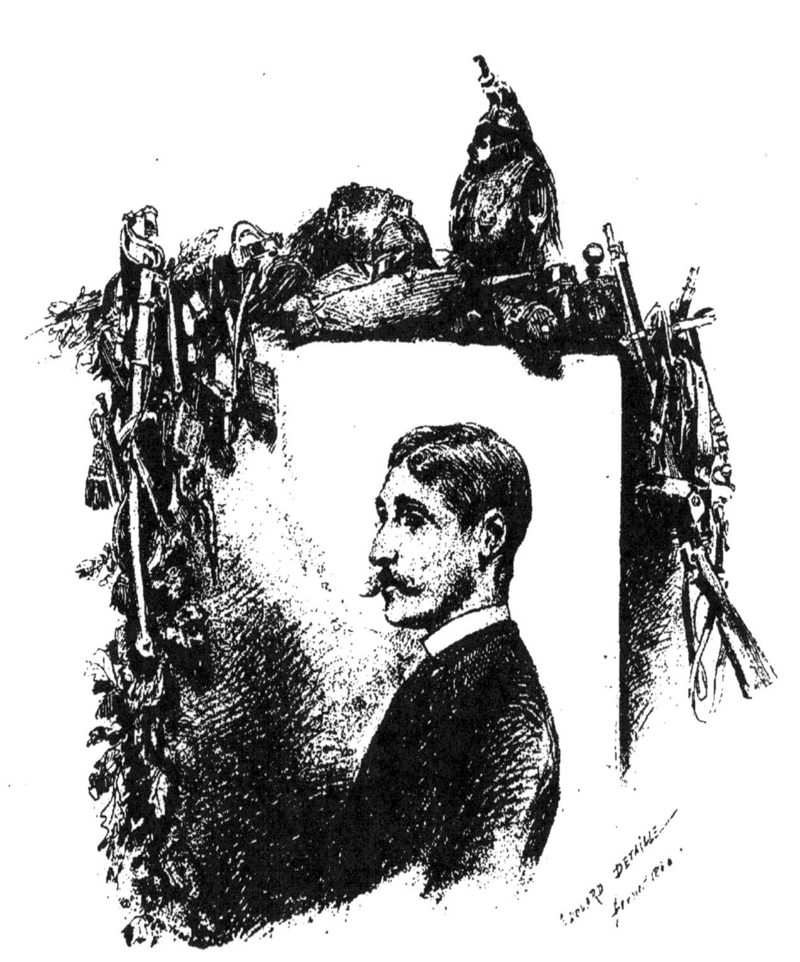

DETAILLE

(Portrait autographe).

de chambre. Dans la *Mascarade*, Demare le campe, ayant ce pot de chambre attaché en bandoulière, faisant un pied de nez à Hugo, et ledit pot de chambre reparaît encore dans un croquis de Draner, à propos de l'exposition d'horticulture, où M. Zola est en violette, baignant dans ce vase.

Le *Sans-Souci* de 1881 broche sur le tout : un cochon affamé dévore M. Zola qui se débat dans une auge... La célébrité exige, à ce qu'on voit, une belle dose de philosophie !

Peu de caricatures sur la *Joie de vivre*. En revanche, une planche amusante du Marais offre M. Zola, habillé en cocotte, assis devant un magasin, évoquant le *Bonheur des dames*, avec cette inscription : « Mlle Zola, marchande à la toilette. » C'est la seconde fois qu'il est représenté, avec sa barbe et son pince-nez, sous un costume féminin.

Cham n'avait pas épargné non plus le romancier. On le voit, dans une de ses « semaines » du *Charivari*, faisant monter un ballet naturaliste à l'Opéra, et Henriot, qui succède à Cham, continue la tradition en faisant passer M. Zola par toutes les incarnations.

Et voici encore, et toujours, le pot de chambre ! C'est le *Mirliton* qui, à propos de *Pot-Bouille*, dessine les traits de l'auteur dans cet ustensile, qui lui sert de tête. Baric fait de Zola un boulanger, enfournant ce roman sur une pelle. Un dédommagement : Robida, déjà nommé, le croque avec une auréole au-dessus de la tête, à la façon des images byzantines ; au-dessous, cette mention : Saint-Emile, naturaliste. Voilà qui venge M. Zola des caricatures où on ne le flatte guère !

Germinal devait amener son portrait en mineur, par Lucque, une lanterne sur la tête, les mains appuyées sur un pic. Un journal souhaite à M. Zola, pour ses étrennes, « la découverte de quelques nouvelles maladies pour ses mineurs. » Forain le montre en chef d'orchestre, conduisant l'orchestre naturaliste. Mais nous retombons avec Draner et son projet de couronnement pour l'Arc-de-Triomphe (l'Arc de triomphe sera naturaliste ou il ne sera pas ! ») dans l'éternel vidangeur.

Presque rien sur l'*Œuvre*, mais on prend une terrible revanche avec la *Terre*. Dans le *Clou*, M. Zola souffle une chandelle à la façon de son Jésus-Christ, et le dessin est intitulé « les Divertissements de Medan, » La *Gazette des Bains de Royan*, elle-même, s'en mêle, mais d'une façon anodine. « Eh ben, dit, dans un cabaret, un vieux en blouse, il arrange bien le pésan, M. Zola ! » Je ne cite, d'ailleurs, ce petit journal que pour prouver l'universalité des caricatures.

L'étranger donne souvent, — pas très courtoisement, au reste. *Der Floch*, de Vienne, représente M. Zola en ouvrier, la pipe à la bouche, entouré de tous les personnages de son œuvre, avec cette légende brutale : « Cochon ou pas cochon, voilà toute la question littéraire ! » La *Lurtige-Blatter*, dans un dessin, d'ailleurs remarquable de Theodor, le place, à cheval, sur un cochon ailé, un Pégase grotesque, avec lequel il s'élève « au plus haut degré de l'ignominie ». A signaler aussi une caricature récente dans le *Ulk*, de Berlin. Elle est vraiment singulière. M. Zola, un tout petit chapeau sur la tête, et vêtu d'un veston, s'adresse à la France, écœurée de tous les scandales que l'on sait, et il s'écrie, triomphant : « Et maintenant madame La France, est-ce que vous direz encore que c'est moi qui amène les saletés (*sic*) ? »

Une iconographie naturaliste devrait encore se compléter par les couvertures de chansons de cafés-concerts, évoquant des personnages de l'œuvre de M. Zola, par la mention des services en faïence qui reproduisent des scènes de l'*Assommoir*, et des « questions », comme celle de *la Mouquette*, qui montre cavalièrement une vaste croupe, découpée en forme de cœur.

On voit que c'est tout un monde, que ces satires, sous toutes les formes, et qu'il ne manque qu'un dessin à toutes ces planches : Emile Zola, martyr des caricaturistes. Un martyre, du reste, supporté en souriant — héroïquement !

LE SALON

Les difficultés qui s'étaient élevées entre l'Etat et la Société des 90 ont été aplanies. L'Exposition se fera donc, cette année, dans les mêmes conditions que par le passé.

Toutefois, quelques innovations vont être apportées dans l'installation.

On va créer une entrée monumentale d'un caractère essentiellement artistique. Un énorme écusson, au chiffre de la Société, sera placé au-dessus de la grande porte du vestibule extérieur, au milieu d'une composition décorative d'un très bel effet.

Autre innovation. On n'a pas oublié que, les années précédentes, il n'y avait qu'une sortie, du côté de la place de la Concorde, ce qui forçait les personnes habitant le faubourg Saint-Honoré, le quartier de l'Etoile, à faire un assez long détour. Cette année, il y aura une sortie par la grande porte même donnant sur l'avenue des Champs-Elysées. On va établir à cette porte trois courants : deux pour l'entrée et un pour la sortie.

Le Salon sera prêt pour le 24.

Ce jour là le président de la République en parcourra les salles.

* *

Le conseil d'administration de la Société des artistes a pris dans sa dernière séance un certain nombre de résolutions concernant le Salon. Il a été décidé que l'impression du catalogue officiel serait, cette année encore, confiée à la maison Paul Dupont. Quelques membres du jury de peinture ayant demandé l'an dernier que la salle des dessins fût coupée en deux, dont une partie pour les pastels et l'autre pour les aquarelles et fusains, le conseil a laissé au jury de 1888 le soin de prendre le parti qu'il jugera convenable. L'emploi de sous-commissaire de la sculpture pour le placement des œuvres, précédemment supprimé, a été rétabli, à la demande de la section de sculpture.

Le conseil, qui avait prié la compagnie Paris-

Lyon-Méditerranée de vouloir bien accorder le retour gratuit des œuvres envoyées par les artistes habitant la province a reçu du directeur de la compagnie l'acceptation de cette proposition, sous réserve pour la compagnie d'être déchargée de toute responsabilité, aussi bien pour l'aller que pour le retour. En présence de cette réserve, le conseil estime qu'il n'y a pas lieu de continuer les pourparlers.

S'en tenant à l'observation stricte du règlement, le conseil d'administration a dû refuser plusieurs demandes de sursis : l'une entre autres présentée par M. Ehrmann, qui est chargé d'exécuter pour la manufacture des Gobelins un ouvrage de six mètres sur quatre représentant le moyen âge. M. Ehrmann, alléguant qu'il ne pourrait représenter son œuvre que dans sept ou huit ans, demandait un sursis d'un mois.

Le conseil a décidé, en outre, de s'occuper à bref délai d'une pétition signée de plus de cent sociétaires, et demandant au comité de vouloir bien réglementer le régime électoral en usage chez les artistes peintres, de façon à mettre ce régime d'accord avec le régime électoral suivi en France.

Enfin, le conseil a accepté de Mlle Consuelo Fould un don de 300 fr. pour la maison de retraite et voté les plus vifs remerciements à la donatrice.

Ajoutons que le jury de sculpture a terminé mardi ses travaux et que le placement des œuvres a commencé aussitôt.

LA DÉCORATION DES MAIRIES

Nous avons parlé du très important concours pour la décoration de la mairie d'Arcueil-Cachan et pour celle de la mairie de Nogent-sur-Marne; les esquisses ont été déposées mardi à l'Hôtel de Ville.

Quarante-neuf artistes ont pris part à ce double concours. Il est à remarquer toutefois que le nombre des projets présentés est beaucoup plus grand pour Arcueil que pour Nogent.

Le même jour, à deux heures, les artistes ont procédé à la nomination de trois jurés laissés à leur choix. Ils ont élu MM. Puvis de Chavannes, L.-O. Merson et Elie Delaunay.

MM. Besnard, Lerolle et Cabanel ont été désignés au scrutin comme jurés supplémentaires.

L'installation de tous les projets est faite dans les salons du premier étage de l'Hôtel de Ville.

L'exposition publique des esquisses commencera le dimanche 22 avril et se continuera jusqu'au dimanche 6 mai, de midi à quatre heures. On entrera par la porte sud de l'édifice (côté du quai).

Bulletin des Expositions et Concours

Anvers. — Exposition triennale du 15 juillet au 15 octobre. — Réception jusqu'au 20 juin.

Barcelone. — Ouverture le 8 avril 1888.

Barcelone. — Concours pour un ouvrage d'Archéologie. Dépôt des ouvrages jusqu'au 25 octobre 1891.

Buenos-Ayres et **Montevideo.** — Expositions successives en 1888.

Copenhague. — Exposition internationale, ouverture le 1er mai.

Epinal. — Du 9 juin au 15 juillet. Envoi à M. Garnier, en gare d'Epinal.

Gand. — Concours d'arts industriels en 1888.

Glasgow. — Exposition d'art ancien et moderne, de mai à octobre.

Liège. — Exposition des Beaux-Arts du 29 avril au 17 juin.

Londres. — Exposition des Lauréats de France. — Beaux-arts et sciences. — Délais d'envoi au 25 avril, terme de rigueur, à la *Royal aquarium Westminster London*. — Voir notre numéro du 12 février, page 46.

Melbourne. — Exposition internationale du 1er août 1888 au 1er janvier 1889.

Munich. — Exposition internationale du 1er juin au 1er octobre 1888.

Nimes. — Exposition de la Société des Amis des Arts à l'occasion du concours régional. Du 1er mai au 10 juin. Envois du 1er au 15 avril au président de la Société à Nîmes.

Paris. — Salon de 1888. Exposition des artistes vivants. Palais des Champs-Elysées. Ouverture le 1er mai jusqu'au 30 juin.

Paris. — Exposition internationale de 1889. Champ-de-Mars, du 5 mai au 3 octobre.

Paris. — Exposition du *Blanc et Noir* du 1er octobre au 15 octobre 1888. S'adresser à M. E. Bernard, rue de la Condamine, 71.

Rotterdam — Exposition des Beaux-Arts, du 27 mai au 8 juillet. Envois du 30 avril au 12 mai, à la commission de l'*Académie Coolvert* à Rotterdam.

Turin. — Exposition des Beaux-Arts du 1er mai au 31 mai 1888. — Envois du 15 au 20 avril, au secrétariat de la Société à Turin.

ÉCHOS ET NOUVELLES

La section de peinture, le bureau de l'Académie des beaux-arts et les jurés adjoints ont procédé, mardi, au jugement des deux essais réunis des vingt concurrents admis en loge pour le concours du grand prix de Rome.

Voici les noms des dix élèves qui ont été choisis pour faire le concours définitif ; ils sont classés par ordre de mérite :

1 Verdier, élève de MM. J. Lefebvre, Maillard et Boulanger.
2 Lenoir, élève de MM. Bouguereau et T. Robert-Fleury.
3 Charpentier, élève des mêmes.
4 Boyé, élève de M. Benjamin Constant.
5 Thys, élève de MM. Boulanger, Hébert et Merson.
6 Lavalley, élève de MM. Cabanel et Maillot.
7 Marioton, élève de MM. Bouguereau et T. Robert-Fleury.
8 Buffet, élève de MM. Boulanger et J. Lefebvre.
9 Eliot, élève de MM. Cabanel et Bin.
10 Véber, élève de MM. Cabanel et Maillot.

Lundi 23 avril, le programme du concours définitif leur sera dicté par la section et le bureau de l'Académie.

Il était rare, autrefois, qu'en dehors de l'Ecole des Beaux-Arts, des élèves appartenant aux ateliers non officiels, entrassent en loge.

Les temps sont bien changés, car nous voyons aujourd'hui la seule académie Julian fournir cinq logistes sur dix.

Ce sont :

MM. 1er Verdier.
2e Lenoir.
3e Charpentier.
7e Mariston.
8e Buffet.

Samedi a commencé, dans les galeries Georges Petit, l'exposition des œuvres d'Edmond Yon, dont la vente aura lieu à la fin de la semaine.

Nous y reviendrons.

Le ministre des beaux-arts vient de désigner M. Armand Fréret pour remplacer M. Charles Pillet, décédé, dans la commission de la conservation et de la restauration des peintures de nos musées nationaux.

L'Académie des beaux-arts a procédé, dans sa dernière séance, au jugement d'un de ses plus importants concours, le prix Duc, fondé pour encourager les hautes études architectoniques.

Le prix a été décerné à M. Albert Ballu, pour son « Palais de Justice à Bukarest ».

Une première mention a été accordée à M. Dauphin, pour son « Ecole supérieure d'Alger ».

Une deuxième mention a été attribuée à M. Cassien-Bernard, pour son projet de monument à élever à la mémoire de Victor Hugo.

Dans la même séance, l'Académie des beaux-arts a déclaré une vacance dans la section d'architecture, par suite du décès de M. Questel. Elle entendra la lecture des lettres des candidats dans sa séance du 28 avril. Parmi celles-ci figure celui de M. Ancelet, grand prix de Rome en 1851 et professeur à l'école des beaux-arts.

M. Albert Lenoir, éloigné des séances depuis plusieurs mois par une forte bronchite, était revenu siéger parmi ses confrères.

L'inauguration de la statue équestre d'Etienne Marcel, œuvre du regretté sculpteur Idrac, est fixée au 14 juillet prochain.

Les graveurs sont en train, en ce moment, de tracer sur le piédestal l'inscription :

La Ville de Paris

A Etienne Marcel, premier maire de Paris

On sait que cette statue sera érigée dans le jardin privée de l'Hôtel de Ville, en bordure du quai.

Le Musée céramique vient de s'enrichir d'un fourneau de chimiste, ou plutôt d'alchimiste, en terre cuite fleurdelisée, et portant un écusson armorié au centre duquel se détachent en creux les lettres P. P. C'est une des rares pièces de poterie non émaillées dont on se servait pour les feux très ardents.

Un correspondant du *Petit Journal* annonce qu'un tableau du Poussin vient d'être trouvé dans les environs de Saint-Etienne.

Il représente un paysage romain : de grands arbres touffus laissent apercevoir, dans l'arrière-plan, un palais antique.

C'est une toile, sur cadre, de 1 m. 10 sur 80 centimètres, fort bien conservée. Les experts de Lyon concluent à une parfaite authenticité.

C'est vendredi que s'est ouverte à Saint-Pétersbourg l'exposition artistique organisée au profit de la société de la Croix-Rouge et composée exclusivement de tableaux de l'école moderne française. Les tableaux ont été envoyés de France par leurs propriétaires ou par des peintres français.

Nous avions raison de douter que l'impôt draconien qui frappe les œuvres d'art à leur entrée aux Etats-Unis serait aboli cette année. C'est un bruit que l'on fait courir à Paris toujours quelques semaines avant les envois au Salon.

La Chambre des représentants vient d'ajourner la discussion relative aux réformes à introduire dans le régime des impôts, et tout porte à croire que le bill portant réduction des droits d'importation ne pourra passer que sous une forme satisfaisant les protectionnistes.

L'Imprimeur-Gérant : HENRY LEFEBVRE.

ACADÉMIE JULIAN

ATELIERS DE PEINTURE

Sculpture et Dessin.

Distincts pour Hommes et pour Dames.
Toute la journée modèle vivant.

ATELIERS DE

MM. BOUGUEREAU et T. ROBERT-FLEURY
MM. BOULANGER et J. LEFEBVRE

Atelier de sculpture, professeur M. **CHAPU**

Ces éminents professeurs donnent régulièrement leurs conseils aux élèves.

COURS pour HOMMES

48, faubourg Saint-Denis (près la porte St-Denis).

COURS pour DAMES

27, galerie Montmartre (Passage des Panoramas)
28, Faubourg Saint-Honoré (Près de la Madeleine)

COURS D'ANATOMIE : M. CUYER.

Préparation au brevet supérieur de dessin de la ville de Paris et de l'Etat et aux concours de l'Ecole des Beaux-arts.

Aquarelle — Pastel — Nature morte, etc.

Il n'y a jamais de vacances.

On trouve dans chaque Atelier les renseignements qui le concerne.

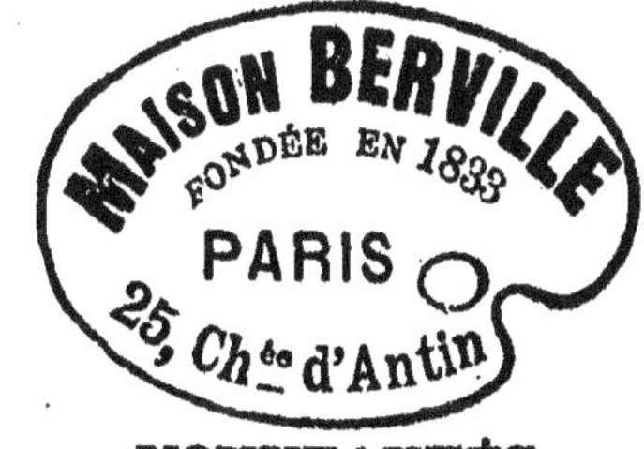

NOUVEAUTÉS

FIXATIF H. LACAZE SPÉCIAL POUR LE PASTEL

PAPIER Lalanne pour LE FUSAIN
FORMAT GRAND AIGLE (1m05 × 0m70)

Nouvelle Pâte plastique pour le Modelage.
PEINTURE SUR TERRE FINE CÉRAMIQUE
ENVOI FRANCO DE TARIFS

Compiègne. — Imprimerie HENRY LEFEBVRE.

LA VIE ARTISTIQUE

COURRIER HEBDOMADAIRE ILLUSTRÉ

Des Ateliers, des Expositions & des Théâtres

BUREAUX A PARIS	DIMANCHE 29 AVRIL 1888	ABONNEMENTS
42, Rue de Chabrol, 42	2e ANNÉE — No 17	Un An : DIX FRANCS

AU SALON DE 1888

Te voilà donc arrivé ! j'allais dire, te voilà donc revenu, Salon, car à première vue tu ressembles comme un frère à ceux qui t'ont précédé.

Demain, Salon de 1888, la même foule curieuse, ambitieuse moins de voir que de se faire voir, se précipitera dans les mêmes salles, entre les mêmes perspectives des taches de couleur, et des cadres d'or.

Demain, tu seras la fête parisienne, le rendez-vous mondain, du Paris élégant, le jour béni des couturières auxquelles on a commandé des toilettes pour le vernissage.

Demain, tu seras l'objet de toutes les conversations des ateliers, des salons, des cercles et des boudoirs ; chacun ne manquera pas de dire bien haut qu'il a été te rendre visite... alors même qu'il n'y aura pas été : mais il est des mensonges que le bon ton commande.

Mardi tu as été honoré de la visite de M. le Président de la République suivi d'un beau cortège officiel. On t'a paré plus que de coutume. Aux murs de ton escalier blanc on a suspendu des draperies de pourpre légère ; et tes portes ont été ornées de rideaux de velours rouge avec des crépines d'or. On t'a gâté, on t'a fait beau, Salon de 1888.

Assez parlé, toutefois de tes ressemblances physiques, de ton extérieur, de tes apparences, de ce qui peut y avoir en toi d'artificiel ou de consacré par la mode.

Voyons, que nous apportes-tu ? Qu'as-tu à nous à dire ? Quelle est ta valeur morale, ta signification esthétique ? As-tu trouvé la formule d'un art nouveau, la solution du problème de l'éternelle beauté, qui tourmente l'être humain ?

Je gage que tu ne le sais pas toi-même, et que tu attends le jugement des visiteurs.

S'il en est ainsi, je te plains ; ta perplexité sera grande, et tu cours le risque de ne jamais savoir à quoi t'en tenir.

Les uns diront : le Salon est très fort cette année. Les autres affirmeront : jamais le Salon n'a été aussi faible. Cependant, d'autres surviendront pour déclarer que le Salon c'est toujours la même chose, qu'il n'est ni meilleur ni pire que les autres fois.

Eh bien, veux-tu la vérité, la veux-tu d'un ami qui n'a d'autre mérite que la sincérité ?

Cette année encore, tu aurais pu être de premier ordre, mais il fallait ne montrer que trois cents tableaux tout au plus.

Prends bien garde, tes jours sont comptés, si tu n'as pas le courage de te restreindre, de te transformer, de fermer ta porte au premier venu, si tu ne prends pas la résolution immédiate de faire que ton enceinte soit la demeure d'une société d'élite, et non une sorte d'immense hôtel meublé, où pour la saison on a converti toutes les pièces en chambres, utilisant les moindres espaces, les moindres recoins pour loger du monde.

Prends bien garde, tu n'es déjà plus le *Salon* au sens primitif et charmant de ton nom même, mais un vaste et colossal bazar à toiles peintes.

Oui, tu contiens des œuvres, belles, exquises, fortes et délicates. Mais dans quel débordement de choses inutiles ou mauvaises ne les as-tu pas noyés ?

Tu me fais l'effet d'une femme qui aurait de beaux diamants d'une eau pure, d'un éclat incomparable, et qui par rage d'en montrer plus encore, couvrirait ses épaules, son cou et tous les plis de sa robe de faux bijoux ; si bien que les pierres précieuses se perdraient dans la masse et que tout leur charmé serait détruit par une impression de clinquant.

Je lève la tête en me promenant à travers les salles regorgeantes de cadres placés sur les murs les uns à côté des autres, collés les uns sur les autres, suivant leurs dimensions comme les pièces d'un jeu de patience, et j'aperçois tout en haut, un petit tableau, de moins d'un mètre.

Je ne sais ce que vaut ce petit tableau : Je ne puis le voir, je le distingue à peine ; mais alors je pose le dilemme suivant :

Ou il est de mauvaise qualité, et il ne fallait l'admettre ; ou il a de la valeur, et on ne devait pas, on n'avait pas le droit, m'entends-tu, de le soustraire à la vue de tous. Car l'admission, dans ces circonstances là, n'est que l'hypocrisie de la justice.

Je sais bien ce que l'on va me répondre : à l'heure actuelle c'est un si grand préjudice pour un artiste que d'être refusé au salon ! c'est sa carrière qui est atteinte ; un professeur de dessin peut être ruiné par un échec. Songez donc ! Etre reçu au Salon ! et ne pas l'être ! Que de choses dans cette alternative.

Oui, mais alors vous sacrifiez les bons aux médiocres ou aux pires. Vous transformez la question d'art en question de sentiment, sous prétexte de charitable pitié vous portez atteinte à la considération du talent.

Que l'accès soit plus difficile, et vous grandissez d'autant l'honneur d'être reçu.

Autrement, ce titre d'exposant qui n'a guère plus de prestige que pour le bon vulgaire, deviendra tellement banal étant décerné à tous, qu'il ne sera plus pris au sérieux par personne.

Sais-tu, Salon de 1888, la réflexion qui s'est imposée à moi, au cours de mes visites, qui m'a poursuivi ? Sais-tu la question que je me suis posée, sans pouvoir y répondre ; c'est celle-ci, n'y vois pas de malveillance :

« Puisqu'on a reçu toutes ces choses, qu'est-ce qu'on a bien pu refuser ? »

Tu vas encore essayer de me faire comprendre que tes maîtres, ceux qui te dirigent et te composent ne sont pas libres de faire ce qu'ils voudraient, qu'ils ont des obligations...

Je n'ignore pas cela ; et de même, reprendras-tu qu'on ne peut plus toucher au suffrage universel en politique, on ne peut plus supprimer le suffrage universel chez les artistes pour ton organisation.

Si c'est là ton dernier mot, tu es mort. Je ne te menace nullement, je constate un fait ; d'ail-

leurs crois-le bien, tu renaîtras sous une autre forme, qui sera meilleure.

Ils s'en iront un beau jour, à cent cinquante artistes environ, dégoûtés des promiscuités auxquelles on les condamne, écœurés d'être perdus dans la foule sans pouvoir mettre en lumière ce qu'il y a de meilleur en eux, ils s'en iront former un centre d'art, choisi, pour les délicats, les raffinés qui ne préfèrent pas la quantité à la qualité.

Et alors tu redeviendras le Salon, le vrai Salon des anciens jours ; car ta forme première subsistera quelque temps encore mais non pendant de longues années ; elle disparaîtra sous l'indifférence du public lassé : et ton incarnation nouvelle te sera une seconde jeunesse.

Ici-bas, rien ne demeure : la transformation est une loi de nature. Tu n'as déjà plus qu'une exposition traditionnelle, qui n'a sa force que dans l'habitude, quelque chose de périodique et d'attendu que le printemps ramène tous les ans aux Champs-Elysées.

Il te faut, ô Salon de France, une constitution neuve, mieux en rapport avec ta dignité, ta puissance, plus respectueuse de l'art dont tu as la manifestation.

L'avenir est aux sociétés restreintes, fermées, en raison même de l'envahissement des vulgarités et de la diffusion des ambitions, de l'éparpillement des vocations plus ou moins sincères.

Que tu le veuilles ou que tu ne le veuilles pas, vas, ta métamorphose est proche.

Roger BALLU.

L'INAUGURATION OFFICIELLE DU SALON
de 1888.

Mardi a eu lieu, ainsi que nous l'avions annoncé, l'inauguration officielle du Salon de 1888.

A deux heures précises, la voiture de M. le Président de la République s'est arrêtée devant la grande porte du Palais de l'Industrie, où M. et Mme Carnot ont été reçus par M. Bailly, président de l'Association des artistes français, entouré des présidents des divers jurys.

Un grand nombre de ministres et de hauts fonctionnaires avaient précédé le chef de l'Etat et l'attendaient dans le grand vestibule du palais. Le conseil supérieur des beaux-arts, invité pour la première fois à cette solennité, était représenté par plus de la moitié de ses membres ; l'administration des beaux-arts par une partie de son haut personnel. Enfin, un grand nombre d'artistes appartenant soit aux conseils d'administration de la Société soit aux divers jurys, avaient tenu à faire acte de présence. Depuis bien des années, on peut le dire, aucune ouverture officielle ne s'était faite avec autant d'éclat.

Dans l'assistance, nous avons remarqué: MM. Floquet, président du conseil; Goblet, ministre des affaires étrangères; Lockroy, ministre de l'instruction publique et des beaux-arts; Tirard, ancien président du conseil, Spuller, ancien ministre de l'instruction publique; Edouard Laferrière, vice-président du Conseil d'Etat; Castagnary, directeur des beaux-arts; Poubelle, préfet de la Seine ; Meissonier, Bonnat, Bouguereau, Guillaume, Henner, Barrias, Falguière, Harpignies, Alexandre Dumas fils, Henri Cernuschi, Ch. Garnier, Puvis de Chavannes, Javal, Carolus Duran, Jules Lefèvre, Detaille, Paul Mantz, Henry Havard, Lafenestre, J. Breton, Vollon, Jean-Paul Laurens, Léopold Flameng, Ch. Yriarte, Roger Ballu, etc.

Hâtons-nous d'ajouter que cette assemblée un peu sévère était égayée par une foule de femmes charmantes et de gracieuses toilettes.

Après avoir attentivement considéré les œuvres qui garnissent le grand salon, M. Carnot à commencé sa visite d'ensemble par la salle n° 13. Il a parcouru ainsi toute la partie occidentale du palais et, après une promenade qui n'a pas duré moins d'une heure et demie, il est revenu à la salle n° 14, aboutissant également au grand salon et dans laquelle une collation était servie.

M. le Président de la République a paru prendre, ainsi que la foule d'élite qui lui faisait cortège, le plus vif intérêt aux très nombreux ouvrages qui ont défilé sous ses yeux. A plusieurs reprises, il a bien voulu témoigner sa satisfaction à MM. Bouguereau et Guillaume, qui s'étaient constitués ses cicerones.

En prenant congé des artistes, M. Carnot a renouvelé à M. Bailly la promesse qu'il lui avait faite de revenir, au retour de son voyage, et de visiter, en même temps que les salles numérotées de 1 à 11, qu'il n'a pu voir parce que la mise en place des tableaux n'était pas achevée, l'exposition de sculpture qui occupe la grande nef du palais, et qui, par suite du concours hippique, ne pourra être prête que dans quelques jours.

* *

Au conseil municipal de Paris, la question de la gratuité des entrées du jeudi et du dimanche a été discutée dans la séance de mardi dernier.

Nous reproduisons, d'après le *Bulletin municipal*, le compte-rendu du débat qu'elle a provoqué.

M. Cochin. — Messieurs, je viens demander à M. le préfet de la Seine quelle suite a été donnée à une résolution prise par le Conseil l'an dernier.

Sur ma proposition, vous avez, l'année dernière, invité l'Administration à s'entendre avec la Société des artistes sur deux points: le premier consistait à faire une part plus large aux entrées gratuites. J'avais demandé qu'elles fussent admises toute la journée du dimanche ou, si cela n'était pas possible, pendant l'après-midi du jeudi.

Le second point, qui est le moins important, n'avait trait qu'à un détail d'organisation intérieure de l'Exposition et consiste à ouvrir une sortie du côté de l'Arc-de-Triomphe. Actuellement, on ne peut sortir que du côté de la place de la Concorde et cette disposition oblige le public à traverser le palais s'il se trouve à l'autre extrémité.

M. de Ménorval. — C'est un abus.

M. Cochin. — Il est facile de remédier à ce léger inconvénient.

L'Administration avait promis de s'entendre avec la Société des artistes. Je prie M. le préfet de la Seine de nous faire savoir quels sont les résultats de ces négociations ?

M. le Préfet de la Seine. — Les deux points que M. Cochin vient de rappeler au Conseil ont fait l'objet de négociations entre l'Etat et la Société des artistes; je ne sais pas encore quelle solution est intervenue. Mais je compte attirer à nouveau l'attention de M. le ministre des Beaux-Arts sur ces desiderata et je me mettrai, au surplus, en relation avec la Société des artistes pour tâcher d'obtenir satisfaction.

M. Cochin. — Pour la sortie, n'est-ce pas une mesure de police ?

M. le Préfet de la Seine. — Pas précisément. La Société est libre de son organisation intérieure dans la limite de la concession qui lui est accordée par l'Etat.

M. le Président. — L'incident est clos.

LES EXPOSITIONS DE LA SEMAINE

L'art français sous Louis XIV et Louis XV.

L'œuvre de l'hospitalité de nuit a organisé à l'hôtel de Chimay une exposition rétrospective d'un haut intérêt.

Dans la première salle, nous trouvons divers objets de la collection Double et de superbes porcelaines de Saxe, un petit bronze représentant Louis XIV piétinant un malheureux captif, et qui n'est autre que la première idée de la statue de la place des Victoires. Voici plus loin un buste de Caffieri, un lit du siècle dernier, appartenant à M. Hébrard, le bureau où Louis XVI écrivit son testament et qui appartient à l'heure présente au ministère de la justice.

Dans la seconde salle, nous trouvons le lit dans lequel Louis XIII a couché lorsqu'il séjourna au château de Penaultier, en se rendant au siège de Perpignan.

Sur une console ventrue toute surchargée de guirlandes dorées, une statuette de Mme Dubarry en naïade, ce joli morceau est de Lemoyne et son heureux possesseur n'est autre que sir Richard Wallace, baronnet.

Voici le prie-dieu en chêne, de Mme Louise, fille ainée de Louis XV, abbesse des Carmélites de Saint-Denis, dont le portrait, par Latour, figure dans une salle voisine.

Ici et là, deux chaises à porteurs, dont l'une est d'une décoration ravissante.

Les guéridons de Caffieri, prêtés par l'Ecole des beaux-arts; une pendule mappemonde, avec zone marquant les heures, de Boule ; et plusieurs bustes, dont l'un, représentant une jeune femme adorable de malice attendrie, porte, sur son socle, ce quatrain qui indiquerait que la belle inconnue était une cantatrice d'un grand talent :

En lui formant un cœur sensible et tendre
Le ciel y réunit l'esprit et la beauté.
Qui veut garder sa liberté
Ne doit ni la voir, ni l'entendre.

A gauche, voici trois portraits de Marie-Antoinette enfant, à côté de l'*Adrienne Lecouvreur*, le beau pastel de Coypel, une admirable esquisse de Fragonard, et dix autres œuvres de haute valeur ; mais la perle de cette salle, c'est le portrait du graveur Wille, par Greuze.

Dans cette salle encore, plusieurs toiles précieuses, entre autres le *Molière* de Mignard, que l'obligeance de l'administrateur général de la Cnmédie-Française, a mises à la disposition du comité.

Au centre, des objets historiques très curieux, notamment le jeu d'échecs de Louis XIV dont parle Saint-Simon, et qui avait été offert au roi de France par l'ambassadeur siamois ; dans des vitrines, des éventails, des bonbonnières, des montres, des miniatures exquises. parmi lesquelles plusieurs des plus belles qu'ait laissées Fragonard, et enfin la tabatière de Louis XVI, volée sur la table du roi dans la journée du 10 août.

Des tableaux de Le Sueur, de Simon Vouet, de Van Loo, de Rigaut, etc., ajoutent à l'attrait de cette quatrième salle.

Telle est, en quelques mots, la physionomie absolument originale de l'exposition qui va attirer tout Paris à l'ancien hôtel de Chimay, devenu une annexe de l'Ecole des Beaux-Arts et mis gracieusement à la disposition de l'Œuvre de l'Hospitalité de nuit.

Dans la salle III on remarque une restitution d'un salon Louis XV et quelques bustes, bronzes, livres et porcelaines occupent cette pièce, ornée comme les autres de magnifiques tapisseries.

Dans la salle IV, on a réuni les morceaux les plus intéressants, c'est la salle des portraits, des tableaux, des gravures, des estampes.

Le panneau de droite est consacré aux conquêtes de Louis XIV — moins La Vallière ! On remarquera un tableau allégorique de Gaspard Netscher, fort curieux. Quelques toiles disent la gloire de Louis XV, et même parfois d'une façon assez naïve.

Dominant la paroi qui fait face à l'entrée, un portrait de Louis XIV, dans un cadre exubérant d'orgueil.

Au-dessous, un Mignard tout à fait remarquable et représentant Mme de Seigneley en Amphitrite, recevant des coquillages que lui offrent ses enfants.

A côté, quatre dessus de portes d'une coloration puissante et d'un dessin charmant, par Lancret.

Puis des Nattier et des Boucher, toute une série d'estampes, les illustrations des *Contes moraux* de Marmontel, par Gravelot, etc.

<hr>

EXPOSITION DE VERSAILLES

Une exposition aura lieu à Versailles le 1er juillet prochain et sera close le 30 septembre.

Les envois, aller et retour, de Paris à Versailles, sont à la charge de la Société, pourvu que les ouvrages soient déposées du 1er au 9 juin inclusivement, à Paris, chez M. Pottier, emballeur, 14 et 9, rue Gaillon.

Les envois directs restent seuls à la charge des artistes expéditeurs, et devront être adressés *franco*, au Secrétaire général de l'Exposition, au Palais (vieille aile Louis XIII), du 11 au 16 juin, *dernier délai*, de 10 heures du matin à 5 heures du soir.

<hr>

Bulletin des Expositions et Concours

Anvers. — Exposition triennale du 15 juillet au 15 octobre. — Réception jusqu'au 20 juin.

Barcelone. — Ouverture le 8 avril 1888.

Barcelone. — Concours pour un ouvrage d'Archéologie Dépôt des ouvrages jusqu'au 25 octobre 1891.

Buenos-Ayres et **Montevideo.** — Expositions successives en 1888.

Copenhague. — Exposition internationale, ouverture le 1er mai.

Douai. — Exposition des Beaux-Arts du 18 juillet au 1er août. — Dépôt à Paris, chez M. Duppuy-Vildieu, rue de l'Echiquier, du 25 juin au 4 juillet.

Epinal. — Du 9 juin au 15 juillet. Envoi à M. Garnier, en gare d'Epinal.

Gand. — Concours d'arts industriels en 1888.

Glascow. — Exposition d'art ancien et moderne, de mai à octobre.

Liège. — Exposition des Beaux-Arts du 29 avril au 17 juin.

Londres. — Exposition des Lauréats de France. — Beaux-arts et sciences. — Délais d'envoi expirés.

Melbourne. — Exposition internationale du 1er août 1888 au 1er janvier 1889.

Munich. — Exposition internationale du 1er juin au 1er octobre 1888.

Nimes. — Exposition de la Société des Amis des Arts à l'occasion du concours régional. Du 1er mai au 10 juin. Envois du 1er au 15 avril au président de la Société à Nîmes.

Paris. — Salon de 1888. Exposition des artistes vivants, Palais des Champs-Elysées. Ouverture le 1er mai jusqu'au 30 juin.

Paris. — Exposition internationale de 1889. Champ-de-Mars, du 5 mai au 3 octobre.

Paris. — Exposition du *Blanc et Noir* du 1er octobre au 15 octobre 1888. S'adresser à M. E. Bernard, rue de la Condamine, 71.

Rotterdam — Exposition des Beaux-Arts, du 27 mai au 8 juillet. Envois du 30 avril au 12 mai, à la commission de l'*Académie Coolvert* à Rotterdam.

Strasbourg. — Exposition du 6 mai au 10 juin.

Turin. — Exposition des Beaux-Arts du 1er mai au 31 mai 1888. — Envois du 15 au 20 avril, au secrétariat de la Société à Turin.

<hr>

L'ASSOCIATION DES ARTISTES PEINTRES

Jeudi, à deux heures de l'après-midi, a eu lieu, dans la salle de l'Hémicycle, à l'Ecole des beaux-arts, l'assemblée générale annuelle de l'Association des artistes peintres, sculpteurs, graveurs, architectes et dessinateurs.

La séance était présidée par M. Bouguereau, président de l'Association, ayant à ses côtés MM. Cavelier, Thomas et Lenoir. Trois cents personnes environ assistaient à cette réunion.

Après une allocution de M. Bouguereau, qui a fait l'éloge des artistes morts l'an dernier : Carrier-Belleuse, François Bouvin, etc., M. Watelin a donné lecture du rapport financier et moral de l'exercice 1887. Nous extrayons de ce rapport quelques chiffres :

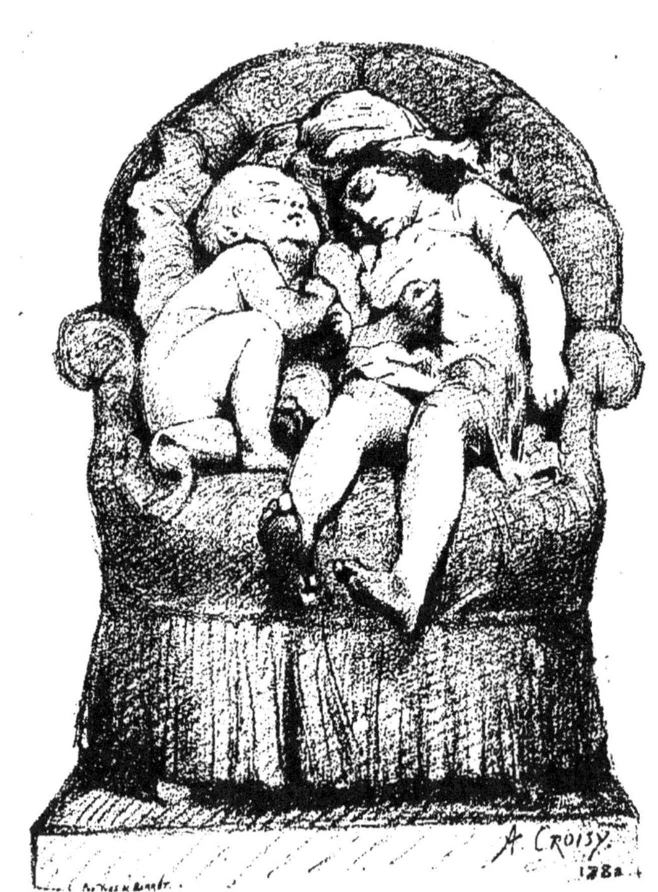

CROISY

— 134 —

La fondation remonte à 1844. Le nombre des sociétaires est de 6,697, dont 187 nouveaux ; l'avoir social est de 2,649,719 francs inaliénables, dont 1,450,000 provenant du baron Taylor.

Les cotisations atteignent le chiffre annuel de 20,000 fr.; les recettes brutes sont, cette année, de 274,000 fr.

Enfin l'Association a distribué, en 1887, la somme 95,000 fr., tant en pensions et rentes qu'en secours de toutes sortes.

Les rapports ont été approuvés.

Il a été ensuite procédé à la reconstitution du comité. Ont été élus membres pour cinq ans : MM. Beaume, Berthelemy, Bouguereau, Cavelier, Chevalier, Diéterle, de Dramard, de Fontenay, Lecomte-Dunouy, Lefebvre, Leroux, Lheureux, Lucas, Luminais, Martinet, May, Montenard, Moricourt, Normand, Robert-Fleury.

LES VENTES PUBLIQUES

Lundi, a commencé à l'hôtel Drouot la vente de la collection Albert Goupil. La première vacation a produit 99,781 fr. Le musée de Lyon a payé 12,500 fr., sur une demande 15,000 francs, un buste d'homme en marbre, grandeur nature, attribué à Mino da Fiesole ; 4,700 francs, sur une demande de 6,000 fr., un bas-relief en terre cuite, cintré du haut, représentant la Vierge ayant sur les genoux l'enfant Jésus tenant un chardonneret, attribué à Antonio Rosselino. Signalons encore parmi les sculptures : une statuette de moine debout en bois sculpté, attribuée à Alonzo Cano, vendue 4,650 francs sur une demande de 5,000 francs. La maquette en cire, rehaussée de dorure, du *Chanteur florentin*, de Paul Dubois, estimée 1,000 francs, vendue 1,225 francs. Le *Faune et les Oursons*, cire teintée, par Frémiet, 1,000 francs. *David*, statuette en cire, pailletée par Mercié, 1,250 fr. *Lion et tigres qui marchent*, anciennes épreuves, par Barye, demande 3,000 francs, payés 3,500 francs.

Parmi les tableaux : Portrait d'Ingres adolescent, par David, demande 2,000 fr., vendu 3,000 fr.; *Hussards chargeant les cosaques*, par Detaille, 3,000 fr.; le *Collectionneur*, étude, par Fortuny, 1,500 fr.; Tête de jeune fille blonde, par Jacquet, 1,600 fr.; ce sont surtout les quatorze dessins d'Ingres qui se sont bien vendus : Portrait de Mme Haudebourt-Lescot, demande 5,000 fr.; vendu 6,300 fr.; Portrait de Mme de Montgolfier, que M. Alfred Stevens avait vendu 500 fr. il y a quelques années, 2,700 fr.; Portrait de Mme X...., demande 1,200 fr., adjugé 3,300 fr.; Portrait de jeune garçon, 2,500 fr.; Portrait de M. de Norvins, 2,750 fr., et Portrait de M. Bovry, 2,150 fr., sur une demande de 800 francs.

Un incident typique est venu marquer la fin de cette vente ; on vendait le n° 314 désigné au catalogue comme étant une œuvre d'un peintre de l'école vénitienne et représentant l'*Annonce aux Bergers*, mais ne portant aucune attribution à auteur. L'expert en demanda 400 fr.; sur une mise à prix de 100 fr. les enchères montèrent... montèrent, et, finalement, ce tableau

fut adjugé 4,600 fr. au milieu des applaudissements et des exclamations de toute la salle.

L'acquéreur, un expert autorisé, affirme reconnaître dans le petit tableau vendu une œuvre absolument authentique d'André Mantegna, peintre du quinzième siècle, si remarquable par la grande pureté de ses contours, son exécution finie, ses figures élégantes et ses carnations délicates, et dans ce cas ce tableau aurait une valeur bien supérieure à celle de l'adjudication.

Ce tableau avait appartenu à Paul de Saint-Victor qui en faisait le plus grand cas ; il fut vendu à l'hôtel Druot, après la mort du célèbre écrivain, le 23 janvier 1882, et payé 600 francs.

La seconde vacation a produit 62,000 francs. Signalons parmi les meubles vendus un meuble à deux corps et à fronton coupé, en bois de noyer sculpté et incrusté de plaquettes de marbre, vendu 6,000 francs ; un meuble style Jean Goujon, à deux corps, à quatre vantaux et à fronton coupé, incrusté également de plaquettes de marbre, adjugé 5,200 francs ; un grand dressoir en noyer sculpté, orné de sculptures, d'ornements et de médaillons, payé 3,550 fr.

Parmi les fers : une ancienne lanterne à quatre façades identiques en fer ouvragé de l'époque de Louis XIV, adjugée 4,550 francs.

Parmi les bois sculptés : deux cariatides d'applique sculptées en haut relief, à têtes de satyres barbus, couronnés d'un tore de feuillage et supportant un chapiteau, vendues 2,450 fr.; et enfin, parmi les sièges : une banquette flamande à accoudoirs et dossier en chêne sculpté, recouverte en ancienne étoffe, payée 1,850 francs.

Mercredi, a eu lieu à l'hôtel Drouot, la vente de la collection de tableaux modernes de M. Sinet de Naeyer, de Gand. Cette vente a produit un total de 40,600 fr. Les principales adjudications ont été les suivantes :

La *Baigneuse*, de Jules Breton, 10,000 fr. ; la *Halte*, par Fromentin, 12,500 fr. (acheté par la maison Boussod-Valadon) ; une *Bergère*, de Verbœckhoven, 1,820 fr.

En même temps avait lieu la vente d'une cinquantaine de toiles, aquarelles et pastels par Edmond Yon. Nous citerons : la Seine près de Vernon, 1,600 fr. ; la Meuse à Dordrecht, 860 fr.; une Lande en Bretagne, 610 fr. ; un pastel : les Vieux Etangs (Mortefontaine), 615 fr. Au total : 18,000 fr.

Voici les principaux prix de la vente Muraton : Vieux souvenirs, 1,820 fr. — Avant le départ, 830 fr. — Fruits d'automne, 800 fr. — Branches d'abricots et prunes bleues, 400 fr. — Les prouesses de Titi, 650 fr. — Un goûter en plein air, 480 fr. — Pivoines et boules de neige, 490 francs. — Fleurs de printemps, 430 fr. — Le pigeon, 720 fr. — Melon coupé, 400 fr. — Bouquet de marguerites, 300 fr. — Pêches et raisins, 650 fr. — Sur les mûres, 310 fr. — Une fenêtre au cinquième, 300 fr. — Fleurs dans une vasque, 335 fr. — Pêches et prunes de Reine-Claude, 360 fr. — Pêches, 350 fr. — Anémones,

335 fr. — Pêches sur la mousse, 340 fr. — Etudes de roses, 490 fr.
Produit total de la vente : 15,715 francs.

A l'hôtel Drouot :
La vente des diamants, des meubles et des tableaux ayant appartenu à Mme Boucicaut a attiré une affluence considérable. La première vacation, qui comprenait les tableaux, a produit 25,000 francs.
On sait que les trois œuvres importantes de cette collection ont été légués à l'Etat.
Voici les principaux prix de cette première vacation : les *Vendanges*, par Bail, 825 fr. ; les *Saltimbanques*, par Beyle, 900 fr. ; les *Chiens savants*, par F. Hude, 1,205 fr. ; le *Batelier*, par Emile Lévy, 1,640 fr. ; le *Pêcheur à la ligne*, par Olivié, 1,540 fr. ; le *Bon Samaritain*, étude par Ribot, 3,030 fr. ; le *Lac*, par Veyrassat, 2,350 fr.; *Sous bois, effet d'automne*, par A. Wahlberg, 3,500 fr.
La vente a continué par les diamants.

NÉCROLOGIE

M. Bertinot, le graveur, est décédé le 19 avril.
Né à Louviers, le 23 juin 1822, il avait été élève de Drolling et de Martinet. Entré à l'Ecole des Beaux-Arts le 22 septembre 1845, il avait le prix de Rome en 1850, avec une *Académie d'après nature*, (Chalcographie du Louvre), médaillé de 3e classe en 1861 ; rappel en 1862 ; médaillé en 1865, il avait obtenu une médaille de 1re classe à l'Exposition universelle de 1867 et succédé à son maitre, Martinet, à l'Académie des Beaux-Arts, en 1878.
Sa première exposition datait du Salon de 1857, où il exposait le *Portrait du Pape Clément IX*, gravé d'après le tableau attribué à Velasquez, de la Galerie de Saint-Luc, à Rome, (Chalcographie du Louvre), portrait réexposé en 1867 ; puis au même Salon l'*Amour fraternel*, d'après Bouguereau, réexposé en 1867. — Salon de 1861 : *Salomé, fille d'Hérodiade, recevant la tête de saint Jean Baptiste*, d'après le tableau de Luini, du musée du Louvre, (Chalcographie du Louvre.)
Ses œuvres principales sont, en outre, le *Portrait de Van Dyck* peint par lui-même, du musée du Louvre (Chalcographie du Louvre). — Le côté droit de la *Chapelle des Catéchismes*, dans l'église Saint-Eustache, d'après Signol, (commande de la Préfecture de la Seine.) — *Portrait de Cherubini*, par Ingres. — *Portrait de Bradcassat*. — *Portrait de Jules Favre*, d'après M. Ch. Lefebvre. — *Le plafond de l'Opéra*, par Baudry, etc.

Le sculpteur Levasseur, est mort à Paris, le 18 avril, dans sa 57e année.
Né à Paris, en 1831, M. Levasseur était élève de Michel Pascal. Il avait débuté au Salon de 1874 et exposé : *Portrait de M. L. Noël*, artiste dramatique (médaillon plâtre.)
Les œuvres principales sont : *Portrait de M. J. F.* (médaillon terre cuite ; — *Portrait de M. E. G.* (médaillon plâtre) ; — *Portrait de M. Nobecourt* (médaillon plâtre) ; — *Portrait de*

M. Picton, artiste dramatique, (médaillon plâtre) ; — *Portrait de M. A. F.* (médaillon bronze) : *Portrait de M. Léon Noël*, artiste dramatique (buste terre cuite) ; — *Portrait de M. Picton*, artiste de l'Ambigu-Comique (médaillon bronze).

Le sculpteur Saint-Jean a succombé le 22 avril, dans sa 44e année.
Né à Muret (Haute-Garonne), en 1844, M. Saint-Jean était élève de MM. Guillaume, Duret et Cavelier. Il avait débuté au Salon de 1869, par *Italienne*, buste plâtre.
Ses œuvres les plus remarquables sont : *L'amour et Psyché* (groupe plâtre) ; — *Saint-Jean* (statue plâtre ; — *Daphnis* (statue plâtre) : — *Vénus et l'amour* (groupe plâtre) ; — *Daphnis* (statue marbre) ; — *L'Eté* (buste plâtre.)

MUSIQUE

La question du jour, c'est le *drame musical*.
Un certain nombre de compositeurs et d'amateurs de musique se sont unis et ont ouvert une souscription dans le but de fonder des représentations d'œuvres écrites sous cette forme nouvelle, — le *drame musical*.
Je dis — nouvelle, parce qu'on la présente ainsi. Mais la chose est peut-être discutable. Car toutes les formes de production unissant des paroles à de la musique ont été, semble-t-il, peu ou prou expérimentées.
En tout cas, il faut voir.
Que sera au juste le *drame musical ?* A cette question, il n'est pas encore facile de répondre.
Sera-ce une sorte d'opéra sans développements scéniques, sans ce qu'on appelle *la pièce ?*
Ou bien une façon d'oratorio moderne, sur un sujet profane et dramatique ?
Quelle sera, en un mot, la caractéristique du genre, — ce qui constituera une différence essentielle entre l'œuvre ainsi conçue et le drame lyrique si à la mode à présent ?
Le but que l'on poursuit avant tout doit être, certainement, de concentrer l'intérêt presque uniquement sur la musique, à l'exclusion du poème ?
Cela a été déjà tenté plus d'une fois.
J.-J. Rousseau l'a essayé dans son monodrame, *Pygmalion*, et Georges Benda, compositeur allemand du siècle dernier, dans deux duodrames : *Ariadne à Naxos* et *Médée*. Les comédiens jouaient librement la pièce, sans se préoccuper de la musique, dont le rôle se bornait à traduire à sa manière, en les accentuant, les mouvements de passion qu'on voulait faire ressentir au public.
Mozart admira beaucoup ce genre de production musicale lorsqu'il entendit la *Médée de Benda* (1). Ce qui nous étonne bien, aujourd'hui. Car la musique devait certainement, être subordonnée, ici, au poème, — ne fût-ce qu'à cause de la nécessité qu'il y avait de ne pas couvrir la voix des acteurs.
En tout cas, ce n'est pas cette forme qu'on

____

(1) Lettres de Mozart (vie d'un artiste chrétien) page 256.

veut mettre — ou plutôt remettre — à la mode.
Les compositeurs modernes — et je ne les en
blâme pas — n'ont point la modestie de vouloir
se ranger au second plan. Leur art, avec les admirables moyens d'exécution qu'ils possèdent
aujourd'hui, n'est plus fait pour se plier aux
exigences d'un semblable spectacle.

La seule forme qui lui conviendrait, dans cet
ordre d'idées, serait le *mémodrame*.

Ce serait peut-être à essayer ?

En somme, quelle que soit la conception nouvelle qu'on appelle le *drame musical*, qu'elle
fasse éclore des œuvres, et tout le monde la
trouvera bonne.

En attendant, beaucoup de musiciens, — et
même des illustres, — craignant qu'il ne faille
voir dans cette tentative une machine de
guerre contre la forme vraiment française,
l'Opéra, qui assure notre supériorité et que
nous devons garder avec un soin jaloux de toute
atteinte empirique ou révolutionnaire.

Je crois qu'ils s'effraient à tort.

De machine de guerre, il ne peut y en avoir,
dans la pensée de personne.

Il s'agit simplement d'une recherche un peu
maladive de « l'autre chose » qui, en tout, est
la fâcheuse caractéristique de ce temps-ci.

Et, après tout, quelqu'un eût-il, en cette
affaire, de mauvais desseins contre ce pauvre
opéra français, disons-nous qu'il ne suffit pas
d'un changement d'étiquette pour jeter bas un
genre de spectacle par-dessus tout aimé du
public.

Il y faudrait au moins quelques chefs-d'œuvres.

Eh ! qu'on nous les donne, et nous applau-
dirons.   G. CANOBY.

ÉCHOS ET NOUVELLES

M. Donzel, artiste peintre, a été, la semaine dernière,
victime d'un vol considérable.

M. Donzel habite un appartement rue des Martyrs,
29, au-dessous de son atelier.

Vendredi, Mme Donzel, se trouvant seule dans l'appartement, entendit des pas dans l'atelier de son mari.
Elle sortit sur le palier et aperçut un individu assez
bien mis qui descendait l'escalier. Cet individu s'excusa,
disant qu'il s'était trompé, et s'éloigna.

Samedi matin, M. Donzel, en entrant à son atelier,
constata que la porte en avait été forcée et qu'on avait
enlevé quarante-huit aquarelles contenues dans un
portefeuille et destinées à une vente prochaine. M.
Delamarre, commissaire de police, a ouvert une enquête.

L'Académie des beaux-arts a choisi les dix sculpteurs
qui entreront en loge cette année pour le prix de Rome
de cette section :

Ce sont, dans l'ordre de leur classement.

1° M. Gasq, élève de MM. Jouffroy et Falguière ;

2° M. Couvres, élève de MM. Cavelier et Aimé Millet ;

3° M. Theunissen, élève de M. Cavelier ;

4° M. Larche, élève de MM. Jouffroy, Falguière et
Delaplanche ;

5° M. Hippolyte Lefebvre, élève de M. Cavelier ;

6° M. Désiré Fosse, élève de MM. Chapu et Falguière ;

7° M. Tonetti, élève de MM. Falguière et T. Noël ;

8° M. Demau, élève de M. Cavelier ;

9° M. Baralis, élève de M. Cavelier ;

— 10° M. Albert Roze, élève de MM. Dumont, Bonamieux
et Thomas.

L'entrée en loge de ces artistes aura lieu demain
lundi, 30 courant.

La commission chargée de préparer le programme
de la décoration picturale de l'Hôtel de Ville a repris
ses séances hebdomadaires. Elle a désigné, mercredi,
M. Olivier Merson pour la décoration d'ensemble du
grand escalier.

Puis elle a proposé : MM. Félix Barrias et Gustave
Boulanger, pour les portiques d'entrée de la salle des
Fêtes ; M. Tattegrain, pour un panneau dans le vestibule sur le quai, faisant pendant à celui pour lequel
elle a déjà proposé M. Lermitte.

MM. Monginot, Jeannin, Quost et Cesbron ont été
désignés pour les dessus de porte dans les mêmes vestibules, et enfin M. Urbain Bourgeois, pour deux dessus
de porte dans le salon dit des Lettres sur le quai.

La commission se réunira demain lundi et nommera
un rapporteur général, probablement M. Strauss.

Le musée de Copenhague a fait demander au Conseil
municipal de Paris l'autorisation de prendre une reproduction du beau groupe en marbre de Barrias, « les
Premières Funérailles », qui est placé à l'Hôtel de Ville,
cour Louis XIV.

Cette autorisation a été accordée.

LA VIE ARTISTIQUE

COURRIER HEBDOMADAIRE ILLUSTRÉ

Des Ateliers, des Expositions & des Théâtres

BUREAUX A PARIS
42, Rue de Chabrol, 42

DIMANCHE 6 MAI 1888
2ᵉ ANNÉE — Nᵒ 18

ABONNEMENTS
Un An : DIX FRANCS

LE SALON DE 1888

PEINTURE

C'est par M. Albert Maignan, dont l'immense toile attire d'abord les regards à l'entrée du grand Salon carré, que nous commencerons notre rapide revue du Salon de 1888. Aussi bien est-ce une des œuvres les plus importantes par la conception. Elle a pour titre les *Voix du Tocsin* et nous montre, groupées autour d'une cloche gigantesque, une série de figures propageant dans les airs les notes diverses du métal mis en mouvement à l'occasion d'un incendie qui dévore un village indiqué dans l'angle du tableau. L'idée n'est point banale ; l'arrangement est dramatique, l'exécution savante et forte. Il y a cependant une certaine monotonie dans la coloration ; on ne sent pas assez, par les contrastes, où se concentre l'action, dans quelle donnée elle doit se développer. Rubens et Delacroix eussent certainement tiré de ce motif des effets plus saisissants, plus franchement écrits. Mais l'évocation seule de leurs noms prouve en quelle estime on doit, à nos yeux du moins, tenir cette grande page qu'inspire un souffle élevé et tout personnel.

La *Légende de Saint-Denis* par M. Delance, que nous rencontrons au centre du panneau voisin, est aussi une œuvre qui s'inspire d'une pensée originale. A l'horizon s'étend, sous un ciel lumineux, un paysage d'une coloration délicate et variée. Gravissant la colline, des cavaliers romains ; sur l'éminence, un paysan frappé de stupeur à la vue du saint décapité, portant sa tête dans les mains et s'avançant vers le lieu où,

plus tard, s'édifiera un temple consacré au Dieu des Chrétiens. L'impression est très grande ; le chef du saint est d'une expressive résignation et rien n'égale l'effarement du lutécien qui, tout à l'heure, était courbé sur le sillon.

Le portrait du président de la République, par M. Yvon, fait face à la légende de Saint-Denis. C'est un morceau incontestablement savant, mais quelque peu froid et qui n'ajoutera rien à la gloire de son auteur.

M. Brozik a abandonné les grandes compositions historiques où il mettait en action tout un peuple de riches costumes. Il s'est attaché à des scènes d'un cadre plus modeste et d'une donnée plus intime. Il est resté un peintre intéressant et sa *Grave affaire* constitue un fait divers d'une bonne moyenne.

M. Clairin ne sort pas de cette moyenne avec son portrait de Mounet-Sully dans Hamlet. Si l'on compare cette figure sans grand relief avec celle que J.-P. Laurens expose dans une salle voisine, on restera frappé de l'infériorité d'un morceau où il y a cependant à retenir des mains gantées d'un mouvement expressif et d'un dessin assez ferme.

Le portrait qu'expose Mme Buchet nous intéresse par sa sincérité, son expression et sa sonorité. C'est par d'autres préoccupations que nous touchera M. Jan Monchablon, dont les paysages panoramiques déroutent les amateurs les plus exigeants du détail et des infiniment petits. C'est chose assurément curieuse que ces plaines à perte de vue, ces ondulations de terrains couverts d'un manteau de végétations diverses que l'artiste nous présente comme une sorte de cadastre pictural où chaque arbre a sa place, où chaque culture s'aligne à son plan, où chaque brin d'herbe prend une physionomie impitoyable, assez précise pour satisfaire l'œil du botaniste le plus exercé. Et ce qui étonne le plus c'est que ces travaux de patience s'enveloppent, creusent la toile, s'étalent exactement sous un ciel qui fait bien la voûte et reste religieusement profond. Le rêve, la poésie ont disparu ; l'esprit n'a plus rien à chercher et cependant il y a dans ces grands ensembles que l'artiste numérote avec le soin du lapidaire, un sentiment artistique incontestable. Louons-le en passant, en souhaitant toutefois que M. Jan Monchablon ne fasse point école. Il a découvert le secret d'intéresser en faisant petit et en voyant successivement ce qu'un coup d'œil d'ensemble ne peut pénétrer. Il doit rester seul à en tirer parti car il y a tout à parier qu'un pastiche de cet art particulier conduirait à la plus odieuse des manières.

M. Isenbart cherche aussi le détail ; mais dans des conditions différentes, en le subordonnant à un effet général qui ne manque ni de charme ni de fraîcheur. M. Emile Barau s'inspire des mêmes préoccupations dans sa clairière, vue en novembre. Enfin, avant de quitter le grand Salon, constatons dans la reproduction des bords silencieux de la Viosne qui ont séduit M. Garaud, une exécution svelte et d'une grande sûreté.

Rien n'égare le sentiment de poignante tristesse qui se dégage de la *Petite Garde-Malade* de M. Jozef Israels. Tout ce qui sort de la brosse du maître Hollandais possède au plus haut degré ce caractère particulier et il n'est point besoin de se reporter bien loin en arrière pour s'en convaincre. M. Israels a une façon à lui de ménager ses lumières, de promener non pas un rayon violent, mais une lueur diffuse sur le point où il désire concentrer l'attention ; et il le fait dans une donnée qui a sa mélancolie mais aussi sa poésie.

La poésie, ce n'est point ce qui manque dans le *Fil de la Vierge* de M. H. Lucas, une grande page où il donne un corps à une légende connue, et qui constitue une délicate harmonie.

Il y a plus de mystère dans cette étude de figure de femme à moitié dans l'ombre que M. Hébert, directeur de l'Académie de France à Rome dédie *Aux Héros sans gloire*. La dédicace ne nous édifie pas très bien, avouons-le, sur la poésie. Mais le titre importe peu, et ce que nous retenons de cette œuvre discrète c'est, à côté du sentiment, une grande science et une grande sûreté.

Si nous nous arrêtons devant les fleurs de M. Jeannin, c'est pour louer la sonorité de sa palette ; — devant le portrait de M. Hennique par M. Jeanniot, c'est pour en noter les délica-

tesses ; — devant celui de M. Pretet, c'est pour en apprécier l'originalité, l'expression et les colorations distinguées. Le Pretet que nous fait voir là M. Giron n'est point le Pretet organisant le Salon, sa règle à la main, dirigeant l'accrochage des toiles et attirant sur sa tête les malédictions de tous ceux qu'un cruel Destin relègue aux seconds et troisièmes étages ; c'est le Pretet radieux, copurchic, en jaquette claire et gilet blanc, s'apprêtant à savourer, après le labeur accompli, une pipe d'un culottage didactique. Plus d'un amateur a contemplé l'instrument d'un œil d'envie et nous devons à la vérité de déclarer que nous avons partagé leur enthousiasme.

Rien n'est limpide, clair et vibrant à la fois comme le grand paysage de M. Maurice Lelièvre, que nous retrouvons dans la salle suivante avec une œuvre de même nature. Ses arbres, bien dessinés, se silhouettent par belles masses sur un ciel lumineux. Ils sont robustes et forts, largement traités et il faut saluer dans l'artiste un maître paysagiste de l'avenir.

M. Harpignies, qui a dirigé son éducation, est du reste à ses côtés avec deux toiles d'un sentiment opposé. Ici le soleil à sa naissance rayonne et colore une vaste prairie ; là la nuit s'approche et donne un aspect puissant au torrent qui traverse une plaine rocailleuse, d'où émergent de grands arbres d'un caractère franchement écrit.

L'intérieur où M. Gallen a posé devant un âtre fulgurant un paysan finlandais, constitue une étude de reflets assez bizarre. La figure est embrasée ; elle est maculée d'un vermillon incandescent qui a des allures de fer rouge. L'observation n'est point rigoureuse ; la manche seule épouse avec justesse les scintillations d'une flamme que l'on ne voit pas mais qui devrait rôtir un matou, pourtant bien tranquille, posté au bord de l'âtre pour achever sans doute de démontrer l'évidence d'une inexplicable exagération.

Sortons de cet enfer pour courir à l'*Oiseau envolé* de M. Jacquet. C'est déjà une vieille connaissance. Nous l'avons aperçu à l'une des récentes expositions particulières qui ont précédé le Salon. Madame continue à porter la cage vide, sans paraître regretter le préféré parti ; elle a toujours une tête disproportionnée au reste du corps et des prétentions à la Greuze. Mais ses manches nous amusent ; elles sont d'une facture singulièrement habile et le ton de sa robe rouge ne manque ni de distinction ni de recherche.

Prononcer le nom de M. Lhermitte, c'est évoquer le souvenir de ces robustes ouvriers des champs dont l'artiste s'est constitué le chantre convaincu. Et de fait nous revoyons ici la femme d'un moissonneur, allaitant son enfant, pendant l'heure du repos. C'est une gaillarde, et tenez pour certain qu'au logis c'est elle qui porte la culotte !

Au-dessous d'un petit paysage aux délicates frondaisons de M. Henri Gounin, M. Kœmmerer fait chanter à ses héroïnes du Directoire quelque *Romance* nouvelle. Ce n'est point *En revenant de la Revue* qu'on accompagne ; Boulanger Ier n'était point né et Paulus n'avait point encore célébré ses vertus. C'est peut-être Bonaparte qu'on chansonne. Mais peu importe ; le morceau est comme toujours habile et c'est par ce seul côté qu'il nous touche. — Les amateurs d'apothéoses trouveront du reste une compensation dans le *Pro aris et focis* de M. Loewe-Marchand. Le dévouement à la patrie s'y trouve symbolisé d'une façon puissante par deux figures que font valoir un ciel aux colorations violentes et une sorte d'autel antique d'une agréable tonalité.

M. Gaston La Touche, qui a rapporté de Normandie un souvenir décembral, nous fait pénétrer dans l'humble demeure d'une paysanne nouvellement accouchée. Le mari anxieux est au pied du lit ; la vieille mère, près d'une fenêtre qui laisse pénétrer une lumière diffuse, est attentive aux moindres mouvements de la malade. Il y a du drame dans cette page, incontestablement la plus forte que M. La Touche nous ait encore montrée.

M. Kuehl nous intéresse aussi avec ses *Joueurs de cartes*. Mais il faut arriver à M. Henner pour se rendre compte de ce que peut donner un art souverainement fort et simple. Est-il rien de plus vivant, de plus sonore que ce portrait de femme aux cheveux dorés, au corsage bleu ? Est-il rien de plus dramatique et de plus poignant que ce *Saint-Sébastien* où jouent uniquement, en se modulant à l'infini, deux notes : le blanc et le noir ?

Le portrait de Mounet Sully, en Hamlet, par M. J.-P. Laurens est également une de ces œuvres puissantes, solides, traitées simplement, sans grand fracas et qui s'imposent par leur virilité. Dans son *Ophélia*, M. Laurens a cherché, à côté de certaines délicatesses, la richesse et l'éclat. Il a trouvé ; et cette page idyllique, qui interrompt la série des sombres drames de l'histoire ecclésiastique jusqu'ici affectionnés par le maître, révèle des préoccupations nouvelles dans la facture autant que dans le choix des motifs.

La grande marine de M. Mesdag n'est peut-être point d'un ton distingué ; on peut lui reprocher dans les tonalités sombres des lourdeurs fâcheuses. Ce n'en est pas moins l'œuvre d'un maître puissant et robuste.

Le *Retour de l'enterrement* de M. Marec, nous mène dans un cabaret voisin du cimetière, où l'on se réconforte quelque peu. Les vivants trouvent sans peine, nous le croyons volontiers, qu'on est mieux qu'en face. Mais cette critique de mœurs manque de gaieté et c'est vers M. Adrien Moreau qu'il faut nous tourner pour effacer de l'esprit les impressions pénibles. Que ce soit dans le parc d'un vieux château, peuplé de seigneurs élégants et de gentes dames, ou sur le bac qui ramène du marché les gens de service, la vie apparaît ici radieuse, enjouée, facile, aimable. Les costumes sont riches, les minois frais et jolis et comme cadre à ce monde disparu, évoqué tout d'un coup, une nature agréable et printanière.

L'*Orpheline* de M. Jules Lefebvre nous ramène vers les tristes pensées. Nous sommes à l'église. Debout, en prière, la grand'mère en deuil ; sur un banc, avec l'insouciance de la jeunesse, une fillette inconsciente. L'impression est forte et on retrouve dans la mise en scène de ce drame intime, comme dans le portrait de Mademoiselle Saléta-Ricard, la science qui carartérise le peintre de *Psyché*.

M. D. Laugée est aussi un artiste qui sait et qui compte à son actif des œuvres considérables. Il ne paraît au Salon de cette année qu'avec deux modestes toiles où il fait revivre ces paysannes picardes que Millet eût affectionnées, ici trempant la soupe à l'heure de midi, là remplissant les devoirs de la maternité.

Le paysage et la marine comptent en MM. Luigi Loir, Lapostolet et Étienne Martin de brillants représentants. Après une station devant leurs envois, passons dans le grand salon voisin où nous allons rencontrer M. Benjamin Constant et ses grands panneaux décoratifs.

Ces panneaux sont au nombre de trois. Il lui ont été commandés par le ministère de l'instruction publique pour la salle du conseil académique de la Sorbonne. Au centre, l'académie de Paris représentée par son recteur et les doyens actuels des diverses facultés. Autant de portraits largement traités, lumineux, richement colorés et groupés heureusement. A gauche, les lettres symbolisées par des femmes au costume antique ; à droite, les sciences représentées par quelques fervents occupés ici de recherches célestes, là de découvertes chimiques, ailleurs de projets d'architecture. Un ciel dans la donnée vénitienne sert de fond au premier groupe ; des frondaisons fèrment l'horizon des deux autres. Ici l'espace, la porte ouverte à la recherche de l'inconnu ; là le calme, le recueillement, au milieu d'une nature tranquille et douce. L'impression qui se dégage de ce grand ensemble est forte et la sobriété, qui est la caractéristique de son exécution, ne contribue pas peu à retenir longtemps l'attention sur cette composition qui est l'œuvre d'un puissant esprit et d'un brillant coloriste.

M. Beroud ne nous montre cette année qu'un portrait vigoureux ; M. Artz se répète dans son *Été*, M. Brissot dans son *Coin de Bergerie* ; M. Pozier nous conduit le matin, dans les grands prés voisins d'Éragny qu'arrose l'Epte ; enfin M. Carpentier promène avec habileté un *Rayon de Soleil* sur un coin de prairie que traverse une paysanne.

* *

M. Laguillermie ne se contente pas d'être un graveur émérite, il est aussi peintre à ses heures, et il convient de dire que chez le peintre, se manifeste la science de l'aquafortiste. C'est pour cela que nous intéresse l'agréable portrait de Mme E. S...

On n'a pas oublié la *Visite Électorale* de M. Michelena. On retrouve dans sa *Charité*, comme dans son *Étude*, les mêmes qualités avec plus d'enveloppe.

On ne croit plus beaucoup aux histoires de revenants. Il paraît cependant qu'en Hollande, on est resté plus crédule, ce qui a permis à M. Mac-Ewen de nous retracer une scène, entre femmes, bien entendu, où la chose semble prendre corps. Ce que nous raconte la jeune fileuse nous intéresse médiocrement, nous lui faisons même grâce volontiers de son récit ; ce qui nous séduit c'est la mise en scène, la recherche des lumières contrariées dans cette salle où le jour entre de tous les côtés à la fois et le bonheur avec lequel l'artiste a su saisir ses vibrations diverses.

M. Machard nous arrête aussi avec son portrait de femme sur un fond vert agréablement modulé ; de même M. Mosler avec sa scène bretonne et sa *Captive blanche*, épisode quelque peu fantastique de la guerre contre les Indiens.

* *

Revenons d'Amérique et abordons en Provence. M. Montenard est là pour célébrer les violences de la mer, l'intransigeance de ses ciels et l'éclat de ses paysages fulgurants. Visitons, avec lui le transport de guerre l'*Orne* ; il est bien assis sur sa quille ; il est svelte, d'un ton agréable, ce qui lui vaut bien des suffrages.

De M. Leroy, qui a brillé jadis au Salon par l'exécution de certains sujets bibliques, nous retiendrons ensuite un excellent portrait de son père, auquel font pendant d'une part un portrait très serré de M. Alphonse Muraton, d'autre part un autre portrait de M. Louis Muraton, son fils.

* *

Mme Muraton apparaît dans la salle suivante avec deux toiles d'un incontestable mérite ; ici ce sont des fleurs, là des jouets, escortés les uns comme les autres d'un jeune chien au pelage foncé qui sert habilement à les exalter. C'est heureusement arrangé, bien peint, dans une jolie note, ce qui ne surprendra point ceux qui suivent avec intérêt les manifestations diverses de ce talent primesautier.

En regardant de loin le *Vieux port de Marseille* qu'expose M. Olive, on se croirait volontiers en présence d'une œuvre nouvelle de Vollon, où le maître se serait répété. Approchez, la signature dissipera vos illusions et en consultant le livret la lumière se fera. M. Olive, l'auteur du *Vieux port* est un élève de Vollon, et comme Vollon, a choisi un motif de Marseille pour son salon de 1887, rien de plus naturel que de voir ses élèves influencés rechercher les mêmes motifs. Cela n'empêche pas M. Olive, que nous suivons depuis bien des années avec intérêt, d'être un artiste de valeur et d'avoir fait de ce vieux port une œuvre absolument intéressante.

A l'encontre, le portrait de M. Orchardson ne se recommande d'aucun précédent. C'est un morceau séduisant, quoique sommaire et qui s'impose par sa tenue générale.

Tout est frais, délicat, chatoyant, dans la figure que M. Mengin appelle *Primavera*. Tout est poignant dans le récit historique que nous fait M. Moreau de Tours d'une épisode de la guerre de Crimée ; la poudrière où le drapeau du 91ᵉ de ligne avait été planté, avait sauté. Quand on enleva les décombres on trouva des cadavres mutilés. Le porte-drapeau Ganichon, tenait encore, serré entre ses mains, ce symbole de gloire. L'aigle était détachée, la hampe brisée, les franges déchirées et sanglantes. Tous ces détails on les retrouve dramatiquement écrits dans l'œuvre de M. Moreau ; ils eussent gagné assurément à se développer sous un ciel plus travaillé et mieux approprié à la scène.

En passant, nous signalerons les *Bords de la Loire* de M. Odier, le portrait de M. Félicien Rops, par Matthey et nous passerons à M. Salmson qui ouvre la salle suivante.

* *

C'est après l'incendie. Au milieu des décombres, la famille ruinée par le sinistre. C'est navrant, et l'artiste a rendu d'une manière insuffisante peut-être, mais non sans talent, le sen-

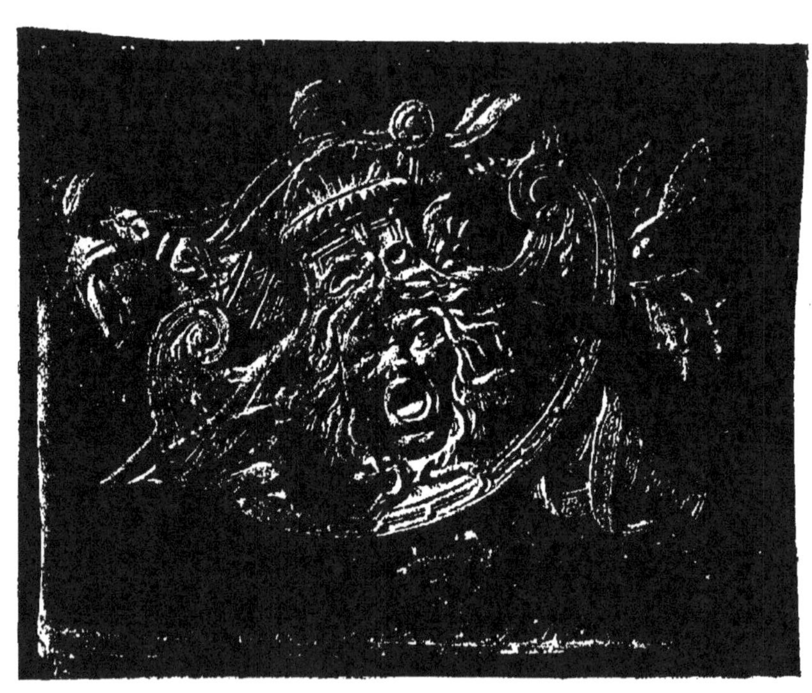

LEBRUN

(Motif décoratif de Versailles.)

◦iment de tristesse qui se dégage ◦de ce milieu désolé.

En face, voici M. Surand,◦avec un Saint-Georges luttant contre un◦Monstre qui a tout l'air d'un émail japonais ; M. Marius Roy avec une *leçon d'escrime* ; M. Réalier Dumas avec un Bonaparte sans caractère, contemplant le manteau royal et la couronne jetés à terre comme d'odieuses défroques par le peuple souverain; enfin M. Trouvé avec d'intéressants portraits de jeunes filles.

Il faut nous arrêter dans cette course folle à travers les premières salles où il y a beaucoup d'appelés et peu d'élus. Il faut reprendre haleine et remettre à huitaine la suite d'une promenade qui fatigue peut-être autant le lecteur que nous-même.

(*A suivre.*)　　　　　**A. Hustin.**

FONTE DE L'ÉTIENNE MARCEL
à la maison Thiébaut.

Cette semaine a eu lieu, dans les ateliers Thiébaut, la fonte de la statue équestre de l'Etienne Marcel, la très belle et dernière œuvre du regretté sculpteur Idrac.

On se rappelle qu'une première fonte avait parfaitement réussi : mais afin de se soustraire à des chicanes qu'il jugeait indignes d'eux, MM. Thiébaut frères ont tenu à recommencer à leurs frais une nouvelle fonte, se réservant d'exposer en 1889, à titre de spécimen, le premier modèle.

La seconde opération a parfaitement réussi, et fait grand honneur, tant pour ses résultats que par les considérations qui ont déterminé la mise en œuvre, à MM. Thiébaut frères.

L'ORGANISATION DU SALON

L'organisation actuelle du Salon donne lieu à bien des critiques et les artistes se trouvent, à son sujet, divisés en deux camps.

La majorité du jury, qui naturellement reflète et soutient les sentiments de la majorité des membres de la Société des artistes français, se compose de professeurs des beaux-arts, de professeurs d'académies libres et de membres de l'Institut.

La minorité opposante qui soutient les revendications des artistes désireux d'apporter des modifications dans la forme actuelle du jury se compose en général de quatre membres, MM. Cazin, Gervex, Duez et Roll. Cette année elle se réduit à trois, M. Cazin étant resté sur le carreau aux dernières élections pour avoir prêté son nom à des attaques contre ses puissants collègues de la majorité.

Le *Matin* a interviewé les uns et les autres et nous détachons de ses explications les notes suivantes :

Chez M. Bouguereau

— Vous n'êtes disposé à aucune concession en faveur de la minorité? lui demandons-nous.

— Aucune ! Le jury du Salon, tel qu'il est composé, offre une barrière aux doctrines que nous jugeons contraires à l'Art. Tel que, il est nommé par la majorité des adhérents de la société, qui, en le maintenant, fortifient son programme. Pourquoi voudriez-vous qu'il en changeât ?

— On reproche au Salon son uniforme médiocrité due précisément à l'étroitesse et à l'intolérance du jury.

— Qui prétend cela? Le public? Chaque année, les recettes du Salon augmentent. J'affirme, au contraire, que les choix du jury sont dictés par le goût du public, notre seul maître... Puis admettons un instant que le jury soit composé selon les vœux de la minorité. Il se montrerait, dans un autre sens, aussi intolérant, plus intolérant que nous. Encore un coup, pourquoi abdiquerions-nous, de notre plein gré, en faveur de quelques ambitieux qui nous disent naïvement : « Ote-toi de là que je m'y mette. »

Ou du moins qui chantent :

> C'est pas toujours les mêmes
> Qu'auront l'assiette au beurre !

Mais nous tenons le bon bout ! continue M. Bouguereau.

— On reproche à la plupart des jurés actuels leur partialité. On dit que, reconnaissants envers la majorité de la situation qu'ils occupent, leurs décisions leur sont toujours dictées par le désir de plaire à cette majorité et d'y conserver leurs électeurs.

— Dame !

— Mais pardon, cher maître ! Expliquez-nous le rapport qui existe entre ces préoccupations d'un ordre un peu commercial et le grand **art** dont vous parliez tout à l'heure ?

— Ah ! monsieur ! s'écrie M. Bouguereau, faites donc qu'il en soit autrement! faites que des jurés — qui n'en sont pas moins peintres — se montrent inaccessibles à la vanité, aux joies du triomphe et aux jouissances du capital!

La minorité.

Nous avons causé également avec MM. Cazin, Gervex et Duez. Ils nous ont dit la lutte qu'ils avaient soutenue en faveur d'un changement du jury. Ils nous ont dit leurs échecs.

— Renoncez-vous à toute espérance, leur avons-nous demandé?

Et mystérieusement ces messieurs murmuraient dans les coins : « Nous méditons... chut! chut !... un projet de scission... parlons bas!... Nous déserterions le Salon, entraînant avec nous une centaine d'artistes parmi les plus marquants... Sous les auspices de riches amateurs, on ouvrirait l'*Exposition des Cent*, qui engloberait toutes les petites expositions particulières... M. Tony-Robert Fleury a eu vent de la chose... Il est venu chez M. Gervex et l'a supplié de ne pas donner suite à ce projet... Moyennant quoi, il serait fait droit à certaines revendications de la minorité... malgré M. Bouguereau... Motus ! »

UN DUEL TRAGIQUE

La veille même du jour consacré au vernissage, un duel dont l'issue devait être tragique, avait lieu entre deux artistes.

M. Félix Dupuis, la victime, était un peintre fort connu, ancien élève de Léon Cognet.

Apprécié des connaisseurs, il n'avait pas eu jusqu'ici, aux Salons annuels, les succès dont beaucoup de ses confrères le jugeaient digne.

Lui-même en avait été un peu attristé, et son caractère, très doux et très conciliant, s'était un peu aigri de ce qu'il considérait comme une injustice du jury.

C'est lui qui avait exposé, au Salon de 1887, un tableau fort remarqué : *Carnot organisant la victoire au Comité de salut public.* Cette année, il envoyait le *Lac*, inspiré par le poème de Lamartine. M. Dupuis était âgé de cinquante-six ans, marié et père de famille.

Son adversaire, M. Félix Habert, est également peintre.

Il est élève de Bonnat.

Plus jeune que son confrère — il a quarante-neuf ans — il était en excellentes relations avec ce dernier, et il était assidu aux matinées bimensuelles qui se donnaient le dimanche dans l'atelier de M. Dupuis, avenue de Villiers.

Rien ne faisait prévoir une brouille entre ces deux hommes. Un motif des plus frivoles est venu les pousser l'un contre l'autre.

A l'une des dernières matinées, une jeune fille poète, Mlle C.-M., lut un sonnet dithyrambique, où elle célébrait la gloire du peintre Dupuis.

Voici ce sonnet que nous reproduisons à titre de document :

A Monsieur Félix Dupuis

SONNET

(sur l'envoi au Salon de 1888)

O peintre, ton génie inspiré d'un poète,
Devant ta toile ici, m'avait laissé muette.
Je ne voyais que lui, tout en te contemplant.
Et près de ton tableau j'allais me rappelant

Ces vers qu'avec amour si souvent on répète,
Que Lamartine un jour, pour sa lyre discrète,
A tirés de son cœur. Et sur un rythme lent
Je redisais ce Lac, où l'on voit s'envolant

Sur les ailes du Temps et dans l'espace immense
Tout ce qui se consume et ce qui recommence.
Ton tableau plein de charme et plein de vérité

Nous montre ce songeur, concevant un poème !
Il tient contre son cœur la blonde Eve qu'il aime,
Défiant du regard la sombre Eternité.

3 avril 1888.

M. Habert demanda à l'auteur de lui adresser une copie de son œuvre. Il attendit, paraît-il, cet envoi trop longtemps à son gré, car il s'en montra froissé, et, dans un numéro du journal *le XVII arrondissement*, il glissa l'entrefilet suivant :

Des fumistes et rastaquouères tatouent les jambes marmoréennes, du Dieu sculpté par Girardon ; on y lit des noms accouplés, on y voit des couples sans noms. On n'y savoure pourtant pas ces vers qu'un noble poète

qui porte des bas bleus sur champ satin chair, me prie de faire imprimer en polychromie :

Ta couleur, cher F. D., sera donc éternelle
Et ton heureux dessin
Enlaçant le contour d'une forme fidèle
La féconde à dessein.

J'ajourne la suite jusqu'au vernissage au Salon. Le peintre qui les a inspirés doit y briller du plus vif éclat.

Bien que l'allusion ne fût ni bien directe, ni bien méchante, ni même bien intelligible, Mme F. Dupuis reconnut son mari sous les initiales F. D., et elle écrivit à M. Habert la lette suivante :

Mes matinées ne sont pas des réunions publiques, mais bien des réunions intimes où mon mari et moi ne recevons que des amis, et c'est à ce titre que nous recevions votre femme et vous ; nous étions donc en droit d'attendre de vous une amicale réciprocité.

Aussi ne puis-je rien comprendre au plaisir que vous semblez prendre à nous être désagréable dans nos amis.

C'est par trois fois que vous avez insisté près de moi et de Mlle M... pour qu'elle vous envoie son sonnet. Et vous commettez l'erreur d'écrire dans votre feuille publique d'une façon plus méchante qu'indéchiffrable qu'elle vous a prié de le faire imprimer en polychromie, etc.

Mon amie ne saurait donc continuer à vous donner les bonnes et franches poignées de mains qu'elle vous offrait. Il me faut choisir entre elle et vous. — C'est fait.

Signée : C. DUPUIS. 14 avril.

A quoi, M. Habert répondit, toujours dans le *XVIIe arrondissement*, le 22 avril dernier :

Mme XX..., dans un communiqué bien senti, me dépêche, enveloppé dans un morceau de fromage, ce quatrain :

Ta couleur Cherde, oul sera donc éternelle
Et ton heureux dessin.
Caressant le contour d'une forme fidèle,
La féconde à dessein.

Il appert que ces quatre vers ont eu la déveine d'asticoter la très respectable dame, connue, dans la plaine Monceau, sous le nom de « Muse du panégyrique. » La Muse me fait savoir que ses réunions ne sont pas publiques comme notre feuille (*sic*).

Grande dame, le signataire de ces échos vous fera remarquer que s'il s'est privé d'aller quelquefois aux vêpres pour s'amuser chez vous, ce n'est qu'après de pressantes et réitérées sollicitations de votre part.

Vous réclamez pour vos réunions non publiques une *publicité* gourmande à avaler plusieurs colonnes (j'ai sous les yeux cinquante lignes flatteuses et une lettre de votre mari me remerciant, tout en trouvant l'article un peu court.)

J'ai eu l'heur de vous congratuler sept fois dans cette feuille, publique évidemment, elle tire à assez de mille exemplaires ; mais vous ne savourez les éloges que tempérés... par l'écrit tement de tous les collègues et amis de ce cher Chardepoul, et notamment des 39 membres du jury *qui sont si jaloux* de son grand talent.

C'est par trop de modestie ; je me dégage et je suis prêt à vous retourner, Madame, le paquet de louanges dithyrambiques que vous aviez écrites pour me servir de modèle, et je baise la main de la Muse.

HABERT.

Sur ce, M. Dupuis constitua des témoins, lesquels, après s'être mis en rapport avec deux amis de M. H. Habert, rédigèrent le procès-verbal d'une rencontre qui eut lieu au Bois de Boulogne, derrière les tribunes de Longchamp, dans le chemin des Amoureux, petit sentier adjacent à la route semi-circulaire qui passe derrière les tribunes.

Ce sentier, qui est droit à son amorce sur la route, décrit à cinquante pas environ une courbe assez prononcée. C'est au commencement de cette courbe qu'a eu lieu la rencontre.

Les témoins de chaque adversaire avaient une paire de pistolets. Ceux de M. Habert étaient à âme lisse et n'ont pu servir. On a donc pris ceux de M. Dupuis, du calibre 9, dits « pistolets de combat ».

Les armes chargées ont été remises aux adversaires par M. de Wogan, qui a dirigé le combat et fait les commandements d'usage.

La distance qui séparait alors M. Dupuis de M. Habert était de vingt-sept pas environ.

Les deux coups sont partis presque simultanément.

M. Dupuis est tombé sur les genoux ; il s'est relevé un instant, a porté la main à son côté et est retombé en criant :

« Je suis perdu... chère amie !... Chère femme ! »

M. de Wogan l'a reçu dans ses bras.

M. le docteur Séaille, qui se tenait sur la route, accourut au bruit des détonations et ne put que constater le décès. La balle avait atteint M. Dupuis sur la couture de la redingote, à la hauteur de la ceinture, elle avait traversé le foie et était allée se loger dans la masse lombaire gauche, en perforant les intestins et en coupant les deux artères mésentériques, causant une hémorrhagie presque foudroyante.

Les témoins ont, après interrogatoire, été remis en liberté. Seul M. Habert a été maintenu en état d'arrestation.

Lundi, à la nouvelle de la mort tragique de M. Dupuis, on avait agité la question de savoir s'il ne convenait pas de voiler son tableau, le *Lac*.

Les règlements s'opposant formellement à ce qu'aucun tableau puisse être désigné par un signe quelconque, avant les décisions des jurys des récompenses, on a dû attendre que le comité de direction eût statué sur le cas spécial qui se présentait.

A deux heures dix minutes, conformément à la décision que venait de prendre ce comité, des gardiens ont placé en haut du tableau de l'auteur du *Lac* un nœud de crêpe. Ce tableau est exposé dans la salle n° 4, à gauche en entrant.

Bulletin des Expositions et Concours

Anvers. — Exposition triennale du 15 juillet au 15 octobre. — Réception jusqu'au 20 juin.

Barcelone. — Ouverture le 8 avril 1888.

Barcelone. — Concours pour un ouvrage d'Archéologie. Dépôt des ouvrages jusqu'au 25 octobre 1891.

Buenos-Ayres et **Montevideo.** — Expositions successives en 1888.

Copenhague. — Exposition internationale, ouverture le 1er mai.

Douai. — Exposition des Beaux-Arts du 18 juillet au 1er août. — Dépôt à Paris, chez M. Duppuy-Vildieu, rue de l'Echiquier, du 25 juin au 4 juillet.

Epinal. — Du 9 juin au 15 juillet. Envoi à M. Garnier, en gare d'Epinal.

Gand. — Concours d'arts industriels en 1888.

Glascow. — Exposition d'art ancien et moderne, de mai à octobre.

Liège. — Exposition des Beaux-Arts du 29 avril au 17 juin.

Londres. — Exposition des Lauréats de France. — Beaux-arts et sciences. — Délais d'envoi expirés.

Melbourne. — Exposition internationale du 1er août 1888 au 1er janvier 1889.

Munich. — Exposition internationale du 1er juin au 1er octobre 1888.

Nimes. — Exposition de la Société des Amis des Arts à l'occasion du concours régional. Du 1er mai au 10 juin. Envois du 1er au 15 avril au président de la Société à Nîmes.

Paris. — Salon de 1888. Exposition des artistes vivants, Palais des Champs-Elysées. Ouverture le 1er mai jusqu'au 30 juin.

Paris. — Exposition internationale de 1889. Champ-de-Mars, du 5 mai au 3 octobre.

Paris. — Exposition du *Blanc et Noir* du 1er octobre au 15 octobre 1888. S'adresser à M. E. Bernard, rue de la Condamine, 71.

Rotterdam — Exposition des Beaux-Arts, du 27 mai au 8 juillet. Envois du 30 avril au 12 mai, à la commission de l'*Académie Coolvert* à Rotterdam.

Strasbourg. — Exposition du 6 mai au 10 juin.

L'Imprimeur-Gérant : HENRY LEFEBVRE.

ACADÉMIE JULIAN
ATELIERS DE PEINTURE
Sculpture et Dessin.
Distincts pour Hommes et pour Dames.
Toute la journée modèle vivant.

ATELIERS DE
MM. BOUGUEREAU et **T. ROBERT-FLEURY**
MM. BOULANGER et **J. LEFEBVRE**
Atelier de sculpture, professeur M. **CHAPU**
Ces éminents professeurs donnent régulièrement leurs conseils aux élèves.

COURS pour HOMMES
48, faubourg Saint-Denis (près la porte St-Denis).
COURS pour DAMES
27, galerie Montmartre (Passage des Panoramas)
28, Faubourg Saint-Honoré (Près de la Madeleine)
COURS D'ANATOMIE : M. CUYER.

Préparation au brevet supérieur de dessin de la ville de Paris et de l'Etat et aux concours de l'Ecole des Beaux-arts.

Aquarelle — Pastel — Nature morte, etc.

Il n'y a jamais de vacances.
On trouve dans chaque Atelier les renseignements qui le concerne.

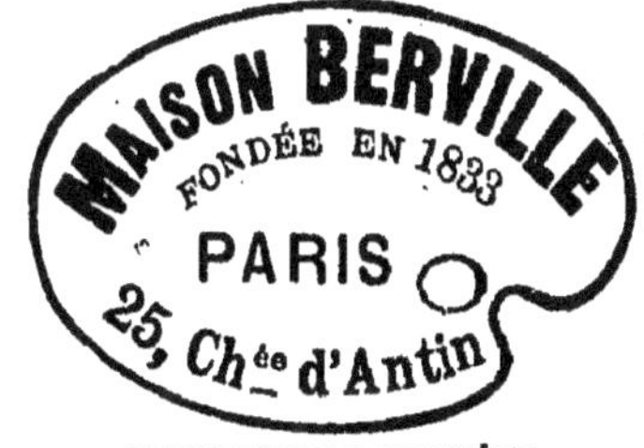

NOUVEAUTÉS

FIXATIF H. LACAZE SPÉCIAL POUR LE PASTEL

PAPIER *Lalanne* pour LE FUSAIN
FORMAT GRAND AIGLE (1m05 x 0m70)

Nouvelle Pâte plastique pour le Modelage.
PEINTURE SUR TERRE FINE CÉRAMIQUE
ENVOI FRANCO DE TARIFS

Compiègne. — Imprimerie HENRY LEFEBVRE.

LA VIE ARTISTIQUE

COURRIER HEBDOMADAIRE ILLUSTRÉ

Des Ateliers, des Expositions & des Théâtres

BUREAUX A PARIS	DIMANCHE 13 MAI 1888	ABONNEMENTS
42, Rue de Chabrol, 42	2ᵉ ANNÉE — Nᵒ 19	Un An : DIX FRANCS

LE SALON DE 1888

PEINTURE

II

M. Guillaume Dubufe est un idéaliste. Il se complaît dans les allégories et c'est à cette préférence marquée que nous devons, après bien d'autres, la grande toile qui orne le vestibule d'entrée du Salon et dans laquelle se trouve symbolisée la Trinité poétique de Musset, de Victor Hugo et de Lamartine. Autour de l'Arc de Triomphe qui résume toutes les gloires de la Patrie, dans la nuit bleue, passent au-dessus de Paris endormi, les rêves des trois grands poètes contemporains. L'œuvre est d'un lettré ; elle est aussi d'un artiste, qui a le culte de la forme dans sa pureté et qui a le goût de l'arrangement. Clairin nous avait montré l'année dernière la veillée en armes autour du cercueil de celui pour lequel s'est recouvert tout à coup le Panthéon ; c'était la note funèbre. M. Dubufe, va au-delà du tombeau, dans un cadre qui glorifie la pensée ; son imagination se complaît dans une série d'évocations sereines. M. Clairin était parti du point de vue de l'actualité. M. Dubufe prend ses héros de plus haut : depuis qu'ils sont entrés glorieusement dans l'histoire.

M. Chartran a fait aussi œuvre d'historien dans le grand panneau décoratif qui doit orner l'escalier d'honneur de la nouvelle Sorbonne. Il nous y montre, dans une donnée qui ne lui était point familière, Vincent de Beauvais et Louis IX dans cette abbaye célèbre de Royaumont dont les ruines importantes attestent encore la calme majesté. La scène est digne ; maître et élève sont faits l'un pour l'autre et de ce cadre simple, décoloré à dessein, se dégage une impression forte.

C'est aussi pour l'escalier de la Sorbonne que M. François Flameng, a peint cet immense panneau où défilent tour à tour les maîtres de la Renaissance, le terrible cardinal posant la première pierre de l'église et Henri IV réformant l'Université. On revit avec lui cette époque fameuse où s'affirma, à côté de la renaissance diplomatique, la renaissance des lettres. On scrute volontiers ce panorama du Paris ancien ; on y cherche son ossature, ses monuments, et c'est avec une satisfaction émue qu'on salue en ces acteurs divers, tout à coup ressuscités, ceux qui ont tant fait pour la grandeur de la patrie française.

M. Lucien Berthault a, dans son panneau décoratif, d'autres préoccupations. Ce n'est pas de l'histoire qu'il écrit ; c'est une idylle, un *Propos d'amour*, propos innocents, sans doute, car la solitude n'est pas le propre de cette scène où tiennent la première place deux Èves puissantes à qui l'on ne dit rien.

M. Guthertz est passé de la terre au ciel ; il y a surpris le mystère de l'*Incarnation*, à laquelle préside une armée d'anges ailés. La fantaisie est ingénieuse et la couleur agréable.

M. Bastien-Lepage est plus rustique. C'est à Damvillers sans doute qu'il a peint le panneau destiné au porche de l'hôtel de M. Fenaille. La note est riche, gaie, claire et le morceau, dans son ensemble, n'est pas sans mérite.

On se rappelle très certainement cette belle page où, l'an dernier, M. Albert Girard nous avait conté les enchantements d'un lever de soleil radieux, sur un étang d'où s'élevaient les vapeurs argentées du matin. L'artiste a été touché profondément par la beauté de ce spectacle. Il y revient cette année, avec une version qui n'est point bien différente, mais qui atteste sa finesse d'observation et sa science habituelle.

M. A. Guillon s'est épris lui aussi, pour un coin de Menton d'une tendre affection. Il l'avait rendu tel qu'il se déroule en pleine lumière ; le voici la nuit, avec un effet de lune très fidèlement observé.

Près de lui M. Georges Ferry évoque une scène plus intime. Tout une famille est là écoutant les accords du piano et les deux toiles font contraste ; ici les délicatesses d'une harmonie ; là la puissance et la sonorité.

M. Eugène Carrière, — on l'a déjà noté ici, — ne cherche pas les effets violents ; il a une façon à lui de rendre les milieux enveloppés de lumière diffuse, de dégager délicatement de l'ombre, en respectant les distances, les parties qui vibrent en les laissant épouser les caresses des tons voisins. C'est un art fort et le portrait de M. J. Dolent qui en procède aura, cette année, le succès qui fut réservé au Salon dernier à des envois qui portaient déjà l'empreinte de cette personnalité qui s'affirme encore si nettement aujourd'hui.

* *

Faisons un saut à travers des salles déjà parcourues, pour arriver dans l'intérieur clairet de ce couvent que M. Tydgadt a peuplé de nones laborieuses ; c'est une ruche ; mais une ruche où l'on ne bourdonne pas. En face nous noterons une marine toujours bien observée de Smith Hald, une atmosphère norvégienne ; plus loin une tête de paysan bien étudiée et aérienne de M. Soutza-Pinto ; enfin, au-dessus, un grand panneau décoratif de M. Rosset-Granger, pour l'hôtel de M. H. D.... C'est d'un motif italien que s'est inspiré l'artiste : *les Vendanges à Capri*. Le ciel est bleu, tacheté et jouant bien ; la mer est bleue aussi et dans ses ondes se reflète un coin de falaise qui rappelle les violences de la Provence que M. Montenard affectionne. De chaque côté circulent d'aimables romaines, gracieuses et légères ; de chaque côté aussi des colonnes de marbre dont la vigne cache les chapiteaux, froides ici, ensoleillées là, balançant agréablement une composition où l'esprit inventif de l'artiste s'est, avec succès, donné libre carrière.

* *

Le portrait de M. de Goncourt, par Raffaelli, que nous apercevons dans la salle voisine est un morceau puissant, parfois étrange. Il y a du cadavre dans cette main nerveuse qui a tant manié l'encre ; mais quels coins étonnants for-

ment le fauteuil et le tapis où s'enfoncent moelleusement les pieds du modèle !

M. Schommer est plus académique, plus sonore dans son portrait ; il est moins personnel.

Mme Roth a été souvent mieux inspirée que dans son enfant à l'orange et c'est par une qualité inverse que nous plaît la *Cinquantaine* de M. Aimé Perret, qui se retrouve là lui-même, observateur attentif des mœurs rustiques dans certaines provinces et metteur en scène agréable d'une cérémonie qui a pour elle une poésie touchante dans sa naïve simplicité.

L'Attente des absents de M. Reinhart va nous conduire au bord de la mer, par un temps difficile. Les femmes des marins, — des villervillaises, — sont là au pied d'un calvaire, transplanté sur la falaise par l'imagination de l'artiste, anxieuses, interrogeant l'horizon. L'ensemble est bien composé et nous aimons beaucoup la grande figure de moulière au second plan.

Nous avons aussi plaisir à scruter dans ses détails ce village de Franche-Comté dont M. Petitjean s'est fait l'historiographe ému. Chaque masure y a sa page, avec ses murs vieillis, ses toits ondulés ; la campagne qui leur fait cortège est belle, riche. Et ces richesses, M. Petitjean nous les conte simplement, largement, sans nous laisser deviner son effort, comme il le fait du reste aussi, dans son port de Rouen, peuplé de bateaux, fermé par des maisons dont les colorations égaient l'horizon.

* *

Aimez-vous les saltimbanques ? Arrêtez-vous devant ceux de M. Pelez. Les voici qui font le boniment, avec entrain, avec exubérance. Ce qui permet aux bohémiens déloquetés de ne pas souffler dans les cuivres bossués et sales quelque air allemand, ce qui permet aussi aux enfants de la caravane de se reposer à leur tour, de pleurer même à la dérobée et de gémir sur les cruautés du sort. M. Pelez n'a rien omis ; pas même les trous des maillots qui ont du service. En vous éloignant, secouez-vous ; car tenez pour certain qu'à droite, à l'orchestre, il y avait des....puces !

Aussi bien voici pour nous attirer un admirable portrait, qui est une œuvre de maître. C'est un portrait de femme, et un portrait autographe, signé Thérèse Schwartze. Mlle Schwartze est hollandaise et son image est destinée à la galerie des Offices de Florence, elle y tiendra dignement sa place, car elle est peinte avec une crânerie et une sûreté passionnantes.

De Florence à Venise, il n'y a pas loin. C'est avec M. Rosier que nous ferons le voyage. Nous arriverons ainsi près du palais des doges à la chute du jour, par une nuit sereine et calme, qui vous enchante. Tout à l'horizon est dans les gris tranquilles ; l'eau clapotte dans les bleus grisaillés et adoucis ; çà et là quelques lumières s'allument. C'est l'heure où l'on va rêver !

Avec M. Renouf nous reviendrons au nord, sur la plage normande où deux *guetteurs*, cuirassés contre les rigueurs du temps, interrogent l'horizon. Ce sont de solides gaillards et pour les transporter sur la toile, l'artiste a pris quelque chose de leur rudesse.

M. Thiollet a conservé aussi de la nature normande qu'il interprète, les accents vigoureux. Sa *Pêche aux guideaux* est une page intéressante et forte que nous prisons fort.

C'est un sentiment opposé qui domine dans l'*Été*, de M. Perrault, dans le tableau de genre de M. Willems et il nous faut revenir au portrait qu'a peint M. Pille pour nous réconforter. Il est bien curieux à plus d'un titre ce portrait ; il vibre discrètement au milieu de papiers assourdis, variés dans leurs tonalités, au centre d'un cabinet de travail dont les murs sont peuplés de cadres, dont l'encombrement fait songer à la somme de travail que sont appelés à fournir tous ceux qu'un cruel destin condamne à ramer dans cette galère qui s'appelle la presse contemporaine.

Autrement heureux sont ceux qui, comme M. Pointelin, se sont épris d'une belle passion pour la nature, se sont astreints à la saisir à de certaines heures et à traduire par le pinceau des impressions profondément ressenties et toujours justes.

Quelle satisfaction doit éprouver M. Pelouse en fixant sur la toile ce petit village planté au milieu de la prairie, ou ce mystérieux coin de forêt, dont une famille de sangliers vient seule troubler le recueillement ? Ici comme là, la poésie a sa part et cette poésie M. Pelouse en souligne, par les sveltesses de sa brosse la pénétrante saveur.

De M. Rapin, nous retiendrons son effet de neige ; de M. Wencker, un grand portrait en pied, d'une agréable couleur ; de M. Valadon, deux têtes caractéristiques solidement charpentées ; de Mlle Abbema, un portrait de Mlle Saryta auquel la distinction et le gracieux arrangement devaient assurer une place assurément meilleure que celle qui lui a été assignée.

Elle a absolument grand air, cette jeune fille que M. Agache a drapée dans une étoffe à la coloration puissante, aux plis larges et simples.

Elle est de plus, l'œuvre d'un tempérament robuste et sain, qui s'affirme du reste plus loin dans l'*Enigme*, et il n'y a qu'à s'incliner.

M. Vollon fils est aussi un beau tempérament de peintre qui s'essaie, un peu encore dans la donnée paternelle, et dans la *Toilette du matin* et dans *Rosita*. Çà et là des lourdeurs, des opacités ; mais quel métier nerveux et quel entrain dans le maniement de la brosse !

Je ne vois dans cette salle que M. Ziem qui rappelle ce faire onctueux et libre. Et, chose curieuse, ce n'est pas sous la forme d'un coin de Venise éblouissant que M. Ziem apparaît ici. Il était à Cadix. Les pastèques, avec leurs rubis intérieurs, l'ont séduit, et le voilà revenu avec une nature morte d'un entrain et d'une fougue que souligne la facture d'un couteau planté verticalement. La Venise, que nous trouverons plus loin est bien séduisante avec ses trésors de couleurs, ses rutilences et ses bleus annoblis ; mais les pastèques ont aussi leurs charmes et, au point de vue de l'exécution, ceci vaut assurément cela.

(*A suivre.*) **A. Hustin.**

LES DESSINS DE VICTOR HUGO

Notes de peinture.

Mon cher ami, vous m'avez trouvé hier en contemplation devant les dessins de Victor Hugo et vous m'avez demandé, sans crier gare, de vous dire toute ma pensée d'artiste. Sans plus de façons, voici quelques notes prises sur mon catalogue..

.... Comme il voit grand ! comme il voit haut et de haut ! comme il voit vibrant et coloré ! comme il devine la nature ! Il n'est jamais allé en Orient. il l'a décrit cependant tel qu'il est : radieux et farouche. Sans avoir vu Grenade, il nous l'a montrée telle qu'elle est :

Grenade efface en tout ses rivales ! Grenade
Chante plus mollement la molle sérénade :
Elle peint ses maisons des plus vives couleurs ;
Et l'on dit que les vents suspendent leurs haleines
Quand, par un soir d'été, Grenade dans ses plaines
    Répand ses femmes et ses fleurs.

Ne dirait-on pas qu'il y est allé ?

Quel admirable paysagiste ! A droite en entrant, n° 50 : *Angle de fortifications*, un souvenir sans doute des bords du Rhin. Le livret, toutefois, ne le dit pas. Cet « angle de fortifications » est d'une réalité de vue étonnante ; on le croirait dessiné sur nature ; la perspective dominante en est d'une justesse absolue, en trompe l'œil. Servant de premier plan, ce donjon ruiné, ébréché, s'enlève en lumière douce et triste sur le vide d'une vaste plaine, noyée d'ombre ; au loin, dans cette ombre, le grand fleuve germain passe, clair comme une lame d'épée, au pied d'un vieux burg d'aspect colossal ; vieille citadelle de forbans, d'oiseau de proie toujours au guet dès que la nuit arrive, et dont les tourelles démantelées, mais toujours debout, reçoivent les dernières lueurs d'un soleil qui se meurt.

N° 110 : *Don Gébraldiablos.* — Fantaisie romantique et joyeuse. Est-ce le diable travesti en don César de Bazan ?

N° 106 : *Torquemada.* Montagne d'ossements blanchâtres sur un ciel noir, sinistre amoncellement. C'est par là sans doute que Torquemada, cet inquisiteur-Titan, voulait aller au ciel et y arriver de vive force et malgré Dieu !

Et cette tête coupée qui passe dans la nuit :

C'était en juin ; j'étais à Bruxelles ; on me dit :
« Savez-vous ce que fait aujourd'hui ce bandit ? »
Et l'on me raconta le meurtre juridique,
Charlet assassiné sur la place publique,
Cirasse, Cuisinier, tous ces infortunés
Que cet homme au supplice a lui-même traînés ?.....
. . . .
Tout à coup la nuit vint, et la lune apparut
Sanglante, et dans les cieux, de deuil enveloppée,
Je regardai cette tête coupée.

Au fond de cette nuit, la lune d'or se couche et regarde... Au premier plan, malgré l'obscurité, on aperçoit de grandes dalles blanches fraîchement lavées, les interstices dessinés par du sang ; et dessous, écrit en rouge et noir : *Justitia.* On a vu de ces nuits-là place de la Roquette.

Autre merveilleuse création : un carrefour désert ; des terrains vagues fermés à la diable par des barrières de bois, coin de b·nlieue louche et funèbre ; à droite, un chemin pavé ; et les pavés sont faits un à un, avec une patience toute japonaise ; plus loin, des pans de mur aux noires silhouettes ; à l'horizon, Paris, sous une brume lourde, avec le soleil, ou la lune, passant dans un ciel chargé d'orage : l'astre mourant semble avoir perdu sa route de tous les jours. Jamais Gustave Doré n'est allé plus loin dans la vérité fantastique. D'une main aussi puissante et avec une vision aussi nette, aussi implacable, Salvator Rosa, seul, aurait trouvé ce ciel-là ! Et peut-être !

Je préfère au *Pendu Brown* les dessins voisins : *le Coq,* par exemple. On l'entend ! Ses plumes frémissent, il se dresse droit de la crête aux ergots, il appelle l'aurore qui semble se faire prier .. ou dormir. Ah ! ce coq ! Rembrandt en eût fait une eau-forte ; Millet en eût fait le dessin !

Plus loin, autre castel fantastique, d'une imagination gothique incroyable. Le ciel est surprenant de ton, d'invention farouche. La ville, ruinée de fond en comble, bouleversée, madréporée, rongée par les siècles, abîmée par tous les fléaux de la terre et du ciel, grouille au pied d'un castel digne de Belzébuth, menaçant lui-même de crouler sur les ruines qui l'entourent au premier coup de vent, à la première tempête.

N° 88 : *Gros temps.* — Des nuages crèvent la pluie. Dans le vent, une grande lame échevelée se lève et va se briser contre une estacade dont le profil noir se confond avec le ciel. Et dans cet affolement du ciel et des eaux passe une barque de sauveteurs.

Plus loin, un tout petit dessin grand comme le creux de la main. Un rideau d'arbres, derrière lequel se voit une lueur, la lune. Exécution d'une préciosité étonnante ; c'est pris sur nature.

Petite aquarelle : sur une lame glauque, un vapeur file sous le vent, fuyant la côte. D'une vérité absolue ; d'une qualité de ton juste et charmante. Un aquarelliste de profession ne ferait pas mieux.

Le Burg de la Croix. — Ici, la richesse et la précision du détail, l'aspect, l'effet, la couleur, tout y est ! Le ciel est sinistre, mou, plein d'eau, balayé de nuages pareils à de longs crêpes noirs. Le burg, bâti sur pilotis, se dresse colossal sur les eaux plates d'un lac, y reflète ses murailles crevassées, ses donjons découronnés. Un pont effroyable, aux pierres disjointes, branlant, percé à jour, mène au pont-levis de cette ville de démons ! Ville morte ! Ville comme on en trouverait dans les mondes éteints qui roulent dans l'espace, ou chez notre blanche voisine, la lune, si l'on pouvait y aller... Quand, la nuit, le cauchemar nous prend à la gorge, nous étouffe, nous affole, que l'on se sent poursuivi, que l'on veut fuir, on a de tels ponts pour s'échapper, pour se réveiller ! Mais à l'entrée de ce pont une croix se dresse ! Et cette croix est un chef-d'œuvre de science gothique, d'exécution d'artiste, d'imagination décorative : on la croirait dessinée par un orfèvre-argentier du treizième siècle.

Le Phare des Casquets, une *Épave* et la pieuvre, la fameuse pieuvre, la prodigieuse pieuvre ! qui s'étale en plein manuscrit des *Travailleurs de la mer.*

Quelques souvenirs de voyage, entre autres une ville de Belgique, la nuit, avec ses hauts fourneaux, ses usines qui n'éteignent jamais leurs feux, — ville de cyclopes, ville sujette de l'infernal Progrès !

« J'en passe et des meilleurs ! » les japonaiseries des cadres, les trois phares de l'*Homme qui rit,* le *Matin,* le *Sous bois,* et cette merveilleuse série de « charges » à la plume, intitulées : *Gavroche rêveur, Gavroche ému, Peu rassuré, Doucereux, Envieux, Vocation veillant sur elle-même, Bourgeois naufragé devenu roi chez les sauvages,* — charges humoristiques et philosophiques que l'illustre grand-père griffonnait joyeusement de sa puissante main, le soir, au coin du feu, à la prière de Jeanne et de Georges blottis à ses côtés. C'était l'heure douce où il paternisait à l'aise, le grand homme !

.... Comment remercier le comité de souscription qui nous a montré Victor Hugo, le crayon à la main, inventeur d'une incroyable fantaisie, possédant d'instinct un métier d'artiste d'artiste éprouvé, et qui aurait été, peut-être, plus grand que Delacroix ou Géricault si son génie ne lui fait prendre, pour s'exprimer plus à l'aise, la plume, cette plume d'or qui a écrit les manuscrits de *Notre-Dame-de-Paris,* d'*Hernani,* de *Ruy Blas,* des *Châtiments,* des *Misérables,* de la *Légende des Siècles ?*... Mais il était nécessaire de nous montrer ce formidable tempérament aux prises avec tous les arts ; avec celui, surtout, qui s'approchait le plus de ses visions de poète, qui pouvait redire diffé-

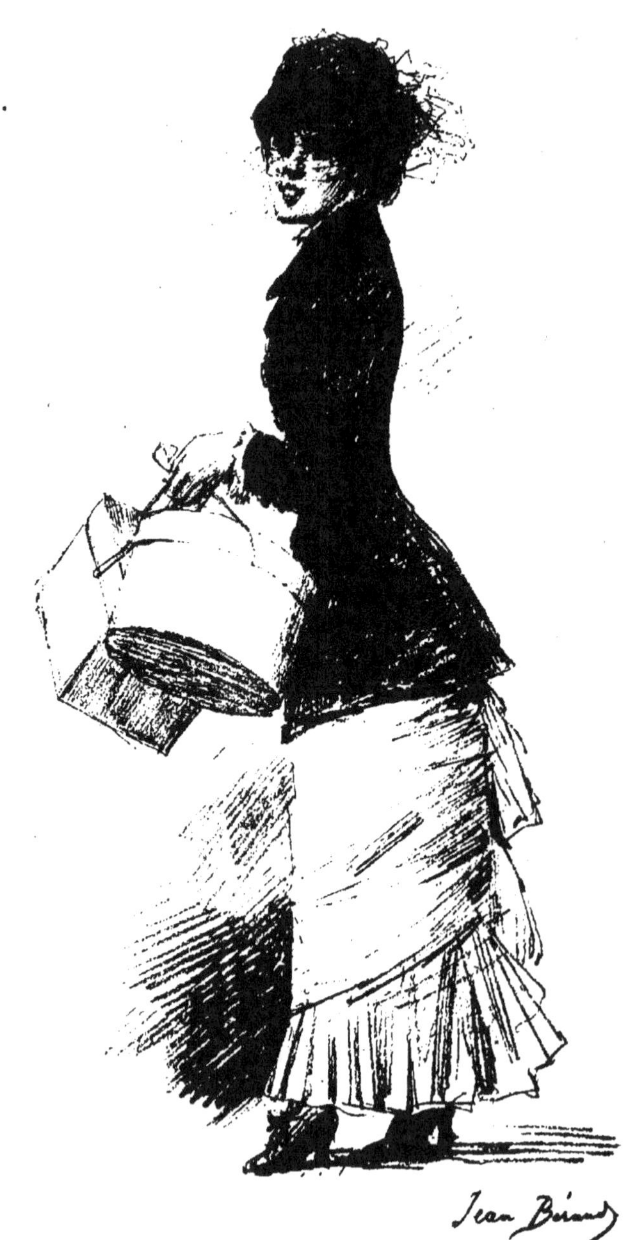

JEAN BÉRAUD

remment, sans trop s'éloigner de la pensée primitive, ce qu'il avait déjà écrit.

En somme, pour nous autres peintres, Victor Hugo, dans tous ces dessins, est bien près d'être un maître parmi nos maitres. Salvator Rosa, Callot, Goya, Delacroix, en auraient signé plus d'un avec fierté. Celui de nos maitres dessinaqui, hélas! perdrait peut-être, après cette visite, c'est Gustave Doré, Son invention, quoique brillante et féconde, n'a point l'envergure, la puissanée, l'audace d'Hugo. La patte du fauve se voit partout sur ces papiers taéhés d'encre, tourmentés, tantôt rageurs, tantôt rieurs, d'un romantisme violent, où le crayon est révolutionnaire comme la pensée. Ah ! Victor Hugo était d'un temps où l'on croyait, où l'on s'emballait pour de bon ; et l'on croyait en lui, on se battait pour lui. Il en était de même pour *Géricault* et *Delacroix*. Nous... nous croyons si peu !

Eh bien, non ! je crois encore à Michel-Ange, à Raphaël, ces grands décorateurs ! Je crois plus que jamais à Véronèse, à Tiepolo, à Delacroix ! Et je crois en Victor Hugo, dessinateur de génie !

Benjamin Constant.

LE MUSÉE DE PASSY

Dans quelques jours le public studieux, et surtout les Parisiens qui ont à cœur de ne pas ignorer la gloire artistique de leur vieille cité et son histoire contemporaine, pourront satisfaire à loisir leur curiosité.

L'administration municipale achève, en effet, la mise en état d'un nouveau musée des collections artistiques de la Ville de Paris, qui sera pour le musée Carnavalet ce que le Luxembourg est pour le Louvre. C'est sur une partie de l'emplacement réservé aux magasins de la Ville, rue Boulainvillers, 15, qu'à été édifié le nouveau musée. La ville de Paris possède en cet endroit un vaste terrain déjà occupé par le dépôt des pavés, autrefois au boulevard Morland, par le pavillon des Fêtes où sont mis en resserre les mâts, oriflammes, drapeaux, écussons et en général tout ce qui est utilisé pour la décoration courante des fêtes et cérémonies officielles, enfin par le dépôt des candélabres (modèle Davioud) qui forment comme une forêt de bronze devant laquelle il faut passer pour arriver au pavillon des collections artistiques.

Ce pavillon de construction légère comprend deux corps de bâtiment se rejoignant à angle droit. L'un est affecté plus particulièrement à la sculpture, l'autre renferme les peintures, les tapisseries et les modèles et esquisses des statues commandées par la ville de Paris.

A l'entrée du pavillon de la sculpture se dressent deux statues : l'une représente l'impératrice Joséphine ayant dans la main droite une rose et la main gauche étendue sur la croix posée à côté d'elle, auteur M. Vital-Dubray : l'autre, qui fut longtemps derrière le contrôle du Châtelet, représente Iphigénie étendue sanglante sur l'autel où l'on vient de la sacrifier aux dieux ; elle est signée N. Girard.

Nous retrouvons à l'intérieur du pavillon de vieilles connaissances : les *Premières funérailles* de Barrias ; le *Porte-falot*, de Frémiet ; *Gloria Victis*, de Mercié ; le *Sauveteur*, de Mombur, etc., etc. Selon l'usage, la plupart des artistes dont les œuvres ont été acquises au Salon ont abandonné à la Ville leur première maquette. Ce sont elles qui occupent le pavillion de la sculpture.

Avant de pénétrer dans la seconde galerie, jetons les yeux sur le *Louis XIV* de Coysevox et le *François Ier* de M. Cavelier qui en décorent l'entrée. Plus loin quelques moulages, entre autres le *Marat* de Baffier, subissent en plein air les préliminaires de la silicatisation. Ces moulages sont destinés à remplacer dans les jardins publics leurs originaux que la ville doit faire figurer à l'Exposition universelle.

Ce deuxième pavillon comprend, au rez-de-chaussée, tout ce qui concerne la décoration de l'ancien Hôtel de Ville, peintures et dessins (originaux ou copies) et qui n'a pu être utilisé pour le nouveau, se retrouve là. Voici sur des tambours, au milieu de la salle, les études d'Eugène Delacroix pour la décoration du salon de la Paix, acquises en 1879 et parmi elles : *Hercule et le sanglier d'Erymanthe*, qui fut payée, 3,600 fr.

Puis vingt-six dessins (sur vingt-huit), de Lehmann, exécutés pour la galerie des Fêtes ; le *Triomphe de la Paix*, de Picot ; une série de panneaux de Bellel, pour la galerie du secrétariat ; des dessins de Léon Cogniet, pour le plafond de l'ancienne salle du Zodiaque, les uns acquis par la Ville, les autres dus à la générosité de Mme Léon Cogniet ; toutes les maquettes du plafond de la salle des Fêtes, etc. Le Palais de Justice est également représenté dans son passé et dans son présent. C'est d'abord une restitution, par Maillot, du plafond de Don Boullongue qui fut détruit en 1871, puis le *Christ*, de Léon Bonnat ; *Philippe Auguste et St-Louis*, par Hector Lemaire ; les peintures de Denuelle, pour le Tribunal de Commerce ; les théâtres municipaux, et surtout l'ancien Théâtre-Lyrique — aujourd'hui l'Opéra-Comique, — revivent leurs vieux souvenirs avec la *Musique et la Poésie*, du statuaire Eude ; le *Foyer du public*, de Denuelle, pour le Théâtre-Lyrique.

La sculpture est assurément plus abondante. Aux statues déjà citées, il convient d'ajouter, en effet, la plupart des bustes officiels qui ont, par ordre, orné les édifices municipaux. Notons une collection de souverains et de souveraines offertes la à ville par les puissances étrangères qui prirent part à l'Exposition universelle de 1867 : le roi et la reine des Belges, Louis Ier de Bavière, François-Joseph II d'Autriche, Alexandre II de Russie. le prince Albert et la reine Victoria, Victor-Emmanuel et enfin le sultan Abdul-Aziz, font bande à part jusque sur la cimaise. A distance, Jean-Jacques Rousseau, Lakanal, Etienne Dolet, Ledru-Rollin, Etienne Marcel, grands penseurs, artistes illustres, magistrats célèbres sont mis au même alignement. Le chancelier de L'Hôpital coudoie Condorcet, et Colbert est le voisin d'un Houdon qui, après avoir été exécuté pour une commune des environs de Paris, est rentré dans l'ombre des collections. la municipalité ayant découvert au moment de l'inauguration que Houdon n'avait jamais eu le moindre rapport avec la commune en question. Plus loin, une gracieuse rangée de figurines : ce sont les maquettes du nouvel Hôtel de Ville parmi lesquelles la magistrale *Histoire* d'Eugène Robert. Enfin, garnissent les murs de la salle toutes les esquisses des concours ouverts depuis une dizaine d'années pour la décoration des mairies.

Ne quittons pas le rez-de-chaussée sans signaler encore trois grandes toiles : l'une porte simplement la mention : Ecole française ? (on a vainement cherché à en découvrir l'auteur), et représente *Antoine et Cléopâtre*. L'autre est signée Delavail : c'est le *Sacre de Charles X*. Le roi est assis, revêtu d'une sorte de robe d'hermine, une toque noire sur la tête et les pieds nus dans des pantoufles, l'archevêque lui présente le saint-ciboire et l'évangile. Autour de ces deux personnoges se groupent les principaux dignitaires de la Restauration : le duc de Berry, Louis-Philippe, etc. Le troisième tableau peint par Messier et Lebel fait allusion à la fin de la guerre entre Henri IV et la Lihue. Il représente *Brissac négociant la paix de Paris*.

L'architecture a aussi sa place réservée : la maquette de la façade de la Maison des drapiers (musée Carnavalet), restaurée par M. Ch. Gautier ; et puis l'art contemporain : la façade de la caserne des sapeurs-pompiers avec la décoration sculpturale de Maindron.

Nous sommes, au premier étage, dans l'art religieux. Peinture, sculpture, dessins, tapisseries, tout est consacré à la glorification de la foi. Ici, c'est un projet resté inexécuté pour le Sacré-Cœur de Saint-Sulpice, par Duval Le Camus ; là la *Vierge*, de Benjamin Constant, qui décore l'église de Clichy ; plus loin, l'*Hémicycle* de Saint-Philippe-du-Roule, par Théodore Chasseriau, etc., etc. Les peintres du siècle dernier sont peu nombreux : voici, cependant, le *Martyr de saint Hippolyte*, de Heim (1787-1805), qui a orné longtemps Notre-Dame ; *Vendeurs chassés du temple*, par Natoire (1701-1777), qui provient de la chapelle des Missions étrangères ; *Pestiférés implorant le Christ*, par Jouvenet (1644-1717), provenant de Saint-Etienne-du-Mont ; un tableau, attribué à Vien : *Saint Jacques*, attribué à l'un des frères Le Nain, et qui fut autrefois à l'église Saint-Merri. L'art étranger a fourni également quelques toiles : Philippe de Champagne représente l'école flamande avec *Sainte Isabelle, Saint Paul* et *Saint Louis*. L'école italienne est indiquée, sans nom d'auteur, sur une *Sainte Barbe* qui ornait le collège Rollin.

Quant aux artistes contemporains : Riesener, J.-P. Laurens, Français, Becker, Jobbé-Duval, bref tous ceux qui ont été chargés d'une œuvre destinée à un édifice religieux ont désormais leur place assurée dans les collections de la Ville.

Mais ce qui mérite surtout de retenir l'attention des visiteurs, ce sont ces magnifiques tapisseries dont la collection est unique au monde et dont l'une n'est pas estimée moins de deux cent mille francs. Le conseil municipal, qui n'ignore pas la valeur du trésor artistique dont il a la garde, n'a pas hésité d'ailleurs à voter récemment un crédit de 120,000 francs imputable sur cinq exercices budgétaires, à raison de 10,000 francs par an, pour la réparation de ces tapisseries.

On aura une idée de la difficulté d'un tel travail lorsqu'on saura que nos artistes modernes sont obligés de rechercher des laines et des soies semblables à celles de l'époque, de réassortir les tons en tenant compte de l'usure qui a passé sur les autres parties ; enfin, de faire souvent de longues et multiples expériences avant d'obtenir un bon résultat.

Un premier essai de restauration se voit encore sur l'une des quatre qui composent l'histoire d'Alexandre. Le nettoyage a fait *grimer* la tapisserie ; mais avec le temps, ce léger inconvénient disparaîtra. Après les quatre Alexandre, voici les cinq Saint Gervais, où l'histoire du saint en cinq parties ; puis la *Levée d'un camp, Bohémiens dans les ruines*, le *Buisson ardent*, d'après le tableau de Le Brun ; *Moïse sauvé des eaux*, le *Serpent d'airain*, etc.

Bien d'autres choses encore valent une citation. Nous nous en tiendrons à cette description sommaire, laissant à nos lecteurs le soin de le compléter par une prochaine visite au musée de Passy, si curieux, si intéressant par la foule des souvenirs qu'il évoque, et dont les collections inappréciables résument l'histoire artistique de Paris pendant les deux derniers siècles.

CH. VAUDET.

ÉCHOS ET NOUVELLES

La commission de décoration de l'Hôtel de Ville a, dans sa séance de lundi, admis parmi les noms à proposer au Conseil municipal. ceux de MM. Joseph Blanc et Schommer, pour les coupoles placées au-dessus des vestibules des deux grands escaliers.

Elle a également admis pour des paysages et des vues des environs de Paris, dans les galeries, au pourtour des grands escaliers, les noms de :

MM. Bernier, Victor Binet, Emile Breton, Busson, Charnay, Delahaye, Demont, Gosselin, Hanoteau, Lelièvre, Emile Michel, Pointelin, Raffaelli, Vayson, Yon, Zuber.

Extrait de la séance du Conseil municipal de Paris du 7 mai.

Une statue à Condorcet sera érigée sur le refuge situé quai Conti, en face du n° 13 et symétriquement à la statue de Voltaire. Un concours sera ouvert à partir du 1er juin entre les sculpteurs français.

A propos de la composition du jury, M. Levraud, de l'autonomie-socialiste, proteste contre les principes actuellement en vigueur. Le jury chargé du classement des projets est, en effet, composé du préfet de la Seine, président, et de huit membres : deux délégués par l'administration, trois nommés par le conseil municipal et trois nommés par les concurrents.

Le préfet désigne le vice-président et le secrétaire, lequel peut être pris en dehors du jury, mais alors avec une voix consultative.

« Comme on le voit, s'écrie M. Levraud, le règlement donne au conseil municipal une influence trop secondaire dans la formation du jury ! » Et en conséquence, il demande que le jury soit dorénavant composé du préfet de la Seine, président, et de 11 membres : deux délégués par l'administration, trois nommés par les concurrents et six nommés par le conseil municipal.

« Cet article, ainsi modifié, rend au conseil la prépondérance qui doit lui appartenir », conclut l'honorable M. Levraud.

Le conseil municipal approuve naturellement la proposition qui lui est soumise. Mais, franchement, on peut se demander quel rôle peuvent jouer maintenant les délégués de l'administration dans cette commission.

* *

Il est question de l'achat par l'Etat, au Salon, du tableau d'Edouard Detaille, le *Rêve*, et d'un paysage de M. Ary Renan, fils d'Ernest Renan.

* *

M. le Président de la République a envoyé au cercle militaire de Bordeaux trois bronzes magnifiques : le *Gloria victis*, l'*Ame de la patrie* et le *Gladiateur*, en souvenir de sa visite à la capitale girondine et en remerciement du bel éventail que les officiers de la garnison de Bordeaux ont offert à Mme Carnot.

Ces trois bronzes ont une valeur de huit mille francs.

* * *

L'Exposition de Copenhague, où la France prend une part si brillante, grâce au concours de l'Union centrale des arts décoratifs, ouvre ses portes mardi prochain.

Pour pénétrer dans la section française on passera sous un portail qui est la copie exacte de celui de l'hôtel de ville de Toulon. Ce portail est orné de deux magnifiques cariatides, reproduites d'après deux œuvres d'art appartenant à l'Union des arts décoratifs.

DERNIÈRE HEURE

Nous apprenons avec une douloureuse surprise, qui sera partagée par un grand nombre de nos lecteurs, la mort presque subite de M. Castagnary. Il était atteint d'assez longue date d'une maladie des reins qui avait pris un moment un caractère aigu il y a environ deux ans et qui avait donné pendant quelques semaines des inquiétudes à ses nombreux amis ; mais on l'avait vu se rétablir, et quand il fut appelé, il y a un peu moins d'un an, par M. Spuller à la direction des beaux-arts, il semblait avoir fait un nouveau bail avec la santé et il s'était mis à sa tâche avec une ardeur presque juvénile. Il était d'une assiduité exemplaire à son cabinet de la rue de Valois. Il avait pris part aux travaux de la commission d'achat au Salon, et mercredi il assistait à la réception, par M. Lockroy, des représentants des divers services administratifs dépendant du ministère de l'instruction publique. Le soir il se plaignit d'un peu de lassitude et se mit au lit de bonne heure. Après être resté alité la journée de jeudi, il a succombé vendredi matin aux suites d'une crise néphrétique accompagnée d'albuminurie.

Castagnary était né à Saintes, le 11 avril 1830.

En apprenant la mort, M. Lockroy a immédiatement envoyé son secrétaire particulier, M. Victor d'Auriac, témoigner à Mme Castagnary sa profonde condoléance. En même temps M. Gustave Larroumet, chef du cabinet, se rendait rue de Valois par ordre du ministre et

réunissait les chefs des différents services des beaux arts pour leur notifier la triste nouvelle.

Il leur apprenait en même temps que M. Georges Hecq, chef du secrétariat des beaux-arts au cabinet du ministre, était chargé de la direction des services jusqu'au remplacement de M. Castagnary.

La commission des monuments historiques était réunie au moment où est arrivée la nouvelle de la mort de M. Castagnary.

M. Antonin Proust, qui présidait la commission, a rendu hommage à la mémoire du directeur des beaux-arts et a levé la séance en signe de deuil.

* *

Voici la liste des achats faits par l'Etat au Salon :

MM. Agache, « Enigme » ; Buland, « Tireur d'arbalète » ; Detaille, « le Rêve » ; Henner, « Saint Sébastien » ; Jean Cabrit; « le Bois de Captieux » ; Rapin, « le Soir à Druillat » ; Roll, « Manda Lamétrie, fermière » ; Lobre, « Chambre blanche ».

L'Imprimeur-Gérant : HENRY LEFEBVRE.

ACADÉMIE JULIAN
ATELIERS DE PEINTURE
Sculpture et Dessin.
Distincts pour Hommes et pour Dames.
Toute la journée modèle vivant.

ATELIERS DE
MM. **BOUGUEREAU** et **T. ROBERT-FLEURY**
MM. **BOULANGER** et **J. LEFEBVRE**
Atelier de sculpture, professeur M. **CHAPU**
Ces éminents professeurs donnent régulièrement leurs conseils aux élèves.

COURS pour HOMMES
48, faubourg Saint-Denis (près la porte St-Denis).
COURS pour DAMES
27, galerie Montmartre (Passage des Panoramas)
28, Faubourg Saint-Honoré (Près de la Madeleine)
COURS D'ANATOMIE : M. CUYER.

Préparation au brevet supérieur de dessin de la ville de Paris et de l'Etat et aux concours de l'Ecole des Beaux-arts.
Aquarelle — Pastel — Nature morte, etc.
Il n'y a jamais de vacances.
On trouve dans chaque Atelier les renseignements qui le concerne.

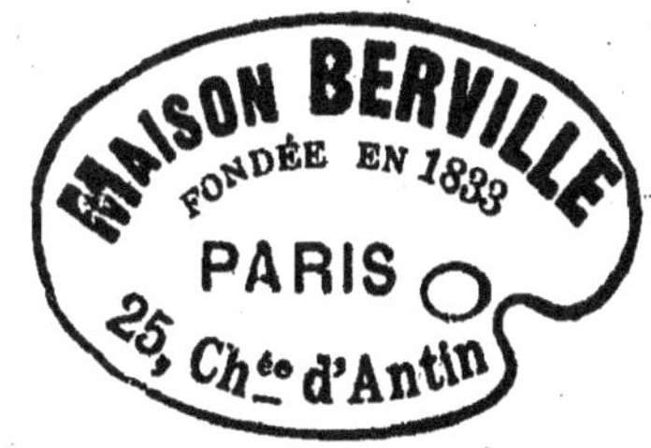

NOUVEAUTÉS

FIXATIF H. LACAZE spécial pour LE PASTEL

PAPIER *Lalanne* pour LE FUSAIN
FORMAT GRAND AIGLE (1m05 x 0m70)

Nouvelle Pâte plastique pour le Modelage.
PEINTURE SUR TERRE FINE CÉRAMIQUE
ENVOI FRANCO DE TARIFS

Compiègne. — Imprimerie HENRY LEFEBVRE.

LA VIE ARTISTIQUE

COURRIER HEBDOMADAIRE ILLUSTRÉ

Des Ateliers, des Expositions & des Théâtres

BUREAUX A PARIS
42, Rue de Chabrol, 42

DIMANCHE 20 MAI 1888
2ᵉ ANNÉE — Nᵒ 20

ABONNEMENTS
Un An : DIX FRANCS

LE SALON DE 1888

PEINTURE

III

On n'est assurément pas plus peintre que M. Vollon. Sa brosse trahit à chaque mouvement l'émotion qui l'a pénétré et cette émotion n'est jamais vulgaire. — On sent au plumage de ces grands oiseaux qui peuplent sa toile des *Produits de la Chasse*, comme dans ce coin de ferme dorée qu'il a entrevue en Picardie, tout ce que l'œil a eu de joies, tout ce que la main a eu de tendresses pour noyer dans un flot de couleur des contours qui s'épousent volontiers.

M. Boudin se rattache aussi à cette manière ; mais sans la même maestria, dans une note moins riche, moins sonore et moins pleine. Chez Vollon c'est la lumière concentrée qui éclate et vibre ; chez M. Boudin, c'est l'ambiance, l'atmosphère, avec des vapeurs salines montant de la surface des mers, comme dans son *bateau pilote* et dans sa *corvette russe*, au Havre.

Avec M. Yon nous ne quitterons pas trop les bords de la mer. Car c'est à Cayeux qu'il va nous mener, par une journée d'orage. Des remous de nuages chargés de pluie cachent la clarté des cieux. Toute la lumière se trouve ramenée sur les terrains, sur les maisons, sur un vieux moulin qui attend, pour tourner, la fin de la tourmente. L'aspect a quelque chose de sinistre, dans sa symphonie sombre et l'on peut dire, que l'artiste est resté ici un interprète vigoureux et sûr de la nature.

M. Weerts nous amène à une donnée plus aimable, à l'époque où, suivant Ponsard,

> Ces héros, muscadins bravant les carabines,
> Battaient des Prussiens et non des Jacobines.

Il est pimpant, éveillé, le muscadin que M. Weerts nous présente. Ses cheveux bouclés, son minois volontaire, son costume de velours vert, d'un vert riche et profond, tout cela dénote des goûts raffinés qui devaient tenter le pinceau d'un artiste délicat. M. Weerts nous apparaît du reste un peu plus loin, sous ces mêmes façons distinguées, dans le portrait de M. Yriarte, qui fait pendant à une œuvre de M. Wencker, conçue un peu dans le même sentiment. Il a tout à fait grand air dans son costume de travail, ce travailleur infatigable qui manie avec une égale dextérité la plume et le crayon et qui parut jadis au Salon avec des aquarelles rappelant tantôt des sites de l'Espagne, tantôt des motifs de Goya. La tête est fine, expressive, vivante, d'un dessin toujours sûr, toujours ferme et il n'y a eu qu'une voix, dans le monde des dilettanti pour applaudir à cette manifestation nouvelle d'un artiste qui s'est affirmé depuis longtemps comme un portraitiste de bonne race.

Il y a du tempérament dans cette tête d'enfant que Mlle Burrell a martelée avec cette crânerie qui distingue le portrait de M. Léonce Détroyat, exposé au début, dans le grand salon voisin. Nous avons voulu revoir ce portrait, d'une intensité singulière ; mais il a émigré sans doute dans une autre salle et force nous est, pour ne pas interrompre notre promenade, d'arriver à M. Van Beers. Ses deux portraits n'ont rien de bien sympathique. C'est toujours le même faire, petit, tenu, miscroscopique. Ils n'ont point gagné au point de vue de la richesse et nous avons vu, à l'exposition de la rue Laffite, des morceaux qui, la manie du détail mise à part, valaient assurément mieux.

Parler de M. Roll après M. Van Beers, c'est chercher l'antithèse. Le placement l'a ainsi voulu et d'ailleurs ceci nous repose de cela. Rien n'est solide et large comme la facture de ce gamin monté sur un blanc coursier ; rien n'est clair et aérien comme cette *Fermière* qui vient de traire et que l'État a acheté.

Le portrait de M. Voisin, l'ancien préfet de police, par Mlle Bea..ry-Saurel, est tout comme celui de Mme M..., une œuvre forte et puissante. Il est posé avec goût ; la lumière y est bien distribuée ; le modelé est sûr et la couleur sonore.

C'est en poète de l'école de Courrières que M. Billet nous a traduit une *Pêche aux crevettes*, sous une mer émeraudée que fait valoir un ciel au ton chaud ; c'est en historien consciencieux que M. Barrias nous a conté, après avoir parachevé le portrait de Mme B..., ce trait de la vie de Camille Desmoulins, sortant du café de Foy, sautant sur une table, tirant l'épée et criant : « aux armes ! » en montrant un pistolet.

Aimez-vous les Portugaises ? Prenez celles que M. Attendu a peintes avec cette précision et cette sûreté qui est le propre de son talent.

.·.

Voici, un peu plus loin, M. Barillot avec deux toiles ensoleillées où tiennent la première place des bœufs paisibles et vigoureux ; M. Aviat avec un portrait très ressemblant de M. Roll ; M. Emile Adan avec un paysage de novembre qui encadre une poétique figure ; M. Jules Breton avec deux morceaux supérieurs, l'*Étoile du Berger* et les *Jeunes Filles se rendant à la procession*.

Ici le jour est à son déclin et la paysanne retourne au logis après le rude labeur de la journée. Là tout est radieux, c'est le printemps du Jour ; c'est aussi le printemps de la vie. Un essaims de jeunes filles, tout de blanc vêtues, portant des rameaux d'or, montent espièglement le coteau pour prendre rang dans le cortège sacré. Le soleil matinal accroche çà et là la mousseline virginale, que font chanter au milieu des verdures, des écharpes roses. Les oppositions se multiplient avec un art et une délicatesse infinis et c'est le cas de retourner l'adage *ut poesis, pictura*.

.·.

On retrouve un parfum sentimental assuré-

ment moins accusé dans le paysage et la marine de M. Emile Breton ; mais il y a là des parentés et ces parentés elles sont toutes assurément à l'honneur de l'artiste.

M. A. Bonnefoy, nous intéresse aussi dans sa *Matinée d'Avril*, comme dans *Dodo, mignonne ;* M. Blanche dans son grand portrait en pied ; M. Bordes dans sa grande toile colorée et riche où il nous montre Attila cousultant les Aruspices ; M. Bonnat enfin, avec ses deux portraits si personnels du cardinal Lavigerie et de M. Jules Ferry.

On ne peut rien souhaiter en effet de plus vivant dans l'expression, de plus libre dans la facture, que ce portrait d'un de nos hommes politiques les plus en vue à qui une ironie du placement a donné pour pendant un portrait émacié et lourd du général Boulanger par M. Bin. M. Bonnat a peint son modèle, comme il est réellement ; sa formule est volontaire, à l'unisson l'homme qui est tenace. Et l'on peut dire que la rencontre de ces deux tempéraments si pleins d'affinités, dans un ordre de préoccupations opposées, a été pour beaucoup dans l'énergie d'une œuvre qui comptera parmi les meilleures de M. Bonnat.

.·.

Mais revenons à nos.... moutons. En voici de M. Chaigneau, encombrant ici la plaine à la tombée de la nuit, là peuplant un paysage se déroulant à perte de vue sous un ciel qui s'enfonce bien ; en voici d'autres de M. Charles Jacques, traités avec cette maestria qu'on lui connaît.

Et pour nous reposer, un coin de verger ensoleillé où Madame Virginie Demont-Breton nous fait voir une paysanne occupée à promener deux jumeaux resplendissants de santé. C'est une page absolument virile, d'un sentiment pénétrant, qui ne doit cependant point nous faire oublier le *Bain*, une autre page où le cœur d'une mère a mis assurément toute sa tendresse.

M. Cormon nous a donné un excellent portrait de M. Maret. M. Carolus Duran a fait appel à toutes les ressources d'une éblouissante palette pour fixer sur la toile les traits du paysagiste Français. Il serait difficile d'être mieux inspiré dans l'arrangement, plus libre dans la facture, plus éclatant dans la lumière, plus heureux dans la fraîcheur. M. Grimelund a fait en Hollande et en Suède, ample et bonne moisson. Il a rapporté d'Anvers un port où l'on sent la vie et le mouvement, et de Fyellbacka, un coin pittoresque, coloré qui constitue assurément sa meilleure œuvre. La Société des amis des arts en a

— 155 —

fait l'acquisition. C'est un choix que pour notre part nous prenons plaisir à ratifier.

***

Nous retrouvons M. Paul Dubois avec deux beaux portraits, caractéristiques, savants et forts; M. Dawant avec une de ces grandes compositions qu'il affectionne et où il met en scène un nombreux personnel. C'est en Italie qu'il a entrevu ce coin d'église où tout un chœur d'enfants, recouverts des vêtements liturgiques, répète sous la direction d'un maître, ce qu'il faudra chanter demain, pendant les grands offices. Tout cela s'arrange bien, se groupe heureusement et s'éclaire comme il convient. Toute cette jeunesse est attentive; elle chante avec ensemble; si bien même que là-bas, sous la nef dont l'encens obscurcit l'atmosphère, plus d'un fidèle écoute avec recueillement.

L'*Hiver en Flandre* de M. Adrien Demont, nous mène aux portes de Douai. La ville disparaît dans la brume sous un ciel alourdi et gros de neige; les remparts avec leurs tours rondes s'alignent dans une gamme rosée; les fossés, les talus sont couverts d'un linceul assombri. A gauche un bûcheron occupé à mettre bas un arbre; à droite un feu fait de branchages jette sa note éclatante et fait valoir les délicatesses de ce paysage féerique.

Avec les *Œillettes*, la note change. Ce sont des plans colorés qui s'enfoncent à perte de vue, avec une justesse et une sûreté d'observation qui montrent avec quelle agilité la brosse de M. Demont se joue de toutes les difficultés.

***

M. Dantan est aussi un de ceux que les complications n'effraient pas. On l'a vu, en maintes circonstances, traduire sans laisser percer ni la peine ni l'embarras, les sujets les plus difficiles, assurer avec aisance les passages les plus délicats. Hier, c'était dans un atelier de moulage aux colorations si variées dans la gamme claire qu'il nous conduisait. Aujourd'hui c'est à l'hôpital de Saint-Cloud qu'il nous mène pour nous faire assister à *la consultation*. Le docteur ausculte la malade, pendant que les bonnes sœurs inquiètes attendent le résultat de cette exploration auriculaire. Le motif est touchant; le sentiment délicat et l'exécution telle qu'on pouvait l'attendre d'un artiste aussi sincère et aussi passionné pour son art que M. Dantan.

La grande toile de M. Detaille, acquise par l'Etat, représente des soldats en campagne, couchés sur la terre dure. Le jour se lève à l'horizon et jette une froide clarté sur le camp endormi. Dans le ciel, toute une épopée militaire, traduisant le rêve qu'achève, avant son réveil, le troupier couché au premier plan. C'est une œuvre qui ne manque pas d'émotion, qui abonde en détails pittoresques, habilement mis en œuvre et sur laquelle passe un grand souffle patriotique.

(*A suivre.*)   **A. Hustin.**

LA SCULPTURE

Première promenade.

En entrant à la sculpture, la première œuvre qui nous attire est la traduction en bronze de la statue colossale de *J.-J. Rousseau* exécutée par M. Paul Berthet, et qui doit orner la place du Panthéon.

A ses côtés et formant le cercle, nous remarquons *la fuite en Egypte* de M. Tony Noël, la *Muse d'André Chénier* de M. Puech, l'*Invocation* de M. Rouleaux, et la *Sainte Geneviève* de M. Bogino aboutissant au groupe un peu tourmenté de M. Etienne Pagny, que la ville de Lyon a élevé, l'an dernier, *à la mémoire des enfants du Rhône morts pendant la guerre*. Ensuite viennent l'*Esprit dominateur* de M. Captier, la *Laitière normande* de M. Leduc, et l'*Amour en frais* de M. Schrœder.

De l'autre côté nous remarquons le *Jeune chasseur* de M. Quinton, *Choisis* de M. Laoust, le *Philoctète* de M. Baralis, la statue de *Boucher* par M. Aubé, le *Pro patriâ* de M. Perrin, les *Frères d'armes* de M. Marioton, la *Fortune enlevant son bandeau* de M. G. Michel et la *Nuit* de M. Barbaroux. Au milieu de ce cercle brillant se dresse le grand inspiré de la Grèce antique, *Homère*, par M. Delaplanche.

En descendant la grande nef, nous retrouvons, traduits en marbre, un certain nombre d'ouvrages dont nous avions, aux Salons précédents, remarqué les modèles en plâtre. En outre, comme œuvres nouvelles, il nous faut signaler *Joueur de billes* de M. Enderlin, le *Chactas* de M. Marioton, le *Jeune homme mordu par une vipère* de M. Worms-Godfary et au milieu un *1889* symbolisé en bronze par M. Paris.

Ces œuvres, de qualités diverses, nous conduisent au second rond-point, dont le centre est occupé par un *Triton et des Enfants* grassement modelés par M. Peynot, et destinés à orner un bassin du château de Vaux-le-Vicomte. Autour de cette composition s'alignent le *Vainqueur de la Bastille* de M. Choppin, l'*Egalitaire*, bronze énergique de M. Captier, l'*Aveugle et le Paralytique*, superbe marbre de M. Turcan, *Après le combat*, de M. Levasseur, la *Maternité* de M. Cordonnier, le *Badinage* de M. Dolivet, la *Vendange* de M. Antonin Larroux, et le *Credo* de M. Vauréal.

Si nous continuons d'avancer, nous remarquerons le *Réveil du printemps* de M. Levasseur, *Turenne enfant* par M. Hercule, les *Jeunes baigneuses*, joli marbre de M. Escoula, une gracieuse et charmante figure de la *Danse* que M. Delaplanche destine à l'Opéra, où elle doit faire pendant à la *Musique* de ce savant artiste, et un *Orphée expirant* de M. Guilloux. Au milieu de ces divers ouvrages, tous fort agréables à contempler, rugit la *Lionne blessée* de M. Valton.

Tout en donnant à ces ouvrages la part d'attention que chacun d'eux mérite, nous parvenons insensiblement au massif d'arbustes qui garnissent le centre du palais. Autour de ce massif sont disposés l'*Agar et Ismaël* de M. Aizelin, le *Retour de la chasse* de M. Antonin Carlès, le *Joueur de flûte* de M. Vasselot, le *Père nourricier* de M. Steiner, la *Revanche* de M. Desca. l'*Orphée endormant Cerbère* de M. Peinte, l'*Eve* de M. Marqueste, la *Marchande d'amours* de M. Hector Lemaire, le *Phaëton* de M. Houssin, le *Lazare mourant* de M. Voisin-Delacroix, la *Nymphe chasseresse* de M. Falguière, les *Iles sœurs* de M. Georges Loiseau, le *Printemps* de M. Germain et enfin la *Bacchante* de M. Maniglier.

Dans la seconde partie de la nef, où nous pénétrons maintenant, se dressent l'*Hésitation* de M. Mathey, le *Lully enfant* de M. Laoust, le *Roi Midas* de M. Astruc, la *Baigneuse* de M. Louis Noël, et le *Coup de Vent* de M. Léon Pilet, entourant une œuvre colossale de M. Caïn, le *Lion terrassant un crocodile.*

Puis, en avançant toujours, nous remarquons, sur notre droite, une scène de réalisme assez curieuse et qui emprunte à des faits, hélas ! trop connus, un parfum singulier d'actualité. Nous voulions parler du groupe que M. Hector Lemaire a intitulé *Sauvée*, et qui nous montre une femme évanouie qu'un pompier emporte dans ses bras.

Une *Hébé* de M. Coulon, et l'*Algérie*, groupe symbolique de M. Ch. Gauthier nous conduisent ensuite au *Monument des frères Galignani*, exécuté par M. Chapu pour une place publique de Corbeil. Ensuite vient le *Visionnaire* de M. Lefèvre, le *Botteleur* de M. Perrin, l'*Ivresse d'Anacréon* de M. Lucien Pallez, le *Vin* de M. Holweck, l'*Omnis salus miles* de M. Duverger, la *Statue de Marc Seguin*, l'inventeur des ponts suspendus, par M. Maubach, la *Nymphe et le Satyre* de M. Ch. Jacquet, et la *Charmeuse* de M. André d'Houdain, qui font cercle autour de la *Salammbô* de M. Barrau.

Et nous voici du coup presque à l'extrémité de la grande nef. Quand nous aurons donné un coup d'œil au *Roland à Roncevaux* de M. Labatut, aux *Frères de Witt* de M. Leenhoff, au groupe mouvementé de M. Godebski qui symbolise la *Force brutale étouffant le Génie*, et enfin au *Lion attaquant un âne* de M. Lecourtier, nous serons, en effet, bien près du port.

Devant l'édicule orné de cinq statues destiné à perpétuer la mémoire du comte de Chambord, se dresse un groupe de M. Hugue qui représente *Bailly prononçant le serment du Jeu de Paume.*

Enfin, dans l'avenue des tombeaux on peut voir la *Sépulture de M. Lamazou*, évêque de Limoges, par M. de Vasselot ; celle du cardinal Pierre Giraud, archevêque de Cambrai, par M. Crauk ; le *Monument de M. Léonor Havin* par M. Leduc ; un fragment de tombeau par M. Mercié, une statue de M. Injalbert symbo-

lisant la *Douleur* et une autre *Douleur* de M. Massoube pleurant sur un cénotaphe.

Heureusement deux délicieuses statues de M. Barrias représentant la *Musique* et le *Chant*, un ingénieux fronton de M. Darcq, destiné à la Faculté de médecine de Lille, le *Pro patrid morituri* de M. Tony-Noël, le *Sursum corda* de M. Gardet, et la *Fontaine* de M. Recipon viennent réagir et donner à cette avenue une allure moins sépulcrale. (*A Suivre.*)

AUTOUR DU SALON

Lorsqu'on arrive au Salon, dans la grande salle située à l'extrémité de l'aile droite du palais, et, connue dans le monde des artistes sous le nom peu flatteur du *dépotoir*, on remarque sur la cimaise deux grands portraits, dus au pinceau de M. Georges Becker, et placés dans les deux angles de la salle, du côté droit. L'un est le portrait de la princesse Daria Cantacuzène, une jeune fille de quatorze ans environ, appuyée sur le bras d'un fauteuil et tenant à la main un fleuret et un masque d'escrime ; l'autre représente un général russe en grande tenue, tunique verte aux passepoils blancs, au collet et aux parements écarlates couverts de broderies d'or, le talpack d'astrakan blanc sous le bras, la poitrine couverte de décorations. Il représente le général Obroutchef, aide de camp du tsar, chef de l'état-major général russe. La façon dont ces tableaux ont été placés a donné lieu à un incident.

M. Georges Becker, leur auteur, qui se trouve actuellement en Russie, informé par ses amis de Paris du relèguement de ses tableaux dans le dépotoir, les a chargés de protester en son nom. Deux d'entre eux, MM. Biard d'Aunay, consul de France, et le colonel attaché militaire de l'ambassade française en Russie, ont été trouver M. Bouguereau, le président du jury, et lui ont fait remarquer courtoisement que le général Obroutchef était en Russie un personnage considérable, et que les Russes qui visitaient l'Exposition se trouveraient à juste titre choqués de le voir mis en si mauvaise place. Ils demandaient donc qu'on autorisât le peintre à faire placer le portrait dans une des salles avoisinantes, où se trouve d'ailleurs la série des B, ou bien, au pis aller à retirer son œuvre.

L'administration du Salon leur a répondu qu'il ne pouvait être fait droit ni à l'une ni à l'autre de ces demandes. Les tableaux, leur a-t-on dit, ont été présentés sans cadres, au jury, contrairement au règlement. Ils avaient été admis cependant par égard pour M. Becker ; mais pendant le classement, ces toiles sans cadres se sont constamment trouvées rejetées de salle en salle, pour venir échouer au dépotoir d'où, lorsque les amis du peintre les eurent enfin fait encadrer, il était trop tard pour les retirer. On ne pourra, s'en tenant aux termes du règlement, changer le tableau qu'à la fin du mois, lors du classement fait par le jury. En attendant le peintre a écrit au conseil d'administration pour lui demander de pouvoir retirer provisoirement le portrait du général.

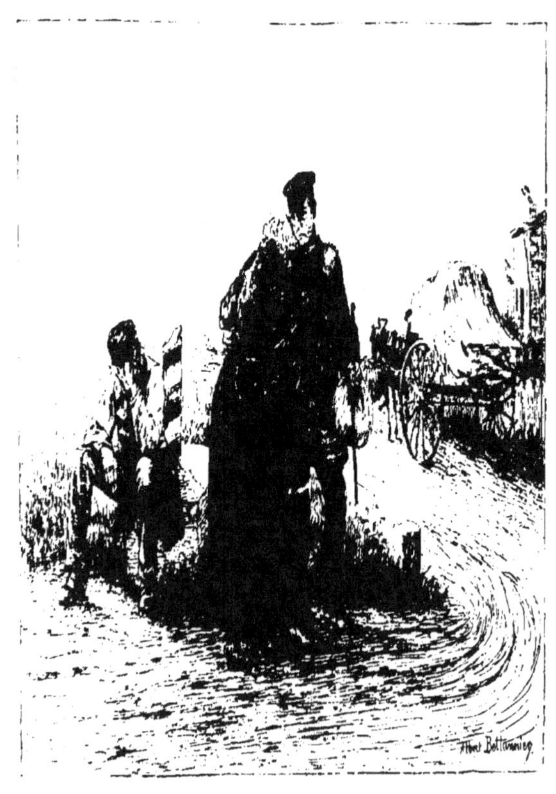

BETTANNIER

Pour la France ! En Lorraine.

.[*].

La Société des Amis des arts a acheté un certain nombre de tableaux exposés au Salon par MM. Edouard Gelhay, Ch. Frère, E. Foubert, J. Caraud, Blaise Desgoffes, E. Dinet, A. Dürst, A. de Curzon et Grimelund.

Il a été décidé que, l'année prochaine, des œuvres maîtresses seraient placées dans les salles connues sous le nom de « dépotoir » où avaient été placés les tableaux de M. Becker, afin de détruire la légende dont elles sont victimes et de faire cesser une appréhension qui deviendra ainsi tout à fait illusoire. Le portrait du général russe sera déplacé au remaniement prochain.

M. Bouguereau, interrogé à ce propos par un de nos confrères, a protesté contre l'accusation de négligence envers un général occupant une grande situation militaire dans une nation amie.

« Pour Dieu, a-t-il dit, qu'on ne nous accuse pas de faire, en tant que corps libéral dans l'Etat, la moindre petite politique. Nous avons d'autres préoccupations en tête. »

.[*].

On se rappelle que le Conseil municipal de Paris a formulé divers vœux à l'endroit du Salon.

En réponse à ces vœux, qui lui avaient été transmis par le Préfet de la Seine, le président de la Société des Artistes français a adressé à M. Poubelle la lettre suivante :

« Monsieur le Préfet,

« Par une lettre en date du 3 de ce mois, vous me faites l'honneur de me rappeler que, dans sa séance du 10 juin 1887, le Conseil municipal a émis un vœu tendant à obtenir de la Société des Artistes français :

« 1° L'entrée gratuite au public à l'exposition « des Beaux-Arts organisée au Palais de l'In- « dustrie pendant toute la journée du di- « manche ;

« 2° L'établissement d'une nouvelle porte de « sortie du côté de l'avenue Montaigne. »

« Déjà, M. le Préfet, j'ai eu l'honneur de répondre à M. le président du Conseil municipal qu'il ne serait pas possible à la Société d'accorder la gratuité du dimanche, la journée entière, par des motifs qu'il serait trop long de développer ici et qui ont été soumis aux ministres de l'Instruction publique et des Beaux-Arts, à son collègue M. le ministre des Finances et approuvés par eux.

« Notre association, Monsieur le Préfet, est la seule des diverses sociétés occupant le palais de l'Industrie qui concède cette gratuité ; toutes les autres sociétés, dites du Travail, des Arts appliqués à l'industrie, des Arts décoratifs, Société hippique, etc., font payer le dimanche « toute » la journée.

« Toutefois notre compagnie qui, ie dimanche matin, faisait entrer gratuitement, dès 8 heures, sur la présentation de leurs cartes ou en uniforme, tous les élèves de l'école polytechnique, de Saint-Cyr, des Beaux-arts, des arts décoratifs, école normale, industrielle, arts et métiers, professionnelles, associations philotechniques,

etc., a cru, jusqu'à un certain point, répondre aux désirs exprimés par le conseil municipal dans votre lettre en adoptant les mêmes mesures pour la journée du jeudi toute entière.

« Elle a décidé, en plus, que les élèves des écoles supérieures de l'Etat et de la ville pourraient visiter le Salon le dimanche matin et le jeudi sous la conduite de leurs maîtres.

« Je suis chargé de m'entendre avec le service compétent du département de la Seine pour réglementer les conditions dans lesquelles ces visites devront être faites, de manière à ne pas gêner les autres visiteurs et éviter l'encombrement que causerait forcément un grand nombre d'écoles venant à la fois.

« Pour la seconde question, par une autre décision, le sous-comité a fait disposer une porte de sortie, non du côté de l'avenue Montaigne, ce qui eût été impossible à cause du service du vestiaire, mais au milieu même du palais, côté de l'entrée principale, avenue des Champs-Elysées ; cette sortie a été établie dès le 30 avril et sert au public depuis l'ouverture du Salon, le 1er mai.

« La société pense donc avoir ainsi donné complète satisfaction au vœu du Conseil municipal, dans les limites du possible.

« Veuillez agréer, Monsieur le Préfet, l'hommage de mon respectueux dévouement.

« Le président de la Société des artistes français, membre de l'Institut,

« A. Bailly. »

————◆————

L'EXPOSITION D'ÉVREUX

—

Une exposition aura lieu à Evreux le 1er juillet.

Sont admises les œuvres des quatre classes ci-après :

1° Peinture, — dessins, — aquarelles, — pastels, miniatures, etc. ; 2° Sculpture ; — 3° Gravure et lithographie ; — 4° Architecture.

Les tableaux ne devront point avoir plus d'un mètre soixante-quinze centimètres sur leur plus grand côté, cadre compris. Ceux qui excéderaient cette mesure ne seront admis qu'avec autorisation spéciale du vice-président.

Les œuvres de sculpture ne devront pas dépasser le poids de 50 kilos, sauf autorisation spéciale du vice-président. Elles devront en outre être mises en caisses et emballées par l'artiste qui en fera l'envoi.

La Société se réserve de limiter le nombre d'ouvrages qu'un même artiste pourra exposer.

Les ouvrages des artistes habitant Paris devront être déposés et enregistrés du 1er au 10 juin 1888, à Paris, chez M. Guinchar et Fourniret, 11, rue Lepic (place Blanche), de 8 heures du matin à 5 heures du soir. Les artistes recevront dans cette maison tous les renseignements nécessaire et la notice qui devra être remplie par eux.

Les tableaux remis à MM. Guinchard et Fourniret ne devront pas être mis en caisse, mais les coins des bordures seront garnis de fascines ou tampons en papier. Les toiles devront être bien fixées dans leurs cadres.

Les artistes n'habitant point Paris pourront expédier directement leurs ouvrages à M. Hérissay, *vice-président de la Société, atelier* Denet, *rue Buzot, à Evreux*, de façon à ce qu'ils y soient rendus le 15 *juin* 1888, dernier délai.

L'artiste expéditeur voudra bien inscrire son nom et son adresse sur la caisse qui renferme ses ouvrages.

Les artistes devront adresser également à M. Hérissay, vice-président, une notice des ouvrages qu'ils doivent exposer. Cette notice, préparée ci-joint, devra être remplie très lisiblement et parvenir à Evreux le 1er *juin* au plus tard.

Le transport des ouvrages adressés directement à Evreux restera à la charge des artistes.

Les ouvrages remis chez MM. Guinchard *et* Fournire, *du 1er au 10 juin jouiront de la franchise des transports.*

EXPOSITION DE ROUEN

L'ouverture de la XXXIe Exposition municipale de Beaux-Arts, que la Ville de Rouen doit tenir en 1888, est fixée au lundi 1er octobre prochain.

La clôture aura lieu le 30 novembre suivant.

Cette Exposition sera installée au Musée-Bibliothèque, rue Thiers, sous la direction de M. Edmond Lebel, conservateur de la collection des Beaux-Arts.

Les récompenses suivantes pourront être décernées aux œuvres qui en seront jugées dignes :

Au nom de la Ville : Une médaille d'or de la valeur de 1.000 francs ;

Quatre médailles d'or de la valeur de 125 fr. chacune ;

Des médailles d'argent, s'il y a lieu.

Au nom du Gouvernement : Un objet d'art donné par M. le Ministre des Beaux-Arts.

Au nom du Département : Une médaille d'or de 500 francs.

Au nom de l'Académie des Sciences, Belles-Lettres et Arts de Rouen : Le prix Bouclot, de la valeur de 500 francs, à un artiste né ou domicilié en Normandie.

Au nom de la *Société des Amis des Arts :* Un prix de 500 francs en espèces à la meilleure œuvre produite par un artiste normand.

Au nom des : Société artistique de Normandie, Société libre d'Emulation du Commerce et de l'Industrie, Société centrale d'Horticulture et Société centrale d'Agriculture : Des médailles d'or, de vermeil et d'argent.

Une ou plusieurs des œuvres exposées seront acquises spécialement par la Ville, pour entrer dans son musée.

Des acquisitions seront faites également par la *Société des Amis des Arts de Rouen*, et par la *Société artistique de Normandie.*

Les œuvres destinées à l'Exposition devront être déposées à Paris, chez MM. Guinchard et Fourniret, 11, rue Lepic avant le 20 août, de 8 heures du matin à 7 heures du soir.

EXPOSITION DE SAINT-QUENTIN

Une exposition sera ouverte, dans cette ville, 28, rue du Gouvernement, du 26 juin au 29 juillet inclus.

La Commission se réserve la faculté de réduire à trois le nombre des œuvres à exposer par un même artiste.

Les exposants de Paris invités par la Commission n'auront à supporter aucun frais de transports (aller et retour). Les œuvres des artistes de Paris devront être déposées *avant le 1er juin,* chez M. Pottier, layetier-emballeur, rue Gaillon, 14, représentant de la Société, à Paris. On pourra s'adresser à lui pour tous renseignements.

Pour la province, l'emballage et le transport seront aux frais des Artistes. Leurs œuvres devront être expédiées dans des caisses fermées à vis, de manière à arriver à Saint-Quentin, avant le 1er juin, *terme de rigueur,* à l'adresse de M. Gillard, agent de la Société, place de l'Hôtel-de-Ville, 29.

LES VENTES PUBLIQUES

A l'hôtel Drouot, on a vendu les tableaux formant la collection du comte Duchâtel. Cette adjudication, qui comprenait vingt-deux numéros, a produit 176,250 fr.

Signalons parmi les tableaux modernes : *Un poète*, petit panneau mesurant vingt-deux centimètres en hauteur et seize centimètres en largeur, par Meissonier, ayant figuré dans la collection du duc de Morny, a obtenu juste le prix qu'on en demandait et a été adjugé 40,000 fr.; les *Vendanges à Château-Lagrange* (Saint-Julien, Médoc), par Jules Breton, tableau ayant figuré au Salon de 1864, sur une demande de 40,000 fr., a été vendu 29,100 fr.; *Intérieur de paysans italiens*, par Decamps, sur une appréciation de 8,000 fr., a été adjugé 7,000 fr.

Parmi les anciens : la *Cascade*, œuvre importante du Ruysdael, sur une demande de 50,000 francs, a été vendue 30,000 fr.; un petit paysage du même, estimé 12,000 fr., payé 5,000 fr. ; *Eglise et place de ville en Hollande*, par J. Van der Heyden, sur une demande de 25,000 fr., vendu 19,500 fr.; ; *Escadre hollandaise au mouillage*, par Van de Velde, 4,950 fr.

Les catalogues annonçant les ventes des tableaux deviennent depuis quelque temps intéressants à lire. Pour attirer l'attention sur les œuvres mises en vente, les personnes chargées du soin de diriger l'adjudication entourent ces œuvres de désignations extraordinaires : à propos d'un tableau représentant une scène religieuse, on imprime deux pages prises dans la Bible et ainsi de suite. Le catalogue de la vente d'hier est particulièrement curieux ; ainsi, après avoir décrit un des tableaux, après avoir dit que c'est un chef-d'œuvre incomparable, l'expert, à bout d'argument, finit par dire que le tableau est orné d'une « très belle signature. »

La vente Albert Goupil s'est terminée la semaine passée. La dernière vacation, qui avait lieu rue Chaptal, a produit 28,741 fr., et les sept vacations réunies ont donné un total de 456,612 fr. Si quelques-uns des objets présentés en vente ont dépassé de beaucoup les estimations, en revanche d'autres n'ont pas donné ce qu'on en attendait et le résultat final se trouve être absolument conforme à l'estimation première de l'expert, qui avait évalué cette collection 450,000 fr.

ÉCHOS ET NOUVELLES

Le 18 mai s'est ouverte, dans la galerie de M. Duval, l'exposition de la collection des œuvres de Manet. Des tableaux de M. Pertuiset avaient été joints à cette collection. Parmi les œuvres de Manet, on remarquait le portrait de M. Pertuiset, la *Bonne pipe*, la *Course de taureaux*, etc.

M. Pertuiset, le *tueur de lions*, une des physionomies bien connues de Paris, expose des toiles rappelant ses anciens souvenirs de chasse et de voyage à la Terre de Feu.

L'exposition restera ouverte jusqu'au 3 juin ; elle est gratuite. On est admis à la visiter sur carte d'invitation.

L'Académie des beaux-arts vient de décerner les prix des fondations suivantes :

Prix Trémont. — M. Barbotin, graveur, 1,000 francs ; M. Boisselot, compositeur de musique, 1,000 francs.

Prix Lambert. Il est accordé à des artistes, comme marque publique d'estime, et partagé entre MM. Lottier, Vilain, Auvray et Mlle Vallot.

Le ministre de l'instruction publique d'Italie vient d'approuver les élections, comme membres de l'Académie royale Albertine des beaux-arts de Turin, des artistes français dont les noms suivent :

MM. Léon Bonnat, Jules Breton, Charles Chaplin, Edouard Detaille, Carolus Duran, Auguste Choisy, I.. Hébert et Meissonier.

On a découvert, en démolissant à Londres une maison de New Bond-Street une toile roulée, en assez mauvais état, mais qui est, paraît-il, un superbe Gainsborough, représentant le portrait de la duchesse de Devonshire.

Ce tableau est évalué à plus de 100,000 livres sterling.

Le Jury de l'académie Julian vient de rendre les jugements suivants pour les concours de mars et d'avril 1888.

Grand concours annuel de portrait femme, grandeur nature, entre tous les ateliers, hommes et dames.

PEINTRES

1er prix : 100 francs et grande médaille d'argent, Mlle A.-E. Klumpké.

2e prix : Grande médaille d'argent, Mlle A. Bilinska. Classés : Mlle Lucas, MM. Bisson, Gutherz, Mitrecey, Mlles Sherrard, Meili, Philippar, MM. Cresswell, A. de Bouteyre, Vonnoh, Cayron, Blenner, Cichocki, Mlles Morgan, Strong, Lagercrantz, Gueydan, Rivers, Daux.

SCULPTEURS

Grand concours annuel de portrait, grandeur nature, entre tous les ateliers, hommes et dames.

Prix : 100 francs et médaille, M. Szarnowsky.

Classés : M. Pillet, Mme Lallemand, MM. Potet, Siegwart, Reymond, Nocq.

PEINTRES.

Concours de tête. Ateliers dames.

1er prix : grande médaille d'argent, Mlle A. Bilinska.

2e prix : grande médaille d'argent, Mlle J. Ador.

Classées : Mlles Lucas, Haskell, Rivers, Strong, Philippar, Herdman, Lardillon, Cahen, Plowden, Joliot, Gabrié, Ravier.

Concours d'académie femmes, ateliers hommes.

Classés : MM. Gutherz, Fortescue, Masek, Reid, Retif, Vonnoh, A. de Bouteyre, Felton, Jurgensen.

ATELIERS HOMMES.

Concours des 4 semaines, figures dessinées et esquisses peintes.

Mars.

Prix : M. Daniell. Classés : MM. Fox, Hyde, Retif, Major, Gardiner.

Avril.

Prix : M. Brass. Classés : MM. Fellermayer, Sass, Gardiner, Koopmann, Mitrecey.

SCULPTEURS.

Concours des 4 semaines, esquisses.

Prix : M. Boverie.

L'Imprimeur-Gérant : HENRY LEFEBVRE.

LA VIE ARTISTIQUE

COURRIER HEBDOMADAIRE ILLUSTRÉ

Des Ateliers, des Expositions & des Théâtres

BUREAUX A PARIS	DIMANCHE 27 MAI 1888	ABONNEMENTS
42, Rue de Chabrol, 42	2e ANNÉE — N° 21	Un An : DIX FRANCS

LE SALON DE 1888

PEINTURE

IV

La *Glorification du travail* que nous soumet M. Jules Garnier est un projet de panneau décoratif que nous prisons fort dans son cadre modeste. On pourra lui reprocher, comme donnée générale, de n'avoir entrevu qu'un des côtés de ce vaste sujet ; mais tel qu'il se présente dans sa particularité voulue sans doute, ce morceau est intéressant et nous félicitons l'artiste d'avoir négligé pour un temps l'esprit qu'il a mis dans ses autres compositions pour s'en tenir à une conception plus forte et plus solide. La gamme grise qu'il a choisie pour moduler sa pensée est pleine de charme ; la gaillarde qui allaite un jeune enfant et constitue la figure principale est d'un galbe qui explique l'empressement du compagnon qui lui fait face. Les chanteurs, rélégués au dernier plan, détonent un peu, il est vrai, avec leurs costumes colorés, au milieu de cette aimable harmonie, mais c'est une note que dans l'exécution finale M. Garnier pourra atténuer au plus grand profit de l'ensemble.

Sa *Pavane*, que nous trouvons plus loin, indique, du reste, suffisamment qu'à l'occasion, M. Garnier orchestre bien, ce qui nous dispensera de le chicaner sur des cires vainement allumées aux lustres qui peuplent le plafond du palais ; leur lumière douteuse n'éclaire guère la scène qu'elles ont pour mission de nous faire

suivre et il faut un certain temps pour s'expliquer leur rôle dans ce tableau.

M. Fantin-Latour est un poète qui a cultivé beaucoup Delacroix et qui, par plus d'un côté, nous le rappelle dans sa *Damnation de Faust* comme dans son *Or du Rhin*. Ses figures ont de la grâce ; elles sont drapées avec des enroulements de haut style et elles revêtent des colorations d'une saveur étrange dans leurs ténuités striées. S'il y avait un reproche à faire à ces œuvres de maître, c'est que l'exécution est monotone ; elle ne varie point ses formules ; les chairs, les étoffes, les cheveux, l'onde amère, tout cela est balayé de raies qui happent la lumière mais qui ne reposent point l'œil, là où la nature se complaît, par la simplicité de son aspect, à lui offrir le repos.

Il faut féliciter M. Victor Gilbert de son portrait et aussi de cette rue de Paris qu'il a saisie à son réveil. C'est juste, c'est bien observé et c'est rendu avec l'enveloppe qui est le caractère de la nature matinale, avec un agréable sentiment.

M. Le Poitevin a choisi une heure opposée ; celle où la lune se lève sur la nature qui s'endort. Le village s'enfonce à l'horizon tranquille pendant que le berger tricotte en arrière de replis de terrain d'une tonalité par trop bleue.

M. Georges Sauvagé est représenté ici par deux portraits que le catalogue ne nous fait connaître qu'en partie. A gauche, c'est M. Legoux-Longpré ; à droite, c'est M. Y.... Mais cet Y... n'est pas l'y... traditionnel. Regardez cette figure ouverte et franche ; c'est une vieille connaissance ; c'est celle d'Edmond Yon, le paysagiste dont vous avez déjà remarqué l'*Orage*, dans une salle précédente. Et pour qu'il n'y ait pas de confusion, cet orage est là sur le chevalet ;

l'artiste y travaille même ; sur les premiers plans a passé un air de crâne ébauché ; le moulin avec sa note verte s'enlève sur le ciel cendré. L'illusion est complète. Détournez, du reste, un peu les yeux et vous retrouverez les études des camarades qui ornent le somptueux atelier que Yon s'est fait construire sur le versant de la butte Montmartre. M. Georges Sauvage a bien fait de nous montrer son modèle dans son milieu, occupé à son habituel labeur ; l'arrangement n'y a point perdu : le sentiment non plus et l'exécution s'est ressentie de toutes ces excellentes conditions.

Voulez-vous, pour rêver, des arbres, un verger discret et plein de fraîcheur ? Choisissez celui que M. Armand Guéry a découvert à Villiers-sur-Morin et a rendu avec délicatesse. — Préférez-vous un coin de jardin où les fleurs embaument quand le printemps est venu ? Voyez celui où Mlle Madeleine Fleury a placé une jeune enfant aux fines carnations, toute de blanc vêtue.

On se rappelle sans doute les diverses compositions exécutées au pastel, dans lesquelles M. Moreau-Nélaton mettait en scène des gamins jouant en chambre au soldat. C'est l'un de ces sujets que M. Moreau-Nélaton nous traduit avec le même esprit dans la mise en scène et la même originalité dans la facture.

De M. Auguste Flameng il convient de retenir deux grandes marines d'une impression particulière ; du prince Gédroytz, un curieux effet de soleil, à l'heure de midi, sur la mer Noire ; de M. Éd. Grandjean, une grande toile représentant le *Marché aux chevaux à Paris*. L'atmosphère est limpide ; le paysage est juste et les chevaux sont traités avec sûreté par un artiste qui en possède à merveille l'élégante structure.

Rien n'est charmant comme la figure que M. Doucet intitule *Après le bal*. Un air de mystère l'enveloppe ; les tentures qui lui font cortège sont riches, sonores et il y a dans l'agencement de ce morceau délicat un goût épuré et une incontestable élégance.

C'est aussi l'élégance qui caractérise le portrait de femme de M. Giacomotti. Les carnations en sont fraîches ; son modelé se distingue par la souplesse. — Sur un thème ancien, mais dans une note moderne, M. Giacomotti a peint également une *Sainte Famille* intéressante a plus d'un titre.

Le portrait du général Obroutcheff, par M. Becker, a fait beaucoup parler de lui ces temps derniers. La *Vie artistique* en a même, il y a huit jours, conté l'odyssée. C'est en somme, un bon morceau qui ne méritait point l'ostracisme qui l'a frappé. La tête est énergique ; les

décorations sont peintes en trompe-l'œil, ce qui agace un peu ; mais le moyen de ne pas accorder d'importance à des détails qui sont tout, en somme, pour un soldat ? M. Becker nous a montré du reste, dans un portrait d'enfant, vêtu dans une gamme uniforme, à quel point il savait être, quand il le pouvait, l'ami de la simplicité et c'est précisément par ce côté que se recommande cette dernière œuvre.

M. Dauphin est resté fidèle à cette rade de Toulon, où la couleur est joyeuse, sonore. Il nous redit aujourd'hui ses agitations ; il nous la montre sillonnée par de grands bâtiments à la gravité majestueuse. — Et il le fait dans une note juste et sincère.

M. Rixens expose deux portraits d'une couleur aimable et riche. L'un d'eux est, pour partie, un agréable morceau de vue d'un modelé bien sûr, agrémenté d'une fourrure lestement traitée.

Le nombre des portraits est d'ailleurs considérable au salon. Nous en avons déjà relevé un certain nombre. Il nous faut encore signaler, pour leurs mérites respectifs, ceux de M. Jean Gounod, de Mme Métivet, dans une note printanière et juvénile ; deux figures d'un arrangement heureux avec lesquelles l'auteur, Mme Pomaret symbolise la *Tristesse* et le *Repos* ; des études d'un faire habile par Mlle Louise Mercier et M. L.-A. Girardot.

M. Loustannau, qui s'est adonné aux sujets militaires d'un genre particulier, nous a donné de son côté une toile intéressante, aérienne, où il nous montre des ouvriers du génie s'exerçant, au polygone de Versailles, au lancement d'un pont de fer et à la dépose d'une voie. La scène est d'une scrupuleuse fidélité et les officiers du premier plan font, par leur costume foncé, valoir les délicatesses de l'ensemble.

Avant la séance, de M. Defonte, nous initie à tous les préparatifs d'un modèle qui va prendre la pose. L'atelier est d'ailleurs bien éclairé et l'effet y sera prépondérant.

M. Mousset nous montre, au contraire, ce qu'ont de terrible certains secrets des nuits de noce, sous la forme d'un tableau historique représentant la mort d'Attila. Attila avait épousé Ildico, dont la grande beauté l'avait séduit. Le lendemain de ses noces, on le trouva mort. Sa couche était baignée de sang. Une hémorragie disent les uns, la main de sa femme, disent les autres, avaient avancé son trépas.

Il nous reste, pour terminer cette très sommaire revue du Salon de peinture, à signaler encore le paysage ensoleillé de M. Paul Berton, les sous bois aux verts variés de M. Choquet, le coin de ferme où M. Feldtrappe promène quelques personnages rustiques, le *Pré aux gueux* de M. E. H. Léauté, les *Grands prés* de M. Pozier, la *Queue de l'étang* de M. Pépin, l'*Heure du retour*, souvenir breton de M. Henry Langlois, *la Marne* à Saint-Maur, de M. Laurent Leclaire, des fleurs de M. Gaston Lecreux et une nature morte d'un arrangement agréable, où Madame Descamps-Sabouret a groupé habilement des pêches, un ananas et tous le fruits que le soleil murît vers l'époque de la canicule.

A. Hustin.

NILS FORSBERG

Tout le monde a pu remarquer au salon, le tableau intitulé la *Fin d'un héros*, et qui est l'œuvre de M. Nils Forsberg. Dans une église, une ambulance installée. Un soldat est étendu sur un lit. On vient de coudre la croix d'honneur au drap qui, tout à l'heure, va servir à ensevelir l'agonisant. Képi à la main, le colonel est debout au chevet. De l'autre côté, un prêtre donne la communion au mourant. Une forme de femme, dans des voiles de deuil, est affaissée au pied du lit. La pauvre tête du mourant est si fort inclinée sur l'épaule que les lèvres ne peuvent rencontrer les doigts du prêtre.

Il n'y a pas moyen de regarder cela une seconde sans que les yeux se troublent, car l'artiste n'a mis ni chauvinisme ni déclamation dans sa toile. Ce n'est point ici de la figuration de théâtre. La mère, le vieux colonel n'ont point été amenés pour accroître notre émotion. Ils se sont rencontrés ici, en vérité, pour voir mourir celui qui s'en allait avec les deux viatiques, la foi et la gloire.

Et, de fait, M. Nils Forsberg a assisté à cette scène. C'est lui-même l'homme qui soulève l'oreiller du mourant.

— Forsberg ? vous diraient tous les médecins militaires qui pendant le siège ont tenu ambulance sous les murs de Paris, Forsberg ? Connais ça, Forsberg, une espèce de géant blond qui allait ramasser les blessés sous les balles et qui nous en ramenait deux à chaque voyage... sur son dos...

Il pouvait bien porter les mourants sur ses épaules, l'ancien berger suédois qui, enfant, tant de fois avait rapporté dans ses bras jusqu'au logis ses brebis malades. Car c'est par la houlette qu'a commencé Nils Forsberg. Il gardait les moutons de son oncle, dans les montagnes noires de là-bas. Un jour, le loup lui vole une de ses brebis. L'enfant, trop souvent frappé, n'ose point rentrer à la ferme. Il s'enfuit, il rencontre un maître ramoneur qui l'engage et, pendant un an, lui fait gagner son pain.

Un des diablotins de la bande pétrissait de l'argile à ses moments perdus ; il en faisait sortir des têtes ricanantes. Ce gamin fut le premier maître de Forsberg. Les deux enfants travaillèrent en concurrence. Tout de suite le petit berger fut tenté de reproduire la figure humaine. Il entreprit des bustes. Ceux qui l'entouraient, étonnés de son habileté, s'arran-

gèrent pour l'envoyer en France lors de l'exposition de 1867, avec la députation des arts et métiers. Le garçonnet conquis par Paris, par ses monuments, par ses musées, laissa la députation retourner sans lui au pays.

Alors commença une vie errante où l'enfant perdu eut plus d'une fois l'occasion de regretter son métier de ramoneur, qui sait même, peut-être la lutte avec les loups, dans les forêts de sapins ? Il connut les jours sans pain, les nuits sans gite, l'évanouissement dans la rue, le réveil à l'hôpital.

Du moins, quand les portes de la Charité se refermèrent derrière sa convalescence lui avait-on trouvé quelques protecteurs. Pendant trois ans, des compatriotes riches lui fournirent le moyen de reprendre ses études. Il se croyait déjà désensorcelé. Il voyait le but à longueur de bras. Il allait le toucher, lorsque la guerre éclata. Plus de patrons... plus d'ateliers, plus de commandes.

Forsberg pensa dans son cœur que ce n'était point le moment de déserter. Il se devait à sa nouvelle patrie. Il voulait partager ses destinées. C'est alors qu'on le vit aux ambulances des avant-postes, étonnant ses camarades de son courage, de sa force d'hercule, de sa douceur pour les malades qu'il soignait. Son cœur saignait par toutes ces blessures. Croyez que celui qui a signé la *Fin d'un héros* est vraiment devenu notre compatriote.

Mais il fallait conquérir le métier, avant d'oser traduire ces émotions, et au lendemain du siège et de la Commune la vie, dure pour tous, recommença terrible pour le pauvre artiste, Comme il était de ceux que rien ne décourage, il accepta toutes les besognes que la pauvreté impose. Il s'était fait admettre dans l'atelier de Bonnat. C'était la récompense de toutes les humiliations acceptées ; il ne se plaignait pas, il tenait son cœur en haut.

Or, il arriva qu'un jour le galopin de l'atelier Bonnat, en tournée de courses, aperçut sur un échafaudage de peintre en bâtiment une silhouette qui ressemblait pas mal à celle de Nils Forsberg. Il s'approcha sournoisement et, ravi de sa découverte :

— Tiens, c'est donc vous, monsieur Forsberg, cria-t-il en se faisant avec ses mains un portevoix. Je ne savais pas que vous travailliez dans la décoration !

Forsberg gagnait alors sa vie à peindre pour la maison de confections que vous connaissez ces admirables redingotes grises qui sont l'ornement de nos murailles.

D'un bond le peintre fut au bas de son échafaudage. En trois enjambées il eut rattrapé le gamin qui s'enfuyait et, le saisissant par l'oreille :

— Ecoute, dit-il, tâche de n'avoir pas la langue trop longue, car je te préviens que j'ai le poing solide.

Le gamin, effrayé, n'osa pas conter l'histoire à l'atelier, mais il se jura tout bas qu'il se vengerait.

Donc, à quelque temps de là, un jour que Nils, sans doute attardé sur quelque échafaudage n'avait pas paru à l'atelier, le « galopin » cria d'une voix ravie :

— Une bien bonne histoire, Messieurs. Je

vais, enfin, pouvoir vous apprendre quel est l'animal qui, pendant que vous allez à la crèmerie, dévore le pain à effacer sur vos chevalets. Je l'ai espionné par le trou de la serrure et je l'ai pris en flagrant délit.

— Un rat ! firent plusieurs voix.

— Vous n'y êtes pas, répondit le galopin, c'est M. Nils Forsberg.

Et pendant qu'il y était il conta l'histoire des redingotes grises.

Comment se fit-il que cette bonne histoire ne donna envie de rire à personne ? Les rapins se regardèrent émus de cette détresse qu'ils n'avaient point soupçonnée. On dit :

— Il faut en parler au patron.

Et le jour même M. Bonnat fut averti.

Le grand artiste ne m'en voudra pas de trahir ici le secret d'une des bonnes actions de sa vie que, sans doute, il croyait cachée pour toujours. Il n'est pas mauvais que ceux qui l'admirent aient cette occasion de le mieux connaître.

— Dites donc à votre camarade Frosberg qu'il vienne dîner ce soir avec moi, répondit le maître à ses élèves. Vous lui ferez entendre que c'est pour l'entretenir d'une commande.

Vous jugez si le peintre de redingotes fut exact au rendez-vous ?

— Mon cher enfant, lui dit son illustre patron, quand ils furent en tête-à-tête, le hasard m'a fait connaître un petit coin de votre vie ; découvrez-moi le reste. C'est un ami qui vous écoute.

— Oui, mon maître, je vous conterai tout sans honte, répondit Forsberg, dont la voix tremblait.

Et il dit toute son histoire, la houlette de berger, le ramoneur, le vagabondage, l'hôpital, l'ambulance, les basses besognes, la faim...

— Tout cela est fini, répondit le maître quand Nils eut cessé de parler. Je vous trouverai pour l'avenir du travail plus digne de vous. Comptez sur moi et adieu, mon camarade ! Fumez-vous ? Voilà un cigare pour faire la route.

Lorsqu'au bas de l'escalier Forsberg, étourdi, craignant d'être victime d'un songe, voulut mettre un peu de fumée autour de son rêve de bonheur, il s'aperçut que le cigare qu'on lui avait donné était enveloppé dans un billet de banque...

... Et voici que des années ont passé ; le talent est venu au peintre de redingotes ; on dit tout bas qu'une haute récompense est prochaine.

◆

LA SCULPTURE

——

Deuxième promenade.

Comme toujours, le Salon de sculpture est une merveilleuse surprise. On a indiqué ici même les causes de la supériorité de notre École de sculpture : c'est un art qui ne donne presque pas de pain à ceux qui le pratiquent. Par là, il décourage les vocations peu sincères et ne laisse debout, ciseau en main, qu'une élite de travailleurs, ceux qui acceptent la douleur, pourvu qu'on les laisse marcher dans leur rêve.

On voit au Salon une multitude de statues de pierre : le marbre et de bronze coûtent trop cher ; le plâtre est bien ingrat, les sculpteurs ont pris bravement leur parti. L'un d'eux me disait en souriant :

— Je crois bien que, pour nous, l'âge de bronze est fini, voici l'âge de pierre qui recommence.

Une des œuvres les plus remarquables du Salon de cette année est la statue de marbre du *Banquier Zarifi,* de Constantinople, commandée à M. Antonin Mercié (4420), pour un tombeau.

— J'ai travaillé, m'a dit M. Mercié, sur un programme. Cela ne me déplaît point, cela fixe le rêve. On m'avait demandé de coucher mon modèle à l'orientale, je l'ai placé sur un divan. On m'a dit qu'il aimait les fleurs, j'ai effeuillé des roses à ses pieds ; on m'a dit qu'il méditait volontiers sur des lectures, je lui ai placé un livre dans la main.

Ce livre est sans doute un *Marc-Aurèle*. Le sage Turc, l'homme excellent et charitable que M. Antonin Mercié, surmontant des difficultés redoutables, a représenté dans sa large redingote moderne, fut philosophe dans la fortune. Et le caractère supérieur de cette figure, c'est précisément la vie de la pensée. La pensée qui loge dans le front, alliée à la paresse d'une sieste orientale.

M. Chapu a envoyé cette année le buste de M. Carnot et un groupe colossal destiné à une place publique de Corbeil, et qui représente les frères Galignani.

M. Dalou est représenté par un buste de *Henri Rochefort* d'une hardiesse et d'une fougue surprenantes. M. Rodin, tout absorbé par sa *Porte de l'Enfer* qui sera un des monuments les plus admirables de notre sculpture moderne, n'a pu envoyer qu'un buste de femme. Mais le rêve du sculpteur habite ce marbre, et c'est assez pour lui donner une éternelle vie. On parlait l'autre jour, pour le prix du Salon, du superbe groupe de M. Jean Turcan, *l'Aveugle et le Paralytique*. Le travail du marbre est merveilleux. Des pieds à la tête, l'aveugle n'est qu'une crainte de se heurter aux obstacles du chemin, tandis que le paralytique se cramponne à cette mollesse de corps avec une raideur désespérée.

M. Antonin Carlès expose une figure d'une superbe allure : le *Retour de la chasse*. Le jeune homme, qui porte la biche sur ses épaules, vient d'arriver au bord de la forêt. Il appelle ses compagnons ; il est ivre de joie. La nervosité des jambes, la vérité du mouvement, le bel équilibre de la composition mettent cette figure au premier rang.

Nous avons déjà signalé, en passant, les deux statues en marbre, le *Chant* et la *Musique*, de D. Ernest Barrias, destinées à orner le grand escalier des fêtes de l'Hôtel-de-Ville de Paris. Elles sont superbes d'allure, de mouvement et de noblesse.

Très coloré, le sculpteur Florentin, de M. Alfred Boucher, qui expose également un buste en plâtre très vivant de M. Martapoura, de l'Académie nationale de musique.

M. Chatrousse a envoyé deux bustes en marbre d'une fine exécution ; Croisy, absorbé

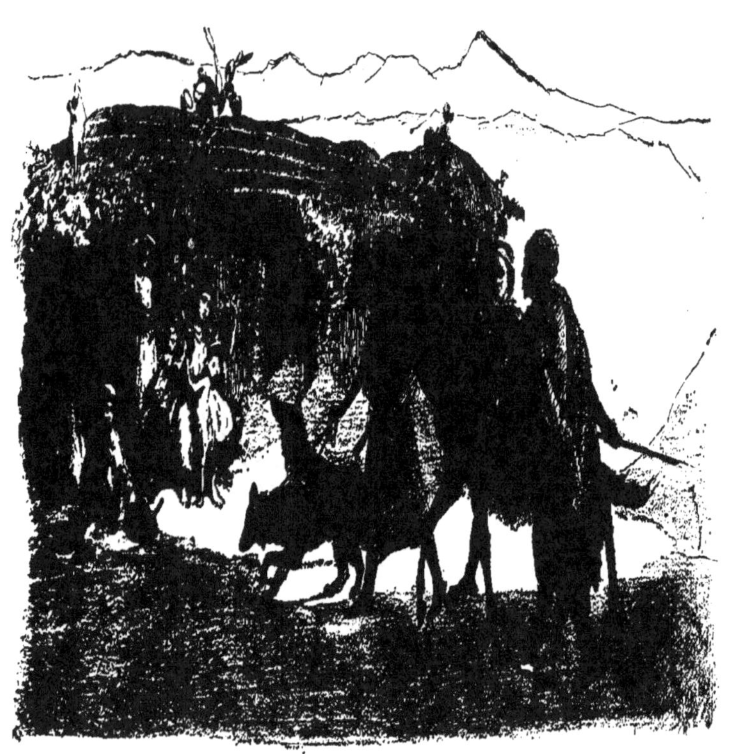

E. GIRARDIN

Kabyles revenant de la chasse au sanglier.

par les concours, n'a envoyé aussi que deux bustes ; mais ils sont d'un modèle remarquable, très ressemblants; ce sont ceux de M, Tirman, gouverneur de l'Algérie, et de M. Léon Kerst, le critique bien connu.

Il faut également signaler le buste de l'empereur de Russie, par le prince Romuald Giedroyc; la statue en pied de Mme Boucicaut, par Léon Perrey, et un délicieux portrait en bronze de M. Leloir de la Comédie française, par le même.

De M. Edouard Pépin, on remarquera sa *Pandore* et un buste de femme en marbre ; de Mme Besnard, un autre buste expressif ; de M. Mathieu Meusnier, une étude de main en marbre d'une saveur particulière ; de M. Gauthier, avec un buste d'un arrangement élégant, une grande figure symbolisant dans un beau sentiment la plus riche de nos colonies, l'Algérie ; de M. Hugues, le serment du jeu de Paume, groupe de trois figures que nous avons déjà signalé pour son heureuse ordonnance.

On s'arrête aussi beaucoup devant le buste de M. Renau, par M. Léopold Bernstamm. Nous reverrons l'an prochain en bronze, grâce à M. Siot, l'auteur de la foule si admirée de l'*Orphée*, de M. Peinte, acquis par l'Etat; ce barbare au front bas, d'une vigueur de jeune et triomphant boucher, à qui la nudité semble naturelle comme à un bel animal souple. Et cela achèvera de mettre dans tout son effet une des œuvres les plus simples et les plus hardies qu'on nous ait fait voir depuis longtemps.

Quant à M. Dampt, « le sculpteur des âmes », il envoie une statuette d'ivoire d'un sentiment exquis : la *Virginité*. Une jeune fille, qui tient dans sa main un lis tendu comme pour une offrande, est couchée dans une pose pleine d'abandon, un bras pudiquement replié sur les yeux. Il fallait la délicatesse merveilleuse de M. Dampt pour arrêter ici le sourire au profit de la rêverie chaste et mélancolique.

Enfin, à voir encore, avant de quitter ce palais des formes pures : le délicieux *Joueur de billes*, de M. Enderlin ; — le magnifique groupe de M. Levasseur : *Après le combat*; — les gracieuses *Baigneuses*, de M. Escoula. — *Quinze ans !* un buste de jeune fille d'une inspiration charmante de Mme Weyl; — un autre buste de marbre, par Mme Sarah Bernhardt; deux médaillons de Mlle Funch-Brentano.

◆

LES ŒUVRES D'ART AUX ÉTATS-UNIS

Nous avons dit que le Sénat des États-Unis a adopté, par 35 voix contre 10, un projet de loi sur la propriété littéraire et artistique. On sait que, d'après la loi existante, les citoyens américains ou les personnes domiciliées aux Etats-Unis peuvent seuls se réserver la propriété d'une œuvre littéraire ou artistique, d'un livre, d'une pièce de théâtre, d'un dessin, etc. Le but de la nouvelle loi est d'admettre les auteurs étrangers à jouir des mêmes droits que les auteurs américains et de leur assurer, comme à ces derniers, la propriété de leurs œuvres. Il est, en outre, stipulé que les auteurs pourront seuls faire traduire les livres ou pièces de théâtre, dont le dépôt aura été opéré conformément à la loi.

Toutefois, la condition essentielle mise à la reconnaissance du droit de propriété littéraire d'un étranger, est que le livre ou la pièce de théâtre soit imprimé aux Etats-Unis. En d'autres termes, un auteur dont le livre sera imprimé en Angleterre ou en France ne pourra pas s'en réserver la propriété, à moins qu'il ne le fasse imprimer simultanément aux Etats-Unis.

D'autres conditions sont encore posées par la loi. Nous en reproduisons la substance, d'après le *Courrier des Etats-Unis :*

Toute personne désirant se réserver la propriété d'une publication devra, avant la mise en vente dans ce pays ou à l'étranger, déposer au bureau du bibliothécaire du Congrès, ou lui adresser par la poste, un exemplaire imprimé du titre du livre ou de l'œuvre dramatique, ou la description, le modèle ou le dessin de l'œuvre d'art qui fait l'objet du *copyright* demandé. De plus, le demandeur devra déposer au bureau du bibliothécaire du Congrès, ou lui adresser par la poste, pas plus tard que le jour même de la publication aux Etats-Unis ou à l'étranger, deux exemplaires du livre ou de l'œuvre dramatique en question, imprimés aux Etats-Unis ; ou, s'il s'agit de gravures, photographies ou autres objets analogues, deux exemplaires ; ou s'il s'agit d'un tableau ou dessin, d'un ouvrage de sculpture, d'un modèle ou dessin pour un objet d'art, une reproduction photographique.

Pendant tout le temps que durera le droit de propriété ainsi réservé, l'importation aux Etats-Unis des articles pour lesquels il aura été obtenu sera prohibée ; il sera permis cependant d'en introduire deux exemplaires destinés à l'usage personnel de l'importateur et non pour la vente, mais seulement avec le consentement écrit du propriétaire du *copyright*. Les agents des douanes et de la poste devront saisir et détruire tous autres exemplaires qui seraient importés aux Etats-Unis.

S'il s'agit de livres en langue étrangère dont la traduction en anglais soit seule l'objet d'un *copyright*, la prohibition ne s'appliquera qu'à la traduction ; l'importation de l'ouvrage dans la langue originale sera permise.

Telles sont les dispositions générales de cette loi qui, en subordonnant les droits des auteurs étrangers à l'obligation de se faire imprimer aux Etats-Unis, les restreint singulièrement.

◆

LES VENTES PUBLIQUES

La vente Goldschmidt.

Il y a chaque année une vente qui, par son importance et son intérêt, domine toutes celles qui l'entourent et laisse par la suite un souvenir plus ou moins retentissant. La grande vente de l'année 1888 sera celle de la collection Glodschmidt qui s'est faite hier à la galerie de la rue de Sèze. La première vacation, qui comprenait les tableaux modernes, a produit 797,570 fr.

L'enchère la plus importante a été obtenue par le tableau la *Vallée de la Toucque*, qui passe pour être le chef-d'œuvre de Troyon. Ce tableau avait figuré au Salon de 1853 où il avait été acheté 10 000 fr. par Mme la comtesse Lehon ; il figura ensuite à l'Exposition universelle de 1855 et il fut l'objet de critiques violentes. Théophile Gautier prit la défense de l'œuvre de Troyon.

« C'est d'abord comme paysagiste, disait-il, que s'est posé M. Troyon, et il s'est montré l'égal des Cabat, des Dupré, des Rousseau. Il aurait pu s'en tenir là, sa réputation était faite ; mais en fréquentant la campagne il s'est épris des animaux ; il n'a plus voulu peindre l'herbage sans la vache, la prairie sans le mouton, le champ sans le bœuf, la forêt sans le chien ; d'ailleurs, les bestiaux font de si belles taches rousses sur le vert des gazons et tout ce mobilier vivant anime avec tant de charme la placidité un peu morne de la nature. Cette *Vallée de la Toucque*, si fraiche, si humide, si grasse, si luxuriante sous ce large ciel traversé de souffles balsamiques et de rayons argentés, serait bien moins belle solitaire. Quel excellent effet y produisent ces bêtes superbes aux flancs moirés, aux fanons puissants qui nagent en plein poitrail dans l'Océan vert du pâturage ! Et cependant il suffisait du paysage pour faire encore une convenable toile. »

A cause de ses dimensions, 1 mètres 90 centimètres en hauteur sur 2 mètres 65 centimètres en largeur, la comtesse Lehon la céda à M. Goldschmidt. Ce dernier fut traité d'imprudent, de téméraire même, parce qu'il payait à cette époque mille francs une œuvre importante de Delacroix dans l'atelier du maitre, qui était bien heureux de la vendre si cher.

La *Vallée de la Toucque* a donné lieu à une lutte intéressante entre plusieurs amateurs américains et quelques collectionneurs français. Sur une demande de 200,000 fr., ce tableau a été mis à prix à 100.000 fr. et, par enchères de 1,000 fr., est rapidement arrivé à 175,000 fr. et a été acquis à ce prix par M. Bischoffsheim. C'est l'enchère la plus importante qu'ait jamais obtenue en France un tableau moderne. 1814, par Meissonier, qui fut vendu en 1886 dans la vente Defoer n'avait obtenu que 128,000 fr., et l'*Angelus*, par J.-F. Millet, dans la vente Wilson en 1881 que 160,000 fr.

Une autre œuvre importante du même maitre, la *Barrière*, que certaines personnes préfèrent même à la *Vallée de la Toucque*, bien qu'elle soit bien moins importante que cette dernière, sur une demande de 100,000 fr., et sur une mise à prix de 50,000 fr., est montée à 101,000 francs et a été acquise par M. Arnold ; du même également, un charmant tableau, l'*Abreuvoir le matin*, qui avait été payé 2,200 fr. en 1857, a été adjugé 35,000 fr. à M. Bague, sur une demande de 25.000 fr. *Chénes et Roses trémières*, qui avaient été achetés 2,000 fr. à la vente Véron, en 1858, sur une demande de 15,000 fr., ont été adjugés 16,000 à M. de Montgermont.

La collection de M. Goldschmidt comprenait vingt-quatre Decamps.

Voici les principaux prix obtenus par quelques-uns de ces tableaux : *Cour de ferme*, sur une demande de 30,000 fr. et sur une mise à prix de 12,000 fr., a été adjugée 30,400 fr. à M. Blumenthal ; la *Porchère*, demande 15,000 fr., mise à prix 5,000 fr., vendue 19,200 fr. ; *Paysan italien allumant sa pipe*, demande 20,000 fr., mise à prix 8,000 fr., adjugé 12,000 fr. à M. Herz ;

la *Chasse au miroir*, demande 10,000 fr. ; achetée 8,360 fr. par M. Paulme.

Le *Chat, le Lapin et la Belette*, demande 12,000 fr., payé 10,000 fr. par M. Montaigne.

La *Chasse au renard* demande 15,000 fr., vendue 12,000 fr. à M. Paulme ; *Bouledogue et terrier écossais*, 16,600 fr. à l'Etat pour le musée du Louvre ; *Repos de la sainte famille*, qui avait été acheté 3,800 fr. en 1861, 9,000 fr. Les *Petits mendiants*, 5,000 fr. *Ruines, paysage italien*, 5,100 fr. *Diogène* 5,600 fr. à M. Augotin, *Sancho*, dessin, 2,100 fr. à M. Adam.

Les œuvres de Delacroix, bien que se vendant toujours fort cher, semblent ne plus être appréciées aux hauts prix auxquels elles étaient arrivées il y a quelques années ; la collection Goldschmidt en possédait dix : *Herminie et les bergers*, sur une demande de 25,000 fr. et une mise à prix de 10,000 fr., a été vendu 25,400 fr. à M. Porto Riche ; *Choc de cavaliers arabes*, sur une demande de 15,000 fr., a été adjugé 7,600 fr. ; les *Joueurs d'échecs*, demande 15,000 fr., payés 12,200 fr. ; les *Côtes du Maroc*, œuvre importante ayant figuré aux cent chefs-d'œuvre, sur une demande de 40,000 fr., et sur une mise à prix de 20,000 fr., ont été poussées à 50,000 fr. par M. Tanien. *Cavalier grec*, estimé 12,000 fr. vendu 9,900 fr. *Christ en croix* qui avait été payé 29,000 fr. dans la vente Laurent Richard a été payé 15,600 fr. sur une demande de 20,000 fr.

L'*Enlèvement de Rébecca*, qui avait été payé fort cher dans la vente Sabatier, en 1883, après avoir été adjugé 2,900 fr. dans la vente Collot, en 1852, 2,200 francs, en 1856, 27,000 fr. dans la vente Edwards, en 1870, a été vendu 29,100 fr., sur une demande de 35,000 fr., à M. Knedler, de New-York.

Cette collection comprenait encore des œuvres de quelques autres maitres qui se sont vendues à des prix élevés. *Venise au coucher du soleil*, par Ziem, sur une demande de 25,000 francs et une mise à prix de 10,000 fr., a été adjugé 26,200 fr. ; un petit tableau de Théodore Rousseau, la *Rivière*, mesurant 19 centimètres en hauteur et 26 centimètres en longueur, sur une demande de 20,000 fr., a été payée 25,000 francs. le *Docteur*, par Meissonier, demande 10,000 fr., vendu 17,000 fr. à M. Lebaudy ; un petit tableau de Jules Dupré, le *Moulin à vent*, 20,100 fr. ; *Cerf sous bois*, du même, 10,700 fr. au prince Basilewski ; une petite étude, le *Château de Fontainebleau*, par Corot, 6,000 fr., et enfin un tableau de Géricault, qui avait été payé 11,500 fr. dans la vente Laurent Richard, après avoir été adjugé 3,300 fr. dans la vente Van Cuyck, en 1866, et 4,050 fr. dans la vente Marmontel, a été vendu 8,500 fr. à M. Fournier.

Malgré la chaleur accablante, cette vente était fort bien dirigée par le président des commissaires-priseurs, M. Escribe, qui remplaçait M. Paul Chevalier, malade. Cette adjudication comprenait 53 tableaux ; la moyenne de chaque numéro dépasse donc 15,000 fr.

C'est mercredi que la vente s'est terminée.

Les diverses vacations réunies ont donné un total de 1,077,476 francs. La dernière adjudication, qui comprenait les médailles et plaquettes, a produit 10,382 francs. Une plaquette, bas-relief, la *Mise au tombeau*, par Andrea Briosco dit Il Riccio, a été vendue 1,250 francs. Une médaille en bronze, buste à gauche en haut-relief du pape Léon X (Jean de Médicis), qui fut le plus jeune cardinal qu'il y ait jamais eu, ayant été créé cardinal à l'âge de treize ans, en 1488 ; au revers, ses armoiries, adjugée 740 fr., et une médaille de Marende, bustes en regard sur champ semé de chardons et de nœuds, de Philibert le Beau, duc de Savoie, et de Marguerite d'Autriche, sa femme (1497), payée 720 fr.

A Londres, chez MM. Christie, Manson et Woods, on a vendu aux enchères publiques les collections de tableaux modernes de feu MM. Charles Waring et A. Turner, de Manchester. Plusieurs enchères importantes ont été obtenues par les œuvres de quelques maîtres français. Signalons : *Labourages nivernais*, par Rosa Bonheur, variante du tableau qui se trouve au Luxembourg, a été payé 110,250 fr. Le *Bac*, par Troyon, 91,875 fr. La *Herse*, du même maître, 33,250 fr. Deux esquisses du même ont été adjugées, la première, la *Rentrée*, 12,862 fr. 50 et l'*Abreuvoir* 14,700 fr. Signalons encore la *Espada*, par Fortuny, 14,240 fr., l'esquisse du grand tableau de M. de Munkacsy, le *Christ devant Pilate*, 24,570 fr.

ÉCHOS ET NOUVELLES

Dans sa séance de samedi, l'Académie des beaux-arts a procédé à l'élection d'un membre, dans la section d'architecture, en remplacement de M. Questel, décédé.

Les candidats étaient MM. Ancelet, Pascal, Normand, Coquard, Guadet, Guillaume et Sédille.

Après onze tours de scrutin, M. Coquard a été élu.

Voici les titres du nouveau membre :

Prix de Rome en 1858, — envoyé en mission archéologique en Orient, 1865-1866 ; — architecte de l'Ecole des beaux-arts, de la cour de cassation et du diocèse de Laval ; — membre du conseil des bâtiments civils ; — expert près le tribunal de la Seine ; — membre du jury à l'Exposition universelle de 1889.

Citons parmi ses principaux travaux :

Un tombeau à Rome, église de Santa-Maria del Popolo ;

Le monument de Crespel, à Lille ;

Le monument élevé par l'Assemblée nationale aux généraux Lecomte et Clément Thomas ;

Le monument commémoratif de la bataille de Coulmiers ;

La chapelle du grand séminaire de Laval ;

La salle des antiques à l'Ecole des beaux-arts ;

Le musée de la Renaissance dans la chapelle des Augustins, à la même Ecole ;

La transformation de l'hôtel de Chimay pour le service de l'Ecole ;

La grande chambre de la Cour de cassation ;

Le monument de Regnault à l'Ecole des beaux-arts (en collaboration avec M. Pascal).

Toujours à l'Académie des beaux-arts.

Le sujet suivant est mis au concours pour le prix Bordin :

« De la musique en France, particulièrement de la musique dramatique depuis le milieu du dix-huitième siècle jusqu'à nos jours, en y comprenant les œuvres des compositeurs étrangers exécutés ou représentés en France. »

On a placé hier, dans le jardin de l'Elysée, un groupe en marbre, *Chiens courants*, par Auguste Cain, qui a figuré au Salon de 1887.

M. Arago, conservateur du musée du Luxembourg, s'occupe en ce moment des remaniements qu'il y aura lieu de faire dans ce musée à l'occasion de la clôture du Salon. On sait que c'est au Luxembourg que vont prendre place quelques-unes des œuvres acquises tous les ans par l'Etat à l'exposition des Champs-Elysées.

Les tableaux qui seront enlevés du Luxembourg, pour entrer au Louvre ou dans d'autres musées, sont au nombre de neuf.

C'est le mois des expositions. Elles poussent comme persil en branches.

En même temps que s'ouvre, chez Georges Petit, l'exposition bretonne-angevine, s'ouvre, chez Durand-Ruel, une exposition d'artistes indépendants, avec MM. Caillebotte, Boudin, J.-L. Brown, Lépine, Pissaro, Renoir, Sisley et Whistler comme exposants.

La Société des amis des arts du département de l'Eure vient de prendre l'initiative d'une souscription destinée à élever un monument à Philippe Rousseau, le peintre de natures mortes décédé l'an dernier.

L'œuvre est sous le patronage du peintre Ribot.

L'Imprimeur-Gérant : Henry Lefebvre.

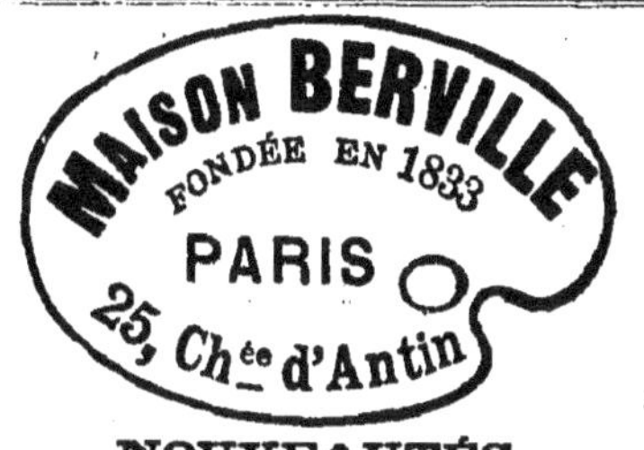

Compiègne. — Imprimerie HENRY LEFEBVRE.

LA VIE ARTISTIQUE

COURRIER HEBDOMADAIRE ILLUSTRÉ

Des Ateliers, des Expositions & des Théâtres

BUREAUX A PARIS
42, Rue de Chabrol, 42

DIMANCHE 3 JUIN 1888
2e ANNÉE — N° 22

ABONNEMENTS
Un An : DIX FRANCS

LE SALON DE 1888

ARCHITECTURE

Deux grandes salles, *les Salons carrés* de l'Exposition d'Architecture, trois longues galeries formant ensemble la moitié du périmètre de la vaste nef du palais des Champs-Elysées, enfin un entassement prodigieux de châssis s'élevant parfois sur *quatre mètres* de hauteur, sont à explorer pour se rendre compte du labeur, de la conscience, du talent et aussi des ingénieuses recherches faites par *cent soixante architectes*, exposant sous *cent quatre-vingts numéros* du catalogue et offrant aux regards *plus d'un millier* de croquis, de lavis, d'aquarelles et même de photographies.

Telle est en résumé, comme tous les ans au reste, la statistique en dix lignes du Salon d'architecture de 1888, salon un peu appauvri par les préparatifs faits en vue de la prochaine exposition universelle des Beaux-Arts de 1889, mais plus encombré que jamais de projets de première classe de l'école des Beaux-Arts (on pourrait dire de projets de construction en métal ; car ce sont surtout des études de marché couvert) ayant récemment mérité à leurs auteurs le titre d'*Architectes diplômés du Gouvernement*

En revanche, un petit nombre d'études hors-ligne faites par des pensionnaires de l'Académie de France à Rome, des relevés intéressants avec essais de restauration d'édifices (la plupart français) de toutes les classes, de tous les styles et de toutes les époques, dessinés pour la Commission des monuments historiques ou pour de

riches et intelligents Mécènes ; des établissements scolaires d'un réel mérite exécutés avec recherche et témoignant combien, à notre époque, l'architecte, sans cesser d'être artiste, devient un intelligent pédagogue et un scrupuleux hygiéniste ; enfin bon nombre de *cartes de visite,* sous forme d'agréables pages détachées d'albums ou de jolis cadres enlevés pour quelques jours à leurs places habituelles, font que ce Salon d'architecture de 1888 tient honnêtement sa place à côté de la Halle aux peintures ou du jardin réservé aux sculptures et pourra donner lieu, demain et les jours suivants, au travail des membres du Jury (un peu toujours les mêmes) chargés de récompenser les bons élèves — au moins ceux d'entre eux qui ne sont pas encore récompensés.

Mais, sur deux cent cinquante lignes accordées à ce compte-rendu, les généralités qui précèdent en ont déjà pris plus de quarante : aussi, désespérant de mettre quelque ordre dans des appréciations d'œuvres exposées sans ordre aucun, nous faut-il recourir au livret pour résumer brièvement les impressions ressenties dans ce défilé de restaurations heurtant parfois de vagues projets, ou d'édifices exécutés s'enchevêtrant dans des détails d'ornementation ou de construction.

C'est dans la liste des *cartes de visite* qu'il faut mentionner les charmantes aquarelles de MM. Blavette, Blondel, Bonnier, Camut, Julien et Rouyer, artistes *hors-concours* et auxquels on peut savoir gré de faire encore acte de présence désintéressée au Salon.

Dans les relevés d'*édifices antiques,* nous devons citer des fragments dessinés par M. Chabat ; la restitution du mont Palatin à Rome, comprenant le Palais des Flaviens, le Stade de Domitien, les temples de Jupiter Stator, de Jupiter vainqueur et d'Apollon, œuvre sans conteste la plus méritante du Salon de cette année et à l'auteur de laquelle, M. Deglane, pensionnaire de Rome, doit être, si il y en a une, décernée la *médaille d'honneur* [1] ; puis la restauration, par M. Gayet, membre de la mission archéologique du Caire, du Deïr-el-Médineh, restauration consciencieuse mais trop encombrante pour le peu de motifs décoratifs d'art pharaonique qu'elle renferme ; des détails d'architecture pris par M. Ghesquier, de Lille, à Rome, à Athènes, à Pompéi, à Grenade et à Venise, pendant son laborieux voyage comme pensionnaire du *prix Wicar* de sa ville natale ; un essai tenté avec succès par M. Girault, pensionnaire de Rome, pour reprendre et compléter les belles études de restitution de la villa de l'empereur Hadrien, formant, il y a bientôt trente ans, l'envoi de Rome de son maître M. Daumet ; un fort joli panneau de décoration pompéienne, enchâssant habilement des monuments antiques de Rome et d'Athènes, dû à M. Michelin, et enfin, des relevés d'architecture romaine ainsi qu'un dessin magistral du tombeau de Paola Malatesta, de M. Redon, lui aussi pensionnaire de Rome.

De beaucoup plus nombreux sont les relevés et les restaurations d'édifices, pour la plupart français, remontant au moyen-âge ou à la Renaissance et, sur ce terrain surtout, nos confrères doivent être félicités du précieux concours qu'ils apportent journellement aux études archéologiques concernant notre histoire nationale ; car, cette année, ils nous font connaître ou revoir, à l'état actuel ou restauré, la physionomie d'édifices du plus haut intérêt tels que le château de Madaillan (Lot-et-Garonne), par M. Benouville ; un ancien puits à Lyon, attribué à Philibert Delorme et dont l'étude a tenté MM. Binet et Huguet ; le château de La Fère-en-Tardenois, important travail de M. Boitte ; le relevé, consciencieux mais peut-être à une trop grande échelle, de l'église Saint-Thomas à Crespy-en-Valois, par M. Capitaine ; l'église d'Ecrouves (Meurthe-et-Moselle), par M. Chaîne ; l'abbaye de Paimpol, à Kérity (Côtes-du-Nord), par M. Chastel ; le tombeau de Charles IV d'Anjou, dans la cathédrale du Mans, fort remarquable dessin de M. Debrie ; la reconstruction du château du Val-des-Ecoliers, près Chaumont (Haute-Marne), très bonne étude dans le sentiment de la Renaissance par M. Descaves ; d'anciennes maisons à Périgueux, de M. Gonthier ; les églises de Dieppe, cadre de ravissantes aqua-

relles, par M. Gonvers ; la restauration de l'ancienne abbaye de Loc-Dieu, près Villefranche-de-Rouergue (Aveyron), édifice curieux, très-bien étudié et fort bien rendu par M. Gout ; la restauration du château de Rilly (Loir-et-Cher), par M. Lafargue ; une maison de bois de la rue Malpalu, à Rouen, par M. An. Laquerrière ; le château de Glatigny (Calvados), bonne étude de pans de bois normands par M. le Chatelier ; un monument décoratif du XVIIIe siècle dans un ancien jardin (aujourd'hui magasin de papiers) au Marais, à Paris, qu'il faut savoir gré à M. Lefol de faire connaître à bon nombre d'archéogues parisiens ; une cheminée monumentale du vieux château de Léchelle-le-Franc, habilement transformée et utilisée par M. Leidenfrost ; le château de Crozant (Creuse) de M. Lemoine ; les fort intéressantes études d'architecture religieuse des chevaliers Templiers dues à M. Lethorel ; l'étude de restauration du château de Brécy (Calvados) par M. Lewicki, de bons relevés d'églises de la Creuse par M. Mazet ; l'église de Graville-sainte-Honorine (Seine-Inférieure) de M. Naef ; un cadre fort bien rempli contenant plan général, vue perspective, lavabo du cloître, statue en forme de console de l'architecte de la salle capitulaire et autres détails de l'abbaye de Bathala (Portugal), par M. Nodet ; des études d'architecture en France, que leur auteur M. Ch. Normand doit destiner à sa publication des amis des monuments français : la façade de l'hôtel-de-ville de Cambrai reconstituée par M. Peinte ; un dessin de chapiteau de la cathédrale de Reims bien rendu par M. Ch. Perkins ; le château de Polignac et l'église de Chamalières (deux édifices de la Haute-Loire) par M. Petitgrand ; une aquarelle de la Gentilhommière du Verger (Indre-et-Loire) par M. Raffet ; une cheminée du château de Cadillac, par M. Rapine ; les études sur les pans de bois normands (château de Grandchamps et Ferme de la Pipardière) de M. Gabriel Ruprich-Robert ; œuvre remarquable entre toutes dans cette série de documents sur l'architecture privée en France ; le château de Montsoreau, près Saumur, relevé par M. Aug. Salleron ; l'aquarelle et les dessins à la plume de M. Sénèque reproduisant le tombeau de l'évêque Bernard Brun dans la cathédrale de Limoges ; un plan archéologique et des ensembles de la cathédrale de Séez, par M. Tournouer ; les détails de la salle capitulaire de l'abbaye de Boscherville, rendus dans un très bon sentiment, par M. Léon de Vesly et enfin l'église de Bruyères, curieux édifice roman par M. Vinson.

Les établissements scolaires, grâce à la loi de 1881 sur l'obligation de l'enseignement et un

---

peu aussi à cause de l'extension, prise par certaines branches d'instruction, telles que l'enseignement professionnel et l'enseignement secondaire des jeunes filles, tiennent, avec quelques autres édifices d'utilité publique, une grande place au Salon de 1888 et bon nombre des projets exécutés, les seuls réellement intéressants, dans cet ordre d'idées, méritent une mention toute spéciale : ainsi l'Ecole normale d'Institutrices d'Auxerre, par M. Bréasson ; les nouvelles écoles communales de Ville-d'Avray, fort bien présentées en un cadre restreint par M. Camut ; un projet de groupe scolaire pour la Garenne-Colombes dans lequel MM. Chaize et Albert et Paul Leseinc s'efforcent de tirer un bon parti d'un terrain irrégulier ; la mairie en cours de construction pour Maisons-Laffitte par M. Dauvergne, édifice d'un aspect heureux mais dans lequel certains services municipaux semblent quelque peu sacrifiés aux exigences des réceptions ; l'école de filles, rue Dauphiné, au Havre, par M. David ; la maison de retraite Galignani frères, aujourd'hui presque entièrement achevée à Neuilly (Seine) et dans laquelle M. Delaage, architecte en chef de l'assistance publique, a, sous des formes d'architecture simples et économiques, disposé un attrayant hôpital bien aéré et d'un programme particulier ; un projet d'école Saint-Etienne, à Meaux, par MM. Dupart et Lanseret, dont le milieu du préau découvert est occupé d'une façon trop voyante par un groupe de latrines ; un projet de lycée pour la ville de Dijon par M. Galinier, projet qui, arrivé trop tard par la faute du chemin de fer pour prendre part au concours, essaie, malgré des règlements peut-être tombés en désuétude, de participer aux récompenses du Salon : au reste, M. Galinier expose en outre un fort intéressant groupe d'édifices étudié en briques et d'un agréable aspect, pour la ville d'Auterive (Haute-Garonne). Mais, de tous les édifices destinés à l'enseignement que nous offre le Salon, aucun ne présente, à notre avis, le mérite du lycée Racine, à Paris, lycée de jeunes filles que termine M. Gout et dont les dessins, peut-être trop resserrés, sont loin, malgré leur mérite réel, de donner une idée du talent avec lequel leur auteur a su satisfaire aux exigences multiples du programme et aux difficultés que lui causait l'exiguité du terrain.

Reprenant la nomenclature des édifices d'utilité publique, il faut citer l'école maternelle à Charenton par M. Gravereaux, bien disposée sur un terrain irrégulier ; le projet, dans un sentiment d'architecture assez bizarre, d'Hôtel de Ville pour Herstal, par M. Guesnier ; la restauration par M. Hardion, du théâtre municipal de Tours, édifice un peu lourd de masses mais dans le plan duquel se trouvent d'heureuses dispositions, notamment un grand vestibule circulaire ; un bon projet d'hospice pour des aveugles par M. Héneux ; un projet de bibliothèque nationale pour la ville d'Athènes, par M. Moussis, projet dans lequel le plan est ramassé et dont l'architecture des façades rappelle les édifices néo-grecs de Munich ; le projet de reconstruction de l'Opéra-Comique en façade sur le boulevard par M. Peigney, projet dont il faut surtout louer un habile arrangement de rotonde pour la descente à couvert et un grand vestibule donnant, au-dessus, un spacieux foyer bien mis en communication avec les escaliers ; le musée de Laval, par M. Ridel, où il faut regretter le peu de profondeur des portiques sur les façades principales, mais apprécier le bon arrangemeent du petit ordre des façades latérales ; les photographies de travaux exécutés avec sobriété et économie par M. Rigault, au poste central des télégraphes, à Paris ; des détails fort bien présentés par M. Roussi de l'intéressante caserne des sapeurs-pompiers de la rue Chaligny dont il obtint la construction à la suite d'un brillant concours ; une grande basilique votive de Notre-Dame-du-Rosaire, à Prouille, par Foujeaux (Aude), dans laquelle MM. Saint-Père père et fils se sont bien inspirés sans servilité de l'architecture romane ; une étude de transformation de la salle de l'Eden, par M. Schmit, et enfin l'Hôtel des postes et télégraphes avec Bourse du commerce à construire à Dijon, par M. Vionnois, qui a fort bien tiré parti de la nef d'une ancienne église et deux importants établissements scolaires pour la ville de Rouen, par M. Touzet : une école primaire supérieure et professionnelle et une école d'apprentissage, édifices étudiés sur des programmes nouveaux prenant chaque jour plus de développements, dans lesquels une part toute spéciale doit être faite au travail manuel et à l'étude du dessin et qui imposent à l'architecte, par l'introduction de l'atelier dans l'école et le plus souvent par le peu de ressources mises à sa disposition, un surcroît de recherches et de travail dont M. Touzet nous semble s'être bien tiré.

Il resterait encore nombre de bons envois à noter dans cette course rapide au Salon de 1888, surtout dans les projets de monuments commémoratifs ou de monuments funèbres, dans les études d'habitations privées et dans ce que l'on pourrait appeler les croquis de voyage et les études purement décoratives ; mais l'espace nous est mesuré et tout au plus pouvons-nous citer à la hâte : l'avant-projet par M. Gaudensi Allar d'un monument à élever à la gloire de Ferdinand de Lesseps à l'entrée du canal de Suez et un projet de pyramide que M. Allorge voudrait avec raison voir rappeler à Malvoisine (Seine-et-Oise) la première mensuration de la terre par l'académicien Picard en 1669 ; puis le monument funèbre de Paul Bert, à Auxerre, par un maître sculpteur, M. Bartholdi ; un autre tombeau bien étudié dans le cimetière de Roubaix, par M. Dubois ; le monument funèbre de M. Zarifi élevé à Constantinople par M. Esquié et dont on ne saurait trop admirer l'heureux arrangement dans un site merveilleux ; le monument à Henry Bouley devant orner l'école d'Alfort par M. Monjauze ; la fontaine commémorative en l'honneur de Joachim du Bellay que M. Monnier à dessinée avec talent pour Ancenis (Loire-Inférieure) et la chapelle funéraire des familles Kazakoff-Hellfried qu'un architecte russe M. Serge Wassilieff construit à Vivières (Aisne) ; enfin un énorme socle en granit projeté par M. Jacques Lequeux, à la mémoire de Monseigneur le comte de Chambord, socle devant porter le dernier Bourbon de France agenouillé et accompagné, aux angles du socle, des fidèles serviteurs de la monarchie, Sainte-Geneviève et Duguesclin, Jeanne d'Arc et Bayard.

Mais nous nous en voudrions d'oublier les villas ou résidences de campagne (traitées avec recherche du pittoresque et parfois quelque peu imitées des cottages anglais), qu'ont exposées MM. Brunnarius, Léon Carle, Chanut, Déchard, Armand Gauthier, Stéphane Lebègue, René Moreau et Tubœuf ; le projet de grand-hôtel de voyageurs pour Aix-les-Bains de MM. Wulliam et Farge ; la ravissante suite d'études de décorations intérieures que M. Sandier intitule la maison moderne et les compositions fantastiques de M. Robert de Massy ainsi que tous ces croquis de voyage signés de MM. Ch. Gautier, Landry, Lachouque, Leroux et Lucien Roy ; enfin le projet de décoration en mosaïque du grand escalier des fêtes de l'Hôtel-de-Ville de Paris, par M. de Perthes et le projet de diplôme pour la société des Agriculteurs de France, par MM. Bin et Fransquin-Avœuf.

Certes nous avons dû faire bien des omissions, et quelques-unes à dessein, au milieu de ces projets ou de ces rendus d'édifices exécutés ; mais, encore une fois, la faute en est au peu d'ordre adopté dans le classement, à l'encombrement causé par les projets ayant servi à l'obtention du diplôme à l'Ecole des Beaux-Arts et surtout au trop grand nombre de châssis exposés : peut être la fermeture annuelle du Salon pour le travail des jurys de récompenses, dont les opérations ont lieu pendant que nous écrivons ces lignes, apporteront-elles d'heureuses modifications dans le placement des ouvrages d'architecture ; mais on ne saurait trop réclamer, pour 1889, un classement méthodique.

Charles Lucas, Architecte.

28 mai 1888.

LES MÉDAILLES DU SALON

Les jurys de peinture, de sculpture, d'architecture et de gravure, réunis au palais de l'Industrie, ont désigné les récompenses à accorder aux artistes exposants. Les voici :

Peinture.

MÉDAILLE D'HONNEUR.

1er *tour* : votants, 380 ; majorité 98.

MM. Benjamin Constant, 67 ; Detaille, 56 ; Roll, 36 ; Henner, 29 ; Humbert, 28 ; Maignan, 27 ; Pelouse, 23 ; Hébert, 14 ; Vollon, 14 ; Flameng, 12 ; Harpignies, 11 ; Français, 3 ; divers, 28.

2e *tour* : votants, 380 ; majorité, 96.

MM. Detaille, 108 ; Benjamin Constant, 96 ; Roll, 58 ; Henner, 22 ; Maignan, 21 ; Pelouse, 17 ; Humbert, 17 ; Vollon, 8 ; Flameng, 5 ; Hébert, 4 ; Harpignies, 4.

M. Edouard Detaille a obtenu la médaille d'honneur.

MÉDAILLES DE PREMIÈRE CLASSE

MM. Delance : la *Légende de Saint Denis*. — Forsberg, Suédois : la *Fin d'un héros* ; *Souvenir du siège de Paris* (1870-71).

MÉDAILLES DE DEUXIÈME CLASSE

MM. Le Sénéchal de Kerdréo.et : *Coup de vent du 30 octobre* 1887 ; *Entrée du Tréport* ; *Vue du Tréport* (Seine-Inférieure). — Latouche : l'*Accouchée* ; *Décembre* (*Normandie*). — Truphème : *En retenue*. — Berthon : *Avant la soupe* (*Auvergne*). — Perret : la *Cinquantaine*. — Watelin : *Le long du rocher* ; *Fontainebleau*. — Le Poittevin : *Lever de lune*. — Rivey : *Un Buveur* ; *Portrait de M. Eugène Berthelon*. — Leroy : la *Mort de la Tour-d'Auvergne* ; *Portrait de mon père*. — Flameng : la *Houle* (*Cancale*) ; *Embarquement d'huîtres* (*Cancale*). — Callot : la *Mort de la cigale*. — Jeannin : le *Pot cassé*.

MÉDAILLES DE TROISIÈME CLASSE

MM. Grandjean : le *Marché aux chevaux, à Paris*. — Brunet (Jean) : la *Famille du peintre* ; le *Grand Ferré*. — Aubert (Joseph) : *Dyptique*. — Boyer (Abel) : *Nymphe de Diane*. — Boudot : *Matinée de septembre* (*Franche-Comté*) ; *Octobre*. — Isembart : *Champ de bruyères* (*montagnes du Doubs*) ; *Ruisseau du Val-Noir* (*Doubs*). — Laroche : *Portrait de Mlle Lainé, de l'Odéon*. — Richet : *Forét de Fontainebleau* (la *grande route*). — Lamy (Franc) : *Pâquerette*. — Vollon (Alexis) : *Toilette du matin* ; *Rosita*. — Smith (Alfred) : *Soirée d'avril* ; *Sous bois*. — Knight : l'*Appel au passeur*. — Décanis : le *Vieux Moulin de Rognac* (*Provence*). — Mlle Guyon (Maximilienne) : le *Violoniste* ; *Portrait de Mme G...* — Gay

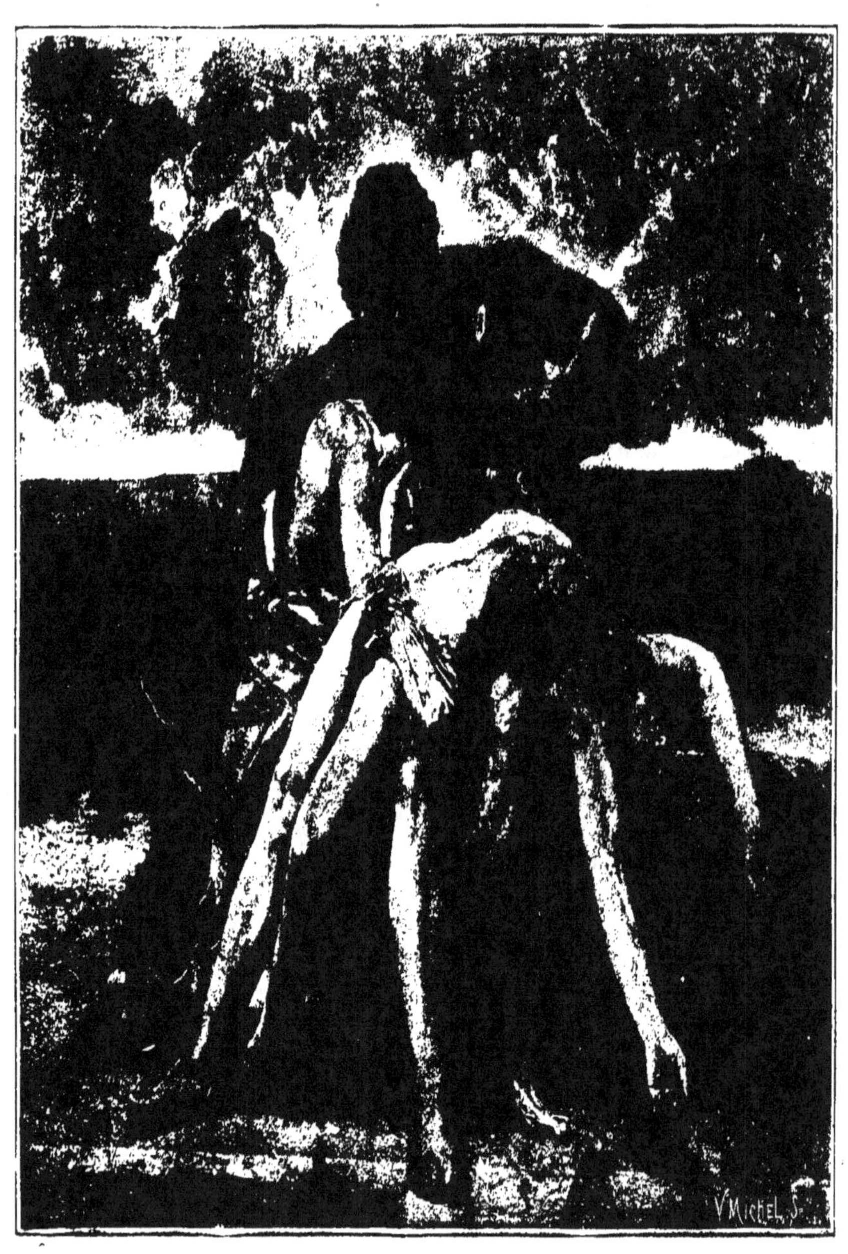

W. BOUGUEREAU. — Premier Deuil.

(Walter) : le *Bénédicite*; *Un asile*. — Odier : les *Bords de la Loire, à Saint-Maurice* (Loire). — Guignon : les *Moyettes*. — Jourdeuil : *Bords de la Varennes, après-midi de septembre*. — Howe : le *Départ pour le marché (souvenir de Hollande)*. — le *Transport des cailloux et du sable (Dieppe)*. — Lecomte (Paul) : *Sous la tente, à Saint-Eno-gat (Ille-et-Vilaine)* ; la *Route de Fresnay-sur-Sarthe, un jour de marché*. — Dauphin : *Dans le vieux port (Toulon)* ; — *Escadre de la Méditerranée, en rade de Toulon (effet du matin)*. — Tournés : *Femme faisant chauffer un fer à friser*. — Schmitt (Paul) : le *Vieux chemin des Moulineaux, près Meudon*. — Melchers : *Les Pilotes*. — Laverye : *Une Partie de tenis*. — Vail : *Pare à virer !* — Michel (Marius) : *Portrait de la communiante*. — Pezant : *A-la Villette* ; les *Vaches de Bus-Saint-Remy (vallée de l'Epte)*. — Salle : *Un cours d'anatomie*. — Kuehl : le *Maître de chapelle* ; les *Joueurs de cartes*. — Cartier : *Portrait de M. B...* ; *Un Coin de Boulogne-sur-Mer*. — Grimelund : le *Port d'Anvers* ; *A Fjelbacka (Suède)*. — Mosler : la *Captive blanche*, la *Fête de la moisson*.

MENTIONS HONORABLES.

MM. Choquet, Bourgogne, Dambourgez, Rœderstein, Brunet-Richou, Koppay, Bjorck, Zwiller, Emile Maillard, Saint-Germier, Griveau, Carl Butler, Bouchor, Bourgonnier, Bukovac, Bocquet, Wisinger, Léandre, Prinet, Boggio, E. Durand, Thibaudeau, Nobillet, Crès, Errazuris, de la Hoèse, Bourgain, Herkomer, Zorn, Melcalt, Bertin, Loudet, Carl Nys, Marcy, Deutch, Jamesson, Furcy de Lavault, d'Argence, Levillain, Deuilly, Jourdan, Vollet, Carlos-Lefebvre, Tanoux, Liot, Lobre, Mettling, Mme Laurent Lydie, MM. Mertens, de Fonvielle, Daudin, Mlle Marie Forget, M. Cabrit.

Sculpture.

MÉDAILLE D'HONNEUR.

Nombre de votants : 168.
Majorité absolue : 85.

Au premier tour, M. Turcan (Jean), ayant obtenu 98 voix, a été proclamé lauréat de la médaille d'honneur.

M. Turcan, élève de M. Cavelier, est l'auteur de l'*Aveugle et le Paralytique*, groupe en marbre, œuvre inscrite au catalogue sous le numéro 4709.

M. Tony Noël, après M. Turcan, a obtenu 24 voix.

Pas de *médaille de première classe*.

MÉDAILLES DE DEUXIÈME CLASSE.

MM. Levasseur : le *Réveil du printemps*. — Quinton : *Jeune Chasseur à la source* — Lefèvre : la *Visionnaire* ; *Portrait de Mme C...* — Euderlin : *Buste* ; le *Joueur de billes*. — Gardet : *Groupe d'animaux* ; *Fantaisie*. — Barbaroux : la *Nuit*.

MÉDAILLES DE TROISIÈME CLASSE.

MM. Mathet : *Hésitation*. — Baralis : *Philoctète*. — Kinsburger (Sylvain) : *En péril !* — Ringel d'Illzach : la *Saga* ; *Saint-Bernard prêchant la croisade*. — Peyrol : *Protection*. — Plé : *Triumphator* ; *Colombella*. — Jacquot : *Nymphe et Satyre* ; la *Prière aux champs*. — Holweck :

le *Vin*. — Robert : *Dans les bois*. — Choppin : *Un Vainqueur de la Bastille*. — Pompon ; *Cosette* ; *Sainte Catherine, martyre*. — Erickson (Christian) : *Le Poussin*. — Pilet : *Un coup de vent*.

MENTIONS HONORABLES

MM. Valentin, Mulot, Mlle Casini, MM. Cros, Anslow-Ford, Lancelet, De Hayn, Anthone, Hermant, Fulconis, Ruchstuhl, Pickery, Kafka, Rivet, Récipon, Mlle Itasse, MM. Adams, Duverger, Lagarrigue, Devaulx, Grandin, Clausade, Mlle Claudel, M. Lafont.

Section de gravures en médailles et pierres fines.

Pas de médaille de première classe ni de médaille de deuxième classe.

MÉDAILLES DE TROISIÈME CLASSE

MM. Dubois Henri : *Sept médailles et médaillons bronze*. — Lechevrel (Alphonse-Eugène) : *Nymphe et jeune faune dansant*, sardoine intaille. — *Portrait de ma fille*, camée. — *Portrait de M. Desportes de la Fosse*, projet bronze. — Mouchon (Louis-Eugène) : *onze portraits et médailles*.

Architecture.

MÉDAILLE D'HONNEUR.

M. Deglane (à l'unanimité) : *Restitution du palais des Césars sur le mont Palatin, à Rome*.

PREMIÈRE MÉDAILLE.

M. Girault : *Villa Hadrien ; partie méridionale et péristile du palais de l'Empereur (restauration) ; croquis de voyage*.

MÉDAILLES DE DEUXIÈME CLASSE.

MM. Hardion (Jean) : *Théâtre municipal de Tours (Restauration)*. — Ruprich-Robert (Gabriel-Eugène-Marie) : *Etudes sur les pans de bois normands*. — Bréasson (Jean) : *Ecole normale d'institutrices édifiée à Auxerre (Yonne)*. — Redon (Gaston-Fernand) : *Etudes d'architecture Renaissance*. — *Etudes d'architecture antique*. — Roussi (Charles-Georges) : *Caserne de Sapeurs-Pompiers, rue Chatigny et Boulevard Diderot, à Paris*.

MÉDAILLES DE TROISIÈME CLASSE.

MM. Jay (Emile) : *Projet d'un monument destiné à consacrer le souvenir de l'Exposition de 1889*. — *Un marché couvert*. — Lafargue (Arsène-Pierre) : *Restauration du château de Rilly (Loir et Cher)*. — Rigault (Eugène) : *Le poste central des Télégraphes ; travaux exécutés à Paris, rue de Grenelle*, 103 — Laffollye (Paul) : *Rendez-vous de chasse (Projet de décoration de salle à manger.)* — Lewicki (Edouard-Michel) : *Château de Brécy (Calvados) ; relevé et restauration*. — Salleron (Augustin-Louis-René) : *Château de Montsoreau, près Saumur*.

MENTIONS HONORABLES.

MM. Allorge (Paul), Brunarius (Ernest), Carle (Léon), Chaize (Maurice), Descaves (Henri), Despradelle (Désiré-Constant), Galinier (Joseph), Geisse (Henri), Guesnier (Fernand-Michel), Gonvers (Jean-Charles), Guiffard (Dominique-Henri), Héneux (Paul-Edmond-Julien), Huguet (Eugène), Lachouque (Marie-Georges-Henry), Landry (Théophile-Pierre-Charles), Laquerrière (Anatole), Leblond (Julien-Eugène), Moussis (Jean),

Peinte (Emmanuel), Planckaert (Charles), Saint-Père (Eugène-Gustave), Sandier (Alexandre), Schmit, (Henri), Weissenburger (Lucien).

Gravure.

MÉDAILLE D'HONNEUR

M. Hédouin, 96 voix : *Quatre gravures Théâtre de Molière*.

Pas de *médaille de première classe*.

MÉDAILLÉ DE DEUXIÈME CLASSE

Gravure au burin : M. Boisson (Léon). *Trente gravures* pour une illustration des *Mémoires du chevalier de Gramont*.

Gravure sur bois : M. Leveillé (Auguste-Hilaire). *Portrait de M. Dalou*, d'après M. A. Rodin.

MÉDAILLES DE TROISIÈME CLASSE

Gravure à l'eau-forte : M. Fornet (Eugène). *Oies*, d'après Millet. — Mme Louveau-Rouveyre (Marie). *Portrait de jeune homme*, d'après Calcar ; — *Cinq gravures*, d'après Flameng, H. Martin et J. Béraud. — Los Rios, (Ricardo de) : *Pécheuse*, d'après Pearce ; — *La prière*, d'après Pearce, et *La femme aux seaux*, d'après H. Lerolle. — Leterrier (Paul-Emile) : *Les fiancés*, d'après M. Demont ; — *Pâturages*, d'après Corot. — Faivre (Claude) : *Chanson à boire*, d'après M. Roybet.

Gravure au burin : M. Deblois (Charles-Théodore). *Interviewing their member*, d'après M. Erskine Nicol.

Gravure sur bois : MM. Dutheil (Hippolyte-Constant). Sept gravures pour les *Chroniques du règne de Charles IX*, dessins de M. Toudouze. — Delaître (Théodore). Trois gravures pour l'*Histoire des Grecs*. — Guillaume (Jean-Baptiste - Amédée). *Mouton, musicien de Louis XIV*, d'après de Troy ; — *La jeune courtisane*, d'après Sigalon ; — *La mère et la fille*, d'après Van der Helst.

Lithographie : MM. Tornley (Georges William) ; *La Guerre*, d'après Puvis de Chavannes. — Fauchon (Hippolyte) : *Souvenir*, d'après M. Chaplin.

MENTIONS HONORABLES.

Gravure au burin : MM. Robinson (Gérald), né à Londres ; — Dubouchet (Gustave) ; — Michalek (Louis), né en Hongrie ; — Christophe (Emile) ; — Danse (Mlle Marie), née à Bruxelles.

Gravure à l'eau forte : MM. Jacque (Frédéric). — Boilot (Alfred). — Alasonière (Fabien-Henri). — Sevrette (Jules). — Teyssonnières (Mlle Mathilde). — Brunaud (Lucien). — Piguet (Rodolphe). — Bellée (Léon de). — Manchon (Gaston-Albert). — Cazin (Michel). — Van den Brock d'Obrenan (Mme Victorine).

Gravure sur bois : MM. Devos (Georges-Louis). — Paret (Alphonse-Emile). — Kohl (Armand-Emile-Jean-Baptiste). — Trinquier (Mme Lucie, née Bailly). — Vintraut (Godfroy-Frédéric). — Ruffe (Léon). — Mignot (Albert-Edouard). — Drouillard (Narcisse-Eugène). — Roch (Paul-Emile). — Félix (Alexandre-Florentin). — Boizard (Alphonse-Étienne). — Schiff (Mlle Jeanne). — Wolf (Henri). — Charpentié (Albert-François).

Lithographie : MM. Grenier (Ernest). — Deroy (Auguste-Victor). — Aressy (Pétrus).

M. DELANCE

Nous avons, dans notre dernier numéro, raconté l'odyssée de M. Nils Forsberg, qui a obtenu l'une des premières médailles dans la section de peinture.

Deux mots maintenant de M. Delance, qui a également obtenu une première médaille pour sa *Légende de Saint-Denis* dont la *Vie Artistique* a déjà parlé.

M. Delance est né à Paris. Il s'était fait remarquer en 1880 par son tableau de Parmentier et Louis XVI ; en 1881 par un *Retour des Drapeaux* qui lui valut une 3ᵉ médaille. C'étaient les petits soldats qui revenaient par le Bois de Boulogne de la distribution de Longchamps ; l'artiste avait saisi et fixé dans sa toile cette joie de fête, qui ce jour-là donnait au défilé des troupes, sous les yeux de Paris, le caractère d'une rentrée de victoire.

Cette fois encore c'est le désir de peindre des figures de plein air qui a conduit M. Delance au choix le son sujet. Depuis deux ans, il le portait dans sa tête. La décision prise, il a été planter son chevalet dans la plaine Montmartre du côté de Saint-Denis, et il a commencé ses études. L'air, l'atmosphère sont éternels, n'est-ce pas ? Et toute l'affaire c'est de supprimer à l'horizon quelques toits de maison, quelques cheminées de fabrique. Puis ça été toute une série d'études au bord de la Seine. Le peintre, qui voulait saisir dans la vérité du plein air et de la vie des mouvements d'hommes nus, allait espionner les déchargeurs de sable, qui travaillent, le torse à l'air, au bord du fleuve.

L'EXPOSITION BRETONNE-ANGEVINE

L'exposition des œuvres des artistes bretons-angevins, qui est ouverte à la salle Petit, offre un attrait tout particulier : chaque vendredi on y donnera, au milieu des œuvres d'Elie Delaunay, Luc-Olivier Merson, Luminais, Lansyer, Zacharie Astruc, etc., des représentations intimes où l'on entendra des airs de Bretagne et d'Anjou, des conférences sur ces deux pays, etc., etc.

Vendredi dernier, jour de l'inauguration, la conférence était faite par M. Jules Simon, qui a présenté l'exposition au public en ces termes :

« Je le veux bien, je le reconnais, la Bretagne est un pays pauvre, nous sommes la terre des rochers et la terre des chênes ; mais nous sommes peut-être aussi la terre des cœurs de chêne. (Applaudissements.)

« Et je crois qu'on peut s'en souvenir à Paris, où les mobiles bretons ont, dans les mauvais jours, laissé une trace si profonde de leur passage. Nous ne sommes pas les seuls à savoir que le pays qui enfante les chênes enfante aussi les soldats. Nous l'avons démontré, et, s'il le fallait, nous le démontrerions encore. (Bravos.)

« Mais, pour aujourd'hui, mesdames et messieurs, nous n'avons pas la moindre intention de vous montrer des soldats. Ce que nous vous montrons, ce sont les peintres ; et vous pouvez voir que, même pour des peintres, nous ne sommes pas tout à fait déshérités. Il y a parmi les toiles étalées sur ces murailles des chefs-d'œuvre signés de noms qui sont pour nous les plus grands et qui sont peut-être aussi les plus grands pour la patrie française. Je pourrais les nommer, j'aurais plaisir à les nommer : ce sont presque tous mes amis personnels, — mais je m'en garderai bien. Je ne veux pas nommer ceux qui sont illustres parce que, si je le pouvais, ceux que je nommerais de préférence, ce sont ceux qui ne sont pas encore illustres et qui, probablement, le seront un jour. Les illustres arrivés, je les aime tendrement et je les remercie de la gloire qu'ils jettent sur mon pays ; mais les illustres futurs, je les aime deux fois, quatre fois, vingt fois, parce que c'est la jeunesse de l'avenir ; je les aime parce qu'ils *souffrent* aujourd'hui, parce qu'ils seront heureux plus tard et que leur bonheur sera le nôtre. (Applaudissements.) »

Vendredi prochain, la conférence sera faite par M. Bourgault-Ducoudray, qui fera l'histoire de certaines mélodies populaires bretonnes.

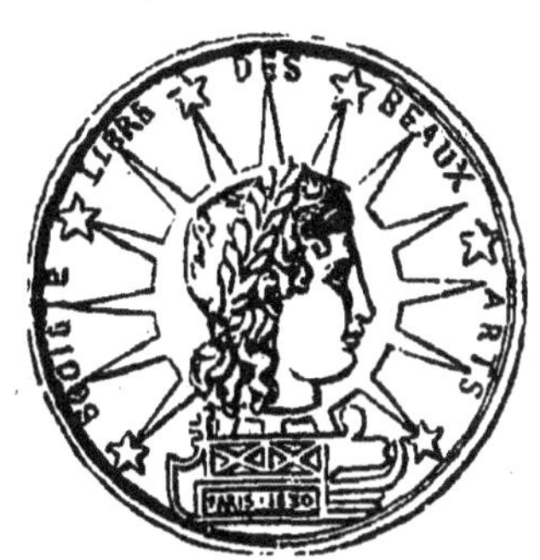

SOCIÉTÉ LIBRE DES BEAUX-ARTS
ET DES LETTRES

Le projet des nouveaux statuts de la Société, élaboré par la Commission spéciale nommée à cet effet et soumis aux membres du Conseil judiciaire, a fait retour au Bureau qui s'est efforcé de tenir compte des observations émises dans les réunions préparatoires de reconstitution de la Société. Ce projet de statuts a été donné à composer en épreuves pour être revu par le Conseil judiciaire et la Commission spéciale, avant d'être proposé à l'adoption de l'Assemblée générale des membres de la Société.

Paris, 31 mai 1888.

Le secrétaire général,
CHARLES LUCAS, Architecte.

Bulletin des Expositions et Concours

Douai. — Exposition des Beaux-Arts du 18 juillet au 1er août. — Dépôt à Paris, chez M. Duppuy-Vildieu, rue de l'Echiquier, du 25 juin au 4 juillet.

Epinal. — Du 9 juin au 15 juillet. Envoi à M. Garnier, en gare d'Epinal.

Gand. — Concours d'arts industriels en 1888.

Paris. — Salon de 1888. Exposition des artistes vivants, Palais des Champs-Elysées. Ouverture le 1er mai jusqu'au 30 juin.

Paris. — Exposition internationale de 1889. Champ-de-Mars, du 5 mai au 3 octobre.

Paris. — Exposition du *Blanc et Noir* du 1er octobre au 15 octobre 1888. S'adresser à M. E. Bernard, rue de la Condamine, 71.

ÉCHOS ET NOUVELLES

Nous apprenons avec le plus vif plaisir que le quartier des Champs-Elysées va enfin avoir une académie de peinture et de sculpture pour dames, digne de cet élégant et riche quartier.

C'est dans les dépendances du Panorama Detaille et de Neuville, 5, rue de Berri, que se trouvent ces nouveaux ateliers, et quand nous aurons dit que les illustres professeurs sont MM. Bouguereau, T. Robert-Fleury et Chapu, on ne pourra qu'applaudir à cette initiative et lui souhaiter tout le succès qu'elle mérite.

L'Imprimeur-Gérant : HENRY LEFEBVRE.

LA VIE ARTISTIQUE

COURRIER HEBDOMADAIRE ILLUSTRÉ

Des Ateliers, des Expositions & des Théâtres

BUREAUX A PARIS
42, Rue de Chabrol, 42

DIMANCHE 10 JUIN 1888
2ᵉ ANNÉE — Nᵒ 23

ABONNEMENTS
Un An : DIX FRANCS

LE SALON DE 1888

ARTES MINORES

La *Vie Artistique* a passé en revue la peinture, la sculpture et l'architecture. Il lui reste à relever sommairement les principaux envois dans l'ordre de ce que nous appellerons les *artes minores*.

Les pastels ne comportent pas, comme à certains Salons, des œuvres absolument hors de pair. Nous avons relevé seulement des motifs d'une poésie personnelle signés de M. Fantin-Latour, des paysages ensoleillés de M. Gagliardini, des coins mystérieux entrevus par M. Pointelin, deux portraits d'une saveur particulière par M. Feyen-Perrin, une tête d'étude très curieuse comme recherche de tons et comme facture, par M. Thévenot, une étude de M. Binet, une marine par le soleil couchant de M. Smith-Hald, deux beaux portraits de jeunes filles par Mme Madeleine Fleury, une étude de jardin rustique, dans les tons rutilants par M. Cliot, le portrait de M. Chevreul par Tourny, une nature morte lestement exécutée par Attendu, un portrait de femme par M. Salmson, deux natures mortes d'un arrangement heureux et d'une jolie couleur, par Mlle Claire Lesueur, enfin un superbe portrait par Mlle Beaury-Saurel et deux scènes d'une originalité particulière, par M. Moreau-Nélaton.

Les aquarelles sont nombreuses. Nous n'en relèverons que quelques-unes qui nous ont particulièrement intéressé : des fruits par Jeannin, *Une fête sous Henri IV*, commandée à Toudouze par le ministère de l'Instruction publique et des beaux-arts, le *Pont de Bercy* et l'*Escalier*

du château de Montfermeil par Thornley, des cerises d'un rouge transparent et librement traitées par Mlle Madeleine Carpentier.

La miniature, cet art difficile et délicat, est brillamment représentée par Camino, dont la mort récente a mis en deuil une famille intéressante. Mlle Gabrielle Le Sueur apparaît, non loin des envois du maître, comme l'une de ses élèves les plus heureusement douées. Elle expose un portrait de femme d'un modelé très ferme, bien posé, et d'une coloration tout à fait charmante. Les trois portraits de Mlle Barrande se recommandent par leur expression et la sûreté de l'exécution. Nous devons en dire autant des deux portraits exposés par Mlle Antonine Odérieu, qui a emprunté à son maître, Chaplin, le goût de l'arrangement. Il convient encore de signaler le envois de Mlle Jeanne Contal, de Mlle Eva de la Valette et de Mme Piedanna.

Parmi les faïences, nous retenons la grande plaque où Mme Descamps-Sabouret a fixé l'éclat des pivoines ; parmi les dessins ceux qui portent la signature de MM. Lhermitte, Renouard, Flandrin, Allongé, Lansyer, F. Régamey, Dawant, Boetzel, Appian et de Mmes Beaury-Saurel et Demont-Breton.

Au milieu des lithographies, nous distinguons celles de MM. J. Laurens, Sirouy, Deroy.

Dans la gravure, la palme revient incontestablement à M. Waltner, qui a rendu en coloriste, et avec son habituelle hardiesse la *Regina* d'Henner et la *Lady Murgrave* de Gainsborough. M. Laguillermie a gravé, d'après Van Dyck, et avec bonheur, le portrait de Béatrice de Cusance, princesse de Cante-Croix, femme du duc de Lorraine, Charles IV. Voici plus loin M. Chaigneau qui burine avec passion les moutons qu'il peint si dextrement, M. Lecouteux avec la *Laitière normande* de Millet, M. Chauvel avec deux eaux fortes d'une ampl^e facture, M. Damman avec les *Foins* de Lhermitte et les *Lavandières* de Millet, un Corot d'une adorable couleur par Leterrier, des eaufortes de Kratké, de Toussaint, et des bois de Leray, Florian, Chapon, Lanneval, Lepère, Léveillé, Gusman et Baude.

Nous voudrions pouvoir insister d'une façon plus étendue sur ces divers envois ; mais nous touchons à la fermeture du Salon. Les artistes, précédant le public, ont déjà pris la clef des champs et les salonniers ont hâte, par ce temps de canicule, de suivre d'enthousiasme, ce mouvement général.

L. de Fresnes.

DETAILLE

Nous n'avons pas besoin de retracer ici la carrière artistique de M. Ed. Detaille, qui a obtenu le prix d'honneur du Salon. On la connait. Nous tenons cependant à reproduire une intéressante lettre de lui qui indique sa méthode de travail. La voici :

9 avril 88.

Cher Monsieur,

J'ai lu l'article que vous avez bien voulu consacrer à l'*Armée française* et je vous adresse tous mes remerciements pour le témoignage de sympathie que vous m'avez donné en analysant l'œuvre et l'auteur.

Si nous avions eu de plus nombreuses occasions de causer ensemble, vous n'auriez peut-être pas accueilli le récit du *camarade* touchant ma manière de travailler. S'il m'arrive de tailler mon crayon loin de mon modèle, c'est pour regarder celui-ci de plus loin et ne pas rester tout le temps le nez sur ma toile.

Je fais allusion à cette anecdote, non pour chercher à vous prouver qu'en matière de composition je déploie une fougue furieuse : ce n'est pas le fusain à la main que je compose ; j'ai remué pas mal de monde dans mes toiles et mes compositions sont toujours compliquées ; eh ! bien, je n'ai jamais rien cherché sur la toile ni sur le papier. J'ai toujours composé tous mes tableaux, y compris les panoramas, *dans ma tête*, c'est-à-dire que je réfléchis longtemps à un sujet, — six mois s'il le faut, — et quand tout est arrangé et *vu en dedans*, je laisse glisser tout cela dehors.

Je n'ai donc pas besoin de me barbouiller de fusain ni de transpirer, ni d'effacer, ni de chercher... tout ce travail est terminé. Je compose comme un musicien qui n'a que faire d'un piano pour écrire l'orchestration la plus compliquée. Quand on prend une toile blanche et son fusain, si l'on ne sait pas d'avance *minutieusement* ce qu'on veut faire, on ne fait rien.

Tout ceci, cher monsieur, pour me justifier de ce péché de froideur que vous me reprochez, qu'on me reproche souvent, je ne sais pourquoi — mais qu'on ne me reprochera plus au prochain Salon.

ÉDOUARD DETAILLE.

LES ACHATS DE LA VILLE AU SALON

La commission municipale des beaux-arts, après plusieurs visites au Salon, a arrêté la liste des achats de la Ville qu'elle compte proposer à l'approbation du conseil.

Voici cette liste :

SECTION DE SCULPTURE.

Albert Lefeuvre, *Frère et Sœur*, groupe en pierre ;

Cordonnier, *Maternité*, groupe en pierre ;

Escoula, *Jeune Baigneuse*, groupe en marbre ;

Fagelles, *Buste de M. Chevreul*, bronze ;

Gardet, *le Drapeau*, bas-relief ;

Hector Lemaire, *Sauvée !* (groupes qui représente un sapeur-pompier sauvant une femme à l'incendie de l'Opéra-Comique) ;

Valton, *Lionne blessée*, bronze,

SECTION DE PEINTURE

Gilbert, *l'Atelier de teinture aux Gobelins ;*

Gueldry, *les Meuleurs ;*

Tannoux, *les Chaudronniers ;*

Baudoin, *les Bûcherons ;*

Truphème, *En retenue* (scène d'école) ;

Geffroy, *Sortie de classe.*

La Commission propose en outre au conseil général de la Seine d'acheter un tableau de Thirion représentant une femme qui porte un enfant malade dans ses bras sur la plage de *Berck-sur-Mer.*

AQUARELLES ET DESSINS

Homo, *la Rue des Prêtres-Saint-Étienne-du-Mont* et *la Rue des Maronites* (aquarelles).

Le total de ces acquisitions atteindrait une somme de 80,000 francs.

EXPOSITION DE COPENHAGUE

L'exposition internationale qui va s'ouvrir à Copenhague promet d'être des plus intéressantes.

La France y est représentée par le musée des arts décoratifs : les Gobelins, Beauvais ; et l'industrie privée, par Barbedienne, Christofle, Froment, Meurice, etc... L'exposition russe contient des meubles et des services d'argenterie de grande valeur. L'Allemagne et l'Itälie ne sont pas encore installées.

Le Danemarck, la Suède et le Norwège ont une exposition de peinture remarquable.

Les peintres scandinaves trouvent, en général, leur inspiration devant les larges horizons. La peinture historique est totalement absente. Les portraitistes sont assez faibles, et les tableaux de genre rares. Mais, en revanche, beaucoup de marines et surtout de scènes rustiques.

En face de l'exposition officielle se trouve l'exposition française indépendante, organisée par le grand brasseur Jacobsen.

Possesseur d'une immense fortune, M. Jacobsen s'est donné pour mission de faire connaître nos sculpteurs à ses compatriotes. Il a demandé à nos grands artistes de refaire pour lui toutes leurs œuvres célèbres lorsqu'il ne pouvait avoir i'œuvre primitive elle-même. C'est ainsi que Paul Dubois a refait en ma.bre ses merveilleuses figures du tombeau de Lamoricière. Falguière, Chapu, Gautherin, Mercier, Delaplanche, etc., ont leurs chefs-d'œuvre dans le glyptothèque de Ny Carlsberg dont M. Jacobsen a fait don à l'Etat. C'est là un cadeau merveilleux, une bonne fortune inappréciable pour Copenhague!

M. Jacobsen avait le désir que la peinture française fut également connue dans le Nord. Il eut une pensée hardie et pour laquelle l'art français lui donnera une vive reconnaissance. Il prit lui-même l'initiative d'une exposition, « se chargeant de tous les frais ! » Il envoya à Paris deux de ses compatriotes, MM. Kroyer et Klein et ceux-ci formèrent un comité d'organisation présidé par M. Antonin Proust. En quelques mois, tout fut arrangé. Le gouvernement français a prêté un certain nombre d'œuvres de nos musées et beaucoup d'artistes ont répondu à l'appel.

Mais n'insistons pas davantage aujourd'hui. Notre collaborateur et ami, Roger Ballu, qui est parti samedi pour Copenhague, où il doit représenter la *Société de Pastellistes français* dont il est le président, nous enverra un compte-rendu détaillé que la *Vie Artistique* publiera dans son prochain numéro.

EXPOSITION DE REIMS

La Société des amis des arts de Reims organise une exposition artistique qui sera ouverte le 6 octobre et close le 12 novembre.

Les exposants invités par la commission n'auront à supporter aucun frais de transport, aller et retour. Les œuvres des artistes de Paris devront être déposées avant le 10 septembre au Commissariat général des Expositions, Palais des Champs-Elysées, porte 1 Paris, où l'on pourra également s'adresser pour tous renseignements.

Chaque artiste ne pourra envoyer plus de deux ouvrages du même genre.

(...

EXPOSITION DE LYON.

(Suite).

Fort belle la *Lucia l'Italienne* de M. Glaize, *La Salomée*, de M. Janet est une peinture un peu froide, mais correcte et bien dessinée.

M. Feyen-Perrin, nous donne deux pastels *La couleuvre*, grande femme nue, bien dessinée, mais dont la couleur tombe. Il faut vite la fixer. Quant à *Eva*, c'est une charmante étude de femme vue de dos qui porte le mot : *Acquis.*

Des pivoines de M. Jeannin.

Une *Mauresque*, sous verre, de M. Lecomte du Nouy.

Les *Préparatifs de la Pêche au Tréport* de M. Le Sénéchal de Kerdroet, constituent une bonne marine.

Très jolie la petite étude de M. de Pennes, *Relai à la neige*. Trois chiens superbes se chauffant au pied d'un arbre.

Les aquarelles de M. Rivoire sont toujours belles : aussi a-t-il obtenu une 1re médaille bien méritée.

M. Marius Roy, nous a envoyé, *Dans le manège avant le Duel*. C'est une bonne page, mais le cadre nous semble un peu grand pour le sujet.

M. Smith-Hald, nous donne d'intéressantes vues de Norwège.

De M. Isembart, un superbe *Orage*. On rentre les foins ; un orage survient et tout le monde met la main. Superbe d'effet ce beau paysage.

Deux jolies petites études de M. de Thoren. Des vaches bien ensoleillées et bien enveloppées par le plein-air.

La belle vache claire que nous donne M. Vayson est assurément la meilleure chose que nous offrent les animaliers.

Prunes, Paniers de violettes, de M. Claude sont toujours charmantes de rendu et de fraicheur.

Deux petites toiles de M. Veyrassat *Maréchal-Ferrant,* et *Chevaux de halage* ; très fines et charmantes de coloration.

Parmi nos Lyonnais il y a quelques noms à citer, mais peu d'efforts ont été faits, à part la toile, *Après le Duel,* de M. Sicard — toile exposée au dernier Salon de Paris — il n'y a rien de bien saillant.

Une couronne de roses de M. Perrachon est encore à citer.

Les deux frères Bail exposent *L'écaillère* et *La patissière ;* cette dernière est plus solidement peinte.

Deux paysages de M. Saint-Cyr-Girier, sont assez bons ; mais dans un gamme lie de vin qui ne nous semble pas bien nature.

M. Appian a exposé deux petites études.

Des essais de plein-air de M. Barriot, qui demandent encore bien de l'étude et du dessin.

La Suisse, par M. Lortet.

Une fort jolie étude de tête par M. de Bélair.

M. Poncet expose un portrait de jeune fille, bien dessiné, et bien peint.

Deux élèves de l'Ecole des Beaux-Arts se sont risqués cette année ; l'un M. Bonnaud a envoyé *Une tête d'étude*. Un nu de femme d'une belle impression qui aurait mérité une médaille assurément si l'aveuglement du Jury (une partie) n'avait pas été là pour l'empêcher.

Un autre élève, bien autrement fort que bon nombre d'autres récompensés M. Lavirote a envoyé une *Tête de vieillard* d'un effet lumineux tout à fait remarquable mais n'a pas été récompensé.

Une belle étude académique d'homme de M. Chanut de Bourg.

Un bon portrait de Mlle Kitty-Fornier, médaillé.

Une fort bonne *Bacchante,* de M. Germain Détanger ; on croirait un Chaplin.

Deux jolis sanguines de M. Guignet.

Un *Soir aux environs de Gènes* de M. Philipsen, dans une note lumineuse.

En passant citons les deux marines de M. Lapostolet dont la meilleure est placée un peu haut.

Un bon portrait de M. Laurent ; mais pourquoi placer l'oreille au niveau de la bouche ?

A citer les paysages de MM. Lespinasse, Tarraire, Perrachio, Fouvillé, Porcher, Roman, Stengelin.

Mais terminons la peinture par les clous incohérents du Salon.

Le premier c'est M. Martin, chimiste-ingénieur, membre du Jury, qui expose *Fantaisie caprice*. En effet c'est une fantaisie bizarre écrite à la mode Japonaise. Une étalage de palette, depuis les tons les plus crus et puissants jusqu'aux plus sombres. Grande débauche à la vénitienne, car ce joueur de Flûte vénitien habillé en Japonais assis sur un fauteuil Louis XV n'a pas l'air de se douter de son déguisement. Le dessin n'existe pas pour l'artiste, pas plus que le souci de la composition et l'étude de la valeur des tons. Le plus malheureux c'est que le maitre fait des élèves.

Mlle Cornillac est l'élève de M. Martin, aussi sa peinture est-elle du même tonneau ; son portrait de dame assise est le deuxième clou incohérent du Salon. En somme il faut bien un peu dans toute exposition, faire rire le Philistin : *ces deux œuvres ont tout le succès de ce côté-là.*

Quelques bonnes sculptures à citer : de M. Mathelin, un beau buste de Jules Favre, destiné au Musée de Lyon.

Un saltimbanque en bronze de M. Bailly.

Deux bustes plâtre par Mme Léon Bertaux. *Sophie Arnould* et *François Boucher*.

La Défense du Drapeau de M. Croisy, superbe bronze d'un effet puissant.

Un Polichinelle, bronze de M. Pierre Granet est une amusante chose, très spirituelle et bien exécutée.

Fort bien aussi le groupe bronze *Sortie d'Ecole.* de M. Moreau, de Paris ; quelle allure ont ces fillettes !

M. Aug. Paris, nous donne deux beaux bronzes, *La chanson* et *Orphée et Eurydice*.

M. Ploquin. *Une fillette*, bronze d'un joli modèle.

Un jeune Lyonnais, M. Devaux a exposé *Le Génie* et un *Florentin* qui donnent beaucoup d'espérances à ce jeune lauréat.

Puis viennent MM. Bourgeot, Pagny, Girardet, de Gravillon avec des bustes.

Comme on le voit par ce compte-rendu, le Salon Lyonnais de cette année est bien plus intéressant par le nombre et la valeur des toiles des artistes étrangers à la localité. Beaucoup de maitres Parisiens sont venus gracieusement relever le niveau Lyonnais et cela sans espoir de vendre leurs œuvres puisque la Société n'a pu réunir par ses économies et la loterie que la faible somme de 8000 francs pour les achats.

Quant à la question d'un jury en province, jury nommé par les artistes, cela est si peu pratique que les nombreux mécontents se promettent bien de ne plus s'y laisser prendre. Combien d'œuvres plus que médiocres ont été admises au détriment d'œuvres sérieuses ? Combien d'élèves ont été reçus par leurs maitres, membres du Jury ? C'est peut-être pour imiter la capitale.

VÉRITAS.

Anvers. — Exposition triennale du 15 juillet au 15 octobre. — Réception jusqu'au 20 juin. — Société d'encouragement des Beaux-Arts à Anvers.

Barcelone. — Concours pour un ouvrage d'Archéologie Dépôt des ouvrages jusqu'au 25 octobre 1891.

Buenos-Ayres et **Montevideo.** — Expositions successives en 1888.

Douai. — Exposition des Beaux-Arts du 18 juillet au 1er août. — Dépôt à Paris, chez M. Duppuy-Vildieu, rue de l'Echiquier, du 25 juin au 4 juillet.

Epinal. — Exposition des Beaux-Arts du 9 juin au 15 juillet. — Envois avant le 20 mai, à l'adresse de M. Garnier, président de la commission à Epinal.

Gand. — Concours d'arts industriels en 1888.

Glascow. — Exposition d'art ancien et moderne, de mai à octobre.

Langres. — Exposition du 16 août au 6 Septembre. — Envois à Langres du 10 au 20 juillet. — Dépôt à Paris chez Dangleterre, 16, rue Labie, du 1er au 5 juillet.

Londres. — Exposition des Lauréats de France. — Beaux-arts et sciences. — Délais d'envoi expirés.

Melbourne. — Exposition internationale du 1er août 1888 au 1er janvier 1889.

Munich. — Exposition internationale du 1er juin au 1er octobre 1888.

Paris. — Salon de 1888. Exposition des artistes vivants, Palais des Champs-Elysées. Ouverture le 1er mai jusqu'au 30 juin.

Paris. — Exposition internationale de 1889. Champ-de-Mars, du 5 mai au 3 octobre.

Paris. — Exposition du *Blanc et Noir* du 1er octobre au 15 octobre 1888. S'adresser à M. E. Bernard, rue de la Condamine, 71.

Reims. — Exposition des Beaux-Arts du 6 octobre au 12 novembre. — Dépôt avant le 10 septembre, palais des Champs-Elysées, porte I, au commissariat général des Expositions.

Rotterdam — Exposition des Beaux-Arts, du 27 mai au 8 juillet. Envois du 30 avril au 12 mai, à la commission de l'*Académie Coolvert* à Rotterdam.

Versailles. — Exposition du 1er juillet au 30 septembre. — Envois à Versailles du 11 au 16 juin. — Dépôt chez Potier, rue Gaillon, 14, du 1er au 9 juin.

L'ORPHELINAT DES ARTS

Jeudi, a eu lieu, dans le foyer du théâtre du Vaudeville, l'assemblée générale de l'orphelinat des Arts, sous la présidence de Mme Marie Laurent.

La séance a été ouverte par Mme A. Coquelin, vice-présidente, trésorière, qui a lu un rapport sur la situation financière de l'œuvre, situation des plus prospères, les recettes générales s'élevant à 13,600 francs.

Mme Marie Laurent a pris ensuite la parole.

Après avoir donné la liste des dons offerts à l'œuvre depuis la dernière assemblée, elle a rappelé que l'établissement de la rue de Vanves est devenu trop petit : grâce à une généreuse donation, le comité supérieur a fait l'achat, à Courbevoie, d'un immense terrain sur lequel on construit le nouvel établissement. Les travaux sont même fort avancés déjà ; trois étages sont construits et couverts, et on espère que le local sera prêt à recevoir ses pensionnaires à la fin du mois d'octobre.

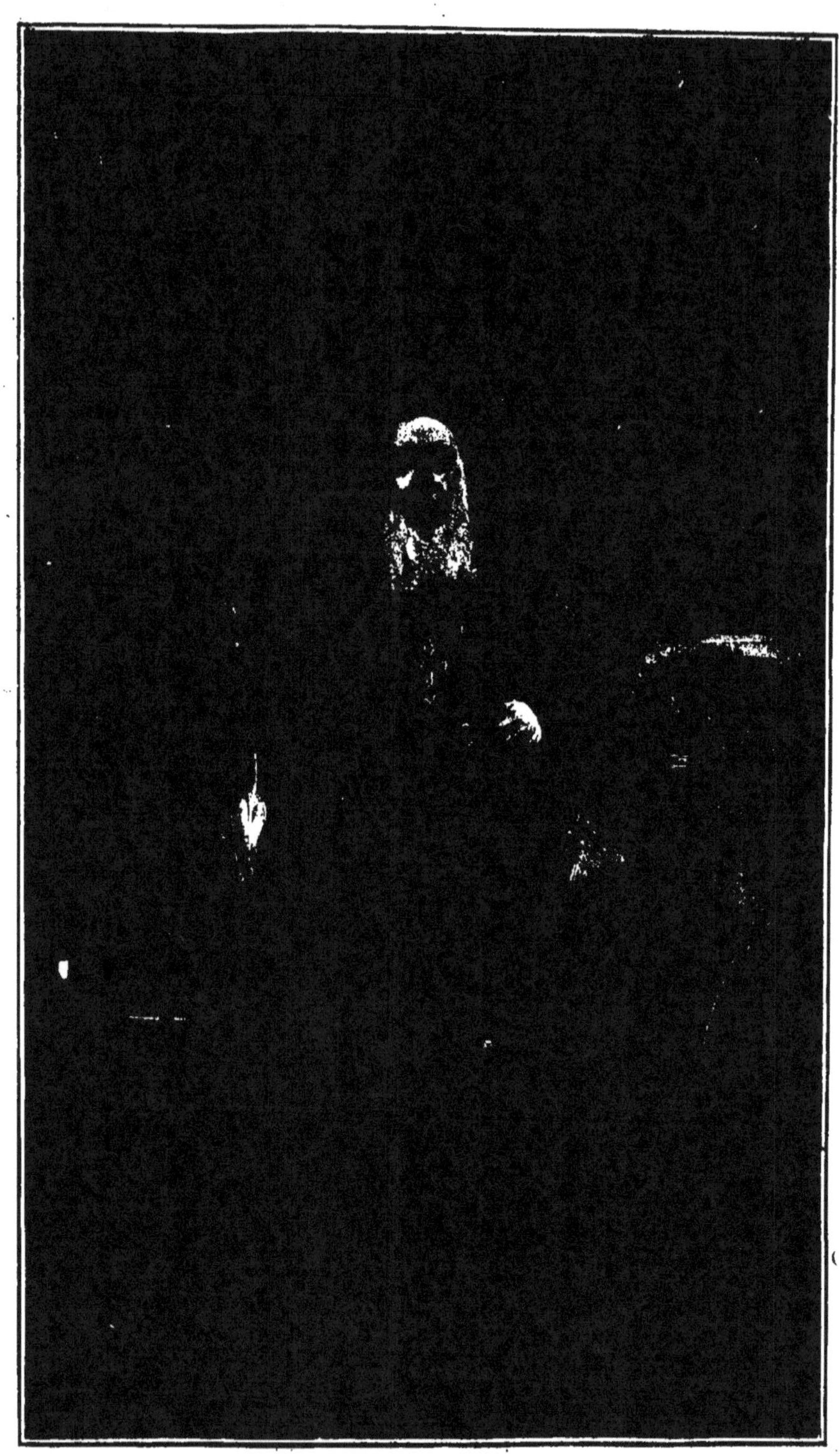

BONNAT
Portrait de Mgr Lavigerie.

Quatre enfants ont été admises depuis le dernier exercice. Ce sont :

Mlle Hiolle, la fille d'un sculpteur mort dernièrement ;

Mlle Stéphane, fille d'un artiste de l'Opéra-Comique ;

Mlle Herpa, fille d'un artistite dramatique de province ;

Mlle Agnès Morand, fille d'un artiste dramatique mort il y a deux ans.

Le nombre des élèves est donc actuellement de quarante-deux.

La vente faite au profit de l'œuvre n'a pas été moins brillante que l'année précédente. Elle a produit 16,000 francs.

Mme Marie Laurent a terminé son allocution en remerciant le conseil municipal d'avoir accordé, sur la proposition de M. Chabert, une subvention de 4,000 francs à l'orphelinat.

La cérémonie a été terminée par la proclamation des noms des élèves qui ont obtenu des récompenses. Quatre d'entre elles ont passé avec succès les examens pour le certificat d'études ; trois autres ont été reçues pour le deuxième degré de l'instruction élémentaire ; enfin Mlle G. Tissier a obtenu le brevet d'institutrice.

Ajoutons enfin que trois élèves, Mlles H. Ibesnard, L. Doullet et P. Tisby ont exposé cette année au Salon.

◆

PERTUISET, PEINTRE

Nous avons annoncé l'ouverture de l'Exposition des œuvres de Pertuiset, le peintre-carabinier.

Pertuiset est d'origine suisse et demeure à Montmartre, passage de l'Elysée des Beaux-Arts, dans un très charmant hôtel qu'il s'est bâti à son retour du pays des « Teurs, » avec une fosse aux lions devant sa grille, où des chiens molosses vivent de bonne compagnie dans la société de quelques poules normandes et des bosquets de lilas par derrière pour venir fumer le soir, à la fraîche, en racontant des histoires de chasses.

— Et d'abord, comment cela vous est-il venu, monsieur Pertuiset ?

— Par le plus grand hasard du monde. Je me trouvais en 1867 au grand tir national de Vincennes. J'étais bon chasseur, je n'avais jamais tiré à la cible. Je me dis, essayons. Je fais un carton extraordinaire, — si extraordinaire que le lendemain on me prie de recommencer devant l'Empereur. Vous croyez que ça me fait trembler la main ? Vous ne connaissez pas votre homme. J'épaule comme chez moi. Je recommence tranquillement mon carton de la veille. Je gagne le prix des armes de guerre ! Et des félicitations par dessus le marché ! Le soir même, rencontre de Jules Gérard. Il me dit : « Monsieur Pertuiset, il faudra que vous veniez chasser le lion avec moi. — Ce n'est pas de refus. » Nous montons une expédition. Il meurt là-bas au moment où je partais pour l'aller joindre. Je me suis mis en route tout seul.

— Et Pertuiset est revenu chargé de la dépouille des lions de Némée qui, chez lui, rampent au-

jourd'hui sous vos pieds, sous vos coudes, sur les tapis, sur les divans, — un tigre, par ci par là, pour faire contraste, mais c'est un coup de fusil d'avant déjeuner, un apéritif.

Sérieusement, savez-vous que ce singulier homme que vous cotoyez journellement sur les boulevards est un des plus audacieux garçons qui vivent à cette heure sous la calotte du ciel ? Il n'a pas seulement fait beaucoup de mal à toutes les variétés de fauves avec cette fameuse balle explosible qui porte son nom et qui l'a mis dans l'aisance au détriment de son prochain. Il a été où personne ne va : en Araucanie, dans la Terre-de-Feu.

On vous dirait demain : Pertuiset part pour la lune dans un de ses boulets explosibles qu'il faudrait prendre vos informations avant de parier un dîner fin que cela est impossible. Et tenez, c'est justement à la suite d'un pari analogue que Pertuiset est devenu peintre.

Il voyait son ami Manet malade et incurablement triste. Pour le distraire, il lui demanda un jour :

— Manet, apprenez-moi donc à faire une tête.

— Si nous commencions par quelque chose de moins difficile, répondit le peintre un peu sceptique sur le résultat.

— Vous croyez que je plaisante, reprit Pertuiset. Je parie un dîner de dix personnes qu'avant quinze jours je vous apporterai un tableau de ma façon.

Le tueur de lions rentre chez lui après avoir acheté en route une boite à couleurs et une rose. Au bout d'une demi-journée de tâtonnements, Pertuiset avait peint sur sa toile quelque chose qui ressemblait pas mal à une tomate.

— Va pour une tomate ! se dit-il. Je suis persévérant, mais pas entêté.

Mais voici que la tomate se transforme en orange.

— Restons-en là ! se dit l'émule de Gérard. Une orange est un beau fruit. Et puis c'est sain pour un malade.

Et il porta son orange à Manet.

— Tiens, mais c'est curieux, dit l'autre à moitié sérieux ; il y a de l'air, ça tourne, continuez donc.

Pertuiset a continué, et à l'heure qu'il est une exposition générale de ses œuvres est ouverte galerie Duval, sur les boulevards.

Il vous faut aller voir ces lions d'échine souples, ces tigres au repos, ces paysages africains, ces marines de la Terre-de-Feu, ces lacs araucaniens. M. Pertuiset s'est mis au travail, sans études préliminaires, au hasard de sa fantaisie et de ses souvenirs. Car au temps où il était chasseur il n'a point songé à prendre de notes.

Vous imaginez bien que les gens du métier sont portés à hausser les épaules devant ces tentatives. Ceux qui viennent seulement en curieux et en critiques ne regardent point si dédaigneusement.

Faites énorme la part de la candeur et de l'ignorance, et cette exposition n'en demeure pas moins extrêmement intéressante au point de vue même de l'art. M. Pertuiset a dans l'œil les mouvements habituels des bêtes qu'il a peintes, il les voit réduites par la solitude africaine à leurs proportions véritables, d'autre part il a gardé dans son souvenir la terreur de ces mers du bout du monde qu'il a contemplées. C'est assez pour donner à son exposition une haute saveur d'originalité.

Laissez donc dire et — comme disait l'autre — continuez de peindre, monsieur Pertuiset. Vous avez du sentiment et de la patte — peut-être serait-il plus exact de dire de la griffe ; moquez-vous de l'école des Beaux-Arts, et, la prochaine fois que vous exposerez au palais de l'Industrie, écrivez bravement à la suite de votre nom, sur le catalogue :

E. PERTUISET, élève des Lions.

LA NOUVELLE SALLE DU MUSÉE DE CLUNY

Les membres de la commission des monuments historiques ont visité mardi, en manière d'inauguration, la salle que le musée de Cluny ouvre aujourd'hui au public.

Autour de M. Antonin Proust, président de la commission, étaient réunis MM. Jules Roche, Thomson, Jules Comte, Geoffroy-Dechaume, Lisch, Darcy, Lainé, Dreyfus, Courajod, de Lasteyrie, etc., auxquels M. Darcel, directeur du musée, a fait les honneurs de sa nouvelle salle.

Les travaux de construction étaient commencés depuis deux ans déjà ; il ne fallait pas moins de temps pour achever l'ornementation d'ensemble avec tout le soin qu'y a mis M. Darcel.

La salle est située entre la chapelle de l'hôtel et les Thermes de Julien. Sa façade, ornée d'une très belle porte, prend jour sur le petit parc que longe le boulevard Saint-Germain. On n'aura point accès par cette porte, mais bien par une petite porte intérieure pratiquée au pied de l'escalier de bois qui est le dernier vestige de l'ancienne Chambre des comptes de Paris.

Les collections qui sont réunies là se trouvaient, pour la plupart, éparses dans le musée, où elles surchargeaient des vitrines déjà bien garnies ; certaines pièces étaient enfermées dans les magasins, faute de place pour être exposées ; d'autres, enfin, ont été extraites de la basilique de Saint-Denis. Nous citerons, parmi les plus belles et les plus rares, les fragments de la *Résurrection* qui faisaient partie du *Jugement dernier* à Notre-Dame (l'architecte Soufflot les coupa afin de permettre aux processions de passer sous la porte sans baisser le dais !) ; les *Évangélistes* de la Sainte-Chapelle ; deux admirables statues qui servaient de bornes dans la rue de la Santé ; les figures de moines exécutées pour le tombeau des ducs de Bourgogne ; des pierres tombales de toute beauté ; de superbes bahuts en bois de chêne ; des tapisseries de Beauvais retraçant l'*Apparition de la Vierge* et racontant « comment l'ange mena saint Pierre hors de la prison d'Hérode », etc., etc. Les visiteurs n'auront que l'embarras de l'admiration.

Une galerie court autour de la salle : on y voit déjà des vitrines qui contiennent des faïences de Delft, Nevers, Rouen ; des grès allemands ; des Bernard Palissy, etc. Deux autres vitrines encore vides attendent la collection d'épées léguée au musée par M. de Beaumont. M. Darcel, par un sentiment de délicatesse, a gardé ces épées dans son cabinet jusqu'à ce que la succession du regretté aquarelliste soit entièrement réglée.

Après l'examen de toutes ces merveilles, M. et Mme Darcel ont prié à déjeuner les membres de la commission des monuments historiques. On a attendu pendant quelque temps M. le ministre de l'instruction publique, qui n'est pas venu.

Après le déjeuner, dans une allocution tout intime, M. Antonin Proust a félicité M. Darcel des améliorations très réelles qu'il a introduites dans l'organisation intérieure du musée de Cluny ; il a loué également la classification qui a été faite dans les salles et qui rend les visites au musée plus agréables et plus instructives ; M. Antonin Proust a dit enfin combien l'installation de la nouvelle salle est faite avec goût. Les membres de la commission se sont tous associés à ces justes éloges........ Pourquoi faut-il, malheureusement, — c'était aussi l'avis unanime, — que le budget de nos musées soit trop étroitement mesuré et que la bonne volonté de tous y soit bien souvent paralysée ? Il y a, en matière de comptabilité publique, des règles strictes auxquelles on pourrait utilement faire quelques exceptions. Ainsi la direction d'un établissement tel qu'un musée ne peut espérer utiliser au profit de son agrandissement ou de son installation de petites recettes qui, pourtant, proviennent bien du musée lui-même. A Cluny, par exemple — c'est un détail amusant — les vestiaires (cannes et parapluies) rapportent 6.000 francs par an... Cette somme est versée dans le grand « tout » du Trésor public et on ne la revoit plus.

Que de petites réformes — petites, mais fructueuses — à accomplir dans cet ordre de faits, pour le meilleur accroissement de nos richesses d'art !...

LES VENTES PUBLIQUES

Voici quelques prix obtenus à la vente de la collection du baron Seillère :

La *Pêche*, marbre blanc de Carpeaux, 3.230 fr. ; *Cléopâtre*, buste en marbre de Clésinger, 935 fr. ; *Sainte Agnès*, tableau d'Hébert, 5.000 francs.

Une exposition de dessins, fusains et eaux-fortes par Maxime Lalanne, aura lieu le 14 juin à l'hôtel Drouot, salle n° 3.

La vente aura lieu le lendemain au profit de la veuve de l'artiste regretté.

CHRONIQUE JUDICIAIRE

Le *PRINTEMPS* de Cot.

Le succès non encore épuisé du tableau si connu de Cot, le *Printemps*, qui a été reproduit sous toutes les formes et a rapporté de si gros bénéfices aux éditeurs de cette charmante idylle, a fait rêver bien des artistes. Etre reproduit, c'est déjà quelque chose ; mais gagner de l'argent avec des reproductions multiples de son œuvre, ce serait mieux encore.

M. Lagriffe, éditeur, avait songé à réaliser ce beau rêve et il avait conçu l'idée de fonder une société qui traiterai avec les artistes pour la reproduction de leurs tableaux ou statues exposés au Salon annuel.

Cette idée ne pouvait être accueillie qu'avec joie et M. Lagriffe avait déjà reçu un nombre considérable d'adhésions.

Un projet de statuts de la future société fut préparé pour être soumis aux artistes.

Mais on apprit que M. Lagriffe avait déjà essayé de fonder une société semblable, sans pouvoir y arriver.

Cette tentative infructueuse donna à réfléchir à certains ahérents qui s'adressèrent à M. Lagriffe pour retirer leur signature. En même temps, ils faisaient défense à la Société des artistes français, qui organise le Salon, de laisser reproduire leurs œuvres par M. Lagriffe.

C'est dans ces conditions que celui-ci a assigné en référé MM. Grolleron, Boutigny, Bloch, Habert et autres, pour être autorisé à tirer de leurs tableaux telles reproductions qu'il jugerait utiles et avantageuses, dans les termes de l'engagement souscrit par les artistes.

Le président a déclaré qu'il n'y avait pas lieu à référé.

ÉCHOS ET NOUVELLES

Le ministre des beaux-arts vient de charger l'architecte Charles Garnier, membre de l'Académie des beaux-arts, de la construction de trente-quatre types d'habitations de tous les temps et de toutes les époques pour constituer l'histoire de l'habitation humaine.

Elles seront édifiées au Champ de Mars, sur le quai d'Orsay, et aux deux extrémités du pont d'Iéna.

Chacune de ces habitations, que l'on pourra visiter pendant l'Exposition universelle, sera entourée d'un petit jardin ; l'intérieur comprendra les meubles et ustensiles de l'époque.

Des marchands en costume du temps y exerceront divers métiers.

On vient de placer dans la galerie des bustes, au Sénat, le marbre de l'amiral Jauréguiberry, œuvre du sculpteur Croisy.

La commission de la statue de Balzac s'est réunie mardi. Trois sculpteurs se sont offerts pour exécuter la statue de l'auteur de la *Comédie humaine* : MM. Rodin, Vasselot et Fournier. La commission a décidé de renvoyer à une séance ultérieure le choix de l'artiste.

A l'académie des beaux-arts, les candidats à la place de M. Bertinot, dans la section de gravure, sont MM. Aug. Blanchard, Jules Jacquet, J.-B. Danguin, Léop. Flameng, Laguillermie, Roty.

L'élection aura lieu dans quinze jours.

Samedi prochain, classement des candidats par la section.

L'Imprimeur-Gérant : HENRY LEFEBVRE.

ACADÉMIE JULIAN

ATELIERS DE PEINTURE

Sculpture et Dessin.

Distincts pour Hommes et pour Dames.
Toute la journée modèle vivant.

ATELIERS DE

MM. **BOUGUEREAU** et **T. ROBERT-FLEURY**
MM. **BOULANGER** et **J. LEFEBVRE**

Atelier de sculpture, professeur M. **CHAPU**

Ces éminents professeurs donnent régulièrement [leurs conseils aux élèves.

COURS pour HOMMES
48, faubourg Saint-Denis (près la porte St-Denis).

COURS pour DAMES
5, rue de Berri (avenue des Champs-Elysées).
27, galerie Montmartre (Passage des Panoramas).
28, Faubourg Saint-Honoré (Près de la Madeleine).

COURS D'ANATOMIE : M. CUYER.

Préparation au brevet supérieur de dessin de la ville de Paris et de l'Etat et aux concours de l'Ecole des Beaux-arts.

Aquarelle — Pastel — Nature morte, etc.

Il n'y a jamais de vacances.

On trouve dans chaque Atelier les renseignements qui le concerne.

Compiègne. — Imprimerie HENRY LEFEBVRE.

LA VIE ARTISTIQUE

COURRIER HEBDOMADAIRE ILLUSTRÉ

Des Ateliers, des Expositions & des Théâtres

BUREAUX A PARIS
42, Rue de Chabrol, 42

DIMANCHE 17 JUIN 1888
2e ANNÉE — N° 24

ABONNEMENTS
Un An : DIX FRANCS

LA SOCIÉTÉ DES ARTISTES FRANÇAIS
Et le Droit des Pauvres.

———

Le Conseil municipal de Paris a été saisi d'une pétition de M. Maret-Leriche, se plaignant que l'assistance publique ne réclame à la Société des Artistes français que 3 0/0 au lieu de 10 0/0 pour le droit des pauvres, lesquels 3 0/0 ne peuvent même pas être encaissés.

Cette pétition a été discutée par le conseil municipal, dans sa séance du 13 juin, sur le rapport favorable de M. Daumas.

Voici ce rapport :

Cette pétition mérite toute votre attention et nous vous proposons d'émettre un avis favorable à la cessation immédiate de l'abus signalé, d'accord en cela avec l'Administration qui s'est déjà préoccupée de faire cesser une situation contraire à toute équité.

M. le directeur de l'Assistance publique a pris, antérieurement à la pétition qui nous occupe, l'initiative de démarches tendant à faire rentrer la Société des Artistes français dans le droit commun et à faire cesser une prérogative préjudiciable aux intérêts des indigents.

La Société des Artistes français n'a payé, de 1881 à 1885, pour le droit des pauvres, que des sommes insignifiantes consenties par l'administration de l'Assistance publique et, depuis cette époque, la Société a la prétention de ne rien avoir à payer.

L'Administration plaide, et l'affaire est pendante devant le Conseil de préfecture.

Il ne peut pas y avoir deux poids et deux mesures.

Tout ce qui est plaisir public, théâtre, concert, exhibition de toutes sortes, expositions non officielles produisant un bénéfice au profit d'entrepreneurs isolés ou collectifs, même les scènes subventionnées, au moyen d'un prix perçu à l'entrée et d'appels par toutes voies de publicité, journaux, affiches, programmes, prospectus, etc., et quels qu'en soient le but, la nature et le caractère, est de par la loi, non abrogée, soumis à une redevance appelée « droit des pauvres. »

Ce droit est perçu au profit de l'Assistance publique, soit sous la forme d'un forfait, soit sous la forme d'un pourcentage à prélever sur les recettes effectuées.

M. Emile Richard. — La loi n'est pas applicable dans l'espèce.

M. Daumas, rapporteur. — Tant que ce droit, inutile-

ment combattu, notamment depuis le décret de janvier 1880, ne sera pas aboli, il est dû par toutes entreprises quelconques ci-dessus spécifiées, même par celles subventionnées officiellement.

La Société des Artistes français, quoique exploitant, pour son compte et à son profit, des exhibitions périodiques annuelles payantes, sous formes d'expositions, servant en même temps de comptoir de vente, refuse de payer la redevance dont il s'agit.

La Société ne peut pas arguer de son désintéressement et encore moins de la balance à peu près égale des dépenses et des recettes de sa gestion, car elle réalise des bénéfices relativement considérables.

La Société des Artistes français est dans une excellente situation et sa prospérité va toujours croissant ; nous sommes loin de nous en plaindre, mais il n'est pas juste de lui laisser capitaliser des sommes qui, en droit et en équité, appartiennent à l'Assistance publique.

C'est le seul de ses divers produits sur lequel l'Assistance publique a le droit ainsi que le devoir d'exiger une redevance de 10 0/0, que la Société se refuse d'acquitter.

Il résulte des comptes officiels et rendus publics que les recettes du produit des entrées et les bénéfices accusés forment pour les exercices 1881-1882, 1883, 1884, 1885, 1886 et 1887 compris, un ensemble de 2,261,033 fr., ayant donné, toutes dépenses faites, un bénéfice net de 896,685 fr. 81 c.

En exigeant de la société 10 0/0 de ses seules recettes produites par les entrées, soit 226,103 francs, son bénéfice serait encore de 670,582 fr. 81 c. Et si elle payait son loyer au même taux, son bénéfice serait encore net de 444,479 fr. 81 c.

En présence de cette situation prospère et des besoins toujours croissants de l'Assistance publique, il serait souverainement injuste d'abandonner à une société capitaliste un droit que, d'après la loi et les usages, doivent payer tous ceux qui entrent dans des salles d'exhibition et de spectacles.

Il est utile de protéger les arts et d'aider les artistes, mais il y a une limite imposée par les intérêts collectifs.

Pour toutes ces considérations, au nom de la 5e commission, j'ai l'honneur de vous proposer le projet de délibération suivant :

« L'administration de l'Assistance publique est invitée à exiger de la Société des Artistes français le droit plein de 10 0/0 sur le produit des entrées de ses expositions et à poursuivre par toutes voies de droit ses revendications »

M. Bompard. — Personne ne conteste qu'il est équitable que la Société des artistes français paye un certain droit pour les pauvres.

La Société des Artistes français a trouvé un éloquent défenseur dans M. Bompard, qui a présenté en réponse, aux arguments du rapport, les réflexions suivantes :

La Société est toujours prête, avec la générosité qui la caractérise, à accorder chaque année une certaine somme pour les malheureux.

C'est ainsi qu'elle a donné 20,000 francs pour les blessés du Tonkn, 17,000 francs pour les victimes de l'Opéra-Comique, 50,000 francs pour un asile destiné aux artistes malheureux.

Il s'agit de savoir quelle somme il convient de demander à la Société des artistes français pour le droit des pauvres. M. Daumas croit qu'il convient de la calculer d'après le taux du droit des pauvres perçu dans les théâtres.

Il faut donc rechercher si les lois et règlements qui régissent la matière sont applicables à la Société des artistes. L'Etat qui, auparavant, tenait la place de la Société, ne payait aucun droit pour les pauvres.

La Société a été substituée à l'État dans ses droits et charges. Pourquoi cette Société serait-elle tenue à plus d'obligations que l'État ?

Je ne trouve dans aucun document, dans aucun des règlements concernant l'Assistance publique, un texte venant à l'appui de la thèse que soutient M. Daumas.

Au contraire, la loi du 3 août 1875 a traité favorablement les associations des artistes musiciens et ne perçoit qu'un droit de 5 0/0 au lieu de 10 0/0.

Messieurs, il reste à savoir si, même en supposant qu'en droit on puisse exiger de la Société des artistes français la taxe spéciale dont il est question, il ne serait pas équitable, étant donné le caractère particulier de cette association, le but élevé qu'elle poursuit, s'il ne serait pas équitable, dis-je, de lui appliquer un traitement particulièrement favorable.

Comment s'est formée cette société et dans quel but ? Il est intéressant de le dire.

Jusqu'en 1881, l'Etat s'était chargé de l'organisation du Salon annuel, et, en raison des gaspillages et de la multiplicité exagérée des cartes de faveur, il aboutissait à des pertes. En cette année 1881, brusquement, l'Etat a mis les artistes en demeure d'exposer eux-mêmes et à leurs frais, risques et périls.

Nul ne croyait, il faut bien le dire, que les artistes réaliseraient des bénéfices ; on se basait, pour penser ainsi, sur le caractère de générosité bien connu des artistes, sur leur désintéressement et leur peu de souci des économies.

Or, ce qui est arrivé, c'est précisément le contraire de ce que l'on prévoyait. La Société des artistes français s'est fondée, elle a agi avec ordre et esprit d'économie, et elle a réalisé des bénéfices.

A quoi ces bénéfices sont-ils appliqués ?

M. Daumas nous dit : C'est une société capitaliste.

Eh ! oui sans doute, c'est une société capitaliste, comme les sociétés de prévoyance, les associations syndicales, toutes les sociétés enfin qui ont un capital.

La question n'est pas de savoir si l'on est en présence d'une société capitaliste, mais quel usage la Société des artistes français fait ses bénéfices qu'elle réalise

Tout d'abord elle dépense annuellement 45,000 francs pour secours aux artistes qui n'ont pu se présenter en temps utile pour exposer. Elle a également de lourdes charges résultant de la défense qu'elle doit prendre de la propriété artistique.

Mais, dit-on, ces charges sont bien inférieures aux bénéfices. Finalement la Société capitalise et thésaurise. Pourquoi ?

Si la Société des artistes français capitalise et thésaurise, c'est qu'elle poursuit un but louable :

Ce qu'elle veut, c'est pouvoir, à un moment donné, se substituer à l'Assistance publique, dans certains cas intéressants, venir en aide à des artistes âgés et pauvres, fonder une maison de retraite pour les peintres et sculpteurs, où ceux-ci auraient, grâce à l'installation d'un vaste atelier, l'illusion de se croire encore à des jours plus heureux.

Enfin, n'oubliez pas que la Société à la charge du Salon annuel. Sans doute, le Palais de l'Industrie lui est donné gratuitement, comme il est donné aux concours hippiques, à la Société agricole, etc. Mais elle a eu même temps l'obligation de faire à ce palais les réparations nécessaires pendant le temps où elle en profite

Et, pour 1887, le chiffre de la dépense affectée à ces réparations s'est élevé à 93.500 fr.

Cet avantage de la gratuité de l'occupation du Palais de l'Industrie est d'ailleurs bien précaire.

Vous vous rappelez, sans doute, que cette année, peu de jours avant l'ouverture du Salon, l'Etat a eu la velléité de faire payer un loyer.

Un des arguments de M. le Rapporteur consiste à dire que le Conseil municipal encourage suffisamment les artistes pour ne pas négliger les intérêts des pauvres

Mais comment donc se manifestent ces encouragements ? Par des acquisitions.

Or, ces acquisitions ne profitent qu'à l'artiste auteur de l'œuvre et nullement à la Société.

Il est même à noter que, par une disposition très libérale, les portes du Salon restent ouvertes même aux artistes qui ne paient plus de cotisation.

Quand on examine de près l'organisation de la Société des artistes, on voit que ce n'est autre chose qu'un syndicat, qu'une société professionnelle.

Voici, en effet, comment s'exprime l'art. 1er des statuts :

« Article premier. — Il est fondé entre les artistes français, une société qui a pour objet :

« 1° De représenter et de défendre les intérêts généraux des artistes français, notamment par l'organisation des expositions annuelles des Beaux-arts ;

2° De prêter aide et assistance à ses membres dans toutes les occasions où cela pourrait leur être utile. »

Nous sommes loin, vous le voyez, d'une société capitaliste. Il s'agit d'une association syndicale dont les directeurs — est-il besoin de le dire? — ne reçoivent ni jetons, ni émoluments d'aucune sorte ; d'une association qui ne se propose pas de donner des dividendes, mais qui s'est constituée dans un intérêt de bienfaisance, d'aide pour ses membres.

Il n'en manque pas dont le but est le même, auxquelles on ne réclame rien.

Pourquoi traiter le syndicat professionnel des artistes autrement que les autres ?

L'intérêt de la Ville commande de transiger.

Il y a un procès dont l'issue est douteuse, dont la perte par l'Assistance publique priverait les pauvres de tout ce qui leur serait donné.

Je demande donc le rejet des conclusions de la Commission et l'adoption de l'ordre du jour suivant :

« Le directeur de l'Assistance publique est invité à négocier, avec la Société des artistes français, une transaction sur le litige actuellement pendant devant le Conseil de préfecture.

« Signé ; BOMPARD. »

M. Daumas a répliqué ; il a rappelé les bénéfices réalisés par l'Association ; pendant les sept derniers exercices et qui s'établissent ainsi :

1881 et 1882 : recette, 670,810 francs ; bénéfice, 355,436 fr. 45 c.

1883 : recette, 298,497 francs ; bénéfice, 93,000 francs.

1884 : recette, 289,293 francs ; bénéfice, 68,000 francs.

1885 : recette, 296,504 francs ; bénéfice, 118,449 fr. 18 c.

1886 : recette, 363,439 francs ; bénéfice, 121,800 fr. 18 c.

1887 : recette, 341,490 francs ; bénéfice, 170,000 fr.

Après une assez longue discussion, à laquelle ont pris part MM. Émile Richard, Cattiaux, Berry, Desprès, Navarre, le conseil a adopté les conclusions de la commissiou, conclusions ainsi formulées :

Le Conseil,
Délibère :

Article premier. — L'administration de l'Assistance publique exigera pour tous les établissements, sans exception, où le public est admis en payant une entrée, la remise intégrale de 10 0/0 du droit des pauvres.

Art. 2. — La société des Artistes français sera immédiatement mise en demeure de payer à l'Assistance publique le montant des droits des pauvres qu'elle doit sur les recettes de ses expositions.

Art. 3. — Le droit plein de 10 0/0 sera exigé pour les expositions payantes, dans les mêmes formes et conditions établies pour les exhibitions et spectacles.

ACADÉMIE DES BEAUX-ARTS

Dans sa séance du 6 juin, M. Enrico Saltin a fait hommage à l'Académie de la notice qu'il a consacrée à l'ingénieur-architecte Giuseppe Martelli.

Le secrétaire perpétuel a donné lecture d'une lettre par laquelle M. le duc d'Aumale fait savoir à ses confrères de l'Institut qu'ils seront admis à visiter le Château de Chantilly tous les mercredis sur la présentation de leur carte.

Le ministre de l'instruction publique et des beaux-arts envoie à l'Académie, pour qu'elle veuille bien l'examiner et en faire l'objet d'un rapport, un traité de M. Faurat, sur les proportions des ordres grecs.

Le notaire de feu M. Valentin Abeau transmet à la compagnie un extrait des dernières montés de cet artiste qui constitue près de l'Académie deux prix : l'un de piano-pédale, l'autre de composition sur un sujet qui serait tiré de l'Ancien Testament. L'examen de ces dispositions, est renvoyé à la section de musique.

Il est donné connaissance à l'Académie, des lettres qui lui ont été adressées par les artistes qui se présentent pour remplacer M. Bartinot dans la section de gravure. Ce sont MM. Charles Bellay, Blanchard, Danguin, Didier, Léopold Flameng, Achille Jacquet, Jules Jacquet, Laguillermie, Waltner, graveur au burin, et Roty, graveur en médailles et en pierres fines. Dans la prochaine séance aura lieu le classement des candidats.

Egalement dans la prochaine séance, la section de peinture formera une liste de candidats au prix Brizard (paysage), et la section de sculpture désignera les jeunes artistes pouvant prétendre au prix Desprez.

Sont présentés pour le prix Deschaumes : MM. Belesta, Chifflot, et Despradelles, architectes.

M. Albert Lenoir donne une première lecture du mot « Dôme » destiné au dictionnaire de l'Académie des Beaux-Arts.

LA DIRECTION DES BEAUX-ARTS

M. Edouard Lockroy vient de désigner M. Larroumet, son chef de cabinet, pour remplir les fonctions de délégué à la direction des Beaux-Arts.

Ajoutons que, contrairement à ce qu'annoncent plusieurs journaux, il ne s'agit point d'une mesure d'attente. M. Larroumet a demandé lui-même le titre de délégué, afin de pouvoir conserver celui de maître de conférences à la Faculté des lettres de Paris ; mais ce libellé ne change en rien le caractère définitif de cette nomination.

M. Ernest Dupuy, professeur de rhétorique au lycée Henri IV, remplace M. Gustave Larroumet comme chef de cabinet du ministre de l'instruction publique.

LE CONGRÈS DES ARCHITECTES

La grille de l'Ecole des Beaux-Arts était la semaine dernière toute pavoisée de drapeaux.

C'était l'ouverture du congrès annuel des architectes français.

Après la constitution du bureau et la nomination des commissaires, M. Louis Bernier, architecte du gouvernement, a fait une conférence sur l'architecture au Salon de 1888 ; M. Just Lisch, inspecteur général des monuments historiques, a lu une notice sur la vie et les œuvres de M. Ruprich Robert, et M. Charles Lucas a fait le compte-rendu du congrès de Toulouse.

Mardi les membres du congrès ont visité les chantiers de la gare de l'Ouest et l'élévateur des trains.

L'architecte, M. Lisch, les accompagnait et leur fournissait des explications.

Dans la future gare, on a surtout remarqué la disparition des guichets. Les voyageurs qui étaient obligés parfois de faire de longs trajets pour l'enregistrement de leurs bagages n'auront plus désormais, une fois leur ticket pris, qu'à se retourner pour procéder à cette opération, ce guichet des bagages étant placé auprès de celui des billets. Des ascenseurs et des plans inclinés porteront immédiatement les bagages sur le quai du départ. Les ingénieurs estiment que par ce système un train pourra être complètement chargé en dix minutes.

Une passerelle reliera la gare à l'hôtel Terminus. Dans ce dernier, le mode d'aération des sous-sols a particulièrement intéressé les membres du congrès. Détail assez curieux : on pratiquera dans ce vaste établissement le système du tout à l'égoût. La quantité d'eau que nécessitera ce système sera fournie par des puits que l'on creusera dans les sous-sols. D'après les expériences déjà faites, il a été constaté qu'on trouverait, à deux mètres au-dessous du niveau des sous-sols, une nappe d'eau suffisante.

La séance pour la distribution des récompenses a eu lieu vendredi, à trois heures, dans l'hémicycle de l'Ecole des Beaux-Arts, sous la présidence de M. Lockroy, ministre de l'instruction publique.

CARAN D'ACHE

Tout le monde connait Caran d'Ache, le dessinateur, qui s'est fait un nom autant par les fantaisies de son crayon, que par son *épopée*, représentée au *Chat noir*. On sait moins quels furent ses débuts.

Contons-les aujourd'hui :

Tout enfant, à Moscou, sa ville natale, il s'échappait de la maison paternelle pour causer avec les gendarmes qui étaient de garde au théâtre. A douze ans, il était ferré sur les uniformes et les passe-poils comme un vieux grognard. Il avait appris par cœur l'Annuaire de l'armée russe. Un jour le livre de Gœtschy, *Nos jeunes peintres militaires*, lui tombe dans les mains. Il y lit que, dans son enfance, Detaille passait son temps au Champs de Mars à regarder parader les soldats. Cela fortifie sa vocation. Il se jure dans son cœur que, le jour où il sera libre de ses actions, il viendra à Paris pour faire la connaissance de Detaille.

A dix-huit ans, la mort de son père le rend maitre de sa vie. Comme sa famille était d'origine française il va trouver le consul français de Moscou et lui demande de le rapatrier. On lui adjuge comme camarade de voyage un chauffeur de chemin de fer, né en Russie, qui, lui, ne parlait pas un mot de français et qui revenait dans la patrie pour s'engager. D'étapes en étapes, les deux jeunes gens arrivent tant bien que mal à la frontière. Là le premier commissaire de police auquel ils s'adressent leur répond : « On ne vous doit le rapatriement que jusqu'en France. Arrangez-vous maintenant comme il vous plaira, je ne puis rien pour vous. »

— Nous pleurions tous les deux dans la rue, m'a conté Caran d'Ache. J'avais dans ma poche une traite de cent roubles sur une banque parisienne. Bien entendu personne ne voulait me donner d'argent contre ce chiffon de papier. Nous ne savions plus que faire. Par bonheur, dans la gare où nous étions échoués, nous fîmes la rencontre d'un homme fort aimable, M. Paul Lindau, le consul d'Allemagne en Espagne, le frère du célèbre adaptateur de théâtre. Il nous questionna sur notre chagrin. Je lui fis voir ma traite qu'il mit dans son portefeuille, et en échange, en belle monnaie, il me donna l'équivalent de mes cent roubles.

Trois jours plus tard, Caran d'Ache, de son vrai nom Poiré. — Poirof, comme on l'appelait dans la chambrée — s'engageait à Paris dans le 73e de ligne. Sa première sortie fut, bien entendu, pour Detaille. Il ne connaissait pas le numéro de l'hôtel, mais il avait vu dans le livre de Gœtschy que le peintre habitait dans le voisinage de la place Malesherbes, et cette adresse paraissait très suffisamment précise à un homme qui était venu de Moscou pour faire une visite. Arrivé à la moitié du boulevard, Caran demande à un gardien de la paix :

— Vous ne pourriez pas m'indiquer la maison de M. Detaille. Le connaissez-vous ?

— Si je le connais, répond le vieux Corse. C'est un charmant homme. Il nous fait souvent poser pour ses soldats. Vous n'avez pas à vous

tromper. Détournez-vous, regardez devant vous. Voilà la porte.

Oh ! comme le cœur lui battait au lignard Poirof, tandis qu'il faisait sonner ce timbre clair qui emplit tout l'hôtel d'une sonorité cristalline.

Le peintre était à son chevalet ; mais on lui dit que c'était un soldat qui demandait à le voir et il reçut.

— Que me voulez-vous ?

— Prenez-vous des élèves ? demanda Caran, trop ému pour perdre des paroles.

— Non... Mais...

Poirof conta son aventure. On lui dit de revenir le dimanche suivant et d'apporter ses dessins. Tout de suite Detaille vit à qui il avait affaire, et avec une délicate bonté que ne soupçonnent pas ceux qui ne connaissent de l'homme que la raideur de la tenue et la froideur du port, il arangea la vie du jeune engagé au mieux de ses intérêts.

Il lui avait conseillé de dessiner ses camarades d'après nature, d'achever de se mettre le militaire dans l'œil. Il le fit attacher au ministère de la guerre comme dessinateur des uniformes et des harnachements des armées étrangères.

Quand le caporal Poiré fut libéré de son service, il lui persuada d'aller voir M. Gérôme, lequel envoya immédiatement le caporal aux Beaux-Arts avec conseil de travailler d'après les antiques.

Voilà Poirof juché sur un tabouret, un carton sur les genoux, en tète à tète avec l'Apollon du Belvédère. Il dessine, il efface, il gribouille pendant deux heures. Il ne fait rien qui vaille. Tout d'un coup le désespoir le prend. Il pivote sur son tabouret, tourne le dos au plâtre et se met à dessiner l'Apollon de mémoire. Au bout d'un quart d'heure ça y était. On trouva l'étude excellente. Mais Poirof était dégoûté des antiques et on ne le voit plus aux Beaux-Arts.

Jamais il n'a fait poser devant soi le modèle arrêté, immobile. Son œil, toujours aux aguets, épie les mouvements de la vie, et c'est dans sa mémoire extraordinaire comme une collection de photographies instantanées, saisies au vol. De là la grandeur épique et tout ensemble si divertissante de sa formule. Ceux qui ne l'aiment point disent :

— Caran d'Ache n'est qu'un caricaturiste.

Ils ont raison en ceci que, par la simplification de tout l'accessoire, par l'unique observation du détail caractéristique, le dessin de Caran d'Ache devient une exagération de la vérité et de la vie. Ses soldats sont plus soldats que les soldats ; ses chevaux sont plus chevaux que les chevaux ; ses gommeux plus gommeux que les gommeux du trottoir. Mais cette simplification, cette exagération de la dominante a un côté émouvant. Elle rend sensible à la foule, dont l'éducation plastique est si peu avancée, la qualité la plus essentielle d'une œuvre d'art, celle qui est la condition même de l'œuvre d'art : le caractère.

On sait comment les Chinois et les Japonais sont parvenus à cette sûreté de dessin qui nous ravit par sa vérité et par sa vie. Il y a des familles où, de père en fils, on ne dessine que des rats ; le voisin dessine des cigognes.

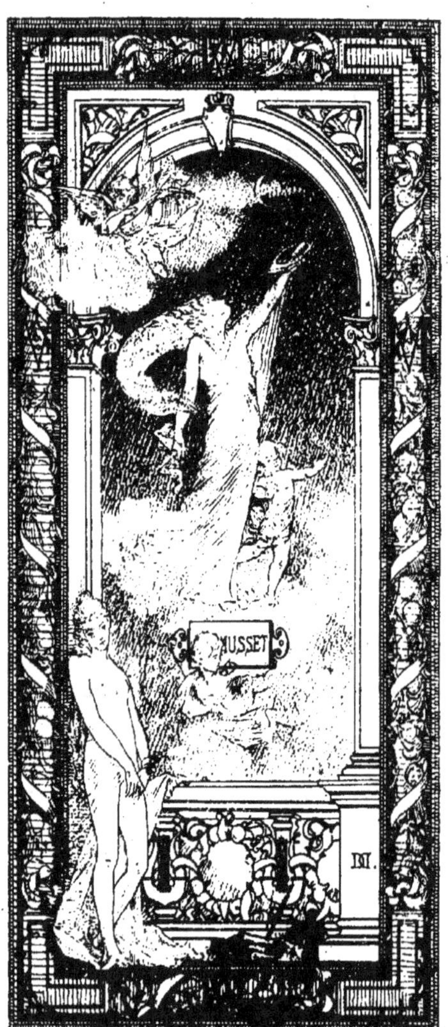

DUBUFE

Fragment de la Trinité poétique.

D'une génération à l'autre on se lègue la formule du rat, l'art de dessiner le rat, d'un trait, à main levée, sans déposer le pinceau, sans retourner au godet de spécia. Caran d'Ache a dans la mémoire la formule du soldat et de son cheval, en toutes les poses, en toutes les attitudes de mouvement. Que de fois je l'ai vu se lever de là table où il travaille, de mémoire, pour essayer devant sa glace le geste dont il veut animer son personnage. Il revient s'asseoir, il reprend son crayon, et le mouvement aperçu dans le miroir se fixe soi-même sur le papier. C'est ainsi qu'avaient été dessinés les soldats de l'*Epopée*, c'est ainsi qu'ont été dessinés les vingt tableaux de la grande pièce militaire *Wattignies* et le défilé du *Retour du Bois*. Le souci de vérité de Caran d'Ache est si vif que, s'il se fie à sa mémoire pour donner à la silhouette le mouvement de la vie, il établit solidement l'armature intérieure de ses ombres par le dessin des corps nus. Tous ces soldats, tous ces hommes à cheval ont d'abord défilé devant ses yeux en tenue de revision. Il ne leur permet d'endosser l'uniforme que lorsqu'il les juge lui-même bons pour le service, et, c'est parce qu'ils ont passé à ce controle que ses régiments ont si belle allure. Avec son âme épique de demi Russe, et l'audace de sa formule simplifiée, Caran d'Ache a raison de dessiner de prédilection les armées d'autrefois : il est le peintre né de la légende militaire.

NECROLOGIE

On annonce la mort d'un aquafortiste de grand talent, M. Paul Rajon.

Il était né à Dijon ; élève de Gaucherel et de Flameng, il se fit remarquer aux divers Salons par des envois remarquables. Il obtint une troisième médaille en 1870 ; une médaille de seconde classe, en 1873, pour son *Fumeur flamand*, d'après Meissonier ; un rappel de seconde médaille à l'Exposition universelle de 1878. Il était hors concours depuis 1873.

Mme Meissonier, femme du peintre bien connu, est morte lundi, à Poissy, à l'âge de soixante-huit ans.

L'excellent caricaturiste Draner vient d'avoir la douleur de perdre sa femme. L'enterrement a eu lieu hier.

La veuve du célèbre peintre français Decamps vient de mourir à Paris à l'âge de soixante-dix ans. Mme veuve Decamps était la mère de Mme Edouard Dentu.

ÉCHOS ET NOUVELLES

M. le président de la République vient de faire parvenir à la direction de l'exposition des lauréats de France, à Londres, un magnifique vase de Sèvres, comme lot pour la tombola qui sera tirée fin juin au profit de l'hôpital français et de la Société de bienfaisance française de Londres.

*

L'hôtel de la Société d'encouragement pour l'industrie nationale, situé place Saint-Germain-des-Prés, va recevoir à son fronton une statue en bronze, œuvre de M. Guillaume, membre de l'Institut.

C'est l'*Orphée* qui, après avoir été très remarqué à l'exposition de 1867, devait figurer dans la décoration de l'Opéra, mais qui, pour des raisons particulières, demeura dans l'atelier de l'auteur.

M. Guillaume en a fait don à la Société d'encouragement, dont il est membre.

Orphée, dans l'attitude académique, le front ceint de la couronne poétique, rythme ses strophes en s'accompagnant de la lyre.

Au Salon :

Malgré le Prix de Paris, 22,000 personnes ont visité le Salon, dimanche, de midi à cinq heures. Le matin, de huit heures à midi, on a compté 6,000 entrées payantes.

On sait que le conseil supérieur des Beaux-Arts a ajourné à cette semaine sa décision concernant l'attribution du prix du Salon et des bourses de voyage.

La distribution des récompenses aura très probablement lieu le lundi 2 juillet.

Bulletin des Expositions et Concours

Anvers. — Exposition triennale du 29 juillet au 15 octobre. — Réception jusqu'au 27 juin. — Société d'encouragement des Beaux-Arts à Anvers.

Barcelone. - Concours pour un ouvrage d'Archéologie Dépôt des ouvrages jusqu'au 25 octobre 1891.

Buenos-Ayres et **Montevideo.** — Expositions successives en 1888.

Douai. — Exposition des Beaux-Arts du 18 juillet au 1er août. — Dépôt à Paris, chez M. Duppuy-Vildieu, rue de l'Echiquier, du 25 juin au 4 juillet.

Epinal. — Exposition des Beaux-Arts du 9 juin au 15 juillet.

Évreux. — Exposition du 1er juillet au 30 septembre.

Gand. — Concours d'arts industriels en 1888.

Glascow. — Exposition d'art ancien et moderne, de mai à octobre.

Langres. — Exposition du 16 août au 6 Septembre. — Envois à Langres du 10 au 20 juillet. — Dépôt à Paris chez Dangleterre, 16, rue Labie, du 1er au 5 juillet.

Melbourne. — Exposition internationale du 1er août 1888 au 1er janvier 1889.

Munich. — Exposition internationale du 1er juin au 1er octobre 1888.

Paris. — Salon de 1888. Exposition des artistes vivants, Palais des Champs-Elysées. Ouverture le 1er mai jusqu'au 30 juin.

Paris. — Exposition internationale de 1889. Champ-de-Mars, du 5 mai au 3 octobre.

Paris. — Exposition du *Blanc et Noir* du 1er octobre au 15 octobre 1888. S'adresser à M. E. Bernard, rue de la Condamine, 71.

Reims. — Exposition des Beaux-Arts du 6 octobre au 12 novembre. — Dépôt avant le 10 septembre, palais des Champs-Elysées, porte I, au commissariat général des Expositions.

Rotterdam — Exposition des Beaux-Arts, du 27 mai au 8 juillet. Envois du 30 avril au 12 mai, à la commission de l'*Académie Coolvert* à Rotterdam.

Versailles. — Exposition du 1er juillet au 30 septembre.

L'ART ET LA RÉVOLUTION

Dans un livre qu'ils viennent de publier sur la *Société Française* pendant la Révolution, MM. de Goncourt nous indiquent à quel point la « citoyenne Decadi » fut désastreuse pour l'art.

Aux quatre coins de la France, les autorités se croyant obligées de fournir un aliment de belle humeur à la populace, lui livrèrent : à Nancy, pour cent mille écus de tableaux d'église ; à Verdun, tous les objets d'art confisqués sur les riches et les émigrés ; à Passy, de même ; et tout cela fut brûlé ou cassé, y compris un buste de Linné qu'on avait abandonné aux vengeurs populaires en leur disant que c'était celui de Charles IX.

A Paris, la destruction sauvage et imbécile allait d'un train plus rapide encore. Figurez-vous les bibliothèques des couvents abandonnées aux gardes nationaux qui enlèvent les reliures à coups de sabre et lardent les feuilles à coups de baïonnette.

« Partout le feu brûle, la brute saccage, le larron pille. »

« Qu'est devenu le mobilier artistique de la France, ce mobilier immense qui montait à quatorze cents millions en 1788 ; ces bois, ces marbres, cet or, ces bibliothèques merveilleuses, patiemment amassées par les congrégations religieuses depuis des siècles ; ces collections d'antiquités, de tableaux, de dessins, de gravures, de porcelaines, etc.? »

Une circonstance nouvelle a ramené l'attention sur cette prodigieuse extermination de matières précieuses. Un tableau vient d'être placé au Louvre dans le pavillon Denon : c'est un portrait de religieux, Frère Jean André de l'ordre des Frères-Prêcheurs.

Frère André, qui avait longtemps vécu à Rome et y avait été l'élève de Carlo Maratti, peignit pour son couvent de la rue du Bac vingt-huit grandes toiles, et quatre-vingt-trois petits tableaux ou esquisses. Il donna d'autres œuvres à la chapelle de l'hôpital de la Salpétrière, à l'église des Théatins, à celle des Dames de Sainte-Marie, au Bon-Pasteur, à la Charité, à l'Enfant-Jésus, aux Jacobins de la rue Saint-Honoré ; ce fut enfin un producteur actif infatigable, qui travailla jusqu'à l'âge de quatre-vingt-neuf ans, et qui eut, de 1690 à 1760, une réputation considérable.

Qu'est devenu cet œuvre immense ? A cette question, il n'y a d'autre réponse à faire que de dérouler un chapitre peu connu de l'histoire révolutionnaire. Ces peintures si nombreuses, qui avaient le double tort de retracer exclusivement des sujets religieux et de décorer des églises ont-elles été, pour ce motif, pillées, détruites, incendiées ? Ont-elles été victimes du fanatisme anti-religieux et des fureurs barbares d'une populace stupide ? Il est commode de le dire, on serait même disposé à le croire ; rien pourtant n'est moins vrai. Telle a pu être en fait leur destinée, mais non pas par les moyens qu'on suppose. Nous allons le voir : tout s'est effectué par des procédés officiels,

administratifs, en vertu de dispositions légales. Faut-il des inventaires ? On en a fait. Veut-on des procès-verbaux d'enlèvement ? Ils existent. Exige-t-on des reçus du dépositaire ? Nous les avons. Si, plus tard, on a brûlé, c'est sur *état* ; si l'on a vendu, c'est au coup de marteau du commissaire-priseur et en présence des autorités compétentes. Les écritures du gouvernement sont en règle.

Les jours de décadi, pour donner satisfaction aux sans-culottes, on leur livrait des tableaux d'église ; ils en faisaient un autodafé. Mais ces toiles, avec leurs cadres, qu'on faisait sortir des dépôts de l'Etat jacobin où ils avaient été apportés en vertu de confiscations et de réquisitions *légales*, s'y trouvaient toujours avoir été l'objet d'*inventaires réguliers*. N'allez pas croire que, dans la destruction, il n'y eût pas d'ordre.

Les biens des fabriques et des couvents ont été mis « à la disposition de la nation ». La nation fait acte de propriétaire et d'abord exige une déclaration de la part de ceux qu'on veut bien laisser en possession provisoire ; puis on dresse les inventaires, les fameux inventaires. L'exécution ne tarde point ; il est procédé aux déménagements officiels. La Commune de Paris envoie dans chaque église un ou deux délégués, que suivent des hommes de peine. On enlève le butin, on l'achemine sur le dépôt des Petits-Augustins (actuellement l'Ecole des beaux-arts). Un citoyen délégué (il s'appelait Lenoir), examine le procès-verbal d'enlèvement, donne des reçus et des *états*, où procès-verbaux et reçus seront consignés, vont être envoyés, à la fin de la décade, aux « autorités compétentes ».

Mais ce dépôt des Petits-Augustins, où s'entassent, à côté des tableaux, les marbres et les verrières, ce dépôt est-il en abri sûr ? La foule des tableaux croissant toujours, on renonce bientôt à les accrocher aux murailles. On les retire des cadres, dont on fait du bois pour chauffer les galeries, après en avoir enlevé les dorures ; on roule les toiles, on les entasse les unes sur les autres dans les salles humides. A la vérité, on veut bien porter au Louvre les œuvres les plus connues, comme celles de Lesueur, Jouvenet, Lebrun, Coypel ; mais on laisse moisir les autres... jusqu'à ce que l'on s'en débarrasse.

Et voici le moyen :

Il y eut, pendant trois mois, à la suite des mascarades dont la Convention eut le spectacle, (l'abjuration de Gobel, évêque constitutionnel de Paris). — il y eut des « brûlements de tableaux » en place publique. Ils avaient lieu le jour des fêtes décadaires sur l'Autel de la Patrie. Le nonidi, veille de ces fêtes, le procureur de la Commune, Chaumette, venait réclamer de Lenoir, un certain nombre de portraits, dits féodaux, ou de scènes rappelant la « superstition » ; il les choisissait sur les états tenus par Lenoir et lui en délivrait quittance. Le fait est attesté maintes fois dans le journal du directeur des Petits-Augustins ; ces moyens brutaux furent l'apanage de la Convention et de la Commune.

Nous allons voir, en effet, que le Directoire eut d'autres procédés.

Des procédés tout à fait à son image. L'échafaud ayant disparu, la rue étant apaisée, les « sections » dispersées depuis la dernière insurrection, vaincue le 1er prairial, des personnes candides vinrent à penser qu'elles pourraient rentrer dans le bien dont le sans-culottisme les avait dépouillées. On vit arriver ceux d'entre les propriétaires d'objets d'art ou d'ameublements précieux qui n'avaient pas émigré ou péri ; ils redemandaient les valeurs saisies à leur domicile. Quelques restitutions se firent, mais sous le bon plaisir des c..q potentats du Directoire, qui, d'ailleurs, firent leur part et choisirent ce qui leur plaisait pour décorer leur palais du Luxembourg. Ils consentirent encore à quelques concessions envers la commission des arts, qui réclamait des tableaux pour le Louvre. Mais ils eurent bientôt une idée nouvelle, idée de commerce.

En juin 1796, le Directoire attribua à un sieur Jourdan, fermier de la verrerie nationale du Muntzal, en paiement de 120,000 francs qui lui étaient dus, une partie des gravures et des tableaux du dépôt des Petits-Augustins. Le Directoire, désormais, usera de ce moyen pour se libérer envers ses fournisseurs.

Les fournisseurs n'y perdirent rien, car ils revendirent ces objets à un prix dix fois plus élevé que celui auquel ils avaient été cotés dans ce marché édifiant avec les bons traitants du Luxembourg. Cependant, le Directoire fut renversé aux acclamations de toute la France. Lenoir fut contraint de remettre 175 toiles au Musée du Louvre ; un décret consulaire de 1800 répartit entre les églises de Paris 317 tableaux, tout ce qui avait été sauvé. Plus de mille avaient disparu.

L'Imprimeur-Gérant : HENRY LEFEBVRE.

Compiègne. — Imprimerie HENRY LEFEBVRE.

ACADÉMIE JULIAN

ATELIERS DE PEINTURE
Sculpture et Dessin.

Distincts pour Hommes et pour Dames.
Toute la journée modèle vivant.

ATELIERS DE

MM. **BOUGUEREAU** et **T. ROBERT-FLEURY**
MM. **BOULANGER** et **J. LEFEBVRE**

Atelier de sculpture, professeur M. **CHAPU**
Ces éminents professeurs donnent régulièrement leurs conseils aux élèves.

COURS pour HOMMES
48, faubourg Saint-Denis (près la porte St-Denis).
COURS pour DAMES
5, rue de Berri (avenue des Champs-Elysées).
27, galerie Montmartre (Passage des Panoramas).
28, Faubourg Saint-Honoré (Près de la Madeleine).

COURS D'ANATOMIE : M. CUYER.

Préparation au brevet supérieur de dessin de la ville de Paris et de l'Etat et aux concours de l'Ecole des Beaux-arts.

Aquarelle — Pastel — Nature morte, etc.
Il n'y a jamais de vacances.

On trouve dans chaque Atelier les renseignements qui le concerne.

LA VIE ARTISTIQUE

COURRIER HEBDOMADAIRE ILLUSTRÉ

Des Ateliers, des Expositions & des Théâtres

BUREAUX A PARIS
42, Rue de Chabrol, 42

DIMANCHE 24 JUIN 1888
2e ANNÉE — N° 25

ABONNEMENTS
Un An : DIX FRANCS

AUTOUR DU SALON

LE PRIX DU SALON

Il n'y aura pas cette année de prix du Salon.

C'est ce qui a été décidé par le conseil des beaux-arts réuni au palais des Champs-Elysées sous la présidence de M. Larroumet, en l'absence de M. Lockroy, retenu au ministère.

Par contre, le nombre des bourses de voyage a été porté à onze. Elles sont accordées aux artistes dont les noms suivent :

Peinture. — MM. R. Gilbert, Lobre, Sinibaldi, Eliot.

Sculpture. — MM. Larroux, Marioton, Michel Cazin.

Architecture. — M. Laffolye.

Gravure et lithographie. — M. Alexandre Lunois.

Le prix du Salon n'étant pas décerné, deux bourses de voyage supplémentaires ont été accordées à M. Debrie, architecte, et à M. Henri Dubois, graveur en médailles.

LES ACHATS DE L'ÉTAT

Voici la liste définitive des achats de l'Etat :

PEINTURE

Dantan (Consultation), Pointelin (Paysage), Mlle Robiquet (Soir de bataille), Barillot (Ouistreham), Vayson (Gardeuse de moutons), Garibaldi (Avignon), Gelhay (Laboratoire), de Latouche (l'Accouchée), Zakarian (Nature morte), Zorn (Pêcheur), Desbrosses (Paysage), Dufour (Avignon), Gay (*Benedicite*).

Mlle Fleury (Abri de varech), Harpignies (Paysage), Lavieille (la Nuit), Brouillet (l'Amour aux champs), Casile (la Durance), Dauphin (Escadre de la Méditerranée), Saint-Fermier (Départ pour la procession), Quinsac (Tentation), Gagliardini (Grande Rue à Circourt), Poilleux-Saint-Ange (le Cardinal d'Amboise), Geoffroy (Collier de misère), P. Colin (Paysage).

Guillon (Menton), Isenbart (Paysage), Cartier (Paysage), Olive (Marseille), Sallé (Cours d'anatomie), Suraud (les Voiles jaunes), Dameron (Paysage), Destrem (Agar), Lamy (Pâquerette), Watelin (Paysage), Toulmouche (Envoi de fleurs), Renan (le Jourdain), Nozal (Paysage).

Moreau de Tours (le Drapeau), Grivolas (Fleurs), Garaud (Paysage), Mlle Viteau (Fleurs), Leyendecker (Paysage), Faure (les Deux Mères), Deschamps (Consolation des affligés), P. Dupuis (Démasquée), Crès (Distribution de prix au Prytanée de la Flèche), Couturier (Un Coin de conversation), G. Colin (Novillada), Bertin (Philémon et Baucis).

SCULPTURE

MM. Fagel (buste de M. Chevreul), bronze; Rodin (buste de femme), marbre; Carlet (Retour de chasse), groupe bronze: Ercoula (Baigneuse), groupe marbre; Guilloux (Orphée), statue marbre; Baffier (buste de femme), marbre.

Houssin (Phaéton), statue plâtre; Jacquemin (buste de Claude Lorrain), bronze; Eug. Marioton (Chactas), statue marbre; Allouard (Lutinerie), groupe marbre; Mathet (Tentation, statue marbre; Pilet (Un Coup de vent), statue marbre; Cros (la Verrerie antique), bas-relief verre; Icard (David), statue marbre; Barbaroux (la Nuit), statue plâtre; Jacquot (Nymphe et Satyre), groupe plâtre.

LES BOURSES DU CONSEIL GÉNÉRAL

Extrait du compte-rendu *in-extenso* de la séance tenue le 20 juin par le Conseil général de la Seine :

M. DELHOMME, rapporteur. — Messieurs, par un mémoire en date du 25 mai 1888, M. le Préfet de la Seine nous soumet une liste de candidats pour les bourses d'artistes établies par votre délibération du 16 novembre 1881.

Nous vous proposons, Messieurs, d'allouer ces bourses aux artistes suivants :

MM. Derchen, sculpteur;
Perdrielle, peintre ;
Bachelet, musicien ;
Noblot, peintre ;
Boureau, peintre.

Parmi les nombreux candidats, trois, MM. Heubes, Leroux et Lunois sont très intéressants, et nous espérons bien pouvoir les comprendre dans la distribution de l'année prochaine.

Mlle Clavère et M. Erlanger ont formulé leur demande trop tard pour qu'elles soient examinées en temps utile.

Nous vous prions, en regrettant de ne pouvoir y faire droit, de renvoyer ces pétitions à l'Administration.

Ces conclusions sont adoptées.

ACADÉMIE DES BEAUX-ARTS

Séance du 16 juin

L'ordre du jour appelle la formation de listes de candidats à la place laissée vacante par M. Bertinot. La section de gravure présente en première ligne *ex œquo* : MM. Blanchard graveur au burin, et Roty, graveur en médaille ; au second rang, M. Danguin ; au troisième, M. Achille Jacquet ; au quatrième, M. Jules Jacquet, tous graveurs au burin.

L'Académie dresse ensuite une liste supplémentaire composée comme suit : 1° M. Charles Bellay ; 2° M. Waltner ; 3° M. Flameng ; 4° M. Didier ; 5° M. Laguillermie. L'élection aura lieu dans quinze jours.

La section d'architecture présente son rapport sur le concours du prix Bordin. Le sujet était : « Rechercher s'il existe une esthétique commune aux monuments qui ont paru aux grandes époques de l'art. »

Six mémoires ont été envoyés à l'Académie, la section propose de décerner le premier prix au Mémoire portant le numéro 6, ayant pour épigraphe : *Multa renascuntur quæ jam cecidere* ; et le second au numéro 3. Une mention honorable serait accordée au numéro 4. L'Académie ratifie ces propositions.

L'ouverture des plis cachetés fait connaître que le premier prix a été remporté par M. Emile Hervet et le second par M. Henri d'Escamps, inspecteur honoraire des beaux-arts. Le pli du numéro 3 ne sera ouvert que sur la demande de l'auteur du Mémoire qui porte ce numéro.

La lecture des rapports sur les prix Drizard et Desprez est renvoyée à quinzaine.

LE CONGRÈS DES ARCHITECTES

La semaine dernière a eu lieu, sous la présidence de M. Edouard Lockroy, ministre de l'Instruction publique et des beaux-arts, la distribution des récompenses décernées, a l'occasion de son congrès annuel, par la *Société centrale des architectes français*.

La séance a été ouverte par la lecture d'une notice sur la vie et les œuvres de M. Questel, membre de l'Institut, par M. Raulin.

M. Paul Wallon a donné ensuite lecture d'une notice sur la vie et les œuvres de M. Julien Hénard, architecte de la ville de Paris.

Puis M. Lockroy, ministre de l'instruction publique, a prononcé un discours dans lequel il a fait l'éloge de l'architecture, « qui est le plus complet des arts, puisque tous les autres en dépendent ».

L'orateur a prononcé, en quelques mots, l'éloge de M. René de la Blanchère, chargé de rechercher à Tunis les vestiges de l'ancienne Carthage, et décoré de la Légion d'honneur à ce sujet, lors de l'inauguration du musée du Bardo.

Enfin, après avoir fait l'éloge du corps des architectes en général pour les remarquables travaux accomplis de nos jours, le ministre a félicité la Société d'architecture « d'avoir eu, la première, l'idée de récompenser les ouvriers, ces obscurs collaborateurs de l'industrie et du grand art, qui contribuent à la beauté, à la grandeur des monuments, et que la renommée oublie comme elle oublie après la victoire les soldats tombés sur le champ de bataille. »

On a proclamé ensuite les noms des lauréats.

Voici les noms des architectes qui ont obtenu les principales récompenses :

1° *Architecture privée.* — Grande médaille d'argent : MM. Aubry, architecte à Paris ; Durand, architecte à Bordeaux.

Médaille d'argent, jurisprudence : M. David de Penaprun.

Médaille d'argent, archéologie : M. Dieulafoy.

2° *Ecole de France à Athènes.* — Grande médaille d'argent : M. René de la Blanchère.

3° *Ecole de l'Académie de France à Rome.* — Grande médaille d'argent : M. Deglane (Henri).

4° *Etudes historiques sur l'architecture du onzième au dix-septième siècle.* — Grande médaille d'argent : M. Boitte (Louis).

5° *Ecole nationale des beaux-arts.* — Grande médaille d'argent : M. Sortais, élève de MM. Daumet et Girault. Grande médaille d'argent : M. Silva Ferreira, élève de M. Pascal.

6° *Ecole nationale des arts décoratifs.* — Grande médaille d'argent : M. Rapilly (Léon), élève de M. Galland.

7° *Ecoles privées d'architecture.* — Grande médaille d'argent : M. Jay, élève de MM. Daumet et Girault.

8° *Industrie d'art.* — Médaille d'argent : M. Blanqui, entrepreneur d'ébénisterie d'art, à Marseille (Bouches-du-Rhône).

9° *Ecole municipale d'apprentis* (école Diderot). — Médaille d'argent : M. Muller (Paul), serrurier.

Médaille de bronze : M. Roumezin (Jean), menuisier.

10° *Cercle des maçons et des tailleurs de pierre.* — Médaille d'argent ; M. Lebrun (Louis).

Médaille de bronze ; M. Despagnat (Auguste).

11° *Société civile d'instruction du bâtiment.* — Médaille d'argent : M. Tavernier, élève de M. L.-A. George.

Médaille de bronze : M. Loquet, élève de M. L.-A. George.

12° *Personnel du bâtiment.* — Médailles d'argent : MM. Grimonet, entrepreneur de menuiserie à Lyon ; Courbarien (Firmin-Antoine), entrepreneur de travaux publics à Paris ; Vital, entrepreneur à Troyes (Aube) ; Misbourger, entrepreneur à Châlons-sur-Marne (Marne).

Grande médaille de bronze : M. Ancelin (Pierre-J.-Claude).

Médailles de bronze : MM. Leduc (Louis-Joseph), carrier ; Lenoble (Théodore), céramiste ; Castille, maître compagnon maçon ; Degeraud, maître compagnon maçon à Rouen ; Baudoux (J.-F.-Bazille), appareilleur ; Abon (Charles), charpentier ; Lebert, serrurier-ajusteur ;

Gineste (Eugène), serrurier ; Compagnon (Jean), contre-maître de constructions métalliques.

Médailles de bronze : MM. Tissier (Jean-Jules), contre-maître de constructions métalliques ; Crochet, maître compagnon couvreur ; Hamet, contre-maître menuisier ; Sauvadet (Pierre), contre-maître fumiste ; Naudé (Charles), maître compagnon peintre ; Quinton (François), miroitier ; Rochon (Benoît), pavage de terrasse ; Lamoureux (Auguste), ciments ; Pierre (Didier-Auguste), contre-maître d'appareils à gaz ; Vannois (Auguste), sonneries électriques ; Genin (Louis-Alfred), verres à vitres.

La session annuelle du congrès a été close par un banquet de deux cent cinquante couverts à l'hôtel Continental.

M. Bailly a ouvert la série des toasts en portant la santé de M. Carnot, président de la République, de M. Lockroy, ministre de l'instruction publique et des Beaux-Arts, et de M. Nicolas, représentant le ministre du commerce.

Après avoir remercié du toast porté à M. Carnot, « dont le nom est synonyme de dévouement sans borne à la République française », M. Nicolas a annoncé le prochain établissement à Paris de conseils de Prud'hommes spéciaux à l'industrie du bâtiment.

M. Larroumet a déclaré ensuite que les économies qui sont réclamées à chaque ministère porteraient le moins possible sur les institutions concernant l'agriculture.

M. Paul Sédille, vice-président de la Société, a bu plus particulièrement aux lauréats, vieux ouvriers compagnons et contre-maîtres qu'on avait fraternellement invités au banquet. Dans un charmant apologue, M. Dieulafoy a imaginé un entretien entre lui et Apollon. La conclusion de cette conversation avec le dieu a été que « M. Dieulafoy voudrait revenir sur cette terre dans le corps d'un architecte. » Enfin, se rappelant qu'il est polytechnicien, il a bu « aux architectes et aux ingénieurs. »

✦

LES PANORAMAS

Il est beaucoup question en ce moment de panoramas.

Sait-on que ces sortes de tableaux ont été inventés par les Italiens, suivant les uns, par un peintre de Dantzig, suivant les autres, ou, ce qui est probable aussi, étant donnée l'introduction des panoramas en Europe, à un peintre américain qui en aurait découvert le secret dans la prison de Philadelphie, où il était enfermé pour dettes ? Ce qu'il y a de certain, c'est que la connaissance des panoramas nous vient de Robert Fulton, l'inventeur des bateaux à vapeur. C'est, en effet, Robert Fulton, qui, pendant son voyage en France, en 1799, prit le premier brevet pour le genre de spectacle appelé panorama, et en céda l'exploitation pour ce pays. En Angleterre, c'est à un Ecossais du nom de Robert Barker qu'est due cette introduction.

Un panorama n'est autre chose qu'un tableau de grandes, très grandes dimensions même, peint, disposé et éclairé de telle manière que, d'un point désigné, le spectateur puisse avoir l'illusion de la réalité. Dans ce but, la toile d'un tableau panoramique est suspendue au mur d'un bâtiment en forme de rotonde et éclairé par le haut, le spectateur ne devant pas s'apercevoir d'où tombe le jour.

Les premiers panoramas vus par les Parisiens furent établis sur le boulevard Montmartre par un artiste du nom de Thayer ; puis il y en eut d'autres peints par Prévost, par Boutors et Daguerre, ce dernier l'un des inventeurs de la photographie. Le bâtiment du boulevard Montmartre disparut pour faire place à des constructions privées et au groupe que traverse le passage des Panoramas, et il fut réédifié au carré Marigny, des Champs-Elysées. A son tour, la rotonde où l'on avait vu entr'autres panoramas célèbres, celui de la bataille de Navarin, disparut pour faire place au palais de l'Industrie. Aujourd'hui, il existe à Paris plusieurs bâtiments où l'on expose des toiles panoramiques exécutées avec talent par des peintres de mérite. Parmi les plus célèbres de ces tableaux sont, sans contredit, ceux que peignirent le colonel Langlois et Philippotaux. La prise de Sébastopol, par le colonel Langlois et le fort d'Issy, par MM. de Neuville et Detaille, sont cités comme les chefs-d'œuvre du genre.

Le peintre d'un panorama doit apercevoir le paysage reproduit ou la scène représentée comme s'il se trouvait sur une élévation lui permettant de voir l'horizon dans toutes les directions. Comme le tableau doit produire l'illusion la plus complète, le peintre doit observer de la façon la plus rigoureuse les règles de la perspective et les effets des clairs et des ombres, afin de produire un relief bien accentué.

La première opération à laquelle procède le peintre, c'est le relevé du terrain à reproduire. Pour cela, les anciens peintres panoramistes dessinaient à la chambre obscure disposée sur une série de points successifs repérés les uns sur les autres. Aujourd'hui, c'est la photographie qui a remplacé le dessin, le photographe prenant vue de tout l'horizon. Dans ce but, on établit au point voulu un échafaudage avec plate-forme du haut de laquelle on photographie successivement l'horizon en trois séries comprenant : la première série, tous les plans inférieurs ou premiers plans du cercle complet de l'horizon ; la deuxième série, tous les plans moyens ou second plans ; la troisième, tous les plans supérieurs jusqu'aux limites de l'horizon visible.

Ces vues photographiques servent à l'établissement par le peintre du croquis devant être copié sur la toile panoramique et en même temps de modèles pour les détails du dessin et pour la valeur des éclairages. Enfin, le croquis ayant été divisé en un grand nombre de carrés repérés, est copié à la grandeur voulue, sur la toile tendue le long du mur de la rotonde, le bord supérieur de cette toile étant cloué à la corniche de bois de mur, le bord inférieur garni, comme les rideaux de théâtre, d'une barre de fer et de poids qui doivent tenir l'étoffe bien tendue et éviter les plissements et les oscillations pouvant atténuer ou détruire l'illusion. Cette toile est divisée en un nombre de carrés égal à celui que l'on a tracé sur le croquis.

On comprend que pour peindre sur une toile mesurant souvent de douze à quinze mètres de hauteur sur cent vingt de long, on ne puisse pas employer les procédés ordinaires de la peinture, ni les chevalets des ateliers. Le chevalet est une tour ou pylone en bois de charpente, à divers étages de plates-formes, montée sur galets afin de rouler facilement sur un chemin de fer circulaire établi tout autour de la rotonde. Cette tour sert d'abord à poser la toile. Pour cela, le rouleau porteur de celle-ci est maintenu verticalement sur le côté du pylone pendant la lente progression duquel la toile est déroulée et clouée. Les peintres s'emparent ensuite des plates-formes et, sous la direction du maître placé sur l'observatoire supérieur, ils dessinent, puis peignent la scène à représenter. Ces travaux, ceux de direction et ceux d'exécution, sont toujours longs et délicats, tous les artistes devant travailler de manière à donner à l'œuvre une valeur uniforme dans tous ses effets et le maître devant sans cesse corriger, augmenter ou diminuer soit les tons lumineux, soit les tons obscurs. Quant le tableau est achevé, quand des experts ont jugé complet l'effet d'illusion, la tour est démolie, un plancher recouvre le chemin de fer et sur ce plancher sont posés le terrain et divers accessoires, arbres, murs, animaux, etc., qui doivent se confondre avec les terrains du premier plan de la toile.

Enfin, le bord inférieur de celle-ci, pour mieux compléter l'illusion, est ramené un peu en avant, ce qui donne à l'ensemble la figure d'un vaste tronc de cône dont le diamètre inférieur est moindre que le diamètre supérieur. Quelques-uns des accessoires de premiers plans sont souvent moitié réels, moitié peints, mais leur imitation en peinture est si parfaite, que le spectateur ne peut apercevoir le point où finit la réalité pour commencer le dessin.

Terminons, en faisant remarquer que l'illusion se complète par ce fait que le spectateur est placé dans une demi-obscurité au point voulu par le peintre, que la lumière tombe d'en haut sur le tableau seulement, sans qu'on puisse savoir au juste d'où elle vient et qu'enfin le spectateur n'arrive jamais directement du dehors sur la plate-forme, mais qu'on lui fait d'abord parcourir de longs et obscurs corridors qui lui font perdre toute orientation.

◆

L'ART ANECDOTIQUE

Voltaire critique d'art

Nous recevons la communication suivante :

On connait le jugement porté par Voltaire sur Jean Jouvenet, dans la *Liste raisonnée des enfants de Louis XIV, des princes de la maison de France de son temps, des souverains contemporains, des maréchaux de France, des ministres, de la plupart des écrivains et des artistes qui ont fleuri dans ce siècle.* Il est sommaire ; nous le reproduisons ci-dessous, en faisant observer que Jean Jouvenet naquit en 1647 et non en 1644 :

Jouvenet (Jean), né à Rouen en 1644, élève de Lebrun, inférieur à son maître, quoique bon peintre. Il a peint presque tous les objets d'une couleur un peu jaune. Il les voyait de cette couleur par une singulière conformation d'organes. Devenu paralytique du bras droit, il s'exerça à peindre de la main gauche et on a de lui de grandes compositions exécutées de cette manière. Mort en 1717.

Après avoir pris connaissance de ce « petit article », Mme de Lordelot, fille de Jouvenet, écrivit à Voltaire pour lui faire part des sentiments qu'elle avait éprouvés à cette lecture ; elle reçut la réponse suivante :

> « *Aux délices,*
> » *route de Genève 1er. octobre.*

> » Madame,

> » Votre lettre m'a fait relire le petit article qui regarde Mr jouvenet. je vois qu'il y est regardé comme *un bon peintre* quoy qu'inférieur en quelques parties à le brun. il est vrai qu'il avait quelquefois un coloris un peu jaune ; et ce leger défaut est moindre que celuy de le brun et du poussin qui étaient souvent beaucoup trop rembrunis. les sept sacrements du poussin sont devenus si noirs qu'ils ne sont plus beaux aujourd'hui que dans les estampes. chaque peintre, comme chaque écrivain a ses défauts. je serais très mortifié de compter parmy les miens celuy de ne pas rendre justice aux grands talents. j'ay appelé mr jouvenet *bon peintre*, cest un éloge que je confirmerai toujours, et je me ferai un devoir à la première occasion d'ajouter tout ce qui pourra servir a sa gloire et plaire à sa fille dont j'ay reconnu tout le merite dans la lettre dont elle m'honore.

> » je suis avec respect
> » madame
> » votre très humble et très
> » obéiss' serv' Voltaire. »

◆

Bulletin des Expositions et Concours

Anvers. — Exposition triennale du 29 juillet au 15 octobre. — Réception jusqu'au 27 juin. — Société d'encouragement des Beaux-Arts à Anvers.

Barcelone. — Concours pour un ouvrage d'Archéologie Dépôt des ouvrages jusqu'au 25 octobre 1891.

Buenos-Ayres et **Montevideo.** — Expositions successives en 1888.

Douai. — Exposition des Beaux-Arts du 18 juillet au 1er août. — Dépôt à Paris, chez M. Duppuy-Vildieu, rue de l'Echiquier, du 25 juin au 4 juillet.

Epinal. — Exposition des Beaux-Arts du 9 juin au 15 juillet.

Evreux. — Exposition du 1er juillet au 30 septembre.

Gand. — Concours d'arts industriels en 1888.

Glascow. — Exposition d'art ancien et moderne, de mai à octobre.

Langres. — Exposition du 16 août au 6 Septembre. — Envois à Langres du 10 au 20 juillet. — Dépôt à Paris chez Dangleterre, 16, rue Labie, du 1er au 5 juillet.

Melbourne. — Exposition internationale du 1er août 1888 au 1er janvier 1889.

Munich. — Exposition internationale du 1er juin au 1er octobre 1888.

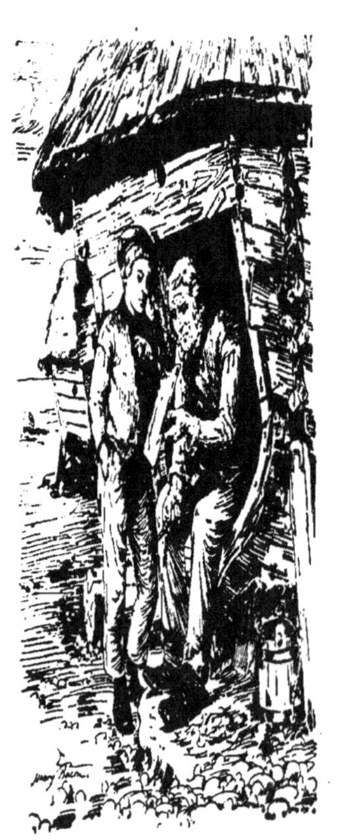

H. BACON

Construction d'un Bateau.

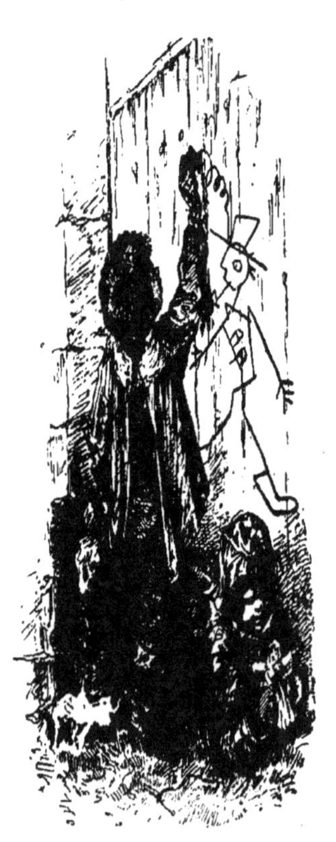

A. BEAU

Le premier Bonhomme.

Paris. — Salon de 1888. Exposition des artistes vivants, Palais des Champs-Elysées. Ouverture le 1er mai jusqu'au 30 juin.

Paris. — Exposition internationale de 1889. Champ-de-Mars, du 5 mai au 3 octobre.

Paris. — Exposition du *Blanc et Noir* du 1er octobre au 15 octobre 1888. S'adresser à M. E. Bernard, rue de la Condamine, 71.

Reims. — Exposition des Beaux-Arts du 6 octobre au 12 novembre. — Dépôt avant le 10 septembre, palais des Champs-Elysées, porte I, au commissariat général des Expositions.

Rotterdam — Exposition des Beaux-Arts, du 27 mai au 8 juillet. Envois du 30 avril au 12 mai, à la commission de l'*Académie Coolvert* à Rotterdam.

Versailles. — Exposition du 1er juillet au 30 septembre.

CHRONIQUE JUDICIAIRE

La succession de Paul Baudry.

Paul Baudry est mort le 3 janvier 1886, laissant deux enfants mineurs. Par son testament, daté du mois de novembre précédent, il avait institué la tutelle de ses enfants et nommé M. Charles Ephrussi co-tuteur en cas de nouveau mariage de sa veuve. Il disait : « Ma femme restant tutrice, je lui nomme néanmoins comme co-tuteur M. Charles Ephrussi. »

Aujourd'hui, Mme veuve Paul Baudry demande la destitution de M. Ephrussi comme co-tuteur, parce que suivant elle : 1° le testament, à proprement parler, ne lui confère pas cette fonction ; 2° la qualité d'étranger de M. Ephrussi ne lui permettrait pas de l'exercer ; 3° dans les actes de sa fonction, il aurait tenu une conduite qui l'en rendrait indigne au point de vue des intérêts mêmes des mineurs.

M. Ephrussi répond que les allégations de Mme veuve Baudry sont sans fondement ; qu'elle a elle-même ratifié sa nomination comme co-tuteur et que les prétendus faits d'indignité ne sont que des assertions dénuées de preuves.

D'un autre côté, M. Ch. Ephrussi a publié chez l'éditeur Baschet un ouvrage intitulé : *Paul Baudry, sa vie et ses œuvres,* où se trouve reproduite la correspondance de l'éminent artiste. Dès les premiers moments, Mme veuve Baudry a protesté, tant en son nom que dans l'intérêt de ses enfants, contre cette publication.

Les lettres de Paul Baudry peuvent bien appartenir à leurs détenteurs, mais, réunies dans un volume destiné à être vendu et à constituer une valeur marchande, elles font partie du patrimoine du défunt, et il n'appartenait qu'à ses héritiers ou à leurs représentants d'en autoriser la publication.

M. Ephrussi soutient que c'est du vivant même de Paul Baudry qu'il a obtenu l'autorisation de prendre copie des lettres qu'il a ensuite publiés, et que l'artiste n'ignorait point qu'elles étaient destinées à accompagner la biographie que M. Ephrussi préparait dès cette époque de son ami.

Enfin Mme veuve Baudry demande à être mise en possession des copies faites par son mari des cartons de Raphaël, reproductions que l'artiste avait laissées à l'Ecole des beaux-arts, dans l'espérance que l'Etat achèterait cet intéressant travail. L'Etat et le directeur des beaux-arts consentent à la restitution, mais M. Ch. Ephrussi et M. Ambroise Baudry, frère du défunt, s'y opposent.

Ces diverses affaires soumises au tribunal ont été jointes pour être statué par un seul jugement.

Me Beurdeley, avocat, a soutenu la demande de Mme veuve Baudry.

Me Léon Renault, avocat, a plaidé pour M. Charles Ephrussi. Il a donné lecture de plusieurs lettres que l'artiste écrivait à son ami intime ou à quelques autres personnes.

En 1856, il écrit à M. Renard :

> J'ai mon jeune frère avec moi. Il est intelligent et a fait de bonnes études. J'espère le pousser ferme dans la carrière d'architecte. Pour le quart d'heure, je le porte sur mes bras ; c'est une charge un peu lourde, mais cela m'aguerrit. Vous savez que les danseuses (je me le suis laissé dire) dansent en s'exerçant avec des semelles de plomb. Elles sont mille fois plus légères et plus habiles lorsqu'elles ne les ont plus. J'en suis là, et la fortune, qui est une bonne femme, sourira à mon audace.

C'est en ces termes qu'il parle de son frère Ambroise :

> Amour tendre des parents, souci de leur vieillesse tranquille, retour vers le passé si dur, préoccupation de l'avenir des petits, en un mot, tout ce que peut penser et dire le fils le plus dévoué et le plus délicat, le frère le plus aimant et le plus désintéressé.

En 1873, il écrit à M. de Girardot :

> ... Ces commandes, je ne pourrai les accepter que dans deux ans. Et ce ne seront pas les premières, car je repousse à ces calendes grecques les demandes qu'on me fait chaque semaine. En attendant, je m'étends avec délices sur mes peintures de l'Opéra à 383 francs le mètre.

Un peu plus tard, il dit :

> On me rendra cette justice plus tard que, si j'ai déserté en apparence les Salons annuels, ç'a été par dévouement à la grande peinture...
> Une petite toile nous assure le succès et souvent la fortune. Si la gloire m'est donnée, ce qui est bien douteux, j'aurai la satisfaction de dire que j'aurai négligé complètement le profit.

En 1887, il se plaint ainsi :

> ... Je reviens nu comme un petit saint Jean. Beaucoup de gloire, me dites-vous, mais peu de chemises. — Hélas ! voilà ce qui est le plus certain !
> Je ne sais encore quelle est la victime que je vais choisir pour me relever de cette misère, entre cinq ou six portraits qu'on me propose. Il faut que je me décide et que j'aie quelque monnaie pour mon voyage d'Egypte et mon futur logis, que je choisirai je ne sais où, je ne sais quand et je ne sais comment.

Enfin cette dernière lettre prouve l'intimité qui unissait le peintre à M. Charles Ephrussi :

> Fontainebleau, le 22 juillet,
> mercredi, 3 heures.
>
> Mon bon Charles,
>
> Je suis allé, ce matin, faire une petite promenade au soleil matinal, vers l'allée des Bébés, avec mes monstres qui remplissent le bois silencieux de leurs

horribles cris. J'ai bu au retour, en déjeunant, de l'excellente bière Grüber. J'ai reçu tes deux envois hier !

Merci, mio Carlo, le Kohinoor, l'Orloff, le diamant, la perle des amis ; tu vois que je profite de mes lectures, et, pourtant j'ai oublié d'emporter le trésor du Guèbre !

Nous pensons toujours à toi, et Jacques-Ambroise aussi. Cricri est de la partie ; elle continue à te désigner irrévérencieusement sous le nom du *petit* Charles Ephrussi.

Laure me prie de te demander un télégramme pour indiquer l'heure de ton arrivée vendredi prochain...

Que de joies, bon Charles, moi j'ai, en me remémorant ce que tu as dit, pensé et fait pour nous ! Vous êtes, toi et mon cher frère Ambroise, dans mon âme que vous comblez de délices.

Je t'embrasse tendrement.

PAUL.

Le tribunal a renvoyé à huitaine pour les répliques.

<hr>

NECROLOGIE

On annonce la mort d'une artiste de talent, Mme Eléonore Escallier, qui s'était placée au premier rang des peintres-décorateurs de la manufacture de Sèvres et avait remporté plusieurs médailles au Salon pour ses expositions de fleurs.

MM. Théodore Deck et Champfleury représentaient l'Etat à ses obsèques, qui ont eu lieu à Sèvres.

M. Félix Roguet, architecte honoraire de la ville de Paris, vient de succomber après une douloureuse maladie.

Né en 1822, a Châlon-sur-Saône, M. Roguet acquit de bonne heure une grande réputation comme dessinateur et architecte. On lui doit une belle collection de dessins gravés de nos monuments. Il contribua à la restauration de Saint-Germain-l'Auxerrois, de la Tour Saint-Jacques, de Saint-Séverin, du château de Chenonceaux, de l'hôtel Carnavalet et autres édifices.

Il collabora à l'édification des églises de la Trinité, de Sainte-Clotilde, et fit les plans du nouveau lycée Louis-le-Grand (en 1881), qu'il était chargé de reconstruire.

<hr>

ÉCHOS ET NOUVELLES

Le Parlement sera saisi prochainement d'une demande de crédit de 2 millions de francs pour l'installation de la cour des comptes dans le pavillon de Marsan et l'aile adjacente.

D'autre part, le ministre de l'instruction publique va signer une convention avec la Société des arts décoratifs pour l'installation du musée dans l'ancien palais de la Cour des comptes. La Société ne recevrait aucun subside de l'Etat, et au bout de trente ans le monument restauré et les collections qu'il contiendra deviendront la propriété de l'Etat. La façade de l'ancien palais qui donne sur le quai d'Orsay sera conservée.

Les artistes qui ont des commandes pour la décoration intérieure du Panthéon viennent de se mettre à l'œuvre, et tout permet d'espérer que l'entreprise artistique commencée il y a environ douze ans sera menée à bonne fin sans nouvelles interruptions.

Tout le côté gauche de l'ancienne chapelle de la Vierge, divisé en huit panneaux, est aujourd'hui caché par un énorme échafaudage, tandis qu'on achève de placer les peintures murales des deux panneaux qui existent au fond de l'ancienne chapelle.

Enfin, dans la dernière partie de l'édifice, comprenant environ un quart des surfaces à décorer et dont on ne s'était pas encore occupé, les cadres de tous les panneaux destinés à recevoir des peintures sont aujourd'hui tracés.

Les architectes qui prennent part au concours pour la construction de l'hôpital Debrousse (fondation Alquier) ont, sous la présidence de M. d'Echérac, inspecteur de l'Assistance publique, assisté de M. Darlot, membre du conseil municipal, et de M. Goupy, membre du conseil de surveillance de l'Assistance publique, procédé à l'élection des trois jurés laissés à leur choix.

MM. Vaudremer, Raulin et Dutert ont été élus.

MM. de Baudot et Pascal ont été désignés comme jurés supplémentaires.

Chronique des statues :

Dimanche a eu lieu à Montbrison l'inauguration de la statue de Victor de Laprade, œuvre du sculpteur Bonnassieux, membre de l'Institut.

L'inauguration de la statue de M. Léonce de Lavergne, érigée dans les jardins de l'Institut agronomique (rue Claude-Bernard), aura lieu vendredi prochain 22 juin, à trois heures et demie.

M. Léon Say est président du comité.

Enfin, on inaugurera prochainement à Lyon une statue d'Ampère, œuvre d'un sculpteur lyonnais, M. Textor.

Le jury de l'Ecole des Beaux-Arts a rendu les jugements suivants :

Géométrie descriptive. — Médailles : MM. Rons, élève de M. Bérenger ; Bonnel, élève de M. André.

Concours Huguier (prix supérieur d'anatomie). — Médaille : M. Ducatillon, élève de M. Gérôme.

Le prix Deschaumes, d'une valeur de 1,500 francs, a été partagé entre trois jeunes architectes : MM. Chifflot, Despradelles et Balesta, élèves de l'Ecole des Beaux-Arts.

Rue des Écoles, lundi soir, à la suite d'une discussion, Jean D..., modèle, âgé de trente-six ans, sujet italien, demeurant rue Mouffetard, a frappé de coups de pied et de coups de poing son compatriote Alfred D..., dix-huit ans, même profession, et l'a grièvement blessé. Les agents l'ont arrêté au moment où il prenait la fuite et l'ont consigné au poste Saint-Victor.

Le blessé a été transporté à l'hôpital de la Pitié.

Lorsque M. Lockroy, ministre de l'instruction publique, visita, il y a trois semaines, le lycée Lakanal, le proviseur lui fit remarquer que cette maison ne possédait aucun portrait, tableau, buste ou gravure du grand conventionnel dont elle portait le nom.

Or, le ministre avait précisément dans son cabinet un portrait de Lakanal, qui avait été laissé par M. Paul Bert lors de son court passage à la rue de Grenelle. M. Lockroy, dès son retour à Paris, s'empressa d'envoyer cette toile au lycée de Bourg-la-Reine, dont elle ornera le parloir.

L'organisateur de l'enseignement sous la Convention est représenté en costume de membre de l'Institut. Le tableau n'est pas signé. La peinture est, parait-il, assez médiocre, mais il y a lieu de croire que le portrait est ressemblant.

* *

Il n'est nullement question, comme on l'a annoncé, de déplacer les *Lions* de Cain qui se trouvent au haut du perron de la porte de Castiglione, au jardin des Tuileries.

Ce groupe en bronze a été enlevé hier matin de son socle, mais uniquement pour reconstruire ce socle qui tombait en ruines.

Dans une huitaine de jours, cette belle œuvre décorative aura repris sa place.

BULLETIN FINANCIER

Le marché des Rentes françaises a beaucoup profité cette quinzaine de la hausse qui s'est produite sur presque tous les fonds étrangers, tels que l'Italien, le Portugais, l'Extérieure Espagnole et les Hongrois. Cela d'ailleurs est absolument légitime, car en dehors de la fermeté des bourses de Londres et de Berlin, qui, naturellement facilite la reprise de nos rentes et de nos valeurs, l'approche des gros coupons de juillet et principalement de celui du 3 p. 100, est un élément très important pour l'amélioration générale du marché.

Le 3 p. 100 que. nous laissions à 82,80. a franchi le cours de 83 fr. et reste demandé à 83,25 en attendant mieux, le 4 1/2 vaut 106 fr. et l'amortissable 86,15.

Le Foncier qui était à 1455 après s'être élevé à 1470, se maintient calme à 1465, la banque de France se raffermit à 3.650.

Les valeurs internationales ont beaucoup monté : l'Italien se tient au-dessus de 99,25, le Portugais cote 63,25, le Hongrois 82 et l'Extérieure 71 fr, Les fonds Turcs sont également en reprise à 14,40 la rente, et 523 la Banque ottomane.

Les différentes obligations foncières et commerciales à lots, ainsi que les obligations Ville de Paris et Chemins de fer sont toujours très recherchées au comptant. On annonce pour le 26 de ce mois l'émission des nouvelles obligations Panama à lots, le prix d'émission est fixé à 360. Ces obligations remboursables à 400 fr., rapporteront 15 fr. d'intérêt et participeront à six tirages annuels composés de 366 lots d'une valeur de 3 millions 390,000 fr., les gros lots seront de 500,000 fr.

Le Suez et le Panama sont fermes à 2177 et 400.　　　　　　　　　　　　　　　　G. P.

—

Pour toute demande de renseignements financiers sur valeurs cotées ou non cotées, on est prié de s'adresser à M. Gustave Pessard, rédacteur financier de ce journal, 131, rue Montmartre.

DERNIÈRE HEURE

La liste des achats faits par l'Etat au Salon, que nous publions plus haut et qui est soumise à la signature du ministre, subira forcément

quelques modifications. Certains artistes, en effet, ont pu prendre avec d'autres acheteurs des engagements antérieurs. C'est ainsi que l'*Accouchée*, de M. de Latouche, et le *Cours d'anatomie*, de M. Sallé, appartiennent déjà au musée de Sydney.

L'*Imprimeur-Gérant :* HENRY LEFEBVRE.

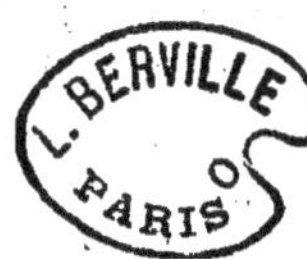

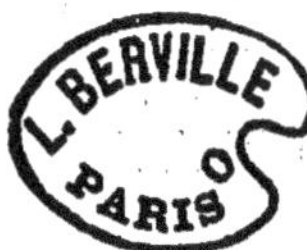

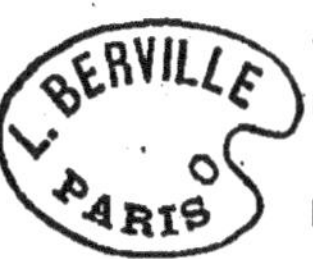

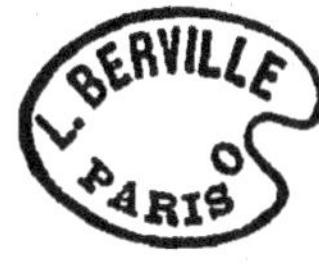

ACADÉMIE JULIAN
ATELIERS DE PEINTURE
Sculpture et Dessin.

Distincts pour Hommes et pour Dames.
Toute la journée modèle vivant.

ATELIERS DE
MM. **BOUGUEREAU** et **T. ROBERT-FLEURY**
MM. **BOULANGER** et **J. LEFEBVRE**

Atelier de sculpture, professeur M. **CHAPU**
Ces éminents professeurs donnent régulièrement leurs conseils aux élèves.

COURS pour HOMMES
48, faubourg Saint-Denis (près la porte-St-Denis).

COURS pour DAMES
5, rue de Berri (avenue des Champs-Elysées).
27, galerie Montmartre (Passage des Panoramas).
28, Faubourg Saint-Honoré (Près de la Madeleine).

COURS D'ANATOMIE : M. CUYER.
Préparation au brevet supérieur de dessin de la ville de Paris et de l'Etat et aux concours de l'Ecole des Beaux-arts.

Aquarelle — Pastel — Nature morte, etc.

Il n'y a jamais de vacances.

On trouve dans chaque Atelier les renseignements qui le concerne.

LA VIE ARTISTIQUE

COURRIER HEBDOMADAIRE ILLUSTRÉ

Des Ateliers, des Expositions & des Théâtres

BUREAUX A PARIS	DIMANCHE 1ᵉʳ JUILLET 1888	ABONNEMENTS
42, Rue de Chabrol, 42	2ᵉ ANNÉE — Nᵒ 26	Un An : DIX FRANCS

Plusieurs irrégularités, provenant du chef de l'administration des postes, se sont produites dans la distribution du dernier numéro. Des exemplaires portant le timbre de la poste de Compiègne du 23 juin n'ont été distribués à Paris que le *mardi* 26, dans la matinée.

Nous adressons à ce sujet une plainte à l'administration centrale et nous prions nos lecteurs de nous signaler toutes les irrégularités qu'ils pourraient constater. Nous les transmettrions nous-mêmes à qui de droit.

NOTES DE VOYAGE

—

Nous voici revenus du Danemark. Si vous me demandez de résumer mes impressions en quelques lignes, et en manière de causerie, je ne vous dissimulerai pas mon enthousiasme de voyageur.

Je vous dirai que nous avons été reçus d'une inoubliable manière, que chacun de nous, à la façon dont il était traité, pouvait se croire un victorieux auquel on rendait les honneurs.

Il fallait voir sur notre passage, les mains tendues, les visages ouverts, les drapeaux tricolores pavoisant les maisons, flottant aux grands mâts, les illuminations du soir aux feux bleus, blancs et rouges.

Il fallait entendre les hurrahs frénétiques, les salves des canons, et la Marseillaise nationale qui nous recevait à chaque débarquement. Quand on est à treize cent kilomètres de son foyer, qu'on a traversé un pays qui semble bien long..... et qu'on reçoit de telles preuves d'ami-

tié, qu'on constate un tel élan d'affection pour sa patrie, je vous assure qu'il n'y a pas de chauvinisme qui vous entraîne qu'il n'y a pas de scepticisme qui vous retienne, on sent une petite larme qu'il faut bien vite écraser du doigt au coin de l'œil.

Ici c'était un artiste qui levait son verre « au bonheur de la belle France », là, le commandant d'un cuirassé magnifique en grand uniforme, qui après nous avoir reçus à bord, entouré de son état-major, buvait le soir à ce glorieux drapeau tricolore qu'il aimait tant !

Entre temps, il faut vous avouer que l'on fait quatre ou cinq repas par jour à Copenhague, que chaque repas se compose de vingt plats au minimum, et qu'entre chaque plat se glissent trois ou quatre toats, art oratoire, et art culinaire mêlés. Le second favorise le premier.

Je puis vous certifier que Cohenhague est une ville superbe, gaie, animée, heureuse. C'est peut être à une cité de la Hollande qu'elle ressemble le plus, mais avec un je ne sais quoi qui est plus vibrant, plus vivant, j'allais écrire plus français. Le soir, la société se porte à Tivoli, sorte de grand *jardin de Paris*, où il y a des jeux divers, des théâtres en plein vent, des restaurations, tout cela éclairé de globes de lumières disposés avec un goût et une richesse dans l'ornementation, qui n'ont rien de banal, et ne ressemblent nullement à nos illuminations traditionnelles.

Je vous dirai encore pour les gourmands —, s'il en est qui me lisent, que la cuisine très variée est excellente, ... mais de grâce ne me parlez pas de Thorvaldsen.

Et comment faire pour passer sous silence cet artiste dont ils sont si fiers là bas ! Ils lui ont construit un musée qui est un temple élevé à sa mémoire, sinon à sa gloire. Et l'immense bâtiment est rempli du rez-de-chaussée au faîte des ouvrages du maître sculpteur !

Je les ai parcouru ces salles et j'en suis revenu avec une admiration profonde pour la somme de travail qu'elles représentent. Quel producteur infatigable que cet homme !

Quand nous prononçons en France le nom de Thorvaldsen : c'est avec quelque estime : le nom sonne bien d'abord, et puis l'artiste est natif d'une contrée lointaine où l'art de la sculpture n'a pas eu beaucoup de bonheur.

Mais, quand on se trouve en présence de l'œuvre elle-même, qu'on y pénètre, ah ! mes amis, quelle désillusion ! Pour Dieu, si vous tenez vaguement à conserver un peu de prestige à la mémoire de Thorvaldsen, détournez-vous, quand vous serez à Copenhague, du mausoléomusée style étrusco-pompéien, qui s'élève près du château de Christiansborg ! C'est de 1800 à 1820 qu'il travailla à Rome, et comme cela se voit bien de reste ! « La naïveté seule de Thorvaldsen a pu lui donner le sentiment de l'art antique sans la raideur des règles académiques. » Je cueille cette phrase dans mon guide. Vous l'aviez deviné n'est-ce pas ? Farceurs de guides, va ! et les Anglais qui les savent tous par cœur !

Une comparaison vous donnera l'impression qui s'impose. Vous connaissez certain peintre de chez nous qui débite de la peinture, comme un robinet de l'eau chaude ; supposez qu'il ait fait de la sculpture et qu'il eût été danois, et vous aurez... oh ! Thorvaldsen, pardon !

Je ne cesserai pas d'être sincère en vous entretenant de l'art industriel du Danemark. Ma reconnaissance de voyageur et d'hôte ne pèse pas, on vient de le voir, sur mon jugement. Et bien, les industries danoises présentent un intérêt considérable. Elles sont dans un mouvement de progrès des mieux marqués. La céramique entre autres a des productions heureuses. Il y a là des modèles charmants tant pour la forme que pour les colorations et le goût du décor. En les contemplant je me suis surpris à reporter mélancoliquement ma pensée sur notre manufacture nationale de Sèvres.

La joaillerie également est très digne de fixer l'attention des délicats. Elle a le mérite d'avoir un caractère, ce qui n'est pas un mérite commun, après tout. Je sais bien que les danois ont le château de Rosenborg, admirable musée où l'on conserve les joyaux et les armes des souverains depuis 1448. Rosemborg est le Cluny de Copenhague, mais ils savent y puiser des inspirations : l'exemple est à suivre.

Quoi qu'il en soit, combien de fois, n'avonsnous pas entendu dire depuis plusieurs années :

« Prenons garde : la France s'endort sur ses lauriers : la concurrence étrangère devient sérieuse, très sérieuse au point de vue de la production de l'industrie artistique. Etant les premiers dans un temps, nous ne croyions n'avoir rien à craindre. Aujourd'hui, ce n'est plus derrière, c'est à côté de nous qu'il faut regarder. » Ces choses sont devenues des lieux communs. N'importe : il faut les redire. A Copenhague cet ordre d'idées s'impose une fois de plus. Et la semaine prochaine, quand nous causerons des écoles d'art scandinave. Notre franchise nous amènera à de semblables aveux.

Roger Ballu.

LE RÈGLEMENT
de l'Exposition décennale des Beaux-Arts

Une question qui soulevait depuis quelque temps de gros débats dans les ateliers d'artistes a été résolue définitivement : il s'agit du règlement de l'Exposition décennale des beaux-arts, qui sera le Salon de l'année prochaine.

On sait ce que signifie ce titre : cette exposition sera ouverte à des œuvres mises au jour depuis 1878 jusqu'en 1888. Elle sera tout à fait distincte de l'Exposition rétrospective de l'art français, qui embrassera notre production artistique à dater du commencement du siècle.

M. Castagnary, le regretté directeur des beaux-arts, avait rédigé pour le « Salon décennal » un règlement ; la composition du jury avait été laissée pour moitié à l'administration, pour moitié aux artistes et il semblait que les dispositions ainsi prises étaient bien prises.

Mais, à la suite de la mort de M. Castagnary, on vit bientôt se produire, au sujet de certains articles du règlement, des réclamations et des critiques dont quelques membres du jury se faisaient volontiers les propagateurs intéressés. Ces derniers demandèrent au ministre l'autorisation de consulter chaque section du jury sur l'opportunité d'un remaniement des articles incriminés.

Voici quels étaient ces articles :

1° L'article 4, qui stipule que le nombre des œuvres de chaque exposant doit être limité à *dix;*

2° L'article 20, qui déclare que tous les membres du jury doivent être mis hors concours.

Il semble que ces deux articles sont marqués au coin du bon sens et de l'impartialité absolue. On pourrait craindre, en effet, que les artistes en possession de grosses influences ne se fissent la part du lion et ne remplissent d'abord les salles de leurs œuvres, laissant « le reste » de la place aux jeunes.

D'autre part, dans quelle exposition a-t-on vu des exposants être à la fois juges et parties ? Et ne se rappelle-t-on pas quel bruit fit, en 1878, la distribution des récompenses, à quelles protestations elle donna lieu ? Certains « maîtres » s'étaient fait attribuer — et à leurs amis — la plus forte part des récompenses, croix et médailles.

Le ministre de l'instruction publique a cru bon de faire procéder à une consultation sur ces articles, quelle que fût la sagesse bien apparente de leur rédaction.

Dans des séances préliminaires, chaque section du jury vota sur les modifications à introduire dans le règlement.

La peinture, l'architecture et la gravure se déclarèrent contre la limitation du nombre des œuvres; la sculpture, par contre, demanda le maintien de l'article 4 qui établit cette limitation. De même, au sujet de l'article 20, les avis semblèrent très partagés; un assez grand nombre de jurés semblaient trouver tout naturel de se médailler eux-mêmes.

Il devenait nécessaire, dans ces conditions, de prendre une résolution définitive en assemblée générale.

Cette assemblée générale s'est tenue mardi après-midi, au palais de l'Industrie.

La discussion a été fort longue : MM. Meissonier (président du jury); Kæmpfen, Guillaume, Antonin Proust, Lucien Magne, etc., y ont pris une part très active. On a enfin passé au vote et :

1° L'article 4 a été maintenu par 26 voix contre 18;

2° L'article 20 a été également maintenu à une majorité très forte.

Le règlement édicté par M. Castagnary reste intact.

A la fin de cette séance, MM. Antonin Proust, Delaborde et le graveur Béraldi ont fait adopter à l'unanimité une proposition très prévoyante : ils ont demandé que le jury priât le ministre de faire commencer dès maintenant l'exécution du modèle de diplôme qui sera attribué aux exposants. En outre, le jury émettra le vœu que ce diplôme soit *gravé*.

Ce dernier détail a également quelque importance, car on se rappelle qu'en 1878 le diplôme dessiné par Paul Baudry fut reproduit seulement par un procédé photographique. Les épreuves en sont aujourd'hui fort laides.

Tout au contraire, le diplôme de 1855, dessiné par Ingres et gravé par Calametta est resté une pièce très belle et très recherchée des collectionneurs : il faut qu'il en soit de même pour le modèle de 1888.

SOCIÉTÉ DES GRAVEURS AU BURIN

Dans une assemblée générale du 7 mai 1888, la Société des graveurs au burin a voté l'addition suivante à ses statuts :

ARTICLE PREMIER. — Sous les auspices de la Société des graveurs au burin, il paraîtra chaque année une planche gravée dont le tirage sera limité au nombre de deux cents épreuves. *La planche sera détruite après ce tirage.*

ART. 2. — En conséquence l'adjonction de deux cents membres correspondants, payant une cotisation annuelle de deux cents francs, s'impose à la Société. Ces membres correspondants auront droit chacun à une épreuve de la planche. Les premiers vingt-cinq membres correspondants, payant à l'avance leur cotisation, recevront deux états de la planche ainsi que l'état terminé.

ART. 3. — Les possesseurs de collections privées seront invités, ainsi que les conservateurs de galeries publiques, à signaler les œuvres qui leur paraîtront les plus opportunes à graver. Appel sera fait également aux peintres contemporains qui pourront faciliter la reproduction de leurs œuvres.

ART. 4. — La Société nomme en assemblée générale, pour une période de trois années, une Commission artistique composée de neuf membres.

ART. 5. — Cette Commission est chargée : 1° Du choix de l'œuvre à graver ; 2° De l'artiste chargé de l'exécuter, et 3° Du choix du papier : de déterminer le format des planches, marges comprises ; la suite à donner aux propositions venant des artistes peintres et membres correspondants de la Société.

ART. 7. — Les membres de la Commission seront appelés à suivre le travail de leur confrère, et, au besoin, à donner avis au Comité de l'état d'avancement de l'œuvre.

ART. 9. — La Commission fera un choix de trois œuvres et de trois artistes, qui seront présentés simultanément dans la circulaire envoyée aux membres correspondants.

Les amateurs connaîtront ainsi à l'avance les œuvres qui leur seront offertes pendant les années 1889, 1890 et 1891, et les artistes auront plus de temps pour exécuter leurs travaux.

En outre. — 1° Il est créé un portefeuille de la Société des graveurs au burin; 2° Dans ce but, six œuvres seront désignées à six artistes de la Société, par la Commission artistique, et celle-ci seront faites sous son contrôle.

Les membres de la Commission artistique nommés en vertu de l'article 4 sont :

MM. Adrien Didier, Achille Jacques, Alphonse Lamotte, Ch. Waltner, E. Burney, De Mare, Lévy, Léopold Flameng, Laguillermie.

EXPOSITION DE NIMES

Liste des récompenses.

PEINTURE

Diplôme d'honneur : M. C. Brillouin.

Médaille de vermeil : MM. A. Grison ; J. B. Brunel. — Rappel de la même médaille : Mmes Berthe Delorme ; Baroncelli-Javon.

Médaille d'argent : MM. Ed. Menta ; Gumery ; Luneau ; Labor Moissn. — Rappel de médaille : MM. N. Cabane ; Grivolas ; Huguet ; Molines ; Toussaint-Roussy ; Vergez ; Mme Puyroche-Wagner.

Médaille de bronze : MM. Alfred Boisson ; Garipuy ; Ruinard ; E. Lefebvre ; Coulange-Lautrec ; Marsal ; Pétillon ; Guindon ; G. Mascart ; Renaud ; Timmermans ; Mme Finiels-Vasselon ; M. Dupuis. — Rappel de la même médaille : Mme Thérèse Guérin ; MM. Rastoux ; Ch. Royer ; Mme Isabelle Chaloupin.

Mentions honorables : Mme Lefebvre ; Mlles

Rongier ; Le Saulnier ; Huillard ; MM. Pauzat ; Ch. Firmin ; Dollet ; Graux ; Gillet ; Perret ; L. Gautier ; Antony Serres ; Alexis Forel.

Des gravures offertes par l'Etat ont été décernées à MM. Cerveau ; Brémond ; Reybaud, Inard ; Mlle Dhours ; Mme Lambert ; Chaloupin; Mlle Mager.

SCULPTURE

Médaille de vermeil : M. Bourgeot.
Médaille d'argent : M. Savine. — Rappel de la même médaille : M. Wuipf.
Médaille de bronze : M. Férigoule : Mlle Itasse
Mention honorable : Mlle Berthe Imer, Mme Klenlo ; MM. Villeneuve ; Malacan.

ARCHITECTURE

Médaille d'argent : M. Raphel.
Médaille de bronze : M. Glaize.
Mention honorable : M. Garnier.
Une gravure est décernée à M. Lahaure.

EMAUX

Médaille de bronze : M. Le Grand-Roy.
Mention honorable : Mlle Louvet.
Une gravure à Mme Picheral-Dardier.

LIRTE DES ACQUISITIONS

Alchisnowiez : *Matinée d'été à Collioure.*
Amaudry (Mlle) : *Primevères et œillets.*
Balmier : *La Tour Philippe-le-Bel.*
Baraban (Mlle) : *Primevères.*
Beul (F. de) : *Le retour à la bergerie.*
Brillouin (L.-G.) : *L'écot de Lantara ou le portrait de l'hôte.* (Pour le Musée').
Brissot de Warville : *Moutons ;* aquarelle.
Brun (Raoul) : *Rade de Bordeaux.*
Brudel (J.-B.) : *Vue d'Avignon.*
Caron : *Etudes dans le Morvan,* aqua.
Clavel (A.-J.) : *Un récalcitrant.*
Dupérelle : *Le chemin de la mer.*
Eyries : *Marine ;* aqua.
Eysseric : *Dans le port de Cette.* — *A Palavas;* aquarelles.
Fornet (Mme) : *Bachi-Bouzouk ;* faïence.
Furcy : *Chrysanthèmes.* — *Fleurs d'avril.*
Gélibert : *Arrêt sur une bécassine.*
Godchaux : *La Marie-Louise, barque en péril.* — *Cascade Valentin.*
Guérin (Mlle T. H.) : *Souvenir.*
Guieu : *Un coin du Pharo, Marseille.*
Guitton : *Vue de Montredont ;* aqua.
Imbert : *Pont-Saint-Bénézeth, Avignon.*
Itasse : *L'Enfant à l'Escargot ;* terre cuite.
Louis-Gautier : *Paysages.*
Mattelé : *Un comple à régler.*
Médard : *Perdrix rouge.* — *Roses.*
Menta : *La Chanson ;* aqua.
Moutte : *Paysanne ;* gouache.
Peloux : *Le Virdoule à Callargues.* — *Environs de Vals ;* fusains.
Perrier (Mlle) : *Dernier coup d'œil,* aqua.
Rastoux : *Sous bois ;* fusain.
Rubellin : *Nature morte.*
Salles : *Un marché à Nîmes.* — *Regrets.*
Stamler (Mlle) : *L'arrestation.*
Vauzanches : *Bourriches de pensées.*
Viguier : *Dans la colline.*
Vomane (Mlle R.-M de) : *Nature morte.*

EXPOSITION DE PÉRIGUEUX

Une exposition publique des ouvrages de : sculpture, architecture, dessins et photographie artistique, sera ouverte à Périgueux du 15 *août au* 30 *septembre* 1888. La photographie formera une section spéciale.

Les frais de transport des objets d'art, aller et retour, resteront entièrement à la charge des exposants ; la Société réservant ses fonds pour les employer à l'achat d'œuvres exposées.

Ne seront point admis : 1° Les tableux, dessins, aquarelles, etc., sans cadre, à l'exception des dessins d'architecture, qui seront reçus montés sur chassis ; — 2° Les ouvrages ayant des cadres de forme ronde, ovale ou à pans coupés, à moins qu'ils ne se reposent sur des planches dorées de forme rectangulaires ; — 3° Les copies, sauf celles qui représentent un ouvrage dans un genre différent de l'original ; — 4° Les ouvrages anonymes ; — 5° Les tableaux dépassant deux mètres de hauteur.

Les artistes qui désirent exposer doivent adresser à M. Bertoletti, secrétaire de la Société à Périgueux, une déclaration contenant les indications suivantes : Nom, prénoms, adresse, lieu de naissance, noms de maitres, récompenses déjà obtenues, titres ou sujets des ouvrages envoyés, prix pour le cas de vente et dimensions prises en dehors des cadres. Ces notices devront parvenir, au plus tard, le 15 juillet, et les ouvrages, le 5 août, terme de rigueur.

MM. les artistes de Paris trouveront des notices à remplir chez MM. Grinchard et Fourniret, 76, rue Blanche, emballeurs de la Société des amis des Arts de la Dordogne, chez lesquels les ouvrages devront être déposés vers le 15 juillet.

Les caisses contenant les ouvrages destinés à l'Exposition seront adressées à M. Roland de Denus, président de la Société, à Périgueux.

Les membres de la Commission administrative : MM. Roland et Denus, ✺ A., *président;* — Baron de la Tombelle, ✺ A, Bélaval, ✺ A, *vice-présidents;* — Bertoletti, *secrétaire;* — Dubost, *secrétaire-adjoint;* — Gervaise, *trésorier;* — Bernard d'Honnorat, ✳, Bitry, R. Brizon, Gros-Poymartin, ✺ A, G de Montardy, *membres.*

N.-B. — Par dérogation la Commission administrative a choisi un certain nombre d'artistes d'élite pour lesquels la Société supportera les frais d'emballage et de transport aller et retour des œuvres qu'ils consentiront à envoyer à l'exposition ; ces artistes ont reçu une lettre d'invitation qui leur est personnelle.

------◆------

SOCIÉTÉ DES BEAUX-ARTS
DE FLORENCE
(Via della Colonna, 29).

Le Conseil directeur de la Société des Beaux-Arts dans son assemblée du 28 mai 1888 ; — Vu l'article 56 des statuts de la Société : — a décidé à l'unanimité que l'Exposition annuelle

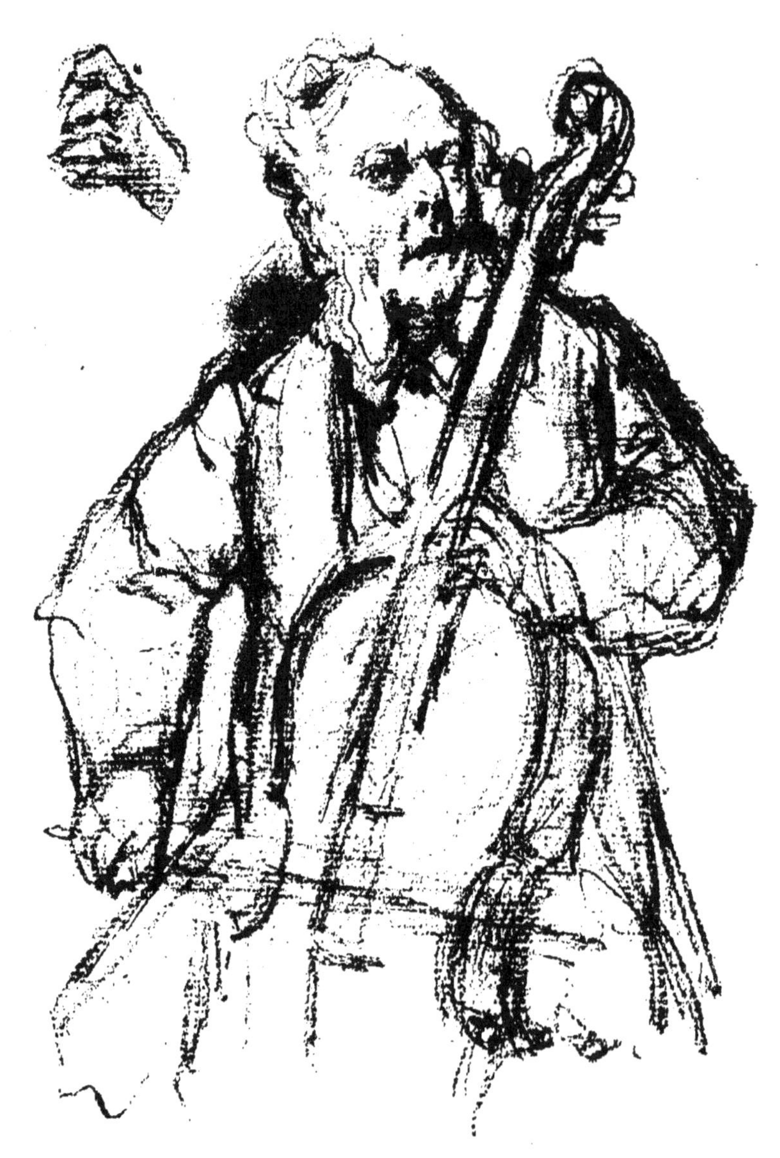

DESBOUTIN

des Beaux-Arts commencera le 16 décembre 1888 et se terminera le dernier dimanche de mars 1889.

Art. 58. — Seront admises : Les œuvres originales des artistes vivants, en peinture, dessin, gravure, lithographie et lithochromie, sculpture, plastique, pourvu toutefois que ces œuvres soient la propriété directe de leurs auteurs ; — Les œuvres originales d'artistes vivants qui ne seraient plus en leur possession, mais pour être simplement exposées.

Art. 59. — Ne pourront être admises : Les copies, à moins qu'elles ne reproduisent les ouvrages par un procédé différent.

Art. 65. — Les artistes qui exposeraient plus de trois œuvres pourront concourir à la vente, mais une seule de ces œuvres, d'après le choix qui en sera fait, pourra concourir aux primes. De plus, une taxe de 5 lire sera payée à la Société par chacune des œuvres excédant le nombre trois, ci-dessus fixé. Sont exempts de cette disposition, les miniatures, gravures et aquarelles formant un seul cadre.

Art. 68. — La Société prélèvera une remise de 5 0/0 sur le prix des œuvres vendues au cours de l'Exposition que cette vente ait été faite par les soins de la Société ou par un tiers.

Le Conseil directeur a approuvé à l'unanimité le règlement suivant et en a décidé la publication.

RÈGLEMENT

Article Premier. — Les œuvres envoyées pour l'Exposition seront reçues tous les jours, de 10 heures à 3 heures jusqu'au 30 novembre 1888. Le Conseil se réserve le droit d'accepter encore après cette date les œuvres qui lui seraient présentées, jusqu'à concurrence de l'emplacement disponible, sans préjudice des œuvres présentées en temps prescrit. Les œuvres présentées après le 30 novembre ainsi que celles qui seraient retirées avant la fin de l'Exposition ne pourront concourir pour une prime.

Art. 2. — Les œuvres qui viennent de l'étranger devront être enregistrées en douane de Florence, avant le 30 novembre.

Art. 3. — Toutes les œuvres devront être adressées « à la Direction de la Société des Beaux-Arts de Florence, *Vià della Colonna, n° 29,* » et être accompagnées d'une notice signée de l'auteur propriétaire, laquelle contiendra l'adresse de l'exposant ou celle de son représentant à Florence, le sujet de l'œuvre, la déclaration que l'œuvre est ou n'est pas à vendre, le prix au-dessous duquel elle ne doit pas être vendue, avec ou sans son cadre. Les œuvres qui seraient envoyées sans indication de prix, seront considérées comme n'étant pas à vendre.

Art. 4. — Les œuvres seront consignées, franches de port, à l'inspecteur de la Société qui délivrera un reçu ; à partir de ce moment les exposants se considéreront comme assujettis à toutes les dispositions des statuts et à celles du présent règlement.

Art. 5. — Les peintures devront être entourées de cadres dorés à l'exclusion de tous autres dont la couleur et l'ornement pourraient nuire aux œuvres voisines ; les tableaux de forme ovale seront placés sur une tablette carrée ; les tableaux sans cadres seront refusés.

Art. 6. — Les prix des œuvres exposées vendues par leurs auteurs pendant l'exposition, devra être versé par l'acquéeeur à la caisse de la Société, et par celle-ci à l'artiste.

Art. 7. — Les œuvres d'art ne seront considérés comme vendues qu'après le versement fait par l'acquéreur du quart du prix convenu. Ce quart restera à la Caisse de la Société à la disposition du vendeur excepté le droit appartenant à la loi conformément à l'article 68 des statuts. Le surplus du prix de la vente sera déposé à la caisse de la Société et consigné au profit de l'œuvre vendue dont l'acquéreur ne pourra prendre possession qu'à partir du huitième jour après la clôture de l'Exposition. Si dans le délai ci-dessus fixé, l'acquéreur ne peut ou ne veut pas prendre livraison de l'œuvre vendue, la somme versée sera acquise et profitera au vendeur, après prélèvement fait du droit de cinq pour cent, par la Société sur le prix indiqué au catalogue.

Art. 8. — Toute œuvre admise devra rester à l'Exposition jusqu'à la fermeture de celles-ci ; celles-là seulement pourront être retirées qui auront été acceptées sur notice, et pour lesquelles le déposant se sera réservé le droit de les retirer et aura fait connaître le jour où il lui conviendra d'exercer son droit à cet égard.

Art. 9. — Le Conseil directeur de l'Exposition choisira parmi les tableaux celui qu'il lui conviendra de faire reproduire pour être donné comme souvenir aux sociétaires ; une fois le choix déterminé, l'auteur ou l'acquéreur devra laisser l'œuvre à la libre disposition de la Société pendant tout le temps qui sera nécessaire à cet effet. L'œuvre reproduite pour être donnée ainsi aux sociétaires pourra être également une gravure originale au burin, une eau-forte, une lithographie, une lithocromie présentée à l'Exposition, et dont la Société deviendra exclusivement propriétaire. Les artistes, dans ce cas, devront déclarer que l'œuvre choisie est une œuvre originale et non une reproduction de commerce, et fixer le prix qu'ils demandent pour la cession complète du droit de propriété.

Art. 10. — Le Conseil directeur se réserve le droit de refuser les œuvres qui ne lui paraîtraient pas dignes d'être admises à l'Exposition, et il en sera décidé à la suite d'un rapport fait par la Commission de placement. Cette commission sera composée de cinq membres tous artistes, qui seront nommés à la majorité des exposants, et les décisions de ce jury devront être prises à la majorité de ses membres. Dans le cas où les exposants ne parviendraient pas à constituer la commission de placement et dans celui où les membres nommés n'accepteraient pas ou renonceraient à leur mandat, ces membres seront choisis ou remplacés par le Conseil directeur.

Art. 11. — La direction de l'Exposition n'assume pour la conservation et la garde des œuvres exposées aucune responsabilité ni obligation jusqu'à ce que ces œuvres soient retirées. Elle ne répond pas non plus du préjudice qui pourrait être occasionné soit par les visiteurs de l'Exposition, soit par toute autre cause pouvant provenir de la Société.

Art. 12. — Les œuvres qui ne seraient pas retirées dans le délai de quatre ans, à partir du jour où elles auront été remises à la Société pour être exposées, seront présumées être abandonnées en toute propriété à la Société.

Florence, le 28 mai 1888.

Le président : Constantino Morrocchi.

Le secrétaire : Cammillo Coppini.

Le trésorier : Pietro Bartolini.

Salimbeni Vivai.

Bulletin des Expositions et Concours

Anvers. — Exposition triennale du 29 juillet au 15 octobre. — Réception jusqu'au 27 juin. — Société d'encouragement des Beaux-Arts à Anvers.

Barcelone. — Concours pour un ouvrage d'Archéologie Dépôt des ouvrages jusqu'au 25 octobre 1891.

Buenos-Ayres et Montevideo. — Expositions successives en 1888.

Douai. — Exposition des Beaux-Arts du 18 juillet au 1er août. — Dépôt à Paris, chez M. Duppuy-Vildieu, rue de l'Echiquier, du 25 juin au 4 juillet.

Epinal. — Exposition des Beaux-Arts du 9 juin au 15 juillet.

Evreux. — Exposition du 1er juillet au 30 septembre.

Gand. — Concours d'arts industriels en 1888.

Glascow. — Exposition d'art ancien et moderne, de mai à octobre.

Langres. — Exposition du 16 août au 6 Septembre. — Envois à Langres du 10 au 20 juillet. — Dépôt à Paris chez Dangleterre, 16, rue Labie, du 1er au 5 juillet.

Melbourne. — Exposition internationale du 1er août 1888 au 1er janvier 1889.

Munich. — Exposition internationale du 1er juin au 1er octobre 1888.

Paris. — Exposition internationale de 1889. Champ-de-Mars, du 5 mai au 3 octobre.

Paris. — Exposition du *Blanc et Noir* du 1er octobre au 15 octobre 1888. S'adresser à M. E. Bernard, rue de la Condamine, 71.

Reims. — Exposition des Beaux-Arts du 6 octobre au 12 novembre. — Dépôt avant le 10 septembre, palais des Champs-Elysées, porte I, au commisariat général des Expositions.

Rotterdam — Exposition des Beaux-Arts, du 27 mai au 8 juillet. Envois du 30 avril au 12 mai, à la commission de l'*Académie Coolvert* à Rotterdam.

Versailles. — Exposition du 1er juillet au 30 septembre.

NECROLOGIE

Le peintre Théodore Maillot est mort subitement, lundi matin, à Passy, des suites d'une maladie de cœur.

Elève de Picot et de Drolling, il avait eu le prix de Rome en 1854. Sa spécialité était bien connue : il peignait les plafonds et les grandes surfaces murales. On lui doit surtout, et c'est là le plus substantiel de son œuvre, de grands panneaux au Panthéon, dans la chapelle de Sainte-Geneviève.

Théodore Maillot avait soixante-deux ans. Il était chevalier de la Légion d'honneur depuis 1870.

ÉCHOS ET NOUVELLES

Voici une liste complémentaire des œuvres d'art proposées pour les acquisitions de l'Etat au Salon de 1888;

Sculpture. — Aubé : *François Boucher* ; Levasseur : *Après le combat* ; Aizelin : *Agar et Ismaël* ; Michel : la *Fortune* ; Valton : *Lionne blessée* ; Béguine : *Buste de Corot* ; Steiner ; *Père nourricier* ; Ringel : la *Saga* ; Puech : *Muse d'André Chénier* ; Labatut : *Roland à Roncevaux.*

M. Hébert, directeur de notre académie de la villa Médicis, à Rome, vient d'être créé, par S. S. Léon XIII, commandeur de l'ordre de Pie IX.

M. Jacobsen, l'amateur d'art éclairé dont nous avons souvent parlé, vient d'acheter le marbre des *Premières Funérailles*, de Barrias, et le *Vieux Mendiant*, de Bastien-Lepage.

On annonce encore d'autres achats.

BULLETIN FINANCIER

Le marché des rentes qui pendant toute la semaine avait fait preuve des dispositions les plus satisfaisantes, a tout à coup changé de physionomie, et cela par suite d'une manœuvre de Bourse chère aux vendeurs, et principalement aux vendeurs de Panama. Ils ont tout simplement fait courir le bruit que M. de Lesseps était mort. — Or voyez comme tout s'enchaîne — M. de Lesseps mort, l'émission des nouvelles obligations ratait, on n'achetait plus de rentes pour garantir les lots, et patatras, le canal était enfoncé.

Cette petite infamie, commise la veille du jour fixé pour l'émission, a eu sur le public une très fâcheuse influence, et certainement beaucoup de gens qui étaient décidés à souscrire, se seront abstenus sans chercher ce qu'il pouvait y avoir de vrai ou de faux dans la nouvelle si scandaleusement mise en circulation.

Dans ces conditions, il se pourrait que l'émission des *Nouvelles obligations Panama*, qui s'annonçait comme devant être souscrite plusieurs fois, n'ait pas obtenu l'immense succès qu'on en attendait. Toutefois, sans connaître les chiffres officiels de la souscription, nous sommes en mesure d'affirmer qu'ils dépassent 1,700,000 obligations.

Le 3 0/0 qui avait monté à 83.15 est à 82.85 en progrès de 15 centimes sur la précédente clôture. Le 4 1/2 se tient à 106.50.

Les fonds étrangers, quoique fermes, n'ont plus le même entrain que la semaine dernière. L'Italien est lourd à 98.89 ; le Hongrois fait 83.50 ; l'Extérieure Espagnole 72.75, et le Turc 14.75 ; ce dernier est en progrès.

Le foncier reste calme à 1455. La Banque de France, qui vient de détacher le 26 un coupon de 69 francs, est revenue à 3.500. On a côté 2.170 le Suez et 830 les Métaux.

Le Panama a eu cette semaine un marché extrêmement agité : de 390 il a été précipité à 315 pour reprendre à 330 et clôturer finalement à 325.

On annonce pour le 7 juillet une émission de 101,750 obligations de la Cie des chemins de fer de Porto-Rico, au prix de 286 francs. Ces obligations remboursables à 500 jouiront d'un intérêt annuel de 15 francs. Cette émission a été autorisée pour subvenir aux frais que devront nécessiter la construction de deux nouvelles lignes de chemins de fer. Nous aurons l'occasion de revenir sur cette intéressante affaire.

G. P.

L'Imprimeur-Gérant : HENRY LEFEBVRE.

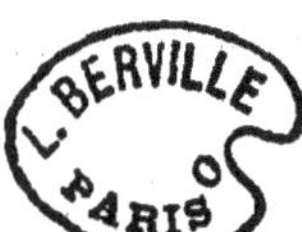

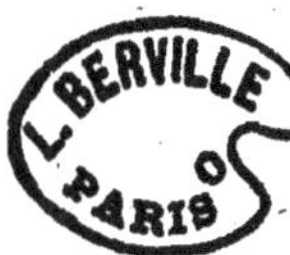

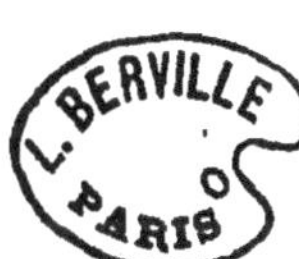

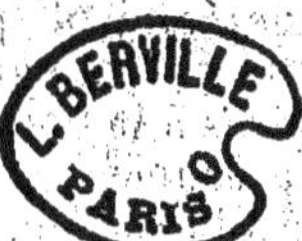

ACADÉMIE JULIAN

ATELIERS DE PEINTURE

Sculpture et Dessin.

Distincts pour Hommes et pour Dames.
Toute la journée modèle vivant.

ATELIERS DE

MM. **BOUGUEREAU** et **T. ROBERT-FLEURY**
MM. **BOULANGER** et **J. LEFEBVRE**

Atelier de sculpture, professeur M. **CHAPU**
Ces éminents professeurs donnent régulièrement leurs conseils aux élèves.

COURS pour HOMMES
48, faubourg Saint-Denis (près la porte St-Denis).

COURS pour DAMES
5, rue de Berri (avenue des Champs-Elysées).
27, galerie Montmartre (Passage des Panoramas).
28, Faubourg Saint-Honoré (Près de la Madeleine).

COURS D'ANATOMIE : M. CUYER.

Préparation au brevet supérieur de dessin de la ville de Paris et de l'Etat et aux concours de l'Ecole des Beaux-arts.

Aquarelle — Pastel — Nature morte, etc.

Il n'y a jamais de vacances.

On trouve dans chaque Atelier les renseignements qui le concerne.

Compiègne. — Imprimerie HENRY LEFEBVRE.

LA VIE ARTISTIQUE

COURRIER HEBDOMADAIRE ILLUSTRÉ

Des Ateliers, des Expositions & des Théâtres

BUREAUX A PARIS
42, Rue de Chabrol, 42

DIMANCHE 8 JUILLET 1888
2e ANNÉE — Nº 27

ABONNEMENTS
Un An : DIX FRANCS

NOTES DE VOYAGE

À propos de l'Art Scandinave

Il fut un temps où, quand nous mettions le pied dans une exposition de peinture en province ou à l'étranger, nous croyions tous, tant que nous sommes, devoir faire preuve d'indulgence. Nous avions la conviction que les œuvres qui nous attendaient ne vaudraient pas, à beaucoup près, celles du palais des Champs-Elysées. En somme, il n'y avait qu'au Salon qu'on voyait de la bonne peinture contemporaine.

Si on ne faisait pas cette déclaration tout haut, chacun se la faisait à part soi.

Et en réalité on n'avait pas tort. Notre école était la première par sa richesse, sa diversité, sa puissance et son influence. Elle rencontrait partout des admirateurs qui devenaient des imitateurs, et les voies qu'elle ouvrait se prolongeaient par de là les frontières.

Aujourd'hui, faut-il en rabattre? Devons-nous perdre notre belle assurance d'antan? J'en ai bien peur.

Depuis quelques années, nous recevons des avertissements à nos expositions annuelles. Le nombre de toiles signées de noms étrangers, qui s'imposent à nos éloges, devient de plus en plus important.

Mais notre confiance n'est pas ébranlée pour si peu. Quelle nation au monde peut donner annuellement une aussi magnifique floraison d'œuvres d'art? Voilà le grand mot lâché. Voilà la phrase sonore qui nous permet de garder notre sérénité tout entière.

L'autre semaine, à Copenhague, en entrant dans les salles d'exposition de peinture scandinave, je subissais cette impression de contentement national.

Nous allons donc les voir ces artistes danois, suédois et norvégiens! On dit qu'ils sont en progrès. C'est très bien. Il faut les encourager, et, Dieu me pardonne, je crois que nous étions tous dans une disposition d'esprit de gens qui s'apprêtent à donner des bons points.

On connaissait bien, non seulement de réputation, mais encore par ses œuvres, le peintre Kroyer; mais ce devait être une exception à coup sûr; puis, on l'avait vu tant de fois en France, qu'il pouvait passer pour Français...

Eh bien, je l'avoue tout net, je n'avais pas fait dix pas dans la salle que ma suffisance française avait reçu un rude coup.

Il s'agissait bien d'indulgence ou de bienveillance! il fallait y aller de son petit enthousiasme. Des œuvres excellentes et des noms inconnus; à chaque instant, un arrêt et un geste qui voulait dire : « Mais, c'est très fort, çà ! »

Notez que ce n'étaient pas des toiles isolées piquant d'une note délicate un parterre de médiocrités honnêtes. Nullement. Il y avait là un ensemble des plus intéressants, une réunion bien ordonnée, un art en un mot qui se manifestait.

Quel est cet art? On peut s'en être fait une idée par les quelques spécimens entrevus au Salon à Paris; mais pour en avoir la perception nette, il faut l'avoir surpris dans son milieu d'origine et de développement.

C'est un art de simplicité, de franchise et de fraîcheur. Il a le charme de ce qui est jeune et sincère, le charme des choses qui ne sont pas trop sues ou apprises tout d'une pièce.

L'habileté n'y règne pas en maîtresse ; elle peut être un moyen, elle n'est pas un but ou une raison d'être dominante. On sent des touches loyales, des pinceaux honnêtes et des palettes naïves.

Il est clair que l'art scandinave subit l'influence de ce mouvement qui nous entraîne tous vers la vérité des choses. Sa poëtique est bon enfant et ne cherche pas à battre l'espace à grands coups d'ailes. Sujets intimes, enfants aux cheveux blonds, scènes de la vie contemporaine bourgeoise ou campagnarde, le tout dans des paysages très saisissants d'aspect, au milieu d'une atmosphère dont on a la sensation facile, où l'on respire à l'aise.

Point de bizarrerie, voulue dans les colorations, point d'effets étranges qu'il faille retrouver dans la nature à l'aide d'un effort de souvenir, ou reconstituer, pour ainsi dire, par un raisonnement du regard.

Les grands thèmes historiques ne le tentent guère. En somme on n'est pas bien loin de la Hollande, là-bas. Et il est de si charmantes choses à voir par la fenêtre !

Je n'ai pas trouvé à Copenhague les figures inévitables, les articles de ventes des expositions ordinaires. La bayadère y est inconnue, ainsi que les femmes fellahs de Batignolles, et les orientales au minois parisien encadrés de sequins. La Vénus souriante et obligatoire ne m'est pas apparue. Les artistes scandinaves sont des gens sérieux qui ne parlent que pour dire quelque chose.

Ce serait faire preuve d'un esprit étroit et mal équilibré que de se lamenter, ou même de s'inquiéter outre mesure ! Quoiqu'il en puisse être, nous savons ce que nous valons, et nous avons la conscience d'être une force. Mais il faut rentrer en nous-même, et profiter de la leçon que nous donne la marche ascendante de l'art étranger.

A tout prix, débarrassons-nous des défroques qui gênent nos mouvements, qui paralysent nos élans. Chaque époque a son caractère, chaque époque doit avoir son mode de manifestation. Rajeunissons nos procédés, nos façons de sentir et de voir : faisons table rase des traditions encombrantes, et efforçons-nous, par la sincérité, de ressaisir l'ingénuité qui nous manque.

Veillons bien sur les générations qui se lèvent, ne les enfermons pas dans des théories, dans un enseignement réglé comme l'engrenage d'une machine qui couperait tout sur le même modèle.

Deux institutions qui ont été excellentes se meurent en ce moment de décrépitude : l'école des Beaux-Arts et l'Académie de France à Rome ; hâtons-nous de les transformer pendant qu'il est temps encore. Si on attend, ce ne seront plus que des choses mortes.

Roger Ballu.

ACADÉMIE DES BEAUX-ARTS

L'Académie des Beaux-Arts a procédé, dans sa séance de samedi, à l'élection d'un membre dans la section de gravure, en remplacement de M. Bertinot, décédé.

Les candidats étaient présentés dans l'ordre qui suit : MM. Blanchart, Roty, Danguin, Achille Jacquet, Jules Jacquet, Bellay, Waltner, Flameng, Didier et Laguillermie.

M. Louis-Oscar Roty a été élu à une grande majorité (21 voix sur 35 votants).

Le nouveau membre est un graveur en médailles, né à Paris, élève de MM. Dumont et Ponscarme.

On lui doit les principales œuvres suivantes : *Faune et Faunesse* (fond de coupe), 1882 ; Portrait de M. Bouley, président de l'Académie des Sciences ; l'*Immortalité* (revers de la médaille de Victor Hugo), 1885 ; Médaille commémorative de l'ouverture de la ligne du chemin de fer d'Alger à Constantine ; Portraits de M. Gosselin, de l'Académie de Médecine, membre de l'Institut ; de M. Georges Duplessis, directeur du département des estampes à la Bibliothèque nationale ; Médaille de M. Chevreul.

M. Roty a obtenu les récompenses suivantes : Médaille de 3e classe en 1873 ; prix de Rome, même année ; 2° médaille en 1882 ; 1re médaille en 1885 ; il est décoré de la Légion d'honneur.

LA DISTRIBUTION DES RÉCOMPENSES
AU SALON

Lundi, au seuil du palais de l'Industrie, à dix heures, M. Bailly, président de la Société des Artistes français, entouré des membres du Comité, recevait M. Lockroy, ministre de l'instruction publique et des Beaux-Arts.

Selon la coutume, les ouvriers du Garde-Meuble national s'étaient mis à l'œuvre à l'aurore et, sur les indications de M. Vigneron, l'agent général de la Société, avaient, en peu d'instants, décoré l'escalier et transformé le grand salon d'entrée, où, annuellement, a lieu la distribution solennelle des récompenses. On connaît la disposition du grand salon à pareil jour : au fond, faisant face aux portes d'accès, sur une estrade élevée à peine de quelques centimètres, la longue table obligatoire recouverte d'un somptueux tapis de velours rouge, derrière laquelle, selon les règlements et statuts de la Société, les jurys des quatre sections et le Comité vont décerner les récompenses « dans l'ordre même où elles ont été votées ». Devant la table, en rangs pressés, les banquettes réservées aux lauréats et aux invités.

Un grand nombre de personnalités appartenant au monde des arts se trouvaient dans la salle, quand M. Lockroy, ayant à sa gauche M. Bailly, président de la Société des Artistes, à sa droite, M. le colonel Chastagné, représentant le président de la République, et entouré de MM. Bouguereau, Meissonier, Barrias, Cabanel, Poubelle, préfet de la Seine; Larroumet, délégué aux Beaux-Arts ; Kæmpfen, directeur des musées nationaux, etc., prenait place au fauteuil présidentiel et donnait la parole au président de la Société des Artistes.

DISCOURS DE M. BAILLY.

Monsieur le Ministre,

Mesdames et Messieurs,

A chaque jour suffit sa peine, dit un vieux proverbe ; à chaque année appartiennent ses incidents, ses préoccupations.

Nous aurions pu croire de bonne foi, Monsieur le Ministre, qu'ayant rappelé, à bien des reprises différentes, le but que poursuit la Société des Artistes français, nous aurions été entendus.

L'année dernière, nous avions fait un aperçu historique de la constitution de notre association, dans l'espérance de faire comprendre à tout le monde la tâche élevée et toute de dévouement qu'elle s'est elle-même imposée.

Nous avions cru devoir protester de la façon la plus énergique contre des accusations de mercantilisme qu'on lançait, sans raison, contre notre compagnie, alors que tout chez elle se fait avec le désintéressement le plus absolu. Enfin, nous insistions sur les œuvres fondées toutes au profit moral et matériel de nos sociétaires.

Nous ne pouvions penser que l'énoncé loyal que nous faisions de nos ressources ferait oublier la façon dont nous les employions, et que l'on viendrait nous reprocher, à nous artistes, de faire de bonne administration.

Quoi qu'il en soit, la Société des Artistes français a dû reconnaître avec étonnement que tout ce qu'elle a fait au profit de la collectivité de ses adhérents a été si mal jugé, si mal apprécié, qu'au moment même de l'ouverture du Salon de cette année des représentants d'une administration publique autre que celle des Beaux-Arts pensèrent qu'ils avaient le droit de lui imposer de nouvelles et lourdes charges.

Ces représentants de l'Etat, insuffisamment renseignés et croyant les résultats matériels de nos expositions plus considérables qu'ils ne le sont en réalité, avaient décidé qu'il n'y avait aucun inconvénient à nous réclamer la gratuité du jeudi et du dimanche, ce qui n'est imposé à aucune autre société.

Les conséquences de cette mesure auraient été si onéreuses qu'elles pouvaient, en peu d'années, compromettre l'existence même de la Société.

La presse est intervenue dans le débat, sans sollicitation de notre part ; elle a traité la question à des points de vue différents, et nous tenons à exprimer ici notre gratitude à ceux des critiques d'art qui ont défendu énergiquement nos efforts ainsi que l'indépendance de notre association. Nous venions à peine de recevoir l'avis officiel de la mesure qui venait d'être prise contre nous, lorsque vous avez été appelé à prendre le ministère d'instruction publique et des beaux-arts.

Nous vous avons fait entendre nos respectueuses observations, et avec la plus grande bienveillance vous avez plaidé notre cause auprès de votre collègue des finances ; vous avez rétabli les choses comme les avaient voulu vos honorables prédécesseurs, qui, tous, nous ont laissé des témoignages de leur intérêt et de leur sympathie.

Nous vous sommes, Monsieur le Ministre, profondément reconnaissants de la décision que vous avez prise, et nous vous prions d'être notre interprète auprès de M. le ministre des finances pour lui exprimer, à lui aussi, nos profonds et sincères remerciements pour sa bienveillante intervention.

Permettez-nous d'espérer que des mesures plus larges et plus conformes à nos désirs pourront être prises, afin d'assurer sans trouble et sans inquiétude nouvelle l'avenir de notre association. Nous savons que nous pouvons compter sur votre bon vouloir et nous sommes pleins de confiance.

A la suite de cet incident, de nouvelles inquiétudes sont venues nous troubler.

Nous vous avons entretenus, Mesdames et Messieurs, il y a un an déjà, des prétentions de l'Assistance publique qui veut nous imposer le droit des pauvres dans toute sa rigueur, en assimilant nos expositions annuelles des Beaux-Arts aux spectacles, aux bals, aux concerts, feux d'artifice, etc., etc.

Nous avons refusé, vous le savez, de nous soumettre à ces exigences, et, d'ici à quelques jours, cette affaire viendra devant la juridiction administrative. Cette question a été portée d'une façon inattendue, sous forme de pétition, devant le conseil municipal par une personne qui a été attachée autrefois à notre personnel et que nous n'avons pu conserver.

Sur la simple pétition d'un ex-employé, le conseil a cru pouvoir prendre une décision tout à fait défavorable, et, chose qui peut paraître singulière, sans que la Société des Artistes français ait été appelée à se défendre et à donner des chiffres précis au lieu des renseignements fantaisistes de l'auteur de la pétition.

Nous attendons avec calme le jugement et nous espérons en la justice de notre cause.

Créée en vertu d'un message ministériel du 17 janvier 1881, la Société des Artistes français est une émanation de l'Etat. Nous l'avons dit ailleurs, nous ne saurions trop le répéter, elle est déléguée par lui afin d'assurer un service public et d'intérêt général.

Les expositions des Beaux-Arts ne sont ni des fêtes, ni des spectacles ; elles servent d'enseignement artistique ; ce sont des concours annuels où les artistes français et ceux des pays étrangers sont appelés à affirmer leurs efforts et leur talent ; c'est le lieu où les débutants viennent étudier les œuvres de leurs maîtres et de leurs concurrents. Ces expositions entretiennent l'émulation entre les artistes dont la Société encourage on consacre le talent en distribuant des récompenses, ainsi que le faisait autrefois l'Etat.

Nous pensons donc être dans la vérité et la justice en repoussant les prétentions de l'Assistance publique. Le conseil d'Etat, appelé à statuer dans des cas analogues, a rendu des arrêts longuement motivés ; ces arrêts nous sont favorables et nous en appellerons, s'il le faut, à sa haute juridiction.

Vous pouvez voir, Monsieur le Ministre, que nous avons encore des sujets d'inquiétude ; mais l'appui si bienveillant que nous avons trouvé en vous nous rassure et nous fait espérer que les bonnes causes trouveront toujours des défenseurs. Je puis vous assurer que les artistes comprennent l'estime que vous portez à tout ce qui touche les arts en vous voyant, Monsieur le Ministre, les encourager par votre présence, par vos paroles, et leur distribuer des récompenses dues à leurs efforts. Je suis en ce moment leur interprète pour vous adresser leur vive gratitude de l'honneur que vous leur faites en venant présider cette solennité.

L'exposition de cette année a été certainement aussi brillante que les précédentes et révèle les efforts soutenus de nos artistes : peintres, sculpteurs, architectes et graveurs.

Vous avez visité plusieurs fois notre exposition, Monsieur le Ministre, et vous avez pu apprécier par vous-même le mérite des œuvres qu'elle renferme.

Aussi ne m'étendrai-je pas plus longuement sur la valeur de notre Salon de 1888 qui, certainement, est à la hauteur de tous ceux qui l'ont précédé.

Puisse notre Société des Artistes français, en dehors de son action bienveillante et charitable, contribuer longtemps encore, avec l'aide et la protection de l'Etat, au succès de nos expositions annuelles.

Puissent tous les efforts que nous constatons chaque année, nous assurer en 1889 le triomphe que nous désirons et affirmer encore une fois la supériorité de notre école française.

Veuillez avoir l'obligeance, Monsieur le Ministre, de remettre vous-même à nos lauréats les médailles décernées par nos différents jurys.

M. Lockroy se lève alors et prononce le discours suivant, fréquemment applaudi par l'auditoire :

Discours de M. Lockroy

Mesdames, Messieurs,

Votre Société, bien qu'indépendante aujourd'hui de l'Etat, mérite toute sa sollicitude. Elle prouve, et d'une manière éclatante, combien est puissante, bien qu'elle soit encore contestée, la solidarité artistique. En invitant, pour présider la distribution solennelle de ses récompenses, le ministre des Beaux-Arts, elle montre qu'elle entend resserrer les liens qui l'attachent toujours à l'administration. Comme mes prédécesseurs, je m'estime heureux du rôle qui m'est assigné dans cette cérémonie. Il me permet de rendre un hommage public à l'école française, aux artistes sculpteurs, peintres ou architectes, dont les œuvres, comme celles de nos écrivains, de nos savants et de nos poètes, contribuent à répandre au loin et jusqu'aux confins du monde civilisé le nom et la gloire de notre pays.

C'est surtout par l'éclat des œuvres désintéressées, qu'elles appartiennent à l'ordre scientifique, artistique ou littéraire, qu'une nation rayonne, s'attire les sympathies et se conquiert, éparses dans le monde, des légions d'amis inconnus. Les arts sont pour elle un admirable instrument de propagande. Elle leur doit souvent la plus noble des conquêtes : celle des esprits. La France a le bonheur d'être un grand peuple artiste et cela lui assure bien des concours inattendus dans le présent et dans l'avenir. Voyez plutôt la Grèce et l'Italie ; quoi qu'il arrive, elles nous inspireront toujours une certaine tendresse de cœur. La vénération dont elles étaient l'objet s'est transmise de générations en générations. Elle a persisté malgré les siècles. Si Athènes n'avait pas été la patrie de Phidias, il est probable que les puissances occidentales n'auraient jamais livré la bataille de Navarin. Le Péloponnèse et l'Attique appartiendraient encore à l'Islam.

Il en a été de même pour ce grand pays où tant d'incomparables maîtres se sont succédé, où Giordano Bruno a péri sur le bûcher, où Tacite a écrit les *Annales*. Bien des ombres immortelles ont plaidé devant la France la cause de la liberté de l'Italie.

Mais alors que la littérature a besoin de traducteurs et d'interprètes pour franchir une frontière, l'architecture, la sculpture, la peinture parlent une langue muette que comprend l'univers entier. Elles éveillent des sensations et des sentiments avant que de s'adresser à la raison, et leur action, par cela même, est peut-être plus directe et plus étendue. Elles ouvrent la voie aux idées, elles préparent l'adhésion des intelligences.

L'heure et le lieu sont bien choisis, Messieurs, pour affirmer la puissance de l'art ; sa grandeur, son influence sur la destinée même des nations. Il leur permet de se survivre. Aussi, Messieurs, quelle responsabilité pèse sur vous ! Et combien nous devrons de reconnaissance à ceux qui auront écrit au bas de leurs statues ou de leurs tableaux des noms que la postérité voudra déchiffrer !

Si je me préoccupe de la postérité et de l'histoire, c'est que les peintres, les sculpteurs, les architectes font de l'histoire à leur manière, plus vivante souvent que celle des historiens. Depuis des siècles, ils fixent sur la pierre, le marbre, la toile les aspects différents de l'humanité, le spectacle toujours changeant de ses physionomies successives, l'impression saisissante de ses mœurs. Ne venons-nous pas de voir revivre au Lou-

vre la Perse des Achéménides, vaguement éclairée par l'art ionien ? Ne retrouve-t-on pas toutes les aspirations païennes de la Renaissance jusque dans ses peintures religieuses ; la France croyante du moyen âge dans les sculptures de ses cathédrales gothiques ? Toute œuvre d'art exprime quelque chose d'inexprimable pour la littérature et qui déborde le sujet. Cela tient à ce que l'artiste ne peut s'abstraire de son milieu ni s'isoler de son temps. L'école moderne reflète bien la société moderne, avec ses aspirations si diverses, son travail incessant, ses retours vers le passé, ses élans vers l'inconnu, sa recherche passionnée du vrai qui, pour l'art comme pour la science, semble être devenu un idéal.

Il ne faut pas se plaindre de cette diversité et de cette indépendance. Elle convient à une époque de démocratie et de liberté, où le gouvernement ne peut plus remplir auprès des artistes le rôle qu'il remplissait autrefois. Un ministre doit maintenant se borner à sanctionner par sa présence les récompenses que vous décernez vous-mêmes. Quelles que soient ses opinions personnelles, il ne saurait marquer de préférence officielle pour aucune école. Nous ne pouvons pas plus songer au rétablissement d'un « art d'Etat » qu'à celui d'une « religion d'Etat » ou d'une « philosophie d'Etat ». Le libéralisme moderne a mis à l'abri de l'action gouvernementale ces choses supérieures qui relèvent du goût ou de la conscience.

Est-ce à dire que nous nous désintéresserons désormais des manifestations artistiques ? Bien au contraire : toute étude sérieuse, toute recherche élevée, toute tentative qui n'a point uniquement pour but les vulgaires préoccupations de la vie ordinaire, contribuent à la grandeur de l'Etat, et l'Etat leur doit ses encouragements, son attention, ses sympathies. Sans se départir de sa haute impartialité, son devoir est de protéger l'art comme une des choses qui contribuent le plus à la gloire du pays, à son expansion intellectuelle et à l'éclat de son rayonnement.

Vous me demandiez tout à l'heure, Monsieur le président, l'amélioration de votre situation actuelle, plus d'indépendance et plus de sécurité pour l'avenir. Vous ne doutez point de mes sympathies pour votre association, non plus que de celles de mes collègues. Comme vous le dites fort bien, on ne peut comparer vos expositions, qui sont de véritables concours, à des spectacles ou à des fêtes foraines. Vous savez d'ailleurs, et mieux que personne, pratiquer la charité.

On vous a donné la liberté : il faut vous en rendre la pratique facile. Comme vous le faites remarquer, vous avez la direction de vos intérêts matériels, et je conviens avec vous que vous vous acquittez admirablement de cette besogne. C'est une erreur de dire que les artistes ne s'entendent point à gérer une association. Ils la gèrent, au contraire, fort bien, et quelques-uns d'entre eux sont de remarquables hommes d'affaires. Rien n'est plus louable quand les œuvres qu'ils produisent ne le laissent pas deviner.

Je n'ai plus besoin maintenant que de vous inviter à veiller sur vos intérêts artistiques. Une grande lutte pacifique va s'ouvrir l'année prochaine : l'Exposition de 1889. Notre école de peinture et de sculpture y jouera un rôle prépondérant.

L'honnête homme et le noble esprit qui dirigeait, il y a peu de mois encore, l'administration des Beaux-Arts et dont les traditions seront continuées par son éminent successeur, voulait que cette Exposition fût la glorification et le triomphe de l'art français. Il avait raison. L'art français, un peu dédaigné, même en France, a toujours conservé une physionomie particulière. Il peut revendiquer les qualités les plus hautes et les plus charmantes : la grâce, l'élégance, la finesse, la gravité qui sont comme le cachet de notre génie ; il est parfois rempli de naturel et de simplicité comme nos vieux fabliaux, parfois plein de grandeur comme nos chansons de gestes.

Le pays qui a produit des sculpteurs tels que Puget, Coustou, Houdon ; des peintres comme Watteau, Poussin, Lesueur, Chardin, à sa place marquée dans l'his-

VASSELON. — SALON DE 1888. — CIRCÉ.

toire de l'art. Mais, depuis un siècle surtout, la France semble avoir pris le pas sur les autres nations. Tous nos maîtres modernes, depuis David, seront représentés dans notre exposition rétrospective. Elle synthétisera ainsi une époque glorieuse pour la France. Elle sera un objet d'études pour le critique; pour vous, un noble sujet d'émulation. Nous retrouverons là, devant tant d'œuvres consacrées par l'admiration universelle, le souvenir apaisé de grandes luttes artistiques, les efforts de générations successives, les chefs-d'œuvre impérissables de nos vieux maîtres. Et les étrangers, en quittant le palais du Champ-de-Mars, s'étonneront, à coup sûr, de ce qu'il renfermera de richesses, de ce qu'il contiendra d'immortalité.

Auprès des anciennes œuvres seront les œuvres actuelles, celles qui sont dues aux artistes vivants. Là aussi je ne doute point du succès. La France trouve des rivales partout, qu'il s'agisse de science, d'industrie, de commerce, d'inventions guerrières, mais elle a, dans le domaine des arts, conservé sa souveraineté. Il est sans doute de grands artistes en Europe, mais nulle part peut-être une pareille réunion d'artistes, tant de talents divers, tant de génies différents. En aucun pays, la vie artistique n'est plus intense, l'amour des choses de l'esprit poussé plus loin. La preuve en est que nos tableaux, nos sculptures comme nos livres s'éparpillent dans le monde entier, et par là nous exerçons encore un pouvoir qu'il semble impossible qu'on nous puisse ravir. Vos œuvres l'attesteront, Messieurs; que dis-je, elles l'attestent déjà, puisque plusieurs nations et des plus puissantes, qui devaient entrer dans la lice et concourir au moins pour les beaux-arts, renoncent à lutter contre vous.

Ah! combien ces œuvres nous sont chères et précieuses! Après tant de malheurs qui l'ont accablée, la France ne doit-elle pas se montrer plus jalouse que jamais de sa supériorité artistique? Ne la doit-elle pas considérer comme un signe indéniable de sa fécondité et de sa puissance, du rang qu'elle occupe encore parmi les nations.

M. Vigneron se lève bientôt et proclame le nom de M. Detaille, qui a obtenu la médaille d'honneur pour son tableau le *Rêve*. Notre éminent peintre militaire vient prendre alors des mains du ministre sa médaille et son brevet, et au milieu des applaudissements unanimes se dirige vers M. Meissonier, qui l'embrasse avec effusion. A ce moment les applaudissements redoublent et ne cessent qu'à la proclamation du nom d'un nouveau lauréat.

EXPOSITION DE LANGRES

Le délai pour le dépôt des œuvres destinées à l'Exposition de Langres est reporté au 12 courant.

Les artistes de et à Paris peuvent donc remettre leurs œuvres chez Dangleterre, 16, rue Labre, jusqu'à cette date.

EXPOSITION DES LAURÉATS DE FRANCE
A LONDRES.

Avis important à MM. les artistes français ou étrangers, ayant obtenu au Salon de Paris ou dans une exposition ou concours quelconque une récompense quel qu'en soit le degré.

Le 1er septembre prochain s'ouvrira dans le magnifique Hall de St. Stephen's, faisant partie des dépendances du Royal Aquarium une Exposition des portraits des plus beaux types des deux sexes du monde entier; elle comprendra tous les arts sans exception: peintures, pastels et aquarelles, photographies, gravures et eaux-fortes, etc.

Cette Exposition aura une durée de 4 mois, sauf prolongation.

Les envois devront être faits par petite vitesse et adressés directement au siège de l'Exposition; le transport aller et retour sera à la charge de la direction.

Des récompenses consistant en médailles, diplômes et insignes seront décernées aux artistes lauréats; les modèles seront également récompensés.

La Direction prélèvera 10 0/0 sur la vente des tableaux.

Aucun tableau ne sera reçu après le 25 août.

L'Exposition spécialement réservée aux portraits des plus belles femmes du monde aura pour titre *Concours de beauté*.

NOTA. — Les artistes qui, pour l'envoi de leurs œuvres, voudraient se servir de l'intermédiaire de M. Dangleterre, doreur-encadreur, 46, rue Brunnel, et 16, rue Labie, à Paris, agent agréé de l'Exposition, pourront le faire jusqu'au 25 août inclus, dernier délai.

EXPOSITION DE MILAN

Cette exposition sera ouverte du 27 août au 30 septembre.

Les avis concernant les œuvres à exposer devront être envoyés à l'Académie des Beaux-Arts, au plus tard le 10 du mois d'août prochain. Les notices devront contenir l'indication du nombre de ces œuvres, leurs dimensions y compris le cadre ou le piédestal; le sujet, le domicile de l'auteur, son nom, et, quand il le croira nécessaire, les récompenses obtenues par lui.

Le nombre des œuvres qui pourront être reçues de chaque artiste sera de quatre au plus. Les études réunies en un seul cadre seront considérées comme ne formant qu'une seule œuvre.

Les tableaux, dessins, etc., devront être envoyés franco de port au secrétariat de l'Académie au plus tard le 10 août prochain, à 4 heures de l'après-midi; ce délai ne pourra sous aucun prétexte être prorogé et il n'y sera point dérogé.

LES VENTES PUBLIQUES

On a adjugé récemment, à Londres, les tableaux, aquarelles, dessins et gravures de l'importante collection de sir William Lee, Esq. Parmi les prix intéressants, nous relevons les suivants :

Le Doreur, eau-forte de Waltner, d'après Rembrandt, adjugée 645 fr.; la Rixe, épreuve de remarque, par Bracquemond, d'après Meissonier, 1,500 fr.; le même sujet, en épreuve d'artiste, 875 fr.; la Belle-Jardinière, par Desnoyers, d'après Raphaël, 950 fr.

Parmi les aquarelles : un Paysage avec berger et moutons, de C. Barret, a atteint 1,300 fr.; un autre, Ferme, par T. Collier, 2,625 fr.; un troisième, de D. Cox, 2,675 fr.; un autre, de Cox aussi, Champ de blé avec moissonneurs, 2,875 fr.; Paysage, rochers et cascade, par P. de Wint, 2,875 fr.; Surpris par la marée, de E. Duncan, 2,625 fr.; par Copley Fielding, Entrée du port de Bridlington, 6,025 fr.; du même, Jetée de Bridlington, 3,525 fr.; et Paysage avec figure d'animaux, 2,625 fr.; par sir J. Gilbert, de Royal Academy, Charles Ier et le Prince Rupert, 3,525 fr.; Louis Haghe, Transept de la cathédrale de Tournay, 2,400 fr.; Fruits d'automne, par W. Hunt, 3,525 fr.; par J.-M.-W. Turner, de Royal Academy, Château de Tintagel, dans la Cornouaille, 5,375 fr.; du même, la Mer! la Mer!... 3,400 fr.; de Rosa Bonheur, Cerf et biches dans la forêt de Fontainebleau, 5,375 fr.; J. Israëls, le Retour du labourage, 1,450 fr.

Tableaux : Swift et Vanessa, par W.-P. Frith, de Royal Academy, 6,650 fr.; Scène de mœurs et Paysage des environs du Caire, par F. Goodall, de Royal Academy, 4,725 fr.; B.-W. Leader, de Royal Academy, Montagne et Solitude, 6,175 fr.; J. Linnell, Bords de rivière, 3,925 fr.; J. Macwhirter, de Royal Academy, Vallée au bord de la mer, 9,175 fr.; Millais, l'Été de la Saint-Martin, 22,056 fr.; Nasmyth, Paysage avec cottage et figures, 4,000 fr.; Alma Tadema, la Dernière course, 19,425 fr; Tissot, l'Automne, 4,300 fr.; Rosa Bonheur, Dans la forêt de Fontainebleau, 22,030 fr.; J. Israëls, le Dog-Cart, 7,350 fr.; Madrazo, le Départ et le Retour du bal, ensemble, 13,650 fr.; Guardi, Entrée du grand canal à Venise, 10,225 fr.

NÉCROLOGIE

A. ARMAND

On annonce la mort d'un architecte de grand mérite, M. Alfred Armand, qui s'est éteint à Paris, le 27 juin, à l'âge de 82 ans.

Élève d'Achille Leclère, M. Armand, qui fut, au collège de Juilly, le condisciple et l'ami de Clapeyron, devint avec lui, Lamé, Eugène Flachat et Stéphane Mony, ces célèbres ingénieurs, le collaborateur d'Emile Pereire, lors de la création du chemin de fer de Saint-Germain, en 1835, et du chemin de fer de Versailles. C'est à M. Armand qu'est due la construction de toutes les gares et stations de ce premier chemin de fer à voyageurs partant de Paris, notamment la gare Saint-Lazare, édifiée en 1842, et qui par suite de l'extension du trafic, sera bientôt remplacée par les nouveaux bâtiments qu'on édifie actuellement.

M. Armand fut ensuite chargé du plan de toutes gares et stations des chemins de fer du Nord et de Paris à Lyon, à la construction de ces réseaux.

Lors de l'achèvement de la rue de Rivoli et des dégagements du Louvre, il eut à construire, en 1853, le grand hôtel du Louvre, qui fut inauguré en 1855, pour l'Exposition universelle! Cet hôtel, le premier de cette importance à Paris, avant sa complète et récente absorption par les grands magasins du Louvre, fut longtemps le type le plus parfait de ces caravansérails modernes.

En 1862, il construisit le Grand-Hôtel, qui, grâce à l'emploi de la lumière électrique, la nuit, put être achevé en treize mois.

Enfin, c'est par M. Armand et sous sa haute directisn que furent construites la plupart des maisons du boulevard du Prince-Eugène (boulevard Voltaire), du boulevard Malesherbes, des boulevards et places du quartier Monceau, et de la rue Palestro.

Procédant presque autant de l'ingénieur que de l'architecte, M. Armand laisse à tous ceux, si nombreux, qui ont travaillé avec lui, le souvenir d'une bienveillance et d'une aménité parfaites.

Amateur et collectionneur éminent des choses d'art, il a terminé cette longue et fertile carrière dans le travail. Collectionneur, notamment, de ces belles médailles italiennes de la Renaissance, à l'étude desquelles l'amitié de M. His de la Salle le porta plus particulièrement, il fit cet important ouvrage : *Les médailleurs italiens des quinzième et seizime siècles*, couronné par l'Académie des Beaux-Arts, qui restera longtemps le guide le plus sûr et le plus complet des amateurs et collectionneurs. M. Armand dut à ce travail remarquable une précieuse collaboration et le plus filial attachement.

Membre de la Société centrale des architectes français, membre honoraire et correspondant de l'Institut des architectes britanniques, M. Armand était officier de la Légion d'honneur.

ÉCHOS ET NOUVELLES

------

* *

Un comité s'était formé afin d'acheter la maison de Millet à Barbizon. La jouissance en aurait été attribuée à la veuve de l'illustre peintre et, après la mort de celle-ci, on y aurait créé une sorte de musée Millet. Le comité offrait 20,000 francs de cette maison, mais le propriétaire en demandait 35,000. Il a été impossible de s'entendre et la maison de Millet va être démolie.

* *

Une nouvelle salle vient d'être créée au Louvre, à la suite de celles qui renferment les collections Dieulafoy. On y a placé les récentes acquisitions faites par ce musée et quelques œuvres léguées dernièrement. On y remarquera le tableau de Dumont le Romain, qui représente la nourrice de Louis XV montrant à sa famille réunie le portrait de son royal nourrisson, les deux chiens de Decamps achetés à la vente Goldschmidt, un Courbet et un Fromentin légués par Mme Boucicaut, un plafond légué par Mme de Sommariva, un Prud'hon et un Christ d'Ary Scheffer.

* *

Le prix Marie Bashkirtseef vient d'être attribué à un tableau de M. Jean Brunet : la *Famille du peintre*. Cette toile représente les portraits de Mme Brunet et de son jeune fils, heureusement groupés.

* *

La veuve du grand peintre Hanz Makart, lequel mourut en 1884, vient d'épouser le comte Charles Strachwitz ; son nom de jeune fille était Bertha Linda, et elle était danseuse lors de son mariage avec Makart, en 1882.

* *

Le musée du Louvre vient d'acquérir pour la modeste somme de quatre mille francs un estimable joyau.

C'est, sous forme de livre, un recueil de croquis, d'études et d'esquisses originales dues au crayon de Moreau le Jeune. Le nombre des feuillets est d'une centaine environ. Au début, sur les pages de garde, une brève notice, rédigée en allemand, nous apprend que Jean-Michel Moreau, dit le Jeune, naquit à Paris en 1741, qu'il fut l'élève du Lorrain, et qu'il illustra un grand nombre d'œuvres appartenant à toutes les littératures.

Les croquis ou dessins sont au nombre de soixante et un. Quelques-uns sont tout à fait finis. Ce sont tantôt d'excellents portraits en miniatures, tantôt des charges pleines de finesse et de caractère.

C'est une œuvre très française qui revient d'Allemagne.

* *

Les artistes qui ont exposé des œuvres au Salon doivent les faire retirer avant le 10 juillet, dernière limite.

* *

On placera prochainement dans le square de la place d'Anvers, en face du collège Rollin, un groupe du sculpteur Coutan, la *Paix armée*.

* *

Le jury chargé du classement des avant-projets pour la construction de l'hospice De Brousse, rue de Bagnolet, vient de rendre son jugement.

Une prime de 3,000 fr. a été attribuée à MM. Bernard et Dezermaux, qui ont fait, en collaboration, le projet classé avec le n°1 ; une prime de 2,000 fr. a été décernée à M. Hermain ; une autre à MM. Delaage père et fils, et Bonnenfant (en collaboration) ; des primes de 1,000 francs à MM. Lebrun, Rochet et Michelin.

*

On termine en ce moment l'installation aux portes de l'abbaye du mont Saint-Michel, d'un panorama où doivent être retracées les principales scènes de l'histoire de la fameuse prison d'Etat.

On retrouve là tous les prisonniers célèbres, depuis le gazetier Dubourg, enfermé sur l'ordre de Louis XIV, jusqu'à Blanqui, Barbès et Raspail. Une immense toile de M. de Saint-Geniès représentera un combat sur les grèves au treizième siècle.

L'inauguration de ce panorama aura lieu à la fin de juillet.

CHRONIQUE JUDICIAIRE

La succession Paul Baudry.

Les plaidoiries ont continué mercredi.

Le tribunal a renvoyé à huitaine, pour les conclusions de M. le substitut Boulloche.

La Société des Artistes français et le Droit des Pauvres.

Le Conseil de préfecture de la Seine a rendu cette semaine son arrêté dans le procès soulevé par l'Assistance publique contre la Société des artistes français.

Il s'est refusé à assimiler les Expositions faites par la Société comme des spectacles donnant lieu à la perception du droit des pauvres, et il a débouté l'Assistance publique.

On a vu, du reste, plus haut, que M. Lockroy, dans son discours, s'était placé au même point de vue.

L'Imprimeur-Gérant : HENRY LEFEBVRE.

LA VIE ARTISTIQUE

COURRIER HEBDOMADAIRE ILLUSTRÉ

Des Ateliers, des Expositions & des Théâtres

BUREAUX A PARIS
42, Rue de Chabrol, 42

DIMANCHES 15 & 22 JUILLET
1888
2ᵉ ANNÉE — Nᵒ 28

ABONNEMENTS
Un An : DIX FRANCS

En raison du ralentissement du mouvement artistique pendant cette période de l'année, *La Vie Artistique* ne paraîtra que tous les quinze jours, jusqu'au premier octobre.

Notre prochain numéro ne paraîtra donc que le Dimanche 5 Août.

IDRAC

La statue équestre d'Étienne Marcel, fondue en bronze par MM. Thiébaut frères, a été inaugurée, dimanche dernier, devant la façade de l'Hôtel de Ville qui regarde le quai de la Seine.

Rien d'officiel n'a manqué à cette cérémonie : estrades, crépines d'or, draperies de velours, oriflammes, discours à grands effets, allusions politiques plus ou moins enveloppées de rhétoriques. On a parlé des libertés municipales, des droits de Paris, d'émancipation, de progrès, d'affranchissement.

On a regardé cette statue qui est belle, sans phrases, de grande allure, qui ne trahit par aucun côté la commande, et qui vous fait passer une sensation profonde de fierté et de grandeur.

On l'a regardée ; mais combien, dans cette foule attirée par le spectacle, n'y ont vu qu'un symbole, qu'une manifestation, qu'un prétexte à revendications sociales !

Laissez-moi oublier la fête, l'appareil bruyant de cette solennité, pour me recueillir dans des souvenirs bien douloureusement chers : je veux envoyer ma pensée au sculpteur qui fut un ami inoubliable, mon frère par alliance.

Son nom a été prononcé, les convenances l'exigent ; mais sa pure renommée mérite mieux que des louanges banales ; elle a droit au mot venu du cœur...

Quelle nature d'or était la sienne ! La Grèce croyait que la beauté physique était le reflet de la beauté morale ; elle ne se fût pas trompée avec Idrac : il avait l'une et l'autre.

Grand, élancé, de taille bien prise, il eût pu à Olympie être l'athlète vainqueur. Des cheveux et une barbe d'un noir franc encadraient un visage dessiné avec ampleur, qu'éclairaient deux grands yeux doux et clairs, tendres pendant le sourire, et brillants, illuminés aux heures d'enthousiasme.

Sa loyauté naturelle, sa franchise instinctive, sa bonté simple éclataient dans ce regard que je vois encore, et qui se posait sur vous, entier. Quelle affection solide et vraie ne révélait pas sa poignée de main !

L'homme se confondait avec l'artiste. Modeste, sincère, d'esprit très haut, de sentiment noble, il avait le caractère de son talent.

La mort stupide qui laisse vivre tant d'inutiles ou de misérables, le prit en pleine sève ; mais qu'il a laissé d'œuvres pures, depuis son *Mercure inventant le caducée*, figure ployante et souple, de grâce forte pour ainsi dire, d'une admirable perfection plastique, dont l'exécution large et précise n'est pas que de l'habileté conquise par le savoir, jusqu'à cette épique statue d'Etienne Marcel : une vraie statue équestre, et non un portrait de personnage à cheval !

Son talent n'avait pas qu'une seule forme : la puissance. Bien peu d'ouvrages ont plus de charmes que son *Amour piqué*, charme délicat d'une chose, spirituelle dans l'attitude, personnelle par le mouvement, et dont l'ensemble a cette saveur d'art que dégage l'œuvre heureuse, complète, et de belle venue...

On n'a pas oublié la *Salambô*, cette séduisante évocation de la beauté des formes de la femme, cette nudité amoureuse sous l'étreinte du serpent, mais chaste par la dignité du faire, la blancheur du marbre, et le respect de la ligne impeccable.

Quand il nous fut enlevé, il travaillait, indépendamment de l'Etienne Marcel dont il avait terminé le modèle, à une figure décorative pour l'Hôtel de Ville, *le Toast*, et un petit groupe, conception exquise et idyllique, le *Premier Baiser*. Une jeune fille nue et debout, reçoit, émue, troublée, frissonnante, la première caresse donnée par l'Amour, qui, les ailes repliées, se tient derrière elle, à genoux sur une colonnette qu'entourent des fleurs du printemps. Avec le désintéressement de l'amitié, et fidèle à un sentiment de piété touchante pour une mémoire chère comme celle-là, notre ami Coutan s'est chargé de mener à bien l'exécution du *Toast* et de surveiller la pratique du marbre pour le *Premier Baiser*. Une fois de plus, et ici même où j'évoque le souvenir d'Idrac, que toute notre reconnaissance aille à lui !

J'avais rencontré pour la première fois Idrac à Rome, dans le salon de la Villa Médicis. Tout de suite, j'avais été attiré à lui par cette sympathie qu'il dégageait à la première entrevue; j'eus l'impression de la joie, de la fierté qu'on aurait à avoir un tel ami.

Je le revis souvent dans son grand atelier de la rue du Val-de-Grâce, alors qu'il faisait le concours de l'Etienne Marcel. Etait-ce une illusion de l'amitié ? mais j'avais foi dans son succès, et il me semble maintenant que je n'en doutais pas au cours du travail.

Le jugement eut lieu au pavillon de la Ville de Paris. Anxieux, j'en attendais le résultat, et, le vote connu, je courus l'annoncer à Idrac, qui m'attendait au café d'Orsay.

J'arrivai le premier, j'eus le bonheur de lui annoncer la nouvelle. Ah ! quelle effusion fut la nôtre ! L'avenir s'ouvrait devant lui rayonnant, et sans nous le dire peut-être, nous pensions que c'en était fait, que notre affection allait être resserrée encore par un lien de famille...

Il n'était pas là pour assister à l'inauguration de son œuvre.

Pauvre grand ami, cher et noble cœur.

Roger Ballu.

LES DÉCORATIONS DU 14 JUILLET

Sont promus ou nommés dans l'ordre national de la Légion d'honneur, sur la proposition du ministre de l'instruction publique et des beaux-arts :

Au grade d'officier.

MM. Chaplain, statuaire et graveur en médailles.

Au grade de chevalier.

MM. Cordonnier, statuaire ; Delort, artiste peintre ; Chabrier, compositeur de musique; Turcan, statuaire ; Laloux, architecte; François, graveur sur pierres fines; Aubé, statuaire ; Boileau, architecte; Emile Zola, homme de lettres.

Renaud, inspecteur en chef du service des Beaux-Arts et des travaux historiques de la ville de Paris.

Gallois, architecte de l'Assistance publique et du Mont-de-Piété de Paris.

Mme Marie-Thérèze Alliouze-Luguet, dite Marie-Laurent. (Services exceptionnels rendus comme fondatrice et directrice de l'Orphelinat des Arts).

M. Wolff (Albert), publiciste, vingt-huit ans de services dans la presse. Homme de lettres.

Officiers de l'instruction publique.

MM. Allongé, Ansony, Régnier, peintres ; Emile Lambert, statuaire ; Vion, directeur d'un cours de dessin à Paris; Jumetin, modeleur; Gélis Didot, architecte.

Officiers d'Académie.

M. Collignon (dit Coll-Toc Alexandre), dessinateur.

Mme Jeanne Fichel, artiste peintre, Flacheron, architecte; Oudiné, architecte; Leduc, statuaire; Léon Comerre; artiste peintre ; Paul Sédille, architecte du gouvernement; attaché aux travaux de l'Exposition de 1889.

Mme Baubry-Vaillant artiste peintre, professeur de dessin; Victor Dupré, critique d'art; Ader, artiste peintre ; Paul (Eugène), statuaire; Albrizio, architecte ; Le Roy, président de la Société des amis des arts de Rouen.

Vallier, critique d'art, rédacteur en chef de l'*Univers illustré*; Gautier, graveur aquafortiste ; Boileau (Jean-Auguste), architecte, sculpteur, ornemaniste; Vignaud, chef de la fonderie à la maison Barbedienne; Vaudet critique d'art ; Auscher, chef des ateliers de fabrication à la manufacture nationale de Sèvres; Thiriet, conservateur du musée de Sedan, professeur au collège; Leroy-Dupré, trésorier de la Société des amis des arts.

Gobert, expert dessinateur à la Banque de France; Durrieu, professeur de dessin aux écoles de Saint-Pierre de Nemours; Guéret, professeur de dessin aux cours de la rue Bréguet; Martel professeur de dessin aux écoles de la ville de Paris; Teyssonnières, conducteur des ponts et chaussées, artiste peintre et graveur; Boucheron, professeur à l'école nationale d'art décoratif d'Aubusson; Pasquet, professeur de dessin aux écoles normales de Périgueux, directeur de l'école municipale; Dunan, professeur au lycée de Tours, chargé de cours à l'Ecole des Beaux-Arts.

Dufraine, professeur à l'Ecole nationale des Beaux-Arts de Lyon ; Mlle Rozier, directrice de l'Ecole de dessin pour les jeunes filles du quai Saint-Antoine à Lyon.

Dufour, artiste peintre; Bourgeois, architecte.

Mme Lacroix, artiste peintre; M. Errard, architecte; Bordère, critique d'art.

Bluysen, critique d'art; Mlle Megret, artiste peintre; Ch. Moisson, conservateur du musée de La Fère; Bassot, artiste peintre.

Moynier, artiste peintre; Sanguineti, architecte.

Potier, architecte à Paris ; Legastelois, sculpteur, à Paris.

Batigny, architecte des bâtiments civil; Coquart, membre de l'Institut, architecte des bâtiments civils ; Descaves, architecte des bâtiments civils ; Morin, inspecteur des bâtiments civils; Pacoret, inspecteur des bâtiments civils ; Sureda, inspecteur des bâtiments civils.

Le Commissariat Spécial des Beaux-Arts

A L'EXPOSITION DE 1889

Le ministre de l'instruction publique vient d'adresser au président de la République le rapport suivant :

Monsieur le président,

La période de préparation de l'Exposition universelle de 1889 est très avancée en ce qui touche les Beaux-Arts, et les jurys chargés d'examiner les œuvres présentées vont terminer leur tâche. Le moment approche donc où l'administration des Beaux-Arts devra se préoccuper d'aménager le palais que le ministère du commerce élève pour elle au Champ-de-Mars. Le décret du 10 juillet 1886, en chargeant mon département d'organiser l'exposition internationale des Beaux-Arts, lui confie naturellement le soin de procéder à l'aménagement du local destiné à cette exposition, d'autant plus que, seule, l'administration des beaux-arts peut mener à bien un travail qui exige la connaissance familière des œuvres et de leur placement, comme aussi l'emploi de tout son personnel. C'est bien dans ce sens, du reste, que le Parlement a ouvert à mon ministère, par la loi du 23 juin 1888, des crédits extraordinaires en vue de sa participation à l'Exposition universelle.

D'un autre côté, une des idées les plus heureuses qu'ait adoptées le directeur des Beaux-Arts récemment décédé, M. Castagnary, celle d'une exposition rétrospective de l'art français de 1789 à 1878, va provoquer des recherches nombreuses et donner lieu à des négociations délicates. Elle rencontrera certainement des difficultés, mais la volonté de la mener à bien doit être d'autant plus ferme que la tâche est plus malaisée. Le successeur de M. Castagnary se propose de mettre au service de cette œuvre toute son activité et tout son dévouement ; mais, désireux de ne laisser en souffrance aucune partie d'un service qui, en temps ordinaire, est déjà des plus chargés, M. Gustave Larroumet demande lui-même un concours qui lui permette, sans négliger ses autres devoirs, d'assurer le succès des diverses expositions des Beaux-Arts.

J'ai obtenu ce concours de l'un de mes collègues du Parlement, que tout désigne pour la tâche à laquelle je viens vous proposer de l'associer : ancien ministre des arts, collaborateur assidu de l'administration des Beaux-Arts dans les plus importantes et les plus laborieuses commissions de ce service, M. Antonin Proust a accepté, avec le titre de commissaire spécial des expositions des Beaux-Arts à l'Exposition universelle de 1889, le soin d'organiser ces expositions, de concert avec le directeur des Beaux-Arts.

Si vous approuvez cette désignation, je vous prie de revêtir de votre signature le projet de décret ci-joint.

A la suite de ce rapport un décret a été rendu par lequel M. Antonin Proust, député, est nommé commissaire spécial des expositions des Beaux-Arts à l'Exposition universelle de 1889.

Il sera chargé, de concert avec le directeur des Beaux-Arts, de tout ce qui regarde l'organisation intérieure de ces expositions.

En outre, par arrêté, M. Georges Hecq, chef du secrétariat des services des Beaux-Arts, des bâtiments civils et palais nationaux au cabinet du ministre, est chargé de remplir les fonctions de commissaire spécial adjoint des Beaux-Arts à l'Exposition universelle de 1889.

AU CONSEIL MUNICIPAL DE PARIS

On se rappelle que la Ville de Paris a reçu officiellement de M. Morton, ministre des Etats-Unis à Paris, un modèle de 11 mètres 50 de hauteur de la statue de la « Liberté éclairant le monde » de Bartholdi, modèle que la colonie américaine a fait fondre en bronze.

Cette statue va être érigée sur le môle du pont de Grenelle. A cet effet, *M. Emile Richard* a fait voter un crédit de 68,000 francs pour les travaux de fondation et l'exécution du piédestal.

Extrait du compte-rendu de la séance du 6 juillet :

M. Lavy, au nom de la 4e Commission. — M. Pichio demande un nouveau tirage de la reproduction de son tableau « La mort de Baudin » et l'acquisition d'un certain nombre d'exemplaires par la Ville.

Le Conseil a déjà acquis, l'année dernière, des exemplaires photo-gravés de ce tableau. Nous vous demandons d'accepter encore cette année les conclusions suivantes :

« Le Conseil,

« Délibère :

« Une somme de 6,500 francs sera prise sur le chap. 23, article unique, de la réserve du budget de 1888, pour l'acquisition de cinq cents exemplaires de la photo-gravure représentant la mort de Baudin, de M. Pichio.

« Ces exemplaires seront distribués aux élèves des écoles de la Ville de Paris, dans les distributions de prix. »

M. Maurice Binder. — Cette dépense n'offre aucun intérêt.

M. Lavy, rapporteur. — Je demande à M. le directeur de l'Enseignement primaire ce que sont devenues les photo-gravures achetées l'année dernière.

M. le Directeur de l'Enseignement primaire. — Elles ont été distribuées à titre de récompenses aux enfants.

Les conclusions de la Commission mises aux voix, sont adoptées. (1888 ; P. 1024).

SOCIÉTÉ FRANÇAISE DES AMIS DES ARTS

Mardi à trois heures a eu lieu, au Palais de l'Industrie, sous la présidence de M. G. de Dramard, la répartition par voie de tirage au sort des œuvres acquises au Salon de 1888 par la Société française des Amis des Arts.

Quatre-vingt-sept tableaux, pastels ou aquarelles ont été attribués aux numéros gagnants savoir :

Le n° 1742 a gagné un pastel de M. Azambre ; le n° 3464 un tableau de M. Baillet ; le n° 2324 un tableau de Mme Boin ; le n° 2047 un pastel de M. Binet ; le n° 3422 un pastel de M. Cagniart ; le n° 3015 un pastel de M. Cagniart : le n° 3474 un tableau de M. Callias ; le n° 1281 un tableau de M. Calvès : le n° 309 un buste en marbre de M. Cana ; le n° 2860 un tableau de Caraud ; le n° 222 un tableau de M. Carpentier ; les n°s 432 et 1622 deux tableaux de M. Caufmann ; le n° 1366 un tableau de M. Choquet (nature forte) ; le n° 1652 une aquarelle de Mme Colin-Libour.

Le n° 285 un tableau de M. Couturier ; le n° 2635 une aquarelle de Mme Cresty ; le n° 2268 un tableau de M. de Curzon (Au sommet des Apennins) ; le n° 2737 une aquarelle de M. Debon ; le n° 3116 un fusain de M. Debras ; le n° 3173 un tableau de M. Delobbe ; le n° 1975 un pastel de M. Deneux (Crépuscule) ; le n° 2516 un tableau de M. Desgoffe ; le n° 261 un paysage de M. Didier ; le n° 2224 un tableau de M. Dinet (La Vielle et les deux Servantes) ; le n° 1540 un tableau de M. Durst ; le n° 1974 un tableau de M. Feven-Perrin (Etroit sentier) ; le n° 1557 un tableau de M. Foubert ; le n° 940 une statue de M. Frémiet (L'aïeul).

Le n° 1,946, une étude de M. Frère ; le n° 3537 un pastel de Gagliardini ; le n° 2892 un pastel de M. Gelhay ; le n° 1485 un pastel de M. Geoffroy ; le 1372 un tableau de M. Albert Girard ; le n° 3541 un tableau de M. Grimelund ; le n° 3369 une aquarelle de M. Grivaz ; le n° 3625 un tableau de M. Guéry ; le n° 1,979 un tableau de M. Guillon ; les n°s 800, 3046, 2,901, 2,850 et 86, cinq tableaux de M. de Haenen ; le n° 3067. un buste marbre de M. Haller (La Comédie moderne) ; le n° 2928 un pastel de M. Hareux ; les n°s 1510, 1903, 2,251, 2492, 473 et 2749, six gouaches de Mlle Hitz ; le n° 2340, une gouache de M. Homo ; le n° 2511 un pastel de M. Jourdeuil ; le n° 3304 un tableau de M. Kuehl (Le Maître de chapelle) ; le n° 1303 un tableau de M. Lambert.

Le n° 2228 un tableau de M. Lansyer (la Montagne Sainte Geneviève et la place Maubert) ; le n° 782, un tableau de M. Lapostolet ; le n° 3182 un tableau de M. Laugée ; le n° 2311 un tableau de Mme Laurent ; le n° 2790 une étude de M. Laurent-Desrousseaux ; le 2337 une aquarelle de M. Lecomte ; les n°s 181 et 2207 deux aquarelles de M. Lefèvre ; le n° 2306 un fusain de M. Lemaistre ; le n° 2274 un tableau de M. Le Sénéchal de Kerdreoret ; les n°s 470, 1195, 3487, 2289, 1632, 2816, 2912, sept aquarelles de M. Leteurtre.

Le n° 1142 un tableau de M. Magne ; le n° 3348 un tableau de M. Méry ; le n° 3386 un tableau M. Monge ; le n° 2482 une gouache de M. Mor-

lot ; le n° 2489 un tableau de Mme Muraton ; le n° 3471 un tableau de M. Olive ; le n° 777 un tableau de M. Pelouse ; le n° 2049 un tableau de M. Picard ; le n° 748 un tableau de M. Pouteau ; le n° 1112 une aquarelle de M. Rivoire ; le n° 1304 un tableau de M. Roy ; le n° 1791 un tableau de M. Sauvage ; le n° 3378 un tableau de M. Seignac ; le n° 414 un tableau de M. Thibeaudeau ; le n° 2397 un tableau de M. Vogel.

Parmi les personnes qui ont été favorisées par le sort, citons MM. Hurabbd, député de la Martinique ; Prévet, député de Seine-et-Oise ; Alphonse de Rothschild, Bouguereau, etc., etc.

EXPOSITION DE BLANC ET NOIR

Voici la composition définitive du jury de l'Exposition internationale de Blanc et Noir qui aura lieu, du 1er octobre au 15 novembre, au pavillon de la ville de Paris, aux Champs-Elysées :

Président : M. Eugène Guillaume, membre de l'Institut ;

Dessins : MM. G. Boulanger, H. Pille ;

Fusains : MM. Lhermitte, Allongé ;

Dessins d'enseignement : MM. Cougny, Cernesson ;

Dessins d'art décoratif : MM. Galland, Mazerolles, Lechevallier-Chevignard ;

Gravures au burin : M. Didier ;

Eaux-fortes, lithographies : MM. Waltner, Th. Chauvel ;

Gravures sur bois : M. S. Pannemaker ;

Aquarelles et pastels : MM. G. Vibert, Emile Lévy.

Les envois devront être adressés à M. E. Bernard, du 1er au 10 septembre.

EXPOSITION DE SAINTES

LISTE DES ACQUISITIONS

ACQUIS POUR LE MUSÉE

Auguin : *Dans les dunes de Labenne.*
Eugène Claude : *Prunes.*
Moreau de Tours : *La Cigale.*

PAR DES PARTICULIERS ET PAR LA TOMBOLA

Amaudry (Mlle Marie) : *Chrysantèmes.*
Artigue : *Fantaisie japonaise;* aqua.
Auguin : *Les bords de l'Antenne.*
Baudit : *Sur la plage d'Arès.*
Béthune : *Venise, lagune. — Japonaise.*
Brillouin : *Truands à la porte d'un couvent. — Adieux au château natal,* fusains.
Darey : *Intérieur d'écurie.*
Furcy de Lavault : *Fleurs d'avril. — Chrysantèmes.*
Hildebrand : *Effet de neige.*
Molliet (Mme) : *Roses.*
Petillion : *Bords de l'Orb.*

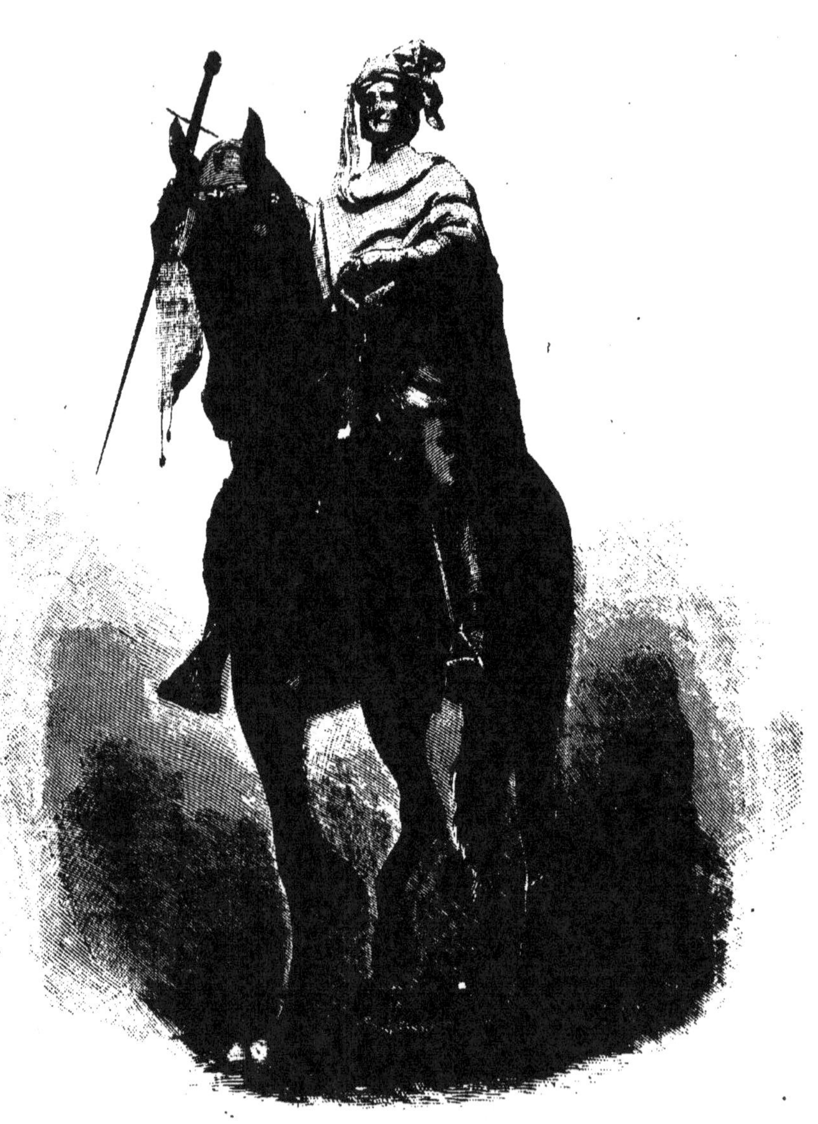

LA STATUE D'ETIENNE MARCEL
Par IDRAC
Gravure de Le Riverend.

EXPOSITION DE LAVAL

Une exposition artistique aura lieu à Laval le 21 août prochain.

Pour jouir du transport *franco, les œuvres d'art expédiées de Paris* doivent être directement remises par l'artiste ou son représentant chez M. *Pottier, rue Gaillon n° 16, du 15 juillet au 1er août.*

Les œuvres d'art expédiées des autres provinces de la France ne jouissent du transport *franco* qu'autant que la distance du lieu d'expédition ne dépasse pas 300 kilom. L'excédent de distance reste à la charge de l'expéditeur.

Pour la France entière, les objets de sculpture ne sont admis qu'après entente avec la Commission.

EXPOSITION DE ROUBAIX

La Société Artistique de Roubaix-Tourcoing, organise une Exposition du 16 septembre au 22 octobre.

La Société se réserve de fixer le nombre d'ouvrages qu'un même artiste pourra exposer sans que le nombre puisse excéder trois.

Les œuvres de sculpture ne devront pas dépasser le poids de 200 kilos, sauf entente préalable entre la commission et l'exposant.

Pour être admis à exposer, les artistes devront faire partie de la Société Artistique de Roubaix-Tourcoing comme membres honoraires, moyennant la cotisation annuelle de 10 francs.

Toutes les œuvres qui seront adressées avant le 20 août au Palais de l'Industrie, à Paris, à M. Vigneron, jouiront du transport gratuit à l'aller et au retour, entre Paris et Roubaix.

Une commission de 10 0/0 sera prélevée sur la vente de toutes les œuvres qui auront bénéficié de la gratuité du transport.

SOCIÉTÉ DES AMIS DES ARTS DE LA COTE-D'OR

Concours de 1889

Un concours est offert aux artistes peintres, architectes, sculpteurs, dessinateurs et graveurs nés dans les départements formant l'ancienne province de Bourgogne (Côte-d'Or, Yonne, Ain, Saône-et-Loire), par les soins et aux frais de la Société des Amis des Arts de la Côte-d'Or.

Les artistes désirant participer à ce concours devront adresser leurs œuvres du 15 mai au 1er juin 1889, au siège de la Société, *salle de Flore (Palais des Etats)*, à Dijon; et faire parvenir en même temps, à M. le Président de la Société, une déclaration cachetée indiquant le lieu de leur naissance, leur domicile ainsi que le sujet traité. L'enveloppe de cette déclaration portera la devise inscrite sur l'ouvrage. Elle ne sera ouverte qu'après le jugement du Concours.

Un jury, composé des membres du Bureau et de la Commission qui pourront s'adjoindre des artistes étrangers à la Société, statuera sur les récompenses à décerner aux concurrents.

Les artistes hors concours au Salon de Paris ne pourront être récompensés.

Les frais de transport par chemin de fer de la gare d'exposition au siège de la Société, et de retour à la gare d'expédition, seront supportés par la Société. — Mais ces envois voyageront aux risques et périls des artistes exposants.

PRIX

Peinture (2 prix) 1er	600 fr.
— — 2e	400
Sculpture (1 prix)	600
Architecture —	600
Gravure-dessin (1 prix)	300
Gravure en médailles (1 prix) . .	300

Dans le cas où l'une des sections n'offrirait pas de concurrents ni d'œuvres d'une valeur suffisante, les récompenses désignées pour cette section pourraient, au gré du jury, être reportées dans l'une des autres classes.

Aux prix en argent, indiqués ci-dessus, seront joints des diplômes spéciaux. En outre le jury se réserve le droit de décerner, dans chaque section, un certain nombre de médailles en argent et en bronze aux œuvres classées à la suite des sujets primés.

Les ouvrages récompensés en peinture, architecture et sculpture resteront la propriété de leurs auteurs. — Les œuvres primés dans les deux autres sections (*dessin gravé* et *gravure en médailles*) appartiendront à la Société.

SECTION DE PEINTURE

Les peintres traiteront, dans le sens épisodique ou allégorique, des sujets appartenant à l'histoire de Bourgogne.

Le plus grand côté de chaque toile ne devra pas avoir moins d'un mètre. Les cadres sont facultatifs, mais le champ de chaque toile sera recouvert d'un liteau ou d'une moulure.

SECTION D'ARCHITECTURE

Les Architectes pourront envoyer des projets d'édifices à construire dans la ville de Dijon : une *fontaine monumentale*, par exemple, isolée, ou adossée. Cet édifice, décoré de figures et d'ornements, serait placé dans un square.

Les concurrents auront également la faculté de choisir, comme sujet de concours, la restauration de monuments importants de l'ancienne province de Bourgogne.

Les dessins collés sur châssis (grand aigle de 1 m. 20 $\times$ 0.85), comprendront les plans, coupes et façades de l'édifice projeté ou du monument restauré, ainsi qu'une vue perspective de l'ensemble.

SECTION DE SCULPTURE

Les sculpteurs présenteront : soit un modèle de *statue* en plâtre ayant un mètre de proportion et représentant un personnage illustre de la Bourgogne; soit un bas-relief de même dimension (*grand côté*) composé de *deux figures au moins* et représentant un fait épisodique ou allégorique de la même province.

SECTION DE GRAVURE ET DESSIN

Les graveurs et dessinateurs composeront un *diplôme* destiné aux lauréats des expositions de la Société.

Le plus grand côté (largeur) de cette composition, ne dépassera pas 0,32 centimètres.

Le sujet, traité à l'encre, au lavis, au crayon noir, ou gravé à l'eau-forte, sera composé d'attributs, de figures et d'ornements.

SECTION DE GRAVURE EN MÉDAILLES

Les graveurs composeront sur la face et sur le revers d'une *médaille en plâtre*, une *allégorie* ou des *têtes accolées* d'artiste bourguignons.

Le diamètre de cette médaille sera de 0 m. 30.

Nota. — Le programme du concours sera envoyé aux artistes, sur leur demande par M. Ch. Suisse, architecte du gouvernement, rue Jeannin, à Dijon.

LES MÉSAVENTURES D'UN PEINTRE

Un homme qui a été surpris bien désagréablement, c'est le peintre Bœtzel, qui habite 9, rue Alfred Stevens.

La veille, il était allé passer la journée à la campagne et était rentré chez lui à une heure du matin, très fatigué et un peu souffrant.

A huit heures du matin, il était éveillé par un violent coup de sonnette. S'étant aussitôt levé, M. Bœtzel courut ouvrir. On juge de sa stupéfaction, lorsqu'il se trouva en présence de M. Mouquin, commissaire de police, qui lui déclina ses noms et qualités.

— Qui me vaut, monsieur, demanda M. Bœtzel, l'honneur d'une visite si matinale?

— Vous voyez bien ce billet, répondit M. Mouquin en tendant un billet de banque de cent francs à M. Bœtzel stupéfié, eh bien ! il est faux; vous le reconnaissez?

— Pas du tout. En tous cas, il est bien imité.

— En effet, mais ce n'est pas tout ; le 6 juillet vous avez diné au *Cadran bleu*, puis vous êtes allé au *Pavillon chinois*, ensuite vous êtes revenu au *Rat mort*.

— Vous vous trompez, monsieur, je n'ai jamais diné au Cadran bleu.

— Cependant vous y avez donné ce billet à la caissière, mais nous parlerons de cela tout à l'heure; vous êtes chevalier de la Légion d'honneur depuis onze ans, et vous portez la rosette d'officier souvent.

— Si je n'étais pas en robe de chambre, vous verriez, monsieur, que je ne porte que la décoration qui m'appartient. Mais, après tout, où voulez-vous en venir? Vous me traitez de faux-monnayeur et de faussaire. C'est très désagréable quand on ne s'y attend pas ; allons ensemble au Cadran bleu, nous verrons si la caissière me reconnait.

— J'allais vous le proposer ; j'ai une voiture en bas pour cela.

On partit, et, au Cadran bleu, il fut reconnu que l'on s'était trompé.

Avec une bonne grâce parfaite, le commissaire de police s'excusa, mais c'est égal, M. Bœtzel n'est pas content.

------◆------

NÉCROLOGIE

L'Académie des Beaux-Arts vient d'apprendre la mort de M. Louis-Alphonse François, membre de la section de gravure. Il est mort subitement, en son domicile, place de l'Estrapade, 1. Il était officier de la Légion d'honneur et avait remplacé M. Forster à l'Académie le 15 février 1873.

Né à Paris en 1811, il fut élève de M. Henriquel-Dupont et de l'Ecole des beaux-arts.

On doit à cet artiste le portrait du Titien, Pic de la Mirandole, Bonaparte franchissant les Alpes, Marie-Antoinette après sa condamnation, le couronnement de la Vierge, et un grand nombre de portraits.

Voici les récompenses qu'il a obtenues : 1re médaille en 1851, mention en 1855, rappel en 1857, médaille d'honneur en 1867.

En raison du décès de M. François, l'Académie des Beaux-Arts a levé sa séance de samedi en signe de deuil.

On annonce la mort du sculpteur Antoine Etex, dont les œuvres originales et hardies avaient été fort remarquées.

Antoine Etex, né à Paris, le 20 mars 1808, fut l'élève de Dupaty et de Pradier, et reçut en même temps des leçons d'Ingres et de Duban. Il obtint un second prix de Rome en 1828 sur ce sujet: *Le Jeune Hyacinthe tué par Apollon*. Grâce à une pension de 1,500 francs, il put visiter l'Italie, l'Allemagne et l'Angleterre. Il exécuta, dès cette époque, plusieurs œuvres importantes, entre autres le groupe colossal de *Caïn*, qu'il exposa au Salon de 1833. M. Thiers, alors ministre des travaux publics, lui commanda deux des groupes de l'arc de l'Etoile.

Antoine Etex fut à la fois sculpteur, peintre, graveur et architecte. Après avoir vu plusieurs de ses œuvres refusées aux Salons, il s'abstint d'y concourir pendant plus de dix ans. En 1841, il envoya le *Tombeau de Géricault*, qui obtint un grand succès.

L'œuvre d'Antoine Etex est considérable. Le musée du Luxembourg possède un grand tableau: *Eurydice, dryade, nymphe des bois*, figures grandeur naturelle, exposé au Salon de 1853; une œuvre remarquable en marbre, *Saint Benoît*, au Salon de 1865.

Signalons parmi les sculptures: *Léda Olympia, Rossini* (à l'Opéra); le *Choléra, Blanche de Castille* (au musée de Versailles); *Saint Augustin* (à la Madeleine); le *Général Lecourbe* (à Lons-le-Saulnier); un groupe colossal de *René et Outougamiz*.

Il fit les bustes du duc d'Orléans, de MM. Thiers, Odilon Barrot, Chateaubriand, Alfred de Vigny, Proudhon, Louis Blanc, le général Cavaignac, le cardinal Antonelli, Veuillot, Berryer, Alexandre Dumas, Eugène Delacroix, Emile de Girardin.

Il envoya à l'Exposition universelle de 1867 un groupe en marbre, les *Naufragés*; à celle de 1878, le buste en marbre de M. de Lesseps.

En 1868, la ville de Montauban le chargea de faire le monument à la mémoire de M. Ingres; il en envoya le modèle à l'Exposition universelle de 1878.

M. Etex, comme peintre, a produit plusieurs tableaux qui furent remarqués: *Faust et Marguerite*, la *Fuite en Egypte*, l'*Esclave antique*, l'*Esclave moderne*, etc.; comme architecte, il fit quelques monuments et plusieurs tombeaux, entre autres celui de Liouville, au Père-Lachaise.

Il s'occupa également de politique; il prit part aux journées de juillet 1830 et se présenta, en 1848, aux élections pour la Constituante; il ne fut point élu. Il a aussi manié la plume et a donné dans différents journaux et recueils des articles de politique et de critique d'art.

Cet homme si extraordinairement doué a été, dit-on, choisi par M. Emile Zola comme modèle d'un des principaux personnages de son roman l'*Œuvre*.

M. Etex a obtenu une première médaille au Salon de 1834. Il était chevalier de la Légion d'honneur depuis 1841.

Il est mort le 14 juillet à Chaville; il était âgé de quatre-vingt-un ans. Ses obsèques ont eu lieu au cimetière Montparnasse.

ÉCHOS ET NOUVELLES

Par arrêté du ministre de l'Instruction publique et des Beaux-Arts, rendu sur la proposition du directeur des Beaux-Arts, conformément à l'avis du conseil supérieur d'enseignement, M. Marcel Lambert, grand prix de Rome, architecte du gouvernement, est nommé professeur de stéréotomie à l'école nationale et spéciale des Beaux-Arts, en remplacement de M. Durand-Claye, décédé.

Épilogue de l'exposition de la Caricature française :
Une partie des recettes de l'exposition des maîtres de la Caricature française a été distribuée hier dans le canton de Paimpol, qui à lui seul renferme 2,000 veuves de marins.

La répartition a été faite par les soins d'un comité composé des maires du canton, présidé par M. Louis Armez, ancien député et conseiller général du même canton. 372 veuves et vieux marins infirmes ont reçu des secours. Ajoutons que l'exposition des maîtres de la Caricature, dont l'idée était si originale, le but si généreux et dont le succès a été si grand, a réalisé un bénéfice net de 32,000 francs.

La manufacture des Gobelins s'occupe en ce moment avec la plus grande activité de l'exécution des tapisseries qui doivent être terminées pour l'Exposition de 1889 et figurer dans le pavillon des Beaux-Arts français. Douze d'entre elles seront destinées à la décoration des appartements du palais de l'Elysée, huit à celle de l'escalier d'honneur du Sénat et trois à celle de la salle du conseil de la Bibliothèque nationale.

Ces chefs-d'œuvre, exécutés en haute lisse, représentent les dessins suivants : Pour l'Elysée, douze panneaux de fleurs, de Galland ; pour le Sénat, les huit verdures sont de MM. Harpignies, Lansyer, Flandrin, Desgoffes, Collin, Bellet, de Curzon et Lacroix ; pour la Bibliothèque nationale, les trois compositions représentent le Manuscrit, le Livre d'or et les trois déesses symbolisant les Lettres, les Sciences et les Arts.

La Société nationale d'agriculture vient de voter une médaille d'or à M. Lanson, l'habile sculpteur auquel on doit la statue de Léonce de Lavergne, qui vient d'être érigée dans les jardins de l'Institut national agronomique.

La veuve du sculpteur Marcellin vient d'informer la Société des artistes français que son mari a légué son hôtel à la Société

M. Jacques France avait obtenu de M. de Hérédia, lors de son passage au ministère, la commande d'une colonne commémorative du centenaire de la Révolution.

Cette colonne repose sur un socle monumental et a pour couronnement un buste de la République.

Elle a été inaugurée le 13 juillet, place Saint-Germain-l'Auxerrois.

La ville de Brest vient de faire l'acquisition, pour son musée, du tableau de M. Gabriel Guay, la *Mort de Jézabel*, œuvre qui a figuré au dernier Salon.

On annonce le mariage de M. Ferdinand Attendu, le peintre bien connu, avec Mlle Sarah-Loïse Guilbot.

Le comité des inscriptions parisiennes vient d'arrêter le texte de l'inscription sur la plaque commémorative qui va être placée sur la maison portant le n° 56 de la rue Paradis-Poissonnière, où est mort le peintre Corot.

Sur cette plaque on lira :

LE PEINTRE COROT
né à Paris
le 20 juillet 1796
est mort dans cette maison
le 22 février 1875.

L'Imprimeur-Gérant : HENRY LEFEBVRE.

ACADÉMIE JULIAN

ATELIERS DE PEINTURE

Sculpture et Dessin.

Distincts pour Hommes et pour Dames.
Toute la journée modèle vivant.

ATELIERS DE

MM. BOUGUEREAU et T. ROBERT-FLEURY
MM. BOULANGER et J. LEFEBVRE

Atelier de sculpture, professeur M. CHAPU
Ces éminents professeurs donnent régulièrement leurs conseils aux élèves.

COURS pour HOMMES
48, faubourg Saint-Denis (près la porte St-Denis).

COURS pour DAMES
5, rue de Berri (avenue des Champs-Elysées).
27, galerie Montmartre (Passage des Panoramas).
28, Faubourg Saint-Honoré (Près de la Madeleine).

COURS D'ANATOMIE : M. CUYER.

Préparation au brevet supérieur de dessin de la ville de Paris et de l'Etat et aux concours de l'Ecole des Beaux-arts.

Aquarelle — Pastel — Nature morte, etc.

Il n'y a jamais de vacances.

On trouve dans chaque Atelier les renseignements qui le concerne.

Compiègne. — Imprimerie HENRY LEFEBVRE.

LA VIE ARTISTIQUE

COURRIER HEBDOMADAIRE ILLUSTRÉ

Des Ateliers, des Expositions & des Théâtres

BUREAUX A PARIS
42, Rue de Chabrol, 42

DIMANCHES 29 J^{LLET} & 5 AOUT
1888
2ᵉ ANNÉE — Nᵒ 29

ABONNEMENTS
Un An : DIX FRANCS

Nous croyons donner la reproduction du discours prononcé par M. Roger-Ballu à la distribution des prix de l'École Nationale des Beaux-Arts et du Conservatoire de Musique de Dijon, le 2 août 1888.

Nos lecteurs verront que notre confrère et ami affirme comme président d'une cérémonie officielle, les idées qu'il a soutenues dans *La Vie Artistique.*

MESDAMES, MESSIEURS,

En me déléguant pour le représenter ici, Monsieur le Ministre de l'Instruction publique et des Beaux-Arts, ne m'a pas seulement fait, — il est inutile de le dire — un grand honneur, il m'a accordé un plaisir plus grand encore, car j'ai hâte de vous l'avouer, je suis coupable d'avoir quelque peu intrigué pour obtenir de nouveau la faveur qui m'est donnée aujourd'hui.

L'an dernier, — je confesse mes torts — c'était la première fois que je venais dans votre belle ville, et l'accueil que j'y reçus de vous-même dans cette enceinte, les sympathies qui s'imposèrent à moi, puis m'entourèrent, — les directeurs aimés et estimés de votre École et de votre Conservatoire, me permettront bien cette allusion directe à leur personne, — l'aspect gai, riant, heureux de votre cité, les œuvres d'art qu'elle renferme, l'intéressante exposition de vos travaux de l'année, le concert qui suivit la cérémonie, tout cela forma dans mon esprit un ensemble de souvenirs qui m'inspira après être venu, le désir de revenir.

Or, mes vœux sont exaucés ; me voici devant vous dans cette grande et belle salle pavoisée de drapeaux tricolores, parée de la présence d'une société d'élite, gracieuse et, — brave étant résignée à m'entendre avec patience, — me voici dans cette même salle où bien des talents ont été applaudis et consacrés, et qui, après avoir

envoyé à notre école française de vaillants champions, rassemble en ce jour toute une jeunesse, désireuse avant tout de marcher sur les pas de ses grands aînés, et de les prendre à la fois pour des émules et des exemples !

Il m'appartient de m'adresser ici, non seulement aux élèves de votre École nationale, mais encore aux jeunes gens qui suivent les cours du Conservatoire de musique. Ma mission est double et je m'en réjouis. Je m'en réjouis au point de vue d'un principe général dont la sauvegarde me tient fort à cœur. J'estime en effet qu'elle est fâcheuse et irrationnelle, cette tendance qui consiste à vouloir séparer et considérer comme étrangers les uns aux autres, les arts plastiques et ceux qui ne le sont pas.

Les questions d'exécution et de pratique mises à part, on n'a pas le droit de se désintéresser des premiers, parce que l'on a voué sa vie aux seconds. L'art n'est en somme qu'une unité magnifique, et lorsqu'on veut en embrasser le culte il faut aimer toutes les manifestations d'un égal amour, sinon comme grand prêtre, du moins comme fidèle !

Qu'il peigne une toile, qu'il sculpte un bloc de marbre, qu'il traduise par un rhythme ou une harmonie, la passion, qu'il aille de par le monde, égrenant les rimes d'or, l'artiste fait œuvre d'âme, et c'est pour l'âme qu'il travaille, pour la faire vibrer et tressaillir de joie et d'enthousiasme au contact de cet éternel et de cet infini qui est le beau.... Ah ! comme je plaindrais l'être qui, capable d'être troublé par la surhumaine grandeur d'un Michel-Ange resterait insensible aux accents héroïques et sublimes d'un Beethoven !

Est-il possible qu'on soit ému par les pénétrantes et mélancoliques rêveries de Chopin, et que l'on demeure froid quand on chante la muse de Musset ?

Il y a en outre dans les lois supérieures qui président à la naissance de toute œuvre d'art comme une communauté de principes. Ce que l'on nomme le *caractère*, c'est-à-dire la parfaite conformité du sujet avec son mode d'expression, la *composition*, c'est-à-dire l'ordonnance de toutes les parties en vue d'une unique impression, l'*originalité*, le *style*, la *sincérité*, l'*émotion*, le *sentiment*, toutes ces qualités ne peuvent-elles pas, ne doivent-elles pas être constatées aussi bien chez le peintre que chez l'auteur dramatique et appartenir tant au sculpteur qu'au musicien ? Ici comme là, ne doit-on pas redouter cet excès d'habileté, cette trop grande confiance dans le savoir, dans la pratique, qui conduit à la formule : cette hypocrisie, ce clinquant de l'art ?

J'entendis un jour développer superbement ce thème par un homme pour lequel je professe autant d'admiration que de respectueuse affection, par un maitre qui est une fierté du génie français et une des pures gloires de l'humanité contemporaine ; je n'ai qu'à prononcer son nom pour que votre pensée complète la mienne : il se nomme Charles Gounod !

Résumant sa causerie étincelante et enthousiaste par une de ces phrases dont il a le secret et qui semble frappée comme une médaille de bronze, il me dit : « Un opéra, vois-tu, ça doit être construit comme une cathédrale et sculpté comme une statue ! »

Méditez cette pensée, Messieurs, ce n'est pas là un assemblage de mots sonores, c'est une vérité esthétique des plus hautes.

Le musicien aussi bien que le statuaire doit définir en traits accusés, pénétrants, précis ou forts, et le personnage qu'il met en scène, et la figure qu'il représente, afin de dégager l'être moral qui doit en quelque sorte jaillir de sa forme !

Ne dit-on pas d'une pièce de théâtre qu'elle est bien ou mal construite, d'un acteur qu'il a heureusement composé son rôle, que tel morceau musical a de la couleur ou qu'il parait terne et manquant de traits ?

Le plaisir que j'ai à entretenir de ces intéressantes questions un auditoire comme le vôtre, Messieurs, m'entraîne au-delà des limites si étendues que m'a fixées votre bienveillance. Aussi bien, j'ai à vous parler de vous-même, Messieurs les élèves du Conservatoire, pour vous dire des vérités qui n'ont d'ailleurs rien de cruel. Savez-vous le jugement que j'ai entendu porter avant hier sur votre maison, à l'administration des beaux-arts, par une personnalité dont la compétence est hors de doute ? Je puis vous le confier : « Le Conservatoire de Dijon, m'a-t-il été dit, est un des premiers de France ! »

Et en effet, vos succès, vos progrès ont été constatés à plusieurs reprises, et Paris a les yeux sur vous !

M. l'Inspecteur de l'enseignement musical dans son rapport à M. le Ministre, écrivait cette année :

L'Ecole offre un intérêt exceptionnel : non-seulement l'enseignement y est aussi consciencieux qu'artistique dans chaque classe : Mais les résultats obtenus concourrent à un résultat général des plus satisfaisants par des exécutions d'ensemble qu'il est bien rare de rencontrer même dans les écoles les plus importantes.

Et il ne s'agit pas ici d'un chiffre restreint d'élèves : votre nombre pour la présente année scolaire s'est élevé à 267 ! Ce sont là de belles espérances que vous nous donnez.

D'ailleurs, on ne saurait méconnaître la sollicitude qui vous entoure et seconde vos efforts.

Tout récemment, grâce à la municipalité soucieuse des intérêts de votre Conservatoire, une classe d'orchestre et une classe de déclamation lyrique viennent d'être créées. Au nom du Ministre des beaux-arts, je remercie Monsieur le Maire de Dijon de cette généreuse initiative et je le prie de vouloir bien transmettre l'expression de sa gratitude aux membres du Conseil municipal.

Si je ne craignais de répondre au nouveau témoignage de son zèle par une requête nouvelle, je lui en ferais une autre.

Peut-être vais-je être accusé d'exigence ? Mais ce n'est que par les généreux, que les quémandeurs ont chance d'être bien accueillis ! Et puisque me voilà quémandeur et que vous êtes très généreux, laissez-moi vous rappeler, à vous, Monsieur le Préfet, ainsi qu'à vous, Monsieur le Maire, que la convention passée entre l'Etat, le département et la Ville pour l'établissement du Conservatoire va expirer après la période convenue de cinq années. Je ne doute pas que vous la renouveliez ; vous ne voudrez pas compromettre une institution qui a, par ses services rendus, ses mérites, conquis des droits indiscutables à l'existence, j'en suis convaincu, mais si tous les trois nous faisions nos efforts pour augmenter un peu la subvention ? Qu'en pensez vous ? Vous êtes le département, Monsieur le Préfet, la Ville, c'est vous, Monsieur le Maire, et, bien que je ne puisse pas dire... oh ! ce m'est impossible : « l'Etat c'est moi, » je vous promets de faire tous mes efforts pour que l'administration imite l'esprit de libéralité dont vous allez nous donner l'exemple.

Il est, Messieurs, une excellente tentative qui a été faite au conservatoire dont le succès a été complet et dont je félicite grandement l'organisateur. Cette tentative consiste à avoir organisé au théâtre des auditions gratuites de la classe d'opéra comique sans augmentation de dépenses pour la ville... que M. le Maire en tienne compte dans l'avenir ! La population a été charmée de cet essai de décentralisation artistique : et pendant qu'elle y goûtait un véritable plaisir les élèves, je peux dire les artiste, s'habituaient à affronter ce monstre terrible, dont nous sommes tous d'ailleurs : le public.

On y a joué les œuvres des jeunes maîtres à réputation déjà ancienne Massenet, Guiraud, Joncières, Poise, Marechal : la fine fleur de la nouvelle école française !

Le choix de ces partitions me touche infiniment, non à cause seulement de la jeunesse des compositeurs, mais en raison de leur nationalité qui est la nôtre.

Ah, Messieurs du Conservatoire, et vous, Messieurs de l'École des Beaux-Arts, il faut aimer beaucoup l'art français.

Il a été de mode longtemps... heureusement ce travers touche à sa fin... de ne louer que l'art étranger, de n'avoir des yeux et des oreilles que pour ses manifestations. Je ne sais par quelle incroyable aberration on semblait considérer notre grand art national comme inférieur, et c'est ainsi que l'on a laissé pénétrer dans ses eaux vives des courants qui ont altéré sa pureté. Je rends hommage aux grands esprits de l'humanité où qu'ils soient et d'où qu'ils viennent, mais il ne faut pas nous baisser pour donner plus d'importance à leurs tailles !

Il y a quelques jours, M. le Ministre de l'Instruction publique, rompant avec des traditions vieillies a eu le courage, qui sera l'honneur de son ministère, de dénoncer l'abus du latin dans l'enseignement secondaire, au détriment de l'étude de notre langue nationale.

Eh bien, dans notre éducation, dans nos manifestations artistiques, nous avons, nous aussi, notre latin, dont l'influence doit être considérablement restreinte ; et c'est la réminiscence italienne ?

Est-ce ici dans cette ville de Dijon qu'il est besoin d'affirmer que notre renaissance française vaut bien la renaissance italienne !

Aveugles ceux qui ne se décident pas à confesser que le Primatice, que le Rosso, que tous ces maîtres trop habiles, de l'école dite de Fontainebleau ont détourné notre art à nous de sa route, pour compromettre pendant des années

et des années, ses qualités générales de clarté, de sincérité, de bon sens, de naturel, de vérité, de pittoresque et de franchise !...

L'école des Clouet en est morte : il a fallu le génie à Poussin et à Lesueur pour sortir des lianes enveloppantes de la frondaison italienne. Puis les charmeurs sont venus, notre immortel Watteau, Boucher, Fragonard, cette pléiade de grands artistes qui ont fait fleurir les roses des colorations claires et les séductions de la palette française !

Quand David se reprenant lui-même, a peint son *Couronnement de l'empereur* n'a-t-il pas fait sous le coup de la réalité, sa plus belle œuvre ? Et Delacroix ce tragiqne inventeur, Millet, ce robuste et touchant poète, et Corot et Théodore Rousseau ne sont-ils pas nôtres, ne sont-ce pas nos gloires ?

Dans la mesure de vos efforts, inspirez-vous de leurs doctrines : Vénérez-les pour les grands principes qu'ils ont fait triompher : Soyez de votre temps, soyez de votre pays : Ayez vos sentiments, vos émotions à vous, conservez votre façon de voir, d'éprouver et d'exprimer, comme vous, ayez vos yeux, vos doigts et votre cerveau ! l'art n'est qu'une sincérité.

L'an prochain à ce rendez-vous que la France a donné au monde, à cette exposition universelle de 1889, qui sera non-seulement un anniversaire, mais la consécration solennelle de faits, qui ont à jamais assuré le respect, la dignité humaine, vous serez conviés ! L'administration de Beaux-Arts organise une exposition spéciale et importante de l'enseignement artistique. Travaillez sans relâche d'ici-là. Songez que c'est affaire de patriotisme, et vous savez qu'en France on n'a plus besoin de faire valoir d'autres arguments quand on a invoqué celui-là.

Roger Ballu.

LES MAIRIES

D'ARCUEIL ET DE NOGENT

Le jury du concours pour la décoration des mairies d'Arcueil-Cachan et Nogent-sur-Marne, composé de MM. Poubelle, préfet de la Seine, président ; Alphand, Collin, Delaunay, Delhomme, Luc-Olivier Merson, Puvis de Chavannes, Emile Richard, Armand Renaud, secrétaire, a rendu son jugement au deuxième degré.

Il a attribué, pour la mairie d'Arcueil-Cachan, le prix à M. Baudouin, la première prime à M. Brumtot et la deuxième à M. Vimont.

Il a en même temps émis le vœu, aux termes du programme, que, vu la force du concours, des commandes de travaux moins importants dans des mairies de banlieue fussent données aux deux concurrents primés.

Pour la mairie de Nogent-sur-Marne, il a décidé qu'il ne serait pas attribué de prix et qu'il y avait lieu de recommencer le concours.

Les trois concurrents étaient MM. Debon-Weiss, Ary Renan et Leenhardt.

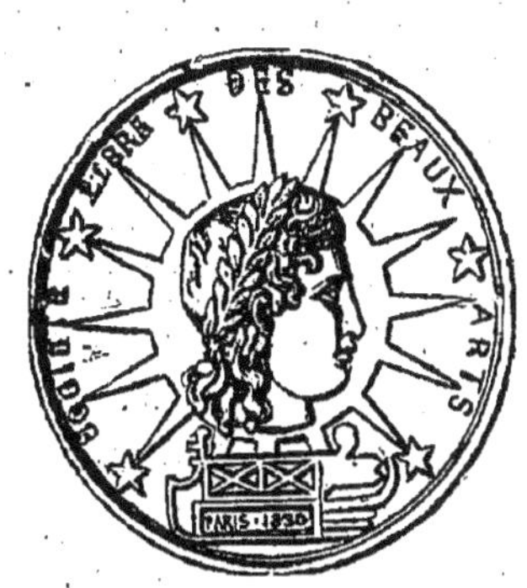

SOCIÉTÉ LIBRE DES BEAUX-ARTS
ET DES LETTRES

Nomination d'un Trésorier provisoire. — Le bureau de la Société a, dans sa séance du 27 juillet, dû accepter, mais avec regrets, la démission comme *trésorier* de M. Charles Pickard, que le mauvais état de sa santé a forcé de résigner des fonctions qu'il remplissait d'une façon si dévouée depuis 1875 et, en attendant la prochaine assemblée générale d'élections, le bureau a prié M. Aug. Morse, artiste graveur, demeurant à Paris, 16, rue de Berlin, de vouloir bien remplir provisoirement les fonctions de trésorier et de mettre en recouvrement les cotisations dues à partir du 1ᵉʳ octobre prochain.

Révision des Statuts. — Des épreuves des nouveaux statuts de la société ayant été adressés pour examen à MMᵉˢ Ant. Gosset, avocat au Conseil d'Etat, Jules Favre, avocat à la Cour d'appel, Brémard, avoué de première instance et Agnellet, notaire, membres du Conseil judiciaire, ces jurisconsultes ont, à la suite d'une réunion tenue chez l'un d'eux, Mᵉ Ant. Gosset, adopté en principe la rédaction proposée ; mais ils ont demandé que l'Assemblée générale, chargée de voter ces statuts en dernier ressort, fut invitée par le bureau à enlever des statuts tous les articles qui pourraient sans inconvénient trouver place dans le règlement afin de rapprocher autant que possible le texte définitif de la rédaction des statuts adoptée par le Conseil d'Etat pour les sociétés désireuses d'être reconnues d'utilité publique.

École nationale des arts décoratifs. — La médaille d'argent fondée comme prix annuel par la Société libre des Beaux-Arts et des Lettres à l'Ecole nationale des Arts décoratifs a été méritée cette année par M. Charles Platard qui a obtenu le premier prix du concours annuel d'applications décoratives (section de peinture), professeur : M. Lechevalier-Chevignard. En l'absence de M. Roger Ballu, inspecteur des Beaux-Arts, président de la Société, délégué par

M. le ministre de l'Instruction publique et des Beaux-Arts à l'inauguration du monument du général Meusnier à Tours, M. Eugène Guillaume, membre de l'Institut, président d'honneur de la Société, a bien voulu, le 29 juillet dernier, remettre cette médaille et le diplôme à l'appui, au lauréat l'un des plus souvent nommés et des plus brillants élèves de cette Ecole.

Le Secrétaire général,
Charles Lucas.

ÉCOLE NATIONALE
DES ARTS DÉCORATIFS

M. Kaempfen, directeur des musées nationaux, a présidé dimanche la distribution des récompenses aux élèves de l'Ecole nationale des arts décoratifs. A ses côtés avaient pris place : M. l'amiral Cloué, ancien ministre de la marine, qui a été élève de l'école ; M. Guillaume, membre de l'Académie des beaux-arts ; M. Parent, président de la chambre syndicale de la passementerie ; M. le colonel et une délégation des officiers du 39ᵉ régiment d'infanterie ; M. Falize, M. le sénateur Tolain, les délégués de la Société centrale des architectes, de la Société libre des beaux-arts, et tout le corps des professeurs de l'Ecole.

M. Louvrier de Lajolais, directeur de l'Ecole, a pris le premier la parole pour remercier les élèves de leurs efforts et leur assurer le concours de l'administration des beaux-arts et de leurs professeurs.

M. Kaempfen s'est ensuite levé et a prononcé un discours dont voici la péroraison :

Dans la pensée de son fondateur, votre Ecole n'est pas destinée à faire des architectes, des peintres, des statuaires ; il lui a donné un rôle moins ambitieux que celui-là ; mais l'enseignement qu'ils y reçoivent n'empêchera pas ceux qui ont des ailes de prendre leur vol vers les sommets ; la vocation qui fait l'artiste n'y est pas en péril. Que de noms se peuvent lire sur son livre d'or qui sont devenus illustres et ne périront pas ! Plus d'un est l'honneur de notre temps ! Ce que je vous demande, c'est de ne pas céder aux illusions faciles de l'amour-propre. Dites-vous que, sans bâtir des temples ou des palais, sans sculpter des statues, sans peindre des tableaux ou des fresques, on peut prouver que l'on aime, que l'on comprend le beau et qu'on sait y atteindre. Si la célébrité vous tente, rappelez-vous que le talent, à quelque objet qu'il s'applique, peut la conquérir ; qu'elle n'a pas manqué à Bernard Palissy, à Berain, à Bowtle, à Germain, à Cressent et Lepautre, à Riesener, à Jacob, à Briot, à Thomire, aux Odiot, à Vechte, à Froment-Meurice, à Grolier, à Derome, à tant d'autres dessinateurs et sculpteurs ornemanistes, orfèvres, ciseleurs, relieurs, faïenciers, ébénistes de notre France. En Italie, Benvenuto Cellini est moins fameux par son *Persée* que par ses pièces d'orfèvrerie, et les arabesques de la galerie des Loges auraient suffi à illustrer Raphaël. Oui, le peintre de la *Transfiguration* des chambres du Vatican, de la *Prédication de saint Paul*, des madones devant lesquelles tout ce qui dans le monde est épris de l'idéal s'agenouille depuis tantôt quatre siècles, le divin Raphaël n'a pas dédaigné de dessiner des arabesques. Quand vous en dessinerez aussi, songez que le maître des maîtres vous donne l'exemple et sourit à vos travaux.

Le temps marche vite, mes amis. Dans un an, cette

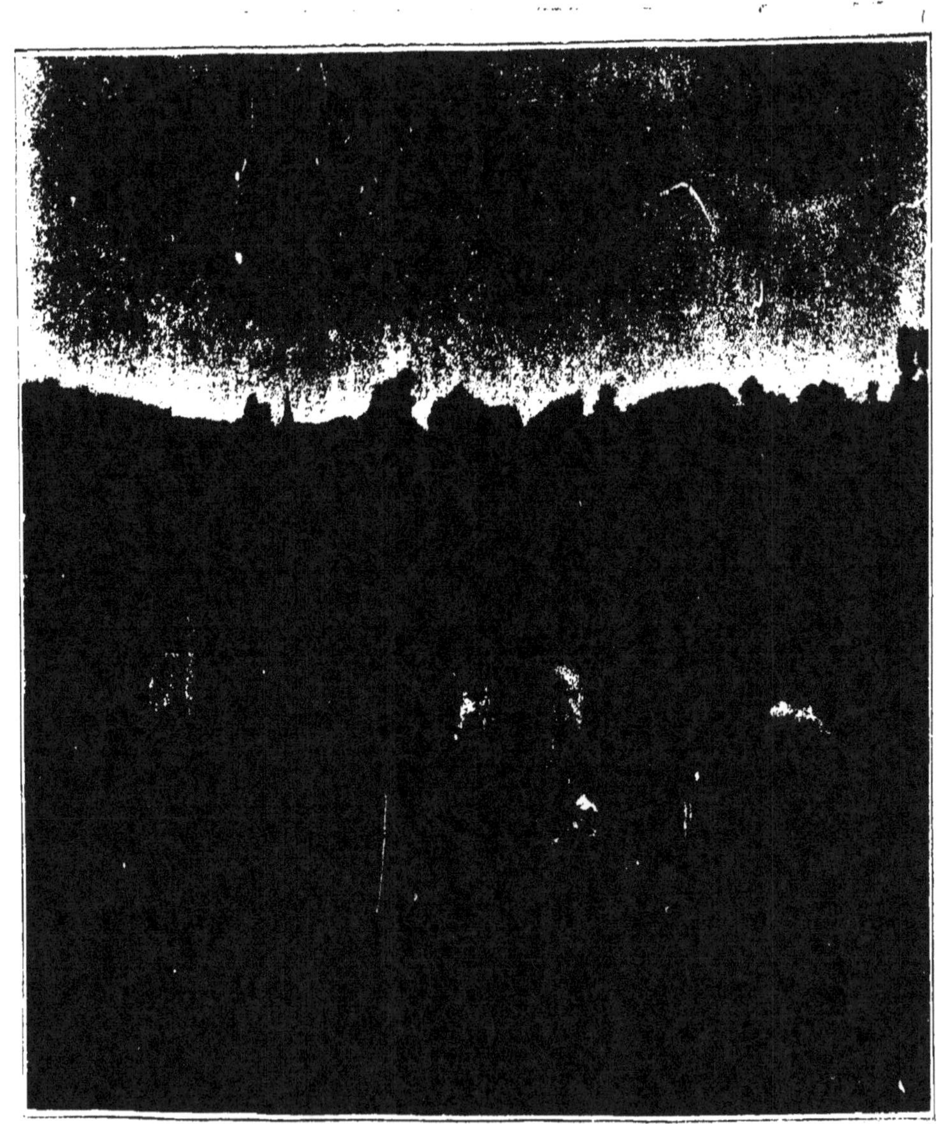

SALON DE 1888. — ANTHONINGEN — L'INTRUS.

grande Exposition par laquelle nous fêterons le centenaire de la Révolution française sera ouverte depuis trois mois. Ce sera la lutte ardente, mais courtoise, entre toutes les nations civilisées. De tous côtés, du Nord et du Midi, de l'Orient, de l'Occident, accourront à Paris des foules curieuses. Les productions de la nature, améliorées et fécondées par leur labeur rationnel et patient, les inventions de la science, les créations de l'industrie, l'art sous toutes ses formes et dans toutes ses applications, toutes les manifestations de l'intelligence et de l'activité humaine rassemblés pour ce concours gigantesque, quel spectacle !

Votre place est marquée dans cette bataille pacifique qui va se livrer sous les yeux du monde ; et l'attention sera d'autant plus fixée sur vous que vos travaux sont de ceux qui la solliciteront davantage. Embellir, ennoblir les objets destinés à l'usage quotidien, voilà ce que jadis on savait admirablement dans notre pays, voilà ce qu'on sut moins alors que les vieillards d'aujourd'hui étaient des enfants et des jeunes gens. Un heureux changement s'est fait ; tant d'œuvres exquises du passé remises en lumière l'ont provoqué. Le présent s'est trouvé froid, mesquin, stérile, et il a eu quelque peu honte de lui même, et il s'est juré de recouvrer la chaleur, l'ampleur, la grâce abondante et facile.

De là les vaillants efforts de ces dernières années et l'intérêt qui s'y attache ; de là aussi l'importance de votre exposition en 1889. Celle à laquelle vous conviez aujourd'hui le public est d'un bon augure ; mais ne croyez pas trop vite au succès ; ne vous endormez pas dans une sécurité dangereuse ; que votre ardeur redouble à l'approche de la solennelle rencontre. Vous aurez des rivaux redoutables non-seulement chez nous, mais ailleurs ; car ailleurs aussi le mouvement est puissant et les efforts sont énergiques. Puisse celui qui vous adressera la parole dans un an, à pareil jour, avoir à proclamer votre victoire !

Un des vôtres, évoquant un souvenir glorieux pour notre armée, a montré, dans un bas-relief, un brave officier blessé à mort et plantant le drapeau de son régiment sur les hauteurs de l'Alma. Plantez au Champ de Mars le drapeau de l'Ecole, qui, elle, ne mourra pas, au-dessus des drapeaux étrangers ; c'est aussi le drapeau de la France.

Après le discours très applaudi de M. Kaempfen, M. le colonel Rousset a pris la parole pour remercier l'Ecole du concours qu'elle a donné à la décoration de la salle d'honneur de son régiment, et il a remis, au nom du corps d'officiers, une grande médaille de vermeil à un jeune soldat, M. Martin, sculpteur, l'auteur du bas-relief en bronze de l'Alma, qui a été exécuté par lui pour le régiment.

Après la distribution des prix aux élèves, M. le délégué du ministre a ouvert l'exposition des travaux, qui comprend, avec les dessins, sculptures et modèles de l'Ecole de Paris, les travaux de céramique de l'Ecole de Limoges et ceux de broderie, tapisserie et savonnerie de l'Ecole d'Aubusson, qui sont rattachées, comme on le sait, à l'établissement de Paris. Le grand vase offert dernièrement au président de la République, à son passage à Limoges, figure au centre de cette très belle et précieuse exposition, qui doit rester ouverte jusqu'au 5 août.

Parmi les lauréats de l'Ecole, nous citerons particulièrement ceux des prix donnés par le ministre :

Grands concours en loges. — Dessin : 1er grand prix, Broux ; sculpture : 1er grand prix, Delacour ; 2e grand prix, Martin ; composition d'ornements : grande médaille de la Société des architectes, Causé ; prix Jacquot, sculpture ornementale, grand prix, Brard ; prix Jay, architecture, Delatre.

Prix des chambres syndicales : dentelle, Plataad, Delon ; passementerie, Platard, Béjac ; boutons, Causé ; grands prix des fabricants de bronze : Martin, Delacour ; prix Adrien Dubouché : Platard.

Enfin, voici les noms des élèves qui ont obtenu le plus de nominations : Delatre, Brard, Turck, Kaplan, Sylvestre, Lardillier, Meunier, Rivière, Morisset, Baimbourg, Coutin, Marié de l'Isère, etc.

L'élève Delatre, avec quinze nominations, a obtenu le prix d'honneur de l'Ecole et la bourse de voyage du ministre.

<hr>

LES PRIX DE ROME

Nous voici à l'époque des concours de Rome. En :

PEINTURE

Les dix concurrents avaient eu à traiter *Ulysse et Nausicaa*, sujet aussi neuf qu'académique, donné par M. Gérome. — Voici l'ordre dans lequel les dix tableaux ont été exposés :

1º M. Jules Verdier ;
2º M. Charles-Aimable Lenoir ;
3º M. Louis-Gaston-André Charpentier-Borio ;
4º M. Abel-Dominique Boyé ;
5º M. Gaston Thys ;
6º M. Louis-André-Claude Lavallay ;
7º M. Jean-Alfred Marisson ;
8º M. Paul Buffet ;
9e M. Charles-Louis-Maurice Eliot ;
10º M. Jean Véber.

MM. Boyé, Eliot et Véber sont de nouveaux logistes ; les sept autres ont déjà concouru.

Ajoutons que M. Boyé a obtenu cette année au Salon une médaille de 3e classe pour un tableau intitulé : *Nymphe de Diane*.

La commission chargée de rendre le jugement préparatoire était composée de la section de peinture de l'Académie, assistée de MM. Emile Lévy, Benjamin Constant, Luc-Olivier Merson, Laugée, Commerre, Cormon et Ferdinand Humbert, jurés adjoints. Cette commission avait proposé d'accorder le premier grand-prix au tableau portant le nº 9. Elle avait estimé ensuite qu'aucun ouvrage ne méritait de second prix et elle avait présenté le nº 8 pour une mention honorable.

L'Académie réunie en séance plénière a infirmé en partie ce jugement. Elle a décidé par 26 voix sur 30 qu'il n'y avait pas lieu de décerner un premier grand-prix cette année. Elle a donné un deuxième grand-prix au numéro 9 et maintenu au numéro 8 la mention honorable.

En conséquence, le deuxième grand-prix a été obtenu par M. Maurice-Charles-Louis Eliot, élève de MM. Cabanel et Bin et la mention accordée à M. Paul Buffet, élève de MM. Jules Lefebvre et Boulanger.

SCULPTURE

Le sujet à traiter en ronde-bosse, de 1^m15 de proportion, était : *Oreste au tombeau d'Agamemnon.*

Voici les noms des dix logistes :

1° Gasq,. élève de MM. Jouffroy et Falguières;

2° Convers, élève de MM. Cavelier et Aimé Millet;

3° Theunissen, élève M. Cavelier;

4° Larche, élève de MM. Jouffroy, Falguière et Delaplanche;

5° H. Lefebvre, élève de M. Cavelier;

6° Désiré Fossé, élève de MM. Chapu et Falguière;

7° Tonetti, élève de MM. Falguière et Tony-Noël;

8° Deman, élève de M. Cavelier;

9° Baralis, élève de M. Cavelier;

10° Albert Rose, élève de MM. Dumont, Bonassieux et Jules Thomas.

Le grand prix a été attribué à M. Louis-Joseph Convers, né le 5 septembre 1860 à Paris, élève de MM. Cavelier et Aimé Millet. Le projet de M. Convers portait le n° 2.

Le premier second grand prix a été donné à M. Corneille-Henri Theunissen, né le 6 octobre 1863 à Anzin, élève de M. Cavelier (projet n° 3.)

Le deuxième second prix a été donné à M. Hippolyte Lefebvre, né le 4 février 1863 à Lille, élève de M. Cavelier (projet n° 5).

M. Convers, grand-prix, recevra de l'Académie dès beaux-arts le prix Leprince d'environ 1.000 fr. et aura droit, après son séjour de quatre années à Rome, à la pension fondée par Mme la comtesse de Caen, d'une somme de 4.000 fr. pendant trois années.

M. Theunissen, second grand-prix, recevra le prix Cambacérès de 1.000 fr.

GRAVURE

Les concurrents pour le grand prix de gravure en taille douce avaient à traiter un dessin d'après l'antique, un dessin d'après nature et une planche gravée.

Voici leurs noms :

1° Crank, élève de MM. Henriquel, Levasseur et Cabanel;

2° Deturck, élève des mêmes ;

3° Leriche, élève de MM. Henriquel, Levasseur, Bouguereau et Tony Robert-Fleury ;

4° Paret, élève de MM. Henriquel, Levasseur et Boulanger;

5° Dezarrois, élève de MM. Henriquel, Levasseur, Gérôme et Allard;

6° Lavalley, élève de MM. Henriquel, Levasseur, Cabanel et Maillot ;

7° Jullian, élève de MM. Henriquel, Levasseur et Boulanger ;

8° Chiquet, élève de MM. Henriquel, Levasseur et Cabanel.

Le prix a été décerné à M. Leriche (Henri), né le 12 avril 1867 à Grenoble.

Premier second grand prix. — M. Chiquet, né le 8 septembre 1863 à Limeray (Indre-et-Loire).

M. Chiquet touchera 1,000 francs de la fondation Cambacérès.

Deuxième second grand prix. — M. Jules Alphonse Deturck, né le 13 février 1862 à Bailleul (Nord).

L'ARCHITECTURE.

Le sujet à traiter pour le prix d'architecture était : *Un palais pour le Parlement.*

Voici les noms des 10 concurrents :

1 M. Cousin, élève de MM. Coquart et Gerhardt.

2 M. Belesta, élève de M. André.

3 M. Eustache, élève de M. Ginain.

4 M. Louvet, élève de MM. Ginain et Louvet.

5 M. Heubes, élève de M. Pascal.

6 M. Cornil-Lacoste, élève de M. Ginain.

7 M. Tournaire, élève de M. André.

8 M. Sortais, élève de MM. Daumet et Girault.

9 M. Le Roy, élève de MM. Coquart et Gerhardt.

10 M. Huguet, élève de M. Blondel.

Nous dirons, dans notre prochain numéro, quelle a été la décision du jury qui s'est réuni hier samedi.

NÉCROLOGIE

Le vicomte de Tauzia, conservateur des dessins, des peintures et de la chalcographie du Louvre, est mort à l'âge de soixante-cinq ans.

Entré en 1858 dans le service des musées nationaux en qualité d'expéditionnaire, il avait été nommé attaché en 1861, conservateur adjoint en 1871 et conservateur en 1874.

Les missions qu'il avait remplies en Italie ont enrichi les collections du Louvre de précieuses acquisitions ; nous citerons notamment les deux fresques de Botticelli, placées dans l'escalier du pavillon Daru. Il avait installé, il y a deux ans, la grande salle française de la peinture du dix-neuvième siècle, et, au commencement de cette année, la salle des portraits d'artistes.

On annonce la mort du sculpteur Pierre-Bernard Prouha, élève de Ramey, de Toussaint et de Dumont. Il obtint une mention honorable au Salon de 1877, où il avait envoyé une statue en marbre, l'*Amour taillant son arc dans un laurier.*

Il était âgé de soixante-dix ans.

ÉCHOS ET NOUVELLES

Sur la proposition du ministre de l'instruction publique et des beaux-arts, M. Georges Lafenestre, conservateur-adjoint des peintures et des dessins au musée national du Louvre, a été nommé conservateur du même département, en remplacement de M. Both de Tauzia, décédé.

M. Paul Durrieu et M. Henry de Chennevières, attachés à la conservation des peintures et des dessins au musée national du Louvre, ont été nommés, le premier, conservateur-adjoint des peintures; le second, conservateur-adjoint des dessins au même musée.

M. le ministre de l'instruction publique et des beaux-arts a commandé au sculpteur Albert Lefeuvre, pour l'Exposition de 1889, un groupe en marbre d'après le modèle exposé déjà au Salon, et portant sur le socle : *Pour la patrie.*

**

Le ministre des Beaux-Arts vient de faire livrer à l'Institut de France, pour être placé dans l'une de ses salles, le buste en marbre blanc de M. Emile Egger, le savant helléniste, décédé membre de l'Académie des inscriptions et belles-lettres. L'œuvre est de M. Cougny, sculpteur.

**

Dans sa première séance, le comité d'organisation du congrès international pour la protection des œuvres d'art et des monuments, a constitué son bureau de la façon suivante :

MM. Charles Garnier, président ; Bœswillwald, inspecteur des monuments historiques, et Vitu, vice-président de la Société des Amis des monuments, vice-présidents ; M. Charles Normand, architecte, directeur de la revue l'*Ami des monuments*, secrétaire général.

**

L'Académie des Beaux-Arts vient de distribuer la rente de la fondation Laboulbène, de 2,500 francs, aux dix jeunes artistes sortis de loge pour le concours du grand prix de peinture.

Ce sont : MM. Verdier, Lenoir, Charpentier, Boyé, Thys, Lavalley, Marioton, Buffet, Eliot et Véber.

**

A l'occasion de l'Exposition artistique de Copenhague, M. Antonin Proust vient d'être nommé grand-cordon de l'ordre du Danebrog.

MM. Lorain, architecte, Desesquelles, secrétaire général de l'Union centrale des arts décoratifs et Mercier, ont été promus chevaliers du même ordre.

**

Jeudi a été célébré, le mariage de M. Ernest Dargent avec Mlle Rignot.

M. Dargent est un artiste de valeur et le fils de Yan Dargent, le peintre breton bien connu.

**

M. Larroumet, directeur des Beaux-Arts, a chargé le peintre Luc-Olivier Merson et M. Sédille, architecte, de l'ornementation et de la décoration de la porte qui donnera accès dans la section des manufactures nationales des Gobelins, de Sèvres et de Beauvais à l'Exposition universelle.

Cette porte sera exécutée en mosaïque. M Gerspach, directeur des Gobelins et de l'Ecole de mosaïque, s'est entendu avec les deux artistes, en vue de l'adoption du projet définitif. Ce projet, très sobre, comporte deux personnages, sur chacun des côtés, symbolisant l'art de la tapisserie et l'art de la mosaïque.

**

Le conseil d'Etat vient d'autoriser le ministre de l'instruction publique à accepter, pour le musée du Louvre, le portrait de la marquise de Visconti, peint par Gérard et légué par Mme de Nicolay.

**

L'exposition de la maquette du monument à élever à la mémoire de La Fontaine, a définitivement fermé ses portes. Cette exposition était installée, comme on sait, sous une vaste tentée dressée sur l'emplacement du palais des Tuileries incendié.

Le sujet exposé va être enlevé tout de suite, et, par ordre, la tente qui l'abritait devra avoir disparu avant le 15 août,

**

On vient d'ouvrir, à Saint-Pétersbourg, une souscription dont le montant est destiné à la construction d'une réduction de la cathédrale de Saint-Isaac. Cette réduction serait élevée dans le parc de l'Exposition de 1889 et serait donnée, à la fermeture de l'Exposition, à la Ville de Paris.

L'Imprimeur-Gérant : HENRY LEFEBVRE.

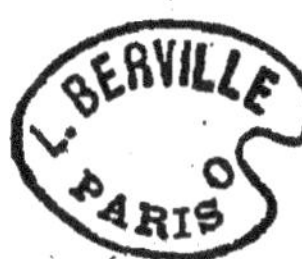

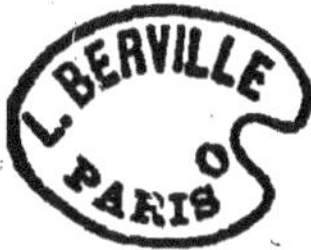

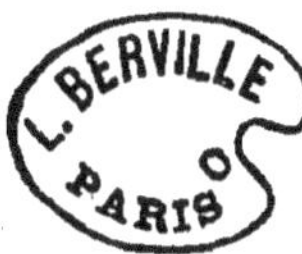

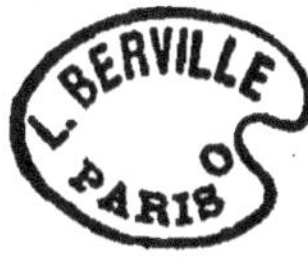

ACADÉMIE JULIAN

ATELIERS DE PEINTURE

Sculpture et Dessin.

Distincts pour Hommes et pour Dames.
Toute la journée modèle vivant.

ATELIERS DE
MM. BOUGUEREAU et T. ROBERT-FLEURY
MM. BOULANGER et J. LEFEBVRE

Atelier de sculpture, professeur M. CHAPU
Ces éminents professeurs donnent régulièrement leur conseils aux élèves.

COURS pour HOMMES
48, faubourg Saint-Denis (près la porte St-Denis).

COURS pour DAMES
5, rue de Berri (avenue des Champs-Elysées).
27, galerie Montmartre (Passage des Panoramas).
28, Faubourg Saint-Honoré (Près de la Madeleine).

COURS D'ANATOMIE : M. CUYER.

Préparation au brevet supérieur de dessin de la ville de Paris et de l'Etat et aux concours de l'Ecole des Beaux-arts.

Aquarelle — Pastel — Nature morte, etc.

Il n'y a jamais de vacances.

On trouve dans chaque Atelier les renseignements qui le concerne.

Compiègne. — Imprimerie HENRY LEFEBVRE.

LA VIE ARTISTIQUE

COURRIER HEBDOMADAIRE ILLUSTRÉ

Des Ateliers, des Expositions & des Théâtres

BUREAUX A PARIS	DIMANCHES 12 & 19 AOUT	ABONNEMENTS
42, Rue de Chabrol, 42	1888 2e ANNÉE — N° 30	Un An : DIX FRANCS

A PROPOS D'UN VITRAIL
DE JEAN COUSIN

M. Adolphe Guillon vient d'adresser au Président de la Société des Sciences de l'Yonne la lettre suivante :

« La ville de Sens a organisé, le mois dernier, à propos d'un Concours régional, une exposition artistique qui a été fort réussie.

» La perle de cette exposition était incontestablement le fameux tableau de Jean Cousin, *Pandore*. — Ce tableau appartenait jusqu'à présent à une vieille dame, qui refusait absolument de le montrer. Or, comme les Guides Joanne, Richard et autres annonçaient aux visiteurs qu'il existait à Sens, chez Mme Chauley, un tableau de Jean Cousin, beaucoup d'amateurs se présentaient pour le voir, mais cette faveur leur était impitoyablement refusée.

« L'héritier de cette dame, M. Dessus, beaucoup plus aimable qu'elle, a bien voulu prêter cette œuvre curieuse aux organisateurs de cette charmante exposition, qui contenait des merveilles et avait été installée avec beaucoup de goût, dans la grande salle synodale, restaurée par Viollet-le-Duc.

« Pendant que j'étais à Sens, j'ai naturellement été revoir la cathédrale, et j'ai appris là qu'il était question de restaurer le vitrail attribué à Jean Cousin, qui se trouve dans la dernière chapelle à droite derrière le chœur. Cette verrière a été traversée, en 1815, par un boulet de canon ; on a remplacé les quelques morceaux brisés par du verre blanc, ce qui me semble fort sage. Il paraît qu'on va refaire maintenant tous les morceaux qui manquent.

« J'avoue que je n'en comprends pas l'utilité. Ce qui est intéressant, c'est l'œuvre de Jean Cousin ; il nous est parfaitement égal que le vitrail ne soit pas au grand complet. Un morceau ajouté d'une couleur criarde peut détruire toute l'harmonie de cette belle verrière. Nous avons, hélas, beaucoup d'exemples de ce fait.

« A côté de la fenêtre dont je parle, se trouve une autre fenêtre de la même forme et de la même dimension.

« Qu'on la donne à l'artiste chargé de faire la restauration et qu'on lui permette de faire sa composition complète. Les visiteurs jugeront si elle offre plus d'intérêt que l'œuvre de Jean Cousin mutilée.

« Ce genre de restauration est toujours l'application du principe d'ajouter des bras à la Vénus de Milo ; on ne l'oserait pas sur un tableau, pourquoi le faire sur un vitrail ?

« Tout le monde crie contre les restaurations du temps passé et personne n'ose protester contre celles qu'on fait chaque jour.

« A ce propos, permettez-moi de vous citer une phrase que je voyais dernièrement dans le compte-rendu d'une des dernières séances de l'Académie des Inscriptions ; j'y lisais :

« M. Ravaisson continue son excursion dans le
« domaine des antiquités grecques.
« L'éminent académicien place sous les yeux
« de ses collègues un torse en marbre qui lui
« paraît provenir, comme il l'a dit dans la pré-
« cédente séance, d'une très belle reproduction
« du *Diadumène*, de Polyclète. Ce torse est sur-
« monté d'une tête romaine, et une restauration
« moderne y a ajouté les bras et les jambes. C'est
« ce qui explique pourquoi on n'en avait pas
« remarqué, jusqu'à présent, la rare beauté. On
« a là un exemple, auquel on en pourrait joindre
« une infinité d'autres, du tort que font à l'his-
« toire et à l'art d'indiscrètes restaurations, et
« il serait à désirer qu'on s'en abstînt à l'ave-
« nir. »

« Cette observation est fort juste.

« On se plaint de manquer d'argent pour l'entretien de nos richesses artistiques, pourquoi ne pas utiliser les sommes disponibles à des travaux de nettoyage, soutènement et consolidation, au lieu de les employer à refaire à neuf des vitraux ou des sculptures qui n'ont d'intérêt que pour ceux qui exécutent le travail.

« A Sens, on m'a dit aussi qu'il était toujours question de supprimer le grand baldaquin placé au-dessus du grand autel, et que si on ne le faisait pas, c'était faute d'argent. Ce baldaquin, fort riche, soutenu par des colonnes de porphyre, est l'œuvre de Servandoni. Il n'est pas de l'époque primitive de l'Eglise, c'est vrai, mais il ne gêne en rien. Il n'est pas laid, pourquoi le retirer. Cette fois, nous pouvons nous réjouir d'apprendre que l'argent a manqué pour une dépense aussi inutile.

« Il y a quelques années, on a retiré et mis dans la cour la grande grille qui fermait le chœur, et on devait aussi, paraît-il, supprimer celle des côtés, qui sont fort belles et ne gênent pas ; heureusement elles sont encore en place.

« Le mois dernier, j'ai relevé à Vézelay, sur les murs intérieurs et extérieurs de l'église abbatiale « La Madeleine », une soixantaine de marques différentes de tâcherons. Je viens de chercher dans la cathédrale de Sens, et j'ai trouvé sur les murs et pilliers quelques marques semblables, mais en très petit nombre, car les pierres ont été tellement grattées et peintes, qu'il est difficile d'y retrouver les traces du passé.

« J'ai voulu faire les mêmes recherches dans les églises de Villeneuve-sur-Yonne, de Joigny et d'Auxerre, mais les couches épaisses de badigeon rendent ce travail presque impossible.

« A Auxerre, cependant, j'ai trouvé quelques marques, et qui ne sont pas semblables à celles de Vézelay.

« Je crois que pour les édifices du département de l'Yonne, que je viens de visiter, c'est Joigny qui mérite le prix de vandalisme.

« Les églises de cette ville sont ornées de peintures ridicules, de statues coloriées et de vitraux de la rue Saint-Sulpice, d'un goût déplorable, avec noms de donateurs naturellement.

« Et partout on voit des joints qui tirent l'œil d'une façon déplorable et rapetissent les monuments.

« Il faut citer surtout une chapelle de la cathédrale d'Auxerre, qui contient un tombeau de la famille de Chastellux, et le chœur de Saint-Eusèbe, qui sont, je crois, les specimens les plus curieux qu'on puisse voir de cette façon abominable de cerner les pierres avec un trait noir, qui est à la mode depuis une dizaine d'années.

« Un monument qui contient l'assortiment le plus complet de joints de toutes les couleurs, c'est la charmante petite église de Saint-Père-sous-Vézelay, dont le porche semble taillé dans un vieil ivoire au ton chaud et à la patine brillante. Là vous trouverez des joints de toutes les façons ; des blancs, des gris, des bleuâtres, des noirs, jusqu'à des faux joints faits avec du ciment sur lequel on a passé un fer, et ces affreux traits grossiers coupent les colonnes, les bases, les chapiteaux ; on en a mis partout. On ne voit qu'eux.

« On va commencer des travaux de restauration de ce bijou, dont certaines parties menacent ruine ; nous souhaitons ardemment qu'il ne soit fait là que des travaux indispensables à l'entretien et à la consolidation de ce précieux monument.

« Vézelay, juillet 1888.

« Adolphe GUILLON. »

LES TRIBULATIONS D'UN SCULPTEUR

Il est un artiste à Paris qui, ce printemps, a dû maudire ce qu'on appelle en province la « politique locale ». Cet artiste est le sculpteur Chapu ; ladite politique l'a exposé à voir une de ses œuvres, exécutée sur commande pourtant, enfermée pendant quelque temps on ne savait où... dans un grenier ou sous un hangar municipal. L'aventure est, par certains détails, assez plaisante.

Tout Paris a vu, au Salon de cette année, le groupe en marbre des deux frères Galignani qui est dû au ciseau de M. Chapu. Le nom des Galignani est bien connu et leur générosité restera légendaire. C'est la bonne ville de Corbeil, en Seine-et-Oise, qui en a surtout éprouvé les effets.

MM. Galignani, de leur vivant, directeurs d'un journal anglo-français, habitaient, durant l'été, le village de Soisy-sous-Etioles, aux portes de Corbeil ; ils aimaient beaucoup ce pays et, après le décès d'une jeune fille qui était leur héritière directe, ils le dotèrent successivement d'un hôpital, d'un orphelinat, d'une école, etc., etc. ; bref, ils devinrent les bienfaiteurs de toute la contrée, à laquelle ils avaient donné plus d'un million.

A quelques années l'un de l'autre, MM. Galignani moururent, et le dernier qui s'éteignit, en 1884, laissa un testament où étaient inscrites des libéralités nouvelles. Du coup, le cœur des Corbeillois s'émut, un comité se forma pour donner un témoignage public de reconnaissance aux deux frères qui avaient embelli la ville en créant tant d'institutions charitables pour les nombreux ouvriers qui l'habitent. Les listes de souscriptions se couvrirent rapidement de signatures, recueillies jusque dans les maisons les plus humbles, et le comité se trouva possesseur d'une trentaine de mille francs : il délibéra alors longuement sur leur emploi.

Corbeil est pauvre en monuments ; son histoire est pourtant riche de souvenirs ; mais les hommes de guerre qui ont livré combat, à différentes époques, lui ont toujours joué le mauvais tour de n'y être point nés ou de n'y point rendre l'âme ; pas une statue, pas même un buste à montrer aux touristes que les rives pittoresques de la Seine attirent dans ces parages ! Le Comité décida que l'on comblerait cette lacune en élevant sur une place publique l'image des frères Galignani. On fit choix de M. Chapu comme sculpteur, et on le pria de donner enfin à Corbeil « son » œuvre d'art.

Mais voici qu'immédiatement les difficultés commencèrent : la statue serait-elle en marbre ou en bronze ? Les journaux locaux, — il n'y en a pas moins de quatre et rédigés par des plumes alertes ! — polémiquèrent à perte d'haleine sur les mérites respectifs de ces deux matières premières. Le marbre ne résiste pas aux injures du temps, disait l'un ; le bronze est d'aspect triste, ripostait l'autre ; la pierre se délite rapidement, s'écriait un troisième... Bref, le comité, composé de notables de la ville, bien intentionnés mais inexpérimentés, në savait plus lequel entendre. M. Chapu fit acte d'autorité ; il annonça qu'il emploierait le marbre de Carrare et il se mit à l'œuvre.

Vous croyez que le Comité fut plus tranquille pour cela ? De mois en mois, un journaliste l'interrogeait : « Qu'as-tu fait des frères Galignani ?... Où en est le monument ? » Et le Comité publiait une note annonçant que M. Chapu faisait dégrossir la statue dans les carrières de Carrare même, afin que le grain en fût absolument parfait et défiât toutes les intempéries des saisons... La presse se calmait... Cela dura trois ans ainsi.

Enfin M. Chapu exposa, au palais de l'Industrie, le groupe que l'on sait : il est inspiré d'un tableau déjà ancien que l'on conserve à l'hôpital de Corbeil et qui représente les deux frères debout, à côté l'un de l'autre, examinant des plans. L'œuvre est certainement fort remarquable et tous les critiques en ont loué le bel ordonnancement. Les Corbeillois pouvaient ajouter que les figures, grâce au tableau, sont très ressemblantes. Mais, tandis que se produisait à Paris ce concert de louanges, le Comité local voyait renaître ses embarras.

Ce n'était pas le tout d'avoir commandé et fait exécuter une statue irréprochable : où la mettrait-on ?... Il y a cinq ou six places à Corbeil ; à laquelle donner la préférence ? Une tempête dans un verre d'eau se déchaîna de nouveau : on approchait des élections municipales. Le maire voulait donner satisfaction à tous les quartiers de la ville. Si l'on dressait la statue dans le faubourg ouvrier, que diraient les bourgeois ? Le problème semblait insoluble, la question s'envenimait dans les feuilles hebdomadaires ; on avait inutilement consulté l'un et l'autre, mandé de Paris des hommes éminents, des architectes membres de l'Institut, pour leur demander un avis que l'on n'osait pas suivre... On s'avisa, finalement, d'employer un « truc » bien singulier.

La municipalité fit construire un piédestal carré, en planches noircies, et elle le dressa au milieu d'une première place. C'était le marché ; on jugea qu'il y faisait mauvaise figure ; le piédestal fut démonté et, nuitamment, transporté dans un square... Des cris d'orfraie se firent entendre : c'était l'accaparement des Galignani par la population riche, par celle qui peut perdre son temps sur les promenades publiques... Docilement, le Comité et la municipalité envoyèrent des charpentiers dans le square et on établit les planches noires devant le tribunal... Un journaliste, soucieux d'esthétique, remarqua que cet emplacement était triangulaire et qu'il y fallait un piédestal rond !... Cinquième promenade, alors, du malheureux piédestal qui fut emmené vers un autre coin de la ville...

Pendant quatre mois, tour à tour, les Corbeillois eurent ainsi la surprise de retrouver l'image de leur futur monument en un point nouveau de la cité : il remplaçait ici un bec de gaz ; plus loin, il faisait disparaître un banc utile... La presse locale applaudissait, grognait, sifflait tour à tour...

On juge des tribulations par lesquelles passait, durant ces essais, le sculpteur Chapu. En finirait-on ?... Et, le Salon fermé, ne serait-il pas contraint de donner chez lui un abri provisoire

aux frères Galignani ?... Heureusement les élections municipales prirent une bonne tournure ; un peu de sagesse revint au conseil, et en deux séances, avec l'aide d'une commission spéciale, on termina l'affaire : on choisit, au bord de la Seine, un petit square central que les nourrices de familles riches et les vieux ouvriers pauvres fréquentent également. Le cadre est bon ; il y a de l'air autour de l'image aimée des deux bienfaiteurs de la ville ; pas trop d'ombre. C'est, à tous égards, l'heureux triomphe du « juste milieu », mais il faut avouer qu'on ne l'a pas obtenu facilement.

C'est là que dimanche dernier s'est faite l'inauguration solennelle.

------------◆------------

LES PRIX DE ROME

L'Académie des beaux-arts a rendu son jugement pour le prix de Rome d'architecture.

Grand prix de Rome à M. Fournière, élève de l'atelier André ;

Deuxième grand prix à M. Sortais, de l'atelier Daumet ;

Deuxième second grand prix à M. Hughuet, de l'atelier Blondel (élève de deuxième année).

------------◆------------

LE MONUMENT DES GIRONDINS

Le jury du concours final pour le monument à élever aux Girondins, sur l'une des places de Bordeaux, a rendu son jugement la semaine dernière. Il a donné :

Le premier rang au projet de MM. Labatut, statuaire, et Esquié, architecte, portant pour devise : *Atal fa qui pot*, auquel il est alloué un prix de 5,000 fr. ;

Le deuxième rang, au projet de MM. Dumilâtre, statuaire, et Deverin, architecte ; devise : *Gloria victis !* prix de 3,000 fr. ;

Le troisième rang, au projet de M. Guadet, devise : *Dette de famille ;* prix de 2,000 fr.

Le projet de MM. Rouyrre et Steiner (*Pax*) et celui de MM. Edouard et Raoul Larche (*Lex*) ont été définitivement écartés.

------------◆------------

LE DIPLOME DE L'EXPOSITION

Le ministre du Commerce a pris l'arrêté suivant :

Article premier. — Un concours est ouvert pour le dessin du diplôme des récompenses de l'Exposition universelle de 1889, à Paris.

Art. 2. — Sont nommés membres du jury chargé de rédiger le programme de ce concours et de juger les œuvres présentées, sous la présidence du ministre du commerce et de l'industrie, commissaire général :

Vice-présidents.

MM. Alphand, directeur général des travaux.
Berger, directeur général de l'exploitation.

Membres.

MM. Chaplain, graveur, membre de l'Institut.
Daumet, peintre, membre de l'Institut.
David Dautresme, chef du cabinet du ministre du commerce et de l'industrie et du commissariat général.
Delaborde (le vicomte Henri), conservateur honoraire de la Bibliothèque nationale, membre de l'Institut.
Delaunay, peintre, membre de l'Institut.
Duplessis, conservateur de la Bibliothèque nationale.
Galland, peintre.
Garnier (Charles), architecte, membre de l'Institut.
Guillaume, sculpteur, membre de l'Institut.
Larroumet, directeur des beaux-arts.
Proust (Antonin), député, commissaire spécial des beaux-arts.
Roty, graveur, membre de l'Institut.
Sédille, architecte, du Gouvernement, vice-président de la société centrale des architectes.

Secrétaires.

MM. Jacques Rouché, sous-chef du commissariat général.
Thurneyssen (E.), secrétaire de la direction générale de l'exploitation.

Art. 3. — Un prix unique de dix mille francs (10,000 fr.), sera accordé à l'auteur du dessin du diplôme de récompense classé au premier rang.

Paris, le 11 août 1888.

PIERRE LEGRAND.

Par arrêté en date du 11 août 1888, le ministre du commerce et de l'industrie, commissaire général de l'Exposition universelle de 1889, a nommé membre du comité d'organisation de l'exposition rétrospective du travail et des sciences anthropologiques (Section III. — Arts et métiers), M. Servois, garde général des archives nationales, en remplacement de M. Doniol, démissionnaire.

EXPOSITION DE VERSAILLES

Voici la liste des récompenses :

DIPLÔMES D'HONNEUR,

MM. Barillot Léon, Bergeret Pierre-Denis, Bonnefoy Henri, Doucet Lucien, Lévy Emile, Merwart Paul, Savine Léopold, Vernet Lecomte Emile.

MÉDAILLES DE VERMEIL,

MM. Bénet Eugène, Pétillion Jules.

RAPPELS

MM. Eliot Maurice, Forges Joseph, Mlle Mégret Félicie.

MÉDAILLES DE 1re CLASSE

Mme Büchet Julie, MM. Darien Henri, Ferry Georges, Hodebert Léon-Auguste-César, Mmes de Loghadès Léonie, de Peslonan Marthe, M. Roussin Georges.

RAPPELS DE 1re MÉDAILLE

MM. Hutin Charles, Iwille Marie-Joseph, Lefebvre Ernest, Timmermans Louis.

MÉDAILLES DE 2e CLASSE

Mme Baubry-Vaillant Marie-Adélaïde, MM. Bocquet Louis-Maurice, Chrétien René-Louis, Mmes Comerre-Paton Jacqueline, Gillet Albert, Mlles Guérin Marie, Guillot Paul-Gabriel, Homo Alexandre, Hubert Léon, Jacquemart Marie, Joliet Philippe, Landeau Rémy, Lefèvre Lourdet, Mmes Limozin d'Alheim, MM. Moormans François-Léonard-Jean, Mouillard Lucien, Robert Marie-Mecchior-Auguste, Roullet Gaston, Mme la baronne Tristan-Lambert Louise.

RAPPELS DE 2e MÉDAILLE

MM. Bérengier Théophille, Couty Jean-Frédéric, Mme Lemée Léontine, Le Roy Henry, Mascart Gustave, Vavasseur Eugène-Charles-Paul.

MENTIONS HONORABLES

MM. Bergeron Eugène, Mme Bernier Cécile, MM. Bourdier Alexandre, Bourdilliat Arthur, Cabane Edouard, Mlle Carpentier Madeleine, Mme Desnoux Anna, Mlle Domadieu Jeanne, Mmes Falret de Tuite Hugues, MM. Gérin René-Eugène, Gignoux Charles-Vincent-Robert, Mlle Gosselin Gabrielle, M. Grenier Menlins, Mlles Groszet Apolline, Herman Louise, MM. Jeidels Charles Henri, Justin Jules, Mlles Kock Jeanne, MM. Langlois Charles, Lemut Jules, Mlle Le Sidaner Marie, MM. Liard Augustin, Liardo Filippo, Loiseau Rousseau Paul, Matignon Albert, Mme Nallet-Poussin Emma-Camille, M. Pautex Louis, Mlles Pers Blanche, Robert Caroline, M. Simon Ernest-Constant, Mlles Stevens Edith-Dora, de Taillasson Suzanne, M. Valden Lionel, Mlle Waternau Kermine.

Bulletin des Expositions et Concours

Barcelone. — Concours pour un ouvrage d'Archéologie. Dépôt des ouvrages jusqu'au 25 octobre 1891.

Evreux. — Exposition du 1er juillet au 30 septembre.

Florence. — Exposition du 16 décembre 1888 à fin mars 1889. — Envoi des ouvrages jusqu'au 30 novembre.

Gand. — Concours d'arts industriels en 1888.

Glascow. — Exposition d'art ancien et moderne, do mai à octobre.

Langres. — Exposition du 16 août au 6 Septembre.

Melbourne. — Exposition internationale du 1er août 1888 au 1er janvier 1889.

Munich. — Exposition internationale du 1er Juin au 1er octobre 1888.

Paris. — Exposition internationale de 1889. Champ-de-Mars, du 5 mai au 3 octobre.

Paris. — Exposition du *Blanc et Noir* du 1er octobre au 15 octobre 1888. S'adresser à M. E. Bernard, rue de la Condamine, 71.

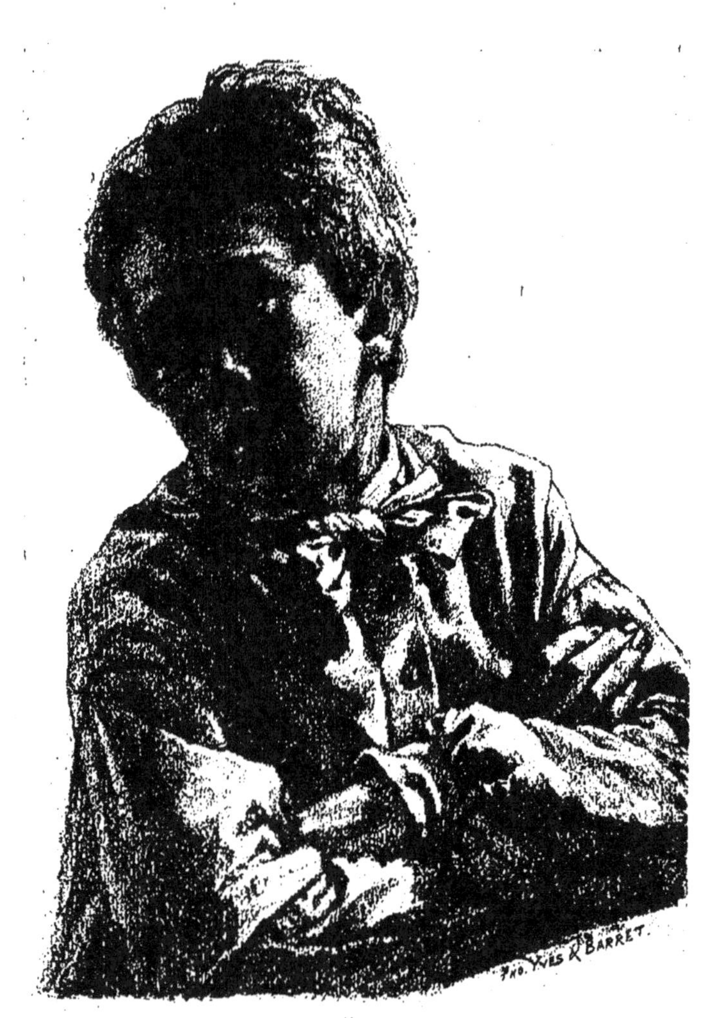

A. VÉLY

Reims. — Exposition des Beaux-Arts du 6 octobre au 12 novembre. — Dépôt avant le 10 septembre, palais des Champs-Elysées, porte I, au commisariat général des Expositions.

Roubaix-Tourcoing. — Exposition des Beaux-Arts du 15 septembre au 22 octobre. — Dépôt au Palais de l'Industrie, à M. Vigneron, avant le 20 août.

Rouen. — Exposition du 1er octobre au 30 novembre. — Dépôt à Paris, chez Guinchard et Fourniret, 11, rue Lepic, du 10 au 20 août.

CARISTIE A ORANGE

Au cours des fêtes organisées en Provence par les félibres et les cigaliers, on a inauguré à Orange le buste de Caristie, qui eu le mérite de deviner les monuments qui font aujourd'hui la gloire d'Orange, sous l'amas de vieilles masures et de décombres dont ils étaient recouverts et déshonorés. Il consacra toute sa vie à l'ingrate besogne de fouiller ces admirables ruines, de les rendre au jour, de restituer tout ce qui restait de l'antique édifice, de lui rendre en partie sa splendeur.

M. Henry Fouquier a prononcé, à cette occasion, un remarquable discours dont nous extrayons le passage suivant :

« Caristie, dont vous connaissez mieux que moi la vie de travail, de science, de dévouement, fut un des premiers à notre époque à comprendre la beauté et la grandeur utile des monuments du passé. Son goût d'artiste, en cela, s'éclaire pour le moins d'un instinct de penseur. D'ailleurs, c'est sans danger qu'on pouvait restaurer les ruines romaines de la Provence et les refaire vivantes, comme hier, par le spectacle unique et admirable que nous avons applaudi. Car, ce que nous conservons pour la France, ce que nous avons apporté au monde nouveau, à ce monde nouveau que nous avons l'espoir de voir devenir à son tour un monde antique, devant les progrès que nous souhaitons et ne connaitrons pas, c'est justement la tradition latine, cette large part de l'image française.

« C'est notre Midi qui a conservé le droit écrit, le droit fixe et égalitaire, rendu plus humain par ces mêmes Antonins dont l'un, le plus grand peut-être, Marc-Aurèle, avait sa statue dorée dans la Celsa de votre ville. Et c'est encore de Rome que nous vient cette grande parole, mal interprétée comme tant de grandes paroles et que je voudrais réhabiliter : *Panem et circenses*... Le pain et les jeux ! Mais quand on ne les demande pas à la tyrannie en échange de la liberté et de la dignité du citoyen, n'est-ce pas le programme de la vie humaine ? Le pain du corps et le pain des yeux, de l'imagination, de la poésie et de l'âme ; ce pain que nous avons eu hier, abondant et savoureux, dans votre théâtre, alors que des artistes inspirés, dans une sorte de fresque animée et vivante, nous rendaient les nobles jeux de la Grèce et nous redisaient la légende des dieux de l'Hellade, ces dieux auxquels nous croyons peut-être plus encore que nous ne le pensons, car ce ciel qui était si profond et si plein de clartés sur nos têtes, ce ciel de Provence où l'or du soleil se répand la nuit en une poussière d'étoiles, est assez grand pour que tous les dieux y prennent place ; et nul n'a été surpris d'entendre, au début de notre représentation d'hier, invoquer Minerve, la Pallas, Athènè de Sophocle, belle comme une de nos femmes, sage, prudente et armée, laborieuse et guerrière, le glaive nu derrière le bouclier. Concevriez-vous autrement l'image de la patrie ? »

Les deux représentations données au grand cirque d'Orange par les artistes de l'Opéra et de la Comédie-Française ont obtenu un immense succès, bien que la musique de *Moïse* ait paru singulièrement vieillie.

Les fêtes se sont prolongées à Avignon où les félibres et les cigaliers ont célébré la Sainte-Estelle, qui est leur patronne. Plusieurs discours ont été prononcés à cette occasion par MM. Henry Fouquier, Clovis Hugues, Francisque Sarcey et Mistral, qui a demandé que, dans les écoles du pays, on enseignât surtout le provençal aux enfants pour les engager à ne pas quitter leur terre natale.

La cérémonie s'est terminée par la lecture qu'a faite M. Mounet-Sully d'une belle ode de M. Henri de Bornier.

LA COLLECTION DANTAN

M. Chevrey-Rameau, ministre plénipotentiaire chargé de la sous-direction des affaires consulaires au ministère des affaires étrangères a fait, en son nom personnel et au nom des autres héritiers de Mme Dantan, l'offre, pour les collections artistiques de la ville de Paris, de modèles originaux et de reproductions d'une grande partie des œuvres de Dantan jeune, actuellement réunis dans une galerie particulière et il a exprimé le désir de les voir placés, autant que possible, dans une salle spéciale portant le nom de l'artiste.

La ville de Paris a accepté avec empressement une semblable proposition qui la met en possession d'une galerie des plus intéressantes tant par sa valeur artistique que par les renseignements qu'elle fournit sur la plupart des hommes célèbres du commencement de ce siècle.

Caisse de Défense Mutuelle
DES ARCHITECTES

La Caisse de défense mutuelle des architectes, syndicat professionnel créé en 1884 sous les auspices et avec le patronage de la Société centrale des architectes, pour la défense des intérêts professionnels engagés dans les instances suivies par ou contre les membres de l'Association devant les tribunaux judiciaires ou administratifs, entre dans sa cinquième année d'existence et son *Annuaire pour l'exercice* 1888-1889 contient les données suivantes résumant l'état actuel et les services déjà rendus par cette Association :

1° Le nombre total des adhérents, membres résidents ou non résidents et sociétés adhérentes, s'élève actuellement à plus de DEUX CENTS ;

2° Les affaires étudiées par le Comité d'administration et soumises à diverses juridictions ou, seulement en une ou plusieurs fois, à sa seule appréciation, ont atteint le nombre de *vingt ;*

3° Les sommes perçues pour droits d'entrée et cotisations annuelles montent à environ *onze mille francs ;*

4° L'avoir en caisse est actuellement de *trois mille cinq cents francs ;*

5° Une égale somme de *trois mille, cinq cents francs* a été dépensée depuis quatre ans, en frais de publications ou de propagande (*neuf numéros de Documents ou bulletins*), en frais d'administration (part contributive dans les frais généraux de la Société centrale des Architectes, sous forme de rétribution à l'Agent de cette Société), et en frais divers *;*

6° Enfin *près de quatre mille francs* ont été consacrés au véritable but de l'Association, à la participation aux frais de justice causés à des membres de l'Association par *sept* affaires dans lesquelles le Comité d'administration, outre les excellents avis qu'il a demandés et obtenus pour eux du Conseil judiciaire, les a soutenus ou les soutient encore devant un Tribunal civil, des Conseils de Préfecture, le Conseil d'Etat et la Cour de cassation, et la Caisse de Défense a obtenu déjà avec eux gain de cause dans *deux* de ces affaires dont une portée devant le Conseil d'Etat.

Le bureau de la Caisse de Défense Mutuelle pour l'exercice 1888-1889 est ainsi composé :

Président : M. Bailly, membre de l'Institut, président de la Société centrale des Architectes, président de droit.

Vice-Présidents : MM. Hermant (Ach.) ; Dormoy, de Bar-sur-Aube, membre non résident ; Feydeau (Alfred).

Trésorier : M. Bartaumieux (Charles).

Secrétaire : M. Lucas (Charles).

Secrétaire-adjoint : M. Tournade.

LE BANQUET DE BAUDOT

Dimanche avait lieu à l'hôtel Continental un banquet offert à M. de Baudot, professeur d'architecture française, par ses amis, ses élèves.

Citons, parmi les nombreux convives, M. le directeur des beaux-arts, M. le directeur des cultes, MM. Jules Comte, directeur des bâtiments civils ; Vaudremer, de l'Institut ; Selmersheim, inspecteur général des monuments historiques ; Viollet-le-Duc, de la Rocque, Sauvageot, Darcy, Ballu, Louzier, Paul Gout, Petitgrand, qui avait dessiné un menu représentant l'église fortifiée de Royat ; Chaine, Genuys, Rapine, Eug. Monnier, architectes.

M. Antonin Proust, député, président de la commission des monuments historiques, n'ayant pu assister au banquet, avait adressé une longue lettre où il témoignait son admiration pour le professeur et les succès du nouveau cours.

M. P. Gout a porté un toast à M. de Baudot, en faisant ressortir la droiture de son caractère et sa ténacité dans la poursuite du but, presque atteint : l'étude, pour les jeunes architectes, de notre *architecture nationale* trop délaissée.

M. le directeur des cultes a bu au succès de l'œuvre entreprise par M. de Baudot avec l'appui des administrations des Beaux-Arts et des cultes.

M. de Baudot a remercié en témoignant le ferme espoir que, dans un temps relativement proche, le but si patriotique que visaient les Viollet-le-Duc et les Labrouste, et avec eux tous les amis de la sincérité et du raisonnement dans l'art, serait atteint.

AU LUXEMBOURG

Le musée du Luxembourg a été fermé la semaine dernière pour permettre le déblaiement de la façade et le remaniement des toiles et des sculptures à l'intérieur.

L'Etat a en effet attribué au musée du Luxembourg les œuvres suivantes, acquises au dernier Salon :

Peinture.

Boudin, *Corvette russe dans les eaux du Havre* ; Buland, *Tireurs d'Arbalète* ; Dawant, *Maîtrise d'enfants* ; Detaillé, le *Rêve* ; Dufour, *Vue d'Avignon* ; Harpignies, *Un Torrent dans le Var* ; Henner, *Saint-Sébastien* ; Rapin, *le Soir à Druillat* ; Roll, *Manda Lamétrie* ; Zakarian, *Figues et Raisins.*

Aquarelle.

Toudouze, *Une Fête sous Henri IV.*

Sculpture.

Peinte, *Orphée endormant Cerbère* (bronze) ; Rodin, *Tête de femme* (marbre) ; Turcan, *l'Aveugle et le Paralytique* (groupe en marbre).

Parmi ces ouvrages, ceux de MM. Dawant, Detaille, Dufour, Henner, Roll, Peinte et Turcan ne seront pas placés immédiatement dans les salles du musée, car ils doivent figurer à l'Exposition de 1889.

En outre, le tableau de M. Rapin est actuellement à Anvers.

Le musée du Luxembourg sera rouvert au public aujourd'hui 19 août.

NÉCROLOGIE

Le statuaire Prouha est mort à l'âge de soixante-six ans.

L'artiste avait exposé, presque chaque annnée, aux Champs-Elysées, des figures et des groupes remarquables par la tournure, la fierté et l'élégance.

Parmi les travaux exécutés pour divers monuments, il faut citer les sculptures de la cathédrale d'Albi, le portail de la cathédrale de Tongres (Belgique), les cariatides du théâtre de

Monte-Carlo et les colossales figures de femmes qui supportent le plafond de l'Eden-Théâtre.

Très aimé et très estimé de ses confrères, Prouha laisse de vifs regrets à tous ceux qui l'ont connu.

ÉCHOS ET NOUVELLES

Le Comité d'organisation du Congrès international des architectes de 1889 a constitué comme suit son bureau :

Président : M. Bailly, membre de l'Institut ;

Vice-Présidents : MM. Ch. Garnier et Eug. Guillaume, membres de l'Institut, et M. Ach. Hermant, architecte du département de la Seine ;

Secrétaires : M. Ch. Lucas, architecte de la ville de Paris, et M. Eug. Müntz, conservateur des collections de l'école des Beaux-Arts ;

Trésorier : M. Ch Bartaumieux, architecte.

Le Comité a de plus nommé une commission d'études composée de M. H. Daumet, membre de l'Institut, et de MM. Ch. Chipiez, de Joly, Alfred Normand et Paul Sédille, architectes du gouvernement.

Le Comité d'organisation du Congrès international pour la protection des œuvres d'art et des monuments a adjoint à son bureau, pour l'étude des questions relatives au Congrès, une commission composée de MM. Charles Lucas et Lucien Magne, architectes, de Ménorval, conseiller municipal, et Charles Tranchant, conseiller d'Etat.

Un riche Américain, M. J. Vanamaker, vient d'acquérir au prix de 500,000 francs le *Christ au Calvaire*, le tableau de M. Munkacsy, qui avait été exposé il y a quelques mois à Paris.

M. Vanamaker possède déjà le *Christ devant Pilate*, du même artiste.

M. Dantan, l'artiste bien connu, vient d'être chargé par M. le ministre de l'instruction publique et des beaux arts de peindre, pour la salle des Actes de la Faculté de médecine de Bordeaux, un grand tableau représentant l'inauguration de ce monument par le président de la République.

La commission de la statue de Balzac, élue par le comité de la Société des gens de lettres, a décidé de renvoyer le choix du sculpteur à une date ultérieure, lorsque la souscription sera close.

Quatre sculpteurs se sont déjà fait inscrire ; MM. Rodin, de Vasselot, Aimé Millet et Fournier. La souscription s'élève aujourd'hui à plus de 12.000 fr.

M. Ding, sculpteur statuaire, auteur du monument commémoratif de Vizille (Isère), est nommé chevalier de la Légion d'honneur.

Des malfaiteurs ont pénétré, la nuit du 15 août, à l'aide d'escalade et d'effraction, dans la propriété de M. Escosura, artiste peintre, au n° 21 de la rue de la Faisanderie. Le montant du vol s'élève à 100.000 francs environ. Un très grand nombre d'objets d'art en or et argent ont été soustraits.

On a trouvé sur une table en bois, couverte de poussière, l'empreinte d'une main énorme dont le petit doigt est tordu à l'extrémité.

C'est à peu près le seul indice que M. Goron ait découvert sur place.

L'Imprimeur-Gérant : HENRY LEFEBVRE.

ACADÉMIE JULIAN

ATELIERS DE PEINTURE

Sculpture et Dessin.

Distincts pour Hommes et pour Dames.
Toute la journée modèle vivant.

ATELIERS DE

MM. BOUGUEREAU et T. ROBERT-FLEURY
MM. BOULANGER et J. LEFEBVRE

Atelier de sculpture, professeur M. **CHAPU**
Ces éminents professeurs donnent régulièrement leurs conseils aux élèves.

COURS pour HOMMES
48, faubourg Saint-Denis (près la porte St-Denis).

COURS pour DAMES
5, rue de Berri (avenue des Champs-Elysées).
27, galerie Montmartre (Passage des Panoramas).
28, Faubourg Saint-Honoré (Près de la Madeleine).

COURS D'ANATOMIE : M. CUYER.

Préparation au brevet supérieur de dessin de la ville de Paris et de l'Etat et aux concours de l'Ecole des Beaux-arts.

Aquarelle — Pastel — Nature morte, etc.

Il n'y a jamais de vacances.

On trouve, dans chaque Atelier les renseignements qui le concerne.

Compiègne. — Imprimerie HENRY LEFEBVRE.

LA VIE ARTISTIQUE

COURRIER HEBDCMADAIRE ILLUSTRÉ

Des Ateliers, des Expositions & des Théâtres

BUREAUX A PARIS
42, Rue de Chabrol, 42

DIMANCHES 26 AOUT
ET 2 SEPTEMBRE
2ᵉ ANNÉE — Nᵒ 34

ABONNEMENTS
Un An : DIX FRANCS

LE PETIT TRIANON

A PROPOS DU PANTHÉON

Je ne sais si vous avez connu Etex qui vient de mourir ? Peintre, sculpteur, architecte, critique d'art, conférencier, homme de lettres, il aimait bien qu'on l'appelât le Michel-Ange français du 19ᵉ siècle ; il était très fier de son universalité.

Comme homme, c'était un enthousiaste, et un aimable : mais son enthousiasme vous saisissait à l'improviste, pour ne plus vous lâcher, et son amabilité était...adhérente. Il vous tenait des heures par le bouton de la redingote pour commenter Monsieur Ingres. Si c'est une force que ne pas douter de soi, ce fut un fort assurément, le brave artiste ! Encore une physionomie qui s'efface !

Je le vois encore, petit, avec une barbe longue, débitant des phrases sonores plus longues encore, agité, remuant de corps et d'esprit, toujours en train de mettre au monde un chef-d'œuvre, et vous déclarant que vous seriez dans l'admiration au premier coup d'œil, vous, un si bon juge, un esprit si éclairé !

En tant qu'artiste, sa grande facilité naturelle ainsi que cela arrive le plus souvent, lui fut préjudiciable. Elle le mena au superficiel, et l'y retint. Puis il eut dans sa jeunesse de ces bonnes fortunes qui sont suivies de conséquences terribles.

Il fut chargé d'exécuter un des quatre groupes de l'arc de triomphe de l'Étoile ; et son œuvre allait avoir l'écrasant voisinage de la *Marseillaise* de Rude.

La peinture, telle qu'il la comprenait.... Mais si vous le voulez bien, il ne s'agit pas de faire un article nécrologique sur Etex, si je vous ai parlé de lui, c'est que je voulais en venir à une lettre récemment publiée, qu'il écrivit à la reine d'Angleterre....directement.

A quel propos m'occupé-je de cette lettre ? nous le verrons tout à l'heure.

Lisons d'abord l'épitre :

> Athènes, le 29 janvier 1883,
> au Parthénon.

A Sa Majesté la Reine d'Angleterre, Impératrice des Indes.

« Madame,

« C'est le cœur navré, l'âme ulcérée, que je prends la plume en face du Parthénon.

« Vous avez aimé, madame, aimé dans la plus grande acceptation du mot, quoique Reine et Impératrice. Vous avez été fille, épouse et mère. Quoique née sur le trône, vous avez obéi aux nobles lois de la nature dans l'ordre supérieur. C'est pourquoi, moi, humble citoyen, travailleur sincère à l'œuvre du Beau, du Vrai, du Bien, viens-je vous jeter ce cri d'alarme qui sera entendu du peuple de la vieille Angleterre, au nom de la Justice dans l'humanité.

« Les siècles qui nous ont précédés, et dont nous sommes les fidèles successeurs, ont eu leur tâche : celle du dix-neuvième siècle est de la justice dans l'humanité. Après cinquante ans d'attente, après avoir beaucoup travaillé en accomplissant mes devoirs de citoyen et d'artiste, je suis venu en Grèce saluer le chef-d'œuvre des chef-d'œuvre : dans l'Acropole, l'Erechthée, le Parthénon, l'œuvre de Phidias, l'œuvre de Phidias !... la perfection dans l'art sur la terre.

« Là, en présence de cette œuvre sublime si mutilée, j'ai eu les larmes dans les yeux, et au fond de mon cœur !... J'ai vainement cherché ce qui nous reste au monde dans ce qu'il y a de plus beau pour nous édifier, pour nous montrer le beau dans sa simplicité native, dans sa grandeur.

« J'ai vainement cherché ces morceaux exquis, inimitables, exécutés là, sous le ciel, sous le soleil de l'Attique : l'œuvre du saint des saints dans l'art, les morceaux de Phidias ! A leur place, j'ai trouvé le vide, des ruines...ruines glorieuses, il est vrai, qui attestent la supériorité de l'art grec pour quiconque est doué du sentiment naturel de l'art.

« En présence de ce sublime spectacle, madame, j'éprouve ce que vous avez éprouvé pour ce que vous avez le mieux aimé, et je souffre, et je pleure.

« Ils ne sont plus là, ces divins morceaux... Où sont-ils ? A Londres !... à Londres ; se noircissant sous des vitres afin d'éviter l'influence funeste de la neige de Londres sur des marbres dorés par le soleil de la Grèce.

« Oh ! madame ! etc., etc. »

Et en terminant il adjure le peuple anglais de rendre les marbres et de les rapporter où il les avait pris.

La lettre n'est-elle pas curieuse ?

Ceux qui ont connu Etex le retrouveront tout entier dans cette démarche où s'affirme son admirable confiance en lui-même.

Quoi qu'il en soit, s'il y avait là de la naïveté, l'idée était généreuse en somme. Le fait de s'adresser à une reine par voie de correspondance, et de paraître surtout supposer qu'un peuple comme le peuple anglais lâcherait ce qu'il tenait, par désintéressement pur, le fait est puéril, et peut faire sourire, mais, au fond, il avait cent fois raison le bon Etex.

On n'a pas le droit après tout de dépouiller un monument de ce qui constitue son caractère, sa beauté : son être esthétique. C'est un larcin, c'est une faute de goût ; et les faire voir dans les quatre murs d'un musée ! c'est un manque de respect au sentiment artistique qui a inspiré l'œuvre dérobée.

Celle-ci appartient au milieu pour lequel elle a été conçue, surtout quand elle a une destination décorative, qu'elle est partie intégrante d'une ornementation combinée et homogène.

Si ce point m'est concédé, et qu'on se souvienne du titre qui précède ces lignes, on verra où je veux en venir, et où j'arrive, avec une réserve qu'il me convient de garder.

Etant à Versailles, je retournai l'autre jour visiter cet adorable petit Trianon, ce chef-d'œuvre exquis du goût français, cette merveille, ce bijou de notre art national.

Une fois de plus je regrettai l'absence des meubles qui sont à ce Palais, qu'on lui a donnés une fois pour toutes au moment où on l'a décoré, et qu'on doit lui rendre.

Je me hâte de dire que tous ne sont pas partis, qu'il en reste encore, mais pourquoi avoir privé les uns des autres.

On a dû devoir en exiler à Paris au Mobilier national, où ils sont exposés dans un musée de création récente, et d'utilité contestable peut-être.

Et ils sont remplacés par des meubles en bois peint en blanc du temps de la Restauration, lourds et usuels.

Et ils restent néanmoins inscrits au catalogue du Petit Trianon, si bien qu'aux étrangers ou aux visiteurs qui les réclament, il leur est répondu : « Ils sont à Paris au musée du Mobilier national ! »

Je songeais, combien il serait désirable que la décision prise fût rapportée, à un point de logique, de bon sens décoratif, d'éducation de goût national, quand la lettre d'Etex à la reine d'Angleterre me passa sous les yeux.

Bien que Versailles ne soit pas aussi éloigné de Paris qu'Athènes de Londres, toute question de nationalité mise à part, la question au fond n'est-elle pas la même ?

Si l'on ne doit pas séparer ce que Dieu a uni, il ne faut pas disloquer un ensemble de beauté et de grâce décorative, quand il existe, composé de toutes pièces ; il est malheureux d'en avoir fait un partage que rien ne justifie, qu'aucune considération n'autorise.

Espérons que l'année prochaine, l'année de l'Exposition universelle de 1889, les étrangers qui viendront de Paris au Petit Trianon, trouveront chaque chose à sa place, et tous les bijoux remis dans leur écrin.

Roger Ballu.

CHARLES WALTNER

Une dépêche de Vienne, publiée par le *Figaro*, nous apprend que, dans une récente séance, l'Académie des Beaux-Arts de Vienne a nommé membres honoraires, les graveurs Charles Waltner et Kœpping.

Nous ne pouvons qu'applaudir à cette distinction. Tout le monde a présentes à la mémoire les admirables planches qui portent la signature de M. Waltner, depuis le *Doreur* de Rembrandt jusqu'à la *Ronde de Nuit*, cette audacieuse et solide restitution du chef d'œuvre du maître hollandais. M. Waltner s'est toujours trouvé à la hauteur des maîtres qu'il a été chargé d'interpréter avec son burin et nul doute qu'à la prochaine élection, l'Institut ne l'appelle à occuper une place que lui assure depuis longtemps une maîtrise indiscutable.

ALBERT LEFEUVRE

Dimanche dernier, on a inauguré à Livry, des écoles dues à la générosité de feu l'amiral Jacob. Au cours des allocutions officielles, on a annoncé qu'une statue serait élevée à l'amiral, et que M. Albert Lefeuvre serait chargé de son exécution.

Ce choix est excellent.

C'est M. Lefeuvre, on le sait, qui a exécuté la statue du général Margueritte, inaugurée à Kouba, près d'Alger, la statue d'Armand Carrel à Rouen ; la statue de Bara à Palaiseau.

On lui doit un beau groupe en marbre, le *Pain*, l'*Adolescence*, qui lui a valu le ruban de chevalier de la Légion d'honneur, la *Faneuse*, la *Causerie*,. etc.

M. Albert Lefeuvre est le fils de ses œuvres dans toute l'acception du terme ; je ne dirai pas qu'il est venu à Paris en sabots, — mais tout nu, puisqu'il y est né. Ses premières années se sont passées en apprentissage chez un sculpteur sur bois du faubourg Saint-Antoine ; il recevait, en échange de ses services, la nourriture, le coucher sur une paillasse rembourrée avec des copeaux et très souvent aussi... des taloches ; il sentit de bonne heure s'éveiller en lui des aspirations vers l'art du statuaire.

Devenu ouvrier, après quatre années pendant lesquelles il avait appris à pousser des moulures ou à faire des gaudrons et des volutes, il chercha du travail et prit sur son sommeil pour suivre l'école du soir et s'exercer au modèle.

Ses dispositions pour la sculpture le firent admettre d'emblée à l'Ecole des Beaux-Arts, à l'âge de dix-neuf ans.

Deux ans après il montait en loge pour le concours du prix de Rome. N'ayant pas réussi cette fois-là, il concourut l'année suivante et subit les deux premières épreuves avec succès.

Quelques difficultés s'élevèrent cependant à son sujet pour la troisième et dernière épreuve : il était trop jeune.

Pour le dédommager, le directeur de l'Ecole lui fit obtenir une pension de six cents francs qui lui fut renouvelée pendant trois ans de suite.

Encore élève de l'Ecole, il exposa des œuvres qui lui valurent de nombreuses récompenses et fut pendant plusieurs années collaborateur de Falguière.

Il obtint le prix de Florence, et c'est pendant ce séjour de deux ans en Italie qu'il est devenu le vaillant artiste que tout le monde connaît.

LA DIRECTION DES BATIMENTS CIVILS

On assure que MM. Edouard Lockroy et Deluns-Montaud se sont mis d'accord pour transférer le service des bâtiments civils du ministère de l'instruction publique et des beaux-arts, duquel il dépend actuellement, au ministère des travaux publics, auquel il se rattache plus naturellement.

Le service des bâtiments civils, une fois rattaché aux travaux publics, ne comprendra que les édifices publics consacrés à des services civils.

Les édifices publics, au contraire, ayant un caractère exclusivement historique et artistique, resteront dans les attributions du ministre des Beaux-Arts et seront rattachés au service des monuments historiques.

Tels sont les palais nationaux de Fontainebleau, Rambouillet, Compiègne, Pierrefonds, Pau, l'arc de triomphe de l'Étoile, les portes Saint Denis et Saint-Martin, l'Obélisque et les statues ornant les places publiques de Paris.

Le décret consacrant le rattachement aux travaux publics ne sera signé que quand les détails d'exécution, en ce qui concerne le personnel seront arrêtés. Il s'agit notamment de savoir si le service des bâtiments civils, une fois rattaché au ministère des travaux publics, constituera une direction ou une division.

Le Prix Jauvin d'Attainville

Voici les noms des concurrents qui viennent d'être admis en loge pour les concours définitifs des deux prix fondés à l'Ecole des beaux-arts par Jauvin d'Attainville :

PEINTURE HISTORIQUE

1. M. Daudin ; 2. M. Lavergne; 3. M. Danguy; 4. M. Buffet; 5. M. Paul Lefebvre; 6. M. Thys; 7. M. Quénioux; 8. M. Veber; 9. M. Blanca.

PAYSAGE HISTORIQUE

1. M. Moteley; 2. M. Quénioux; 3. M. Gosselin ; 4. M. Trigoulet; 5. M. Forcau; 6. M. Bellet; 7. M. Manceau; 8. M. Blanchecotte; 9. M. Signoret; 10. M. Dombezat.

Les concurrents sortiront de loge le 21 septembre prochain, époque où les jugements seront rendus par le jury spécial de l'Ecole.

AU LUXEMBOURG

Nous avons annoncé, que plusieurs des œuvres acquises par l'Etat au dernier Salon venaient d'être placées au musée du Luxembourg. D'autres œuvres viennent également d'être installées dans les salles. Signalons, parmi ces dernières, *Pauvre pêcheur*, de Puvis de Chavannes, acheté par feu Castagnary à l'exposition des œuvres de ce maître ; la *Chambre de Gambetta*, par Cazin ; *Patrie*, de Georges Bertrand ; les *Vainqueurs de Salamine*, de Cormon ; *Mozart enfant*, sculpture de Barrias. Le tableau le *Désert*, que la famille Guillaumet a offert à l'Etat, a remplacé la *Prière dans le Désert*, qui a été donné à un musée d'Algérie ; outre le *Désert*, Guillaumet est représenté dans notre musée national par deux autres œuvres, la *Frileuse* et une *Femme arabe*.

Deux tableaux ont quitté le Luxembourg, les *Romains de la décadence*, tableau de Couture, qui va au Louvre, et le *Sylla chez Marius*, de Ulmann, qui a été donné à un musée de province.

Les autres tableaux qui n'ont pas été placés, parmi lesquels se trouvent ceux légués par Mme Boucicaut, figureront à l'Exposition universelle. A ce sujet, annonçons que le gouvernement a l'intention de faire une exposition rétrospective de l'art français du siècle. Il fera appel au concours de tous ceux qui s'intéressent aux arts, aux artistes, aux principaux experts, aux amateurs, pour arriver à former une exposition complète de tous les chefs-d'œuvre de ces maîtres qui ont porté si haut le renom de l'école française,

La grande difficulté pour arriver à faire une exposition complète sera de parvenir à faire revenir en France les tableaux qui se trouvent à l'étranger. On demanderait au gouvernement américain de permettre la libre rentrée des tableaux qui auront été envoyés à l'Exposition universelle. L'Amérique possède, en effet, plusieurs des principaux chefs-d'œuvre de J.-F. Millet, Corot, Diaz, Fromentin, Decamps, Troyon, Daubigny, etc.

LA STATUE DE SHAKESPEARE

On dressera bientôt, sur le boulevard Haussmann, la statue de Shakespeare, qui est l'œuvre très remarquable d'un sculpteur de talent, M. Fournier ; elle vient d'être fondue par Barbedienne.

Le piédestal a été dessiné par M. Deglane, l'architecte qui a obtenu cette année, au Salon, la médaille d'honneur.

Sur la façade principale, on voit un cartouche qui porte l'inscription suivante :

WILLIAM

SHAKESPEARE

156.-1616

Une torsade de fruits court, le long de la

corniche supérieure, autour des quatre masques qui sont sculptés sur chacune des faces. Au milieu des fruits, sur un ruban, les noms qui suivent sont gravés : « Othello, Hamlet, Henry VIII, Richard III, la Tempête, Macbeth, Roi Lear, Roméo et Juliette ». Ce piédestal a quatre mètres et demi de hauteur ; la statue a trois mètres dix centimètres.

Le don de ce monument, qui s'élevera à l'angle de la rue de Messine et du boulevard Haussmann, a été accepté à l'unanimité par le Conseil municipal de Paris dans sa séance du 22 juin dernier. L'inauguration en aura lieu probablement le 14 octobre prochain.

Lord Lytton, ambassadeur à Paris ; MM. Mézières, au nom de l'Académie, et Jules Claretie, au nom du Théâtre-Français, prononceront des discours à cette cérémonie. M. Mounet-Sully y dira des vers de M. Henri de Bornier.

EXPOSITION DE NANCY

La Société Lorraine des Amis des arts annonce pour le 1ᵉʳ novembre l'ouverture à Nancy d'un Salon de peinture et de sculpture.

L'installation promet d'être réussie, dans un nouvel et vaste édifice dont l'architecte est M. Masson, un artiste messin qui a remporté le second grand prix de Rome.

CONCOURS

Pour l'érection d'un Monument à Danton

PROGRAMME DU CONCOURS.

Article premier. — Un concours est ouvert, entre tous les sculpteurs français, pour l'érection d'un monument à Danton sur le terre-plein situé à l'angle du boulevard Saint-Germain et de la rue de l'Ecole-de-Médecine.

Art. 2. — Les proportions du monument ne sont pas imposées, mais les artistes sont prévenus que la dépense totale d'exécution ne devra pas dépasser 60,000 francs.

Art. 3. — Les concurrents produiront des esquisses au 1/10 de l'exécution.

Ils auront la faculté de s'adjoindre des architectes comme collaborateurs. Chaque esquisse sera signée de son auteur et devra être accompagnée d'un devis dûment établi et détaillé.

Art. 4. — Les esquisses devront être déposées à la salle Saint-Jean (Hôtel de Ville), ou en tout autre lieu qui sera ultérieurement désigné, le 15 octobre 1888, avant cinq heures du soir.

Art. 5. — Le jugement sera rendu, au plus tard, le dixième jour de l'exposition publique, qui durera quinze jours et commencera le 20 octobre 1888.

Art. 6. — Le jury chargé du classement des projets sera composé du préfet de la Seine, président, et de 15 membres : 3 délégués par l'Administration, 8 nommés par le Conseil municipal et 4 nommés par les concurrents. Le

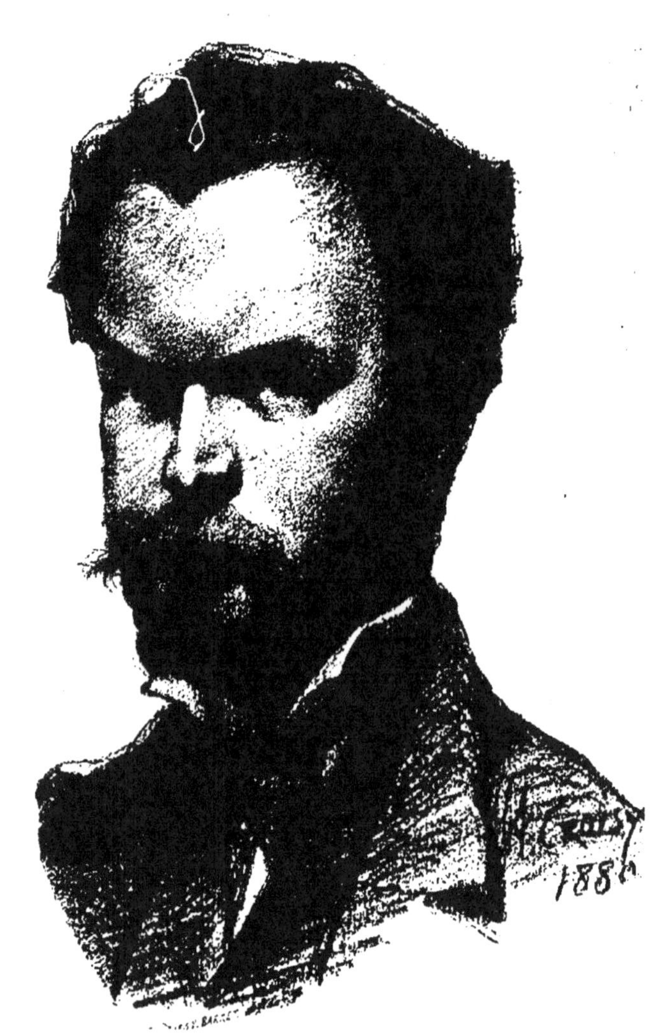

A. CROISY

(Portrait autographe).

préfet désignera le vice-président et le secrétaire, lequel pourra être pris en dehors du jury, mais alors avec voix consultative.

Art. 7. — Les concurrents procéderont à l'élection de leurs quatre jurés, le 16 octobre 1888, à deux heures précises, dans la salle Saint-Jean, à l'Hôtel-de-Ville, sous la présidence du préfet de la Seine, ou de son délégué, et de deux membres de la Commission des Beaux-Arts du Conseil municipal.

L'élection se fera, au premier tour de scrutin, à la majorité absolue ; au second tour, elle aura lieu à la majorité relative.

Le Conseil municipal désignera, au plus tard dans les cinq jours de la nomination des jurés par les concurrents, les huit autres jurés, qui pourront être pris, soit dans son sein, soit en dehors.

Tout membre du jury qui sera parent ou allié d'un candidat à un degré quelconque sera récusé d'office par l'Administration.

Les artistes concurrents ne recevront pas d'autre convocation que celle qui est indiquée dans le programme. Ils apporteront les pièces nécessaires pour que le Bureau puisse, le jour de l'élection, constater au besoin leur identité et leur qualité de Français.

Art. 8. — Trois esquisses pourront être choisies parmi les œuvres des concurrents.

Les auteurs de ces trois esquisses seront chargés d'exécuter chacun le modèle du monument de Danton, conformément à leur esquisse, au tiers de l'exécution totale.

L'artiste qui, sur son modèle, aura réuni les suffrages du jury, sera chargé de l'exécution définitive ; les deux autres, classés suivant le mérite de leurs œuvres, recevront : le premier, une prime de 3,500 francs, et le second, une prime de 2,500 francs.

Dans le cas où aucun des trois modèles ne serait jugé digne par le jury d'être exécuté, les trois concurrents n'en recevraient pas moins une prime fixe de 2,000 francs chacun. Il sera donné à chacun des concurrents un délai de six mois pour faire le modèle ; le jugement de ce second degré du concours aura lieu dans la première quinzaine de mai 1889.

Les modèles et les esquisses des concurrents primés appartiendront à l'Administration.

Art. 9. — Si le jury use de son pouvoir de ne pas décerner le prix d'exécution, ou s'il le décerne, il devra, dans l'un ou l'autre cas, motiver son jugement par un rapport écrit rendu public.

Art. 10. — Une somme de 60,000 francs sera mise à la disposition de l'artiste désigné par le jury pour l'exécution définitive.

Il pourra être payé des à-comptes en raison de l'avancement de l'œuvre.

Si le sculpteur lauréat s'est adjoint un architecte à titre de collaborateur, l'exécution de la partie architecturale pourra être confiée à celui-ci sur l'avis conforme du jury.

Dans le cas où cet architecte ne serait pas choisi pour l'exécution, il lui serait alloué une indemnité calculée sur les honoraires qui lui auraient été dus, au tarif ordinaire de la Ville, sur le montant des travaux d'architecture indiqués au devis.

Art. 11. — Tout artiste qui en fera la demande, recevra l'exemplaire du programme avec la désignation de l'emplacement du monument.

Il devra s'adresser, à cet effet, à l'Hôtel-de-Ville, direction des Travaux (bureau des Beaux-Arts).

Art. 12. — Les esquisses qui n'auront pas été réservées par le jury devront être enlevées dans un délai de cinq jours après la clôture de l'exposition publique, par les soins des concurrents, l'Administration ne prenant pas la responsabilité de leur conservation, passé ce délai.

Art. 13. — Le présent programme sera publié et affiché dans la forme prescrite pour les actes administratifs.

Des exemplaires de ce programme seront placés dans la salle d'exposition afin que le public puisse juger si les concurrents s'y sont conformés.

Bulletin des Expositions et Concours

Barcelone. — Concours pour un ouvrage d'Archéologie. Dépôt des ouvrages jusqu'au 25 octobre 1891.

Evreux. — Exposition du 1er juillet au 30 septembre.

Florence. — Exposition du 16 décembre 1888 à fin mars 1889. — Envoi des ouvrages jusqu'au 30 novembre.

Gand. — Concours d'arts industriels en 1888.

Glascow. — Exposition d'art ancien et moderne, de mai à octobre.

Langres. — Exposition du 16 août au 6 Septembre.

Melbourne. — Exposition internationale du 1er août 1888 au 1er janvier 1889.

Munich. — Exposition internationale du 1er juin au 1er octobre 1888.

Paris. — Exposition internationale de 1889. Champ-de-Mars, du 5 mai au 3 octobre.

Paris. — Exposition du *Blanc et Noir* du 1er octobre au 15 octobre 1888. S'adresser à M. E. Bernard, rue de la Condamine, 71.

Reims. — Exposition des Beaux-Arts du 6 octobre au 12 novembre. — Dépôt avant le 10 septembre, palais des Champs-Elysées, porte I, au commissariat général des Expositions.

Roubaix-Tourcoing. — Exposition des Beaux-Arts du 15 septembre au 22 octobre. — Dépôt au Palais de l'Industrie, à M. Vigneron, avant le 20 août.

Rouen. — Exposition du 1er octobre au 30 novembre. — Dépôt à Paris, chez Guinchard et Fourniret, 11, rue Lepic, du 10 au 20 août.

A FONTAINEBLEAU

Le mardi 21 août, à 2 heures, M. le président de la République et Mme Carnot, accompagnés du général Brugère, ont visité l'Exposition de peinture, organisée par la Société des amis des Arts de Fontainebleau, dans la salle de l'Ancienne-Comédie donnant sur la cour des Carpes.

Ils ont été reçus par MM. Péclet, vice-président, Weber, secrétaire général, Léon Bordereau, trésorier, Veyrassat, président du jury, Regnard, Brunet, Houard, Saint-Marcel, colonel

Delévieleuse, Tanzi et Gibaut, membres du jury.

M. Veyrassat, au nom des artistes, a souhaité la bienvenue à M. et Mme Carnot.

Il a renouvelé au président de la République l'hommage de la plus profonde sympathie qu'éprouvent les artistes tant pour sa personne que pour son caractère, ajoutant qu'artiste lui-même il comprendrait mieux leurs sentiments.

M. Carnot a bien voulu témoigner de sa sympathie pour la société nouvelle et lui a souhaité une prospérité à laquelle il sera heureux de s'associer lui-même.

Au cours de cette visite, M. et Mme Carnot ont félicité les artistes présents.

Les Serpents de Fontainebleau

On raconte qu'il y a quelques jours le fils du peintre J.-F. Millet, qui est lui-même un artiste de grand talent et qui habite avec sa mère, à Barbizon, la fameuse maison du maître dont nous avons parlé, était en train de terminer un petit tableau dans son atelier, quand, se retournant, il entendit un bruit singulier semblant sortir d'un immense fauteuil, qui est gardé avec soin depuis la mort du peintre de l'*Angelus*.

Croyant avoir affaire à un rat, M. Millet fils s'approcha et frappa le fauteuil de son appuie-mains.

Qu'on juge de sa stupéfaction quand il vit s'élancer un énorme serpent mesurant plus d'un mètre cinquante.

A l'aide du pic de son chevalet, le peintre put à grand'peine tuer ce reptile.

On se demande si ce serpent s'est échappé d'une ménagerie ou s'il appartient à une race qu'on croyait, depuis plus de cinquante ans, complètement disparue de la forêt de Fontainebleau.

ÉCHOS ET NOUVELLES

La commission du monument à élever à la mémoire du célèbre astronome Le Verrier, membre de l'Académie des sciences, va se réunir pour déterminer le choix de l'emplacement où sera érigée la statue.

Les prix Jean Leclaire ont été attribués, par l'Académie des beaux-arts, ainsi qu'il suit :

A M. Joannon, architecte, élève de M Blondel.

A M. Sortais, architecte, élève de MM. Daumet et Girault.

On annonce de Londres qu'un amateur de cette ville, M. Guiness, vient d'acquérir, au prix de 1.250.000 fr., deux célèbres tableaux de Rembrandt, représentant : le premier, le maître, sa palette à la main ; le second, un portrait de femme.

On a fixé au 23 septembre prochain l'inauguration, dans le cimetière de la Madeleine, à Amiens, d'un monument élevé par souscription publique à la mémoire du commandant Vogel, tué le 29 novembre 1870 en défendant la citadelle d'Amiens.

M. Goblet, ministre des affaires étrangères, a accepté la présidence de cette cérémonie.

LES VENTES PUBLIQUES

Bien que nous soyons dans la saison où il n'y a plus de grandes ventes artistiques, il y avait foule cependant jeudi dernier hôtel Drouot, où l'on vendait par autorité de justice deux tableaux de Corot et Daubigny.

En les mettant aux enchères, le commissaire-priseur a annoncé que ces deux tableaux étaient vendus sans garantie. Cette restriction, qui a pourtant une grande importance en pareille matière, n'a pas empêché le Corot, *Un paysage avec mare*, d'être vendu 6.200 fr. et le Daubigny, *Vaches à l'abreuvoir*, une esquisse, 4.200 francs.

CHRONIQUE JUDICIAIRE

Portrait photographique. — Exhibition. — Suppression des portraits isolés.

M. Chalot, photographe, a fait figurer M. Romain, l'un des artistes du Gymnase, soit seul, soit dans des vues d'ensemble de diverses scènes de la *Comtesse Sarah*, dans des vitrines et autres endroits exposés aux regards du public.

M. Romain, se fondant sur ce que les épreuves ne lui avaient pas été préalablement soumises, et sur ce que les photographies étaient mauvaises, a demandé la cessation de cette exhibition et de la mise en vente.

A la date du 15 mars 1887, M. le juge des référés du Tribunal civil de la Seine a statué en ces termes :

« Nous, juge, faisant fonction de président ;

« Attendu que les photographies dont la suppression est demandée par Romain, le représentant dans le rôle de Pierre Séverac, dépendant de la pièce intitulée la *Comtesse Sarah*;

« Que le demandeur figure dans ces photographies au milieu d'un autre groupe d'artistes, interprètes principaux de la même pièce ;

« Attendu que Romain proteste contre cette exhibition qui aurait été faite, soutient-il, sans son autorisation préalable et sans que les clichés lui eussent été soumis avant le tirage définitif ;

« Que, de son côté, Chalot objecte que ces photographies lui ont été commandées par le directeur du Gymnase pour les besoins de la publicité ;

« Attendu qu'il ne nous appartient pas d'apprécier si, eu égard à la notoriété qui s'attache à la personnalité de tout artiste dramatique, le défendeur a pu, sans excéder les limites de ses obligations professionnelles et sans causer un dommage sérieux au demandeur, le représenter dans le rôle du personnage le plus important d'une œuvre en vogue ;

« Que le Tribunal seul peut connaître au fond de cette question ;

« Que, toutefois, il paraît, dès à présent, constant que Romain ne saurait se prévaloir d'un droit privatif, l'autorisant à faire supprimer des photographies qui ne le concernent pas seul, mais qui donnent en même temps le portrait d'autres artistes de la même pièce, lesquels n'ont jusqu'à ce jour, élevé aucune réclamation semblable ;

« Qu'il n'échet, en conséquence, de prescrire dès maintenant et par provision, les mesures sollicitées par ledit Romain ;

« Renvoyons les parties à se pourvoir au principal et disons n'y avoir lieu à référé. »

M. Romain a interjeté appel à cette ordonnance.

Mᵉ Huard, avocat, a soutenu cet appel ; Mᵉ Desjardin a plaidé pour M. Chalot.

La cour a prononcé comme suit :

« La Cour,

« Considérant que, par exploit du 3 mars 1887, Romain a demandé en référé la suppression des photographies faites par Chalot, exposées publiquement et le représentant dans l'un des rôles de la *Comtesse Sarah*, soit isolément, soit en groupe ;

« Qu'à raison de la nature de la demande et vu l'urgence, le juge des référés était compétent, dans les termes de l'article 806 du Code de procédure civile ;

« Au fond :

« Considérant que le droit pour tout particulier d'interdire l'exhibition de son portrait sous une forme quelconque, n'est point contesté ; que le consentement donné à une exhibition de cette nature peut même être retiré à toute époque, à charge de dommages-intérêts, s'il y a lieu ;

« Qu'aucune exception à cette règle ne saurait résulter de cette circonstance que le demandeur est un artiste représenté dans un rôle joué publiquement : que l'intérêt professionnel se trouve, au contraire, dans ce cas, engagé en même temps que l'intérêt privé :

« Que des faits exposés à la Cour il résulte que les photographie de Romain, soit isolé, soit en groupe, ont été *commandées directement* par le directeur du théâtre, dans un but de publicité, dans l'intérêt de la pièce et d'accord avec ses interprètes.

« Que si Romain peut être fondé à demander en référé la suppression à titre provisoire des photographies qui le représentent isolément, et qu'il considère comme lui faisant grief, il ne saurait en être de même de celles qui le représentent dans un groupe et avec un ou plusieurs des artistes de la pièce, et n'ont point, par suite, en ce qui le concerne, de caractère personnel suffisamment précisé ;

« Par ces motifs,

« Infirme l'ordonnance dont est appel ;

« Statuant à nouveau :

« Au principal, renvoie les parties à se pourvoir, et dès à présent par provision vu l'urgence :

« Autorise Romain à faire retirer des vitrines de Chalot, photographe, placées sous le péristyle du Gymnase, à l'angle du boulevard des Capucines et de la place de l'Opéra et dans la salle des dépêches du *Figaro* toute photographie où Romain est représenté isolément dans le rôle de Pierre Séverac ;

« Autorise Romain à se faire assister, en tant que de besoin par le commissaire de police :

« Nomme Deleval, huissier-audiencier, sé-

questre des photographies saisies, jusqu'à ce qu'il soit fait droit ;

« Ordonne que les clichés des photographies saisies seront remis par Chalot audit séquestre ;

« Déboute Romain de toutes autre demandes, fins et conclusions ;

« Ordonne la restitution de l'amende ;

« Fait masse des dépens de référé et d'appel pour être supportés par moitié entre les parties. »

L'Imprimeur-Gérant : HENRY LEFEBVRE.

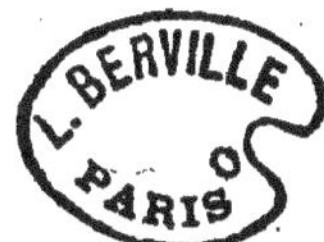

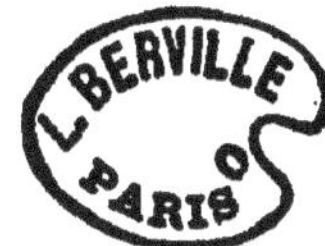

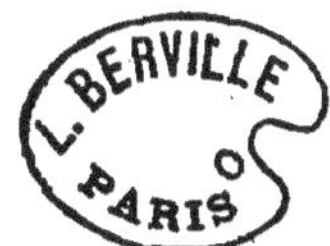

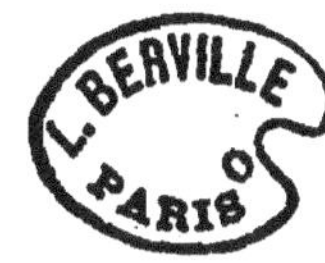

ACADÉMIE JULIAN

ATELIERS DE PEINTURE

Sculpture et Dessin.

Distincts pour Hommes et pour Dames.
Toute la journée modèle vivant.

ATELIERS DE

MM. **BOUGUEREAU** et **T. ROBERT-FLEURY**
MM. **BOULANGER** et **J. LEFEBVRE**

Atelier de sculpture, professeur M. **CHAPU**
Ces éminents professeurs donnent régulièrement leurs conseils aux élèves.

COURS pour HOMMES

48, faubourg Saint-Denis (près la porte St-Denis).
28, Faubourg Saint-Honoré (Près de la Madeleine).

COURS pour DAMES

5, rue de Berri (avenue des Champs-Elysées).
27, galerie Montmartre (Passage des Panoramas).

COURS D'ANATOMIE : M. CUYER.

Préparation au brevet supérieur de dessin de la ville de Paris et de l'Etat et aux concours de l'Ecole des Beaux-arts.

Aquarelle — Pastel — Nature morte, etc.

Il n'y a jamais de vacances.

On trouve dans chaque Atelier les renseignements qui le concernent.

Compiègne. — Imprimerie HENRY LEFEBVRE.

LA VIE ARTISTIQUE

COURRIER HEBDOMADAIRE ILLUSTRÉ

Des Ateliers, des Expositions & des Théâtres

BUREAUX A PARIS	Dimanches 9 et 16 Septembre	ABONNEMENTS
42, Rue de Chabrol, 42	1888 — 2e ANNÉE — No 32	Un An : DIX FRANCS

ÉTOFFES ANCIENNES

La *Semaine religieuse* du diocèse de Versailles vient de pousser un cri d'alarme auquel fait écho celle de Paris. Son attention a été attirée « sur un grave abus qui tend à s'introduire dans l'ameublement de certains intérieurs mondains ». On emploie sans vergoge, dit-elle, des étoffes qui ont servi au culte. Elle se demande comment des chapes, chasubles, dalmatiques peuvent être mises en vente chez les marchands de curiosités et livrées en proie au luxe moderne. Elle n'en voit qu'une explication, c'est le « pillage » des couvents italiens.

Il est certain qu'une partie des « vieilles soies » employées aujourd'hui à recouvrir les meubles, à faire des coussins ou à décorer de menus objets, est tirée d'Italie et que la loi de sécularisation a pu faciliter des achats. Mais il s'en fait aussi beaucoup en France. Il n'y a guère de brocanteur qui revienne d'une tournée en province sans rapporter quelques ornements d'église dans sa cargaison, et il n'a profité d'aucun pillage : il a fait plus ou moins directement marché, sinon avec les ministres du culte, au moins avec les fabriques. Il faut ajouter que ce n'est pas une entreprise facile d'arrêter la transformation des morceaux d'étoffe. Dans les chapes et les chasubles, il y a des étoffes qui ont dû être tissées exprès pour l'usage ecclésiastique ; il en est beaucoup aussi qui ont été employées à des usages profanes avant de contribuer à l'éclat du culte. Au commencement de ce siècle, en un temps où les soies anciennes n'avaient pas la vogue dont elles jouissent aujourd'hui, c'était, surtout dans les campagnes, une libéralité commune de la part des châtelaines et, en général, des bienfaitrices des églises d'offrir les robes d'apparat de leurs aïeules, dont le tissu était généralement riche et bien conservé, pour y tailler les chapes qui manquaient à la paroisse. A la longue, beaucoup des vêtements ainsi obtenus se sont usés ou salis en quelque endroit, ou n'ont plus paru assez brillants à des fabriciens difficiles. On s'est mis en tête d'avoir une garde-robe neuve ou plus au goût du jour et, pour faciliter l'acquisition rêvée, les fabriciens et souvent même le desservant, n'ont vu aucun mal à chercher ce qu'on pourrait tirer des vieux objets mis en réforme. Il ne faudrait pas jurer que parfois, dans les derniers temps, la hausse des soies anciennes n'ait pas contribué à rendre la tentation plus forte. Mais le plus souvent, c'est la convoitise de l'ornement neuf qui est l'explication du départ de l'ancien.

Au point de vue du jugement profane, on pourrait citer des exemples d'opérations bien autrement regrettables ; dans un bourg normand qui n'est pas perdu loin des routes, il n'y a pas encore bien longtemps que des touristes ont trouvé une vieille église romane privée brusquement de tout ce qui lui restait de ses verrières anciennes. Le curé les avait fait descendre et vendues à vil prix pour installer des vitraux plus modernes et qui assombriraient moins son église. Ailleurs, on a vu vendre comme matériaux de démolition des stalles de chœur curieusement sculptées qui avaient été jugées encombrantes. Il n'y a pas plus de quatre ou cinq ans, l'administration a été obligée d'intervenir pour faire casser la vente déjà faite d'un beau tableau d'église dans une petite ville de Champagne. Les exemples analogues sont innombrables.

La vente de quelques morceaux de vieille étoffe ne paraît pas dans la plupart des cas avoir ce caractère de vandalisme. Il se peut très bien qu'une chape soit vraiment hors d'usage et offre encore une partie assez intacte pour être utilisée sous une autre forme. Ce qui paraît donner satisfaction, sinon aux règles canoniques au moins aux convenances, c'est justement que la transformation soit aussi complète que possible. La *Semaine* de Versailles parle avec tristesse d'un salon où sur les fauteuils s'étalent quinze médaillons représentant les quinze mystères du Rosaire ; elle nous prévient d'ailleurs que c'est un salon catholique. Il est infiniment probable, en effet, que le propriétaire a voulu à la fois s'édifier lui-même et faire une profession de foi claire pour ses visiteurs en s'entourant de ces images mystiques; c'est une idée qui ne serait probablement pas venue à un indévot.

La Contrefaçon des Œuvres d'Art
AUX ÉTATS-UNIS

Ainsi que nous l'avons annoncé il y a quelque temps, il vient de se former à Paris un comité pour la défense de la propriété artistique aux États-Unis. Cette question intéresse à la fois les peintres, les graveurs, les auteurs dramatiques, les écrivains et tous ceux qui s'occupent d'art. Aux États-Unis, la propriété artistique et littéraire étrangère n'est protégée par aucune loi.

La loi américaine ne protège le droit de reproduction que lorsqu'il s'agit d'une œuvre produite par un artiste américain et appartenant à un citoyen ou à un *résidant* américain.

Nous trouvons dans une brochure qui vient de paraître et qui a pour auteur M. René Valadon, un des chefs d'une des plus importantes maisons d'éditions artistiques de la France, quelques renseignements intéressants sur cette question:

Tout Américain peut impunément reproduire, contrefaire et prendre pour sienne toute œuvre artistique et littéraire produite par un étranger. Les États-Unis reconnaissent la propriété artistique et la protègent en ce qui concerne leurs nationaux ainsi que le prouve l'extrait suivant de leurs statuts revisés en 1870:

Paragraphe 4952 : « Tout citoyen des États-Unis ou résidant qui sera l'auteur, l'inventeur, le dessinateur ou le propriétaire d'un livre, d'une carte de géographie, d'une carte marine, d'une composition musicale ou dramatique, d'une gravure, d'un bois gravé, d'une photographie ou d'un cliché, d'un tableau, d'un dessin, d'un chromo, d'une statue ou de modèles de dessin destinés à être transformés en œuvres d'art, aura seul le droit de l'imprimer, de le réimprimer, de le publier, de le compléter, de le copier, de l'exécuter, de le finir et de le vendre » ; mais, à la suite de ce paragraphe, s'en trouve un autre, le paragraphe 4971, qui ajoute que « rien de ce qui est dit au paragraphe 4952 ne pourra être interprété comme pouvant empêcher le tirage, la publication, l'importation ou la vente d'un livre, d'une carte de géographie, d'une carte marine, d'une composition musicale ou dramatique, d'une impression, d'une gravure sur bois, d'une gravure ou d'une photographie, écrite, composée ou faite par quiconque n'est ni citoyen américain ni résidant ».

Comme nous venons de le montrer, c'est sciemment, par les statuts mêmes, que la contrefaçon est autorisée par les États-Unis. Il en résulte pour les artistes et le commerce d'art européens, et, en particulier, pour le commerce français et anglais, un préjudice que nous croyons pouvoir estimer à plusieurs millions par an.

La contrefaçon, aux États-Unis, existe depuis longtemps, on peut dire qu'elle a toujours existé; mais, tant que les procédés de reproduction étaient dans leur enfance, cette industrie, en ce qui concerne les gravures, par exemple, se trouvait forcément très limitée, tandis que, dans ces dernières années, les procédés de reproduction sont arrivés à une perfection telle, que des maisons importantes se sont fondées aux États-Unis pour le commerce des contrefaçons. Toutes ces maisons publient des catalogues, illustrés et non illustrés, où s'étalent impudemment les reproductions de toutes les plus belles gravures publiées par les éditeurs européens.

Voici ce que dit l'un des catalogues des contrefaçons : « Ces belles gravures sont les fac-similés exacts des gravures et eaux-fortes les plus rares et les plus chères, d'après les maîtres anciens, ainsi que des plus belles publications modernes faites en Europe. Elles sont tirées sur le même papier, avec la même encre que les originaux. »

Entre autre contrefaçons, nous citerons l'*Angelus*, de Millet; le *Christ devant Pilate*, de Munkacsy ; la *Ronde de nuit*, de Rembrandt. Ces trois planches ont été gravées à l'eau-forte par M. Waltner. Or une maison de Boston offre au public ces contrefaçons au prix de cinq francs! Veut-on un exemple ? la *Ronde de nuit* a été éditée par la maison Goupil et C° à un nombre limité d'épreuves, mais d'un prix très élevé (certains états se vendent 2,500 francs), car la planche, qui a coûté 100,000 francs, a été publiée en mars 1887. Au mois de mai suivant, les contrefaçons de cette planche étaient vendues un dollar en Amérique!

Ainsi, voilà une planche qui a coûté 100,000 fr. à l'éditeur, avec laquelle il est en droit d'espérer retrouver au moins la somme qu'elle a coûtée, et dont la vente se trouve arrêtée aux États-Unis parce qu'il a plu à une maison peu scrupuleuse de faire de cette œuvre d'art une contrefaçon qui ne lui coûte, à elle, qu'une somme infime, et de la vendre à vil prix à ceux qui auraient pu être tentés d'acquérir une reproduction du chef-d'œuvre de Rembrandt. Et cela se passe sous l'œil bienveillant de la police américaine.

La contrefaçon américaine procède de même pour les livres.

La situation faite aux auteurs étrangers par la législation américaine est des plus mauvaises.

Les progrès que la science a fait faire à l'industrie sont tels, qu'un grand nombre d'éditeurs américains ont, en ce moment, des machines et un outillage assez perfectionnés pour qu'un ouvrage publié à l'étranger puisse être imprimé dans les vingt-quatre heures qui suivent son arrivée à New-York.

Voici, à ce sujet, un exemple :

Il y a quelques années, un des plus grands éditeurs anglais, M. L..., achetait, pour la somme de 10,000 livres sterling le manuscrit d'*Endymion*, de lord Beaconsfield. C'était un joli prix, mais l'éditeur comptait sur une vente importante, non seulement en Angleterre, mais aussi en Amérique, car les œuvres du premier ministre anglais excitaient un vif intérêt dans ces deux pays. M. L... préparait donc son édition, et, comme elle était considérable, son exécution demandait un certain temps. Or, un éditeur américain avait eu vent de l'affaire, et voici, nous a-t-il été raconté, le moyen qu'il employa pour s'assurer la vente de ce roman en Amérique. Il soudoya, chez M. L..., un ouvrier qui réussit à se procurer les bonnes feuilles du livre. Un steamer attendait avec une équipe de compositeurs : les épreuves leur furent remises et, pendant la traversée, les formes furent composées, de façon que, à l'arrivée, il n'y eut plus qu'à faire rouler les machines, et l'industriel américain publia, en même temps que l'éditeur anglais et à un prix bien inférieur, le roman de Disraëli, ce qui lui rapporta une fortune.

M. René Valadon termine sa brochure en demandant une loi protégeant la propriété artistique et littéraire. Cette loi est demandée en même temps par toutes les grandes maisons d'édition américaines qui voudraient également entreprendre de grandes et belles éditions, — ce qui leur est interdit, — tant que la contrefaçon les exposera à voir les dépenses faites par elles dans ce sens devenir une source de pertes au lieu d'une source de profits.

M. Valadon croit qu'il suffirait que les faits qu'il signale fussent révélés au public américain pour obliger le gouvernement à y mettre un terme ; il demande en terminant que tous, peintres, graveurs, auteurs, etc., adressent leurs plaintes aux Chambres françaises pour que cette question soit traitée diplomatiquement.

EXPOSITION DE SAINT-QUENTIN

ACQUISITIONS FAITES A L'EXPOSITION DE 1888.

Au retour ! (piqueur rompant les chiens), M. de Gesne. — *Promenade en traîneau*, d'après Monginot (aquarelle), Mme Bouchot-Chevalier. — *Prairie* à Garches, MM. Noyal. — *La Soupe, la Glaneuse, la Faneuse*, M. Laugée. — *La Pêche à la ligne*, M. Vauquelin. — *Panier de fleurs*, M. Vaujanges. — *Premières fleurs*, M. Dablin. — *Une épave*, M. Berthélemy. — *Chrysanthèmes*, Mlle Descamps. — *Déversoir de Draillecourt*, M. Soziegler. — *Morsalinés* (Le soir), M. Iwill. — *La rue Lepic à Montmartre*, M. Mascart. — *Pensées*, M. Deblois. — *Marine*, M. Gallard-Lépinay. — *Fleurs de Pâques*, M. Quost. — *Repas à l'étable*, M. Schmidt. — *Étude* (pastel), Mme de Lhogadis. — *Pendant les grandes manœuvres*, M. Bligny. — *La mort d'Eurydice*, M. Lemathe. — *Effet de neige*, M. Chaseray. — *Sanglier assis* (bronze), *Chien courant* (médaillon), M. Loyseau. — *Petit dessert* (aquarelle), M. Quost. — *Fleurs et dentelles*, M. Olivetti. — *Départ de barques*, M. Vernier. — *Marine*, M. Boggs. — *Panier improvisé*, M. Leménovel. — *Printemps*, Mlle Bourges. — *Fleurs* (aquarelle), M. Biva (Paul). — *Bourriche de reines-marguerites*, Mlle Hervitt. — *Bourriche de pensées*, M. Eugène Claude. — *Près de Grandcamp*, M. Damoye. — *La maison du phare*, près Rouen, M. Petitjean. — *Temps de pluie*, M. Walden. — *Environs de Frénelines* (Creuse), M. Matifas. — *Pêches*, Mme Muraton. — *Tête de jeune fille orientale*, M. Chanet. — *Le long rocher* (forêt de Fontainebleau), M. Watelin.

EXPOSITION DE CHARLEVILLE

Une Exposition aura lieu à Charleville dans le courant d'octobre.

Les œuvres des artistes de Paris devront être remises, avant le 25 septembre, chez MM. Guinchard et Fourniret, emballeurs, rue Lepic, n° 11.

EXPOSITION DE MUNICH

RÉCOMPENSES

Voici la liste officielle et complète des récompenses accordées aux artistes français ou aux artistes résidant en France :

MÉDAILLES DE 1re CLASSE

Peinture. — M. Courtois (Gustave), de Paris. *Sculpture.* — M. Frémiet (Emmanuel), de Paris. *Gravure.* — M. Kœpping (Karl).

MÉDAILLES DE 2e CLASSE

Peinture. — MM. Benjamin (Constant), de Paris. — Bridgman (Frédéric), américain, demeurant à Paris. — Collin (Raphaël), de Paris. — Knight (Daniel Ridgway), américain, demeurant à Poissy. — Kuehl (Gottart), allemand, demeurant à Paris. — Pearce (Sprague Ch.), américain demeurant à Auvers-sur-Oise. *Gravure.* — M. Baude (Charles), de Paris.

LES AQUARELLISTES ANGLAIS

LES MAITRES ANCIENS

I

La plus grande différence qu'on puisse signaler, entre les fondateurs de l'école de l'aquarelle et les artistes actuels, est l'absence comparative de la couleur dans les ouvrages premiers. Cela tient à deux causes principales dont il importe de se pénétrer. La première est le procédé primitivement usité, entièrement subsidiaire à l'emploi de la peinture à l'huile. Les artistes ne faisaient simplement que teinter avec un lavis de sépia ou d'encre de Chine leurs esquisses de paysages ou de figures, soit pour marquer les contours, soit pour déterminer les principaux effets d'ombre et de lumière. Avec le temps, la couleur s'introduisit peu à peu dans ces esquisses ; mais ce n'étaient encore que des dessins au trait, à peine coloriés, tenant plutôt du diagramme que de la peinture, ne visant ni à l'effet ni au relief, et évidemment exécutés sans aucune préoccupation de la couleur. Antérieurement à l'apparition des maîtres anglais, l'art de la peinture à l'aquarelle ressemblait assez à la pratique des artistes japonais, et, sauf la connaissance de l'anatomie et des règles de la perspective, ne s'élevait pas effectivement au-dessus de ce niveau. Jusqu'à l'époque de Girtin, la peinture à l'aquarelle ne représentait guère la nature autrement que comme une carte géographique ; ce n'était qu'une ébauche de lignes extérieures, plus ou moins soignée, remplie çà et là par des teintes plates, qui n'approchait de la nature que d'une façon conventionnelle. Le progrès accompli sur cette manière primitive consiste en ce que les parties légères de la composition ont été exprimées en couleur, au lieu d'être laissées nues, comme dans les premiers temps, où le lavis n'était employé que pour les ombres.

Il n'est pas besoin de dire qu'un art qui avait ainsi commencé, en se bornant à l'expression de la lumière et de l'ombre, à l'exclusion de toute couleur locale, devait nécessairement faire un long apprentissage avant d'arriver à rendre toutes les vérités de la couleur. Il était en outre vraisemblable que, une fois parvenu à la conception du fait, il serait naturellement porté à en exagérer l'importance.

La seconde cause qui a rendu la peinture à l'aquarelle si inférieure sous le rapport du coloris, dans les premiers temps, est la pauvreté des matériaux. Ce n'était pas seulement que les couleurs fussent mal préparées ; le papier était en outre exécrable comme contexture et comme teinte et n'absorbait point d'une manière égale les couleurs que l'on y mettait. Ce ne fut que lorsque MM. Newmann et Whatmann se dévouèrent respectivement à la manufacture des couleurs et du papier, que les aquarellistes eurent quelques chances de donner à leurs ouvrages le relief et l'éclat qui leur avaient manqué jusque-là. Il ne faut point oublier cette circonstance, lorsqu'on envisage les aquarelles de l'école primitive. Tout cela est maintenant de l'histoire ancienne. Regardez les peintures de Wint, et vous verrez que le bleu et l'ocre rouge employés par cet artiste ont disparu, laissant ses ciels absolument incolores. Il en est de même de Turner, dont les arbres n'ont gardé sur leur feuillage presque aucune trace de leur couleur primitive. Ceux qui ont vu les premières aquarelles de Turner, exposées par M. Ruskin dans les salons de la Société des Beaux-Arts, se rappelleront de n'y avoir distingué que des teintes pâles, effacées. Ces premiers ouvrages nous ramènent à l'enfance de l'art et montrent combien il était difficile, même à un grand coloriste comme Turner, d'échapper aux restrictions traditionnelles qui lui étaient imposées. Comment il sut y échapper et progresser jusqu'à ce qu'il atteignît la force de coloris qui le distingua par la suite, nous ne nous arrêterons pas ici à en faire l'exposition ; mais il faut se souvenir que le perfectionnement des couleurs et du papier vint juste à temps pour l'aider dans ce mouvement ascentionnel.

La principale influence de Turner sur l'art moderne de l'aquarelle a été celle d'un libérateur plutôt que d'un maître, et il est nécessaire d'appuyer fortement sur cette assertion que, si grand peintre qu'il fût, il n'a point fondé d'école et n'a pas eu, en somme, d'imitateurs. Les services qu'il a rendus à l'art anglais, bien que tout à fait incontestables, sont de nature à déraciner une tradition plutôt qu'à fonder une école, et il y a lieu de douter que beaucoup d'artistes de notre époque, aient suivi les inspirations de ce grand peintre de paysage. S'il est vrai, dans un sens, que Turner marche à la tête de l'art moderne,

on peut dire avec vérité qu'il vient à la queue de l'art ancien ; il clôture une époque plutôt qu'il n'en augure une autre.

Essayons d'expliquer ceci en peu de mots. Entre le paysage moderne, qui se distingue principalement par la vérité avec laquelle il reproduit la nature, et le paysage ancien, que caractérise surtout la dignité de la composition, l'œuvre de Turner se tient isolée, appartenant aux deux écoles, mais indépendante de l'une et de l'autre. Si l'on recherche la dignité de la composition, la sublimité de la conception et la puissance d'exécution, il est impossible de les trouver réunies à un degré plus éminent que dans la plupart des grandes peintures de Turner. Celui dont l'idéal du paysage, avant l'apparition de Turner, est représenté par Claude le Lorrain, peut-il nier que, même dans cette voie, — pour la grâce et le sentiment classiques, la dignité de lo conception et de la composition, — le peintre des *Hespérides* et de la *Baie de Bahia* ne soit plus grand que le modèle sur lequel il s'est formé ? Celui qui, d'autre part, voit l'idéal dans la vérité de reproduction de la nature, dans le détail des rochers, des arbres et des nuages, trouvera-t-il un peintre qui satisfasse ses désirs plus complètement que Turner, lorsqu'il peint la *Matinée d'hiver* ou le *Passage du gué?* Ce qu'il y a de remarquable dans cette connexion, c'est que les deux styles lui semblent également inhérents. Il ne pouvait peindre même les plus classiques de ses compositions sans y introduire une somme de faits naturels qui étonnent par leur quantité et leur variété. A l'inverse, ses peintures de la vie rurale sont revêtues de la grâce classique, qu'il avait puisée dans l'étude du grand Claude. Il ne fallait rien moins qu'un artiste doué de cette double faculté pour accomplir l'émancipation du paysage moderne. Si Turner eût été purement un réaliste, comme la plupart des paysagistes de notre temps, les amateurs du genre ancien auraient fait fi de ses peintures, comme dénuées de style. S'il se fût attaché servilement au style de Claude et du Poussin, dédaignant les vérités de la nature comme incompatibles avec la dignité du grand art, il n'aurait fait que retarder le progrès au lieu de le hâter. Tel qu'il est, il possède le mérite exceptionnel de déployer les deux styles côte à côte, et de montrer, par la similitude non moins que par le contraste, les défauts de l'ancienne école.

Si nous insistons ainsi sur la curieuse alliance du style classique et du naturalisme que l'on rencontre dans Turner, c'est qu'il semble que cette alliance ait préparé, de la seule manière possible à cette époque, la réaction en faveur de l'étude de la nature, qui constitue le caractère essentiel du paysage depuis cinquante ans. Il faut remarquer, en effet, que, grâce à cette exhibition simultanée, grâce à cette qualité prodigieuse qui rappelle le génie multiple de Shakspeare, dans le développement des caractères et des passions les plus divers, les artistes et le public purent choisir et déclarer pertinemment celui des deux styles qu'ils préféraient. De même que l'antique chevalerie d'Espagne tombait en poussière sous le rire provoqué par Cervantès, de même la composition classique s'évanouit à la vue des glorieuses peintures de Carthage et d'Italie, à côté desquelles le grand artiste ne craignait pas

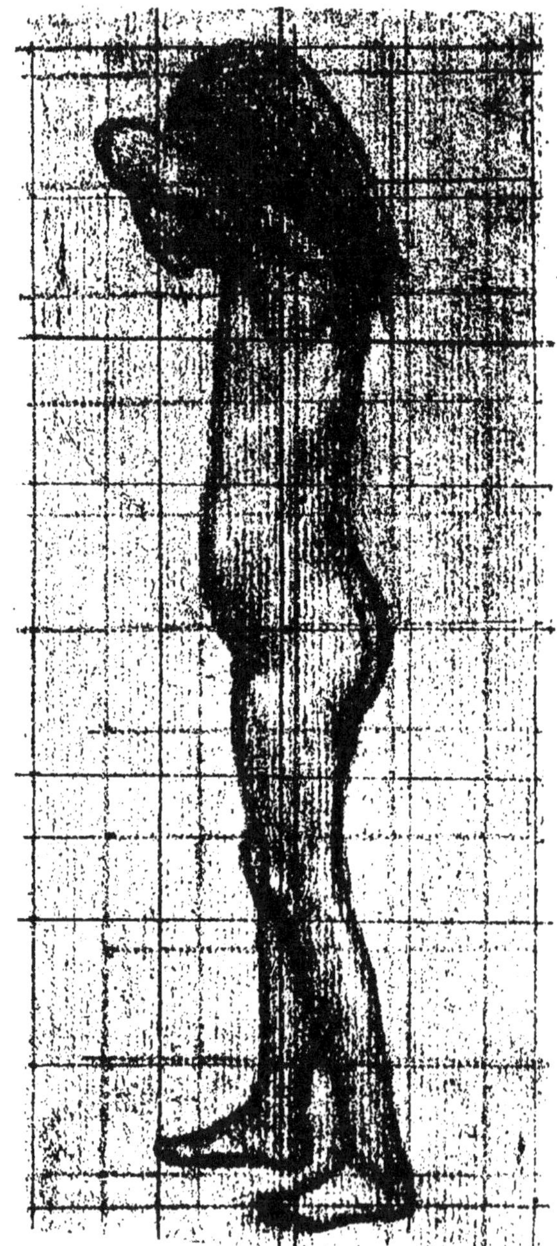

PUVIS DE CHAVANNES

d'exposer des sujets empruntés à la vie réelle, tels que l'explosion d'un vieux vaisseau de guerre et le passage d'un train de chemin de fer à travers la pluie et l'ouragan (1).

Ce fut pour le public une révélation de voir que les choses vulgaires qu'il avait toujours eues sous les yeux eussent en elles les éléments d'un intérêt pictural tel qu'il ne l'avait jamais soupçonné, et qu'un peintre qui s'était montré si grand appréciateur des gloires de l'ancienne école du paysage fût satisfait de peindre avec un égal amour et une égale fidélité les scènes les plus simples de la nature et de la vie anglaises.

Ce fut, encore une fois, une véritable révélation qui jaillit de ses œuvres et qui pénétra graduellement dans la généralité des esprits, bien que plusieurs d'entre eux, et des mieux intentionnés, n'aient pu croire, dès l'abord, en un peintre qui déclarait que les couchers de soleil de Margate étaient les plus beaux du monde. Toutefois, le goût général du pays ne se serait pas porté vers l'aquarelle, comme il le fit dès les premières années du siècle actuel, si Turner n'eût possédé une autre quantité éminente, qu'il partageait d'ailleurs avec bon nombre de ses confrères moins connus. La prévention existante contre l'aquarelle, soit par suite de l'affectation mise par les artistes à la restreindre à de menus travaux, soit à cause du peu de soin et de l'ignorance apportés dans la confection de ses matériaux, avait besoin d'une réfutation éclatante pour que son injustice fût généralement reconnue. Il fallait prouver que ce genre de peinture pouvait exhiber la vigueur, l'élévation et le charme qu'on avait crus jusque-là réservés à la seule peinture à l'huile ; et c'est ce qui fut prouvé par Turner et par deux ou trois autres peintres.

Si l'on examine avec soin les aquarelles de Turner, on retrouve dans toutes un suprême trait caractéristique, dont on ne peut s'empêcher d'être saisi : c'est le sentiment d'un énorme espace, produit sans effort apparent et sans aucune tension. Cette qualité existe dans chacun de ses ouvrages, si petite que soit sa dimension. Qu'il peigne des prairies anglaises, des rivières de France ou des sites alpestres ; si encombrés que soient ses premiers plans, si intense ou variée que soit la lumière de sa composition, on y découvre une série infinie de plans aériens, si parfaitement justes dans leur distance, que l'œuvre s'agrandit sous le regard d'une façon merveilleuse. C'est ainsi qu'on peut dire, avec vérité, que, dans les aquarelles de Turner, la grandeur du cadre est absolument indifférente ; quatre pouces en carré produisent, sous son pinceau, le même effet que douze pieds. Or, il faut se souvenir que, de tous les mérites de Claude, celui-là était le plus grand. Il sacrifiait habituellement la vérité à la couleur et au détail ; jamais à l'effet atmosphérique. Quoi qu'en aient pu dire certains critiques, Claude n'avait jamais été approché sous ce rapport, jusqu'à l'apparition de Turner ; et lorsque Turner parut, ce fut pour partager son trône, mais sans lui ravir son sceptre. L'artiste anglais, néanmoins, prouva qu'il était possible de faire, à l'aquarelle, sur un carré de papier de quelques pouces, ce que l'illustre Français avait fait sur une toile de dix pieds.

Mais il y avait un contemporain de Turner qui possédait autant que lui le sentiment de l'espace, ainsi que le pouvoir d'exprimer beaucoup dans un petit cadre, et dont l'influence ne contribua pas moins que celle du grand maître à révolutionner l'art de l'aquarelle. Ce fut David Cox, le plus réellement anglais peut-être, comme il fut à coup sûr le plus grand des paysagistes dans le genre de l'aquarelle.

En ce qui touche les progrès de l'aquarelle, aucun sujet n'est plus intéressant et pourtant aucun n'a moins attiré l'attention de la critique que la connexion qui existe entre des artistes tels que Cox et de Wint, mais principalement Cox avec Turner. Nous ne pouvons ici que signaler cette connexion ; car s'il est comparativement facile de suivre la marche progressive de Turner à travers l'imitation des grands maîtres, l'étude constante de la nature, et finalement sa complète reddition aux facultés imaginatives, il n'est pas possible de discerner chez Cox une pareille évolution. Son génie semble avoir pris, dès l'origine, un poste de premier rang, sans aucune impulsion déterminante. Le sentiment atmosphérique et l'art de la composition, que Turner atteignit d'une façon en quelque sorte scientifique, furent saisis par Cox comme à son insu, et cependant avec une infaillible exactitude. L'auteur de cet article a longuement étudié l'œuvre de Cox, ayant eu l'heureuse fortune d'habiter une maison où se trouvait une nombreuse collection de ses ouvrages ; il a donc été, plus qu'un autre, à même d'admirer la prodigieuse vérité des lointains dans les paysages de cet artiste. Que l'art de la composition fût inné en lui, aussi bien que dans Turner, il n'y a pas à en douter ; mais ce qui surprend, c'est la perfection merveilleuse avec laquelle les plans de l'atmosphère sont indiqués par Cox, dans des dessins exécutés très rapidement et qui ne sont, pour ainsi dire, que des esquisses rudimentaires. Il y avait surtout un terrain vague sous une tempête de vent et de pluie, l'autre le pont de Putney par une après-midi pluvieuse ; tous deux possédant au plus haut degré cette qualité d'une variété presque infinie dans les distances. Ces deux esquisses (car ce sont de vraies esquisses faites sur place et non retouchées dans l'atelier) sont des exemples particulièrement bons à citer, parce qu'il n'y a, ni dans l'une ni dans l'autre, aucun objet à l'aide duquel l'œil puisse mesurer les distances. Toutes deux furent exécutées sur les lieux et à la hâte ; la première, notamment, dans les conditions suivantes : le peintre, se trouvant dehors avec un ami, l'arrêta tout à coup en lui disant : « Attendez, je veux prendre cet effet. » Ce qu'il fit, sous l'averse, en quatre coups de crayon. Il y a encore de curieux dessins, datant des premières années de Cox, où l'influence de Wint et de Turner est évidente ; mais ils ne jettent aucune lumière spéciale sur les qualités de l'artiste et ne sont en réalité que ce qu'il a produit de plus faible.

Nous ne nous étendrons pas davantage sur ces considérations. Il suffit de faire remarquer qu'il y a là, parallèlement à Turner, un artiste possédant des qualités d'élévation et d'effet comparables à celles des plus grands peintres à l'huile,

<hr>

(1) Ce dernier tableau est une des œuvres les plus puissantes de Turner.

et qui était arrivé à cette puissance sans copier l'antique ni étudier les grandes écoles de l'art, mais qui l'avait apprise de la nature elle-même, en dessinant au milieu des landes de Mitcham ou sous les chênes de Haddon Hall. Il suffira aussi de noter en passant le progrès réalisé par Cox sur l'œuvre, réellement très belle dans son genre, de son prédécesseur immédiat, de Wint.

Nous causions, il y a quelques mois, avec un de nos meilleurs aquarellistes, qui revenait d'un voyage en Espagne. Après avoir parlé de l'énorme puissance de Velasquez comme coloriste, notre ami ajouta : « Il n'y a qu'un Anglais qui ait jamais approché de Velasquez sous ce rapport, c'est de Wint. » Cette remarque est l'expression quelque peu exagérée d'une vérité qu'on oublie trop facilement de nos jours, savoir qu'un coloriste par nature peut travailler presque sans couleurs. Les artistes l'admettent sans difficulté ; mais le public, s'il ne la nie pas, l'ignore ou l'oublie généralement. De Wint était, sinon un grand coloriste, du moins un homme merveilleusement doué de l'entente de la couleur, et il ouvrit à cet égard une voie qui fut suivie par Cox avec le plus grand succès. Le premier n'aimait pas les ciels éclatants, ni les scènes joyeuses, ni les incidents qui réjouissent le regard, et il ne peignait que ce qu'il aimait ; mais, en revanche, il n'a pas son pareil pour représenter le bétail se dirigeant vers la ferme, après une journée de fatigue, le long d'un sentier boueux, ou se reposant sous un ciel lourd, dans une morne somnolence.

(*A suivre.*)

NÉCROLOGIE

Nous apprenons la mort de M. Eugène Accard, peintre, né à Bordeaux en 1824. Il était élève d'Abel de Pujol.

Signalons, parmi les œuvres qui ont donné à cet artiste une place dans le monde des arts : *Musiciens nomades des environs de Naples*, qui fut son premier tableau de genre et qui figura au Salon de 1850 ; *Une visite sous Louis XV*, l'*Accompagnateur*, l'*Enfant malade*, les *Deux Sœurs*, la *Jeune Mère*, *Charles IX chez Marie Touchet*, *Après la partie*, *Perruche*, etc.

LES VENTES PUBLIQUES

Il y a quelques jours s'est terminée à Angers la vente de la collection d'objets d'art ayant appartenu à feu le marquis d'Houdan.

Cette vente a produit 160,000 francs environ. Signalons parmi les enchères : Une écuelle et son plateau, argenterie de l'époque Louis XIV, 4,490 francs. Un canapé et quatre fauteuils, bois sculpté, époque Louis XVI, dont les tapisseries Louis XIV sont exécutées au point dit de de Saint-Cyr, représentant Alexandre et la famille de Darius, 5,600 francs. Six fauteuils teuils Louis XV, tapisserie au point sujets my-

thologiques, 1,500 francs. Dix-neuf mètres de broderies de fabrique lombarde du seizième siècle, 2,120 francs. Deux panneaux d'Aubusson : *Retour de la pêche* et *Marchande de marrons*, 3,400 francs. Une serrure provenant de Saumur, dédiée au duc d'Orléans et offerte en 1789 par Ambroise Poux-Landry de Franche-Comté. Cette serrure, en cuivre doré et gravé, est ornée de fleurs de lis et des armes des d'Orléans ; elle a été vendue de 499 francs.

Quant aux nombreux tableaux anciens qui figuraient dans cette vente, ils ne méritaient pas les désignations extraordinaires qui figuraient au catalogue.

A titre de curiosité, nous donnons un de ces extraits.

Prud'hon (Pierre-Paul). — *La Peinture*. Une jeune femme assise trace sur une toile une composition mythologique ; derrière elle, le Génie de la peinture semble guider son pinceau ; au second plan, statue en bronze de l'Hercule Farnèse. Signé : Prud'hon, 1793. — Peint sur toile. — Cadre en bois sculpté.

Nota. — Ce tableau a figuré au Salon de 1793, sous ce titre, l'*Amour* et l'*Amitié*. La jeune femme peignant est, dit-on, la fille du maître.

H., 1 m. 42. — L., 1 m. 12.

Ce tableau a dû être retiré de la vente, personne ne couvrant une mise à prix de 100 francs !

CHRONIQUE JUDICIAIRE

Le « Courrier français »

La 9e chambre a rendu le jugement suivant :

En ce qui concerne le dessin intitulé : « les Parques » paru dans le *Courrier français* du 24 juin : attendu que, bien que l'auteur ait de fait comme intention obtenu dans l'ensemble et fait apparaître dans quelques détails de l'œuvre une certaine indécence, elle ne contient cependant pas d'obscénité nettement caractérisée ;

En ce qui concerne le dessin intitulé « Prostitution », paru dans le même numéro du *Courrier français* : attendu que, bien que l'attitude des personnages comporte une certaine équivoque, il n'est cependant pas établi que l'auteur ait cherché à suggérer l'idée d'un acte de débauche ;

Renvoie les prévenus Jules Roques, directeur du *Courrier français*, Lanier, imprimeur, Edouard Zier et Louis Legrand, dessinateurs, des fins de la plainte, sans dépens.

La Succession de Paul Baudry

Le tribunal de la Seine a rendu son jugement dans l'affaire de la succession de Paul Baudry.

En ce qui concerne la qualité de co-tuteur, conférée à M. Charles Ephrussi par le testament de Paul Baudry, le Tribunal, sans qu'il y ait lieu d'examiner la question de savoir si Paul

Baudry a entendu nommer un co-tuteur ou seulement un conseil à la tutelle, a estimé qu'en considérant M. Ephrussi comme ayant été nommé conseil à la tutelle, ce choix ne saurait être déclaré valable à cause de la qualité d'étranger de M. Charles Ephrussi.

Le Tribunal déclare, en effet, que la tutelle est une institution de droit civil, dont les étrangers ne peuvent être investis ; et l'admission à domicile, invoquée par M. Ephrussi ne saurait modifier la situation, cette admission n'ayant eu lieu que postérieurement au décès de Paul Baudry.

Quant aux copies de Raphaël, déposées à l'Ecole des Beaux-Arts, le Tribunal ordonne qu'elles soient remises à Mme veuve Paul Baudry, nonobstant l'opposition de M. Charles Ephrussi et de M. Ambroise Baudry.

Par un second jugement, le Tribunal a également statué sur la demande de Mme veuve Baudry à fin de suppression du livre intitulé : « *Paul Baudry, sa vie et ses œuvres.* »

Il déclare cette demande mal fondée, attendu que Paul Baudry, dès son vivant, avait non seulement autorisé cette publication, mais préparé les matériaux du livre de concert avec M. Ephrussi. Au surplus, ajoute le Tribunal, les lettres qui ont été publiées ne sont pas de nature, non plus que les commentaires qui les accompagnent, à porter atteinte à la mémoire de Paul Baudry.

ÉCHOS ET NOUVELLES

On lit dans le *Journal officiel* :

M. G. Larroumet, directeur des beaux-arts, vient, sur la proposition de M. Champfleury, conservateur du musée de Sèvres, d'accorder à la Société de l'histoire de la Révolution française dix groupes de la période révolutionnaire, de 1790 à 1793, symbolisant la *Raison*, la *Force*, la *Fraternité*, les *Vertus civiques*, l'*Education du citoyen*, la *Liberté* et l'*Egalité*, etc.

Ces groupes, attribués au sculpteur Boizot, n'avaient jamais été moulés depuis le premier empire.

Un bas-relief représentant la Table de la Constitution et des Droits de l'homme sera joint à ce don, ainsi que les bustes de Marat, de Barra et de Viala, de la manufacture de Sèvres.

C'est ainsi qu'un fonds curieux et inconnu s'ajoute à tous les souvenirs historiques de la Révolution que recherche, pour en faire l'exposition aux Tuileries, en 1889, une société composée d'hommes éminents dans le Parlement, l'histoire, l'art, le journalisme, et qui a pour président d'honneur M. Carnot, président de la République.

** **

Par décret, le ministre de l'instruction publique et des beaux-arts est autorisé, au nom de l'Etat, à accepter, pour le musée du Louvre, le tableau d'Ary Scheffer intitulé le *Christ au roseau*, légué à cet établissement par la demoiselle Huyssen de Kattendyke.

L'Imprimeur-Gérant : Henry Lefebvre.

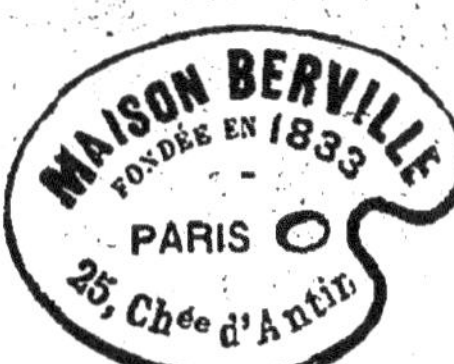

ENVOI FRANCO
DES
NOUVEAUX TARIFS

TARIF	H	La Peinture à l'huile.
—	A	L'Aquarelle et la Gouache.
—	E	L'Enluminure et la Miniature.
—	F	L'Etude du Fusain.
—	FF	Fac-similés de fusains.
—	D	Les divers genres de dessin.
—	P	Le Pastel.
—	C	Divers Cours d'aquarelle.
—	L	Librairie d'art, Traités.
—	T	La Peinture en imitation de Tapisserie.
—	G	La Gravure à l'Eau forte.
—	PP	La Peinture sur Porcelaine.
—	O	L'Optique appliqué au dessin.
—	MC	Matériel de campagne pour les Arts.
—	M	Le Modelage.
—	V	La Peinture genre Vernis Martin.
—	TF	La Peinture sur terre fine céramique

ACADÉMIE JULIAN

ATELIERS DE PEINTURE
Sculpture et Dessin.

Distincts pour Hommes et pour Dames.
Toute la journée modèle vivant.

ATELIERS DE
MM. **BOUGUEREAU** et **T. ROBERT-FLEURY**
MM. **BOULANGER** et **J. LEFEBVRE**

Atelier de sculpture, professeur M. **CHAPU**
Ces éminents professeurs donnent régulièrement leurs conseils aux élèves.

COURS pour HOMMES
48, faubourg Saint-Denis (près la porte St-Denis).
28, Faubourg Saint-Honoré (Près de la Madeleine).

COURS pour DAMES
5, rue de Berri (avenue des Champs-Elysées).
27, galerie Montmartre (Passage des Panoramas).

COURS D'ANATOMIE : M. CUYER.
Préparation au brevet supérieur de dessin de la ville de Paris et de l'Etat et aux concours de l'Ecole des Beaux-arts.

Aquarelle — Pastel — Nature morte, etc.

Il n'y a jamais de vacances.

On trouve dans chaque Atelier les renseignements qui le concernent.

Compiègne. — Imprimerie HENRY LEFEBVRE.

LA VIE ARTISTIQUE

COURRIER HEBDOMADAIRE ILLUSTRÉ

Des Ateliers, des Expositions & des Théâtres

BUREAUX A PARIS — 42, Rue de Chabrol, 42

Dimanches 23 et 30 Septembre 1888

2ᵉ ANNÉE — Nᵒ 33

ABONNEMENTS — Un An : DIX FRANCS

MUSÉES PAYANTS

C'était prévu, cela ne pouvait plus guère tarder, c'est arrivé. On propose de tirer un revenu de l'entrée de nos musées nationaux. Le grelot est attaché par un touriste qui vient de visiter un certain nombre de musées d'Europe, et qui, ayant dû ouvrir son porte-monnaie pour passer la porte de quelques-unes des collections les plus célèbres, n'a pu s'empêcher de penser que nous faisions un peu figure de benets en exerçant une hospitalité gratuite quand nous rencontrons si peu de réciprocité. C'est une impression qui a été ressentie par bien d'autres; elle est surtout de chaque instant en Italie. Là, il semble tout d'abord au voyageur que la grande industrie nationale soit l'exhibition des curiosités amoncelées à travers les siècles, et il se sent le client attendu de l'Etat aussi bien que des aubergistes. Pour pénétrer dans les collections publiques, ou pour visiter des ruines comme celles de Pompéi, du mont Palatin à Rome et bien d'autres de moindre importance, il faut faire grincer un tourniquet et débourser la pièce blanche entre les mains d'agents d'aspect plus militaire que ne sont en aucun pays les douaniers ou les gardes forestiers. A vrai dire cette perception officielle et tarifée est considérée sur un grand nombre de points comme réalisant un notable progrès sur le carottage des ciceroni de rencontre. Un argument très séduisant, d'ailleurs, c'est que le produit des entrées augmente d'autant les ressources consacrées à l'entretien et à l'enrichissement des musées, ou aux travaux des fouilles. Agissons de même, dit-on, et nos grands établissements seront moins gênés quand ils auront à faire quelque acquisition importante.

La thèse ne serait pas à l'abri de toute objection, mais elle aurait quelque chose de très séduisant si les musées n'existaient que pour la satisfaction des « globe-trotters ». Vous avez montré ici ou là vos tableaux ou vos monuments pour de l'argent; vous voulez voir les nôtres : payez. Donnez vingt sous à l'entrée du Louvre pour les frais du culte qu'on y professe, ce n'est pas de quoi arrêter un amateur qui a entrepris son tour d'Europe, et qui a dû mettre une somme ronde de côté pour faire de longs parcours en chemins de fer et fréquenter les bons hôtels.

Il s'agit seulement de savoir si c'est uniquement, si c'est même principalement aux milords en voyage, comme on disait naguère, qu'est destinée la jouissance de notre domaine national. La vieille tradition française, et plus encore les visées de la Révolution, tendaient à étendre le plus possible la gratuité en fait d'éducation publique. A cette heure, la logique de l'esprit mercantile nous menace d'une réaction.

Pourquoi, en effet, la civilisation offrirait-elle gratuitement des choses d'une valeur inappréciable et qui ne manquerait pas d'amateurs si l'on en demandait un certain prix? Il y a tous les jours des désœuvrés à leur aise qui donnent quelque chose pour aller dans une salle ignorée voir les essais d'un peintre dont la postérité ne retiendra probablement pas le nom; pourquoi marchanderaient-ils pour passer en revue des centaines et des milliers d'œuvres de maîtres? Il y a des gens qui s'abonnent à assez haut prix à un cabinet de lecture mal garni; serait-il bien difficile d'obtenir de fortes souscriptions pour l'usage des millions de volumes, d'estampes, de médailles de la Bibliothèque nationale? Il y a des promenades délicieuses dans Paris; mettez un tourniquet à la porte du jardin des Tuileries, du parc Monceau, à plus forte raison du bois de Boulogne, cela produira; et pourquoi pas? On paye parfois très cher à un entrepreneur le droit de prendre sa part d'ombrages qui ne valent pas ceux-là. Et les cours publics? Dans les salles de conférences, on a bien souvent payé sa place pour entendre des parleurs médiocres, pendant qu'on pouvait, au Collège de France, à la Sorbonne, au Muséum, entendre pour rien des savants dont le prestige est universel et des maîtres en l'art de dire. Et le Jardin des Plantes; connaissez-vous beaucoup de ménageries rivales parmi celles qui courent les foires et encaissent la forte recette ? Il faut donc avouer qu'au point de vue du rendement l'Etat exploite mal ses ressources; mais si ses musées, ses bibliothèques, ses jardins, ses écoles, ses manufactures même doivent être envisagées au point de vue commercial, comme une galerie quelconque de figures de cire ou comme un café chantant, on a le droit de lui demander de quoi il se mêle.

On essaye de nous rassurer; on ne fera pas payer au Louvre ou au Luxembourg le public du dimanche, ni même celui du jeudi et, pour nous édifier sur la valeur de cette garantie, on nous parle des entrées du Salon annuel, qui sont désormais dans les mœurs; oui, on y entrait gratuitement autrefois le dimanche et le jeudi, la gratuité n'existe plus que quatre heures par semaine pour les gens qui ont résolument renoncé à entrevoir les œuvres exposées. Seulement, si les très pratiques économes de la Société des artistes veulent écarter de leurs œuvres les sans-le-sou qui ne leur achèteront pas leurs tableaux, ce n'est pas là une calamité publique. Il y a un intérêt plus général à maintenir le Louvre accessible. On accorde, dites-vous, des cartes d'entrée aux artistes; mais les vocations d'artistes, qui se sont précisément révélées dans la fréquentation des musées, il n'en serait plus question. On aurait les gens pour qui vingt sous sont peu de chose; eh bien ! il ne manque pas de gens qui sont devenus de vrais connaisseurs pour cette seule raison, que dans leur prime jeunesse ils ont passé dans les musées hospitaliers les longs jours difficiles où ils étaient littéralement sans le sou.

M. Lockroy a reçu mardi la visite d'un rédacteur du *Matin* et voici les déclarations qu'il lui a faites :

— L'établissement d'un droit à l'entrée de nos musées et de nos palais serait, en France, une innovation contraire à nos institutions démocratiques.

« Il faut à tout prix accueillir, tous les jours, sans restriction, tous ceux qui se présentent pour visiter nos richesses nationales.

« Parmi ces visiteurs, les uns paieraient volontiers, je le reconnais, leur droit d'entrée; mais le plus grand nombre d'entre eux hésiteraient à venir au musée si cette visite les entraînait à une dépense, même minime.

« Nos collections, nos tableaux, nos palais sont à tous les contribuables, ils sont entretenus et enrichis à leurs frais. Il faut qu'ils puissent les visiter à leur heure, à leur jour, quand il leur plaît.

— Le droit d'entrée, cependant, objectons-nous, serait une ressource qui vous permettrait d'enrichir nos collections.

— Sans doute, si les droits ainsi perçus pouvaient être directement employés à l'achat de tableaux, monnaies, etc. Mais nos lois n'autorisent pas la perception d'un droit en vue d'un emploi spécial. Ce n'est donc qu'en vertu d'une loi, dont il faudrait demander tout d'abord le vote aux Chambres, que le gouvernement pourrait attribuer à nos palais et à nos musées le produit des droits d'entrée. Et, quant à moi, je ne déposerai pas un pareil projet sur le bureau des Chambres, du moins en ce qui concerne nos grands musées.

Le ministre de l'instruction publique n'est pas cependant opposé à l'installation de tourniquets à la porte de quelques-uns de nos palais nationaux et de quelques musées ayant un caractère tout spécial, le musée Guimet par exemple.

— On étudie en ce moment au ministère de l'instruction publique, nous dit M. Lockroy, un projet de droit d'entrée dans les palais de Versailles.

« Que pendant la semaine, les visiteurs de Trianon, en grande majorité conduits à Versailles par les entreprises Cook, payent un tribut à la porte, je ne vois pas là grand inconvénient.

« Qui a pu en effet se payer le luxe d'un voyage, d'un dîner à Versailles, payera sans mot dire le droit de visiter les palais de la ville.

« Mais encore serait-il nécessaire, si on établissait ce droit d'entrée, de fixer les jours de la semaine où tous les visiteurs seront admis gratuitement.

« Il en va de même pour le musée Guimet auquel est attribué, dans le budget de 1889, un crédit assez important. M. Guimet lui-même me proposait l'installation de tourniquets. Mais le produit des droits d'entrée, comme je vous le disais tout à l'heure, ne pourrait pas être directement appliqué à ce musée.

« Cependant, comme il faut songer à enrichir cette collection — déjà si riche — je ne serais pas opposé, dans ce cas particulier, à imposer les visiteurs d'une minime redevance.

« Le projet est à l'étude; peut-être le déposerai-je à la rentrée des Chambres. »

LE BUDGET DES BEAUX-ARTS

La commission du budget a commencé lundi l'examen du budget des Beaux-Arts et entendu le rapport de M. H. Maret.

Les subventions pour l'Opéra, l'Opéra-Comique, le Français et l'Odéon, ont été votées.

Sur la proposition de M. Yves Guyot, le crédit de 17,000 francs affecté au traitement des censeurs a été repoussé par 10 voix contre 8. Cette décision équivaut à la suppression de la censure dramatique.

Le rapporteur a fait un exposé de la situation financière des théâtres subventionnés. Seul, l'Opéra-Comique est en déficit.

M. Henry Maret trouve que le niveau du personnel des théâtres subventionnés est insuffisant.

Il voudrait qu'il fût relevé en prévision de l'Exposition.

M. Steenackers a demandé que le prix des places fût réduit et qu'une rétribution fût imposée à l'entrée des coulisses.

La commission a enfin émis le vœu que des bourses fussent accordées aux élèves méritants de l'Ecole des Beaux-Arts, afin de leur permettre de voyager dans les parties de la France où se trouvent des ruines romaines.

Le crédit relatif au prix de Rome a été adopté.

La commission a ensuite réduit successivement de 15,000 francs le chapitre XXVI (souscription aux ouvrages d'art), de 20.000 francs le crédit affecté au personnel des bâtiments civils, de 20,000 fr. le crédit affecté au personnel des palais nationaux, et de 20,000 fr. le chapitre XXXVIII (Service du mobilier national).

L'ensemble du budget des Beaux-Arts a été adopté.

EXPOSITION DE 1889

Le commissariat spécial des expositions des Beaux-Arts, institué par décret du 13 juillet dernier en vue de l'Exposition de 1889, a terminé son travail de préparation. Dans un rapport adressé au ministre de l'Instruction publique et des Beaux-Arts, M. Antonin Proust propose de diviser les Beaux-Arts en six sections :

1° Exposition rétrospective de l'art français de 1789 à 1878 (palais des Beaux-Arts) ;

2° Exposition décennale de 1878 à 1889. — France et étranger (palais des Beaux-Arts) ;

3° Exposition des monuments historiques : moulages, dessins, photographies, émaillerie, orfèvrerie, sculpture sur bois (palais du Trocadéro) ;

4° Exposition de l'enseignement du dessin (palais des Arts libéraux ;

5° Exposition des manufactures nationales avec série rétrospective de 1879 à 1889 (coupole centrale des galeries de l'Industrie) ;

6° Exposition théâtrale : maquettes, costumes, machines, éclairage, modifications apportées dans la construction des théâtres (palais des Arts libéraux).

LES MUSÉES NATIONAUX

Pour la onzième fois depuis moins de vingt ans, le gouvernement réorganise sur des bases nouvelles l'administration des musées nationaux. Le décret vient de paraître à l'*Officiel*. Et c'est, dans le personnel une émotion énorme.

Nous avons eu la bonne fortune de voir, hier, un ancien fonctionnaire, qui pouvait nous donner, mieux que personne, une opinion éclairée sur cette question, ayant été longtemps lui-même attaché à un de nos grands musées parisiens.

— C'est une excellente mesure, nous dit-il tout d'abord, qu'a prise là M. Lockroy, et elle est capable de rendre de grands services, si elle n'est pas écrasée un jour ou l'autre par un retour offensif de la routine. D'abord elle donne une sorte d'autonomie à nos musées, et il est important que les gens préposés à la garde de nos chefs-d'œuvres jouissent d'une certaine liberté d'action. Dans la nouvelle organisation, le directeur correspond seul avec le ministre et ne correspond qu'avec lui ; plus aucune disposition concernant les musées n'est prise, toutefois, sans qu'il ait été préalablement consulté.

— Quelle est l'opinion du personnel des musées relativement à cette innovation ?

— Il en est, je crois, très heureux. Je ne parle pas des avantages personnels, tels que les facilités d'avancement, que chaque employé en augure ; mais tous sont heureux, à un point de vue désintéressé et supérieur, de voir les musées reprendre, pour ainsi dire, possession d'eux-mêmes, de leur fortune et de leur avenir.

— Le nombre des employés n'a-t-il pas été cependant diminué par le dernier projet ministériel ?

— Oui, et fort heureusement, mais il a eu l'avantage de supprimer en grande partie la masse assez respectable du personnel flottant.

Une excellente innovation prescrit qu'une insertion au *Journal officiel* annoncera les vacances de places, de façon à permettre à tous les candidats de produire à temps leurs titres. C'est un supplément de garantie qui a son intérêt.

— Quel est le rôle de ces attachés ?

— Il consiste simplement à aider le directeur et les conservateurs dans leur besogne souvent très lourde, mais ils ne font pas partie, d'ailleurs, du comité consultatif, composé du directeur, des conservateurs et conservateurs-adjoints, qui traite de toutes les affaires de la maison, des acquisitions d'œuvres d'art, par exemple, et donne son avis après avoir pris connaissance de la correspondance entretenue par le directeur depuis la séance précédente, pour les différents services du musée.

— Ces comités se réunissent-ils souvent ?

— Deux fois par mois, sauf pendant les mois d'août et septembre, réservés au repos. Le procès-verbal de chaque séance est d'ailleurs consigné sur un registre spécial signé par le président et par le secrétaire, et une copie en est adressée au ministre qui est ainsi scrupuleusement mis au courant de tout ce qui intéresse nos musées. »

Voici maintenant comment est réparti le personnel dans les différents musées :

Pour le Louvre et les six départements qui le composent, il est ainsi fixé :

Un directeur ;

Département des peintures, des dessins et de la chalcographie : 1 conservateur, 2 conservateurs-adjoints, 1 attaché payé.

Département des antiquités grecques et romaines : un conservateur, 1 conservateur-adjoint.

Département des antiquités orientales : 1 conservateur, 1 conservateur-adjoint, 1 attaché payé.

Département des antiquités égyptiennes : 1 conservateur, 1 conservateur-adjoint, 1 attaché payé.

Département de la sculpture et des objets d'art du moyen âge, de la Renaissance et des temps modernes : 1 conservateur, 1 conservateur-adjoint, 1 attaché payé.

Département de la marine et de l'ethnographie, un conservateur.

Au musée du Luxembourg, il n'y a qu'un conservateur et un attaché payé.

De même pour les musées de Versailles et de Saint-Germain.

A ce personnel dirigeant, se joint naturellement le personnel actif, qui se composera dorénavant d'un secrétaire agent-comptable chargé, sous l'autorité du directeur, de la surveillance des services intérieurs, de l'expédition de la correspondance et de la tenue de la comptabilité, d'un secrétaire-adjoint des musées nationaux, de commis, de gardiens-chefs et sous-chefs, de gardiens de 1ʳᵉ, 2°, 3° et 4° classes, d'auxiliaires et de gagistes.

L'EXPOSITION BRETONNE-ANGEVINE

Nous ne dirons que deux mots de cette exposition, dont l'organisation laisse beaucoup à désirer et que l'on a installée au Palais de l'Industrie dans quelque salle laissée disponible par l'exposition d'hygiène (?) et de sauvetage (?).

On a peine à y arriver. Et de fait on n'y perd guère. Tout y est médiocre ; il y a même là des pages au-dessous de tout.

N'étaient trois toiles maitresses de Ribot, un pastel très vibrant de Georges Sauvage et d'amusants dessins de Yan d'argent, il serait superflu de verser vingt sous au tourniquet dans l'espoir d'y voir quelque chose.

NECROLOGIE

Le peintre Gustave Boulanger, membre de l'Institut, est mort subitement la semaine dernière.

Né à Paris le 25 avril 1824, M. Boulanger fut élève de Paul Delaroche, de Jollivet et de l'Ecole des Beaux-Arts, où il remporta le grand-prix de Rome en 1849, sur le sujet : *Ulysse reconnu par Euryclée.*

A son retour de la Villa-Médicis, en 1856, on le vit représenté aux Salons annuels par les compositions suivantes : *Jules César passant le Rubicon,* les *Choassa,* la *Maison du poète tragique à Pompeï, Maestro Palestria* (1857) ; les *Pâtres arabes, Lucrèce, Lesbie* (1859) ; *Hercule aux pieds d'Omphale, Répétition du joueur de flûte,* la *Femme de Diomède,* un *Arabe* (1861) ; *Jules César à la tête de la dixième légion, Kabyles,* la *Déroute* (1863) ; la *Cella frigidaria, Cavaliers sahariens* (1863) ; *Djeid et Rahia,* portrait *de Hamdy-bey* (1865) ; *Catherine 1re chez Mehemet-Balladji,* une *Marchande de couronnes à Pompeï* (1866) ; le *Mamillare,* portrait de *M*lle *Nathalie,* de la Comédie-Française (1867) ; *El Hiasseub, Conteur arabe,* la *Promenade sur la voie des tombeaux à Pompei* (1869) ; *C'est un émir,* les *Chaouches du harem, Souvenir du vieux Blidah* (1871), *Attendant le seigneur et maitre* (1872) ; la *Quête de l'Aïd-Sair à Biskra* (1873) ; la *Via Appia au temps d'Auguste* (1874) ; le *Gynécée* (1875) ; un *Bain d'été à Pompeï, Comédiens romains répétant leurs rôles* (1876) ; *Saint-Sébastien et l'empereur Maximilien Hercule* (1877), et les portraits au crayon de MM. le vicomte Delaborde et Gérôme.

M. Boulanger était chevalier de la Légion d'honneur, professeur à l'Ecole des Beaux-Arts, et avait obtenu plusieurs récompenses à nos expositions annuelles. Il fut élu membre de l'Institut, en remplacement d'Henri Lehmann, le 27 mai 1882.

En signe de deuil, l'Académie des Beaux-Arts n'a pas tenu séance samedi dernier.

Les obsèques ont eu lieu lundi.

Une foule considérable était réunie devant la maison mortuaire quand un piquet d'infanterie a rendu les honneurs au défunt.

Le corbillard, couvert de couronnes splendides déposées au nom de l'Institut, des élèves de l'Ecole des Beaux-Arts, de la Société des artistes et des amis du professeur, s'est mis en marche suivi d'un cortège nombreux.

M. le docteur Chevassu conduisait le deuil.

Les cordons du poêle étaient tenus par MM. Chapu, Bailly, Ambroise Thomas, Tony-Robert Fleury, Garnier et Gérôme.

Derrière la famille venaient de nombreux élèves de l'Ecole des Beaux-Arts, une délégation de l'atelier Julian, portant une superbe couronne de fleurs naturelles, ainsi que de nombreux modèles, femmes et jeunes filles, en costume italien.

Dans le cortège, on remarquait plusieurs membres de l'Institut, portant l'habit aux palmes vertes, ainsi que MM. Alexandre Dumas, Falguière, Massenet, Emile Delaunay et Meissonnier ; ce dernier venu exprès de Venise, malgré son état maladif.

Le service funèbre a été célébré à l'église de la Trinité et l'inhumation a eu lieu au cimetière du Nord (Montmartre), où plusieurs discours ont été prononcés.

C'est M. Larroumet, qui au nom de l'Etat, a pris le premier la parole en ces termes :

Messieurs,

Représentant du ministre des Beaux-Arts à cette cérémonie, je ne m'attendais pas à l'honneur qui m'est fait. Mais si l'hommage que je viens rendre à Gustave Boulanger, pour répondre au désir de sa famille et de ses amis, ne peut être tout à fait digne de l'artiste éminent et de l'homme de cœur auquel il s'adresse, croyez qu'il est profondément sincère. C'est là ce qui importe ; les émules de l'artiste rendront tout à l'heure à son talent toute la justice qui lui est due.

Comme le caractère de Gustave Boulanger, ce talent était fait de loyauté et de droiture. Il n'y eut pas d'artiste plus probe, plus dévoué à son art, plus respectueux de lui-même, plus indifférent à la mode et à l'intérêt. Nourri des lettres antiques, fils enthousiaste de la Grèce et de Rome, il resta toujours fidèle aux éducatrices de sa jeunesse ; il eut le culte de l'antiquité.

Et comme il la sentait, comme il la ressuscitait sous tous ses aspects ! Tour à tour gracieux comme un Anacréon ou un Tibulle, mâle comme un Thucydide ou un Tacite, il devinait, il rendait la vie antique dans sa diversité élégante ou austère. Les compatriotes de Périclès et d'Auguste se fussent reconnus dans ses tableaux ; ils eussent salué en lui un fils de leur race, un digne interprète de leur génie.

Cette inspiration classique, Messieurs, Boulanger la suivait sans hésitation ni faiblesse à travers les divergences de l'Ecole contemporaine, et cette poussée de vie moderne qui réclamait sa place avec la verdeur un peu rude de la jeunesse. Il n'en fut ni troublé ni aigri.

Cet homme de forte conviction était profondément tolérant ; il acceptait, il encourageait, il admirait le talent, quelles qu'en fussent l'origine ou la direction. Il ne combattait que des idées ; ses confrères trouvaient en lui un cœur accueillant et ouvert. Ce dogmatique, ce traditionnel n'a pas eu un ennemi. J'en atteste l'affluence émue qui se presse autour de son cercueil et où toutes les écoles sont représentées.

Car l'homme, dans Boulanger, était excellent. Que d'amis il a eus ! Amis d'élite, âmes loyales comme la sienne, affections de jeunesse qu'il cultivait avec une fidélité sans défaillances. J'ai eu la bonne fortune d'assister à ces réunions où sa bonne humeur, sa forte instruction, la solidité de ses idées, l'agrément de sa parole faisaient un charme de l'entendre ; j'ai vu de

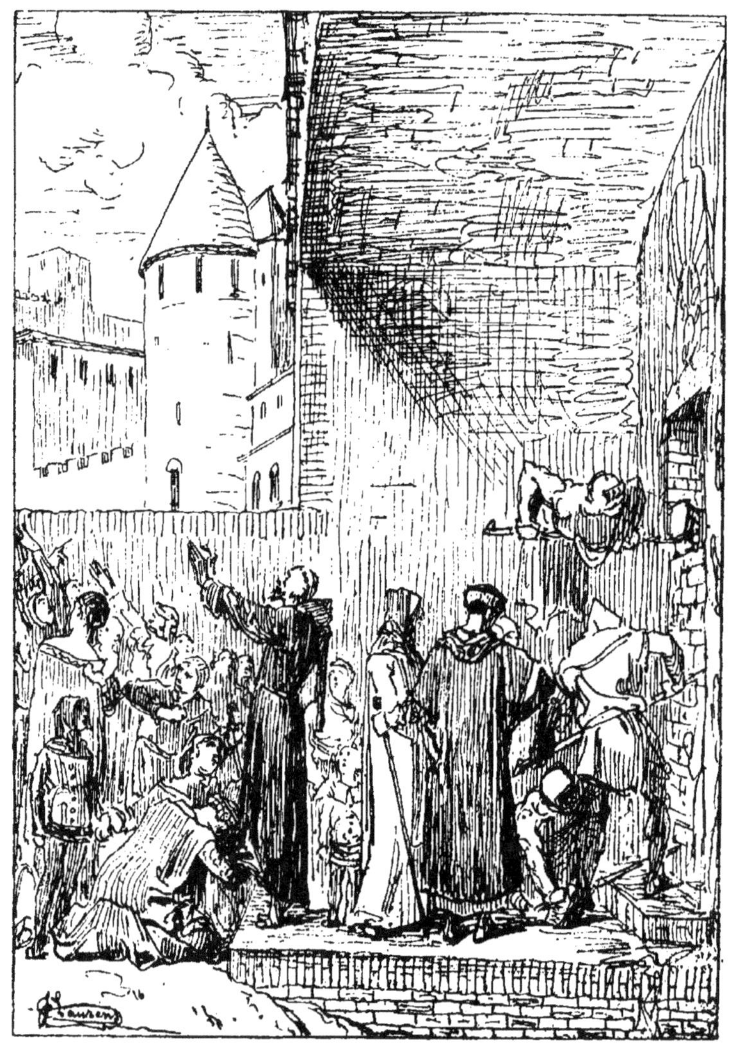

J.-P. LAURENS

Les emmurés de Carcassonne.

quelle estime et de quelle affection il était entouré par ses confrères et ses pairs.

Rien ne viendra donc altérer la douceur du souvenir qu'il vous laisse, Messieurs.

Jusqu'à sa mort, facile et calme, qui tempère l'amertume de la séparation suprême. Il a quitté la vie, en effet, comme ses anciens qu'il aimait tant, presque sans souffrance, au seuil de la vieillesse, au sortir d'un entretien amical. A l'art, il laisse une œuvre qui impose l'estime et ne périra pas ; à l'amitié, un souvenir plein de tendresse.

Au nom du ministre des Beaux-Arts, j'adresse l'hommage de la reconnaissance nationale à cet artiste qui honorait sa noble profession.

M. Chapu a ensuite parlé au nom de l'Académie, puis M. Bailly au nom de la Société des artistes français, et M. Ambroise Thomas au nom de l'Association Taylor.

Enfin, M. Robert Fleury a pris la parole au nom de l'Ecole des Beaux-Arts, et M. Charles Garnier au nom des amis du défunt.

Gustave Boulanger se savait depuis longtemps atteint. Presque tous ses tableaux avaient été vendus par lui, depuis quelques mois, et il ne reste dans son atelier, aujourd'hui désert, que sept ou huit toiles ; il est vrai qu'on y trouve aussi une quantité de dessins des plus remarquables.

A qui reviendra cette fortune ? On l'ignore encore à l'heure actuelle. Deux de ses amis les plus dévoués, MM. Charles Narrey et Gérôme, ont fait poser les scellés par le juge de paix du neuvième arrondissement.

Un seul testament a été trouvé dans une enveloppe décachetée ; testament très ancien dans lequel M. Boulanger léguait la plus grande partie de sa fortune à Mme Nathalie, la sociétaire de la Comédie-Française. Mme Nathalie, que le peintre, quoi qu'on en ait dit, n'a jamais épousée, est morte depuis de longues années ; il est donc probable qu'un testament plus récent sera trouvé dans l'inventaire définitif.

LES VENTES PUBLIQUES

La vente de la collection des tableaux modernes ayant appartenu au comte Salm Reifferscheid, qui s'est terminée à Munich, a produit 410,000 francs.

Outre le tableau de Troyon, dont nous avons parlé, et qui a été acheté par le musée de Francfort, plusieurs autres tableaux de l'école française se sont bien vendus.

Signalons une étude par Diaz, le *Repos de la Nymphe*, 7,376 fr. ; — la *Mare*, par Jules Dupré, 10,750 fr. ; — l'*Abreuvoir*, par Emile Van Marck, 13,000 fr., acheté par M. Mac Lean, de Londres ; paysage par Léon Richet, 2,750 fr. ; — *Vache noire*, esquisse par Troyon, 9,400 fr. ; — paysage : la *Vanne*, par Troyon, 4,000 fr. (ces deux études provenant de la vente après décès de l'artiste, ont été acquises par M. Bernheim jeune) ; — une petite toile : *Venise*, pochade par Ziem, 1,675 fr.

Outre ces tableaux, études pour la plupart, cette vente comprenait plusieurs toiles importantes de l'école allemande. En voyant les prix obtenus par les œuvres de l'école française, les marchands allemands ont fait monter les tableaux de leurs compatriotes à des prix fort élevés.

Signalons parmi ceux-ci le *Torrent*, par Achenbach, 33,875 fr. ; — *Château sur le Rhin*, par le même, 16,250 fr. ; — *Soleil couchant*, par Hildebrant, 12,500 fr. ; — *Jérusalem*, par le même, 8,500 fr. Le musée de Zurich a soutenu le prix des œuvres de Calame ; deux tableaux de ce maître ont été adjugés, le premier, *Vue prise en Suisse*, 14,125 fr. ; — le second, la *Cascade*, 9,500 fr.

Cette vente a donné lieu à plusieurs incidents : d'un côté, plusieurs experts de Paris doublaient la mise à prix chaque fois qu'un tableau de l'école française était présenté, et, de l'autre, les marchands allemands poussaient les enchères par mille marcs à la fois.

CHRONIQUE JUDICIAIRE

Le « Courrier français » devant la cour d'appel.

On n'a pas oublié la poursuite dirigée par le parquet contre le directeur et l'imprimeur du *Courrier français*, pour avoir imprimé et mis en vente des dessins contraires à la morale publique.

La neuvième chambre correctionnelle avait, le 8 août dernier, renvoyé les prévenus des fins de la plainte, sans dépens.

Le procureur de la République ayant fait appel, l'affaire revenait lundi devant la chambre des appels correctionnels.

MM. Zier et Legrand, auteurs des deux desseins *Les Parques* et *La Prostitution*, le directeur du journal et l'imprimeur ayant fait défaut, la cour a condamné : M. Zier à un mois de prison et 100 fr. d'amende, M. Legrand à deux mois et 500 fr. d'amende ; M. Lanier, imprimeur, à un mois et 1,000 fr. d'amende, M. Jules Roques, directeur, à quatre mois et 2,000 fr. d'amende.

ÉCHOS ET NOUVELLES

Par arrêté du 20 septembre, M. Paul Lebègue, statuaire, a été nommé Officier d'Académie.

LES AQUARELLISTES ANGLAIS

(SUITE)

(Voir le n° des 9 et 16 Septembre)

Aucun peintre anglais n'a reproduit avec une égale vérité les marécages d'Essex et de Cambridge ; la vie de l'Angleterre rurale, dont le caractère est en général quelque peu monotone et stagnant, n'a jamais trouvé le plus fidèle interprète. A ce point de vue, ses ouvrages se rapprochent beaucoup moins que ceux d'aucun artiste de sa période du style mouvementé qui est en vogue aujourd'hui. Il faut considérer toutefois qu'il succédait à une race d'artistes qui dédaignaient ou ignoraient l'aquarelle, et qu'avec des matériaux déplorablement inférieurs il produisit des effets surprenants. Il est à peu près certain que ce fut lui et peut-être William Hunt qui formèrent Cox et inculquèrent à ce dernier peintre le caractère si particulièrement anglais qui distingue ses ouvrages. La grande différence entre ces deux hommes est, d'une part, le mouvement et la vitalité de Cox ; de l'autre, la quiétude mélancolique de de Wint. Leur grand mérite consiste en ce que, dans un temps où fleurissait la littérature de keepsake et « la peinture d'écran », pour emprunter le langage d'Elliot, ils réussirent à donner à leur œuvre une élévation et une vérité qui n'a jamais été surpassée dans le paysage, et qu'ils y arrivèrent sans aucune référence aux modèles classiques, par la seule puissance d'un génie original.

D'autres peintres avaient montré qu'il y a dans la nature anglaise des beautés accessibles à l'artiste ; mais aucun n'avait prêché avec ses crayons l'audacieuse théorie que l'Angleterre, avec son ciel gris et froid, ses vents, ses pluies, ses brouillards, était en somme un beau pays, qu'on pouvait être fier d'habiter et de peindre.

Ces trois hommes, Turner, Cox et de Wint, furent, dans le paysage, des grands précurseurs de la période que la Galerie des beaux-arts de Burlington a choisie comme modèle. Il faut ajouter à ces trois noms ceux de Barrett et de Prout : l'un, qui fut le plus raffiné dans la composition classique du paysage à l'aquarelle et exceptionnellement habile dans la peinture des effets de soleil ; l'autre, le plus patient et le plus fidèle des dessinateurs d'architecture, bien qu'il n'allât guère au-delà du vieux système de la ligne à l'encre ou au crayon, lavé dans les intervalles à la couleur plate. Toutefois, à considérer les œuvres de Prout, il paraît certain que, s'il se fût mis à peindre sérieusement, au lieu de consacrer sa vie, comme il le fit, aux dessins d'architecture, il aurait pu devenir un grand coloriste. Cela ressort notamment de ses sujets maritimes et de quelques dessins les plus finis de sa dernière période.

Il y a, dans l'œuvre de Prout, une curieuse fidélité, une sorte de ferveur naïve, rappelant par analogie les sermons d'un pasteur de campagne que les auditeurs acceptent avec une simplicité exempte de doutes. C'est dans cet esprit et, si l'on peut s'exprimer ainsi, pour de tels écouteurs, que Prout expose son humble conte d'architecture gothique, avec la modeste, mais confiante assurance de son intérêt. L'artiste s'y délecte, c'est évident ; il pense aussi que vous, qui l'écoutez, vous devez partager ce sentiment, si vous voulez en prendre la peine, et, pour qu'il ne manque aucun des éléments qui l'attirent, il vous représente des personnages avec leurs chariots, leurs étalages de fruits tels qu'il les voyait devant les édifices où il les place, pour ajouter à la couleur locale.

Nous n'en dirons pas plus long là-dessus, après l'étude si remarquable de M. Ruskin sur l'œuvre de Prout et la place qu'il occupe dans l'art anglais. Nous nous bornerons à renvoyer ceux qu'un pareil sujet intéresse aux *Notes sur Prout et Hunt*, publiées, il y a quelques mois, par la Société des Beaux-Arts.

II

Les ouvrages des artistes que nous avons nommés, en essayant de tracer leurs traits distinctifs, furent exécutés avant ou aux environs de 1830. Or, comme l'indique dans sa préface l'éditeur du Catalogue de Burlington, ce sont les années qui vont de 1830 à 1860 qui sont principalement représentées dans cette collection. Nous avons suivi l'art de l'aquarelle, en ce qui concerne le paysage, jusqu'au commencement de cette période. Voyons maintenant de quelle manière la jeune génération a marché dans la voie ouverte par ses prédécesseurs. A-t-elle marché résolument en avant, ou bien est-elle revenue en sens inverse ? Quel usage a-t-elle fait des matériaux perfectionnés que lui avait légués l'école antérieure ? Quel jugement faut-il porter sur la peinture anglaise à l'aquarelle des trente années qui marquent leur date sur les murs de la galerie Burlington ?

Cette période est, en somme, une période de déclin ; déclin que contribuent à rendre évident l'habileté au point de vue technique des individualités qui la composent et la qualité supérieure des matériaux employés. Plus on s'éloigne des anciens maîtres, plus l'art devient faible (c'est toujours du paysage que nous parlons) jusqu'à 1860 ; à laquelle époque l'influence préraphaélite vient arrêter la décadence, en dirigeant les vues de l'art vers un nouvel objectif. Nous n'avons pas à nous occuper ici de cette dernière phase ; c'est de la période de déclin qui la précède que nous voulons dresser, pour le moment, un tableau sommaire.

Si nous ne parlons pas de Bonington, ce n'est point par un sentiment de négligence, mais parce que, soit à cause de son éducation faite à l'Ecole des Beaux-Arts de Paris, soit en raison de ses études subséquentes à Venise et de sa mort prématurée à l'âge de vingt-sept ans, cet artiste ne peut guère être classé parmi les peintres anglais. S'il eût vécu plus longtemps, il eût été, sans nul doute, un des plus grands peintres de genre de l'Angleterre ; tandis que, d'autre part, les études d'après nature qu'il a laissées présageaient un paysagiste de premier ordre. On dit qu'il faisait peu de cas de l'enseignement académique de Gros, qu'il avait reçu à Paris ; mais l'influence de cet enseignement n'en est pas moins ostensible dans son œuvre, dont le caractère le plus saillant est l'élégance. Au point de vue technique, il promettait de devenir un grand coloriste et ses aquarelles se distinguent par un éclat exceptionnel. En somme, il a eu peu d'imitateurs en Angleterre et ses ouvrages n'y furent jamais appréciés comme en France.

Il y a, dans la période de déclin, deux peintres qui en sont les figures proéminentes, non seulement par leur mérite, mais parce qu'ils forment le lien de connexion entre l'ancienne école et celle qui lui succéda. Sans eux, on pourrait à peine comprendre comment l'art de Cox et de de Wint devint celui de Rowbotham, de Richardson et de Penley. Ces deux peintres sont William Bennett et James Muller, qui étaient contemporains, bien que le premier soit mort en 1845 et que le second ait vécu jusqu'en 1871.

L'œuvre de Muller présente, à première vue, un problème très difficile ; car il est malaisé de comprendre comment un peintre si richement doué de facultés artistiques ne sut pas les mieux employer. Cela tient, suivant nous, à ce qui constituait justement son principal mérite, c'est-à-dire à son pouvoir instinctif de saisir l'aspect artistique de toute scène donnée. C'est là ce qui rend son œuvre si fortement attractive pour les artistes ; mais il y manque quelque chose de plus, qui fait que le public, en général, passe devant ses tableaux sans les remarquer. Vu d'un certain côté, il est exactement l'opposé de Cox, qui se délectait évidemment dans les sujets qu'il peignait, tandis que Muller, esquissant avec une facilité et une puissance d'effet peu communes, semble toujours pressé de se débarrasser de son sujet pour passer à un autre. On dirait qu'il s'inquiète fort peu de ce qu'il esquisse, et qu'il n'a pas de motif de faire ceci plutôt que toute autre chose. Il suit de là que son œuvre, tout en étant fort remarquable par l'habileté professionnelle de l'exécution, ne touche chez le spectateur aucune corde sensible et que ses sujets, bien que recueillis à travers l'Allemagne, la Suisse, l'Italie, la Grèce et l'Egypte, intéressent beaucoup moins, mis ensemble, qu'une simple fenaison de Cox ou une cour de ferme de de Wint.

Il ne s'agit ici, ne l'oublions pas, que de ses paysages à l'aquarelle ; tout porte à croire que ses goûts inclinaient plutôt vers la figure et la peinture à l'huile. Son agitation perpétuelle et son étonnante facilité à prendre des croquis rapides le poussaient continuellement à la recherche de sujets nouveaux ; il exerça, sous ce rapport, par le précepte autant que par l'exemple, une influence pernicieuse sur l'art de son temps. Sa réputation est celle d'un idéal faiseur d'esquisses. Il professait hautement devant ses élèves l'idéal de l'esquisse, par opposition à l'étude complète d'après nature, et c'est avec cette doctrine qu'il a corrompu deux artistes fort distingués, encore vivants : M. Harry Johnson et M. George Fripp. Sa théorie, d'ailleurs perceptible dans ses ouvrages, était qu'un petit nombre de faits naturels suffisent à un artiste pour faire un tableau et que ces faits peuvent être recueillis sur place dans une ou deux heures de travail, sauf à finir le tableau à l'atelier. On pense tout autrement aujourd'hui ; mais il n'est pas surprenant qu'une doctrine si hardie et si attrayante ait fait fortune parmi les artistes. L'histoire du paysage pendant les vingt années qui suivirent nous montre comment cette théorie fut appliquée par une série d'artistes de talent moyen. L'ensemble de ce qu'on peut appeler l'*art chromolithographique* dérive de cette théorie de l'esquisse rapide.

(A suivre)

L'Imprimeur-Gérant : Henry Lefebvre.

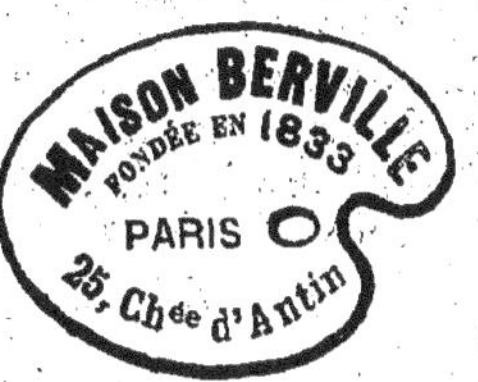

ENVOI FRANCO

DES

NOUVEAUX TARIFS

TARIF	H	La Peinture à l'huile.
—	A	L'Aquarelle et la Gouache.
—	E	L'Enluminure et la Miniature.
—	F	L'Etude du Fusain.
—	FF	Fac-similés de fusains.
—	D	Les divers genres de dessin.
—	P	Le Pastel.
—	C	Divers Cours d'aquarelle.
—	L	Librairie d'art, Traités.
—	T	La Peinture en imitation de Tapisserie.
—	G	La Gravure à l'Eau forte.
—	PP	La Peinture sur Porcelaine.
—	O	L'Optique appliqué au dessin.
—	MC	Matériel de campagne pour les Arts.
—	M	Le Modelage.
—	V	La Peinture genre Vernis Martin.
—	TF	La Peinture sur terre fine céramique

ACADÉMIE JULIAN

ATELIERS DE PEINTURE

Sculpture et Dessin.

Distincts pour Hommes et pour Dames.
Toute la journée modèle vivant.

ATELIERS DE
MM. BOUGUEREAU et **T. ROBERT-FLEURY**
MM. BOULANGER et **J. LEFEBVRE**

Atelier de sculpture, professeur M. **CHAPU**
Ces éminents professeurs donnent régulièrement leurs conseils aux élèves.

COURS pour HOMMES

48, faubourg Saint-Denis (près la porte St-Denis).
28, Faubourg Saint-Honoré (Près de la Madeleine).

COURS pour DAMES

5, rue de Berri (avenue des Champs-Elysées).
27, galerie Montmartre (Passage des Panoramas).

Cours d'Anatomie : M. CUYER.

Préparation au brevet supérieur de dessin de la ville de Paris et de l'Etat et aux concours de l'Ecole des Beaux-arts.

Aquarelle — Pastel — Nature morte, etc.

Il n'y a jamais de vacances.

On trouve dans chaque Atelier les renseignements qui le concernent.

Compiègne. — Imprimerie HENRY LEFEBVRE.

LA VIE ARTISTIQUE

COURRIER HEBDOMADAIRE ILLUSTRÉ

Des Ateliers, des Expositions & des Théâtres

BUREAUX A PARIS
42, Rue de Chabrol, 42

Dimanches 7 et 14 Octobre 1888

2e ANNÉE — No 34

ABONNEMENTS
Un An : DIX FRANCS

LA NOMINATION D'UN PROFESSEUR

A L'ÉCOLE DES BEAUX-ARTS

La mort du regretté Gustave Boulanger laisse vacant un poste de *professeur de peinture* à l'Ecole des Beaux-Arts.

Avant de dire mon sentiment sur la situation créée par ce décès, on me permettra de saisir l'occasion de rendre hommage à la mémoire de cet homme excellent, très droit d'esprit et de cœur, d'une franchise qui commandait l'estime, et d'une sincérité de convictions qui imposait au respect de tous.

Je l'ai beaucoup connu, et il m'honorait d'une amitié qu'en toutes circonstances j'ai retrouvée fidèle.

Pauvre Gustave Boulanger ! J'ai à me reprocher de lui avoir fait quelque peine par les théories que j'ai développées ici même. Son esthétique *romaine* s'effarouchait de mes incartades et de mes parti-pris de modernité. Il tenait pour le *casque* et non pour la casquette, comme il l'écrivait spirituellement un jour. Entre les deux, il y a bien le chapeau ; mais il n'en voulait pas. Il appartenait à cette génération qui a horreur en peinture de cette monstruosité : le chapeau noir.

Quoi qu'il en soit, si je l'ai contristé, il ne m'a jamais fait de reproches, et sa bienveillance n'a pas été altérée. Peut-être me jugeait-il incorrigible, ou pensait-il plutôt, en sa foi robuste, que ses principes sacrés étaient ceux qu'on peut attaquer, mais qu'on n'ébranle pas.

Il n'y a pas bien longtemps qu'il avait été nommé professeur à l'Ecole des Beaux-Arts, et son enseignement fut ce qu'il devait loyalement être : conforme à son talent et à sa manière de voir.

Par qui va-t-on le remplacer ? Ah ! la question est d'une grande importance... pour celui qui sera choisi. Car, il faut bien le dire, au point où en est arrivée l'Ecole nationale des Beaux-Arts, il est bien tard pour qu'une personnalité, quelque haute qu'elle soit, ait le pouvoir, en tant que simple professeur, de l'arrêter sur la pente derrière laquelle se couchent les vieilles lunes. Quand une maison s'écroule, il ne sert à rien de réparer les portes, il faut prendre le parti de la reconstruire de fond en comble.

Si j'avais l'honneur d'avoir à trancher la question, je n'hésiterais pas une seconde : je ne nommerais personne, et je commencerais ainsi sans secousses, sans froissement d'intérêts, la réforme de l'enseignement de l'Ecole au moyen de la suppression des ateliers par voie d'extinction des titulaires.

On se rappellera en effet que j'ai déjà soutenu dans ce journal cette thèse : qu'il convenait au plus tôt de réorganiser l'Ecole en en faisant un centre d'éducation supérieure de l'artiste, un gymnase intellectuel où les concours se feraient périodiquement, où il y aurait des conférences, mais où un enseignement technique patenté ne serait pas imposé à l'élève.

Malheureusement, tant que ces idées (qui sont celles d'artistes éminents) ne seront pas mises en pratique, il faudra conserver les anciens errements, et tirer le meilleur parti possible de l'organisation en vigueur. Ce qui revient à dire que nous devons tous désirer aujourd'hui la nomination d'un bon professeur.

Or qu'appelle-t-on bon professeur ? Serais-je démenti si je crois pouvoir affirmer que le talent d'un artiste n'est pas une garantie suffisante des qualités nécessaires à celui qui est chargé de professer ?

Nous avons, et nous avons eu d'admirables peintres dont l'enseignement a été néfaste, quand il n'a pas été stérile. J'irai même jusqu'à formuler cet aphorisme : *Un homme de génie est toujours un maître dangereux.*

Le bon professeur est celui qui conserve l'indépendance de son élève, qui respecte les tendances de celui-ci, ne l'influence pas dans sa manière de voir et de sentir, et ne le tient pas enfermé au milieu des formules qu'il a tournées lui-même. Notez que c'est toujours presque inconsciemment que cet emprisonnement a lieu : il n'en est que plus grave.

Pour enseigner d'une façon salutaire et féconde, il faut avoir en soi et comme don naturel, une grande largeur de talent, une sensibilité affinée de jugement, et pour ainsi dire, la faculté de deviner à première vue, dans quelles conditions le bourgeon visible à peine portera fleur un jour.

Un artiste raisonnant à merveille des choses de l'art, instruit de ses manifestations anciennes ou récentes, très ouvert d'esprit, très éclectique dans ses admirations, répudiant bien haut toute attache avec une école quelconque, peut donner un enseignement déplorable s'il a par lui-même une manière caractérisée, nettement définie et qui prédispose au pastiche.

Il aura beau faire et beau parler, l'élève sera tenté par les côtés saillants de cette façon de peindre, par les reliefs faciles à saisir de l'art qui est celui de son maître et modèle ; bienheureux, le disciple, si un jour il peut se débarrasser d'une imitation dont lui non plus ne s'est pas rendu compte.

Un des meilleurs professeurs de ce temps, le meilleur même, est un artiste éminent dont l'idéal n'est peut-être pas le nôtre, mais auquel je serai toujours heureux de rendre hommage, à ce titre : M. Cabanel.

Dieu sait s'il a formé des élèves ! Mais combien de talents divers dans tous les ordres sont sortis de son atelier ? On a même pu croire qu'il avait réchauffé des serpents dans son sein. C'est là son honneur.

Aucun des artistes qui se sont développés à son enseignement — je parle de ceux qui sont des peintres dignes de ce nom, — n'ont conservé la moindre trace de la facture personnelle du maître. Ils sont partis dans toutes les directions, gardant en eux intacte et pure cette fleur d'originalité que tant d'autres ont altérée dès l'éclosion première.

Puisqu'il faut nommer un professeur, souhaitons à la vieille École d'en avoir un qui vaille le maître des Gervex, des Aimé Morot des Besnard et de tant d'autres. C'est là mon vœu le plus cher pour l'heure actuelle.

Les candidats sont nombreux, comme bien l'on pense. Parmi eux on cite le nom d'un peintre fécond qui a fait des élèves à son image et à sa ressemblance. Point n'est besoin pour eux d'inscrire au catalogue quel enseignement a été le leur. On les reconnaît à dix lieues à la ronde, à leurs nudités pommadées, lisses et blanchâtres, à leurs peintures de boites de bonbons de grand format.

Peut-être sera-t-il choisi par le Conseil supérieur de l'Ecole ? Tout arrive. Faudra-t-il s'en désoler ? Non pas. Ce sera le moellon qui, tombant sur l'édifice, le fera crouler. Ce sera la mort de l'École.

Eh ! bien, si nous désirions sa nomination ?

Roger-Ballu.

Exposition Universelle de 1889

Nous avons annoncé, en son temps la division des services des Beaux-Arts pour l'Exposition universelle de 1889.

Voici les noms des différents titulaires :

Enseignement du dessin. — M. Eugène Guillaume, membre de l'Institut.

Exposition décennale (peinture, sculpture, architecture, etc. — MM. Henri Havard et Roger Ballu, inspecteurs des Beaux-Arts ; ce dernier spécialement chargé des expositions étrangères.

Exposition rétrospective. — MM. Armand Dayot, Yriartre et Roger Marx, également inspecteurs des Beaux-Arts.

Manufactures. — M. Burty, inspecteur des Beaux-Arts.

LES ARTISTES ANGLAIS

A L'EXPOSITION DE 1889

Il est hors de doute que l'un des principaux attraits de l'Exposition Internationale de Paris en 1889, sera la galerie des Beaux-Arts consacrée aux œuvres des artistes étrangers. Ceux-ci devront — rien n'est plus juste, selon nous — supporter les frais d'emballage, de transport, d'assurances et autres, nécessités, par leurs envois. Le gouvernement français, en effet, n'a pas cru devoir prendre à sa charge les diverses dépenses qu'entraîneront ces envois, et cela, malgré les démarches faites auprès de lui, par les présidents des sections étrangères.

Si, pour notre part, nous trouvons la décision du gouvernement parfaitement rationnelle, si nous estimons qu'un artiste ne doit pas regarder à quelques sacrifices lorsqu'il s'agit d'arriver à la consécration de son talent en participant à cette grande manifestation internationale, plusieurs sommités artistiques étrangères déplorent vivement, par contre, la mesure.

Parmi ces mécontents, figure tout particulièrement le président de la Royal Academy de Londres, sir Frédéric Leighton, qui exprime ses doléances à ce sujet, dans une longue lettre qu'il vient d'écrire au président de la section britannique, le Lord-Maire de Londres, M. P. de Keyser.

Sir F. Leighton regrette, dit-il, que « Paris, ce centre de la vie artistique, n'ait pas agi en cette circonstance, comme le firent, lors de leurs expositions, Berlin, Anvers et Munich. Si l'initiative privée, ajoute-t-il, ne vient pas au secours de l'art anglais, celui-ci ne sera pas représenté à ce magnifique concours où l'Europe enverra ce qu'elle possède de mieux en fait de production artistique. La chose serait d'autant plus déplorable que l'école anglaise par sa sincérité, sa vigueur, sa souplesse, a réussi précisément au moyen des expositions internationales à se faire largement apprécier, là où quelques années auparavant elle était encore inconnue. »

Le président de la Royal Academy fait remarquer, en outre, que le noyau le plus important des œuvres anglaises susceptibles de figurer au Champ-de-Mars de 1889, émanera surtout non pas des artistes, mais bien des collections particulières, qui donnent à leurs œuvres une glorieuse hospitalité. Or, est-il possible, décemment, de demander non seulement à ces collectionneurs de prêter leurs trésors, mais encore d'exiger d'eux qu'ils supportent les frais onéreux nécessités par l'envoi de ces chefs-d'œuvre ?

Sir F. Leighton ne voit donc qu'un moyen de tourner la difficulté. « Ce moyen, c'est de faire appel au public anglais en général, aux amateurs d'art, aux artistes eux-mêmes en particulier, pour obtenir d'une collectivité soucieuse de l'honneur artistique anglais, ce que le gouvernement français se refuse à octroyer,

« S'il s'adresse au Lord-Maire de Londres, s'il le prie de donner à la souscription destinée à couvrir les frais en question, l'appui considérable de sa haute personnalité, c'est que M. P. de Keyser, en raison même de ses fonctions de président de la section britannique, possède l'influence nécessaire à la réussite de cette entreprise. »

Sir F. Leighton ne s'est pas borné à formuler le projet que nous venons de mentionner. Il a joint à sa lettre au Lord-Maire un chèque de 100 livres sterling.

Le premier magistrat de la Cité s'est, de son côté, naturellement empressé d'adopter les vues du célèbre peintre anglais, qu'il a rendues publiques par une lettre dans les colonnes du *Times*, et dans laquelle il invite tous ceux qui s'intéressent de près ou de loin à l'art national, à contribuer aux dépenses de la section artistique anglaise.

« Le conseil, ajoute-t-il, n'a pas cru devoir appliquer à la section artistique aucun des fonds souscrits par les exposants industriels; il a voté toutefois une somme de 500 livres sterling pour cette section, sous condition que le complément nécessaire sera souscrit par le public.

« Or, la somme totale requise pour couvrir les frais, est de 3.000 livres ; ce complément se monte donc à 2.400 livres, puisque le Conseil s'est inscrit pour 500 livres et que Sir F. Leighton en a envoyé 100.

« Je suis certain, conclut le Lord-Maire, que le public répondra à cet appel et que les artistes et les collectionneurs ne se refuseront plus alors à envoyer leurs tableaux à Paris. J'ajouterai que le comité de l'Exposition se charge de l'installation et de la surveillance pendant toute la durée de l'Exposition. »

UNE DISTINCTION REFUSÉE

On a lu dans le *Journal officiel :*

« C'est par erreur que M. Fagel Léon, statuaire, a figuré sur la liste d'officiers d'académie publiée dans le *Journal officiel* du 2 octobre 1888. »

S'il faut en croire un de nos confrères du Nord, M. Fagel, qui est l'auteur de la statue de Dupleix que l'on a inaugurée dimanche à Landrecies. aurait, pendant la distribution des récompenses, prié le Ministre du Commerce, présent à l'inauguration, de ne pas lui remettre les palmes académiques.

LA STATUE DE BALZAC A TOURS

Dans sa dernière séance, le Conseil municipal de la ville de Tours a confié à M. Paul Fournier, statuaire à Paris, l'exécution de la statue de Balzac, dont l'inauguration aura lieu à Tours dans le courant du mois d'avril 1889.

Jusqu'à cette époque, la souscription en cours restera ouverte au Secrétariat de la Mairie et on continuera à délivrer les listes aux personnes qui voudront bien s'en charger ; un Livre d'or a été destiné à recevoir les noms des souscripteurs et à les conserver dans les archives municipales.

M. Paul Fournier a représenté Balzac assis, revêtu de la robe monacale qu'il avait coutume de porter chez lui, tel que l'ont dépeint Théophile Gautier et Lamartine, dans une attitude méditative, la plume à la main, le bras gauche appuyé sur le dossier bas de son fauteuil de travail.

EXPOSITION DE LANGRES

Voici la liste des récompenses accordées à cette exposition :

PEINTURE.

Médaille d'or. — M. Duvent, Charles.
Médailles de vermeil. — MM. Paupion, Edouard ; Adenot, Laurent.
Médaille d'argent de 1re classe. — Mlle

Gabrielle de Pomaret; MM. Gillet, Emile; Schmidt, Lucien.

Médailles d'argent. — Mme Aline Gillard; MM. Octave de Champeaux; Torta Tony; Pinta, Amable-Louis; Pétillon, Jules.

Médailles de bronze de 1re classe. — MM. Miot, René; Humblot, Emile; MM. Taupin, Alfred; Adler, Jules.

Mentions honorables de 1re classe. — Mlles Léonie de Bazelaire; Marguerite Hain; Jeanne Descaves; Marie Gibot; Mmes Mac'-Nab; Bellet; MM. Murique, Isidore; Ronot, Henri.

DESSIN.

Médailles de bronze de 1re classe. — MM. Renard, Henri; Mlle E. Grimblot.

Médaille de bronze. — Mlle Eugénie Desportes.

Mentions honorables. — MM. Maldant, Charles; de Gésincourt.

AQUARELLE.

Médaille d'argent de 1re classe. — Mlle Maria Gacoin.

Mentions honorables. — Mme Charlotte Corot; Mlle Marie Triponel; MM. Petit, Louis; Quilliard, Georges.

PASTEL.

Médailles de bronze. — Mlle Marie Gulot; M. Mathey Stéphane.

Mentions honorables. — Mlles Jeanne Moisselet; Hélène Carlier.

ÉMAUX ET MINIATURES.

Mentions honorables. — Mlles Jeanne Mermet; Berthe Le Doux; M. Eugène Munier.

SCULPTURE.

Médailles d'argent de 1re classe. — MM. A. Constantin; Rougeron Christophe.

Mentions honorables. — MM. Roger, Alexis; Signard, Claude; Giraud, Marius; Chabut, Joseph.

ARCHITECTURE.

Médaille de bronze de 1re classe. — Bourgeois, Théophile.

PHOTOGRAPHIE.

Mentions honorables. — Mlle Petit, Marie; MM. Guillaume, Eugène; Vincent, Henri.

EXPOSITION DES ARTS RÉUNIS

DE LA MAYENNE

ŒUVRES ACHÉTÉES POUR LA TOMBOLA.

MM. Lutscher. — *Le chemin de la Beaumette* (aquarelle).

Simon. — *Vue de Paris* (aquarelle).

Joubert. — *Environ de Vitré* (pochade à l'huile).

Mlle L. Landri. — *Ivonnette.*

A. Chauvigné. — *Prunes et pommes.*

G. Desrivières. — *Une Parisienne.*

E. Dardoize. — *Entrée du Crapeu.*

Lunois. — *Vue prise à Meudon.*

Mme Lemaître. — *Étude de jeune femme.*

O. Duchemin. — *La Seine à Viry.*

P. Poirier. — *Roses.*

Mlle de Neuville. — *Envoi de Nice.*

E. Habert. — *Mandolinata.*

L. Tessier — *Fleurs.*

ŒUVRES ACHETÉES PAR LA VILLE DE LAVAL

pour son musée, et par des particuliers,

MM. G. Haquette. — *Pilote courant sur un navire.*

Chamteron. — *La Madeleine.*

Ch. Chaplin. — *Rêverie* (dessin).

Mlle Herland. — *Gaud Mével.*

B. Dupré. — *La fileuse.*

Mme Fanny Fleury. — *La lettre.*

M. Moisant. — *Visite à l'atelier.*

Lutscher. — *Le matin* (aquarelle).

Rosier Vaulinden. — *Bourriche de marguerites.*

G. Charbonneau. — *Gibiers et fruits d'automne.*

A. Maubach. — *Un buste* (*Mascotte*).

D. Caucanier. — *La Cigale.*

A. Binet. — *La Forge.*

J. Pétillon. — *Prouillard.*

EXPOSITION D'EVREUX

Le tirage de la loterie organisée par la Société des Amis des Arts a eu lieu dimanche à l'amphithéâtre.

Voici la liste des lots attribués par le sort à chacun des numéros gagnants de la loterie :

N° 864 : *Etang de Maillecourt* (Seine-et-Oise), peinture par E. Marinier.

N° 355 : *Surprise*, peinture par G. Alaux.

N° 725 : *Quittant le port, un soir* (le Havre), peinture, par L. Timmermans.

N° 682 : *l'Automne dans la forêt de Marly*, peinture, par W. Baird.

N° 546 : *Paysage*, peinture, par G. Guignard.

N° 91 : *Lavoirs sur l'Iton, à Evreux*, peinture, par Ch. Denet.

N° 487 : *Petits oiseaux*, peinture, par T. Piot.

N° 697 : *Bord de l'Yvette*, pastel, par Mlle H. Dehaussy.

N° 750 : *la Mort de Narcisse*, de N. Poussin, gravure au burin, par Dubouchet.

N° 32 : *Un coin de hangar*, peinture, Mme Verry.

Les lots seront remis sur la présentation des billets gagnants; s'adresser à M. Basin, rue Grande, 22 *ter*, à Evreux.

EXPOSITION DE SAINT-MANDÉ

Voici les récompenses qui ont été décernées à la suite de l'exposition de Saint-Mandé :

Médaille d'honneur, votée et offerte par la municipalité de Saint-Mandé. — M. Voisin.

Médaille de 1re classe (vermeil). — MM. Lemeunier, peintre; Catanéo, sculpteur.

Médailles de 2e classe (argent). — MM. Fraillon, Iker, Mme Viteau Castagnary; MM. G. Héolle,

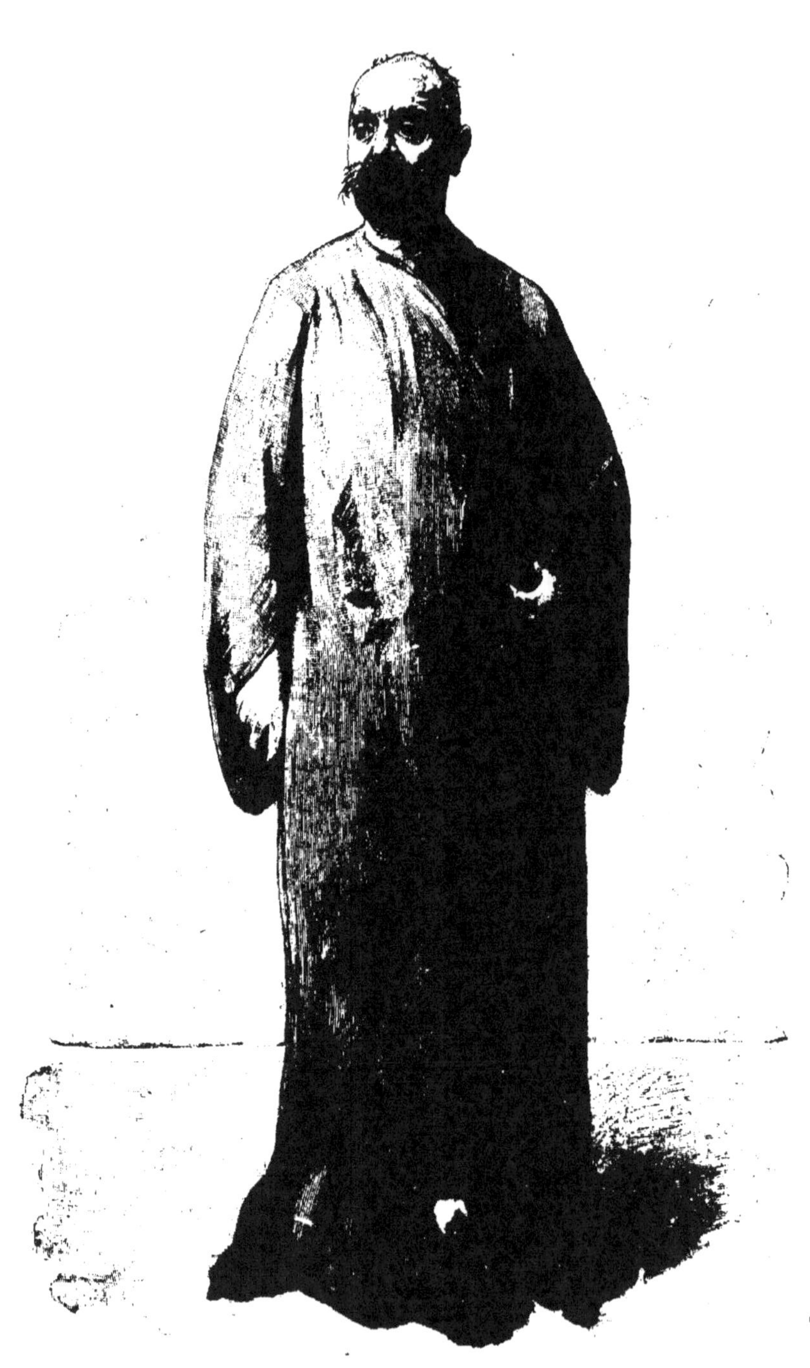

GUSTAVE BOULANGER

Gravure extraite du SALON ILLUSTRÉ, Baschet, éditeur

graveur ; E. Deboulet, sculpteur; Bersia, architecte.

Médailles de 3ᵉ classe. — Mlle Isabelle Viteau,
miniatures ; Mme B. Robert, émaux ; MM. Berthier, Honner, Mme Gourdault, peintres ; MM. L.
Tourte et Ch. Aupie, sculpteurs.

Mentions honorables. — MM. Denis, Tard,
Mazeau. Mme Caumartin, MM. Chapelier,
peintre ; Daudon, vitraux.

La Succession de Jacquelin

Le peintre Jacquelin, qui eut son heure de
célébrité, en Angleterre notamment, vivait
depuis quelques années à Alforville quand, il y
a quelques mois, la mort le surprit alors qu'il
se livrait à sa distraction favorite, la pêche à la
ligne. Marié, mais séparé de sa femme, le vieil
artiste habitait seul dans une petite maison,
n'ayant pour tout domestique qu'une femme
L..., chargée des soins de l'intérieur. Bien que
d'une nature franche, expansive et aimante,
Jacquelin, pour des motifs tout personnels —
un de ces secrets de famille qu'il ne nous appartient pas de pénétrer — n'avait pas jugé à propos d'appeler auprès de lui ses deux filles qui,
également artistes peintres, habitent en province, à Bordeaux.

Dès que Mlles Jacquelin apprirent la mort de
leur père, elles accoururent à Alforville, plus
encore pour rendre un dernier témoignage d'a-
mour filial au défunt que pour s'enquérir de
l'état de sa fortune. La justice, en l'absence des
héritiers, s'était substituée à eux ; les scellés
avaient été apposés et le juge de paix, après les
formalités d'usage, les avait levés, très surpris
de n'avoir trouvé au cours de l'inventaire qu'une
somme relativement insignifiante, alors que le
peintre passait, de son vivant, pour posséder
une assez grande fortune.

Mises au courant de la situation, Mlles Jacquelin s'imaginèrent que la femme L... avait
bien pu détourner la plus grosse part de la succession et une enquête fut ordonnée. Interrogée,
l'ex-ménagère se défendit énergiquement de
l'accusation qu'on faisait peser sur elle.

Mais, voilà qu'il y a quelques jours, alors
qu'elle se sentait peut-être serrée de trop près
par les arguments du magistrat chargé de l'enquête, elle manda près d'elle les filles du défunt
dans la maison même où celui-ci était mort.

— Je suis, leur dit-elle, sujette à de fréquents
accès de somnambulisme, et la nuit dernière,
j'ai vu en rêve votre père se diriger vers le placard de sa chambre à coucher et y cacher soigneusement une liasse de valeurs et de billets
de banque.

— Que dites-vous donc-là ? répliqua une des
demoiselles Jacquelin. Cela est impossible, les
recherches les plus minutieuses ont été faites
partout et on n'a rien trouvé.

— Attendez ! attendez ! s'écria la somnam-
bule d'un ton inspiré, je les vois, ils sont là.
Oui, ils sont là.

Et se dirigeant aussitôt d'un pas automatique
vers le placard désigné, elle l'ouvrit et tira d'une

cachette habilement dissimulée entre deux planches un paquet de bank-notes et de titres au
porteur. Il y en avait pour près de quarante
mille francs.

LES VENTES PUBLIQUES

On a procédé la semaine dernière, à Tours,
dans le hall du restaurant Gagneux, à la vente
de soixante-huit tableaux anciens et d'une
dizaine d'objets d'art provenant du château de
Chenonceaux et déposés, près d'un an avant la
faillite de Mme Pelouze, en nantissement d'une
somme de 100.000 fr. due à M. Bouvet, marchand
de vins à Saumur.

La vente n'avait attiré que deux cents personnes environ. Le premier tableau mis en
vente a été *Un Intérieur d'Église*, attribué à
Pierre Neefs, adjugé à 105 fr.; le deuxième,
Jeux d'enfants, attribué au Poussin, adjugé
1.500 fr. le troisième, un portrait de Catherine
de Médicis, adjugé 690 fr.

L'enchère la plus importante a été obtenue
par un autre *Portrait de Catherine de Médicis*,
donné comme une œuvre de François Clouet
dit Johannet. Offert à 5.000 fr., il a été adjugé
pour 1.700 fr. Voici ensuite le *Massacre des Innocents*, par Salvator Rosa, 1,600 fr.; *Louis
XVI à cheval*, d'Antoine van der Meulen, 725 fr.;
Jeux d'enfants, attribué à Poussin, 1.500 fr.;
Portrait de Gabrielle d'Estrées, attribué à Clouet,
690 fr.; *Paysage* attribué à Jacques Ruysdaël,
730 fr.; *Intérieur d'atelier*, par David Teniers,
510 fr.

Dix-sept tableaux ont été vendus à des prix
variant entre 370 et 100 fr.; les treize autres ont
été adjugés à des enchères de 74 à 10 fr.

Une tapisserie des Gobelins au petit point,
représentant le *Chancelier d'Aguesseau* en buste
et mesurant 60 centimètres en hauteur sur 54
centimètres en largeur, a été vendue 1.005 fr.
Signalons enfin le n° 70, écritoire de Louise de
Vaudemont portant son chiffre, 520 fr.

Les résultats de la deuxième vacation de la
vente Chenonceaux n'ont pas été plus brillants
que ceux de la première.

Un miroir garni de pierreries en argent doré,
les colonnettes en lapis-lazuli, avec chimères
ciselées par Tannières, qui avait coûté 25.000 fr.
à Mme Pelouze, a été péniblement adjugé
2.500 fr. à M. Girard.

Un reliquaire italien du quinzième siècle,
émaux, peinture sur verre et cristal de roche
avec statuettes, n'a été vendu que 800 fr.

Une paire de flambeaux Renaissance, cristal
de roche et émaux, 370 fr.; un couvre-pied
satin rose piqué Louis XIII, 200 fr.; un coffret
italien, chêne, camées, lapis-lazuli garniture
vieil argent, avec miniature, 400 fr.

Les tableaux surtout se sont mal vendus.

Le *Départ pour la chasse*, attribué à Cuyp
et provenant de la collection Wilson, a été
adjugé 500 fr. C'est l'enchère la plus importante
obtenue par les tableaux.

Un tableau paysage, *Pan et Syrinx*, que le
catalogue donnait comme une œuvre de Claude
Gelée, dit le Lorrain, toile mesurant un mètre

quinze en largeur sur quatre-vingt-cinq centimètres en hauteur, a été payé 405 fr.

Les autres tableaux ont été adjugés à des prix variant entre 150 fr. et 20 fr.

Les deux vacations ont produit 27.720 fr.

NECROLOGIE

On annonce la mort du paysagiste-animalier belge, M. Edmond de Pratère.

La semaine dernière ont eu lieu les obsèques de Mme Paul Aubé, femme du statuaire de grand talent qui est l'auteur du monument de Gambetta, élevé sur la place du Carrousel.

Tous les artistes peintres et sculpteurs de Paris s'étaient donné rendez-vous à la maison mortuaire, 14, rue Mayet, pour témoigner à leur camarade si cruellement éprouvé de leurs sentiments de haute estime et de vive affection.

ÉCHOS ET NOUVELLES

Le peintre Roll, en ce moment en villégiature, trouvera du changement en rentrant chez lui. Des malfaiteurs se sont introduits dans l'hôtel qu'il habite, avenue Niel, et ont dérobé des titres, des tableaux et quelques bibelots.

A propos de la visite d'un de nos confrères à la tombe de Léonce Petit, au cimetière de Gennevilliers, M. Paul Sébillot, le compatriote et l'ami du défunt, adresse à notre confrère la lettre suivante :

« Paris, le 27 septembre.

« Mon cher ami,

« Vous avez bien fait d'aller voir la tombe de Léonce Petit : en regardant cette croix de bois noir, ne vous est-il pas venu à l'idée que ce dessinateur, l'un des premiers de notre temps, méritait quelque chose de plus que cette banale étiquette? Ne pourrait-on lui élever un monument, si modeste qu'il fût? Si tous ceux qu'il a fait rire y contribuaient même pour une part modeste, la somme nécessaire serait bientôt trouvée. Je sais qu'il avait été question à la Pomme, dont il fut l'un des cinq fondateurs, d'ouvrir une souscription dans ce but, de concert avec le *Journal Amusant;* mais on ne donna pas suite à cette idée. Il y a deux ans, nous avions formé le projet, quelques-uns de mes amis et moi, de tenir à Dinan les assises annuelles de la Pomme, et de poser sur la maison où Petit a été élevé (il est né à Taden, près de là) une plaque commémorative. Ce projet échoua aussi, par suite d'un malentendu ; mais on peut le reprendre. Ce serait un hommage à la mémoire de cet artiste qui aimait beaucoup sa ville de Dinan. Dans ses rêves de gloire, il pensait qu'après sa mort une rue de Dinan aurait porté le nom de : rue Léonce Petit. Je crois que ses concitoyens n'y ont pas songé ; cependant après Duclos, c'est l'illustration dinannaise la plus incontestable.

« A vous,

« SÉBILLOT. »

Mademoiselle Le Sueur, professeur de dessin de la Ville de Paris, officier d'Académie, reprendra ses cours de peinture et dessin le 15 octobre, 5, rue Fénelon.

On connaît les résultats des épreuves d'admission à l'Ecole des Beaux-Arts, dont la réouverture est fixée au 15 octobre. On compte qu'il y aura, cette année, un peu plus de 1.200 élèves pour suivre les cours.

Ce nombre se répartirait de la façon suivante :

Environ 400 élèves pour la peinture, 200 pour la sculpture, 600 pour l'architecture et une vingtaine pour la gravure.

Le président de la République et le ministre de l'instruction publique et des Beaux-Arts viennent d'accueillir favorablement un vœu émis à l'unanimité par le Conseil municipal de Blois, tendant à la réinstallation dans les galeries du célèbre château royal de cette ville du riche mobilier qui les ornait au seizième siècle et qui est actuellement dispersé dans les palais nationaux et au garde-meuble. Un descendant de Racine, M. Mirbeau d'Illiers, archéologue, a été autorisé à visiter le garde-meuble, les palais de Trianon, de Fontainebleau et de Compiègne, et toutes les facilités lui ont été données pour l'accomplissement de sa mission. M. Lockroy a en outre chargé M. de Baudot, architecte de l'Etat, de présenter un rapport sur la question.

La fontaine des Innocents, qui a déjà été l'objet de bien des travaux, exige encore de sérieuses réparations. On se demande en ce moment en haut lieu si on ne substituera pas des copies aux naïades de Jean Goujon et de Pajou que l'humidité est en train de détériorer complètement. On placerait les œuvres originales soit au musée Carnavalet, soit au musée du Louvre, où l'on a déjà mis, lors de la reconstruction des Halles, les bas reliefs de Jean Goujon qui, par suite du rehaussement des bassins, se seraient trouvés sous les chutes d'eau et auraient été promptement détruits.

LES AQUARELLISTES ANGLAIS

(SUITE ET FIN)

(Voir les nos des 9, 16, 23 et 30 Septembre).

Toutefois, si grande que fût son influence, le procédé de Muller ne pouvait modifier le goût populaire en faveur d'une reproduction imparfaite de la nature. Il manquait à son œuvre les éléments essentiels de la popularité ; elle était puissante, mais sombre dans ses effets ; si elle était fortement suggestive, ses suggestions ne pouvaient être comprises que par les gens initiés aux matières de l'art ; elle était par-dessus tout trop impersonnelle pour devenir populaire. Mais son plus grand défaut, en ce qui concernait l'approbation publique, était le manque de bienséance. Il faut songer un moment à l'état antérieur de l'art. Turner enseignait les beautés du soleil, Cox celles du vent et de la pluie ; de Wint prouvait aux Anglais que leur pays était pittoresque jusque dans ses aspects les plus vulgaires ; Cotman et Bonington avaient pris la rivière et la côte pour sujets de prédilection et démontré qu'il y avait là une mine féconde pour l'effort artistique ; en dernier lieu, Muller avait parcouru l'Europe, l'Asie et l'Afrique, dessinant tout ce qui se trouvait sur son chemin. Tous ces hommes, chacun dans sa manière, étaient des innovateurs. Ce qui manquait, c'était un artiste doué d'un pouvoir suffisant pour saisir les effets de ces différents systèmes et les combiner sous une forme qui fût généralement acceptable et qui réintégrât le public dans le rôle de critique, dont il avait été quelque peu dépossédé. Cet homme se trouva dans un élève de Cox, nommé William Bennett, qui a déterminé la direction du paysage pendant vingt années au moins.

Essentiellement peintre de second ordre, Bennett séunissait néanmoins, à un degré peu ordinaire, plusieurs grandes qualités artistique. Longtemps assis aux pieds de Cox, il s'était profondément imbu de l'amour de son maître pour les paysages rafraîchis par la brise ; la vitesse de conception, qui permettait à Cox de produire ses ouvrages avec la rapidité de la foudre, devint pour Bennett l'objet d'une constante émulation. Cox, soit par choix, soit par suite des nécessités du temps, avait travaillé avec une palette restreinte et obtenu ses effets par l'usage d'une grande brosse pleine de couleur, passée d'une main aussi sûre que rapide sur le papier le plus raboteux. La palette restreinte, la brosse imbibée et le papier rude devinrent parties intégrantes du Credo artistique de Bennett, comme l'avaient été pour son maître la haine de la couleur corsée et l'amour des ciels gris balayés par le vent. Toute sa pratique fut fondée sur le désir d'acquérir la rapidité. Cette pratique fut, dans son essence, absolument partiale ; non partiale comme celle de Cox pour une phase de la nature, mais en ce sens qu'elle affaiblissait la nature dans son ensemble. On peut dire des peintures de Bennett qu'elles représentent avec vérité une vue momentanée d'une scène quelconque, telle que la saisirait un enfant, ou un aveugle qui recouvrerait subitement la vue. La première impression est invariablement agréable, et le premier mouvement de dire : « Comme c'est vrai ! » le second : « Comme c'est faux ! » Rien n'y est rendu exactement; non que le peintre se crût inhabile à rendre avec exactitude, ni qu'il saisît tout ce qu'il pouvait embrasser dans un moment donné durant lequel le fait existait pour lui ; mais parce qu'il ne voyait pas qu'il y eût quelque chose de plus à désirer. En un mot, il ne connaissait pas son insuffisance, c'est-à-dire qu'il n'embrassait pas réellement son sujet. L'œuvre du peintre, dans son ensemble, est aussi peu réaliste qu'idéal et ne ressemble pas plus à la grande peinture que l'opérette à la grande musique. Peut-être est-ce pour cette raison qu'il plaît à tant de gens ; il n'exige ni intelligence pour être compris, ni connaissances artistiques pour être apprécié. De plus, les sujets qui y sont représentés sont de nature à intéresser tout le monde; s'ils ne se trouvent pas tous les jours sous les yeux des habitants de Londres, il n'est pas un citadin qui n'ait pu les apercevoir à peu de distance de la route ou du chemin de fer, ou dont la mémoire ne lui rappelle quelque scène semblable. Bolton-Abbey et Haddon-Hall, les falaises de Hastings ou la vue de Richmond-Hill ; des jeunes filles qui fanent en plein soleil, ou des enfants cueillant des mûres dans des sentiers ombreux ; bref, tout ce qui rappelle la vie ensoleillée des champs et de la côte, en respirant une honnête gaieté, tels étaient en général des éléments qui servaient à Bennett pour la composition de ses tableaux.

Quant à l'homme, c'était un véritable Anglais aux larges épaules, un peu lourd dans ses mouvements, furieusement prévenu pour ou contre certaines idées, irascible même en apparence, et cependant aussi simple de cœur qu'un enfant, aussi doux et gracieux qu'une femme. Personne n'aimait plus que lui à aider les débuts des jeunes gens, et l'auteur de cet article se rappelle comment, dans son enfance, il allait, une fois par semaine, dans son atelier, pour y faire, d'après ses esquisses, des dessins à la sépia, avec la brosse (il proscrivait l'usage du crayon), et y recevoir le plus affable des enseignements. Jamais troublé par un doute, ni dans la vie ni dans l'art, profondément imbu de la vérité des principes qu'il professait, cet artiste fut, dans le vrai sens du mot, le dernier peintre de la vieille école de l'aquarelle. Le paysage anglais était pour lui la plus belle chose du monde. Il l'aimait profondément, dans son ignorance, et le peignait avec une ardente appréciation de ses beautés les plus superficielles.

L'Imprimeur-Gérant : Henry Lefebvre.

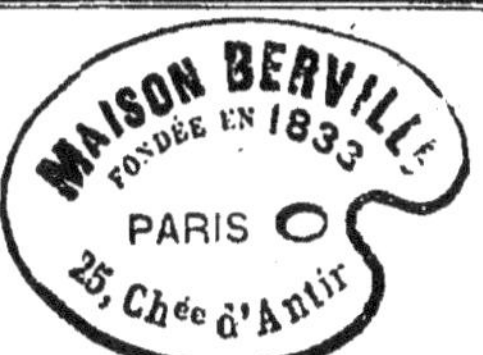

ENVOI FRANCO

DES

NOUVEAUX TARIFS

TARIF	H	La Peinture à l'huile.
—	A	L'Aquarelle et la Gouache.
—	E	L'Enluminure et la Miniature.
—	F	L'Etude du Fusain.
—	FF	Fac-similés de fusains.
—	D	Les divers genres de dessin.
—	P	Le Pastel.
—	C	Divers Cours d'aquarelle.
—	L	Librairie d'art, Traités.
—	T	La Peinture en imitation de Tapisserie.
—	G	La Gravure à l'Eau forte.
—	PP	La Peinture sur Porcelaine.
—	O	L'Optique appliqué au dessin.
—	MC	Matériel de campagne pour les Arts.
—	M	Le Modelage.
—	V	La Peinture genre Vernis Martin.
—	TF	La Peinture sur terre fine céramique

ACADÉMIE JULIAN

ATELIERS DE PEINTURE

Sculpture et Dessin.

Distincts pour Hommes et pour Dames.
Toute la journée modèle vivant.

ATELIERS DE
MM. **BOUGUEREAU** et **T. ROBERT-FLEURY**
MM. **BOULANGER** et **J. LEFEBVRE**
Atelier de sculpture, professeur M. **CHAPU**
Ces éminents professeurs donnent régulièrement leurs conseils aux élèves.

COURS pour HOMMES
48, faubourg Saint-Denis (près la porte St-Denis).
28, Faubourg Saint-Honoré (Près de la Madeleine).
COURS pour DAMES
5, rue de Berri (avenue des Champs-Elysées).
27, galerie Montmartre (Passage des Panoramas).
Cours d'Anatomie : M. **CUYER.**

Préparation au brevet supérieur de dessin de la ville de Paris et de l'Etat et aux concours de l'Ecole des Beaux-arts.

Aquarelle — Pastel — Nature morte, etc.

Il n'y a jamais de vacances.
On trouve dans chaque Atelier les renseignements qui le concernent.

Compiègne. — Imprimerie HENRY LEFEBVRE.

LA VIE ARTISTIQUE

COURRIER HEBDOMADAIRE ILLUSTRÉ

Des Ateliers, des Expositions & des Théâtres

BUREAUX A PARIS
42, Rue de Chabrol, 42

Dimanches 21 et 28 Octobre
1888
2e ANNÉE — No 35

ABONNEMENTS
Un An : DIX FRANCS

Le Banquet de Grosvenor-Gallery

A LONDRES

On sait que notre ami et collaborateur, M. Roger-Ballu, en sa qualité de Président de la Société de Pastellistes Français, a été invité par sir Coutts Lindsay, propriétaire de la Grosvenor Gallery, à se rendre à Londres, où ce dernier avait organisé une exposition de Pastels des artistes Anglais et Français. C'était la première fois qu'une exposition de ce genre avait lieu en Angleterre. Sir Coutts Lindsay a voulu donner à M. Roger-Ballu la *Welcome*, c'est-à-dire un banquet de bienvenue. Quarante personnes parmi les notabilités de Londres se trouvaient réunies à ce dîner. Le soir, deux ou trois cents personnes prises par le Mécène anglais sont venues à Grosvenor. Sir Coutts, dans une allocution très applaudie, a remercié M. Roger-Ballu de sa présence. Celui-ci a répondu en ces termes. Nous donnons son improvisation d'après le compte-rendu sténographique et avant la traduction pour la presse anglaise :

SIR COUTTS LINDSAY

MESSIEURS,

La bienveillance de l'accueil que je reçois ici dépasse, je l'avoue, toute idée que j'avais pu m'en faire ; mais elle ne dépassera pas ma reconnaissance. Ce sera un des grands honneurs de ma vie d'avoir été reçu, au milieu de vous tous, Messieurs, dans cette admirable galerie, par l'homme éminent, le dilettante passionné, le parfait gentilhomme qui, renouvelant les traditions des Mécènes italiens du XVIe Siècle, a voulu dans un palais qu'il a fait construire, offrir à ses compatriotes — comme le plus beaux des dons pour les hauts esprits — la jouissance des merveilles de l'Art.

Car, laissez-moi vous faire une confidence, Messieurs, avant d'être honoré de l'invitation personnelle de Sir Coutts Lindsay, je lui avais déjà voué une inaltérable gratitude.

Épris de l'art du Pastel, qui sommeillait chez nos contemporains, j'avais pu, grâce uniquement, je le déclare, à quelques-uns de mes amis de France, une légion d'artistes, restreinte volontairement par le nombre, grande par les talents qui sont en elle, j'avais pu, dis-je, réveiller le charmant endormi ? Mais voilà que Sir Coutts avec une autorité qui me manquait, avec un prestige que je ne pouvais avoir, vient dans ce grand pays d'Angleterre appuyer nos efforts, les consacrer et décider la Renaissance du Pastel ! Ah ! soyez remercié, Sir Coutts Lindsay !

Je vous apporte l'expression de la reconnaissance des membres de la Société de Pastellistes français dont vous vous êtes fait l'hôte si gracieusement. Je regrette bien qu'ils n'aient pas pris part en plus grand nombre à cette exposition si *selected*, mais je vous en prie ne les accusez pas de paresse. Laissez-moi croire qu'ils n'ont été que discrets, en ne voulant pas prendre des places qui ont été d'ailleurs si bien et si dignement occupées par vos artistes nationaux.

Oui ! vous avez fait, Sir Coutts, une œuvre belle et bonne en remettant le pastel en honneur. Pourquoi l'avait-on délaissé ? Quelle était la raison de son injuste disgrâce ? On lui reprochait sa fragilité ? Le Pastel, disait-on, c'est comme la poussière colorée des ailes du papillon.

D'abord on fixe le pastel à présent, mais laissons même de côté cette découverte récente. Il est certain que le frottement d'une brosse est terrible pour un pastel dégarni de son verre : mais un coup de canif, un choc qui crèvent la toile, ne sont-ils pas tout aussi dangereux pour un tableau à l'huile. Et les pastels que nous avons envoyés de Paris, ne vous sont-ils pas arrivés sains et saufs ?... Les papillons ont conservé le velouté de leurs ailes, et cependant ils ont traversé la mer.

Ecartons maintenant ces vilaines prévisions d'accident, et supposons un pastel et un tableau à l'huile, non voyageurs mais sédentaires, restant tranquillement *at home* en compagnie l'un de l'autre, sur la muraille, comme deux amis du même âge. Que se passera-t-il ? Oh ! Messieurs, dans tous les Musées du monde, vous pouvez en avoir des exemples. N'arrive-t-il pas trop souvent que le tableau à l'huile au bout de cent ans et moins, se ride, se craquèle, se crevasse, soit envahi par les noirs, par les tons de bitume qui remontent, tandis que toujours jeune en son cadre, une figure de La Tour ou de Perroneau, conserve la fleur de son éclat et la fraicheur de son sourire !

Mais en vérité, j'ai l'air d'un avocat qui plaide pour le pastel ; celui-ci n'est plus un accusé maintenant, et s'il l'était, vous vous chargeriez mieux que personne, de le défendre, par votre talent d'artistes ou d'écrivains, Messieurs ; et à ce propos, vous me permettrez bien de féliciter la presse Anglaise qui, avec un unanime entrain, a applaudi à la résurrection du pastel.

Il est certain que le pastel convient admirablement aux recherches, aux tendances de la peinture contemporaine. Quand un art, comme celui de l'Ecole de notre David, ne se préoccupait que de la ligne impeccable de la silhouette rigide, de la forme circonscrite et parfaite, de la solennité des attitudes, le pauvre pastel n'avait qu'à attendre des jours meilleurs : *Il n'y avait rien pour lui*, comme nous disions familièrement.

Mais aujourd'hui que la peinture se propose avec une persistante ardeur et une loyale conviction de rendre les enveloppements d'atmosphère, les caresses de la lumière et de l'ombre sur un corps, l'universel baignement de l'air ambiant de la nature tout entière, le mystérieux effet des décolorations ou des colorations successives suivant l'heure, le temps et le jour, oh ! le pastel, susceptible de toutes les délicatesses, devait revenir triomphant, s'offrir aux peintres et leur dire : « Prenez-moi, je vous donnerai des douceurs et des profondeurs de tons exquises, des harmonies dont j'ai le secret, des fraicheurs qui ne sont qu'à moi ! » Et les peintres se sont rendus à ces bonnes raisons. Or, en livrant cette appréciation, je suis sûr de ne pas être démenti par un de vos maîtres contemporains, un des exposants dans cette salle, dont

je regrette l'absence ici, mais dont je salue la grande réputation en France : M. Wisthler.

Messieurs, dans cette galerie, sir Coutts vous donne tous les ans des régals de dilettanti, des fêtes pour les yeux. Il vous convie à voir les chefs-d'œuvre de votre peinture nationale. Tout à l'heure je vous parlais de notre école de peinture moderne ; oh ! comme elle aime, comme nous aimons vos merveilleux artistes du siècle dernier et du commencement de ce siècle, si loyaux, si fiers, si expressifs et si sincères. Les Reynolds, les Gainsborough, les Lawrence, Constable un de vos précurseurs, et l'éblouissant Turner, ce magicien de la lumière, ce visionnaire vainqueur des clartés insaisissables, toute cette pléiade qui fut comme l'aurore resplendissante de votre école rajeunie et régénérée.

Hélas ! il faut bien le dire, et je le confesse en baissant la tête, ils ne sont pas assez connus chez nous ces artistes admirables. Notre Louvre, dont nous sommes si fiers avec raison, n'est-ce pas ? n'est point fortuné quant à l'art anglais. En visitant votre splendide national Gallery, comme j'ai commis le péché d'envie !

Eh bien, Messieurs, laissez-moi abuser de l'hospitalité si gracieuse que je reçois ici, pour vous adresser une requête. Puisque nous n'avons pas vos grands anciens à Paris, consolez-nous en nous envoyant vos peintres modernes dont nous suivons avec tant d'intérêt les travaux, je veux dire les succès. L'an prochain s'ouvrira dans notre capitale l'Exposition universelle. De grâce, ne manquez pas le rendez-vous que nous avons proposé aux artistes du monde. Je sais que sir Frederik Leighton a déjà généreusement donné l'élan. Suivez, c'est un peu votre devoir, l'éminent président de la Royal Academy. Constituez un comité, et venez en grand nombre ! Ah ! ce n'est pas les talents qui vous manquent ! Vous en êtes riches ! Songez qu'une exposition de l'art contemporain serait incomplète, serait privée d'une de ses plus grandes attractions, si vous n'étiez pas là... je me reprends, parce que je suis sûr que vous viendrez, et je dis : si vous étiez peu nombreux.

Vieille est la formule qui dit l'Art n'a pas de Patrie. L'art, n'est-ce pas l'universelle patrie de l'humanité pensante et créante ? et c'est pour cela que je vous dis : au revoir, Messieurs, à l'an prochain !

Encore une fois, je prie sir Coutts de recevoir l'hommage de nos bien vifs remerciments, ainsi que vous tous, messieurs, qui, à l'honneur que vous m'avez fait en venant ici, avez joint la patience de m'écouter.

Roger-Ballu.

LES ENVOIS DE ROME

Il y eut des années où les futurs maîtres justifièrent et conquirent définitivement leur titre. Quand Carpeaux envoya de Rome son groupe d'*Ugolin*, quand Mercié envoya de Rome son *David*, un autre chef-d'œuvre, le public battit des mains. Il y a aujourd'hui quelques raisons de rester froid.

Le grand bas-relief en plâtre, l'*Amour et Psyché*, par M. Capellaro, élève de première année, n'est point fait pour échauffer son enthousiasme. La Psyché, quoique jeune, parait insensible : elle tient sa lampe comme pour reconduire l'Amour qui se retire et il ne lui vient pas à l'idée de pleurer son rêve qui s'envole et son bonheur qui fuit.

La médaille allégorique de M. Naudé (3ᵉ année) est destinée à symboliser le rapprochement des peuples par le percement de l'isthme de Panama. C'est un travail très propre et peu émouvant.

M. Lombard (4ᵉ année) expose un groupe de grande dimension qui représente Holopherne lourdement couché aux pieds de Judith. La composition nous en parait pesante. Elle est installée sur un terrain en pente où un général ne fera jamais dresser sa tente, et elle penche elle-même terriblement. Il y a quelques parties intéressantes dans le visage et le torse de l'héroïne de Béthulie. Le bas-relief du même artiste, *Apollon vainqueur*, d'une composition dispersée et cherchée, rachète ces défauts par une qualité : l'élégance générale des figures.

De tous les envois de sculpture, celui qui nous plait le mieux est le petit *Tireur d'arc* de M. Gardet (2ᵉ année). L'enfant vient de lancer la flèche et sa volonté de la voir aller haut est telle qu'il la suit par un geste inconscient de tout son corps. Nous le voyons debout sur la pointe des pieds, le bras gauche encore levé vers le ciel, et ce serait parfait de goût, de simplicité, de charme, si le bras levé ne nous paraissait une idée trop court.

Montons au premier où la peinture nous attend, et passons vite devant le *Lazare*, gris, triste et très travaillé de M. Lebayle. Envoyez donc des jeunes gens au pays du soleil, au pays des tons éclatants et crus, pour qu'ils vous rapportent des œuvres cherchées dans les tons fins et dans la lumière brumeuse des ciels parisiens d'automne, à moins qu'ils ne fassent, comme M. Axilette (2ᵉ année), la découverte d'une lumière nouvelle que nous appellerons la lumière cadavérique.

M. Axilette nous montre, en effet, des *Bergers trouvant la tête de saint Paul*. Le crâne de saint Paul dégage une lumière verte, comme celle d'un bocal de pharmacie, qui éclaire le devant du tableau. Au fond sont les bergers, et je dois rendre cette justice au jeune peintre qu'il n'a pas cherché à nous dissimuler leur étonnement devant un spectacle aussi insolite. Bergers et bergères se poussent en étendant leurs mains, des mains énormes, vers le phénomène. Si inattendu que soit le sujet traité, j'avouerai cependant que je ne déteste pas cette toile où je vois de vigoureuses qualités d'accent,

de facture et de dessin, et je ne serais pas surpris que M. Axilette nous émerveillât quelque jour par une œuvre grande et généreuse.

M. Pinta (3ᵉ année) nous donne un aimable paysage d'Orient, lumineux et gai, qu'il intitule *Tobie et l'Ange*. C'est bien ; mais ce n'est peut-être pas dans ce désert que M. Pinta trouvera le chemin de Damas, c'est-à-dire le chemin du chef-d'œuvre.

Mais où est-il, ce chemin? Est-ce dans la campagne bocagère où M. Bachelet (4ᵉ année) nous montre une troupe de jeunes filles et de jeunes femmes en train de se divertir? J'avoue que ce tableau me déroute et m'intéresse. J'y vois que M. Baschet continue à se préoccuper beaucoup des primitifs et je trouve que cette préoccupation est saine. Mais pour le moment il est tombé dans un de leurs défauts : la minutie dans le dessin. La robe blanche aux mille plis me parait caractériser cette erreur. Que M. Baschet continue néanmoins à penser à ces maitres qui sont de vrais maitres, mais qu'il s'inspire davantage de leur esprit que de leur facture et il sera bien près d'être un véritable et peut-être un grand artiste.

Les graveurs n'ont pas eu le temps de terminer des gravures. Ils envoient des ébauches et surtout des dessins qui prouvent un labeur patient et assidu. Nous en donnons acte à MM. Sulpis et Patricot, ainsi qu'à M. Barbotin.

Quant aux architectes, ils se répandent comme de coutume en de vastes restaurations où l'aquarelle triomphe. M. Redon (4ᵉ année) rétablit largement le temple d'Héliopolis. M. d'Espouy (3ᵉ année) s'occupe d'un tombeau de Pompéi. M. André (2ᵉ année) reproduit le cloitre élégant de Monréal (Sicile). Enfin M. Defrasse, élève de première année, a recueilli d'intéressants détails d'architecture au musée d'Osti et dans le temple de Castor et Pollux à Cari. Mais s'il est possible, d'après les œuvres d'un jeune peintre ou d'un jeune sculpteur, de dire ce qu'on espère de lui, il est plus difficile de juger, à la seule inspection de lavis, la valeur de ces jeunes architectes autrement que comme dessinateurs. Or ils dessinent tous excellemment.

EXPOSITION DU BLANC ET NOIR

La semaine dernière s'est ouverte au pavillon de la Ville de Paris, derrière le palais de l'Industrie, la troisième Exposition internationale du blanc et noir que l'on aurait pu tout aussi bien qualifier de rouge et bleu ou de vert et jaune. Toutes les couleurs s'y trouvent en effet représentées et le vrai titre que les organisateurs auraient dû adopter serait l'Exposition de l'arc-en-ciel.

Tout, sauf l'huile ! tel semble être le programme de l'exposition nouvelle, qui a appelé à elle tous les déshérités du Salon, tous ceux, sauf les architectes, qu'on relègue sur le balcon, dans l'escalier ou dans ces salles lointaines qui sont, suivant la température, des Sibérie ou des Sahara et qui n'ont qu'un point de ressemblance unique : la solitude.

Théoriquement, l'idée de montrer ceux qu'on cache d'habitude et d'exalter ceux qu'on dédaigne était bonne, et l'on pouvait s'attendre à un plus grand concours de talents dans une exposition qui ne comprend pas moins de sept sections, savoir: 1° dessins et cartons ; 2° gravures ; 3° aquarelles et pastels ; 4° dessins d'art décoratif ; 5° dessins d'enseignement ; 6° presse illustrée ; 7° l'art japonais. Ai-je dit qu'en dehors de ces sept classes, une scène a été ménagée, sur laquelle doivent défiler un certain nombre de curiosités artistiques, musicales et autres ?

Après ce simple exposé, on conviendra sans peine que l'Exposition du blanc et noir est singulièrement détournée de son but primitif. Elle embrasse trop, et, comme le veut le proverbe, elle étreint mal.

L'art international du fusain, par exemple, nous paraît insuffisamment représenté. Nous voyons bien dans cette section une forêt d'Allongé, deux superbes portraits signés par Mlle Beaury-Sorel, deux paysages remarquables de M. Ducaruge, d'autres beaux paysages de MM. Juncker, Karl Robert, Achille Dien, une tête de vieillard par Mlle Marguerite de Montille, une suite magistrale, quoique un peu fumeuse, de dessins par Jakob Smith, et enfin la reproduction dramatique des cadavres conservés sous la tour de Saint-Michel de Bordeaux, superbe page de Lhermitte. Mais, si grand que soit l'intérêt de ces œuvres, assez mal entourées généralement, elles ne donnent pas une idée suffisante de l'essor qu'a pris dans ces dernières années l'art du fusain en France et en Europe. Encore la section des dessins et cartons est-elle la plus riche.

Dans les gravures, à part MM. Pannemaker, Flandrin, Collier et Ardail, nous voyons bien peu d'artistes à citer. Les maîtres s'abstiennent. Nous le déplorons, mais il nous est impossible de ne pas le constater. Et quand nous aurons nommé encore MM. Van Houten, Eugène Fornet, Paul Leterrier et Margelidon, nous aurons tout dit.

La section des aquarelles et pastels compte 674 numéros, alors que la section des dessins et cartons n'en a que 633. Cela s'explique. Toute personne qui ne possède pas un appareil de photographie instantanée est moralement obligée de faire de l'aquarelle en l'an de grâce 1888. J'en atteste le monde des plages où ces deux fléaux ont cruellement sévi pendant la saison dernière.

Aussi nous ferons rapidement la revue de cette section, en mettant nettement hors de pair les vrais artistes égarés dans la foule des amateurs.

Les aquarellistes d'abord. Ici nous retrouvons Mlle Beaury-Sorel dont la facture énergique et élégante nous plaît infiniment. M. Emmanuel Benner expose des aquarelles curieuses qu'il rapporte de Suisse. M. Besnard estime que l'aquarelle est une sorte de sténographie et il a noté rapidement quelques singuliers effets de lumière. M. Duhem, a quatre belles pages et mérite de sérieux éloges. Nous ne ménagerons pas davantage les compliments à à M. Eugène Girardin dont les aquarelles sont

aussi remarquables que les sujets sont bien choisis. Son Paris vu des tours de Notre-Dame est grandiose et émouvant. M. Alfred Gresviller a rapporté d'Algérie des impressions pleines de lumière. La porte de Moret et la Seine au Pecq, de ce même artiste, dénotent des progrès considérables sur ses précédents envois. Nous retrouvons aussi à cette exposition un autre habitué du grand Salon, M. Eugène Lacheurié, avec six morceaux pleins de franchise. Les études de Mlle de Mornard et les paysages de M. Paul Lecomte termineront cette énumération des meilleures œuvres exposées.

La section du pastel est bien partagée. Nous pouvons y saluer une fameuse exquise de ce pauvre Feyen-Perrin, la dernière œuvre qu'il ait achevée. Les cinq envois de Mlle Klumpke, les paysages de M. d'Argence, les bords du Nil de M. Riou, le Zuiderzée par M. Iwill, les pastels de MM. Régamey, Dagnaux et John Lewis-Brown et les portraits exposés par Mlle Henriette Morisot et par Mlle A. Lhermerout nous consolent des centaines d'ouvrages médiocres que nous avons dû regarder.

Car nous avons été bien déçus. Nous pouvions légitimement espérer que la section des dessins d'art décoratif nous fournirait au moins une ample occasion de louer ; il nous était permis de croire également que la section des dessins industriels et d'enseignement serait riche. Hélas ! c'est à la section de l'art japonais, aux *kakemonos* merveilleux de M. Bing qu'il faut réserver nos compliments. Les deux sections décorative et industrielle ne constituent que des cadres où l'art est à peine représenté. Peut-être serons-nous plus heureux une autre année.

Nous dirons franchement notre pensée en déclarant que si l'exposition nouvelle mérite une visite, — et elle la mérite, — elle le doit presque uniquement à la section de la presse illustrée française. La presse illustrée étrangère y fait d'ailleurs défaut et l'on ne verra ni le *Graphic* ni les *Fliegende Blœtter* dans le pavillon de la ville de Paris.

------◆------

L'EXPOSITION DE LA RUE DE SÈZE

——

Une exposition de tableaux s'est ouverte la semaine dernière dans la galerie Georges Petit, 147 œuvres s'y trouvent réunies, les unes neuves, les autres ayant déjà essuyé les feux... de la cimaise.

Ce n'est point une exposition *selected*. Il s'y rencontre beaucoup de pages qui nous ont laissé indifférent. Mais il y a là une bonne heure à passer en compagnie de Baudin, Bergeret, Chaigneau, Delpy, Lapostolet, Lépine, Sinchart, Feyen-Perrin, — le maître mort hier, dont M. Krug nous a retracé dans une œuvre exécutée quelques heures après l'agonie dernière, le masque épuisé.

------◆------

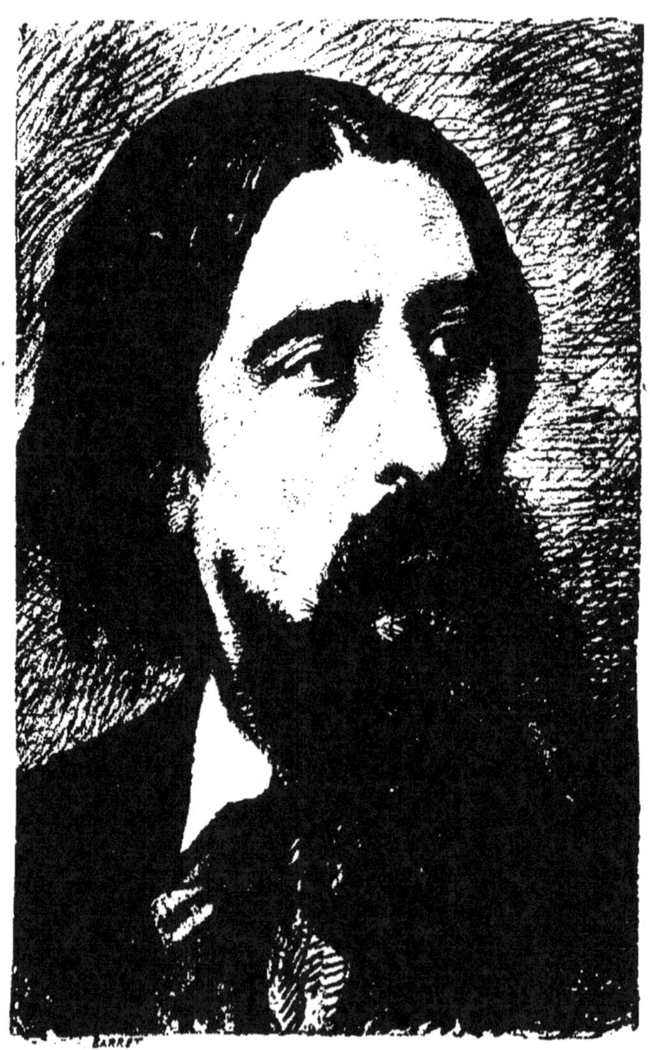

FEYEN-PERRIN

(Portrait autographe).

LE CONCOURS DANTON

Le Conseil municipal de Paris a, par une délibération en date du 30 décembre dernier, décidé l'érection à l'angle de la rue de l'Ecole de médecine et du boulevard Saint-Germain, c'est-à-dire non loin de l'ancienne demeure de Danton, d'une statue du célèbre conventionnel.

En vue de cette érection, un concours a été ouvert et les soixante-six projets auxquels il a donné lieu sont en ce moment exposés à l'Hôtel de Ville de Paris. Nous ne surprendrons point nos lecteurs en leur disant que de ces 66 projets, très peu sont à retenir. Mettons en une douzaine, et nous aurons fait bonne mesure.

Parmi ces douze, on peut citer ceux de MM. Falguière, — qui a cherché dans une note idéale et pleine d'élégance la glorification de Danton, — Guilbert, Baffier, — autour d'une statue très vivante, mais singulièrement réaliste, — Barrau, Capellaro, Cougny, Paul Fournier, Sul-Abadie, Desca, Paris et Deloye, — ce dernier, auteur de deux projets, hardiment modelés en cire, avec ce goût dans l'arrangement qui est le propre de son talent.

Nous reviendrons sur ce concours lorsqu'il aura lieu au second degré, après les éliminations décidées par le jury.

◆

FEYEN-PERRIN

Il y a de cela tout près de trente ans, en passant dans la rue Jacob devant une brasserie étroite et d'apparence peu tapageuse, les étudiants en quête d'émotions intellectuelles se poussaient le coude et se disaient: « La bière n'y est pas mauvaise et l'on y voit des peintres. » Il y passait des peintres, en effet, en assez grand nombre et même ils étaient en train d'exercer leurs aptitudes décoratives sur des panneaux médiocrement avantageux au point de vue de l'éclairage. Si l'on savait saisir l'heure, car ils n'étaient pas gens à flâner bien longuement hors de l'atelier, on avait des chances de contempler un trio considéré alors dans ces parages comme l'espoir de l'école française, et qui était composé de Feyen-Perrin, de Gustave Jundt et de Nazon. Dans cette société, Jundt était le boute-en-train, le jovial ami des goguenardises et des mystifications d'atelier; en tortillant la pointe de ses moustaches et en voilant subitement l'expression de son regard, il excellait à mettre en scène, quand nulle curiosité suspecte ne rôdait alentour, l'empereur d'alors. Nazon tenait le plus souvent le dé de la conversation, discoureur infatigable sur toutes sortes de sujets, mais ranimant toujours l'attention par une pointe de causticité. Feyen-Perrin écoutait d'un air rêveur, comme si son esprit eût été ailleurs; tout d'un coup, une flamme passait dans ses yeux caves, et il intervenait doucement dans la conversation pour exposer avec une chaleur persuasive, tempérée par la défiance de soi-même, le résultat de sa méditation.

Il n'en est aucun des trois qui n'ait eu au moins son moment de succès et de renommée. Jundt nous a fait voir comme à travers une gaze des compositions parfois spirituelles. Son retour de concours, plus connu sous le titre du *Cochon couronné*, fut, une année, une des attractions, un des amusements du Salon, une de ces trouvailles qui gravent le nom d'un artiste dans la mémoire des foules. Il avait son contingent de médailles, obtenues sans sacrifice au pédantisme d'école. Il est venu un moment où la lutte lui a paru au-dessus de ses forces, et il a fini d'une façon tragique. Nazon, lui, a été quelques années le paysagiste à la mode, celui dont les œuvres fournissaient un thème à la critique. On s'extasiait devant la science botanique dont témoignaient ses premiers plans et il avait trouvé des tonalités rousses qui étaient fort admirées. Il enleva ses deux médailles presque coup sur coup, en 1864 et en 1866; on se demandait, en ce temps-là, le jour de l'ouverture: Dans quelle salle sont les Nazon? Et puis, un beau jour, il disparut pour aller vivre paisiblement de la vie de province; il y a fort longtemps qu'il n'expose plus et qu'il est devenu étranger à la vie parisienne. Feyen-Perrin est resté, lui, constamment sur la brèche, avec une facilité de travail, une force de volonté et une continuité de succès qui semblaient devoir lui assurer une carrière sans amertume. Il est vrai que son teint plombé, ses joues creuses et sa maigre silhouette n'avaient jamais laissé l'impression d'une santé vigoureuse, mais l'énergie de sa nature avait déjoué tous les pronostics fâcheux et, avec ses habitudes modestes, il n'avait pas à se plaindre de la vie. C'est alors que le hasard de relations amenées par un cercle où il avait vu, lui, la salle d'exposition et où d'autres avaient vu la salle de jeu mit sur son chemin un tentateur. Il vivait très tranquille comme locataire d'un atelier et de deux ou trois petites pièces contiguës; mais on lui représentait que, tant qu'il n'aurait pas son hôtel, comme tout artiste qui se respectait à ce moment-là, il n'aurait pas l'air d'être classé et n'inspirerait pas de confiance à l'acheteur américain. Il n'avait pas comptant tout l'argent nécessaire; bagatelle! on lui en ferait l'avance, et il n'en aurait pas pour longtemps à s'acquitter et à devenir propriétaire définitif.

En attendant, c'est le faux Mécène qui est tombé en déconfiture; Feyen s'est trouvé chez des créanciers qui n'étaient pas les siens. Tout est resté entre leurs mains, non seulement l'hôtel, mais les peintures dont l'avaient décoré pour lui ses amis, c'est-à-dire des maîtres de l'école contemporaine, mais ses meubles à lui, mais ses propres tableaux. Ces tableaux, mis en vente brusquement et dans les mauvaises conditions, n'atteignirent pas leur prix. Lui-même, pour faire face à des embarras si imprévus, dut brosser rapidement quelques toiles; mais quoi! le marché se trouvait déjà encombré de sa signature; c'était l'effondrement des cours. C'est dans cette lutte que Feyen-Perrin a usé ses forces pendant deux ou trois de ses dernières années. Il avait enfin réussi à se remettre au courant et faisait avec la bravoure de son tempérament de beaux projets; mais toute l'épargne d'une carrière laborieuse était perdue et une santé frêle de tout temps s'était brisée sans retour dans ces chocs tardifs.

Il a succombé à la peine, mais une bonne partie de son œuvre maintiendra son nom. C'était une belle âme d'artiste attirante par des délicatesses exquises. La fermeté de l'exécution n'a pas toujours été égale chez lui; mais il a répandu partout un sentiment poétique dont la saveur a d'autant plus touché qu'il est devenu plus rare et plus dédaigné dans l'école contemporaine. Il avait eu l'ambition de la grande peinture et avait fait, dans sa jeunesse, un tableau d'histoire représentant la découverte du corps de Charles le Téméraire sous les murs de Nancy. C'est à lui, je crois bien que Courbet disait, la première fois qu'il avait rapporté des études de la baie de Cancale : « Vous n'avez donc pas un pays à vous? » Mais, sans jamais renier la Lorraine natale, Feyen, à force de fidélité à cette partie de nos côtes, s'en était fait encore un pays à lui et, s'il se retenait malaisément de flatter ses modèles, on n'avait pas le courage de lui en tenir rigueur.

Les obsèques de Feyen-Perrin ont eu lieu en l'église Notre-Dame-de-Lorette, au milieu d'un petit nombre d'amis intimes.

A la maison mortuaire, boulevard de Clichy, 11, les honneurs ont été rendus par un détachement du 78° régiment de ligne.

Derrière le corbillard, des employés de la Société des artistes portaient une couronne envoyée par le conseil d'administration, dont les membres conduisaient le deuil.

Nous avons remarqué parmi eux :

MM. Bailly, Bouguereau, Bonnat, J.-P. Laurens, Vuillefroy, Cabanel, Puvis de Chavannes, Henri Trouville, de Speecht, Michel de L'Hay, Ch. Jacques, Cormon, Béraud, Tanzy ; Mme Jenny Colette, le peintre-décorateur ; P. Carrier-Belleuse, Gervex, A. Stevens, Gilbert, Toulmouche, Delort, Paul Robert, Lopisghi, Degas, Pizaro, Pittara, Dupray, Caran d'Ache, Lunel, Willette, Forain, Fernand Fau, etc.

M. le ministre de l'instruction publique et des Beaux-Arts était représenté par M. Larroumet, directeur des Beaux-Arts.

Au Père-Lachaise, où a eu lieu l'inhumation, M. Bouguereau a prononcé quelques paroles au nom de la Société des artistes français.

A LYON

Le lundi 8 a eu lieu à Lyon l'inauguration de la statue élevée à Ampère, savant mathématicien et physicien lyonnais, mort en 1836.

C'est au ciseau du sculpteur-statuaire lyonnais, M. Charles Textor, qu'elle est due.

Ampère est assis, un livre dans la main gauche, la plume dans la droite. Le savant semble chercher la solution d'un problème ; le regard dans l'espace l'indique bien. En somme bonne figure.

Ce bronze repose sur un bloc quadrangulaire en pyramide terminé à la base par une vasque formant fontaine.

Le président de la République qui assistait à cette inauguration a décerné les palmes académiques à M. Textor.

Après la cérémonie M. Carnot s'est rendu place Perrache et a posé la première pierre du monument qui sera élevé à « la Gloire de la République ».

Comme on sait ce monument sera l'œuvre du statuaire Peynot, de Paris.

L'École des Beaux-Arts de Lyon vient de voir partir un de ses bons professeurs. L'excellent graveur M. Danguin a pris sa retraite et se fixe à Paris.

EXPOSITION DE PAU

L'ouverture de la 25° exposition de la Société des Amis des Arts de Pau est fixée au 15 janvier 1889, sa clôture au 15 mars 1889.

Les ouvrages d'art destinés à l'Exposition devront être rendus à Pau avant le 20 *décembre* 1888.

Pour bénéficier de la gratuité d'emballage et de transport collectif à laquelle donnent droit ces invitations personnelles, MM. les artistes invités qui feront leurs expéditions de Paris ou de Bordeaux seront rigoureusement tenus de déposer leurs œuvres du 25 novembre au 8 décembre 1888 (délai de rigueur) : les premiers, chez M. Pottier, emballeur, 14, rue Gaillon, Paris; les seconds, chez M. Grésy, emballeur, 36, rue des Facultés, Bordeaux. La franchise de port ne sera pas accordée aux envois séparés en caisse faits de ces deux villes par des artistes invités.

En ce qui concerne les œuvres de sculpture déposées par MM. les artistes invités chez M. Pottier, la Société n'accordera la gratuité d'emballage qu'aux œuvres d'un transport facile qui pourront se contenter d'un emballage sommaire. Tout emballage spécial restera à la charge de l'expéditeur.

NÉCROLOGIE

On annonce la mort du sculpteur Léon Longepied. Il n'avait que trente-neuf ans. Une brillante carrière, déjà marquée par de nombreux succès, s'ouvrait devant lui quand il a été subitement enlevé à ses travaux. Certes on était en droit d'attendre beaucoup de cet artiste qui avait obtenu le prix du Salon et qui nous avait donné la statue du *Pécheur* que l'on admire au Ranelagh, le groupe de l'*Immortalité*, la propriété de l'État, placé au Luxembourg avec les œuvres maîtresses de la sculpture contemporaine, le monument élevé à Provins en l'honneur de la Défense nationale, et la statue de Danton que l'on inaugurait dernièrement. Léon Longepied travaillait dans ces derniers temps à une fontaine qui devait contribuer à l'éclat de l'Exposition de 1889.

C'était un patriote ardent et un grand cœur. Il était capitaine dans l'armée territoriale, chevalier de la Légion d'honneur.

M. Badiou de la Tronchère, sculpteur et ancien inspecteur général des prisons, vient de mourir au Puy, à l'âge de soixante trois ans.

Elève de Jouffroy, Badiou de la Tronchère est l'auteur de quelques œuvres remarquables, entre autres de la statue de Valentin Haüy, fondateur de l'institution des jeunes aveugles, placée au milieu de la cour de l'institution et qui lui valut la croix de la Légion d'honneur A citer encore une statue de Praxitèle pour la cour du Louvre, et la statue du baron Larrey pour la ville de Tarbes.

M. Badiou de la Tronchère avait épousé Mlle Fialin de Persigny.

ÉCHOS ET NOUVELLES

M. Nicolas Berthon, peintre, qui obtint cette année une deuxième médaille au Salon, vient d'être victime d'un grave accident qui met ses jours en danger immédiat. Dans le courant de l'après-midi, travaillant dans son atelier de l'avenue Trudaine, il voulut changer la disposition de quelques rideaux placés devant les verrières de l'atelier et monta sur une grande échelle. Malheureusement celle-ci, mal fixée, glissa sur le sol et s'abattit dans un vitrage. M. Berthon, qui s'était accroché instinctivement à une tringle fixée au plafond, resta suspendu pendant quelques instants ; mais bientôt, à bout de forces, il tomba lourdement sur le plancher d'une hauteur de six mètres.

Au bruit de la verrière enfoncée, les voisins accoururent, mais la porte étant fermée à l'intérieur, on fut obligé d'avoir recours à un serrurier, qui ne consentit à forcer la porte qu'en présence d'un commissaire de police. Quant au bout d'une heure et demie on pénétra dans l'atelier, on trouva le pauvre artiste étendu sur le dos et sans connaissance. Le choc avait porté sur la tête. M. Berthon a été transporté immédiatement à son domicile particulier, rue de Ravignan, n° 3. Son état est très grave et les médecins redoutent de dangereuses lésions internes.

On annonce le prochain mariage de M. Alexis Vollon, fils du peintre bien connu et peintre lui-même, avec Mlle Mathilde Bardout, pianiste et compositeur.

Les sculpteurs prenant part au concours ouvert pour l'érection d'un monument à la mémoire de Danton ont, sous la présidence de M. Armand Renaud, inspecteur en chef des Beaux-Arts, assisté de MM. Richard et Delhomme, conseillers municipaux, procédé à l'élection des quatre jurés laissés à leur choix.

Ont été élus :

MM. 1° Mathurin Moreau. — 2° Chapu. — 3° Bartholdi. — 4° Barrias.

Ont été désignés comme jurés supplémentaires :

MM. 1° Etienne Leroux. — 2° Dalou. — 3° Guillaume. — 4° Paul Dubois.

Mlle Guillaume, fille de l'architecte est fiancée à M. Frédéric Lami, fils du peintre Eugène Lami.

Le testament du peintre Gustave Boulanger suscite, paraît-il quelques difficultés et complications inattendues.

Ce testament remonte à une époque assez éloignée, au 29 avril 1878, époque à laquelle vivait encore Mlle Nathalie, sociétaire de la Comédie-Française.

J'institue, dit le peintre dans ses dernières volontés, Mlle Nathalie-Zaïr Martel, sociétaire retraitée du Théâtre-Français, ma légataire universelle pour tous les biens, valeurs du produit de la vente que l'on fera après ma mort, à charge par elle d'en faire trois parts égales, dont une part sera pour elle en toute propriété, une autre part sera placée sur la tête de ma petite-cousine Paulemma Hennequin, et une autre part sur la tête de ma filleule Nathalie Desbrosses.

La sociétaire de la Comédie-Française étant morte avant le peintre, l'Etat réclame, comme lui appartenant. la part de Mlle Nathalie.

Cette prétention fort discutable pourrait être attaquée devant les tribunaux avec de grandes chances de succès pour les autres héritiers.

Mlle Desbrosses, l'une des héritières, est la femme du docteur Chevassus, l'ancien candidat conservateur aux dernières élections municipales de Paris.

L'Imprimeur-Gérant : HENRY LEFEBVRE.

Compiègne. — Imprimerie HENRY LEFEBVRE.

LA VIE ARTISTIQUE

COURRIER HEBDCMADAIRE ILLUSTRÉ

Des Ateliers, des Expositions & des Théâtres

BUREAUX A PARIS
42, Rue de Chabrol, 42

Dimanches 4 et 11 Novembre
1888
2e ANNÉE — Nᵒ 36

ABONNEMENTS
Un An : DIX FRANCS

LES ANCIENS PRIX DE ROME

———

M. le Ministre de l'Instruction publique est allé voir, la semaine dernière, les envois de Rome à l'Ecole des Beaux-Arts ; il a, du même coup, examiné en détail les anciens prix qui forment, à côté de la première, une exposition que le public visitait avec curiosité, car il n'en a pas souvent l'occasion : les bizarreries administratives sont telles, en effet, que cette collection n'est visible que deux ou trois fois par an, lorsque s'ouvrent les galeries du rez-de-chaussée et du premier étage du quai Malaquais !... Veut-on, en temps ordinaire, pour satisfaire une curiosité artistique, pour faire des recherches, parcourir la salle réservée à ces anciens prix de Rome, — on doit, si l'on est Parisien, obtenir de l'administration l'autorisation indispensable ; les élèves eux-mêmes n'échappent pas à cette nécessité. Si l'on est étranger, par exemple, c'est tout autre chose : les gardiens iraient volontiers chercher eux-mêmes, dans la rue, l'Anglais à carrick ou l'Américain porteur d'une lorgnette, qui ont le pourboire facile. Il en résulte que cette collection est, en somme, fort ignorée et méconnue : elle devient presque une exposition d'actualité, quand on en laisse enfin la porte grande ouverte, et les curieux s'y pressent en foule.

M. Lockroy — qui est Parisien — n'a pu se défendre, paraît-il, d'une certaine surprise en voyant comment est aménagée cette salle des anciens prix de Rome : elle est toute petite et, quoique très haute de plafond, elle contient à grand'peine les œuvres auxquelles elle est destinée. Les toiles — pour parler d'abord de la peinture — sont accrochées les unes au-dessus des autres sur cinq rangs, et, en les regardant, on est certain de ressentir bientôt les premières douleurs d'un intolérable torticolis. Se recule-t-on ? Immédiatement, on se heurte contre des cloisons que l'on a dressées au milieu de la salle, afin d'y recueillir le « trop-plein » de

ces intéressants documents de l'histoire de l'art en France.

M. Lockroy, frappé enfin des inconvénients que présente cette incroyable installation en camp volant, a promis de s'entendre avec M. le directeur des Beaux-Arts pour que l'hôtel de Chimay abrite prochainement dans un local convenable, aéré, éclairé, spacieux, les tableaux et plâtres où s'est affirmé pour la première fois le talent de nos peintres et sculpteurs qui, vers la vingt-cinquième année, ont ceint leur front des lauriers de la villa Médicis. Si cette promesse ministérielle est tenue, M. Lockroy aura accompli une petite réforme utile.

On ne peut, en effet, faire une visite artistique plus féconde en souvenirs et en remarques imprévues que celle de cette collection des anciens prix de Rome ; il faut la faire en curieux, en promeneur, en laissant dehors toute théorie ou toute thèse préconçue. Elle ne fournit aucun argument pour ou contre l'institution des grands concours artistiques annuels, tant est inégale — et bizarre parfois — la valeur de la production de chaque année ; mais elle donne ample matière à de piquantes observations sur le sort de tant d'artistes chez lesquels on découvre les germes d'un talent qui depuis a subi des fortunes bien diverses.

Dans la salle de peinture, — qui est la plus intéressante en raison même de son bizarre aménagement, — une des premières toiles exposées est un Fragonard qui date de 1752. Sujet : *Jéroboam sacrifiant aux idoles...* Des casques, déjà, encore des casques ; mais n'en riez pas trop : vous ne verrez rien d'autre ici. Fragonard, d'ailleurs, n'a-t-il pas laissé après lui le *Serment d'amour*, le *Sacrifice de la rose* et maintes autres toiles que ses œuvres classiques ne laissaient pas prévoir ? Des casques, de nouveau, dans la composition de David, *Antiochus et Stratonice ;* il faut aller le chercher bien haut, cet Antiochus, au troisième étage, mais M. Ingres, un peu plus loin, est plus mal loti encore ; son *Achille recevant les chefs de l'armée grecque*, dans un costume du Paradis terrestre, est relégué en un coin obscur, tandis qu'une toile d'Abel de Pujol (1811) étale au premier rang le rouge uniforme d'une toge de *Lycurgue présentant l'héritier du trône aux Lacédémoniens...*

Au panneau suivant est appendu le prix de Rome de M. Flandrin (1832), *Thésée reconnu par son père;* puis celui de M. Hébert (1839), la *Coupe de Jacob,* une scène biblique.

Le troisième panneau est le plus curieux : il réunit le plus grand nombre de noms aujourd'hui très connus. Près des frises, on découvre, en l'air, la signature de M. Cabanel (1845), sous un fouillis de personnages en robe. Prenez une longue-vue : c'est un *Jésus dans le prétoire* que l'auteur a peut-être fait cacher tout là-haut. Au-dessous de lui, brillent sur l'or des cadres les noms de MM. Boulanger (1849), *Ulysse reconnu par Périclès* (la légende l'affirme, du moins); Baudry et Bouguereau (1850) *Zénobie sur les bords de l'Araxe;* Henner, *Adam et Eve retrouvant le corps d'Abel,* où le maître a étalé ces tons marmoréens dont son pinceau a gardé le secret. A voir encore une toile de M. Chifflart et une *Résurrection de Lazare,* de M. Sellier, où l'on ne distingue plus qu'une tête blonde émergeant d'une masse de bitume. Qu'est-ce que le jury a voulu récompenser là ?...

Sur les cloisons volantes du centre de la salle apparaissent les artistes dont le Salon annuel met les noms en vedette : M. Layraud est l'auteur d'un *Joseph reconnu par ses frères* (1863) qui avait déjà été portraituré par Girodet en 1769; M. Machard, en 1865, peignait un grave *Orphée aux enfers,* tel qu'Offenbach ne le connaissait guère... Henri Regnault a obtenu son prix de Rome avec une *Thétis apportant à Achille les armes de Vulcain,* où l'on admire déjà la vigoureuse facture de l'artiste sitôt fauché par la mort; Luc-Olivier Merson a composé, en 1869, un *Soldat de Marathon* qui vient annoncer la nouvelle de la bataille à trois vieillards assis dont la physionomie de vieux anarchistes est exhilarante. Toudouze — qui l'eût cru ? — s'est exercé sur les *Adieux d'Œdipe,* Commerre sur l'*Annonciation aux bergers;* Morot, *Super flumina Babylonis,* etc., etc.

Au-dessous de ces grandes compositions sont appendues de minuscules esquisses, ayant obtenu les secondes récompenses. On y relève les signatures de Gorguet, qui fait des aquarelles de salon; Merwart; Buland (*la Mort d'Hippolyte*); Clairin : *le Corps de Zénobie recueilli par les bergers*; Vibert (1861), *la Mort de Priam,* toute noire et verte ! Le peintre ne songeait point au rouge breveté de ses cardinaux ivrognes et gourmands.

Vainement, dans toutes ces œuvres, on chercherait un sujet s'écartant des plus pures traditions du classique : l'Académie n'a jamais failli. Elle a fait mettre, cent trente ans durant, toute l'histoire ancienne en tableaux. Une seule fois, elle s'est écartée de ses habitudes; elle a choisi une composition presque anacréontique : *Diane au bain* (1861). Quatre esquisses sont exposées, mais les concurrents ont été gênés par la solennité de l'enseignement : la première toile, de M. Poggi, n'est pas plus gaie qu'une de ses voisines, un *Jésus chassé du temple,* de M. Patrouilleau (1868).

Et la sculpture, dira-t-on ?... Il faut renoncer à l'examiner de très près : des torses, toujours des torses, des bras se tendant en l'air, des jambes arcboutées; le tout entassé, serré, étouffé, sans une indication du sujet. Ce vieillard est-il Adam ou Œdipe? cette femme, Thétis ou Eve? On remarque seulement, de loin en loin, un nom qui tire l'œil : Falguière, Delaplanche, Mercié, sous une statue de formes déjà impeccables... Mais, encore un coup, étant donné cet état de choses, que peut-on faire dans ce capharnaüm, sinon sourire, — en espérant que M. Lockroy sera fidèle à l'engagement qu'il a pris.

Un Professeur à l'École des Beaux-Arts

La *République française* a publié récemment sur ce sujet l'article suivant :

Le conseil supérieur des Beaux-Arts est appelé à désigner un candidat pour le poste de professeur, chef d'atelier, à l'Ecole de la rue Bonaparte, en remplacement du peintre Boulanger.

On sait quelles étaient les idées de ce dernier. Il les avait exposées, dans une brochure où il prenait hautement la défense du « genre pompier ». Classique renforcé, il estimait que les études de l'Ecole des Beaux-Arts ne devaient pas dépasser le cercle des maîtres anciens, et, s'il était resté un tableau d'Apelles, peut-être aurait-il répudié Rembrandt et Van-Dyck comme entachés de modernisme.

Convient-il de maintenir l'enseignement de l'Ecole dans ces limites restreintes? Sans négliger l'art antique, pour lequel on ne saurait professer une trop vive admiration, n'est-il pas utile et raisonnable de tenir compte également de chefs-d'œuvre plus récents? Ne faut-il pas montrer à ceux dont on veut faire des artistes tout ce qu'il y a d'intéressant dans l'école française? S'il est bon d'étudier la noblesse des figures avec Phidias, n'est-il pas profitable aussi d'apprendre la grâce avec Latour, le charme intime des choses avec Chardin, la fougue avec Fragonard, la composition avec Delacroix, la sincérité étroite avec Courbet, le sentiment avec Millet et enfin la lumière avec Manet?

La question qui se pose devant le conseil est, on le voit, une question de principe. Nous faisons des vœux pour qu'elle soit tranchée en vue de rajeunir quelque peu l'enseignement de l'Ecole. Des trois candidats dont les noms ont été mis en avant : M. Bouguereau, M. Luc-Olivier Merson, M. Jean-Paul Laurens, ce dernier nous paraît seul en position de donner une légère satisfaction à l'opinion publique, avide de progrès, en offrant au parti classique les garanties désirables.

Son bagage artistique est austère. C'est l'histoire, et surtout l'histoire farouche et dramatique de l'Eglise régissant les rois, dominant les peuples, tourmentée elle-même par des luttes sanglantes et par des vengeances terribles.

Ses personnages dépassent moralement les proportions humaines par l'énormité de leur passion. Entre tous, nous revoyons le pape

Etienne VII faisant exhumer le corps de son prédécesseur, le mascaradant de ses habits sacerdotaux, le jetant sur le trône pontifical et faisant devant le concile le procès du cadavre.

Conteur sincère de drames violents, M. Jean-Paul Laurens se rattache par ses tendances aux peintres du moyen-âge, pour qui la mort était une figure familière.

Deux forces éternelles se sont toujours partagé l'art : l'amour et la mort. Hors d'elles, il n'est, semble-t-il, rien que d'inutile et de petit. Jean-Paul Laurens est seul aujourd'hui à chanter la mort, car nous sommes en pays latin et nous devons à nos origines de superstitieuses terreurs pour les évocations macabres. Chez lui, l'influence latine ne se manifeste que par la clarté de son esprit, que par la lucidité de sa composition.

C'est à ces qualités et à sa tenace volonté qu'il doit d'avoir été compris par une époque éprise du joli, toute au fleuretis de la galanterie, cette décadence de l'amour, et d'avoir accompli, seul, une renaissance de l'idée de la mort.

La *Mort de Tibère*, la *Jeune Fille morte*, le *Pape Formose*, la *Mort du duc d'Enghien*, *Borgia* devant le corps de l'impératrice Isabelle, la *Mort de Marceau*, les *Emmurés de Carcassonne*, l'*Interdit*. — Toujours le thème favori reparaît dans ses toiles, les relie l'une à l'autre pour en faire les chaînons de son œuvre.

Concevoir, entreprendre cette renaissance, la réaliser à une époque comme la nôtre, résister aux tentations de toute sorte, châtier son œuvre, s'imposer par la sincérité de la conviction et par l'autorité du talent, sans charlatanisme, et sans courtisanerie, voilà qui est d'un maître.

Aussi avons-nous applaudi lorsqu'en 1885 M. Jean-Paul Laurens a été nommé professeur aux cours du soir de l'Ecole des Beaux-Arts. Que si le conseil supérieur le présentait au choix du ministre pour diriger l'atelier vacant, nous applaudirions encore et nous féliciterions ses élèves. Avec ce maître, ils n'apprendraient pas seulement à peindre, — ce qui est la moindre des choses, ainsi qu'en témoigne la banalité de la science actuelle du métier, — ils apprendraient aussi à penser, ce qui est peut-être plus nécessaire pour devenir artiste. Et ceux d'entre ces jeunes gens qui sont vraiment bien doués n'auraient pour arriver haut qu'à prendre modèle sur un tel professeur, à lutter tenacement comme lui pour le triomphe de leurs idées, en ayant toujours présents à l'esprit ces mots qui résument le but de tous ses efforts : une vie droite, une œuvre fière

ACADÉMIE DES BEAUX-ARTS

L'Académie des Beaux-arts a tenu la semaine dernière sa séance annuelle sous la présidence de M. Bonnat, assisté du secrétaire perpétuel. M. H. Delaborde. L'allocution du président a été consacrée à rappeler les noms des membres que la compagnie a perdus cette année, Questel, Bertinot, François, Boulanger, et à donner aux lauréats des divers concours des encouragements et des conseils.

Messieurs, leur a-t-il dit, vous allez traverser une période décisive de votre vie, celle où vous deviendrez des artistes vraiment dignes de ce nom. Vous allez voler de vos propres ailes ; vous partez élèves, vous reviendrez maîtres. Le tout dépendra de l'emploi que vous ferez de votre intelligence et des facultés innées qui sont en vous. Eh bien, croyez-moi, je vous dis la vérité, je vous indique la voie. Dès que vous aurez franchi la barrière qui vous séparera de notre terre de France, commencez par oublier Paris et ses agitations fiévreuses. Ne pensez à la patrie que pour vous rendre dignes d'elle. Faites-vous une imagination nouvelle. Oubliez le Salon, et les appétits de succès trop souvent éphémères qu'il fait naître ; vous le retrouverez assez tôt. Assez tôt vous rentrerez dans les âpretés de la lutte et dans les déboires de la vie active. Mais pendant les belles années de jeunesse et de foi qui vont se succéder pour vous, n'ayez que des préoccupations élevées, étrangères au succès immédiat. Ne songez qu'à devenir forts dans les luttes de l'avenir. Ne pensez qu'aux œuvres des artistes immortels que vous allez étudier et qui sont la gloire la plus éclatante de leur pays. Aimez-les sans arrière-pensée. Soyez humbles à côté de ces grands maîtres, soyez pleins de respect : ce respect et cette humilité ne vous diminueront en rien, au contraire, ils vous grandiront. Tâchez de saisir les secrets de leur génie, tâchez de comprendre ce qui a fait leur grandeur. Efforcez-vous de deviner l'idéal qui les a guidés et de découvrir d'où cet idéal, d'où ce grand souffle d'art leur est venu.

Cet idéal, messieurs, résidait au fond de leur cœur, dans l'amour irrésistible qu'ils avaient de la nature, et celle-ci, touchée de ce grand amour, leur a révélé ses mystères.

M. H. Delaborde a lu ensuite une notice dans laquelle il retrace, avec une éloquente simplicité et une émotion à peine contenue, la vie de Victor Massé, le compositeur inspiré de chefs-d'œuvre d'un goût parfait et d'un sentiment exquis, l'auteur désormais immortel de *Galathée*, des *Saisons*, de *Paul et Virginie*, des *Noces de Jeannette*.

A peine âgé de huit ans Victor Massé quittait avec sa mère, veuve d'un pauvre ouvrier cloutier de la marine, la ville de Lorient, où il était né le 7 mars 1822. Comment expliquer, sinon par une secrète divination de l'instinct, pourquoi cet enfant, écoutant les voix qui chantent en lui, se passionne pour un idéal dont rien de ce qui l'environne ne lui parle? Les années qu'il passa dans les classes du Conservatoire, où il eut pour condisciples Scudo, le futur critique, et Rachel, la grande tragédienne, amenèrent pour lui une série de triomphes scolaires presque sans précédent.

En 1842, à vingt ans, il remportait le second grand prix de Rome ; deux ans plus tard, il obtenait le premier. C'était, disaient ses maîtres, « un élève prodige ». Il n'était pas possible d'entrer dans la vie avec plus de dons naturels et de rayonnements ; son esprit, pour parler le langage d'un peintre, son collègue à la villa Médicis, « son esprit avait des éclats roses et clairs ». Bon, il l'était autant que charmant. Par un art d'épargne, dont peu d'autres à sa place auraient eu le secret, il trouvait moyen de prélever sur son maigre budget de pensionnaire de quoi subvenir, dans une certaine mesure, aux besoins de sa mère.

De retour à Paris, il publie les *Chants d'autrefois*, recueil de mélodies, qui lui valut une réputation aussi prompte que légitime. Trois ans ne s'étaient pas écoulés qu'il avait composé et fait représenter trois opéras-comiques : la *Chanteuse voilée* (1850), *Galathée* et les *Noces de Jeannette*. N'eût-il laissé que ces trois aimables ouvrages, dit M. Delaborde, Victor Massé aurait sa place marquée parmi les compositeurs qui ont le mieux traité un genre secondaire, si l'on veut, mais bien attrayant en soi et, en tout cas, bien national. Sous prétexte d'hommage au progrès, il est assez de mode, aujourd'hui, d'afficher un certain dédain pour la musique d'opéra-comique et pour les maîtres qui y ont excellé. On oublie que, par les grâces naïves du style, par la justesse pénétrante du sentiment, quelques-uns d'entre eux se sont montrés les continuateurs, à leur manière, de leur compatriote La Fontaine ; que d'autres, aussi spirituels dans leur langage que nos plus alertes conteurs, ont trouvé le secret d'amuser l'imagination sans rien sacrifier de ce qui intéresse le goût ; que d'autres, enfin, tout en paraissant ne viser qu'à caresser les surfaces de l'intelligence, ont souvent réussi à émouvoir le cœur.

La gloire, qui lui avait d'abord si facilement souri, sembla l'abandonner. A l'exception de la *Reine Topaze*, les neuf ouvrages de Victor Massé, représentés de 1854 à 1867, n'obtinrent qu'incomplètement le succès des œuvres précédentes. Et pourtant *Fior d'Aliza*, les *Saisons* renfermaient des beautés de premier ordre. Il fallut que neuf années s'écoulassent avant qu'avec *Paul et Virginie* il rentrât en pleine possession, non pas de son talent, qui ne lui avait jamais fait défaut, mais du crédit qu'on lui avait reconnu avec tant d'empressement à son entrée dans la carrière.

M. Delaborde suit Victor Massé dans les diverses phases de sa vie ; il le montre se faisant « ermite », à l'époque où le succès semblait le fuir, puis chef des chœurs à l'Opéra, dévoué à sa tâche jusqu'à l'abnégation, professeur de composition musicale au Conservatoire. Il avait été élu membre de l'Académie après la mort d'Auber.

Victor Massé, dit en terminant M. Delaborde, s'éteignit à soixante-deux ans, usé par la maladie comme il aurait pu l'être si sa vie se fût prolongée jusqu'à l'extrême vieillesse, mais en réalité aussi jeune qu'à vingt ans par la candeur du caractère, par la fraîcheur des sentiments et des idées. Il avait recommandé que, suivant l'usage consacré dans les cimetières de son pays natal, un rosier couvrît de ses rameaux et parât de ses fleurs la terre où il dormirait. Son vœu, est-il besoin de le dire ? a été pieusement rempli, et, de plus, la main de celui de nos confrères à qui Victor Massé avait d'avance confié le soin d'élever son tombeau, la main amie de M. Charles Garnier, a figuré avec un touchant à-propos des roses sur le monument dédié à cette douce mémoire. N'étaient-ce pas là en effet les emblèmes qui lui convenaient le mieux, et comme les armes parlantes de ce talent si plein de sève dans sa grâce et de charme dans son éclat (Applaudissements.)

Sont ensuite proclamés les noms des lauréats des divers concours.

Nous avons fait connaître ces prix lorsqu'ils ont été accordés.

Le Concours Jauvin d'Attainville

Le jury de l'Ecole des Beaux-Arts a rendu son jugement du concours de paysage historique de Jauvin d'Attainville.

Prix de 2.100 francs : M. Gosselin, élève de MM. G. Boulanger, Jules Lefebvre, Leroux, Harpignies.

Prix réservé de 1887, 2.100 fr. : M. Moteley, élève de MM. J. Lefebvre et Boulanger.

Mentions : MM. Signoret, Blanchecotte, Trigoulet, Toreau.

PÉTITION

On nous communique la pétition suivante adressée a Monsieur le Ministre de l'instruction publique et des Beaux-Arts :

Les soussignés, artistes français, ont l'honneur de soumettre à Monsieur le Ministre le vœu suivant :

Partisans du suffrage universel et des élections pour la formation des jurys.

Nous sollicitons l'élection par les intéressés de l'élément artistique, du jury des récompenses, pour la section des Beaux-Arts, à l'Exposition universelle de 1889.

Comme vous avez bien voulu, Monsieur le Ministre, nous accorder la faveur de l'élection d'une partie du jury d'admission, nous espérons en votre bon vouloir.

Agréez, Monsieur le Ministre, l'assurance de notre profond respect.

On est prié de retourner cette pétition après signature à M. Bartholdi, Président de la Société libre, 40, rue Vavin.

LE MONUMENT DE DANTON

La commission pour le monument de Danton s'est réunie lundi à l'Hôtel-de-Ville.

Elle a retenu les projets de MM. Desca, Levasseur et Paris.

Cet ordre est purement alphabétique et n'indique pas de préférence particulière de la part du jury pour l'un de ces trois projets.

Ce concours a donné lieu à une protestation : M. Ernest Jetot, l'un des concurrents, a adressé une lettre à la préfecture de la Seine dans laquelle il se plaint de ce que plusieurs artistes ont fait leur projet plus grand que ne le permettait le règlement. « De plus, ajoute M. Jetot, plusieurs d'entre eux ont présenté la même maquette reproduite deux ou trois fois dans des proportions différentes et ont, en quelque sorte, exposé d'avance le modèle que devront seuls, selon l'article 8 du programme, exécuter les trois artistes primés. »

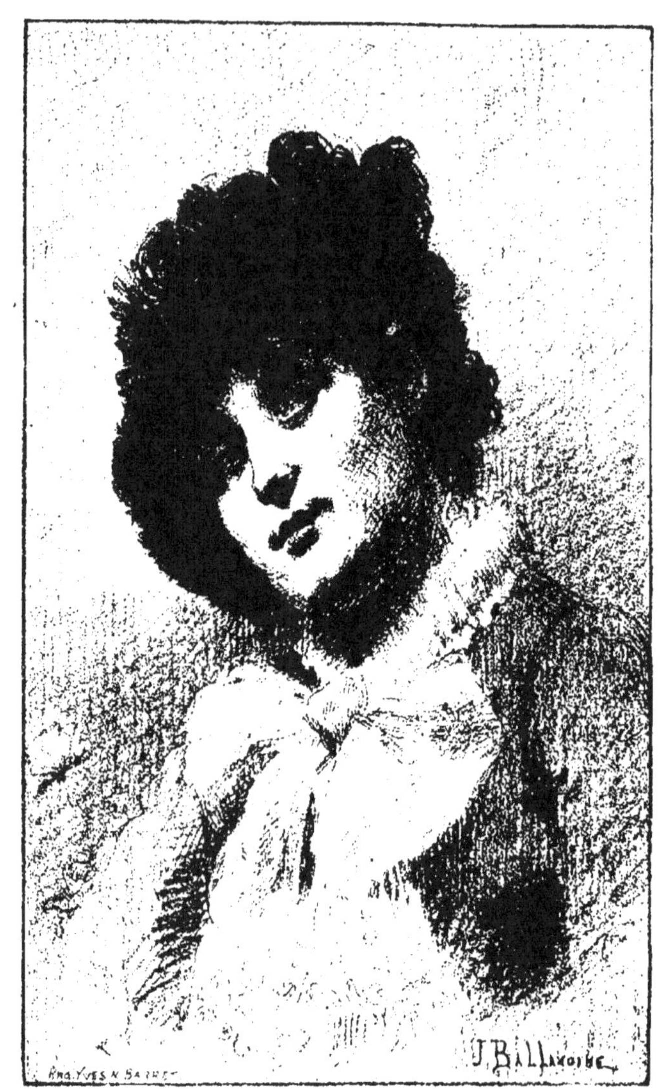

BALLAVOINE

EXPOSITION DE PÉRIGUEUX

Voici la liste des acquisitions faites, tant par la Société que par divers amateurs ou par la ville de Périgueux :

MM. Amaudry. — *Lilas*.

A. Appian. — *Un soir*, canal de Rossilon (Ain).

L. A. Auguin. — Etang de Lacanau.

L. Barillot. — *Maître Aliboron*, Printemps. *Toreau de Cotentin*, matin (aquarelle).

Z. Baton. — *Vieille tricoteuse bretonne*.

P. E. Berton. — *Bouleaux dans la forêt de Fontainebleau*.

J.-E. Brielman. — *Gardeuse d'oies*, bords du Cher, à Saint-Amond-Montrond.

F.-S. Brissot de Warville. — *Moutons* (aquarelle).

L. Coblentz. — *Elisabeth reçue sur le vaisseau le Drack* (Email limousin).

G. Combet. — *Matinée d'avril en Périgord. Décembre*, effet de brouillard.

G. Dinguidar. — *Soirée d'automne à l'Etang de la Caneau*.

L. Drouyn. — *Le vieux Pont à Périgueux* (dessin à la plume).

F. Dubost. — *Chute du Mardarick à Marcons* Basses-Alpes (fusain).

F. Dubost. — *Un vieil arbre à Malijai*, Basses-Alpes (fusain).

V. Dupré. — *Paysage avec animaux*.

E. Fontan. — *La place d'un vieux marché*, Bordeaux (aquarelle).

A. Homo. — *Souvenirs du Vieux Paris*, la rue des Marmousets (aquarelle), salon de 1888.

J. P. Laurens. — *Etude pour les récits mérowingiens* (Radegonde).

E. Lefebvre. — *Poires. Un dessert*.

C. Molliet. — *Fleurs*, Iris et Pivoines.

E. Reynaud. — *La partie de cartes* (Naples).

J. Richomme. — *La fin d'un livre*.

A. Rivet. — *Jeune Bacchante*, statue (plâtre).

M. de Roffignac. — *Putois pris au piège* (terre cuite).

E. A. Sain. — *Jeune fille de l'île de Capri*.

L. Timmermans. — *Plage de Flessingue*, Hollance.

L. Timmermans. — *Marché de Dieppe* (aquarelle).

Messieurs les artistes exposants ont été avisés, par lettre individuelle, de la réexpédition de leurs ouvrages ; toutefois, s'il y avait eu quelques oublis involontaires, les intéressés, dont les œuvres avaient été centralisées pour former des envois collectifs, sont prévenus qu'ils pourront les retirer aux adresses :

A Paris, chez MM. Guinchard et Fourniret, 76, rue Blanche.

A Bordeaux, chez M. Grézy, 36, rue des Facultés.

Union des Femmes Peintres et Sculpteurs

Avis. — Le Comité prévient les membres de cette Société que l'ouverture de la 8ᵉ exposition annuelle aura lieu, comme les années précédentes, au Palais des Champs-Elysées, courant février 1889.

Les sociétaires seront convoquées en assemblée générale en décembre prochain.

Les nouvelles inscriptions sont reçues au siège de la Société, 147, avenue de Villiers.

Bulletin des Expositions et Concours

Florence. — Exposition du 16 décembre 1888 à fin mars 1889. — Envoi des ouvrages jusqu'au 30 novembre.

Melbourne. — Exposition internationale du 1ᵉʳ août 1888 au 1ᵉʳ janvier 1889.

Paris. — VIIIᵉ Exposition annuelle de l'Union des Femmes peintres et sculpteurs, en février 1889, au palais des Champs-Elysées.

Rouen. — Exposition du 1ᵉʳ octobre au 30 novembre.

NÉCROLOGIE

M. Bailly, membre de l'Institut, président de la Société des Artistes français, vient d'être cruellement frappé.

Mme Bailly est morte à Vigneaux, près de Poissy, après une douloureuse maladie.

*

On a enterré également cette semaine le peintre belge François Musin, un mariniste qui eut une très grande vogue il y a une vingtaine d'années. C'était un excellent homme, répandant en œuvres de bienfaisance les revenus d'une petite fortune acquise par le travail. Il avait soixante-huit ans.

*

Le dessinateur Fernandinus est mort mercredi dernier.

Il a succombé à une affection de poitrine. Il avait 38 ans.

*

M. Louis Rey, peintre décorateur, est décédé la veille à l'âge de 72 ans.

*

Nous apprenons la mort, à Paris, du sculpteur Charles Degeorge.

Charles Degeorge était né à Lyon en 1837. Elève de Duret, de Flandrin et de Jouffroy, il avait signé, entre autres œuvres remarquables, *Bernardino Censi*, marbre ; le buste d'Henri Regnault, placé dans la cour du Mûrier, à l'Ecole des Beaux-Arts, au-dessus de la *Jeunesse* de Chapu ; la *Jeunesse d'Aristote*, qui lui valut une première médaille au Salon de 1875 ; une fontaine monumentale à Lyon ; un grand nombre de bustes, parmi lesquels ceux de Sully Prudhomme, de Jules Claretie, de Stanislas Julien, etc.

Charles Degeorge était prix de Rome pour la gravure en médailles (1886). Il avait été nommé chevalier de la Légion d'honneur à la suite de l'Exposition universelle de 1878.

Plusieurs journaux, rendant compte des obsèques ont annoncé :

Que les cordons du poêle étaient tenus par deux sculpteurs et deux peintres, membres du conseil d'administration de la Société des artistes ;

Que ledit conseil avait envoyé une couronne magnifique de fleurs naturelles, avec l'inscription : *la Société des artistes à Charles Degeorge* ;

Que la direction des Beaux-Arts était représentée par M. Kaempfen, l'Ecole des Beaux-Arts par M. Dubois, et la Société des artistes par MM. Guillaume, Bailly et Bouguereau.

Cette triple affirmation est faite pour surprendre les personnes présentes aux obsèques, — parmi lesquelles nous avons omis de mentionner un des amis du défunt, M. Eugène Oudinot, peintre-verrier, adjoint au maire du sixième arrondissement. En effet, personne n'a tenu les cordons du poêle ; la couronne de fleurs naturelles avait été envoyée par la Société la *Macédoine*, dont Degeorge était membre depuis sa fondation ; enfin MM. Kaempfen, Paul Dubois, Guillaume, Bailly et Bouguereau n'assistaient pas à la cérémonie.

A cela près !...

* *

On annonce de Caen la mort du sculpteur Lechesne, qui avait obtenu, en 1848, une seconde médaille. Il était chevalier de la Légion d'honneur depuis 1855.

L'AFFAIRE DE LA RUE PRONY

La rue Prony a été, l'autre semaine, le théâtre d'un drame auquel se trouve mêlé le peintre Van Beers.

Dans un petit hôtel de cette rue, vivait un ancien modèle, Mlle Duvernet, qui, après un stage très court au théâtre, où elle jouait surtout des rôles de plastique, s'était résolument lancée dans la société où l'on s'amuse.

Elle était devenue la maîtresse d'un employé de banque, M. Hackenberger.

Les choses allaient fort bien tant qu'il y eut des louis dans la bourse, mais un jour vint où appointements et économies furent épuisés ; en plus, le banquier, trouvant sans doute la conduite de son employé peu rassurante pour l'avenir, le remercia. C'était la ruine à brève échéance. Avec ce flair des femmes qui savent compter, Georgette signifia à son amant qu'il eut à reprendre sa vie de garçon.

Elle lui avait déjà du reste donné un successeur dans la personne de Van Beers, qui l'avait prise quelque temps comme modèle.

Hackenberger vint un matin à deux heures, rue Prony et trouva sa maîtresse couchée avec ce peintre.

Arrachant violemment les couvertures qui recouvraient les jeunes gens, il cria, s'adressant à M. Van Beers :

— Vous ! levez-vous et sortez d'ici ou je vous tue.

Ce disant, il braqua le canon d'un revolver sur le peintre et la femme.

Georgette et son amant sautèrent précipitamment en bas du lit. Comme Van Beers ne se rhabillait pas assez vite au gré de son rival, celui-ci lui dit :

— Allons ! allons ! dépêchez-vous donc.

Et Van Beers, ayant fait mine de ne pas entendre, Hackenberger tira en l'air un coup de son arme. La balle alla se loger dans le plafond.

Tant bien que mal, le peintre s'habilla. Mlle Duvernet et Hackenberger entrèrent au salon où Van Beers les rejoignit. Là une nouvelle scène des plus violentes se produisit. Hackenberger sortit sa canne à épée et se mit à larder de coups tous les meubles. Tout en discutant, l'agresseur opérait une retraite vers l'antichambre suivi par les deux amants. Mais là, la querelle s'envenima de plus en plus. Tout à coup Hackenberger, en proie à une surexcitation fébrile, braqua son arme sur Georgette, en s'écriant :

— Si tu ne quittes pas cet homme, je te brûle la g.... et je me tuerai après !

C'est alors que le peintre se jeta devant.

— Je vous en défie bien, monsieur, répondit-il d'un ton sec et froid.

Presque aussitôt quatre nouvelles détonations se faisaient entendre. Hackenberger avait tiré. Van Beers répondit par cinq coups de feu dont trois atteignirent Hackenberger sans le blesser grièvement cependant.

La police dut intervenir et l'affaire aura prochainement son dénouement devant la cour d'assises.

LES VENTES PUBLIQUES

A l'hotel Drouot, on a vendu les quelques meubles dépendant de la succession de Landrol. Cette vente n'a pas produit 5.000 francs. Il est juste de dire que tous ces meubles et tous ces différents objets, recouverts d'une épaisse couche de poussière, jetés pele-mele dans la salle n° 4, faisaient le plus misérable effet.

Landrol aimait les papillons ; il s'était fait une collection assez importante de ces céléoptères. Tous ces papillons étaient rangés et étiquetés dans des boites spéciales. Cette collection, que cet artiste appréciait tant, qu'il avait mis un si grand nombre d'années à réunir, n'a pas été appréciée du public de la salle des ventes : papillons, boites, le tout a été vendu 14 francs.

* *

A la vente des étoffes et tapisseries ayant appartenu à M. Hamburger, les deux vacations ont produit 113.000 fr. Signalons parmi les principales enchères : un panneau de tapisserie d'après Van der Meulen : dans le fond, les remparts d'une ville assiégée ; au second plan, des soldats dans la tranchée, et sur le premier plan des chevaux tenus en main et des soldats. Cette tapisserie, ornée d'une large bordure, porte la signature de D. L. Croix et le chiffre de Louis XIV. Elle a été vendue 25.000 fr.; une autre tapisserie, sans bordure, représentant le *Char de Neptune*, a été payée 12.200 fr.; un petit panneau portant les armes d'Angleterre entourées de figures mythologiques, signé Coenot, a été adjugé 7.900 fr. Enfin, une petite tapisserie de la manufacture de Beauvais représentant le *Char de Vénus*, malgré son mauvais état, a atteint également le prix de 7.900 fr.

En province, les ventes artistiques continuent à être très suivies. On vient d'adjuger les collections du château de Bonnemère, dans l'Eure : une fort belle pendule Louis XVI, avec ses candélabres, a été vendue 10.100 francs. Quelques meubles de l'époque de l'empire ne se sont pas très bien vendus. Signalons deux meubles de salon : le premier, en acajou massif sculpté, les pieds en griffes de lion, ornés au sommet de têtes d'Egyptiennes, les dossiers et les pieds ornés de bronzes ciselés et dorés, a été payé 1.901 francs ; le second, en bois sculpté, peint blanc et doré, recouvert en tapisserie de soie à l'aiguille, a difficilement obtenu 1.101 francs.

La vente Planquart, qui vient de se terminer à Lille, a produit plus de 100.000 fr. Le musée de Lille a payé 9.630 fr. un polyptyque en ivoire du quatorzième siècle; 3.300 fr. quatre pièces en vieux japon royal, fond bleu lapis, décor or.

Une petite coupe basse, en poterie de Bernard Palissy, en forme de nacelle, dans le fond de laquelle on voit une nymphe nue, a été vendue 1,275 fr.; une cruche à anses en grés de Flandre, ornée de dix-neuf petits bas-reliefs, datée de 1590, a été acquise au prix de 1,355 fr. par le musée de Lille.

ÉCHOS ET NOUVELLES

Les niches pratiquées à l'extérieur du musée du Luxembourg étaient restées, jusqu'à présent, vides, L'administration des Beaux-Arts vient d'y faire placer les bustes d'artistes suivants, dans l'ordre que voici :

Houdon — J. David — A. Gros — Rude — Prud'hon — David d'Angers — Ingres — Pradier — Delacroix — Barye — Th. Rousseau — Millet.

Dans le jardin, on s'occupe d'installer le groupe en bronze de M. Boucher : *Au but*, qui valut au jeune artiste la première médaille au Salon de 1886 et le *Phidias* gigantesque d'Aimé Millet.

Le musée du Luxembourg vient de s'enrichir d'un dessin à la plume de M. Adolphe Guillon. C'est la reproduction de son tableau *Menton* qui a été acheté par l'Etat au dernier Salon.

Les élèves de l'Académie Julian viennent de nouveau de se distinguer à l'Ecole des Beaux-Arts.

Pour le concours d'Attainville, nous remarquons :

Histoire, prix, LAVERGNE.

Paysage, prix, GOSSELIN.

Paysage, 1887, prix réservé, MOTELEY.

Mentions, SIGNORET, FOREAU, BLANCHECOTTE, DANGNY, DEVAMBEZ et BUFFET, et pour le concours semestriel de figure peinte,

Un 2° prix à BLANCHECOTTE.

Tous élèves de MM. Boulanger et J. Lefebvre.

On écrit de Saint-Pétersbourg au *Figaro* :

M. G. Becker n'a pas voulu rentrer en France, paraît-il, qu'il n'eût terminé ses travaux commandés ici. Il va vous revenir après vous avoir fait honneur, et son pinceau n'aura pas peu travaillé à l'alliance franco-russe. Pour une grande cause, il n'est point de petits effets, et la communauté en art rapproche souvent bien des distances en réchauffant bien des sympathies.

Les artistes, exposants de Buenos-Ayres, sont invités à donner dans le plus bref délai leurs noms et adresses : à *l'Agence* de la propriété artistique, chez M. du Foussat, 17, rue du Faubourg-Montmartre.

Prière de joindre les titres des ouvrages et les prix demandés à M. Delpech.

L'Imprimeur-Gérant : HENRY LEFEBVRE.

LA VIE ARTISTIQUE

COURRIER HEBDOMADAIRE ILLUSTRÉ

Des Ateliers, des Expositions & des Théâtres

BUREAUX A PARIS
42, Rue de Chabrol, 42 | Dimanche 18 Novembre 1888
2ᵉ ANNÉE — Nᵒ 37 | ABONNEMENTS
Un An : DIX FRANCS

La Décoration de l'Hôtel-de-Ville

La décoration picturale de l'Hôtel de Ville constituera évidemment une des œuvres artistiques les plus considérables de notre temps. L'importance des surfaces à décorer, le cadre merveilleux où les artistes pourront donner des œuvres caractéristiques de leur talent, l'ensemble de cette décoration dont la dépense ne sera pas moindre de 2 millions et demi, tout montre que les commandes directes ou indirectes que la Ville va faire prochainement méritent qu'on examine avec intérêt les propositions de la commission chargée par le conseil municipal de dresser un plan d'ensemble pour cette décoration.

Un certain nombre de conseillers municipaux, on s'en souvient sans doute, avaient demandé que toutes les peintures fussent données au concours. On a fait observer à ce sujet, non sans raison, que ce système aurait éloigné beaucoup d'artistes « arrivés », à qui il déplairait de voir leur talent contesté par un jury dont les décisions auraient pu être influencées par certains partis-pris d'écoles. Le Conseil municipal n'a pas voulu, par contre, que par l'adoption exclusive du système de la commande directe on écartât de la grande œuvre entreprise par la Ville quelques talents « inconnus » ; aussi, pour concilier les partisans des deux principes, a-t-on décidé, tout d'abord, que partie des surfaces à décorer serait mise au concours, l'autre partie étant commandée directement aux artistes connus. En conséquence, la commission, dont nous connaissons les travaux par un rapport très complet de M. Emile Richard, propose au conseil de mettre au concours les emplacements suivants : plafond de la bibliothèque du conseil municipal, salle de la commission du budget, salon d'angle sur la place de l'Hôtel-de-Ville, plafonds de la salle à manger, salons d'introduction aux deux extrémités de la salle des fêtes, galerie latérale sur la place Lobau. Une somme de 480,000 fr. serait affectée à ces concours et à l'exécution des œuvres primées.

Les emplacements confiés à la commande directe seraient : l'escalier d'honneur, le salon d'angle sur la place Lobau, les salons à arcades sur le quai, leur galerie latérale et leurs vestibules, le dessus de porte de la salle à manger, le plafond de la grande salle des fêtes et les salons latéraux d'introduction, des panneaux et des portiques voisins de la grande salle des fêtes, le salon des cariatides, les deux grands escaliers des fêtes, enfin les deux galeries donnant sur les cours intérieures de l'Hôtel de Ville. Cette partie de la décoration picturale, beaucoup plus importante que la précédente, nécessiterait une dépense de 1,341,200 fr. Enfin, la décoration de la grande salle des fêtes, les dorures et travaux auxiliaires coûteraient 518,000 fr. : il resterait un crédit de 168,000 fr. pour les dépenses imprévues.

Le choix et la répartition des surfaces destinées à être couvertes de peintures étant ainsi effectués, la commission avait à résoudre une question importante au point de vue artistique. Fallait-il avoir en vue des œuvres d'ensemble, des œuvres maîtresses illustrant à la fois l'artiste qui les a exécutées et le monument qui les reçoit, ou bien fallait-il s'efforcer de constituer une sorte de musée dans lequel toute l'école française actuelle serait représentée par des specimens des peintres contemporains ? On aurait pu, dans le premier cas, confier à un nombre restreint d'artistes l'exécution de la peinture des diverses pièces, de manière à obtenir, comme pour le foyer de l'Opéra, un ensemble typique. Mais c'était aller peut-être contre l'idée qui s'était manifestée au sein du conseil municipal. « Le programme, dit à ce propos M. Emile Richard, devrait être assez large pour que les différentes personnalités qui honorent l'art de notre pays pussent trouver place sur cette liste. Toutes les écoles, tous les genres doivent nécessairement avoir leur place dans la maison commune. Aucune forme de l'art ne peut en être exclue. »

Évidemment, on ne pourra pas reprocher à la commission d'avoir fait preuve d'exclusivisme, car la liste des artistes proposés par la commande directe ne comprend pas moins de 92 personnes et, si le concours pour les surfaces actuellement réservées ne donne pas à des peintres déjà désignés l'exécution d'un plafond, ou d'un panneau, ou d'une frise, on voit que le nombre des artistes qui prendront part à la décoration picturale de l'Hôtel de Ville dépassera sensiblement la centaine. A coup sûr, le conseil municipal aura formé de toutes pièces un nouveau musée parisien : mais le grand art aura-t-il les satisfactions auxquelles il avait le droit de prétendre? Là est la question.

Ce principe de morceler à l'extrême les surfaces n'est pas sans avoir de grands inconvénients. Ainsi, les trois plafonds de la grande salle des Fêtes ont été donnés à trois peintres différents : n'aurait-il pas été préférable de faire là une œuvre d'ensemble confiée à un seul artiste? Dans la décoration des trois salons à arcades sur le quai, il est incontestable que, malgré tout, on aboutira à une sorte d'incohérence. Ces trois salons, en réalité, n'en forment qu'un seul. Une unité de conception et d'exécution s'imposait. Grâce au morcellement, on a décidé qu'il y aurait des peintres différents, et pour les trois plafonds, et pour les surfaces décoratives qui touchent au plafond.

A défaut de cette unité, la logique aurait voulu que les artistes à qui l'exécution des plafonds aurait été attribuée appartinssent tout au moins à la même école. Deux listes avaient été soumises à la commission : l'une, composée de peintres appartenant à l'école réaliste, l'autre, formée de MM. Bonnat, Jules Lefebvre et Henner. La commission a fait de la concentration artistique en remplaçant M. Henner par un peintre de grand talent, il est vrai, mais dont les théories esthétiques sont évidemment différentes de celle des peintres dont les œuvres seront juxtaposées à la sienne.

Ces constatations faites, il importe de dire que la commission s'est efforcée d'exécuter son programme de manière à supprimer tout heurt de peinture et à éviter un ensemble par trop disparate. L'expérience, si le conseil municipal approuve les conclusions du rapport de sa commission, montrera si on a réussi à concilier l'harmonie décorative avec le principe qui était en quelque sorte imposé.

Quant à la question de délai pour l'exécution de cette grande œuvre, elle ne saurait, évidemment, être préjugée. Voici, d'ailleurs, comment le rapporteur s'exprime à ce sujet :

« Tout en désirant ardemment que l'édifice municipal reçoive le plus rapidement possible le complément de décoration qui doit achever et couronner l'œuvre des distingués architectes de l'Hôtel de Ville, tout en souhaitant que les peintres au talent desquels la municipalité parisienne fera appel n'oublient pas quel intérêt il y a, pour le renom artistique de la grande cité, à terminer dans un temps rapproché l'une des entreprises les plus considérables du siècle, votre commission n'a pas cru devoir leur imposer de délai pour l'exécution de leur travail, convaincue que les seules œuvres durables sont celles qui sont accomplies à leur heure et en toute liberté. »

Il est à désirer, maintenant, que le conseil municipal statue le plus rapidement possible sur le rapport de sa commission, si on veut que la décoration picturale de l'Hôtel de Ville soit, comme l'architecture et la sculpture du monument, un ensemble artistique représentant l'art français au moment du Centenaire de 1789, et trouve ainsi sa place dans l'histoire de l'art.

Bien que nous ayons déjà donné la liste des peintres que la commission présente au conseil municipal, à mesure que cette commission avait arrêté ses choix, nous croyons devoir reproduire la partie du rapport de M. Émile Richard où se trouve la désignation des surfaces et les sommes offertes aux artistes pour leurs travaux.

Grande salle des Fêtes.

3 grands plafonds à 20.000 fr. : La Ville de Paris conviant le monde à ses fêtes : M. Benjamin Constant; la Musique : M. Gervex; la Danse, M. Morot.

2 petits plafonds à 7.500 fr., représentant les Fleurs et les Bijoux : M. Gabriel Ferrier.

16 figures à 2.500 fr. : MM. F. Humbert, Paul Milliet, Hippolyte Berteaux et Weerts.

6 camaïeux à 1.200 fr. : M. Aublet.

Grands escaliers des Fêtes.

4 panneaux à 5.000 fr., divers caissons et arcs doubleaux (31.000 fr.), à M. Olivier Merson.

4 panneaux à 5.000 fr., divers caissons et arcs doubleaux (31.000 fr.), à M Schommer.

1 coupole (12.000 fr.), et 4 pendentifs à 2.000 fr., à M. Joseph Blanc.

16 paysages à 5.000 fr. pour les galeries latérales aux deux escaliers : MM. Bernier, Victor Binet, E. Breton, Busson, Charnay, Demont, Gosselin, Hanoteau, Lelièvre, Emile Michel, Pointelin, Raffaëlli, Vayson, de Vuillefroy, Yon, Zuber.

Galeries.

5 grands paysages, à 8.000 fr., pour les galeries sur les cours intérieures de l'Hôtel de Ville : MM. Jules Breton, Harpignies, Damoye, Pelouze, Rapin.

Galerie Lobau latérale à la salles des fêtes : 2 grands panneaux à 10.000 fr. : MM. Baudouin et Cazin.

4 panneaux à 5.000 fr. : MM. Planchon, Delahaye, Clairin et Ehrmann.

2 petits portiques à 15.000 fr. : MM. F. Barrias et Henri Lévy.

Salle des Cariatides.

Tympans, voussures, pénétrations : ensemble 69.000 fr. : M. Cabanel.

Salons d'introduction à la salle des Fêtes.

2 décorations d'ensemble à 60.000 fr. : MM. Puvis de Chavannes et Roll.

Escalier d'honneur.

1 plafond 25.000 francs, et 15 compositions à 4.000 francs : M. Elie Delaunay, qui représentera « la Gloire de Paris ».

Grands salons à arcades.

1er salon : les Arts. 1 plafond à 20.000 fr. et 2 petits plafonds latéraux à 2.5000 fr. : M. Bonnat.

2ᵉ salon : *les Lettres.* 1 plafond à 20.000 fr. et 2 petits plafonds à 2.500 fr.: M. Jules Lefebvre.

3ᵉ salon : *les Sciences.* 1 plafond à 20.000 fr. et 2 petits plafonds à 2.500 fr.: M. Besnard.

Dans ces 3 salons, il y aura 6 frises à 12.500 fr. confiées à MM. Léon Glaize, Commerre et Lerolle : 36 écoinçons à 1.250 fr.: MM. Chartran, Maignan et Carrière ; 12 médaillons à 500 fr.: MM. Rivey, Raphaël Collin, Marchal; 12 panneaux et figures à 7.000 fr.: MM. Tony Robert-Fleury, Ranvier, Dagnan-Bouveret, Layraud, E. Thirion, H. Leroux, Henner, G. Callot, Jeanniot, Buland, A. Breton, Rixens.

12 panneaux de paysage à 5.000 fr.: MM. Gustave Collin, Français, Bellel, Lapostolet, Henri Saintin, Lavieille, Lansyer, Guillemet, John Lewis-Brown, Pierre Vauthier, Luigi Loir, Lépine.

En outre, dans le salon des Lettres comme dans le salon des Sciences, se trouvent des dessus de portes à 3.000 fr. confiés, dans le premier, à M. Urbain Bourgeois, et dans le second, à M. Duez.

Galerie latérale à ces salons.

12 travées, 2 pignons, dorures et accessoires, 120.000 fr.: M. Galland, dont l'œuvre décorative devra comprendre les « métiers de Paris. »

Salon d'angle sur la place Lobau.

Décoration d'ensemble, 80.000 fr.: M. Jean-Paul Laurens, qui peindra « l'histoire de Paris et de ses libertés municipales. »

Salle à manger.

8 dessus de portes à 3.000 fr.: M. Vollon.

Vestibules.

2 grands panneaux à 10.000 fr.: MM. Lhermitte et Tattegrain.

4 dessus de portes à 3.000 fr.: MM. Monginot, Quost, Jeannim et Cesbron.

La dépense totale sera prélevée sur les fonds d'emprunt.

ACADÉMIE DES BEAUX-ARTS

9 NOVEMBRE 1888

La section de gravure a classé dans l'ordre suivant les candidats à la place vacante par suite du décès de M. François :

1° M. Blanchard ; 2° Belley ; 3° Ach. Jacquet ; 4° Jules Jacquet ; 5° Waltner,

M. Laguilhermie a été ajouté sur la liste par l'Académie.

L'élection a eu lieu le samedi 17.

Les candidats à la place vacante par suite du décès de M. Boulanger sont, par ordre alphabétique : MM. J. Paul Laurens, Leconte Du Nouy, Jules Lefebvre, Gustave Moreau.

Samedi, la section a fait son rapport sur ces candidatures et a présenté le classement.

LA RENAISSANCE ARTISTIQUE ET INDUSTRIELLE

EN PROVINCE

Il se fait en ce moment dans un des principaux centres industriels de France, le département de la Loire, une tentative originale en vue du développement de l'industrie et du commerce de notre pays. On sait que M. Marius Vachon a été chargé par le gouvernement de plusieurs missions pour étudier en Europe l'organisation des institutions qui poursuivent le même but. Dans la conclusion de ses rapports, il a signalé comme un des éléments les plus puissants de l'outillage de la concurrence étrangère les sociétés d'art industriel et les musées industriels et commerciaux.

Après avoir fait connaître les résultats de son enquête laborieuse aux chambre de commerce, dans une série de conférences publiques, notre confrère a entrepris de créer en France des institutions analogues. Sur son initiative, la chambre de commerce de Saint-Etienne vient de décider la fondation d'une grande association, dénommée *Société d'art et d'industrie de la Loire*, qui a pour objectif l'organisation d'un musée artistique, industriel et commercial, et la propagation de l'instruction professionnelle parmi les ouvriers. La municipalité de Saint-Etienne, le conseil général, lui ont libéralement accordé leur concours, et le ministre du commerce et de l'industrie a hautement approuvé le projet qui lui a été soumis.

L'œuvre est déjà entrée dans la période d'organisation. Notre correspondant nous adresse la première liste des fondateurs ; nous y voyons figurer: le préfet de la Loire, le maire de Saint-Etienne, la chambre de commerce, les principaux industriels métallurgistes, rubanniers, armuriers, quincailliers, les directeurs des grandes compagnies de forges et de mines, le vice-président de la chambre de commerce de Lyon, de nombreux fonctionnaires supérieurs, et les directeurs des grandes écoles artistiques et professionnelles du département.

Le musée de Saint-Etienne constituera en France un type nouveau de musée. L'art, l'industrie et le commerce y seront associés étroitement, se prêtant un mutuel appui et concourant activement au même but, le perfectionnement de la production régionale. En même temps qu'il fournira aux artistes et aux ouvriers les meilleurs modèles de bon goût et d'exécution parfaite, choisis parmi les œuvres du passé, il renseignera les industriels sur les procédés techniques employés dans les autres pays d'industries similaires, et donnera aux négociants les informations commerciales nécessaires pour lutter contre la concurrence étrangère, sur les marchés français et sur les places d'exportation. Dans ce musée, le principe fondamental de l'organisation sera de faire circuler à domicile les collections d'échantillons et dé modèles de les mettre entre les mains des artistes et des ouvriers, sous les yeux des négociants, pour que les intéressés puissent les étudier, sans perte de temps et sans dérangements. Les objections qu'on pourrait élever, par esprit de routine, contre ces intéressantes innovations, et notamment contre cette dernière, tombent devant les exemples de prospérité d'institutions analogues créées à l'étranger et surtout en Allemagne. Dans ce pays, dix musées fonctionnent ainsi ; le Musée des Arts industriels de Berlin envoie jusqu'en Norwège des collections du plus grand prix.

La *Société d'art et d'industrie de la Loire* est constituée en participation ; l'ambition des fondateurs est d'arriver à réunir de deux à trois mille membres. Le succès paraît assuré à une œuvre organisée dans ces conditions et qui, sans le moindre doute, doit rendre les plus sérieux services aux deux grandes industries artistiques de ce département : la rubannerie et l'armurerie.

LA STATUE DE BALZAC

La statue de Balzac suscite des événements étranges ! Le comité de la Société des gens de lettres, qui n'a réuni jusqu'ici pour cette œuvre que dix-huit mille francs environ, doit en être profondément ennuyé.

Seuls MM. Chapu et Marquet de Vasselot étaient les concurrents en présence, M. Marquet de Vasselot, après avoir reçu la visite des délégués de la Société des gens de lettres, s'est cru par cela officieusement désigné. Ayant appris que des démarches étaient faites par ces mêmes délégués auprès de M. Chapu, il a écrit à son éminent concurrent une longue lettre afin de l'engager à se désister. Dans cette lettre, il supplie M. Chapu de ne pas « frustrer le père de famille », non de l'argent que peut lui rapporter cette statue — elle n'en rapportera, hélas ! pas beaucoup — mais de la « gloire » qu'elle lui procurera.

Le comité a tranché le débat ; par 17 voix contre 4, il a désigné M. Chapu.

L'Exposition des Œuvres de Barye

Une des plus intéressantes expositions de la saison prochaine, et à coup sûr une des plus importantes comme manifestation artistique, doit avoir lieu au commencement de l'année.

Il s'agit de l'exposition générale des œuvres du grand animalier Ant. Barye, qui dispute à Rude l'honneur d'être considéré comme le maître le plus génial de la statuaire française pendant la plus grande partie de ce siècle.

Tout le monde, d'ailleurs, connaît plus ou moins les grandes figures d'animaux signées Barye, qui figurent dans quelques-unes de nos promenades et certains édifices publics.

Mais ce que, seuls, les amateurs et les amis de Barye connaissent, ce sont ses aquarelles et dessins, exécutés les uns d'après nature, d'autres d'après des *canons* particuliers, et qui, tous, servaient d'études pour les œuvres sculptées.

C'est cet ensemble de pièces rares qui doit figurer à l'Ecole des Beaux-Arts, ainsi, cela va

sans dire, que les plus belles épreuves à cire perdue des bronzes, que l'on trouve aujourd'hui parfois bien altérés par le commerce.

A l'œuvre considérable que nous venons de résumer en peu de lignes sont attelées des personnalités éminentes comme MM. Bonnat, Guillaume, H. Destable, etc.

La seule chose qui pourrait retarder l'exposition jusqu'au mois de mai serait l'encombrement de l'Ecole occupée par une quantité de concours.

Ce qui démontre une fois de plus la nécessité d'en finir avec les travaux de l'hôtel de Chimay.

M. EIFFEL

Il est peu d'hommes dont le nom soit devenu aussi rapidement universel.

Il en est peu aussi qui aient obtenu, sans la chercher et aussi rapidement que M. Eiffel, la popularité des grandes figures.

Quelques notes biographiques vont montrer cependant que cette renommée, M. Eiffel l'avait conquise, dans le monde des ingénieurs, par d'importants travaux, avant même que la construction de la Tour de Paris soit venue mettre, pour le public, le dernier sceau à sa réputation.

M. Eiffel est né à Dijon en 1832.

Il est sorti de l'Ecole centrale à vingt-trois ans.

La première grande entreprise dans laquelle il affirma sa science, la sûreté de son coup d'œil, fut celle du grand pont métallique de Bordeaux. Des expériences récentes avaient fait entrevoir le secours que devait apporter aux travaux sous-marins l'emploi de l'air comprimé. M. Eiffel, qui était attaché à la construction du pont comme chef de service, mit à profit les résultats acquis et montra pratiquement tout le parti que l'on pouvait tirer des procédés nouveaux.

Plus tard, nous le retrouvons construisant le pont de Nive, à Bayonne, ceux du réseau central à Capdenac et à Florac, puis, en 1867, à Paris, à l'Exposition universelle, où le commissaire général lui avait confié l'étude des arcs de la galerie des machines et la vérification expérimentale de ses calculs.

Avec une netteté qui frappa le monde savant, M. Eiffel établit le module d'élasticité des pièces composées, et consigna, dans un remarquable mémoire, le résultat de ses travaux. Aussi, l'année suivante, la Compagnie d'Orléans lui confiait-elle, sous la direction de M. Nordling, son ingénieur, la construction des viaducs, sur piles métalliques, de la ligne de Commentry à Gannat.

En 1869, M. Eiffel essaye, au viaduc de la Sioule, un système de lançage, de son invention, qui réussit à merveille. A Viana, en Portugal, il lance d'une seule pièce un tablier de 563 mètres de longueur ; près de Montluçon, au viaduc de la Tardes, la même opération se fait à une altitude de 100 mètres, sur des piles espacées de 104 mètres, d'axe en axe. A Cubzac, sur la rivière, sans échafaudages, et par un

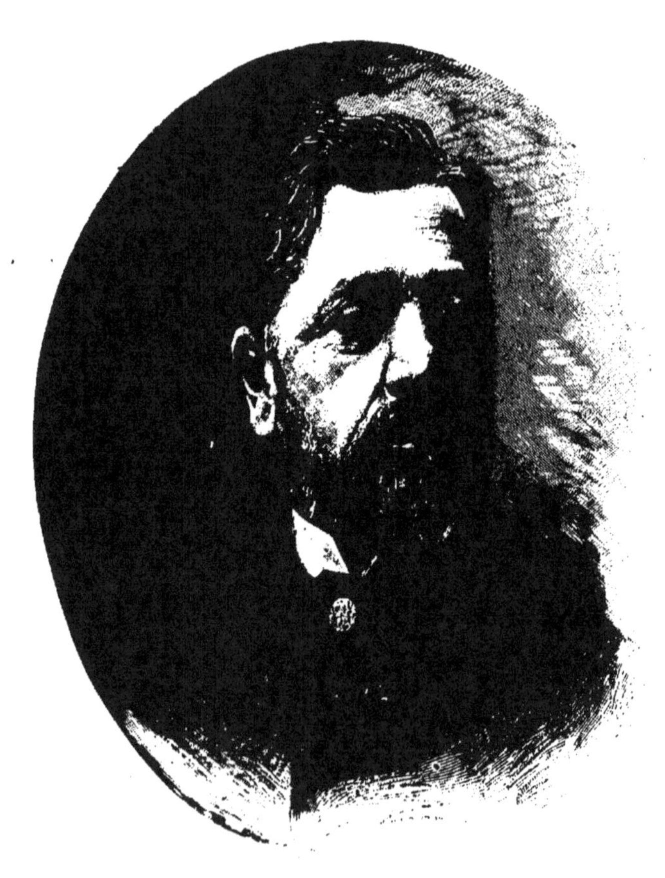

M. EIFFEL

montage audacieux en porte-à-faux, 72 mètres de vide sont surmontés de même. A Tan-An, en Cochinchine, loin de toute aide humaine, 80 mètres de portée sont franchis par les mêmes procédés.

Sur le Douro, le voici maintenant qui établit un pont en arc ; l'on reste émerveillé devant une travée de 160 mètres d'ouverture, de 42 m. 50 de flèche, portant la voie ferrée à 61 mètres au-dessus du niveau du fleuve.

Figurez-vous la colonne Vendôme dressée sur les tours de Notre-Dame. Eh bien c'est juste à cette hauteur que traverse l'espace le viaduc devenu célèbre, — celui de Garabit, dans le Cantal, — qui s'élève à 122 mètres de hauteur, avec 165 mètres d'ouverture.

Partout on retrouve le génie puissant de M. Eiffel, osant avec le fer les œuvres les plus titanesques. En avant de la rade de New-York, la colossale ossature de la Liberté éclairant le monde redit son audace ; à Pesth, c'est la gare ; à Szegedin, c'est un pont ; à l'Exposition de 1877, c'est une façade principale ; à Nice, c'est une coupole tournante et flottante de l'Observatoire, coupole d'un diamètre de 23 mètres, d'un poids de 100.000 kilos, aisément manœuvrée par un enfant au gré de l'astronome qui interroge le ciel ; à Panama, ce seront bientôt les écluses géantes de 11 mètres de chute, destinées à réunir l'Atlantique et le Pacifique au canal, qui affirment la science, le goût et le coup d'œil du maître par excellence de l'art nouveau des constructions.

La tour, atteint aujourd'hui 190 mètres ; elle dépasse les plus hauts monuments construits de la main de l'homme. C'est assurément l'œuvre la plus accomplie de M. Eiffel, celle qui doit le plus nettement affirmer, à l'époque du grand concours industriel qui, l'année prochaine, réunira tous les peuples, la supériorité du génie français, l'éclat d'une victoire par lui remportée sur les difficultés de la nature.

A BRUXELLES

On nous écrit de Bruxelles :

Au cours des visites que j'ai été amené à faire cette année à cette Exposition, je vous ai signalé la création d'un Musée de l'Art monumental dont je vous ai raconté, d'une façon trop sommaire, les intéressantes collections. En en parlant, j'exprimais le regret qu'une installation qui avait coûté tant de peine, de recherches et d'efforts artistiques disparaîtrait avec l'occasion qui l'avait fait naître ; et je faisais des vœux pour que le gouvernement belge, bien inspiré, transformât en musée définitif ce musée monumental provisoire. Il fallait pour cela traiter avec des gouvernements et des artistes étrangers. J'ai la satisfaction de vous annoncer que des démarches ont été faites, des négociations entamées et qu'elles ont été menées à bonne fin.

Dès à présent, il est décidé que le musée d'art monumental, créé à l'occasion du grand con-cours, restera définitif. On a acheté en France les cartons de M. Puvis de Chavannes, les esquisses du plafond de l'Odéon de M. J.-P. Laurens, les esquisses de M. Laugée, de M. Dubufe ; les plâtres de MM. Mercié, Chapu et Rodin, et les négociations se poursuivent. Une nouvelle distribution de récompenses aura lieu à ce propos. Je puis déjà vous annoncer que M. Emile Lévy, dont on achètera également les dessins, sera nommé chevalier de l'ordre de Léopold.

Un pareil musée réunissant tout l'art décoratif monumental de l'Europe moderne n'existera nulle part ailleurs. Ce sera pour Bruxelles une merveilleuse attraction.

LE SENS DES COULEURS

Parmi les progrès que les siècles font faire aux hommes, il en est un extrêmement bizarre, dont on se doute fort peu et qui pourtant a une influence très considérable sur nos goûts et, par conséquent, sur nos mœurs et sur nos usages.

Je veux parler du sens des couleurs, qui va en s'affinant au fur et à mesure que la terre vieillit ; c'est-à-dire qu'il y a mille ans, nos ancêtres d'alors ne connaissaient pas autant de couleurs que nous, ou tout au moins s'ils les connaissaient ils étaient incapables de les désigner.

Un fort distingué savant, vient de faire sur le sens des couleurs une étude on ne peut plus intéressante.

M. Pouchet, c'est de lui que je veux parler, s'est mis en tête de rechercher quelle pouvait bien être la plus ancienne couleur connue de l'homme, la première de toutes à laquelle il a pu donner un nom

Ces recherches vous semblent au premier abord avoir dû être fort arides. Mais M. Pouchet s'est servi d'un moyen extrêmement ingénieux pour arriver à ses fins. C'est dans les livres des différentes époques, qu'il a puisé ces documents ; par eux il lui était possible de se renseigner sur le nom de la couleur la plus employée au moment où le livre avait été écrit, et de vérifier si, au fur et à mesure que les ouvrages qu'il consultait se rapprochaient du XIX° siècle, la gamme des couleurs dont les auteurs employaient les noms devenait plus riche et plus fournie.

Prenant au hasard, dans différents siècles, il a choisi les livres suivants :

1° Une œuvre très courte et toute récente de Guy de Maupassant : *Sur l'eau.*

2° *Paul et Virginie* (commencement de ce siècle).

3° Les livres I et VII de *Télémaque* (dix-huitième siècle).

4° Les chapitres XIV, XII du II° livre de *Pantagruel* (quinzième siècle).

5° Le petit roman de *l'Ane*, attribué à Lucien (premier siècle).

Dans *Sur l'eau* on parlait de blanc, de noir,

de gris, de brun, de rouge, de vert, de bleu, de roux, de pourpre, d'écarlate, de rose, de jaune et de violet.

L'ordre de fréquence des désignations chromatiques dans ce petit volume *Sur l'eau* est le suivant : rouge, 26 ; bleu, 17 ; vert, 6 ; jaune, 5 ; violet, 3.

Dans *Paul et Virginie*, la richesse de la gamme diminue un peu ; on y parle de blanc, de noir, gris, rouge, bleu, vert, blond et jaune, et pour la fréquence :

Rouge, 11 ; vert, 8 ; bleu, 7 ; jaune, 1.

Nouvelle diminution de palette pour le *Télémaque* où sont mis en cause le rouge, le vert, le noir et le blanc.

Rouge, 6 ; jaune, 2 ; vert, 2.

Pantagruel est aussi riche que *Télémaque* et la fréquence des couleurs employées est celle-ci :

Rouge, 7 ; vert, 2 ; bleu, 1.

Dans l'*Ane* on ne trouve qu'un seul nom de couleur et une seule fois, c'est le rouge nommé en grec *phoïnicos*.

Du précédent travail, il y a deux déductions bien nettes à tirer :

1° Le rouge et la couleur qui semble frapper le plus vivement nos rétines, puisque nous en parlons le plus souvent ;

2° C'est la première couleur dont nous retrouvons les traces.

Je suis maintenant M. Pouchet dans les raisons qu'il invoque pour prouver que le rouge est, en effet, la couleur la plus commune et la plus marquante.

Voyons d'abord les autres couleurs du spectre : le violet, l'indigo, l'orange, le bleu, le jaune et le vert.

Le violet spectral est extrêmement rare dans la nature, et la plupart des couleurs désignées comme violet, sont des pourpres où entre une notable quantité de rouge.

L'indigo, nous pouvons le laisser de côté tout à fait, l'orange aussi, le bleu passe, lui, pour une couleur fort répandue ; c'est une erreur, le ciel est rarement pur et ensuite le bleu est une couleur peu frappante pour l'œil et par suite pour l'esprit.

Le jaune est plus répandu, lui ; beaucoup de fleurs sont jaunes, mais pour peu que la lumière vienne à frapper vivement cette couleur, elle tourne au blanc. Nouvelle cause d'inattention.

Restent donc le vert, le rouge.

Le vert est incontestablement, si l'on veut, la plus répandue des couleurs ; on le trouve dans tous les feuillages, mais souvent à cause de sa masse, de son groupement, il tourne au noir et devient peu lumineux ; de là il frappe moins l'esprit.

Le rouge, lui, a certainement une bien autre importance. Le rouge, en effet, c'est le sang, c'est la vie même qu'on voit clairement s'échapper avec lui par les plaies que fait le chasseur ou le guerrier.

Le rouge c'est l'incarnation du feu, autre essence supérieure. Voilà pour ses origines. Plus tard, le rouge semble avoir été la première peinture apposée sur les murailles, c'est évidemment cela qui a dû porter sur cette couleur l'attention des premières civilisations.

Pour nos races donc, le rouge a été et reste la *couleur* par excellence, les autres ne sont pas le produit d'un perfectionnement dans le sens de la vue, que le fait d'une affinité plus grande de notre rétine, et que notre cerveau, plus disposé au raisonnement a retenues et a classées.

Dans la suite découvrirons-nous de nouvelles couleurs ?

Là est la question.

Le Concours du Diplôme de l'Exposition de 1889

Vendredi, à midi, a eu lieu l'ouverture de l'Exposition des esquisses présentées au concours du diplôme des récompenses de l'Exposition universelle de 1889. Cette exposition, qui se tient dans la salle Saint-Jean, à l'Hôtel de Ville, restera ouverte au public de midi à quatre heures, aujourd'hui, demain et après-demain. Le jugement sera rendu lundi par une commission que préside M. Pierre Legrand, ministre du commerce et de l'industrie.

Le jury n'aura pas à examiner moins de cent cinquante-cinq projets, les uns sur simple papier à dessin, les autres peints sur toile, d'autres encore entourés déjà de larges cadres en or. Au milieu des attributs ordinaires qui ornent les diplômes, au milieu de *Pax*, de *Labor*, de *Veritas*, etc., surgit, dans une centaine d'esquisses au moins, la tour Eiffel. Elle apparaît tantôt dans un arc-en-ciel, tantôt à côté des pyramides, tantôt à côté de la Bastille, mais le plus souvent à côté des tours Notre-Dame. Un artiste l'a même encadrée dans une sorte de glace Louis XV, avec guirlandes, bergères et pipeaux.

Une dizaine d'artistes à peine ont songé à rappeler que l'Exposition universelle coïncidait avec la célébration du Centenaire de 1789. Bien peu ont cherché autre chose que les frontons de temples, les façades de palais, etc. L'un d'eux a placé dans une cour ressemblant à celle du château de Versailles, une sorte de foire où des groupes exercent toutes sortes de métiers : au milieu de jets d'eau et de seigneurs en costume Louis XIV, on aperçoit des presses à imprimer, des comptoirs d'épicerie, etc. Un autre également, qui a voulu représenter la foule des inventeurs de génie, place au premier plan un homme en costume romain qui tient sous son bras une petite locomotive.

En résumé, de l'avis général, le concours est très faible. Est-ce parce qu'il est anonyme ! C'est ce que paraissent croire les personnes préposées à la réception des projets. Nous avons vu pourtant de fières devises, celles-ci, entre autres : « Roy ne puis, prince ne daigne, peintre suis. » Moins altier que cet artiste, un de ses voisins s'est attaché au contraire à plaire au public, ou tout au moins aux exposants qui seront récompensés, et, pour cela, il a réservé au bas et au centre du diplôme, au milieu de bizarres arabesques un petit médaillon « destiné, est-il dans la légende, à recevoir le portrait de chaque diplômé. »

ECHOS ET NOUVELLES

Le président de la République, accompagné du général Brugère, s'est rendu vendredi dans l'atelier de MM. Stevens et Gervex afin de voir des esquisses qu'ils ont faites pour la grande toile qui doit retracer l'histoire du siècle, 1789-1889. Le président de la République a bien voulu poser le temps nécessaire à l'ébauche de sont portrait, qui doit naturellement, comme celui de son grand-père, figurer dans ce tableau.

Nous citons parmi les personnes venues la semaine dernière pour le même objet MM. Paul de Cassagnac, Lockroy, Rochefort, Clovis Hugues, Meilhac, Halévy, Henry Maret, etc., etc. — —

On élève en ce moment, au jardin des Tuileries, le monument qui recevra cette grande œuvre.

*

Samedi M. Carnot est allé visiter l'atelier de M. Pelez, le peintre des misères parisiennes, dont le dernier tableau : les *Saltimbanques*, avait été très remarqué au Salon par le chef de l'Etat.

*

M. Félix Régamey a fait mardi, à l'Elysée, le portrait au fusin de M. le Président de la République. Il avait, la veille et l'avant-veille, fait ceux de MM. le général Brugère, le colonel Lichtenstein, le lieutenant-colonel Kornprobst, les commandants Toulza et Chamoin, le capitaine de frégate Cordier et M. Arrivière, secrétaire particulier de M. Carnot.

Ces portraits sont destinés à l'illustration d'un ouvrage sur les voyages de M. Carnot en 1888.

*

L'Association des architectes diplômés par le gouvernement a adressé au ministre de l'instruction publique la lettre suivante :

« Monsieur le Ministre,

« La reconstruction du théâtre de l'Opéra-Comique aux frais de l'Etat étant une œuvre nationale et ne pouvant être poursuivie que par le gouvernement, il est désirable que les artistes français puissent être appelés à y coopérer. Le concours est le seul moyen qui s'impose pour trouver à bref délai une solution satisfaisante.

« Les incendies successifs de grands théâtres survenus en France et à l'étranger dans ces dernières années, ont profondément ému l'opinion publique et rendent indispensable une transformation des dispositions du théâtre moderne, tant dans son plan que dans ses façades et ses aménagements intérieurs. La nécessité de faire surgir des idées nouvelles sur un sujet d'une importance aussi capitale, justifie à elle seule l'urgence d'un concours.

« Les récents débats survenus à la Chambre des députés font craindre aux architectes que le principe de mettre au concours la reconstruction du théâtre de l'Opéra-Comique soit définitivement rejeté. C'est pourquoi l'Association des architectes diplômés par le gouvernement a cru devoir, dans l'intérêt du public et dans l'intérêt de l'art, recourir à votre bienveillance, monsieur le ministre, dont elle connaît les idées libérales, pour défendre devant la Chambre une cause chère aux artistes français. » *(Suivent les signatures)*.

*

Les expositions de la saison.

Les amis de Feyen-Perrin s'occupent en ce moment de réunir, en vue d'une exposition prochaine, les principales œuvres du peintre regretté.

Il y figurera non seulement les plus célèbres de ses Cancalaises, mais encore un grand nombre d'études et de tableaux inédits et aussi certaines pages de la jeunesse de l'artiste, tableaux d'histoire d'une grande importance et qui sont très peu connus.

La première réunion du comité a eu lieu chez le peintre Eugène Feyen, frère de Feyen-Perrin.

*

La vente du château de Chenonceaux, qui devait avoir lieu samedi, a été remise au 5 janvier 1889, malgré l'opposition de l'avoué de M. Beaugé, syndic de la faillite Pelouze à Paris, qui demandait un sursis indéfini.

M. Petit, juge au tribunal civil de Tours, et M. Peigné, photographe, ont été commis par le tribunal, l'un pour faire l'inventaire, l'autre pour photographier tous les immeubles par destination, c'est-à-dire la grande galerie de tableaux et le mobilier artistique du château.

Chenonceaux sera vendu le 5 janvier prochain.

L'Imprimeur-Gérant : HENRY LEFEBVRE.

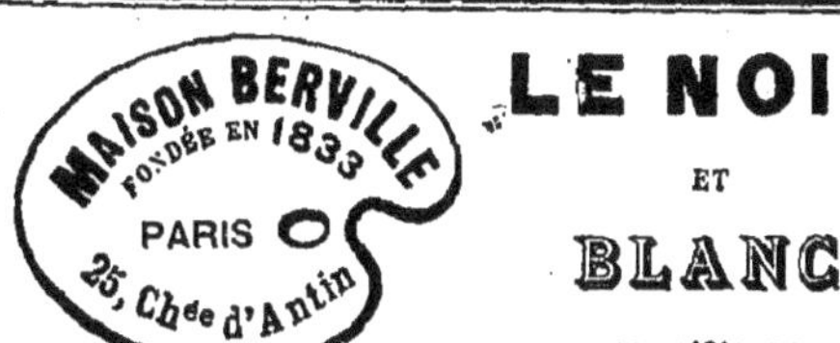

SPÉCIALITÉ :

L'ÉTUDE DU FUSAIN

Centralisations des Matériaux

pour tous les genres

DE PEINTURES ET DE DESSINS

ENVOI FRANCO DES TARIFS

ACADÉMIE JULIAN

ATELIERS DE PEINTURE
Sculpture et Dessin.

Distincts pour Hommes et pour Dames.
Toute la journée modèle vivant.

ATELIERS DE

MM. BOUGUEREAU et T. ROBERT-FLEURY
MM. BOULANGER et J. LEFEBVRE

Atelier de sculpture, professeur M. **CHAPU**
Ces éminents professeurs donnent régulièrement leurs conseils aux élèves.

COURS pour HOMMES
48, faubourg Saint-Denis (près la porte St-Denis).
28, faubourg Saint-Honoré (Près de la Madeleine).

COURS pour DAMES
5, rue de Berri (avenue des Champs-Elysées).
27, galerie Montmartre (Passage des Panoramas).

COURS D'ANATOMIE : M. CUYER.
Préparation au brevet supérieur de dessin de la ville de Paris et de l'Etat et aux concours de l'Ecole des Beaux-arts.

Aquarelle — Pastel — Nature morte, etc.

Il n'y a jamais de vacances.
On trouve dans chaque Atelier les renseignements qui le concernent.

Compiègne. — Imprimerie HENRY LEFEBVRE.

LA VIE ARTISTIQUE

COURRIER HEBDOMADAIRE ILLUSTRÉ

Des Ateliers, des Expositions & des Théâtres

BUREAUX A PARIS
42, Rue de Chabrol, 42

Dimanche 25 Novembre 1888
2e ANNÉE — N° 38

ABONNEMENTS
Un An : DIX FRANCS

Concours!... Concours!...

Comme je ne suis pas un homme de parti-pris, et que je me pique d'être de bonne foi à mes heures, tout comme les camarades, je me suis rendu à l'Hôtel-de-Ville afin de voir le concours pour le diplôme de l'Exposition Universelle.

Je me disais, le système du concours est bien la plus absurde des choses, mais il y aura sans nul doute à la salle Saint-Jean quantité d'ouvrages intéressants, et un certain nombre d'œuvres remarquables.

Le sujet est tentant, et en vaut la peine. Dans cet ordre d'idées qu'appelle un diplôme, on peut se laisser aller à une fantaisie charmante. Le programme est large, et rien ne vient gêner la conception.

Puis nous avons autour de nous en ce moment, tant de talents divers, personnels, capables de nous donner une composition qui se tienne, qu'il est bien difficile que ce concours ne nous apporte pas un ensemble séduisant.

Je sais bien qu'il n'est pas gai pour des artistes de haute valeur de s'exposer au juge-ment de Pierre ou de Jacques que les hasards de la vie ont tout d'un coup bombardé juges souverains et connaisseurs impeccables, mais c'était une occasion comme on n'en a pas tous les jours de faire en quelque sorte de la quintes-sence d'art décoratif, et de produire une œuvre qui sera vulgarisée à l'infini, sans devenir vulgaire, qui ira aux quatre coins du monde, sans rien perdre de sa fleur d'art, de son cachet d'élégance native.

C'était quelque chose, c'était beaucoup même; le jeu en valait la chandelle.

Voilà ce que je me disais dans mon excès de naïveté, très disposé en mon for intérieur à constater ce phénomène merveilleux d'un concours donnant comme résultat une œuvre.

. . . .

Eh! bien, que ceux qui depuis quelques années chantent : « Concours ! concours ! ! » comme on chante : « Hymenée ! hymenée ! ! » dans *Barbe-Bleue*, qui nous rebattent les oreilles de leur équitable moyen de faire sortir de terre des chef-d'œuvres, qui nous la baillent belle avec le favoritisme des commandes, avec la blague des talents étouffés, ou des génies qui peuvent se révéler d'un seul coup, que ceux-là se féli-citent, s'applaudissent et triomphent, s'ils l'osent, devant le concours pour le diplôme de l'Exposition Universelle !

J'ai la ferme intention de n'être désagréable à personne ; d'ailleurs je ne cite aucun nom, et m'en tiens à une impression générale.

Evidemment, il y a des œuvres de mérite ; mais quelle faiblesse dans la masse ! quelle pauvreté !

Allons. Votre appel n'a pas été entendu, Messieurs les partisans du concours quand même. Il n'est pas encore éclos, l'oiseau rare qui devait s'envoler de votre boite !

En 1878, on n'avait pas tenté le concours : on s'était adressé à un maître tout simplement, on avait fait cette chose impie, inique, de lui faire une commande directe : on avait commis ce passe-droit, la démocratie de l'art avait été souillée de cet attentat !

Et Paul Baudry a exécuté le diplôme qui pour n'être pas le produit d'un concours, n'est pas trop mal tout de même.

En 1888, on s'est bien gardé de fournir une personnalité. Encourager un homme de talent, c'est nuire à ceux qui n'en ont pas !

Il fallait quelque chose de nouveau d'ailleurs, on voulait développer les originalités latentes. Au concours, Messieurs !

Mais le plus amusant de l'affaire, c'est que ce qui dominait dans les œuvres envoyées, c'était l'influence de Baudry. On la retrouvait presque partout. Il était incalculable le nombre des Sous-Baudry, à la salle Saint-Jean !

Puis on a convié tous les artistes à la ponte d'un chef-d'œuvre. Et parmi les cinq primés, il n'y a que deux peintres : nous y voyons un architecte, un graveur en médaille, de très grand talent d'ailleurs, et un sculpteur, je crois !

Ce résultat qui n'est pas critiquable en lui-même, est un bel argument en faveur de l'unité de l'art, mais il peut donner aux étrangers une piètre idée de la valeur de notre école de peinture contemporaine.

Il paraît, diront les imbéciles, qu'il n'y a plus que deux peintres en France capables de dessiner un diplôme.

De ces deux-là, l'un est un maître, un artiste de premier ordre qui n'a pas sans doute la notoriété que mérite son goût pur, et la science décorative de son beau style.

C'est à lui qu'il fallait aller sans attendre, et lui demander de composer son dessin dans le silence de l'atelier. Il convenait de lui éviter ce qu'il a vaillamment affronté d'ailleurs : les ennuis d'un jugement, les risques d'un insuccès.

Et si M. Galland a le prix, comme c'est probable, vous ne pourrez pas vous vanter, ô intègres partisans des concours ! ce n'est pas encore cette fois que vous aurez fait révéler un talent ignoré.

Alors ce n'était pas la peine de mettre tout en branle pour réparer publiquement une telle pénurie, et de dépenser quelques billets de mille francs qui auraient pu être employés au profit de l'art et des artistes.

Roger-Ballu.

ACADÉMIE DES BEAUX-ARTS

L'Académie des Beaux-Arts a procédé samedi dernier à l'élection d'un membre ordinaire dans la section de gravure, en remplacement de M. François, décédé.

Les candidats étaient : MM. Blanchard, Bellay, Achille Jacquet, Jules Jacquet, Waltner et Laguillermie.

Trois tours de scrutin ont été nécessaires. En voici le détail :

1er tour : MM. Blanchard, 14 voix ; Bellay, 5 ; Ach. Jacquet, 2 ; J. Jacquet, 1 ; Waltner, 9 ; Laguillermie, 2.

2e tour : MM. Blanchard, 15 voix ; Bellay, 3 ; Ach. Jacquet, 3 ; Waltner, 12.

3e tour : MM. Blanchard, 18 voix ; Bellay, 1 ; Waltner, 14.

M. Auguste-Thomas-Marie Blanchard qui a été ainsi élu, est né à Paris, le 18 mai 1819. Il fut élève de son père et obtint le second grand-prix de gravure.

On doit à cet artiste : le *Repos en Egypte*, *Tête de Christ*, l'*Ange Gabriel*, *Faust et Marguerite*, portrait de l'Empereur, les *Fumeurs*, *Jupiter et Antiope*, le *Jour du Derby à Epsom*, les *Joueurs d'échecs*, le *Mariage de la princesse royale d'Angleterre*, la *Fête des Vendanges de Rome*, etc.

Parmi les récompenses qu'il a obtenues, citons : une 3e médaille en 1843, une de 2e classe en 1847, une de 1re classe en 1857, rappel en 1859, décoré de la Légion d'honneur en 1861 et une médaille de 3e classe à l'Exposition universelle de 1867.

ÉCOLE DES BEAUX-ARTS

Le jury de l'école a rendu les jugements qui suivent :

Peinture.

Modelage. — Mentions : MM. Guillaume, Lippe, Delabarre et Demestre.

Sculpture. — Mention : M. Molliens.

Architecture (dessin). — Médailles : M. Terra, élève de M. André ; M. Mortamet, élève de M. Blondel.

Figure dessinée d'après l'antique. — 2e médaille : M. Steimann, élève de MM. Gérôme et Sética. — 3e médaille : M. Deschenaud, élève de MM. J. Lefèvre et Boulanger ; M. Lacoste, élève de M. Bouguereau et Robert Fleury. — Mentions : MM. Donguy, H. Lévy, Bourgogne, Etcheverry, Chabrié, Serrault, Lippe et Harfaut.

Architecture.

Ornement dessiné : — Médailles : M. Selmersheim, élève de M. André ; M. Hybbelynck, élève de M. Guadet ; M. Collonge, élève de M. Blondel.

Modelage. — Médailles : M. Ovard, élève de M. Ginain ; M. Hybbelynck, élève de M. Guadet ; M. Siact, élève de M. André ; M. Sinchon, élève de M. Pascal. — Six mentions.

Figure dessinée. — Mention : M. Coulon, élève de M. Pascal.

Ornement modelé. — Mention : M. Poinchaux, élève de M. Raulin.

Cours de mathématiques.

Médailles. — MM. Desmassias, Lanfiresco, J. Durand et E. Lenoir.

CONCOURS OUVERT

Pour l'Érection d'une Statue de Lazare Carnot

Article premier. — Un concours est ouvert entre les sculpteurs français pour l'érection, à Paris, d'une statue de Lazare Carnot.

Art. 2. — Les concurrents produiront une esquisse au quart de l'exécution, dont le maximum sera de quatre mètres.

Ne seront admises que les esquisses en plâtre ou en cire.

Chaque esquisse devra être signée par son auteur.

Art. 3. — Le jury sera appelé à mettre hors concours toute esquisse qui ne serait pas exactement dans les mesures et conditions indiquées plus haut.

Art. 4. — Chaque concurrent ne pourra envoyer qu'une esquisse.

Art. 5. — Le jury, déjà désigné par le *Courrier français*, se composant de MM. Falguière, Guillaume, Mercié, Rodin, Marquet de Vasselot et Jules Roulleau auquel est adjoint le président du Comité, sera complété par un grand nombre égal de membres choisis parmi les artistes sculpteurs et nommés à l'élection par tous les concurrents qui devront, en même temps que leurs maquettes, déposer leur bulletin entre les mains de MM. Jules Requis. Emile Blémont et Georges Payelle, chargés de recevoir les maquettes.

Art. 6. — Le président sera élu par tous les membres avant les opérations du jury.

Art. 7. — Les membres du jury, désignés par les concurrents, ne devront pas avoir pris part au concours.

Dans le cas contraire, les artistes ayant obtenu le plus de voix seront naturellement désignés à les remplacer.

Art. 8. — Les esquisses devront être déposées le 1er décembre 1888, à l'Ecole des Beaux-Arts, de une heure à quatre heures et, en cas d'impossibilité, dans tout autre lieu ultérieurement désigné.

Art. 9. — Ce jugement sera rendu le 6, c'est-à-dire cinq jours après le dépôt des maquettes et l'exposition publique.

Art. 10. — Le jury désignera l'esquisse appelée à être exécutée.

Art. 11. — Dans le cas où aucune esquisse ne serait jugée digne de l'exécution, le jury pourra décerner un premier prix de mille francs. Il peut également disposer d'un second prix de cinq cents francs et de trois autres primes de deux cents francs chacune.

Art. 12. — L'artiste chargé de l'exécution devra se mettre en mesure de livrer son modèle dans le délai de six mois et, au besoin, sur la demande du Comité, de le faire figurer au Salon de 1889.

Art. 13. — Le comité directeur se réserve le droit de soumettre le modèle à trois membres du jury désignés par eux.

Art. 14. — L'artiste chargé de l'exécution du modèle recevra une somme de huit mille francs, qui lui sera payée par quarts en raison de l'avancement des travaux. Le premier quart sera payé le lendemain du jugement de l'esquisse.

Art. 15. — Le comité se réserve de discuter avec l'artiste la matière qui servira à l'exécution définitive.

Art. 16. — Les modèles et esquisses des concurrents primés appartiendront au comité.

Art. 17. — Les opérations du jury seront publiées par le comité.

Art. 18. — Les esquisses non primées devront être enlevées dans un délai de huit jours, le comité ne prenant aucune responsabilité concernant leur conservation.

Art. 19. — Le comité déclare ne pas recevoir de maquette accompagnée de socle ou soubassement, car il est bien entendu qu'il ne s'agit que d'une statue de Lazare Carnot.

Art. 20. — La publicité nécessaire sera faite en temps utile par les soins du comité.

* *

Un concours est également ouvert entre les artistes pour l'exécution d'un dessin reproduisant un épisode de la vie de Lazare Carnot.

Ces dessins seront exposés publiquement en même temps que les maquettes des sculpteurs.

Ils seront remis ou adressés encadrés au *Courrier Français*, 14, rue Séguier, à Paris. Ils devront être signés.

Ces dessins devront être exécutés en blanc et noir ; crayon Conté, fusain, gouache, papier à gratter, etc., de façon à pouvoir être reproduits par la photogravure,

Il sera mis à la disposition du jury appelé à se prononcer sur le mérite des dessins envoyés, une somme de mille francs destinée à former soit un prix unique, soit trois prix de 500, 300 et 200 francs, selon le mérite des œuvres. Quels que soient les dessins, cette somme de mille francs devra être distribuée.

Le jury se compose de MM. Besnard, Luc-Olivier Merson, Lhermitte, Henri Pille et du président du comité.

------◆------

EXPOSITION GALERIE GEORGES PETIT

COLLECTION DE 36 TABLEAUX RELATIFS AU SIÈGE DE PARIS

Le public sera admis à visiter, dans les premiers jours du mois prochain, — du 6 au 9 décembre inclus, — une intéressante collection de 36 tableaux historiques représentant les épisodes civils et militaires du siège de Paris, et dont la vente aura lieu en un seul lot, galerie Georges Petit, 8, rue de Sèze, le lundi 10, à 3 h. 1/2. Ces diverses compositions, faites au cours même des évènements, portent les signatures de MM. Jules Didier, Alfred Decaen, Armand Dumarescq, Henri Dupray, Emile Laporte, Georges Bellanger, A. Carlier, J. Guiaud, Carpezat, Hervies, Lacoste, Brunner, Germain et Guiaud fils. C'est dire assez leur variété et partant leur attrait, en dehors du côté anecdotique même de l'ensemble. Elles portent en elles, en effet, un caractère très personnel ; elles forment par leur réunion une sorte de précis historique du siège de Paris, depuis le 4 septembre, jour de la séance finale du corps

Rentrée des Habitants de la Banlieue.

L'Artillerie campée dans le Jardin des Tuileries.

législatif, jusqu'à la dernière semaine où furent signées à Versailles les propositions définitives d'armistice. Les vues de la grande ville, les paysages qui servent de cadre à l'action, sont d'une scrupuleuse exactitude. L'action elle-même y est menée d'après des croquis faits à l'époque, puis complétés par les comptes-rendus officiels et les notes des officiers qui y ont pris part.

On jugera de leur aspect par les deux fac-simile héliographiques que nous donnons dans ce numéro même et qui représentent l'un la rentrée dans Paris des habitants de la banlieue fuyant devant l'invasion, l'autre l'artillerie campant, à la fin de septembre, dans le jardin des Tuileries, sous les hauts massifs des marronniers et des tilleuls à demi dépouillés et roussis par l'automne.

Dans l'intérêt même de l'histoire, il serait à souhaiter que cet ensemble précieux de documents, qui joignent à l'exactitude de la mise en scène l'attrait de la couleur, passât directement dans le domaines de nos collections nationales.

Le Conseil municipal de Paris, qui consacre des sommes si importantes chaque année, à l'acquisition d'œuvres diverses au Salon, serait assurément bien inspiré s'il se préoccupait des moyens de s'assurer cette collection si curieuse. Les artistes y trouveraient plus d'un enseignement; les historiens y glaneraient des indications précises sur les costumes, sur les manifestations civiles ou militaires de cette mémorable époque, et le public, en repassant ces pages qui racontent éloquemment la fièvre d'une période aussi tourmentée, se remémorerait des incidents que tout patriote ne saurait oublier.

EXPOSITION DE ROUEN

Voici la liste des acquisitions de la Société des Amis des Arts.

Abeïda (Mme Marie) : *Colette*, étude. — Ancillotti : *Un naturaliste*. — Anger: *Bretteville, Manche*. — Bergeron : *La pointe d'Hennequeville*. — Brochart: *Mauresque au puits*. — Carré : *8 croquis de Rouen*, dessins. — Chanet: *Bohémienne*, tête. — Claude : *Prunes de mon jardin*. — Colin (Paul) : *Chevreuils sous bois*. — Constantin (Mme A.) : *Mendiante*. — Darien : *Framboises*. — Deully : *Une Ève*. — Deschamps: *Tête de jeune fille*. — Dubourg: *Environs d'Honfleur*. — Fleury (Mme F.) : *Dans les blés*. — Fouace : *Nature-morte*. — Gabillot van Parys (Mme): *Bouquetière*. — Gautier (Mlle) : *Anémones et primevères*. — Grimelund : *Rouen, matinée d'octobre*. — Joubert: *Bords de l'Eure*. — Jourdeuil : *Bateaux pêcheurs*. — Landelle : *La petite pomme verte*. — Marks : *Un coin de la Basse-Seine*; *Vue de Hollande*, aquarelle. — Mascart: *Sur la route de Pierrefitte*. — Maugendre-Villers : *Nature-morte*. — Monginot : *La chasse de mon maître*. — Montholon (F. de) : *Village de Pécheurs*. — Moormans : *Au cabaret*. — Morel : *Coins de Rouen*, aqua. — Perrin (Mme): *Moules et crevettes*. — Thomas : *Fleurs de prin-*

temps. — Timmermans : *Gros temps*. — Torta : *Quand le maître n'y est pas!* — Vallois : *Une rue d'Alger*.

GRAVURES OFFERTES PAR M. LE MINISTRE DE L'INSTRUCTION PUBLIQUE ET DES BEAUX-ARTS. — *La France sous les Capétiens*, d'après Lehmann. — *La belle Ferronière*, d'après Léonard de Vinci. — *Cueillette des haricots*, *Gardeuse de moutons*, *Le mont Saint-Michel*, d'après Millet. — *Le port Saint-Nicolas*, d'après Lapostolet. — *Érasme*, d'après Holbein. — *Le Roucas blanc*, d'après Puvis de Chavannes. — *Madone de Foligno*, d'après Raphaël. — *Polyphème*, d'après Carrache.

Bulletin des Expositions et Concours

Florence. — Exposition du 16 décembre 1888 à fin mars 1889. — Envoi des ouvrages jusqu'au 30 novembre.

Melbourne. — Exposition internationale du 1er août 1888 au 1er janvier 1889.

Paris. — VIIIe Exposition annuelle de l'Union des Femmes peintres et sculpteurs, en février 1889, au palais des Champs-Elysées.

Rouen. — Exposition du 1er octobre au 30 novembre.

LES VENTES PUBLIQUES

A l'hôtel Drouot, a eu lieu vendredi la première vente d'autographes de la saison. Signalons parmi les pièces vendues : deux lettres du maréchal Ney; dans l'une, datée du 23 septembre 1813, il écrit au général Reynier : « Si chacun des généraux choisit la position qui lui paraît convenable, il faut renoncer à commander. » Une épître du poète Félix Arvers : « Quand vous m'écrivez, dit-il, ne mettez donc pas *homme de lettres* sur l'adresse. J'avais caché cela dans la maison; il y a de quoi me faire donner congé. » Ces deux numéros ont été vendus 52 fr. On a payé 11 fr. une longue lettre de l'acteur Bouffé qui vient de mourir; il refuse catégoriquement de jouer un rôle qui lui a été distribué par Poirson : « Trop souvent j'ai été forcé d'accepter des rôles que je ne sentais pas. Cette fois je veux créer un caractère comique afin de ne pas me fatiguer le sang. » Il termine en protestant contre les prétentions de son directeur. « Vous avez le droit de me faire accepter le rôle, mais, je vous le répète, ce sera par la voie des tribunaux. »

Après cette lettre, Bouffé quitta le Gymnase et entra aux Variétés. 10 francs une lettre de l'abbé Grégoire datée du 17 mai 1820; il écrit à Mme Daurial qu'il est en butte aux vociférations de quelques lâches et vils scélérats. « J'en ris, au reste, avec d'estimables députés de la gauche, qui me félicitent d'être déclaré indigne par des infâmes. Ce sont les mêmes qui, promoteurs et fauteurs de lois d'exception, veulent ramener la France sous le joug obligarchique. »

26 francs une curieuse pièce : « Roussillon certifie le républicanisme de Moras, son collègue et ami, qui a été jadis persécuté pour son patriotisme, alors que lui, Roussillon, était, par ordre de Lafayette, dans les cachots de l'Abbaye », et il signe : « Roussillon, *juge guillotineur.* »

*

C'est mercredi qu'a eu lieu la vente de l'atelier de Félix Dupuis, tué en duel dans les conditions que l'on connaît.

Cette vente, qui était faite par autorité de justice à la requête des créanciers, a été désastreuse.

Le *Lac*, ce tableau qui a figuré au dernier Salon, sur lequel l'infortuné artiste avait basé tant d'espérance et qui fut la cause indirecte du duel, s'est péniblement vendu 400 fr. Ainsi que nous l'avions annoncé, les créanciers avaient fait saisir ce tableau au Salon. *Daphné,* une autre œuvre importante, mesurant en hauteur deux mètres dix sur un mètre vingt-cinq en largeur, a été payée 505 francs. Il avait figuré au Salon de 1885. On juge par les dimensions que nous donnons ce que devait coûter le cadre ! Enfin, l'enchère la plus importante a été obtenue par le tableau du Salon de 1884, *l'Infatigable,* qui a été acquis au prix de 520 fr. Les autres tableaux ne se sont pas vendus plus de 100 fr.; plusieurs études n'ont pas obtenu plus de 10 fr. La vente entière, tableaux et meubles, a produit 3.727 fr. 50.

Mme Dupuis, à laquelle on n'a rien laissé, avait voulu une dernière fois revoir réunie l'œuvre de son mari ; elle assistait à l'arrangement des tableaux le matin de l'exposition. La douleur de cette pauvre femme faisait mal à voir, et elle reste sans ressource.

Nous nous joignons à nos confrères qui ont annoncé qu'une vente de bienfaisance s'organisait pour venir en aide à la veuve de ce peintre mort dans des conditions si malheureuses. Les artistes, auxquels on ne fait jamais en vain appel quand il s'agit de soulager une infortune, auront à honneur de ne point laisser dans la détresse la veuve de leur ancien camarade. Les dons sont reçus chez M. Bloche, expert, et chez M. Sarrus, commissaire-priseur.

NÉCROLOGIE

Un télégramme d'Anvers nous annonce la mort du célèbre poète flamand Jan van Beers, père du peintre.

*

On annonce la mort du sculpteur Constant Sevin, qui était attaché depuis trente-cinq ans à la maison Barbedienne. Il était l'auteur d'une horloge Renaissance fort admirée à l'Exposition universelle de 1878. M. Constant Sevin était officier de la Légion d'honneur.

On annonce la mort du sculpteur Auguste-Jean-Baptiste Lechesne.

Il avait obtenu une médaille de 2e classe en 1848 avec un groupe en terre crue : *Amour et Jalousie ;* il fit en outre plusieurs groupes qui furent remarqués aux divers salons : signalons parmi ceux-ci : *Pendant le sommeil, Douleur et Combat, Victoire et Reconnaissance, Combat et Frayeur,* etc.

Il envoya à l'Exposition universelle de 1885 deux plâtres : les *Dénicheurs,* et un bronze : *Chasse au sanglier,* qui lui valurent la croix de chevalier de la Légion d'honneur.

Il était hors concours depuis 1848.

ECHOS ET NOUVELLES

Le jury chargé de juger le concours ouvert en vue d'établir le diplôme qui sera adopté pour l'Exposition universelle de 1889 s'est réuni lundi à l'Hôtel-de-Ville

Voici, *par ordre alphabétique,* les noms des concurrents qu'il a admis au concours du second degré :

MM. Louis Bonnier, architecte. Œuvre inscrite sous le n° 128;

Henri Danger, pensionnaire de l'Ecole de Rome, n° 44 ;

Daniel Dupuis, graveur, et Georges Duval, architecte, n° 85 ;

Pierre-Victor Galland, peintre, n° 69 ;

Michel Lançon, sculpteur, n° 99.

Les concurrents sont priés de retirer leurs envois le plus tôt possible.

Conformément au règlement, les cinq esquisses vont faire l'objet d'un nouveau concours, qui consistera dans l'exécution définitive en vue de la reproduction par la gravure en taille-douce.

Les dessins pour ce nouveau concours devront être déposés dans les bureaux de la direction de l'exploitation, au Champ-de-Mars, avant le 1er février. Ces dessins seront exposés pendant cinq jours et le jugement sera rendu immédiatement après.

Rappelons qu'il sera attribué un prix de 10.000 francs à l'auteur du dessin classé le premier, les quatre autres artistes recevront chacun une indemnité de 1.000 francs.

*

M. de Dramard, président de la Société des arts de Paris, vient d'être nommé, par le ministre du commerce et de l'industrie, membre du *Comité d'organisation du Congrès international des architectes,* à l'Exposition universelle de 1889.

*

L'assemblée générale annuelle des « Parisiens de Paris » a eu lieu vendredi dernier.

Ont été nommés, pour 1888-89 : président, M. Félix Barrias, peintre ; vice-présidents, MM. Jean Desbrosses et Dardoise, peintres; secrétaire-général, le docteur Philbert ; trésoriers, MM. Degeorge et Delarue, architectes.

Le peintre Roll vient d'être chargé par le conseil municipal d'Agen d'exécuter pour l'hôtel de ville un tableau commémoratif du passage dans cette ville de M. Carnot, président de la République.

Il y a environ six mois, on commençait, dans le jardin du Luxembourg, les substructions du monument qui doit être élevé à la mémoire d'Eugène Delacroix. Suspendus depuis plus d'un mois, ces travaux viennent d'être repris.

Ce monument aura une grande importance ; il mesurera dix mètres de façade sur près de cinq mètres de profondeur ; il sera tout en marbre blanc veiné et coûtera près de 100.000 francs. Il faudra au moins deux mois pour mener cette œuvre à bonne fin.

. . .

Le peintre russe Michel Zichy vient d'être chargé par le czar de faire un grand tableau représentant la terrible catastrophe du chemin de fer de Borki.

Le peintre Michel Zichy se trouvait, comme on sait, dans le train impérial qui a déraillé.

. . .

Les œuvres d'art — statues, tableaux, boiseries — que le musée des Arts décoratifs avait envoyées à l'exposition de Copenhague, sont rentrées hier au palais de l'Industrie.

Tous ces objets vont être replacés dans les salles du musée de l'Union centrale, en attendant que cette société puisse s'installer dans le palais du quai d'Orsay — qu'on lui fait attendre depuis si longtemps.

BIBLIOGRAPHIE

De toutes les Revues spéciales vouées à la vulgarisation des chefs-d'œuvre, l'*Art Français* est certainement la plus remarquable au double point de vue artistique et littéraire.

Tous les samedis, l'*Art Français* donne trois belles reproductions glyptographiques (procédé Silvestre) de tableaux ou statues de nos Musées, de nos Expositions, etc., et formera, à la fin de l'année, un volume-album d'un vif intérêt documentaire.

Ajoutons que le texte de l'*Art Français* a été confié à notre excellent confrère Firmin Javel.

Cette magnifique publication est en vente au prix de 15 centimes. Bureaux : 97, rue Oberkampf.

L'Imprimeur-Gérant : Henry Lefebvre.

ACADÉMIE JULIAN

ATELIERS DE PEINTURE

Sculpture et Dessin.

Distincts pour Hommes et pour Dames.
Toute la journée modèle vivant.

ATELIERS DE

MM. **BOUGUEREAU** et **T. ROBERT-FLEURY**
MM. **BOULANGER** et **J. LEFEBVRE**

Atelier de sculpture, professeur M. **CHAPU**
Ces éminents professeurs donnent régulièrement leurs conseils aux élèves.

COURS pour HOMMES

48, faubourg Saint-Denis (près la porte St-Denis).
28, faubourg Saint-Honoré (Près de la Madeleine).

COURS pour DAMES

5, rue de Berri (avenue des Champs-Elysées).
27, galerie Montmartre (Passage des Panoramas).

Cours d'Anatomie : M. CUYER.

Préparation au brevet supérieur de dessin de la ville de Paris et de l'Etat et aux concours de l'Ecole des Beaux-arts.

Aquarelle — Pastel — Nature morte, etc.

Il n'y a jamais de vacances.

On trouve dans chaque Atelier les renseignements qui le concernent.

Complègne. — Imprimerie HENRY LEFEBVRE.

LA VIE ARTISTIQUE

COURRIER HEBDOMADAIRE ILLUSTRÉ

Des Ateliers, des Expositions & des Théâtres

BUREAUX A PARIS
42, Rue de Chabrol, 42

Dimanche 2 Décembre 1888
2ᵉ ANNÉE — Nᵒ 39

ABONNEMENTS
Un An : DIX FRANCS

ACADÉMIE DES BEAUX-ARTS

L'Académie a procédé samedi à l'élection d'un membre ordinaire, pour la section de peinture, en remplacement de M. Boulanger, décédé.

Rappelons le classement des candidats tel que la section compétente l'avait établi :

1° M. Gustave Moreau, 2° M. Jules Lefebvre, 3° M. J.-P. Laurens, 4° M. Em. Lévy, 5° M. Henner.

Au premier tour de scrutin, les suffrages des 37 votants se sont répartis de la manière suivante :

MM. Moreau.................	14 voix
J. Lefebvre............	9
Henner................	7
Lévy..................	4
Laurens..............	3

Aucun des candidats n'ayant obtenu la majorité requise, à savoir 19, il a été procédé a un second tour de scrutin. M. Gustave Moreau a été élu par 19 voix, contre 10 voix données à M. J. Lefebvre, 5 à M. Henner, 1 à M. Lévy.

Le nouvel académicien, est né à Paris en 1826. Il fut élève de Picot. Après avoir exposé au Salon de 1853 un *Darius fuyant après la bataille d'Arbelles*, puis en 1855 *les Athéniens livrés au Minotaure* (acheté par l'Etat pour le musée de Dijon), il mit son nom en vedette au Salon de 1864 avec un *Œdipe* qui s'écartait du « commun » académique et différait totalement de celui de M. Ingres. Œdipe était représenté, sous les traits énigmatiques d'une jeune femme, dans un paysage bleuâtre, au milieu de rochers fantastiques. On discuta beaucoup cette œuvre qui fut acquise par l'Etat et se trouve au musée du Luxembourg.

A partir de 1864, chaque année fut marquée par un nouveau succès pour M. Moreau : il retraça successivement les scènes les plus célèbres de l'antiquité grecque et romaine, traitées par lui d'une façon assez large et indépendante : *Jason, Diomède dévoré par ses chevaux* (1866) ; *Orphée* (1867) ; *Prométhée, Jupiter et Europe* (1869) ; *Hercule et l'Hydre de Lerne, Salomé* (1876) ; *Hélène*, etc., etc. (1880).

Outre ces tableaux, M. Gustave Moreau a produit un assez grand nombre de dessins et d'aquarelles destinés à la reproduction par les procédés industriels de décoration. Trois fois médaillé, en 1864, 1865, 1869, ayant obtenu une médaille de seconde classe à l'Exposition universelle de 1878. M. Moreau a été décoré de la Légion d'honneur en 1875.

LES GRANDS PRIX DE ROME EN 1889

L'Académie des Beaux-Arts vient de fixer comme suit les concours des grands-prix de Rome pour 1889 :

Peinture. — Le programme du premier essai sera donné aux concurrents le jeudi 28 mars. — 2° essai : 30 mars.

Le concours définitif commencera le 23 avril et le jugement définitif sera rendu le 26 juillet.

Sculpture. — Le programme du premier essai sera donné le jeudi 4 avril. — 2° essai : mardi 9 avril. Le concours définitif commencera le 30 avril et le jugement définitif sera rendu le lundi 29 juillet.

Architecture. — Le programme du premier essai sera donné le mardi 12 mars. — 2° essai, vendredi 15 mars. Le concours définitif commencera le lundi 18 mars et le jugement définitif aura lieu le vendredi 2 août.

Gravure. — Le concours du premier essai aura lieu le lundi 12 mars. — 2° essai : 24 mars. Le concours définitif commencera le mardi 3 avril, et le jugement définitif aura lieu le mardi 31 juillet.

Composition musicale. — Le concours d'essai aura lieu le 3 mai. Le jugement des cantates sera rendu le 12 mai. Le jugement définitif du concours aura lieu à l'Institut, en présence de toutes les sections de l'Académie des Beaux-Arts, le samedi 23 juin.

LA DISTRIBUTION DES PRIX

Aux Élèves de l'École des Beaux-Arts

———

Dimanche à dix heures et demie, a eu lieu dans l'hôtel de l'école des Beaux-Arts, la distribution annuelle des récompenses aux élèves.

Autour de M. Larroumet, directeur des Beaux-Arts, presque tout le personnel de l'Ecole et un grand nombre de personnalités artistiques ont pris place. Citons MM. Dubois, directeur de l'Ecole, Kaempfen, directeur des musées nationaux, Guillaume, Chapu, Muntz, Cavelier, Albert Lenoir, Thomas, de Laborde, Crost, Falguière, Lançon, Bailly, Sédille, Pascal, etc., etc.

La séance est aussitôt ouverte et M. le directeur des Beaux-Arts prend la parole.

Au début de son discours, il exprime cette opinion que l'art français du dix-neuvième siècle doit à la tradition dont l'Ecole des Beaux-Arts est la gardienne, son éclat et vitalité :

Ne croyez pas, dit-il, qui en parlant de la sorte je reprenne pour mon compte l'expression obligatoire de l'optimisme officiel. J'exprime une conviction sincère et je crois remplir un devoir trop negligé de nos jours. Pendant une longue période de satisfaction personnelle, nous nous accordions l'éloge d'une main trop libérale ; puis la phase du mécontentement était venue, et nous nous étions mis à nous dénigrer avec une complaisance qui ne laissait rien à faire pour nos ennemis et nos rivaux. Il serait temps de mettre fin à ce second excès né du premier et de voir les choses telles qu'elles sont, sans fade compliment ni parti pris de sévérité. Voilà bientôt cent ans que la société française a changé ses conditions d'existence et ouvert une nouvelle ère historique ; encore quelques mois et nous allons montrer au monde le résultat de nos travaux, de nos efforts, de nos souffrances. Il importe à notre honneur de ne plus nous amuser à ces plaisanteries de plume ou de parole, à ces saillies d'humeur où nous ne voyions que jeux d'esprit et qui, en réalité, tournaient au détriment de notre bonne réputation et du respect de nous-mêmes. Les peuples ont besoin de s'estimer, et plus que jamais, il importe de ne pas amoindrir notre confiance dans les destinées de la patrie.

Cela est vrai dans toutes les manifestations de la vie nationale ; cela est surtout vrai dans le domaine artistique. Au point de vue de l'enseignement des Beaux-Arts, si l'on compare ce qu'il était il y a cent ans à ce qu'il est aujourd'hui, on constate de grands progrès et on trouve qu'à ce point de vue la nouvelle France est très supérieure à l'ancienne. Je ne parle pas seulement de votre école ; je parle l'enseignement à tous ses degrés. Depuis dix-huit ans surtout, que d'efforts et que de progrès ! Aujourd'hui, par toute la France, de l'école primaire au lycée, de l'humble commune à la grande ville, partout le goût de l'art est suscité, guidé et satisfait ; partout les écoles et les musées se peuplent. Dès qu'au lendemain de l'Année terrible la nation voulut panser ses blessures et réparer ses forces, tous les amis de l'art, ceux qui produisent et ceux qui enseignent, ceux qui écrivent et ceux qui administrent, tous se mirent à l'œuvre, et on jugera l'an prochain du résultat de leurs travaux, poursuivis avec une suite, une ténacité, une abondance de résultats vraiment admirables. Et puisque je constate ces résultats, vous me reprocheriez avec raison de ne pas citer un nom qui restera inséparable de ce grand travail, celui de l'éminent artiste qui fut un de mes prédécesseurs à la direction des Beaux-Arts et l'un des chefs de cette école : le nom de M. Eugène Guillaume.

L'orateur retrace l'histoire de l'art en France vante les qualités artistiques des français et s'attaque à cette opinion que prétendre qu'une éducation indépendante eût rendu l'art de notre pays plus original, plus spontané, plus varié et plus souple, ce n'est pas seulement le méconnaître, c'est encore le calomnier :

On nous dira que l'art français n'ait pas attendu pour naitre que l'Etat se fût chargé de l'enseigner. Sans doute. En même temps que le goût des armes et de la parole, suivant le mot du vieux Caton, nos pères avaient reçu le don de représenter la nature par le contour et la couleur, et il y eut un art français dès qu'il y eut une France. Il importe même de le rappeler à ceux qui font de nous les élèves éternels de l'étranger, les continuateurs dociles de la tradition grecque et romaine. Mais il faut bien reconnaître que notre épanouissement artistique date surtout de la Renaissance, lorsque, les yeux éblouis des merveilles italiennes, nos gentilshommes repassèrent les Alpes avec un sentiment éveillé et un goût plus exigeant. Dès lors, l'Etat s'inquiétait de susciter et de guider les vocations artistiques ; bientôt il le faisait enseigner en son nom ; il absorbait peu à peu l'ancien apprentissage artistique. Lorsque la Révolution vint transformer la France, elle ne renonça pas à cette tradition : elle la fortifia, au contraire, en la complétant ; elle nous légua le type du système d'enseignement que nous appliquons encore. Tous nos grands établissements artistiques ont été créés ou préparés par elle avec une conception plus démocratique et plus large que celle des rois, mais inspirée toujours par une même idée du rôle de l'Etat en matière d'art.

Avons-nous tort d'appliquer cette idée? Je crois pour ma part que son abandon eût été pour l'art français une cause de prompte décadence.

En effet, messieurs, l'art ne résulte pas chez nous, comme chez d'autres peuples, de l'influence nécessaire du sol, du climat et de la race. Il lui faut l'éducation et la culture, il lui faut une attention continuelle pour empêcher que les germes du génie ou du talent, disséminés çà et là, restent stériles et sèchent sur un terrain non préparé. Nous sommes artistes de nature, à la condition d'être avertis sur le démon caché que nous portons en nous. Qu'il s'agisse de notre main, de notre œil, de notre oreille, il nous faut l'éducation. L'élan une fois donné, nos facultés une fois éveillées, nous allons aussi loin, et plus loin que nos initiateurs, nous devenons maîtres à notre tour. C'est pour cela que, jamais chez nous, le dépositaire du patrimoine national, cet être abstrait et durable qui est l'Etat, ne s'est désintéressé de l'art, pour cela que tous nos gouvernants ont mis en action la fameuse métaphore de Lucrèce : ils ont reçus et transmis le flambeau sacré de génération en génération, le préservant, l'activant, lui donnant aliment et matière. Que de fois, sans cette tutelle, la vive lumière qu'il jette encore se fût éteinte ou obscurcie !

Prétendre qu'une éducation indépendante eût rendu l'art français plus original et plus souple, ce n'est pas seulement le méconnaître : c'est encore le calomnier. Une exposition rétrospective va s'ouvrir au 1er mai prochain ; elle montrera dans son ensemble notre développement artistique. L'on pourra voir alors si notre race ne s'est pas exprimée toute entière, avec ses facultés, dans le domaine de l'art plastique, si nous n'avons point parcouru toute la gamme des sentiments et des passions ; si une seule des émotions que le spectacle de la nature et de la vie fait naître dans l'âme de l'artiste n'a pas trouvé chez nous ses interprètes immortels. Le génie de la France s'y montrera tout entier avec son culte de l'antiquité et sa franchise gauloise, ses instincts de création héroïque et son goût d'éducation familière, ses besoins d'ordre et de liberté, sa mesure et son ampleur, son élégance et sa force ; qualités contradictoires, semble-t-il, mais qui se fondent chez nous en un ensemble plein d'harmonie. On sera forcé de reconnaître que toutes les influences qui ont soufflé sur lui des quatre coins de l'horizon, de Rome et d'Athènes, des Flandres et d'Espagne, n'ont servi qu'à favoriser son indépendance et son originalité.

Ce spectacle, messieurs, sera la réponse au reproche dont l'action de l'Etat français en matière d'art est encore le texte. On vous déclare inutiles, dit M. Larroumet en s'adressant aux professeurs, vous qui enseignez au nom de l'Etat et qui le représentez officiellement dans ses corps savants et ses conseils, on nous déclare nuisibles, nous, auxquels il confie la direction de son enseignement, le développement de ses musées et la décoration de ses édifices. Ecoutons ces reproches avec philosophie et n'en soyons pas troublés dans l'accomplissemt de notre tâche respective. Si l'Etat se désintéressait de l'enseignement et de la protection artistique, il n'y aurait pas assez d'indignation ou d'ironie contre son indifférence béotienne. Mieux vaut, je crois, encourir le premier reproche que le second.

J'estime donc, messieurs, qu'à l'exemple de nos devanciers, nous pouvons remplir, avec la conscience que nous faisons œuvre utile, la double tâche que l'Etat nous confie. Je n'ai pas à vous rappeler vos devoirs à ce sujet, mais je sais quels sont les miens et je les résumerai en deux mots : l'impartialité et la sympathie.

M. Larroumet termine par un éloge de M. Gustave Boulanger et de son successeur à l'Ecole des Beaux-Arts, M. Léon Bonnat.

Par l'impartialité, le représentant de l'Etat s'élève au-dessus des querelles d'écoles, des rivalités égoïstes, des parti-pris individuels. Il n'est sensible qu'au talent, il s'efforce de le distinguer et de le consacrer partout où il le rencontre. C'est le droit, c'est le devoir de l'artiste d'être exclusif et personnel, de réaliser sa conception propre de la nature et de la vie, d'opposer système à système, de former des disciples et de recruter des partisans. Mais celui qui s'occupe d'art au nom de l'Etat, c'est-à-dire au nom de tous, s'ils se permettait de batailler pour des préférences personnelles, celui-là deviendrait le plus dangereux des sectaires ; il abuserait du pouvoir qui lui est confié. Spectateur attentif des querelles qui s'agitent autour de lui, il essaiera donc de dégager, au profit de tous, la part de vérité que peuvent contenir les manifestes de guerre ; il constatera la victoire, qui finit toujours, là comme ailleurs, par appartenir au plus brave et au plus fort.

Mais surtout, messieurs, il aimera ce que vous aimez vous-mêmes; il nourrira dans son âme ce culte du beau et du vrai, ce respect de la nature, sans lesquels il n'y a ni vrais serviteurs, ni vrais amis de l'art. Il devra comprendre tout ce que vous mettez de générosité et de courage dans vos luttes et dans vos œuvres; il préparera, dans la mesure du possible, ces cruelles injustices nées de la nature aveugle des choses et de l'insuffisante éducation artistique du public, qui conduisent à la pauvreté et à la souffrance un trop grand nombre d'entre vous, et des plus méritants. Si la tutelle de l'Etat, en matière d'art, avait besoin d'être justifiée, ne serait-ce point là un argument décisif ? On est bien obligé de reconnaître qu'il soulage nombre d'infortunes ; que, sans lui, le talent aurait parfois reculé devant les exigences de la vie matérielle ; que la rude main de la destinée eût saisi à la gorge et impitoyablement étouffé bien des jeunes espérances auxquelles il a donné l'essor; enfin que, par lui, nombre de vieillesses succédant à des existences de labeur sans profit ou de luttes sans gloire, mais embellies par le culte de l'art ont pu finir d'une manière décente, à l'abri des derniers besoins.

Puisque j'ai parlé de mes devoirs, messieurs, laissez-moi revenir à l'objet immédiat de cette cérémonie et rappeler, en finissant, plusieurs évènements de votre existence scolaire que vous me reprocheriez de passer sous silence.

Vous avez perdu cette année deux de vos maîtres, MM. Durand-Claye et Gustave Boulanger. Le premier donnait ici un enseignement net et solide, débarrassé de tout étalage scientifique, comme il convient pour des artistes, mais, par cela seul que la science la plus sûre l'inspirait, parfaitement approprié à son but, qui était de mettre la science au service de l'art. Il a été remplacé par M. Marcel Lambert, un des plus brillants élèves de l'école et qui, devenu maître à son tour, a dignement marqué sa place parmi ses maîtres d'hier.

J'ai pu dire sur la tombe de Gustave Boulanger quelle haute idée de l'art l'inspirait et comment il la réalisait. Ici, je dois surtout rappeler ce que fut le professeur. Boulanger avait non seulement le goût, mais la passion de l'enseignement. Il se donnait tout entier à ses élèves avec une expansion, un dévouement, une bonne grâce dont vous garderez longtemps le souvenir ; il remplissait son rôle avec un courage qui forçait l'estime et imposait le respect à ceux-là mêmes qui étaient les plus hostiles à ses idées. Je relisais naguère le manifeste qu'il adressait à vos aînés, jeunes gens, et qui souleva de si ardentes polémiques. Aujourd'hui que l'on peut examiner sans colère ces pages batailleuses, on est bien forcé de reconnaître que, presque partout, le maître avait raison et qu'il formulait, avec l'impatience d'un esprit juste excité par les exagérations tranchantes du paradoxe, les principes essentiels de tout enseignement. Je ne crains pas de dire que c'est là un titre d'honneur pour sa mémoire et qu'après lui avoir valu de son vivant les plus vives attaques, après sa mort, elles portent témoignage pour lui.

Vous connaissez déjà le nom du successeur que M. le ministre vient de donner à Gustave Boulanger.

C'est celui d'un grand artiste qui vous appartient déjà. En confiant à M. Léon la direction d'un atelier, M. le ministre s'empressait de ratifier la présentation du conseil supérieur de l'école et allait au devant de vos désirs.

Peintre et professeur, M. Bonnat est de ceux qui honorent l'art et l'enseignement; vous apprendrez avec lui ce qu'il faut de sincérité et de force pour lutter loyalement avec la nature ; il vous montrera ce qu'un tempérament courageux et loyal peut mettre de lui-même dans une œuvre d'art et comment, sans autre souci que celui de la vérité, la droiture de l'homme se devine à travers le talent de l'artiste.

Avec de tels maîtres, jeunes gens, comment ne parviendriez-vous pas à vous rendre digne d'eux? Le talent ne manque pas parmi vous et l'on respire, dans cette maison, une généreuse fièvre de travail et de vaillance. J'écoutais, il y a quelques jours, le rapport que votre directeur adressait au ministre sur vos études ; il rendait justice à vos efforts et je me plais à rappeler ses éloges.

La seule chose qu'il ait oubliée c'est de se rendre justice à lui-même. Il aime grandement cette maison ; il s'inquiète toujours d'en rendre l'organisation plus forte et l'enseignement plus complet ; il vous sert d'exemple par son illustration. Enfin, la manière dont il exerce son autorité vous la fait aimer, chose difficile et rare. Il arrivait cette année au terme de son mandat; vous avez appris avec plaisir que ce mandat était renouvelé. Pour ma part, je me félicite de trouver la direction de notre première école artistique entre ces mains délicates et fermes, et j'assure M. Paul Dubois qu'il ne saurait avoir d'auxiliaire plus dévoué que moi-même pour maintenir ou accroître la prospérité de cette illustre maison.

Les nombreux élèves qui se pressent dans l'hémicycle applaudissent encore quand M. Destable, inspecteur de l'Ecole, se lève pour donner lecture du palmarès.

Voici les principales récompenses qui ont été décernées :

Section de peinture et de sculpture. — Figures dessinées d'après nature. — Médailles : MM. Alfred Boisson, Dechenaud.

Figures modelées d'après nature. — M. Chauvet.

Figures modelées d'après l'antique. — MM. Belloc, Desruelles.

Concours de composition Fortin d'Ivry. — MM. Devambez, J. Veber, Lavergne; *Sauzel*: MM. Jacques Marcel, Pignol, Tonetti; *Lemoine* : MM. Al. Roze-Gasq, Theunissen.

Concours de composition décorative. — MM. Franzini d'Issoncourt, Amoretti, Manceaux, Darras.

Sculpture. —MM. Bonval, Barcet,

Prix d'anatomie. — MM. Besson, Manceaux, Villette, Salles, peintres ; M. Thiriot, sculpteur.

Prix de perspective. — M. Villette.

Concours semestriels. — MM. Gauquié, Sicard, J. Veber, Theunissen.

Prix de mathématiques. — MM. Collongo, Avard, Boué, Claitte.

Prix de stéréotomie. — MM. Rous, Labourat, Hébrard, Bonnet, Leroy.

Prix de construction. — MM. Duquesne, Bertrand, Recoura, Lechevallier-Chevignard.

Concours Godebœuf. — MM. Eustache, Godefroy, Jost, Muller.

Prix d'histoire de l'architecture. — MM. Fournier, Sonntag.

Prix Caylus. — MM. Charpentier, peintre, Desvergnes, sculpteur.

Prix Le Tour. — M. Lenoir.

Prix Hugnier. — M. Ducatillon.

Prix d'Allainville. — MM. Roussel. Blanchecotte, Ballet, Signoret.

Prix Muller-Sochnée. — M. N. Dalmas.

Prix Jay. — M. Duquesne.

Prix Jonteclaire. — M. Joannon.

Prix Rougevin. — MM. Lafon, Adolphe Rey.

Prix Jean Leclaire. — M. Sortais.

Prix de la Société centrale des architectes. — M. Sortais.

Prix Abel Blouet. — M. Sortais.

Prix Edmond Labarre. — M. G. Cousin.

MM. Veber, Theunissen et Sortais, qui, chacun, ont obtenu une grande médaille d'émulation, ont été à plusieurs reprises acclamés par leurs camarades.

Vers midi, M. Larroumet levait la séance.

LES CATALOGUES DU LOUVRE

M. Edouard Lockroy, ministre de l'instruction publique et des Beaux-Arts, vient de décider, sur la proposition de M. Larroumet, directeur des Beaux-Arts, que des catalogues sommaires seraient immédiatement dressés pour les trois départements de la sculpture, de la peinture et des dessins au musée du Louvre, de façon à pouvoir être mis en vente, le 1er mai prochain, à l'ouverture de l'Exposition universelle.

Cette mesure donne enfin satisfaction à un vœu depuis longtemps formé par la presse et l'opinion. Notre grand musée national était, à cet égard, dans un déplorable état d'infériorité vis-à-vis des musées de l'étranger. On sait quelle est l'admirable organisation de ceux-ci au point de vue des catalogues. Ils en possèdent de trois sortes : des catalogues détaillés, avec notices sur les artistes, explications des œuvres et dissertations savantes ; des catalogues sommaires donnant uniquement les noms des auteurs, avec les dates de leur naissance et de leur mort, et les titres des œuvres ; enfin de petits catalogues spéciaux à chaque salle. Quiconque a visité les musées d'Italie, par exemple, connaît ces petits *écrans*, si commodes et d'un prix si modique, placés à l'entrée de la plus simple galerie et qui permettent aux visiteurs de s'informer par un simple coup d'œil.

Au Louvre, nous n'avions que la première sorte de ces catalogues détaillés, publications très volumineuses, assez coûteuses et surtout fort lentes. Il y en a de très savants et qui sont, pour leurs auteurs, des titres de premier ordre; mais ce sont là des instruments pour le travail de cabinet plutôt que des auxiliaires pour la simple promenade à travers les galeries ; ils rendent de grands services aux érudits et aux spécialistes, mais ils sont d'un faible secours pour les simples curieux et les amateurs.

Joignez à cela que ces œuvres de longue haleine se poursuivent avec une sage lenteur ; la publication de plusieurs, et des plus importantes, n'est même pas commencée : pour ne citer qu'un exemple, vous ne trouveriez pas au Louvre un catalogue quelconque de la sculpture française moderne, cette suite interrompue de chefs-d'œuvre, qui est peut-être notre première gloire artistique. D'autre part, comment tenir à jour ces gros volumes, de publication si lente et de débit si restreint ?

Pour remédier à ces inconvénients, l'administration des beaux-arts avait fait préparer des cartels indicatifs, dont toutes les œuvres de nos musées devaient être munies et dont une grande partie est déjà en place. Ces cartels ont été très bien accueillis des artistes et des amateurs, comme des simples curieux ; mais, pour les premiers, ils ne saurait remplacer des catalogues sommaires, reproduisant dans leur ensemble les indications offertes par les cartels. Il ne suffit pas, dans les bibliothèques, d'inscrire des titres sur le dos des volumes, il faut encore des catalogues énumérant tous ces titres. De même dans un musée, un catalogue est seul capable de guider les recherches et d'aider les souvenirs. Ces sortes d'inventaires existent pour tous les ordres d'études, ils y sont d'indispensables instruments de travail et ceux qui sont à la fois les plus succincts et les plus complets sont peut-être les plus utiles. On avait songé à établir des guides, ne mentionnant que les œuvres importantes et qui auraient tenu lieu de catalogues sommaires. Ces guides seraient tout à fait insuffisants pour les travailleurs : dans les recherches savantes, il est souvent indispensable de savoir où se trouve une œuvre secondaire, ou médiocre, qui peut fournir un renseignement, une date, un costume, etc.

Chacun des catalogues proposés, dont M. Lockroy a décidé la publication, portera en tête un plan des salles auxquelles il se rapporte, dans le genre de celui qui figure dans le livret annuel du Salon. Rien n'était moins facile que de s'orienter dans le dédale du Louvre ; on pourra désormais en apprendre aisément la topographie, sans fatiguer les gardiens de questions.

Il va de soi que la publication des catalogues détaillés ne sera point interrompue. Il est même probable que pour certains départements, d'un intérêt moins général que ceux de la peinture, de la sculpture et des dessins, ce genre de catalogue suffira. Disons, enfin, ce qui n'est pas indifférent, que la mesure prise par M. Lockroy n'obligera pas de recourir à un crédit spécial, et qu'il y sera pourvu avec les ressources ordinaires du budget des musées nationaux.

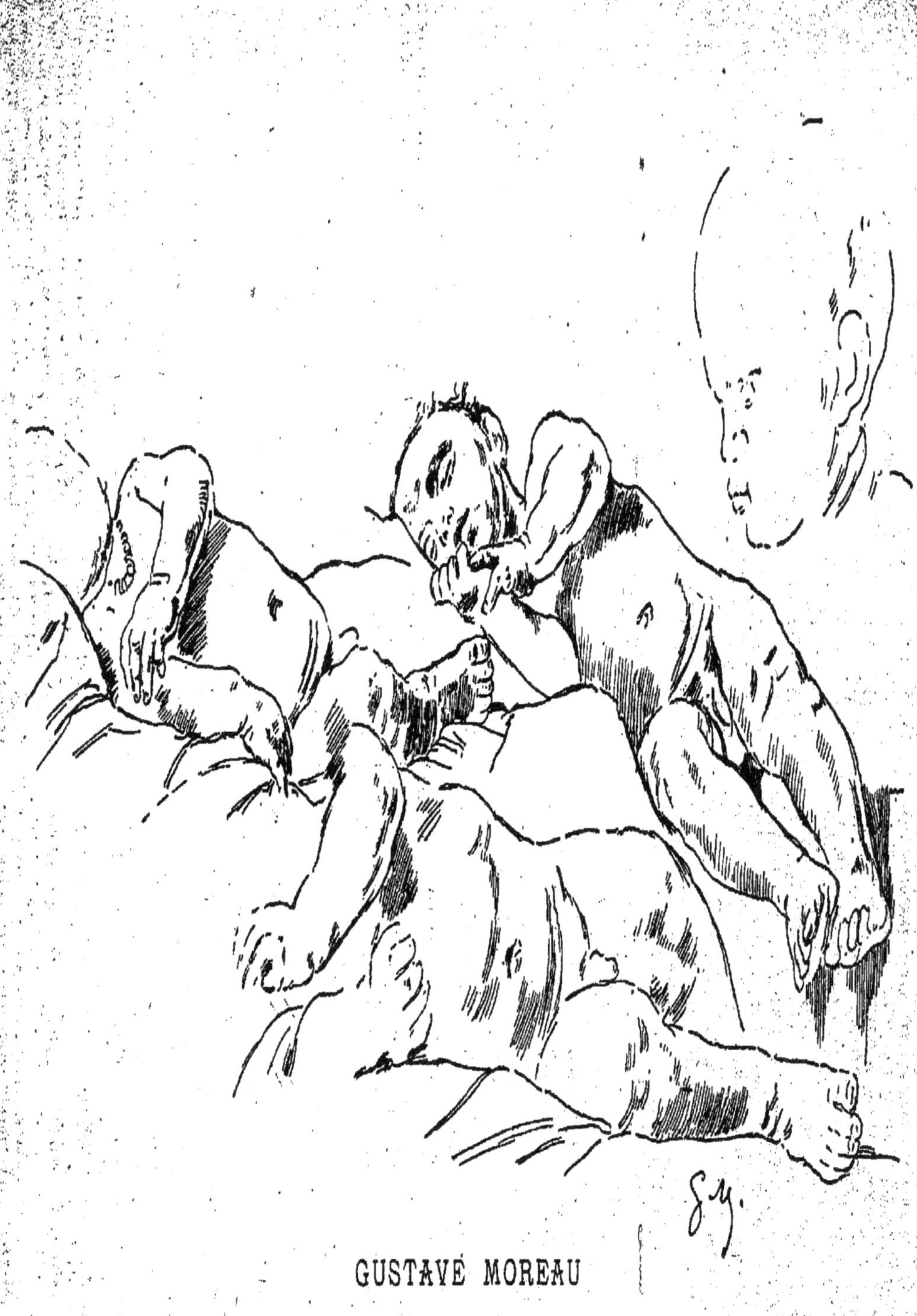

GUSTAVE MOREAU

Croquis pour le Moïse sauvé des eaux

Nouvelle acquisition du Musée du Louvre

Nous avons déjà dit quelques mots du célèbre tombeau de Philippe Pot, grand sénéchal du duché de Bourgogne, conservé, depuis de longues années, dans une propriété privée, à Dijon, où il avait été transporté, lors de la suppression de l'abbaye de Citeaux. Nous avons la grande joie de leur annoncer aujourd'hui que l'Etat vient de l'acquérir et que nous le verrons bientôt à Paris. Malgré l'état de délabrement dans lequel il se trouve et les nombreuses avaries qu'il a subies, ce monument, exécuté dans la seconde moitié du quinzième siècle — (Philippe Pot mourut en 1494 ; mais, selon l'usage à peu près constant du moyen âge, il pourvut lui-même de son vivant à l'exétion de son tombeau) — est, après les statues de la chartreuse de Dijon, du Puits de Moïse et les tombeaux du palais ducal, l'œuvre la plus importante de la sculpture bourguignonne, sortie de l'école de Claux Sluter.

Armé de pied en cap, couché sur une dalle, le gisant est porté sur les épaules de huit « pleurans » en costume de deuil, largement drapés et encapuchonnés, tenant chacun à la main un écusson de ses alliances. C'est la dernière expression du style particulier appliqué par l'art bourguignon à la décoration des monumens funéraires. A l'origine, les petites figurines représentant des pleureurs étaient fixées sur les parois du sarcophage. Peu à peu, ces pleureurs qui, dans les niches et sous les pinacles, rappelaient discrètement la scène des funérailles, prirent dans la composition une importance, et des proportions plus grandes. Ils cessèrent d'être un simple accessoire, pour devenir, avec la statue du gisant, la partie principale du tombeau, et s'associer directement à l'action. Transformés en cariatides, ils portèrent eux-mêmes sur leurs épaules l'effigie du mort posée sur le lit funéraire ; — et le sarcophage primitif devenu inutile disparut. — On peut voir là une vérification de la loi de différenciation, appliquée par Herbert Spencer à l'étude de l'évolution historique de l'art. Le mausolée de Philippe Pot est la conclusion logique et l'évolution dernière de la pensée fondamentale du tombeau bourguignon.

Comme l'a fort bien dit M. Courajod, — à qui revient en grande partie l'honneur de cette acquisition et qui a publié dans le numéro de novembre 1885 de la *Gazette des Beaux-Arts* une magistrale étude sur ce monument, — l'effet en est saisissant : on croit entendre, en apercevant ce cortège de porteurs « le pas lourd et cadencé d'une marche funèbre ».

Cette belle œuvre était depuis longtemps convoitée par le Louvre, dont M. Castagnary, le regretté directeur des Beaux-Arts, avait encouragé l'ambition. Il faut espérer, à présent qu'on l'a si heureusement achetée, — qu'on ne la laissera pas moisir dans les obscurs magasins où tant de statues du moyen âge attendent le bon plaisir de l'administration supérieure. Les partisans d'un musée de la sculpture française du moyen âge au Louvre auront là un bel argument ; on peut compter qu'ils ne le laisseront pas perdre.

L'EXPOSITION DE BLANC ET NOIR

Voici la liste des récompenses décernées aux artistes exposants à l'Exposition de Blanc et Noir :

Dessins et Cartons.

Médaille d'or. — Karl Robert.

Médailles d'argent de 1re classe. — Baury-Soël (Mlle), Smith (Jacob), Vauthier (Pierre).

Médailles d'argent de 2e classe. — David Nillet (Henri).

Médaille d'argent de 3e classe. — Nehlig, Gérardin, Caspers (Mlle).

Médaille de bronze. — Valette (Mlle), Simonnet, Calmettes.

Mentions honorables. — Madelaine, Morin, Cheron (Olivier), Grigny, Hébert Paulin, d'Argence, Drjetomay.

Gravures.

Médailles d'argent de 1re classe. — Florian, Jasinski, Ardail.

Médailles d'argent de 2e classe. — Jacob (Mlle), Portier de Beaulieu, Ruet.

Médaille d'argent de 3e classe. — Hahuet, Dutheil.

Médaille de bronze. — Leterrier, Poynot (Mlle), Larivière (Mlle).

Mentions honorables. — Fornet, Fleuret, Moultanowsky, Colas, Van Houten (Mlle), Grenier, Decizy, Tinayre, Prévost.

Aquarelles et Pastels.

Médaille d'or. — Maximilienne Guyon (Mlle).

Médaille d'argent de 1re classe. — Léandre, Duhem.

Médailles d'argent de 2e classe. — Paul Lecomte, Vauters.

Médailles d'argent de 3e classe. — Faux (Mlle), Rossert.

Médailles de bronze. — Girardet (Léon), Sembach, Valentino (Mlle).

Mentions honorables. — Gabriele Lefèvre, Trotter (Mlle), Serorge, Morisot (Mlle), Lacheurié, Dilinska (Mlle), Jeanne Cuyon (Mlle), Cagniard.

Dessins d'art Décoratif, d'Enseignement et Industriel.

Médaille de Paris. — Hors concours.

Médaille d'or. — Ilista.

Médailles d'argent de 1re classe. — Royer (Lionel), Ecole normale d'enseignement du dessin, école de Mme Thoret.

Médaille d'argent de 2e classe. — Jourdain.

Médailles de bronze. — Maglin, Laion (Victor), Ecole municipale de dessin, ville d'Auxerre.

Mentions honorables. — Graves, Bielmann, Boussenot, de Laharpe (Mlle), Wibaillé. Renée Bonheur (Mme).

Dans sa réunion du 24 novembre, le Jury a décidé que le *Prix d'honneur* offert par M. le Président de la République, pouvait être accordé à un artiste ayant été récompensé au Salon. En conséquence de cette décision, les membres du Jury, à l'unanimité, se mettant hors concours, ont décerné le *Prix d'honneur* à M. A. Leveillé, graveur.

EXPOSITION

DE LA SOCIÉTÉ LYONNAISE DES BEAUX-ARTS

La Société lyonnaise des Beaux-Arts porte à la connaissance des artistes qu'elle ouvrira sa 2e exposition annuelle le vendredi 22 février 1889. Cette exposition sera installée : *Pavillon des Beaux-Arts, place Bellecour ;* elle est ouverte aux artistes français et étrangers.

Tous les ouvrages devront être adressés à M. Alfred Bonnet, secrétaire de la Société, pavillon des Beaux-Arts, place Bellecour.

Les artistes de Paris spécialement invités devront déposer leurs ouvrages *du 10 au 15 janvier* (terme de rigueur), chez M. Pottier, emballeur de la Société, rue Gaillon, n° 9, à Paris. Les artistes de province ou de l'étranger qui auront été également invités devront expédier leurs œuvres par tarif spécial n° 29, petite vitesse, de façon à ce qu'elles soient rendues au pavillon des Beaux-Arts, place Bellecour, *du 25 au 31 janvier* 1889. Les artistes de Lyon déposeront leurs œuvres pavillon des Beaux-Arts, place Bellecour, *du 31 janvier au 3 février* inclusivement, *terme de rigueur.* Les artistes non invités devront expédier leurs ouvrages franco en se conformant aux délais précités.

Les tableaux et autres objets présentés ne devront pas dépasser deux mètres sur leur plus grand côté, cadre compris, à moins de décision spéciale de la part du Comité de la Société.

Chaque artiste ne pourra exposer que deux ouvrages du même genre.

Une commission de 10 0/0 sera prélevée sur la vente des œuvres des artistes non sociétaires.

La clôture de l'Exposition aura lieu le dimanche 28 avril 1889, à 5 heures du soir.

L'admission des ouvrages présentés sera prononcée par un jury élu à la majorité relative, en un seul tour de scrutin. Les fonctions de membres du jury ne sont pas incompatibles avec celles de membres du Comité de la Société Lyonnaise des Beaux-Arts.

SOCIÉTÉ LIBRE DES ARTISTES FRANÇAIS

Section de Peinture.

Ont été élus membres du Comité, le 21 novembre :

MM. Agache Alfred, Bergeret, Besnard Albert, Collin Raphaël, Coblentz père, Dameron, Debon, Dubuffe Guillaume, Flameng François, Glaize Léon, Grandsire, Herman Léon, Humbert, Lapostolet, Lemaire Louis, Le Roux Hector, L'Hermitte, Maignan, Morlon, Pointelin, Polak, Rapin, Rixens, Rozier Dominique, Saintpierre, Sauzay, Thirion, Tony Robert Fleury, Vayson, Yon.

Section de Sculpture.

MM. Bartholdi, Oliva, Paris, Mathurin Moreau, Albert Lefeuvre, Roubaud, Et. Leroux, Boisseau, Doublemard, Turcan, Léon Perrey, Croisy, Morice, Vaudet, Rodin.

Le Comité, ainsi composé, s'est réuni le 27 pour procéder à la constitution du bureau.

Ont été élus :

MM. Bartholdi, président ;

Maignan, vice-président, section de peinture ;

Olisa, vice-président, section de sculpture ;

Debon, secrétaire-général ;

Maurice Polak, trésorier ;

Pointelin et G. Dubuffe, secrétaires de la section de peinture ;

Léon Perrey et M. Albert Lefeuvre, secrétaires de la section de sculpture.

*

Les réunions du lundi ont lieu au Café des Variétés, à 8 heures. La réunion du lundi 3 décembre, sera présidée par M. Turcan.

LA STATUE DE BALZAC

Nous recevons de notre collaborateur, M. Frantz Jourdain, la lettre suivante :

Paris, le 21 novembre 1888.

Cher Monsieur,

La statue de Balzac, dites-vous, n'avait que deux concurrents : MM. Chapu et Marquet de Vasselot. Pardon, il y en avait trois, sans parler des autres. Ce troisième là était Rodin que j'avais *officiellement* présenté au Comité de la Société des gens de lettres. Mais, je le crains, ces Messieurs ont cru à une fumisterie de ma part et se sont imaginé que je voulais faire exécuter la statue du grand homme par Rodin d'Eugène Süe. Cependant — soyons justes — l'auteur des *Portes de l'Enfer* n'a pas remporté une veste complète ; il a obtenu..... 2 voix, juste la moitié des suffrages remportés par M. Marquet de Vasselot. C'est gentil ça, n'est-ce pas ?

Bien cordialement à vous.

Frantz JOURDAIN.

ECHOS ET NOUVELLES

M. Bonnat, membre de l'Institut, est nommé professeur chef d'atelier de peinture à l'Ecole des Beaux-Arts, en remplacement de M. Gustave Boulanger, décédé.

*

Nous apprenons le mariage de M. Henri Dubois, graveur en médailles, avec Mlle Amélie Thorin.

La bénédiction nuptiale a eu lieu le 27 novembre, à midi, en l'église Saint-Sulpice.

*

Dans l'épouvantable accident qui s'est produit au Théâtre-Lyrique, et où M. Obrecht a trouvé la mort, un spectateur avait été blessé.

Ce spectateur n'était autre que le prince Eugène de Suède et de Norwège, le plus jeune fils du roi Oscar II, qui est venu à Paris étudier la peinture avec Gervex. Il était au Théâtre-Lyrique avec son aide de camp, M. de Platen.

Les débris du lustre atteignirent le prince à la tête et lui firent une blessure de quatre centimètres de longueur sur un centimètre de profondeur.

Après avoir reçu les premiers soins chez un pharmacien voisin, le prince Eugène a pu rentrer chez lui, rue Châteaubriand. Il n'a gardé la chambre que pendant vingt-quatre heures, au bout desquelles sa blessure était heureusement fermée. Depuis lors il a repris ses artistiques occupations.

* *

Le comité de l'Association des artistes peintres et sculpteurs de Vienne, invité par un comité parisien à la tête duquel se trouve M. Munckacsy à prendre part à l'Exposition universelle de Paris, a répondu par un refus. Cette décision a été prise à l'unanimité des membres présents.

Les amis des arts apprendront avec regret que de belles œuvres du Poussin, notre compatriote, fort admirées à Rome dans l'église de Saint-Martin-des-Monts, sont, en ce moment, dans le plus grand péril.

Pour le percement d'une rue nouvelle, on a mis à nu les fondements de cette église ; les murs se disloquent ; on a dû cesser, hier, d'y faire les offices. Dans la nef de droite, l'une des fresques du Poussin est tombée en miettes ; les vingt-trois autres semblent aussi fort compromises, si l'édilité romaine ne remédie très promptement au mal.

Un groupe d'artistes, d'anciens collaborateurs et d'amis intimes de Castagnary, ancien conseiller d'Etat, directeur des Beaux-Arts, ont eu la pensée de se réunir pour rendre un dernier hommage à la mémoire de ce critique d'art.

Il leur a paru qu'un petit monument d'architecture devait être élevé sur le terrain accordé à Castagnary pour sa tombe au cimetière Montmartre par la libéralité du conseil municipal dont il avait eu l'honneur d'être président.

Ce monument, confié aux soins de MM. Faivre-Dujarric et Louis Viélard, architectes, sera surmonté du buste de Castagnary, modelé par le grand statuaire Rodin.

Le comité a décidé, dans une réunion tenue le 19 novembre 1888 chez M. Spuller, ancien ministre de l'instruction publique et des Beaux-Arts, qu'un appel serait fait à tous ceux qui ont connu et aimé Castagnary, afin de couvrir les frais de ce monument. Des listes de souscription seront mises en circulation par les membres du comité, à qui les offrandes peuvent dès à présent être adressées, ainsi qu'à MM. les directeurs de l'*Art*, du *Journal des Arts*, du *Siècle*, du *Temps*, de la *République française*.

Le comité est composé de MM. Bracquemond, Chapu, Collet, Courbet, Dalou, Faivre-Dujarric, Henry Havard, Adrien Hébrard, Henner, Gustave Isambert, Jourde, Magnin, Roger-Marx, Antonin Proust, Ranc, Th. Ribot. Rodin, Roll, Spuller, Viélard.

* *

Un journal a annoncé que la famille de M. Van Praet avait décidé de garder la merveilleuse collection de tableaux qu'a laissée l'ex-ministre de la maison du roi des Belges. Nous croyons savoir que cette collection sera exposée à Paris en 1889, M. Devaux, l'héritier de M. Van Praet, ayant promis d'envoyer les principaux tableaux de cette galerie à l'exposition rétrospective de l'art français du siècle.

* *

Parmi les trop rares peintures françaises du quinzième siècle qu'a pu réunir jusqu'à présent le musée du Louvre, figure un panneau, aussi intéressant pour les historiens que pour les artistes, représentant Pierre de Bourbon, sire de Beaujeu, vu à mi-corps, les mains jointes ayant près de lui, debout, saint Pierre, son patron. La disposition des personnages permettait de constater que cette peinture devait avoir son pendant, et qu'elle avait formé, à l'origine, le volet d'un triptyque. Le second volet, reproduisant la femme de Pierre Beaujeu, Anne de France, fille de Louis XI, accompagnée de saint Jean l'Evangéliste, avait été retrouvé, il y a quelque temps, par un amateur distingué, M. Maciet, qui vient d'en faire don au musée du Louvre. M. Maciet a ajouté à sa libéralité en envoyant au Louvre deux autres petits tableaux des anciennes écoles nationales : un *Jésus sur les genoux de la Vierge* et un *Portrait d'Homme*, et un dessin à la sanguine par Théodore Rousseau, pour le tableau de la *Lisière de forêt*, que possède le musée.

* *

C'est par erreur que M. Michel Lançon a été, dans la liste des concurrents admis à la seconde épreuve au concours pour le diplôme de l'exposition, qualifié *sculpteur*. C'est peintre qu'il faut lire.

L'*Imprimeur-Gérant* : HENRY LEFEBVRE.

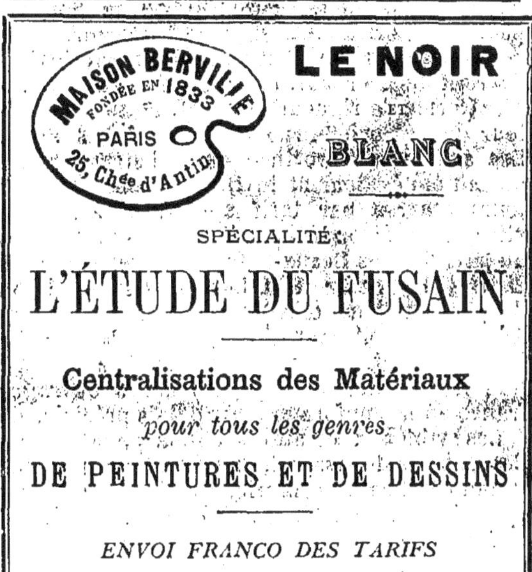

ACADÉMIE JULIAN

ATELIERS DE PEINTURE

Sculpture et Dessin.

Distincts pour Hommes et pour Dames.
Toute la journée modèle vivant.

ATELIERS DE

MM. **BOUGUEREAU** et **T. ROBERT-FLEURY**
MM. **BOULANGER** et **J. LEFEBVRE**

Atelier de sculpture, professeur M. **CHAPU**
Ces éminents professeurs donnent régulièrement leurs conseils aux élèves.

COURS pour HOMMES

48, faubourg Saint-Denis (près la porte St-Denis).
28, faubourg Saint Honoré (Près de la Madeleine).

COURS pour DAMES

5, rue de Berri (avenue des Champs-Elysées).
27, galerie Montmartre (Passage des Panoramas).

COURS D'ANATOMIE : M. CUYER.

Préparation au brevet supérieur de dessin de la ville de Paris et de l'Etat et aux concours de l'Ecole des Beaux-arts.

Aquarelle   Pastel   Nature morte, etc.

Il n'y a jamais de vacances.

On trouve dans chaque Atelier les renseignements qui le concernent.

Compiègne. — Imprimerie HENRY LEFEBVRE.

LA VIE ARTISTIQUE

COURRIER HEBDOMADAIRE ILLUSTRÉ

Des Ateliers, des Expositions & des Théâtres

BUREAUX A PARIS
42, Rue de Chabrol, 42

Dimanche 9 Décembre 1888
2ᵉ ANNÉE — Nº 40

ABONNEMENTS
Un An : DIX FRANCS

LA CRITIQUE CONTEMPORAINE

ET L'ARCHITECTURE

Conférence à l'École des Beaux-Arts.

La Société centrale des Architectes français vient d'organiser une série de conférences à l'école des Beaux-Arts, qui seront faites par des critiques d'art et des hommes de lettres.

M. Roger-Ballu a été prié d'inaugurer cette série. Le jeudi 6 décembre, salle de l'Hémicycle, à 2 heures 1/2, il a pris la parole devant une nombreuse assistance composée des personnalités les plus marquantes de l'architecture et d'artistes éminents.

Nous sommes heureux de donner aujourd'hui la première partie de sa conférence, d'après le compte-rendu du sténographe. Nous donnerons la suite dimanche prochain :

MESDAMES, MESSIEURS,

La Société centrale des Architectes a eu une heureuse idée, en organisant une série de conférences à l'école des Beaux-Arts. Elle a cédé, par contre, a une inspiration que vous me permettrez de juger malheureuse, le jour où elle a demandé d'inaugurer cette série à celui qui est devant vous.

Mon premier sentiment en me trouvant à cette place est l'étonnement de m'y voir, ou plutôt d'avoir accepté d'y venir ; et j'ai peur maintenant que mon outrecuidance ne soit percée à jour, étant donné l'ordre du sujet qu'il me faut traiter ; je me trouve, si vous saviez, dans la situation d'un homme, d'un voyageur qui ne doutait de rien, d'un membre d'un Club alpin quelconque, d'un Tartarin qui, guêtré, casqué de blanc à l'anglaise, les reins ceints de corde, armé du grand bâton de rigueur, a commencé à gravir la montagne dont il avait promis d'explorer les glaciers. Mais à peine a-t-il fait quelques pas, qu'il se dit : « J'ai bien eu tort « d'être parti ; si j'avais su que c'était si haut « vu d'en bas, je serais resté chez moi. »

Lorsque votre très aimable et très distingué secrétaire, M. Loviot — c'est lui au fond qui est le coupable — est venu me faire la proposition de vous entretenir, j'ai accepté de grand cœur, je l'avoue ; j'étais tenté d'un auditoire tel que le vôtre ; mais, maintenant que me voici au pied du mur... je le trouve bien haut votre mur ; et, à part moi, je pense que jamais je n'arriverai à l'escalader, et à me mettre à cheval sur le chaperon... Constatez, Messieurs, que je me sers d'un terme technique, mais rassurez-vous ce sera la première et la dernière fois. Histoire de montrer qu'on connaît son affaire. (*Rires.*)

Mais pour parler sérieusement, laissez-moi vous dire, Messieurs, que je ne suis pas abusé une seconde sur la raison de l'hospitalité que vous m'avez offerte, sur le sens de l'invitation qui m'a été faite.

C'est au nom que je porte que s'est adressé votre bienveillance, à ce nom qui pour mon frère et pour moi, est notre plus grand et notre plus cher honneur, à ce nom qui fut celui d'un artiste considérable, dont la haute sérénité de talent n'était comparable qu'à la modestie, d'un homme entre tous éminent, bon et simple, qui fut un maître, pour quelques-uns d'entre vous un ami, Messieurs, et pour tous un grand confrère, de la bouche duquel jamais ne s'échappa une parole malveillante, non plus qu'un jugement critique, à moins que ce ne fut en guise de conseil, et alors en face même de celui auquel il s'adressait. (*Applaudissements.*)

Laissez-moi, Messieurs, m'entourer de ce souvenir chéri, évoquer cette mémoire grande et douce, dans cet hémicycle, sur les murs duquel il aurait pu être représenté, salué, complimenté et remercié par le Boccador ! (*Salve d'applaudissements.*)

Mais je n'ai garde d'oublier d'ailleurs, que dans le sein de votre Société même, le dilettante distingué et délicat, un de vos vice-présidents, qui est un de vos plus brillants confrères, mon ami M. Paul Sedille, a retracé d'une manière émue et élevée, tout ensemble, la carrière et les œuvres de Théodore Ballu. Qu'il en soit remercié devant vous ! (*Applaudissements.*)

Et je vois que j'avais tort, Messieurs, d'être inquiet tout à l'heure. Ma fierté de fils est décidément auprès de vous ma meilleure sauvegarde.

Vous connaissez, Messieurs, le titre de (je ne veux pas dire, la conférence) de l'entretien, de la causerie d'aujourd'hui ; mais vous n'en connaissez pas le sujet, or, je vous engage à vous méfier. Le titre ne répond pas du sujet, ou ne répond pas au sujet toujours. Il en va, en cette affaire, comme pour ces édifices — tels d'ailleurs que vous n'en avez jamais construits — qui sont d'un extérieur séduisant, mais dont l'intérieur est d'une lamentable insuffisance, par la mauvaise distribution des pièces, la tristesse et la pénurie de l'éclairage

Si donc je dois vous montrer ce qu'il y a derrière mon titre, ma façade : *la critique contemporaine et l'architecture,* me voici repris d'embarras.

D'aucuns ont pu s'étonner que j'aie eu l'audace de venir parler architecture, devant un auditoire d'architectes et d'architectes de votre valeur, messieurs.

Mais le titre que j'ai choisi est précisément pour moi un choix fait par prudence. Car, comme la critique contemporaine, la critique d'art ou de beaux-arts, celle des salonniers, — je ne parle pas de la presse spéciale, — n'y entend rien en architecture, et quoique cela, ne s'en occupe jamais. Je n'avais pas besoin, me suis-je dit en parlant de critique contemporaine, de causer d'une façon technique d'architecture.

Vous comprendrez, je l'espère, ce jésuitique échappatoire. (*Rires.*)

Le but que s'est proposé la Société centrale, messieurs, en organisant ici ces conférences, est, si je ne me trompe, d'intéresser davantage à notre art l'esprit public, de tâcher qu'il ne soit plus considéré comme un art à part, comme un temple aux abords sévères, où ne pénètrent que les initiés, et d'où les simples dilettanti sont écartés comme des indiscrets, quand ils ne s'en écartent pas eux-mêmes comme des indifférents, comme des gens que « ça ne regarde pas ».

Ainsi posée, la question est grave. Et plaise au ciel, qu'elle mérite, en cette heure, votre attention, car je vais m'efforcer, pour mieux en définir les termes, de tracer le tableau de la situation spéciale faite à l'architecte, dans l'art moderne, parmi les artistes, ses confrères, et au milieu de cette société qui s'imagine avoir la passion des beaux-arts.

Quand je dis qu'elle *s'imagine*, je ne crois pas outre-passer la vérité. Je constate en effet que de nos jours on s'occupe beaucoup d'art, qu'on en parle du moins à tout bout de champ. Est-ce sincérité et conviction ? Je n'en répondrais pas. J'ai bien peur que ce soit affaire de mode. Et remarquez que pour M. Prud'homme qui existe encore, quoiqu'en aient dit les reporters, et est devenu grand amateur, il n'y a qu'un art, un un seul : la peinture. Voir des tableaux, c'est-là le plaisir, être vu en le voyant, quelle joie d'amour-propre ! (*Applaudissements et rires.*)

La sculpture, c'est froid, puis encombrant dans un appartement, et ça ne varie guère : du blanc ou du brun, du marbre ou du bronze.

La gravure est faite pour les livres ou les albums. Je ne parle pas de la musique, ne m'occupant en ce moment que des arts plastiques : d'ailleurs le piano la sauve. Quel est le ménage qui n'en a pas ?

Quant à l'architecture, oh ! c'est grave. On ne se risque pas à en parler. On ne flirte pas avec elle : on ne revendique pas l'honneur d'être si bien dans son intimité, qu'elle n'ait pas de secrets pour vous.

Il y a des amateurs de peintures, des amateurs d'estampes ; connaissez-vous des amateurs d'architecture ? En connaissez-vous parmi les gens qui courent les salons et se font une réclame flatteuse d'une spécialité de connaissances ? Je ne crois pas que le type existe encore ; d'ailleurs il ne poserait pas son homme à l'égal du *Monsieur qui s'y connaît en tableaux.* (*Applaudissements.*)

Le bon public — le public est toujours bon — est pénétré d'une respectueuse estime pour l'architecture, dont les œuvres font bien dans les promenades ; il lui arrivera de critiquer, de louer tel monument, mais il n'ira pas au-delà de ce qu'il est pour lui, *le point de vue ;* il ne se passionnera jamais sur le principe esthétique qui a inspiré l'ouvrage ; aussi peut-on penser que le jour où en regardant la colonne il s'est déclaré fier d'être Français, ce jour-là a été un beau jour de triomphe populaire pour l'architecture. (*Applaudissements et rires.*)

« Mais l'architecture est le premier des arts ! » Que de fois n'a-t-on pas répété cette phrase, qui est à tout prendre une indéniable vérité ; mais combien peu, « *ce premier des arts* » reçoit-il les hommages de ce qui compose la Société, de ce qui s'appelle le monde ?

La voilà venue, cette fête parisienne, bruyante, agitée, traversée de caquetages interrompus, et des froufrous des robes nouvelles, qui tous les ans redevient le même prétexte à des rencontres flatteuses, à des satisfactions d'amour-propre, qui donne la joie à ceux qui s'y montrent, de pouvoir dire le lendemain : « J'y étais, hier ; il y a des choses superbes, » ou : « Il n'y a rien de bien cette année. »

C'est le jour du vernissage du salon. Un étranger peu au courant de nos caractères, pourrait se dire en voyant la foule élégante envahir les portes dès le petit matin, faire pirouetter les tourniquets : « Quel peuple d'artistes que ces Français ; comme ils aiment les beaux-arts ! »

Je me garderai bien de détromper ce candide étranger. Mais, entre nous, nous savons ce qu'il en est. Le tout Paris va au salon par habitude, par genre, par sport, comme on va aux courses ; seulement ce n'est pas des chevaux qu'il voit courir, ce sont des images qu'il vient regarder, *des images de toutes couleurs dans des cadres d'or !*

Je dis cela pour vous consoler, Messieurs, car vous, du moins, vous échappez — oh ! complètement ! — à cette curiosité qui n'a rien d'esthétique. Pendant que la circulation est interrompue dans les salles de peinture par l'affluence des visiteurs, les vôtres restent... comment dirais-je, moins encombrées, plus libres . . . .

Roger-Ballu.

(*La suite au prochain numéro.*)

La statue de Lazare Carnot

Lundi s'est ouverte, dans la grande salle de l'Ecole des Beaux-Arts, l'exposition de maquettes pour la statue de Lazare Carnot, mise au concours par le *Courrier français.* Il s'y trouve aussi quelques dessins, parmi lesquels nous avons remarqué celui de M. J.-L. Forain, qui porte comme légende ces mots de Napoléon : « Monsieur Carnot, je vous ai connu trop tard. »

Quant au concours de maquettes pour la statue de Carnot, bien qu'il ait le même caractère que les concours dont nous avons eu récemment à nous occuper, il semble pourtant atteindre une moyenne un peu supérieure. Cinquante projets sont exposés. Aucun de nos sculpteurs célèbres n'y a pris part.

Signalons le n° 1, dû à M. Pierre Roche, qui représente une Victoire ailée portant sur son épaule le buste de Carnot. M. Louis Carrier-Belleuse a fait un Carnot debout, appuyé sur un canon à gauche. A droite, une Victoire horizontale, et qui semble suspendue au large manteau du général, lui tend une couronne et un glaive. Le Carnot de M. Louis Noël est plus simple : vêtu de l'uniforme de général républicain, il se tient debout, sans geste exagéré, M. Deniaux a choisi cette légende : « Lazare Carnot remit l'armée sur pied, raffermit son courage, etc. » Très noblement Carnot, la main gauche appuyée sur l'épaule d'un jeune soldat accroupi devant lui, indique l'ennemi de la main droite, M. Fouque (Haff) a mis dans la paume de la main droite du général une minuscule Victoire, qui fait l'effet le plus imprévu. M. Detrier a représenté Carnot debout, un fusil à la main, la tête haute et le geste énergique. L'un des projets les plus intéressants est celui de M. Emile Bourdelle : Carnot, tête nue, tend en avant le bras gauche ; l'expression et l'attitude sont suffisamment sobres.

Le jury chargé de juger le concours a rendu son jugement.

Le nombre des maquettes et dessins était de soixante-dix.

Le jury de sculpture se composait de : MM. Falguière, Guillaume, Mercié, Rodin, Marquet de Vasselot, Jules Roulleau, Paul Dubois, Chapu, Dalou, Mathurin Moreau, Barrias, Delaplanche ; celui des dessins se composait de : MM. Henri Pille, Luc Olivier-Merson, Besnard, Lhermitte.

Voici les résultats de ce concours :

Lauréat : n° 48 du catalogue, M. Turcan, 8,000 fr. Cet artiste est chargé de l'exécution.

Maquettes. — Les primes suivantes ont été décernées : 1,000 fr. à M. Emile Bourdelle, n° 46 ; 500 fr. à MM. Charpentier et Fulconis, n° 25, ; 200 fr. à MM. Louis Noël, n° 9 ; Paul Chopin, n° 19, et M. Breylard, n° 41.

Dessins. — Une prime de 500 fr. a été décernée à M. Heidbrinck, n° 53 ; une prime de 300 fr. à M. Scheideker, n° 59 ; une prime de 200 fr. à M. J.-L. Forain, n° 52.

L'EXPOSITION DE SISLEY

Mercredi dernier s'est ouverte chez Georges Petit une exposition de quelques œuvres du peintre impressionniste Sisley.

Deux toiles, entre toutes, nous ont conquis. L'une est déjà un peu ancienne ; mais le temps, qui est un artiste aussi, lui a donné un fondu qui la rend parfaite. C'est un paysage simple. A gauche, au premier plan, s'élève un immense noyer d'un dessin très fier, derrière lequel rit un toit rouge ; à droite se déroule une rivière bleue. Tout cela est plein de soleil, d'air et de chaleur. Une harmonie heureuse de tons donne à cette page l'unité rêvée et nous avons ressenti devant ce tableau la même émotion que nous faisait éprouver autrefois la vue des arbres séculaires de Rousseau.

Le second tableau nous montre les *Hautes Eaux au pont de Moret*. Il date, nous dit-on, du mois d'avril 1888. Le temps n'y a pas collaboré, mais l'œuvre est assez complète par elle-même pour se passer de ses retouches et de sa patine. Elle se compose merveilleusement bien avec son vieux pont, son moulin, son église, ses vieilles maisons devant lesquelles l'eau grossie et limoneuse écume et court sous un ciel clair. La crue a un peu éteint le miroir des eaux, mais les trésors de couleurs éparses dans le ciel, dans les toitures, dans les vieilles architectures trouvent encore çà et là, dans le cours torrentueux du Loing, des facettes où se refléter. C'est comme une illumination discrète, presque latente, de la rivière qui semble rouler des pierreries tout en gardant la tonalité générale jaunâtre que lui a donnée l'afflux des pluies filtrant à travers la terre grasse.

Les autres tableaux de M. Sisley ont tous été exécutés d'après nature soit à Moret, soit aux Sablons où le peintre habite toute l'année. Le pays est tentant du reste pour un paysagiste et il semble que tout s'y compose de soi-même. Aussi l'artiste y a-t-il fait une ample et précieuse moisson. Nous apprécions particulièrement la *Rue à Moret*, la *Cabane abandonnée*, sur le toit de laquelle s'ébouriffe un si gai rayon de soleil, le *Vieux Moulin*, et enfin le *Soleil couchant*, une page contenue, sobre et fine, d'un charme très pénétrant.

Les pastels de M. A. Sisley sont d'une écriture plus sommaire que ses tableaux. Ils ont des points de contact avec ceux que M. Raffaëlli a montrés. Ce sont du reste des notes rapides, prises par des temps de neige, et dont la qualité maitresse est une grande exactitude d'effet. Le plus intéressant nous parait être celui où l'on voit les wagons noirs du chemin de fer disséminés sur les rails invisibles d'un garage. Le noir et blanc triomphe ici par la force naturelle de l'antithèse.

LES MODÈLES

Les ateliers de peintres ont repris leur activité ; voici le moment des expositions qui approche. L'année sera-t-elle féconde en chefs-d'œuvre ? Il ne faut préjuger de rien. Dans tous les cas, les peintres travaillent ferme. Il y a beau temps qu'on ne leur avait vu pareille activité. C'est qu'il faut aujourd'hui produire double. La valeur des tableaux, chaque année, diminue sensiblement. Il y a un *crack* sur la peinture. Il y a aussi pléthore de tableaux ; surtout depuis que les Etats-Unis, ont frappé d'un droit énorme les œuvres de nos peintres. Mais patience, il parait qu'on va revenir là-dessus ; les tarifs seront diminués et les transactions reprendront leur cours. C'est de ce côté que les peintres attendent la prospérité dont ils ont besoin. Voilà pourquoi ils redoublent d'efforts... Si l'Amérique enfin allait s'humaniser !

En attendant, faisons le tour de quelques ateliers, ces serres de l'art où l'on voit éclore de si belles choses ; l'atelier, dont le soi-disant mystère a tenté tant de curiosités mondaines. Qui n'a entendu parler de ces aberrées qui, tour à tour, ont violé ce mystère et dont certaines, avides de décolletages, ont créé une sorte de légende ?

De la part des modèles de profession, le nu souvent est beaucoup plus difficile à obtenir que le feraient supposer les aventures de certaines mondaines. La pudeur a beau n'être qu'une convention, ce n'est pas un vain mot. Tant pis pour celles qui en ont perdu tout sentiment. Elles sont bien malades.

Pas moins que la pudeur a sa place dans les ateliers, même auprès des pauvres filles qui, par état, ne sont pas tenues de rougir. Une d'entre elles, réduite à poser pour vivre, écrivait une fois à une de ses amies :

« C'était, pour une sainte Agnès, rien que la tête. Le peintre m'offrit 5 francs par séance ; cela me tenta, et j'acceptai. Me voilà arrivée à l'heure indiquée. Ah ! ma chère, si tu savais comme le cœur me battait en frappant à cette porte ! Je n'avais plus de voix, et, de pâle que j'étais, je devins verte quand on me dit : « Entrez !... » C'en était fait, j'étais modèle ! Je baissai la tête comme une condamnée à mort, et j'avais les larmes aux yeux... Me voilà donc sur la table, à genoux, la tête renversée en arrière. Je t'assure qu'il me fit compliment et ne me rappela pas à l'ordre. Je m'étais mise dans la peau de la sainte on ne peut mieux. Cela dura cinq séances ainsi : moi, ne bougeant pas ; lui, peignant et ne soufflant mot... Figure-toi que le cou et les épaules de sa bonne femme n'étaient qu'ébauchés, et il fallait les finir. Le peintre me dit ne pouvoir les finir qu'avec moi. Je ne voulais pas ; il me semblait qu'à mesure que je déboutonnais un bouton de mon corsage, je descendais un degré de plus dans la boue. Oh ! ne crois pas que j'exagère ; j'ai bien ressenti tout cela... Enfin, mes prières avaient fini par l'agacer, et, si l'ouverture du Salon n'avait été si proche, je crois qu'il m'aurait envoyée promener. Ne voulant pas le fâcher, j'ôtai mon

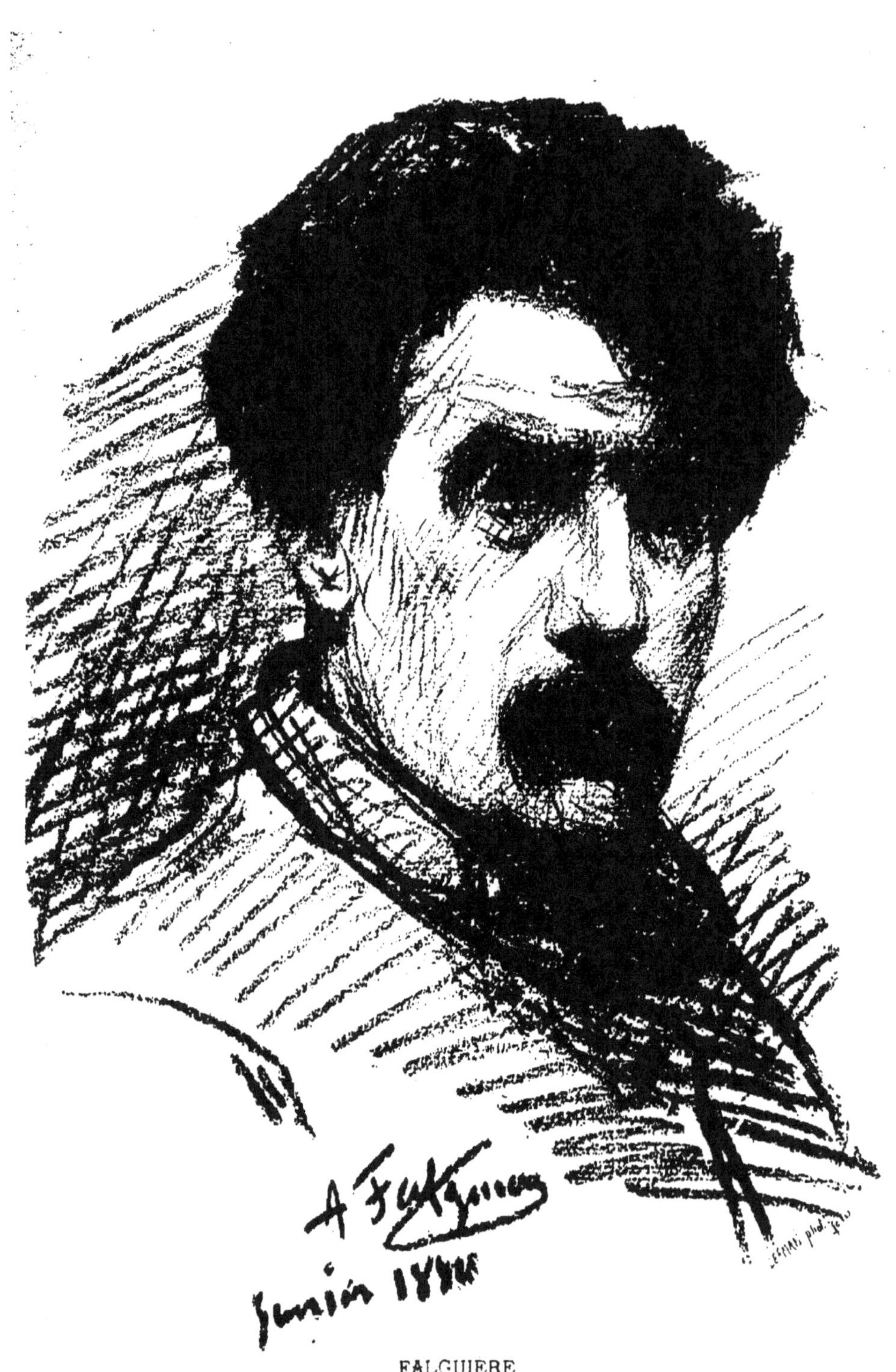

FALGUIERE

(Portrait autographe.)

corsage ; me voilà les épaules nues, sans corset, devant lui. J'avais une figure tellement comique qu'il éclata de rire ; il prit pitié de moi, car, sincèrement, je souffrais, et il le voyait bien... »

Telles sont les premières révoltes du modèle femme. Quelle épigramme à l'adresse des femmes du monde qui, dans un bal, affichent leur nudité jusqu'à mi-corps.

Ne trouvez-vous pas que les fragments de lettre qui précèdent présentent un véritable document ? C'est M. Paul Dollfus qui a recueilli cette lettre et en a fait en quelque sorte la préface d'un livre intitulé : *Modèles d'artistes*[1]. Plus d'une femme, qui est aujourd'hui reine dans le monde galant, a commencé par là. Le livre de M. Paul Dollfus étonnera fort ceux ou celles qu'il touche directement ; il est, d'ailleurs, de nature à intéresser tout le monde. On y fait tour à tour connaissance avec les principaux modèles de l'Ecole moderne. Naturalistes ou non, les peintres ne se contentent plus de formes classiquement belles. Voici Mlle Emma, le modèle ordinaire de M. Gérôme, celle qui a posé pour *Omphale*. Quand il fallut obtenir d'elle ce qu'on désigne par l'*ensemble*, ce fut tout une affaire. Elle éclatait en sanglots, ne voulait pas. Elle avait refusé obstinément, lors de son passage dans l'atelier de M. Stevens. C'est M. Cormon qui triompha de ses scrupules. Ayant franchi le Rubicon, elle posa pour MM. Tony Fèvre, Feyen-Perrin et autres, pour devenir enfin le modèle favori de M. Gérôme, qui l'accapara longtemps.

Celle qui a posé la *Fabiola*, l'*Orpheline*, l'*Hérodiade*, ainsi que plusieurs autres figures « suggestives et lumineuses », pour M. Henner, s'appelle Alice. Inutile de dire qu'elle a les cheveux rouges,

Une négresse appelée Marthe est très recherchée des orientalistes, MM. Benjamin Constant, Desportes, etc... Elle pose aussi dans les académies de jeunes filles. Mlle Dh..., de l'Eldorado et des Menus-Plaisirs, pose aussi pour les types arabes ou orientaux.

Beaucoup de femmes deviennent modèles pour suivre l'exemple de leurs amies ou de leurs camarades. C'est ainsi que Pauline Saucez, qui fut giletière, Marie-Louise, qui cousait, Virginie, dite Suzanne, qui était modiste, sont montées sur la table de pose et y sont connues avantageusement.

— Et leurs mœurs ? — allez-vous me dire. La plupart ne sont pas des *rosières*. En revanche, il se trouve dans leur monde des natures parfaites, dignes de l'antique. Le *Tout-Paris* connaît un modèle féminin qui est véritablement le modèle « modèle ». Chacun a pu l'admirer, à l'avant-dernier Salon, dans la *Femme au masque*, de M. Gervex. Que de potins autour de cette femme ! A qui n'attribua-t-on pas ses jambes élancées, ses seins hardis, ses hanches harmonieuses ? On cita des femmes du monde, des actrices, des petites bourgeoises, voire une princesse !

C'était tout bonnement le portrait en peau de Marie Renard, le phénix des modèles. Elle a un maintien des plus réservés, parle fort peu, n'a pas une aventure à conter. On la croirait de quelque bonne famille de bourgeoisie. Tous les peintres voudraient l'enlever à Mme Madeleine Lemaire, qui l'accapare. C'est Marie, en effet, qui pose la Parisienne élégante et coquette qu'on voit au premier ou au second plan de presque toutes les compositions de la charmante artiste. On la retrouve aussi dans la plupart des aquarelles peintes par Mme Lemaire, pour l'*Abbé Constantin*.

Jules Janin a raconté l'histoire d'un modèle, qui, demeuré toujours chaste et pur, fut rencontré et aimé par un gentilhomme qui l'épousa et en fit une grande dame, situation dont elle était digne. Mais Jules Janin, en même temps que fin critique, était romancier.

A la vérité, on affirme qu'il y a, au fond d'un antique château de Bavière, une très vieille duchesse douairière, dont le nom figure avec éclat sur l'*Almanach de Gotha*, et qui, dans sa jeunesse, avait vécu de la pose.

Les modernistes renoncent de plus en plus au modèle italien, qui est beau et se distingue par la race. Cela n'empêche pas la colonie de ces classiques de se maintenir à Paris et d'y trouver encore de quoi vivre.

Les modèles italiens sont beaucoup plus exercés à la pose que les modèles français, dont l'apprentissage est laborieux. A deux ans, les petits italiens figurent les amours, les chérubins ; à sept ou huit ans, ils trouvent place dans les foules, les sujets religieux, les allégories, les *Alma mater*. A quatorze ans, les fillettes sont femmes et, par conséquent, aptes à toutes figurations.

Sans qu'on leur dise rien, elles hanchent, développent le buste, lèvent les bras, cambrent la jambe ; puis se tournent pour faire juger le dos, montrer la ligne des reins et... la chute.

— *Oh ! Conzetta è très joulie !* C'est *oun modélé dé moussu Cabanel...*

------◆------

Union des Femmes Peintres et Sculpteurs

Les sociétaires de l'*Union des femmes peintres et sculpteurs* sont priées d'assister à l'assemblée générale de la Société, sous la présidence de Mme Léon Bertaux, au palais des Champs-Elysées, porte numéro 1, le dimanche 9 décembre, à 2 heures.

ORDRE DU JOUR :

1° Compte rendu de la situation financière ;

2° Lecture avant impression des statuts modifiés ;

3° Règlement de la prochaine Exposition ;

4° Elections du bureau et des membres sortants du Comité.

Les nouvelles inscriptions sont reçues au siège de la Société, 147, avenue de Villiers.

Extraits des nouveaux statuts, article 2 :

« La Société se compose de membres titulaires et de membres d'honneur ;

« Sont membres titulaires, les femmes peintres ou sculpteurs qui figurent à nos expositions et prennent l'engagement de se conformer aux statuts ;

« Sont membres d'honneur, les personnes

« hommes ou femmes qui paient la cotisation
« annuelle de 30 fr. au minimum sans exposer.
« A partir de 1889, tout membre d'honneur
« acquiert le droit de proposer sous son patron-
« nage l'admission d'une exposante exempte
« de cotisation; il a également droit à un certain
« nombre de lettres et de cartes d'invitation
« pour la durée des Expositions de la Société. »

EXPOSITION DE ROUEN

Liste d'acquisitions (1)

ACQUIS PAR LA VILLE DE ROUEN :

Dufour: *Pont-de-l'Arche* (Eure). — Isenbart:
Ruisseau du Val-Noir. — La Touche: *Décembre
en Normandie.* — Villebesseyx (Mme): *Papavers.*
— Weisser: *Un fumeur.* — Biva (Henri): *Dah-
lias*; aqua.

DONS FAITS A LA VILLE :

Boislecomte (Ed. de): *Sérénade.* — Peyrol
(Hipp.): *Mort de Raguenard-Lodbrog;* sculpture.
— Lecrinier: *Vues de Rouen;* aqua.

ACQUIS PAR DES PARTICULIERS :

Anger: *La Vire près Réville.* — Bergeret:
Asperges. — Bourgogne: *Tambourin fleuri.* —
David (Mlle S.): *Envoi de pigeons.* — Delattre:
Jardins. — Gaillon: *Le « Victoria » échoué.* —
Grimelund: *Dans le Kattendych.* — Guilmard:
Chaumières normandes. — Hermann-Léon:
Chiens couplés. — Huysmans: *Visite au nou-
veau-né.* — Jourdeuil: *Sur la route de Ver.* —
Landré (Mlle): *Madame Angot.* — Lansyer: *La
Sèvre à Clisson.* — Lefebvre (Ernest): *Canard
aux olives.* — Légeron: *Vue de Rouen.* — Le-
large: *Vue prise au grand Cours.* — Marc (Mme):
Dans la Forêt verte. — Renault (V.): *Retour du
bois.* — Thibeaudeau: *Au coin du feu.* —
Tronel (E. C.): *Étude.* — Unterberger: *Golfe de
Salerne.* — Verschuur: *Attendant son capitaine.*
— Weber (Th.): *Départ pour la pêche, Yport.*
— *Retour de la pêche, Yport.* — Brochard:
Marchands d'habits; pastel. — Glinel (Ed.): *La
nuit;* dessin. — Homo: *La grosse horloge,
Rouen;* aqua. — Timmermans: *La Meuse, Rot-
terdam;* aqua. — Ruga: *L'hiver;* buste marbre.

ACHATS FAITS PAR LA « SOCIÉTÉ ARTISTIQUE
DE NORMANDIE » :

Barrias: *Conversion de Marie-Madeleine.* —
Carl-Rosa: *Rangiport, bords de Seine.* — Cou-
der: *Bourriche de pensées.* — Dauphin: *Dans le
vieux port.* — Decamps: *Convalescence.* —
Dufour (C.): *Vue d'Avignon.* — Fallès: *Arrivée
du courrier.* — Fréchon: *Le printemps.* —
Gounod: *Étude.* — Guérard: *La Seine à Rangiport.* — Joubert: *L'Eure aux Damps.* — Langlois (Mme): *Contemplation.* — Laugée (Georges): *Faneuses.* — Lecrinier: *Vieux livres.* —
Lefebvre (Ernest): *Les confitures.* — Lemarié
des Landelles: *Le chaineau.* — Le Poittevin:
Marine. — Lizé: *Le grain.* — Parquet: *Le Cab.*
— Thomas (Ch.-A): *Crevettes.* — Vallois: *Un
coin du vieil Alger.* — Vauthier: *Sur la falaise.*
— Verrier: *Bassets au bois.* — Dien (Achille):

(1) Voir *La Vie Artistique* du 25 novembre.

Paysage; fusain. — Hodebert: *Innocence;* pas-
tel. — Iwill: *A la tombée du jour, Vanves.* —
Mesgnil (Mlle M. du): *Blanché;* pastel. — Soclet:
Le quai Bérigny, Fécamp; aqua.

LES VENTES PUBLIQUES

Les tableaux et aquarelles provenant de la
succession de M. E. Marcelin, fondateur de la
Vie parisienne, vendus les 19 et 20 novembre,
ont produit: 21.362 francs.

Voici quelques prix: Chaplin. Les Colombes,
1.500. — H. Baron. Le Bain de l'enfant, aqua.,
270. — Gavarni. Voyage en mer, 205. — Gavarni.
En route par un froid glacial, 240.

Eug. Lami. Un jour de réception au palais de
Saint-James, 905. — Le comte de Paris et le duc
de Chartres enfants, 800. — L'Hallali, 550. —
La Belle au bois dormant, 485. — Charge de
cuirassiers, 625. — Le billet, 195. — Officier de
guides, 360. — Un bal au palais de Saint-James,
610. — Le baptème de Louis-XIII au palais de
Fontainebleau, 240. — Fontaine dans un parc,
255 Raffet. Une bataille, 235.

A l'hôtel Drouot, on a vendu lundi plusieurs
tableaux modernes: une petite toile, les *Bords
de l'Oise,* par Daubigny, a été adjugée 20.100
fr.; une étude, *Pâturage sous bois,* provenant
de la vente après décès de Corot, 5.000 fr.; un
petit tableau, *Paysage,* par Jules Dupré, 4.450
fr.; le *Pacage,* par Ch. Jacque, 3.480 fr.; *Vue de
Paris,* par Jongkind, 2.950 francs

Dans une autre salle avait lieu la vente de la
collection de M. Lefrançois, de Rouen. Cette
adjudication a produit 36.839 francs. Quatre
bustes: les Saisons, en faïence de Rouen, avec
leurs consoles appliques à un décor polychrome;
ancienne manufacture royale de Poterat, au
faubourg Saint-Sever à Rouen, pour lesquels
M. du Sommerard avait offert autrefois 14.000
francs, ont été adjugés 8.700 francs. Une fontaine, décorée de bandes et dessins polychro-
mes sur fond bleu, et des armoiries accolées des
familles de Theuville et de Paviet, avec entou-
rage de guirlandes de fleurs, pièce du commencement du dix-huitième siècle, 1 420 francs;
plateau rectangulaire à pans coupés, décor
polychrome représentant un concert chinois,
époque de la Régence, fanne de Sinceny, 1.425
francs; pendule en faïence de Niederwiller,
avec socles à décor polychrome, avec rehauts
d'or à bouquets de fleurs, époque Louis XV,
2.200 francs; un grand plat rond en vieux
rouen, décor bleu rayonnant, au centre, une
grosse rosace composée d'une étoile ou fleurons
et de rinceaux déliés, 1.010 francs.

NÉCROLOGIE

On annonce la mort de Mme Madeleine Clément, artiste peintre de fleurs, décédée à l'âge
de soixante-cinq ans à Donzère, département
de la Drôme. Mme Clément était femme du
peintre Félix Clément, ancien prix de Rome,
décédé l'année dernière.

ECHOS ET NOUVELLES

Un tout petit coin du Paris qui travaille, s'amusait de bien bon cœur samedi dernier.

On fêtait la Sainte-Catherine à l'Académie Julian, passage des Panoramas. La Sainte-Catherine, c'est assez dire qu'on n'admettait pas de représentants du sexe réputé laid, et ma foi ils y perdaient, car le tableau était charmant.

Quand des femmes intelligentes et artistes organisent entre elles une réunion, tout y a un singulier cachet, une saveur particulière ! celle-ci était parfaite et les honneurs en étaient faits par la massière avec la gaieté de bon aloi, l'affabilité, l'entrain qui caractérisent cette femme d'esprit et de talent.

Chacune a dansé, lunché, farandolé. Toutes ont applaudi le pas espagnol si gracieusement esquissé; qui n'a ri aux éclats de ce désopilant quadrille de têtes, un des clous de la soirée et comme on a été séduit par Mme de la B... disant : « Ce n'est rien, moins que rien. » C'était un régal pour les yeux et pour les oreilles.

Mlles Durozier, pianistes et harmonistes de renom, ont eu de véritables ovations; elles se sont prodiguées comme d'excellentes camarades et de vraies artistes peuvent seules le faire.

Avec l'autorité que lui donnent son professorat et son talent, Mme Fournier a dit une délicieuse mélodie de son fils et les Stances a Dalila du maître musicien Saint-Saëns.

Mlle C. Janiszewska, une virtuose distinguée, a eu le plus brillant succès.

Enfin, Mme Marie Laurent, venue tout simplement pour chercher sa fille, élève à l'atelier, a bien voulu prêter son concours à cette fête intime avec cette bonne grâce charmeuse que chacun lui connaît. L'enthousiasme a été à son comble et une fois de plus la grande artiste a fait couler bien des larmes qui venaient du cœur.

Décidément, n'en déplaise à leurs détracteurs, ces peintresses-là ont du bon.

⁂

Le *Figaro* affirme que Mme Patti, « touchée de l'accueil qu'elle a reçu en France », songe à quitter son château brumeux de Craig-y-Nos pour acheter le château de Chenonceaux.

⁂

Une petite scène qui a fort diverti le public s'est passée avant-hier à la salle Drouot.

On vendait un tableautin de John Levis Brown qui fut acheté au prix de 70 francs. Quand, à la fin fin de la vente, on chercha ce tableau pour le livrer à l'acquéreur, on ne le trouva plus, — et l'acquéreur lui-même avait disparu sans payer. Le commissaire-priseur, assez dépité, réclama alors aux garçons de salle son pardessus afin de lever la séance; le pardessus avait été emporté par « l'amateur », qui l'avait pris pour envelopper son John Levis Brown !...

Un peu de surveillance policière dans la salle de l'hôtel Drouot ne serait pas inutile.

⁂

On annonce de Philadelphie qu'une des plus importantes maisons de tableaux modernes, qui achetait chaque année pour plusieurs millions d'œuvres d'artistes français, vient de suspendre ses payements.

Les pertes subies par les marchands français sont considérables.

L'Imprimeur-Gérant : HENRY LEFEBVRE.

ACADÉMIE JULIAN

ATELIERS DE PEINTURE

Sculpture et Dessin.

Distincts pour Hommes et pour Dames.
Toute la journée modèle vivant.

ATELIERS DE

MM. **BOUGUEREAU** et **T. ROBERT-FLEURY**

MM. **BOULANGER** et **J. LEFEBVRE**

MM. **F. FLAMENG** et **G. FERRIER**

M. **DOUCET**

Atelier de sculpture, professeur M. **CHAPU**

Ces éminents professeurs donnent régulièrement leurs conseils aux élèves.

COURS pour HOMMES

48, faubourg Saint-Denis (près la porte St-Denis).
28, faubourg Saint-Honoré (Près de la Madeleine).

COURS pour DAMES

5, rue de Berri (avenue des Champs-Elysées).
27, galerie Montmartre (Passage des Panoramas).

COURS D'ANATOMIE : M. CUYER.

Préparation au brevet supérieur de dessin de la ville de Paris et de l'Etat et aux concours de l'Ecole des Beaux-arts.

Aquarelle — Pastel — Nature morte, etc.

Il n'y a jamais de vacances.

On trouve dans chaque Atelier les renseignements qui le concernent.

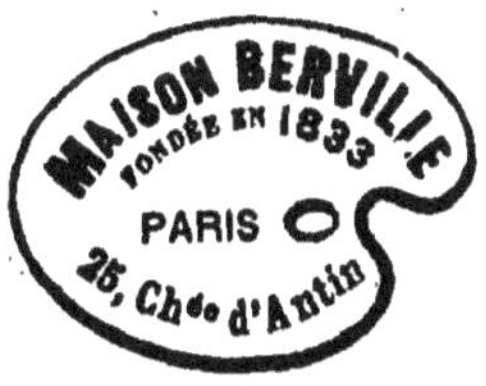

ENVOI FRANCO

DES

NOUVEAUX TARIFS

TARIF		
	H	La Peinture à l'huile.
—	**A**	L'Aquarelle et la Gouache.
—	**E**	L'Enluminure et la Miniature.
—	**F**	L'Etude du Fusain.
—	**FF**	Fac-similés de fusains.
—	**D**	Les divers genres de dessins.
—	**P**	Le Pastel.
—	**C**	Divers Cours d'aquarelle.
—	**L**	Librairie d'art, Traités.
—	**T**	La Peinture en imitation de Tapisserie.
—	**G**	La Gravure à l'Eau forte.
—	**PP**	La Peinture sur Porcelaine.
—	**O**	L'Optique appliquée au dessin.
—	**MC**	Matériel de campagne pour les Arts.
—	**M**	Le Modelage.
—	**V**	La Peinture genre Vernis Martin.
—	**TF**	La Peinture sur terre fine céramique.

Compiègne. — Imprimerie HENRY LEFEBVRE.

LA VIE ARTISTIQUE

COURRIER HEBDOMADAIRE ILLUSTRÉ

Des Ateliers, des Expositions & des Théâtres

BUREAUX A PARIS	Dimanche 16 Décembre 1888	ABONNEMENTS
42, Rue de Chabrol, 42	2e ANNÉE — N° 41	Un An : DIX FRANCS

LA CRITIQUE CONTEMPORAINE

ET L'ARCHITECTURE

Conférence à l'École des Beaux-Arts.

II

Nous donnons la suite de la conférence faite par M. Roger-Ballu dans la salle de l'Hémicycle de l'École des Beaux-Arts :

• Autre trait de cet acte d'indifférence créé par l'ignorance publique.

Un rédacteur en chef, un directeur de revue ou de journal, fait venir un homme de lettres, un écrivain, et lui dit :

« Voulez-vous faire cette année le compte-rendu du Salon ? L'autre, qui a l'habitude du style, et des développements littéraires, répond :

« Très volontiers : justement j'ai toujours beaucoup aimé la peinture.

— Très bien, mais c'est qu'il faudra aussi parler de la sculpture.

— Oui, j'en parlerai naturellement à la fin, dans le dernier numéro. Par exemple, quant à l'architecture, vous savez, je n'y connais rien, et je ne m'en suis jamais mêlé.

Et le rédacteur en chef répond :

— N'en parlez pas, cela ne fait rien; ça n'amuse pas le public, ce n'est intéressant pour personne, l'architecture ! [*Rires et applaudissements.*]

Eh bien, Messieurs, je ne sais pas si vous partagerez mon avis, mais il me semble en somme que cet aveu du rédacteur, tout regrettable qu'il soit, est à tout prendre un honneur pour vous, car il démontre que dans votre art, il faut, pour oser juger, avoir la conscience du savoir. [*Applaudissements.*]

Quoi qu'il en soit, il serait certainement désirable que l'architecture ne fût pas tenue ainsi en dehors de l'attrait de l'intérêt public.

Quels sont les motifs de la situation particulière qui lui est faite? Ils sont multiples et complexes. Vous plaît-il de les rechercher ensemble brièvement. Nous examinerons ensuite les moyens à tenter pour donner à l'art de l'architecte, toute la considération, tout le prestige qui lui sont dus auprès des gens du monde et du public.

Et d'abord la science, le métier, les connaissances techniques, jouent, n'est-il pas vrai, un grand rôle dans l'architecture. Les mathématiques, les austères mathématiques sont vos alliées nécessaires ; l'exercice de votre profession demande des études préparatoires, persistantes et spéciales. Il est considérable le nombre des corps d'état que vous mettez en œuvre.

Quand vous parcourez vos chantiers, suivis de vos entrepreneurs, vous pouvez bien avoir l'air de ce que vous êtes en réalité, de généraux en chef accompagnés de leur état-major. Mais, le passant qui regarde par les intervalles des planches de la clôture, et voit sur les gravois, à travers les échafaudages, les maçons blancs se silhouetter dans une atmosphère de plâtre, le passant n'a que la sensation d'une bâtisse en construction.

Il stationne bien par curiosité, pour regarder par exemple monter un bloc de pierre suspendu dans l'espace, mais il ne cherche pas à dégager l'œuvre de sa forme brute, encore embarrassée sous les bois, et que le ravalement n'est pas venu dégrossir.

Il se dit, et il a raison, qu'il faut attendre. Mais quand la construction, maison ou édifice sera terminée, lorsqu'il repassera, ne lui demandez pas autre chose qu'une opinion confuse, qu'un avis d'ensemble ; il dira : c'est joli ou c'est laid : qu'il aime ou qu'il n'aime pas cela ; il se gardera bien d'analyser son impression. Pourquoi ? parce qu'il ne sait pas, parce qu'il ignore les termes qui lui manquent, afin de traduire sa pensée, et de définir la partie qui est l'objet même de ses critiques ou de ses éloges, (*Nombreuses marques d'assentiment.*)

Pour juger un tableau, pour en parler, pour écrire à son sujet de belles périodes, il n'est pas besoin de connaître le nom de toutes les couleurs. Le travail du peintre est une opération simple en soi, et dans la conversation ou dans un article, si quelqu'un parle de glacis, d'empâtements ou de valeurs, il pourra déjà se croire très fort, ou du moins le faire croire à beaucoup d'autres.

S'agit-il de sculpture, d'un plâtre, d'un bronze ou d'un marbre ? Le moulage, la fonte, la mise au point du praticien, peuvent rester secret caché et même mystère. Cette ignorance n'empêchera pas le commerçant de la rue Saint-Denis de se livrer à une dissertation très savante et très étonnante sur la statue en question.

Mais demandez donc à un amateur du monde, au Monsieur qui s'y connaît en beaux-arts, un avis motivé sur un projet d'architecture. La plupart du temps, la chose est triste à dire, mais vous ne me démentirez pas, il ne saura même pas lire un plan !

Il sera aussi empêché de comprendre ce qu'il représente que si on lui soumettait un papyrus égyptien. Il fera, il est vrai, son apprentissage ; il apprendra à lire ce plan, avec son architecte, quand le désir lui viendra de faire construire un hôtel. Oh ! alors, les tribulations commenceront pour l'architecte, et, vous devez les connaître, Messieurs ! (*Rires approbatifs et applaudissements.*)

Mais d'abord quel sera l'architecte ? J'aborde ici un point qui peut paraître délicat dans toute autre assemblée que la vôtre, mais qui ne saurait guère me gêner ici, parce que je m'adresse à des artistes, aux architectes qui composent la Société centrale.

Quel sera l'architecte ? ai-je dit. Il est évident que ce titre d'architecte, qui n'appartient pas, ou qui, du moins, ne devrait pas appartenir à tout venant, est porté par beaucoup. L'usurpation est fâcheuse. Vous n'en êtes pas responsables, bien au contraire, et la visée principale de votre compagnie est de maintenir un contrôle sévère, sans distinction de parti pris ou d'École.

Vous avez raison de défendre ainsi, pied à pied, le domaine de l'art qui est le vôtre, mais en dehors de vos terres, combien n'y a-t-il pas de braconniers qui chassent, et qui chassent avec le tire ligne, en guise de fusil ?

Au fond, il faut dire « tant pis pour vous » aux clients qui se laissent tomber dans les panneaux du braconnier. Le véritable talent finit toujours par s'affermir, et persuadez-vous avec philosophie, que les malheureux qui peignent des ressemblances, des demi-ressemblances, ou des airs de famille garantis, mais non pas sur facture, n'ont pas, et n'ont jamais porté préjudice aux peintres de portraits qui sont des artistes. (*Applaudissements.*)

Eh bien, puisqu'il est établi que je ne parle que des artistes, et à des artistes, laissez-moi envisager l'architecte sous quelques-uns des principaux aspects de sa fonction.

Je suis de ceux qui pensent comme vous qu'on peut faire aussi bien œuvre d'art dans la construction d'une maison particulière, que dans celle d'un édifice : les proportions changent, mais au fond, l'une comme l'autre, il n'y a, et ne doit y avoir qu'une unité de goût et de mesure.

Je vous préviens, que j'aime trop les architectes pour ne pas tout dire. Je vais résumer les griefs que je crois être les leurs. Vous pardonnerez ce martyrologe, si martyrs il y a. En tout cas, vous êtes tous des martyrs, Messieurs, dont quelques-uns d'entre vous ont gagné leurs palmes, non pas au ciel, mais ici bas, palmes de célébrité, de talent ou de gloire ! (*L'orateur se tourne vers M. Charles Garnier assis au bureau. — Salves d'applaudissements.*)

Voici un architecte chargé de construire un hôtel pour un client riche, par le client de tout à l'heure si vous voulez, celui qui ne savait pas lire un plan. L'architecte visite le terrain acheté, en fait le relevé, présente un plan, un plan des différents étages, et le dessin de la façade.

Charbonnier est maître chez lui, c'est son droit. Le propriétaire a pour son confortable des exigences particulières ; madame à les siennes, rien à dire. Mais il faut modifier les dispositions intérieures, ce qui entraine des modifications de façade. Affaire de souplesse de métier. La façade se présentait mieux dans le plan primitif : peu importe.

La construction s'élève, et chaque jour, il s'élève une idée nouvelle dans le cerveau du propriétaire, et chaque jour aussi les dépenses s'élèvent, mais cela ne nous regarde pas.

Enfin voici le gros œuvre terminé, le ravalement est achevé ; le propriétaire est content, madame de même ; et Dieu sait si l'architecte a montré de la patience, pour satisfaire aux demandes nouvelles, incessamment renouvelées, tantôt cédant de guerre lasse, tantôt résistant pour conserver à son œuvre, le caractère d'art qu'elle avait.

Les plafonds sont moulurés, les cheminées parées, les parquets mêmes rabotés. Ici entre un troisième personnage, le tapissier qui s'appelle souvent : l'architecte décorateur ; son intervention est une sorte de donné-congé à l'architecte qui n'a plus qu'à se retirer pour ne pas être responsable, et, alors, le tapissier fait rage ; il est en pays conquis ; avec ses tentures, ses draperies, ses relevés, il démolit peu à peu l'œuvre de l'architecte ; il compromet les effets de perspectives, supprime les saillies, rend nécessaires, les changements de certains tons fins ; et la peluche règne, la peluche triomphe, elle est souveraine, on en a mis partout, ainsi que des tentures japonaises, et des tapis d'Orient !

Cependant, la crémaillère est pendue ; une fête est donnée à cette occasion. Les amis complimentent le propriétaire : « L'hôtel est ravissant, vraiment ! Voilà qui est parfait ; qui est-ce qui vous a fait cela ? mon cher ? »

— Oh, dit le propriétaire, c'est un tel : seulement, il n'y est pour rien, voyez-vous, c'est moi qui lui ai donné toutes les indications. Il n'a fait que ce que je lui demandais ? » (*Rires et applaudissements.*)

Roger-Ballu.

(La suite au prochain numéro.)

SOCIÉTÉ CENTRALE DES ARCHITECTES

La Société centrale des Architectes français vient de procéder aux élections de son bureau et de son conseil pour l'année 1889, de la manière suivante :

Président : M. Ch. Garnier, membre de l'Institut.

Vice-présidents : MM. A. Normand et E. de Joly.

Secrétaire principal : M. Eug. Monnier. — Secrétaire adjoint : M. Ed. Loviot. — Secrétaire-rédacteur : M. F. Roux.

Archiviste : M. G. Raulin. — Trésorier : M. Simon Girard.

Censeurs : MM. Bailly, membre de l'Institut ; Daumet, membre de l'Institut ; Ach. Hermant.

Délégués au conseil par l'assemblée : MM. Bartaumieux, P. Wallon, Deslignières, Héret, Julien Bayard, Guadet Sédille, Jacques Hermant, Bonnet, Eugène Saint-Père.

LA RÉVOCATION DE M. CORROYER

A la suite d'un débat qui a eu lieu à la Chambre, à propos de la discussion du budget des Beaux-Arts, M. Corroyer, architecte du Mont-Saint-Michel, a été, à la date du 6 décembre, relevé de ses fonctions.

Un reporter d'un journal parisien est allé, le lendemain, voir M. Corroyer et voici les déclarations que ce dernier lui a faites :

— Je viens de recevoir la lettre qui me relève de mes fonctions d'architecte du Mont-Saint-Michel. J'avoue que le coup qui m'est porté est rude. Il y a quinze ans que je consacre toute mon intelligence et toute mon activité au profit de cet admirable monument historique, unique en France. Et voilà que, à la suite de racontars et de perfides calomnies, je suis destitué et sacrifié bassement aux rancunes des uns et à la lâcheté des autres.

« M. Barré s'est plaint du luxe d'échafaudage auquel je me serais livré. Mais il oublie d'ajouter que les travaux ont été exécutés sur les *ordres précis de l'administration des Beaux-Arts.*

« Quant aux tracasseries et aux vexations exercées contre la population du Mont-Saint-Michel, M. Larroumet les a réfutées. On sait, en effet, que les constructions historiques qui on fait retour à l'Etat et les habitations particulières sont enchevêtrées de telle sorte, elles empiètent si profondément les unes sur les autres, qu'il est très difficile de distinguer où commence le domaine de l'Etat et où finit la propriété particulière.

« Je le répète, rien n'a été fait au Mont-Saint-Michel sans l'*autorisation de l'Administration.*

« Et l'on me sacrifie aujourd'hui pour des considérations politiques !

« Voici du reste la lettre que j'adresse à M. Larroumet, directeur des Beaux-Arts de M. Lockroy :

Monsieur le Directeur,

J'ai l'honneur de vous accuser réception de la lettre par laquelle vous m'annoncez que je suis révoqué de mes fonctions d'architecte du Mont-Saint-Michel.

Je n'en ai pas été très surpris, car c'est précisément en arrivant du Mont-Saint-Michel, où j'avais été surveiller les travaux qui m'étaient confiés, que j'ai lu le compte-rendu de la séance où la Chambre s'est occupée si longuement, et d'une manière si inattendue, de ma personne.

Je vous avoue, monsieur, que je me croyais le droit d'être mieux défendu. Mon déplaisir n'est pas d'être révoqué, mais de n'avoir pas trouvé en vous, directeur des Beaux-Arts, de qui je relevais hiérarchiquement, l'indépendance de jugement et l'esprit de justice sur lesquels j'avais le droit de compter.

Architecte du Mont-Saint-Michel depuis quinze ans, j'avais eu à lutter contre les intérêts les plus divers et les plus opposés pour sauvegarder ceux qui m'étaient confiés, et, sans songer à mes sympathies les plus chères, j'avais accepté cette lutte contre l'évêque, contre les religieux, contre la municipalité, contre les ingénieurs qui ont fait la digue, et sans me préoccuper des questions locales qui soulevaient les passions des habitants.

Dans cette lutte j'étais soutenu par l'appui constant de directeur des Beaux-Arts et du ministre, et ceux qui vous ont précédés : M. Charles Blanc, M. de Chenne-

— 324 —

vières, M. Turquet, M. P. Müntz, M. Kæmpfem, M. Castagnary, tous m'ont aidé énergiquement, et je les remercie du concours généreux et sincère qui jusqu'ici avait fait ma force.

Un instant, en lisant le commencement de votre réponse à M. Barré, j'ai cru que j'allais retrouver en vous cet esprit de justice et cette tradition généreuse ; vous disiez que *les travaux de restauration étaient conduits avec une science archéologique à laquelle mes adversaires étaient forcés de rendre justice.*

Mais vous n'avez défendu l'architecte que pour abandonner l'homme et m'attaquer dans mes opinions, dans mes croyances, dans mes sympathies, et même dans un livre qui, contrairement à ce qui a été dit à la Chambre, n'a jamais eu qu'une seule et unique édition en 1878, qui, jusque-là, avait été trouvé assez bon par vos prédécesseurs pour être honoré d'une souscription du ministère de l'instruction publique et des Beaux-Arts, et couronné par l'Institut.

Dès que vous acceptiez les racontars de petite ville et les basses attaques intéressées, je compris que je n'avais plus rien à attendre de vous, non plus que de ce vieil esprit de solidarité de la grande administration des Beaux-Arts.

Mais il est étrange que ce soit précisément en m'accusant de cléricalisme que je me sois trouvé abandonné par les députés de la droite, et que le seul défenseur intelligent et généreux qui ait parlé pour moi ait été M. Yves Guyot.

Je reprends donc toute ma liberté.

J'ai attaché mon nom au Mont-Saint-Michel de telle façon que rien ne pourra l'en séparer.

Je me réserve de poursuivre, en toute indépendance, une étude qui aura, j'espère, l'approbation de mes confrères, dont les doctrines sont les miennes et qui, menacés aujourd'hui par les mesures arbitraires dont je suis l'objet, sont aussi surpris que moi des théories professées en pleine Assemblée par des gens qui n'ont pas, à notre avis, l'autorité qu'il faudrait en ces matières.

Veuillez agréer, Monsieur le Directeur, l'expression de mes sentiments distingués.

Ed. CORROYER.

A la suite de cet incident, la commission des monuments historiques s'est réunie sous la présidence de M. Larroumet, et a désigné M. Petitgrand, architecte attaché à la commission, pour continuer les travaux de restauration du Mont-Saint-Michel, en remplacement de M. Corroyer.

M. Edouard Lockroy, ministre de l'instruction publique et des beaux-arts, a ratifié cette présentation.

M. Petitgrand a dirigé déjà d'importants travaux de restauration, notamment ceux des cathédrales du Puy et de Séez, des églises de Louveciennes, de Champagne, de Manglieu, etc., et a fait de nombreux relevés pour les archives de la commission.

◆

UNION DES FEMMES PEINTRES & SCULPTEURS

L'Assemblée générale de l'Union des Femmes peintres et sculpteurs a eu lieu dimanche dernier au Palais des Champs-Elysées.

Malgré un temps peu favorable la réunion était très nombreuse. Une simple et amicale allocution de la présidente fondatrice de cette Société, bien écoutée et vivement applaudie, a précédé l'ordre du jour.

L'adjonction au bureau, d'un conseil judiciaire, de deux inspectrices des finances et d'un contrôleur des finances, préposés par Mme Léon Bertaux, a été accepté à l'unanimité, et complète maintenant l'administration de cette sérieuse Société.

Uni de cœur et d'intelligence, cet intéressant groupe de femmes donne l'exemple d'une parfaite entente sur des questions toujours brûlantes, même entre hommes, lorsqu'il s'agit de réglementer des intérêts de chiffre et de mérite artistique.

Sur la proposition de la présidente il a été décidé par un vote unanime qu'une souscription, au nom collectif de la Société, serait prélevée sur les fonds de réserve, à l'effet de participer à l'érection du monument que les artistes élèvent à la mémoire du regretté directeur des Beaux-Arts, Castagnary.

Nous publierons prochainement les nouveaux statuts.

En attendant, voici le règlement de l'Exposition de 1889 :

L'ouverture de l'Exposition aura lieu courant février, au Palais des Champs-Elysées, et durera jusqu'au 14 mars, cinq heures du soir.

Un avis ultérieur fera connaître la date d'ouverture.

Les ouvrages des genres ci-après : peinture, sculpture, dessins, aquarelles, cartons, faïences, etc., devront être envoyés, francs de port, au Palais des Champs-Elysées, pavillon Nord-Est, porte n° 5, adressés à la Présidente, pour arriver les 1er et 2 février (*dernier délai*).

Les exposants de la province et de l'étranger devront expédier leurs œuvres (pour arriver au plus tard à la date ci-dessus), au nom de M. Toussaint, emballeur, chargé de les recevoir, au Palais des Champs-Elysées.

Suivant l'article XVI des Statuts, un droit de 5 francs sera versé pour chaque œuvre, *en faisant le dépôt des ouvrages*, mais quel qu'en soit le nombre, ce droit ne pourra excéder 20 fr. Il sera donné un récipissé du dépôt de la somme versée.

Les notices devront être remises au plus tard avec les tableaux.

Les sociétaires qui préféreraient les transmettre à l'avance, devront les adresser à la Présidente, 147, avenue de Villiers. *Passé le 2 février*, les notices non remises ne pourraient figurer au catalogue.

A défaut de notice imprimée employer une lettre ordinaire pour désigner les œuvres.

Les sociétaires domiciliées à Paris devront se charger du retrait des œuvres qu'elles désirent faire passer au Salon, ou si elles le préfèrent, s'entendre avec le gardien de l'Union, pour qu'il remplisse cette formalité.

Les sociétaires n'habitant pas Paris devront indiquer sur leurs notices les œuvres qu'elles désirent faire passer au Salon par les soins de l'Union.

Les œuvres exposées à l'Union qui ne seraient pas destinées au Salon, devront être rigoureusement retirées les 15 et 16 mars, faute de quoi elles seront entreposées aux frais des retardataires, chez M. Toussaint, emballeur de la Direction des Beaux-Arts, au Palais des Champs-Elysées, qui les leur remettra contre récépissé.

Chaque exposante pourra envoyer 4 ouvrages dans les genres.

Afin d'éviter la confusion tant à l'arrivée qu'au départ des tableaux, et pour assurer la bonne rédaction du catalogue, une carte collée ou clouée derrière chaque œuvre devra indiquer le nom de l'exposante, sa qualité de dame ou demoiselle, le titre de la toile et le prix de vente, *le tout lisiblement écrit*.

Il sera déposé au bureau de l'Exposition de l'Union un registre destiné à indiquer aux amateurs (sur leur demande) le prix des œuvres à vendre ; cette indication de prix n'est nullement obligatoire ; il ne sera prélevé

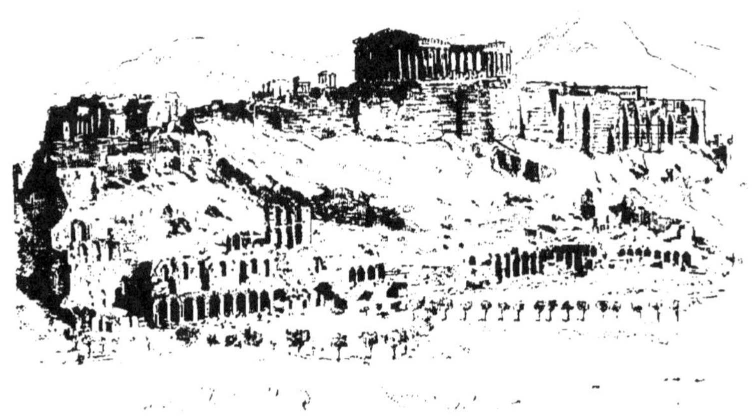

Vue des Ruines de l'Acropole à Athènes.

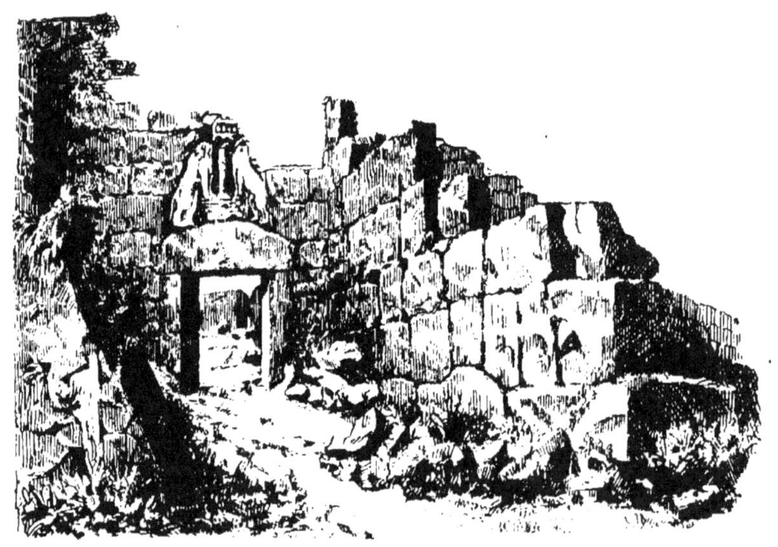

Avenue de la Porte des Lions à Mycènes.

aucun droit par la Société sur les œuvres vendues à l'Exposition

Les lettres d'invitation pour le vernissage et les cartes d'entrées permanentes devront être réclamées par les sociétaires en faisant le dépôt de leurs œuvres, la Société ne se chargeant pas d'en faire l'envoi ; les sociétaires non exposantes devront également les faire prendre au bureau de l'Exposition, autant que possible les 1er et 2 février (jours de dépôt des œuvres).

N.-B. — La présidente et le secrétaire comptable sont, les vendredis, de 3 à 6 heures du soir, à la disposition des dames, au siège de la Société, 147, avenue de Villiers, du mois de novembre au mois d'avril.

LES LIVRES

La *Bibliothèque de l'enseignement des Beaux-Arts*, cette merveilleuse collection que la maison Quantin poursuit avec succès vient de s'enrichir de deux volumes auxquels nous empruntons les gravures reproduites dans le présent numéro.

Le premier a pour titre *l'Architecture grecque* et a pour auteur M. Victor Laloux, architecte. Il sera certainement bien accueilli du public. Un livre élémentaire sur l'architecture grecque est une entreprise nouvelle en France. Jusqu'ici cette question n'était traitée que dans de trop gros volumes, qui en dehors de bien d'autres inconvénients avaient celui de coûter trop cher. De plus, toutes les découvertes archéologiques de ces dernières années ont permis de préciser bien des points jusqu'ici demeurés obscurs dans l'histoire des constructions helléniques, par exemple pour ce qui concerne les origines, et la polychromie. Aussi un ouvrage d'ensemble sur l'architecture grecque, si élémentaire qu'il paraisse, contient-il forcément des parties nouvelles pour la majorité des lecteurs.

M. Jules Comte, le fondateur et directeur de cette belle et utile collection a, suivant son habitude confié cette tâche à un homme du métier. C'est M. Laloux, l'éminent auteur de *la Restauration d'Olympie*, qui a été chargé du volume. L'auteur est assez connu pour qu'il soit inutile de recommander l'ouvrage au public.

On trouvera dans l'*Architecture grecque* l'histoire sommaire des origines, l'analyse des caractères généraux des monuments classiques, une étude comparée des principales ruines. De très nombreuses gravures servent de commentaire perpétuel aux descriptions.

Il va sans dire que l'ouvrage s'adresse surtout aux élèves de nos lycées ou de nos écoles, mais les personnes qni voudraient se faire rapidement une idée exacte de l'architecture grecque trouveront en M. Laloux un guide sûr. Peut-être même les spécialistes lui sauront-ils gré d'avoir réuni en un petit volume beaucoup de plans et de renseignements, jusqu'ici épars dans tant de revues et de longues publications.

Le second volume est un *Manuel d'Archéologie orientale* (Chaldée, Assyrie, Perse, Syrie, Judée, Phénicie, Carthage), par Ernest Babelon, bibliothécaire au département des médailles et antiques de la Bibliothèque nationale.

Le domaine qu'embrasse ce volume s'étend à toutes les civilisations de l'Orient antique, moins l'Egypte. Il expose l'histoire de l'art chez les Chaldéens, les Assyriens, les Perses avant Alexandre. les Héthéens de la Syrie et de la Cappadoce, les Juifs, les Phéniciens, les Carthaginois. Dans l'ancien monde oriental, il ne se manifeste réellement que deux courants artistiques : celui qui prend naissance en Egypte et celui qui vient de l'Assyrie. Le premier, M. Maspéro l'a étudié et particulièrement mis en lumière dans un des derniers volumes publiés dans la *Bibliothèque de l'Enseignement des Beaux-Arts* ; le second fait l'objet du présent volume et vient se placer à côté de l'œuvre de M. Maspéro. Laissant de côté l'Egypte, M. Babelon étudie exclusivement le courant asiatique ; il le prend à son berceau, à Babylone, le suit à Ninive et nous fait assister à ses progrès et à ses transformations pendant toute la durée de la monarchie chaldéo-assyrienne. Bientôt le courant déborde et franchit de tous côtés les limites du bassin du Tigre et de l'Euphrate : d'une part en Perse, il envahit les palais de Suze et de Persépolis où M. Babelon nous fait pénétrer à la suite de M. et Mme Dieulafoy dont il expose les brillantes découvertes ; d'autre part, il se répand chez les populations araméennes de la Syrie, à Jérusalem et jusqu'au cœur de l'Asie-Mineure. La description du temple de Jérusalem, détruit par Nabuchodonosor, reconstruit par Hérode forme un intéressant chapitre où nous touchons du doigt, pour ainsi dire, le mélange et la pénétration réciproque de l'art égyptien et de l'art assyrien. Les monuments d'architecture ou de sculpture que nous ont laissés les Phéniciens et les Carthaginois nous révèlent de même un art hybride. C'est ce que l'on observe avec M. Babelon, non pas seulement dans les monuments de la côte de Syrie où dominait Tyr et Sidon, mais à Cypre, à Carthage, à Gadès en Espagne, et partout où les hardis navigateurs phéniciens avaient établi leurs comptoirs.

C'est donc avec un intérêt toujours grandissant qu'on suivra l'auteur de ce livre nous montrant l'art asiatique sous toutes ses formes: architecture, sculpture, peinture, céramique, bijouterie, glyptique, non seulement en Chaldée et en Assyrie, son pays d'origine où il s'épanouit à son aise, mais dans ses multiples ramifications chez les nations voisines où il se heurte à son rival et subit des interprétations étrangères jusqu'au jour où la Grèce recueille le flambeau des arts de la main défaillante de l'Orient.

Deux cent trente-cinq dessins, la plupart exécutés par un artiste d'un mérite éprouvé, M. Wallet, éclairent le texte de M. Babelon et contribuent à faire du présent volume un des plus achevés de la *Bibliothèque de l'Enseignement des Beaux-Arts*.

LES VENTES PUBLIQUES

On devait vendre lundi à la galerie de la rue de Sèze, en un seul lot, trente-six tableaux historiques représentant les principaux épisodes du siège de Paris et que nous avons décrits.

Sur une demande de 120.000 francs, ces trente-six tableaux ont dû être retirés de la vente, personne ne couvrant la mise à prix de 70.000 francs.

*

On a vendu mardi trois œuvres importantes de Jacquet. Ces trois tableaux ont produit 10,500 francs. Une importante composition, le *Joueur de flûte*, a été payée 6,600 francs, le *Pillage*, 2,150 francs, et *Zaïre*, pastel, 1,750 francs.

CHRONIQUE JUDICIAIRE

Un piquant procès.

Mre X..., une mondaine qui habite avenue Kléber, avait commandé à un de nos bons peintres de genre son portrait dans le costume de la chaste *Suzanne au bain*.

Un ami du mari reconnut la dame, chez l'artiste, qui demeure rue de Douai, et commit des indiscrétions. Il déclara partout que Mme X... était la plus exquise femme qui se pût rêver.

M. X..., informé, courut chez le peintre, qui protesta énergiquement, affirma qu'on avait menti. Moins crédule que saint Thomas, M. X... visita l'atelier et découvrit la toile qui avait été soigneusement cachée et qu'il lacéra à coups de canne.

Le peintre se fâcha et demanda qui payerait son travail.

« Moi ! »répondit M. X..., en donnant un soufflet au peintre que celui-ci lui rendit aussitôt, et, deux heures plus tard, il envoyait chez M. X... deux témoins qu'on ne voulut pas recevoir

Cette affaire se terminera devant les tribunaux ; le peintre a assigné M. X... en payement du tableau détruit.

NECROLOGIE

On annonce la mort du peintre-dessinateur Fortuné Ferogio, décédé à Paris à l'âge de quatre-vingt-quatre ans. Il était né à Marseille, au commencement de 1805, d'une famille piémontaise dont le chef avait été naturalisé Français. Après avoir suivi les leçons de Matet, à Montpellier, il entra à l'Ecole des Beaux-Arts, dans l'atelier de Gros, où il obtint unemédaille.

Admis en loge en 1833, il concourut sans succès pour le prix de Rome et chercha des ressources dans le dessin aux deux crayons, la gravure et la lithographie. On a de lui des séries d'albums pittoresques, résultats de ses voyages en Suisse, en Italie, en Sardaigne, etc., qui firent à leur auteur une véritable réputation dans le monde des amateurs et dans celui des écoles.

Une partie de son œuvre, moins connue, mais plus brillante, se compose d'aquarelles, de pastels, d'émaux, dont plusieurs ont figuré dans les derniers Salons, et où l'on retrouve ses qualités de coloriste et de décorateur.

Ferogio était un solitaire qui travaillait encore avec acharnement quelques semaines avant sa mort, et chez lequel le besoin et la satisfaction de produire avaient remplacé le désir d'entretenir ou de faire revivre une ancienne notoriété. Il était l'oncle maternel de Francis Garnier.

ECHOS ET NOUVELLES

Le ministre de l'instruction publique a entretenu mardi le conseil des ministres de la question des fouilles de Delphes. Il a montré l'intérêt qu'il y aurait, au double point de vue politique et artistique, à entreprendre ces fouilles le plus tôt possible.

Au point de vue artistique, ces fouilles, d'après ce que l'on sait déjà, seront très fructueuses et donneront au moins autant de résultats intéressant que les fouilles d'Olympie, exécutées par l'Allemagne.

Au point de vue politique, ces fouilles permettront à la puissance qui les exécutera d'étendre son influence en Grèce et en Orient.

Le ministre a, d'autre part, rappelé que cette question des fouilles de Delphes est liée à celle du traité de commerce franco-grec qui va venir en discussion devant la Chambre. Son collègue des affaires étrangères et lui soumettront, à ce moment, ces considérations à à la Chambre.

*

Au musée du Louvre :

Parmi les rares peintures de l'Ecole française du quinzième siècle figure, au Louvre, un panneau représentant Pierre de Bourbon, sire de Beaujeu, vu à mi-corps, les mains jointes, ayant près de lui, debout, saint Pierre, son patron

La disposition des personnages permettait de constater que cette peinture devait avoir son pendant et qu'elle avait formé, à l'origine, le volet d'un triptyque. Le second volet, reproduisant la femme de Pierre de Beaujeu, Anne de France, fille de Louis XI, accompagnée de saint Jean l'Evangéliste, avait en effet été retrouvé, il y a quelque temps, par un amateur distingué, M. Maciet, qui vient d'en faire don au musée du Louvre.

Le socle destiné à recevoir la statue de Jean-Jacques Rousseau, sur la place du Panthéon, est terminé. Une grille en fer forgé isolera le monument de la voie publique. Nous avons dit que ce socle est en marbre rouge veiné et nous avons donné le texte des inscriptions gravées sur ses trois faces principales.

La commission des Beaux-Arts a décidé que le monument de J.-F. Millet, sculpté par M. Chapu, serait placé à l'ombre, dans le Jardin Public de Cherbourg.

*

Les dames de l'Orphelinat des Arts feront leur vente annuelle à la galerie Georges Petit, rue de Sèze, les 22, 23 et 24 décembre.

L'assemblée générale des Artistes Français aura lieu le jeudi 27 décembre, à deux heures précises, au palais des Champs-Elysées.

Le règlement au Salon sera mis très prochainement à la disposition des artistes; les dates d'ouverture et des envois seront très probablement les mêmes que l'année dernière.

Une nouvelle que les amis des Arts apprendront avec
g... et.

Les belles fresques du Poussin, notre compatriote,
fort admirées, à Rome, dans l'église Saint-Martin-des-
Monts, sont en ce moment dans le plus grand péril.

Pour le percement d'une rue nouvelle, on a mis à nu
les fondements de cette église ; les murs se disloquent ;
on a dû cesser, hier, d'y faire les offices Dans la nef
de droite, l'une des fresques du Poussin est tombée en
miettes ; les vingts-trois autres semblent aussi fort
compromises, si l'édilité romaine ne remédie très
promptement au mal.

Espérons que nos voisins, respectueux de l'Art, dont
s'honora toujours l'Italie, ne laisseront pas s'accomplir
cet acte de vandalisme.

* *

Le Comité qui vient de se former pour élever, à Paris,
un monument au sculpteur Antoine-Louis Barye est
définitivement composé de :

MM. Eugène Guillaume, président ; Darlot, Barbe-
dienne et Ph. Jourde, vice-présidents ; Ch. Tillot, tré-
sorier ; Ristelhueber, secrétaire ; Paoletti, secrétaire-
adjoint ; Alphand, Roger Ballu, Bonnat, Ph. Burty, Paul
Dubois, comte Doria, d'Echerac, de Fourcaud, Fréret,
Gilbert, Ph. Gille, Geoffroy, Dechaume, Gonse, Henri
Havard, Hubert, Hébrard, Jacques, Lucas. Larroumet,
Paul Mantz, Mesureur, Mayer, Armand Marc, Arthur
Mayer, Puvis de Chavannes, Patinot, Armand Renaud,
Emile Richard, Henri Rochefort, Rouard, Auguste Vac-
querie, Vollon, de Vuilleroy, Albert Wolff.

Pour se procurer des fonds nécessaires à l'érection du
monument, le Comité a décidé qu'il organiserait une
exposition générale des œuvres du maître.

Cette exposition s'ouvrira le 1er mai [prochain dans
les salles de l'Ecole des beaux-arts.

M. Barbedienne a bien voulu mettre à la disposition
du comité l'importante collection de ses modèles de
Barye.

* *

Le jury de l'Académie Julian vient de rendre les jugements suivants pour les concours d'octobre et novembre
1888 :

Concours d'Académie femme.

Classés 1er. Assézat de Bouteyre.
— 2e Blanchecotte.
— 3e Anderson.

Concours des quatre semaines. (Esquisses peintes.)

1er Prix 50 francs, Velghe.
2e Prix *ex æquo*, 50 francs, F. V. Du Mond, Hamilton.
Mentions : 1er *ex æquo*, Williams, Clifford ; 2e *ex æquo*,
Sass, Besnier ; 3e Beach ; 4e Moteley ; 5e Du Mond F. M. ;
6e Dessar.

Figures dessinées.

Prix, Poll.
Mentions : 1er Rétif ; 2e Adler ; 3e Hyde.

* *

Les jeunes artistes qui désireraient se porter candidats, pour l'année 1889, aux bourses fondées par le
Conseil général (délibération du 16 novembre 1881),
sont invités à se faire inscrire à l'Hôtel de Ville, escalier D, deuxième étage, bureau des Beaux-Arts, en
apportant les justifications nécessaires.

Ces bourses seront au nombre de cinq, de 1.200 fr.
chacune, et devront être réparties entre les jeunes
peintres ou sculpteurs sans fortune nés dans le département de la Seine, et qui, comptant déjà un certain
temps d'études, auront, dans leur spécialité, remporté
le plus de récompenses au cours de ces études.

Les architectes et musiciens ayant obtenu un 2e prix
de Rome seront également admis à prendre part à ce
concours.

Les demandes seront reçues jusqu'au 31 décembre
1888 inclus, dernier délai.

L'Imprimeur-Gérant : HENRY LEFEBVRE.

ACADÉMIE JULIAN

ATELIERS DE PEINTURE

Sculpture et Dessin.

Distincts pour Hommes et pour Dames.
Toute la journée modèle vivant.

ATELIERS DISTINCTS

DE

MM. **BOUGUEREAU** et **T. ROBERT-FLEURY**,
MM. **J. LEFEBVRE** et ....
MM. **F. FLAMENG** et **G. FERRIER**
M. **DOUCET**

Atelier de sculpture, professeur M. **CHAPU**

*Ces éminents professeurs donnent régulièrement leurs
conseils aux élèves.*

COURS pour HOMMES

48, faubourg Saint-Denis (près la porte St-Denis).
28, faubourg Saint-Honoré (Près de la Madeleine).

COURS pour DAMES

5, rue de Berri (avenue des Champs-Elysées).
27, galerie Montmartre (Passage des Panoramas).

COURS D'ANATOMIE : M. CUYER.

Préparation au brevet supérieur de dessin de la
ville de Paris et de l'Etat et aux concours de l'Ecole
des Beaux-arts.

Aquarelle — Pastel — Nature morte, etc.

Il n'y a jamais de vacances.

*On trouve dans chaque Atelier les renseignements qui
le concernent.*

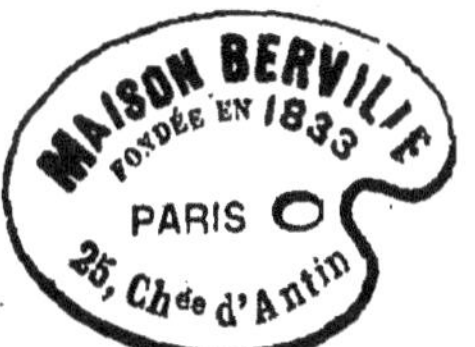

ENVOI FRANCO

DES

NOUVEAUX TARIFS

TARIF — **H** La Peinture à l'huile.
— **A** L'Aquarelle et la Gouache.
— **E** L'Enluminure et la Miniature.
— **F** L'Etude du Fusain.
— **FF** Fac-similés de fusains.
— **D** Les divers genres de dessins.
— **P** Le Pastel.
— **C** Divers Cours d'aquarelle.
— **L** Librairie d'art, Traités.
— **T** La Peinture en imitation de Tapisserie.
— **G** La Gravure à l'Eau forte.
— **PP** La Peinture sur Porcelaine.
— **O** L'Optique appliquée au dessin.
— **MC** Matériel de campagne pour les Arts.
— **M** Le Modelage.
— **V** La Peinture genre Vernis Martin.
— **TF** La Peinture sur terre fine céramique.

Compiègne. — Imprimerie HENRY LEFEBVRE.

LA VIE ARTISTIQUE

COURRIER HEBDOMADAIRE ILLUSTRÉ

Des Ateliers, des Expositions & des Théâtres

BUREAUX A PARIS
42, Rue de Chabrol, 42

Dimanche 23 Décembre 1888
2ᵉ ANNÉE — Nᵒ 42

ABONNEMENTS
Un An : DIX FRANCS

LA CRITIQUE CONTEMPORAINE
ET L'ARCHITECTURE

Conférence à l'École des Beaux-Arts.

III

Voici la fin de la Conférence de M. Roger Ballu, que l'abondance des matières nous à empêché de donner en un seul numéro :

Passons maintenant à l'architecte honoré de la confiance d'une administration publique, celle de la Ville ou de l'État. Il a eu dans sa carrière des succès sérieux et justifiés, il a fait ses preuves ; sa réputation est assise ; son autorité est telle que l'on compte avec lui. Son projet a été admis, approuvé, visé, paraphé. Il a passé de bureau en bureau, d'une division à une autre ; le voilà consacré.

Pendant que la construction s'élève, à côté de l'architecte dans l'agence, il se fait de temps en temps un bourdonnement auquel l'architecte prête l'oreille. Il le doit... c'est la commission ! Une commission des beaux-arts quelconque, qui vient surveiller, contrôler, discuter et approuver.

Oh ! les commissions, messieurs, les commissions ! Qui de nous n'en fait pas ou n'en a pas fait partie ! Tout le monde veut être membre d'une commission. Et à tout propos on en nomme, c'est l'épidémie moderne ! *Le Morbus commissionnensis*, comme diraient en latin, les savants ! J'espère qu'un de ces jours, M. Pasteur pourra en trouver le microbe, et nous préserver du fléau ! (*Hilarité générale et applaudissements.*)

L'édifice est cependant en voie d'achèvement ; il faut songer à la partie décorative, tant pour l'extérieur que pour l'intérieur... Ah ! messieurs, c'est ici, je pense que vous devez regretter la situation que s'étaient faite ces grands ancêtres, ces maîtres des siècles passés, qui imposaient leur autorité, qui avaient l'indépendance, le libre arbitre, la responsabilité souveraine, et la haute main sur l'ensemble. Que sont-ils devenus les *maîtres-ès-œuvres* du temps jadis.

Aujourd'hui, vous savez ce qui se passe.

L'architecte devrait avoir la direction dans la distribution et le choix de la décoration. Mais sous l'influence des recommandations parlementaires puissantes et des « *protections politiques* » il arrive qu'on donne à tel ou tel artiste, des travaux de sculpture et de peinture ; et cela sans consulter l'architecte, ou en le consultant seulement pour la forme. Force lui est d'accepter les noms qu'on lui impose. Puis nous retrouvons, le travail commandé, pour le surveiller, cet essaims bourdonnants de mouches du coche, qu'on appelle les commissions, qui pour la plupart sont composés non seulement d'amateurs, mais de gens qui ne peuvent même pas prendre ce titre, et qui tiennent leur présence dans la commission, d'un mandat électif, qui n'a rien à faire avec les beaux-arts ! (*Applaudissements.*)

On comprend dès lors le peu d'action qui reste à l'architecte sur l'artiste. Celui-ci lui échappe. L'architecte n'a pas la liberté de la commande, et son droit de contrôle, en somme, est restreint — « ce n'est pas de vous que je tiens le travail... je suis mon tempérament et ma manière » peut toujours répondre l'artiste. Je ne dis pas qu'il le fasse, mais il est souvent sur le point de le faire.

Alors il arrive qu'une statue destinée à une niche, en dépit des dimensions données, ne peut y entrer par suite de la retraite exagérée d'une jambe, ou d'une saillie trop grande d'un côté.

Puis, il y a les différents tempéraments de peintres avec lesquels l'architecte doit compter, qu'il doit connaître, utiliser pour tel ou tel usage dans le monument. Ici, dans un encadrement de boiserie, il ne craindra pas une peinture d'un modèle un peu énergique, un peu montée en couleur ; là, dans la pierre blanche, il lui faut des tons clairs ; pour ce plafond, il a pensé à un tel dont la manière se marierait bien avec celle de l'artiste qui doit prendre les panneaux inférieurs. En un mot, il a fait dans sa tête, comme c'est son droit, comme c'est son devoir, son projet de distribution des travaux décoratifs. Car c'est à lui, l'architecte, je le répète, à lui seul, d'assurer l'harmonie de l'ensemble, de la défendre, de veiller à ce qu'elle ne soit pas compromise ! (*Applaudissements.*)

Ce projet n'est souvent qu'un rêve, que vient dissiper, soit l'autorité administrative, soit la susceptibilité d'un artiste qui trouve l'emplacement donné, insuffisant, et indigne de son talent.

.... Que mes amis les peintres me pardonnent, mais il me semble, et il vous semblera surtout à vous, Messieurs, que les peintres ont perdu, ou du moins qu'ils n'ont plus assez cette condescendance, qu'ils doivent *au metteur en scène général* qui est l'architecte. (*Très bien.*)

Ils ont la liberté de la conception, de la composition, de l'ordonnancement, de l'exécution même, mais quant à cette dernière, ils ne peuvent exercer leur droit, qu'à la condition de ne pas altérer l'unité décorative dans laquelle ils entrent ; car, en fin de compte, le peintre ne doit pas oublier qu'il est l'hôte de l'architecte. (*Très bien. Applaudissements.*)

Et, cependant, les choses iraient plus mal encore, si, sous prétexte d'éviter le prétendu favoritisme des commandes, sous couleur de faire surgir les talents étouffés, ou d'éveiller des génies méconnus ; si pour une inutile et vaine concession, à cette formule de la démocratie dans l'art, qui n'est que la négation de l'art même, on s'avisait, on s'imaginait jamais de mettre la décoration d'un édifice au concours !... Oh ! alors, l'architecte serait bien l'homme le plus à plaindre du monde, et il me ferait songer à un chef d'orchestre à qui on enverrait des quatre coins du monde, des exécutants jouant sur des instruments absolument différents,

des airs divers, et qu'il serait chargé de conduire dans un morceau d'ensemble. (*Rires et applaudissements.*)

Bien que je parle du concours, laissez-moi citer un dernier trait d'injustice pour l'architecture. J'en demande, cette fois — pardon à mes amis les sculpteurs —. Un architecte dont l'activité ne reste pas inactive s'avise-t-il de prendre part à un concours avec un sculpteur pour l'exécution d'un monument commémoratif quelconque ? Il s'est donné beaucoup de mal, il a dépensé bien du talent. Lui et le sculpteur remportent le prix ; — le succès, n'est-ce pas, se partagera entre eux deux ! — Ah ! que non pas ! on aura une tendance à citer comme auteur du monument, le sculpteur seul ; on ne parlera que de lui, on citera son nom dans les comptes-rendus... et cependant l'architecte aura été parfois plus qu'un collaborateur, c'est de lui que dépendent les proportions du monument ou du piédestal, c'est lui qui mettra en valeur l'œuvre du statuaire !

Quoi qu'il en soit, Messieurs, et malgré les difficultés inhérentes à votre profession, quel est celui d'entre vous qui oserait dire que votre mission n'est pas belle ? Vous avez des compensations capables de vous faire oublier certains déboires. Plus que tout autre, vous avez la joie de l'œuvre terminée, élevée, constituée, et qui dure... Je ne vous ferai pas de phrases, vous connaissez trop bien cette joie pour l'avoir éprouvée. — Je n'ai pas besoin de la décrire. (*Applaudissements.*)

Mais c'est pour cela qu'il vous appartient d'initier à vos jouissances d'artistes, à vos études, à vos travaux, ceux qui vous entourent, et qui dans la vie vous coudoient. Il est certain qu'à l'heure actuelle, l'architecture est un art fermé, — et qu'il faut l'ouvrir.

Pour obtenir ce résultat, pour intéresser à l'architecture les intelligences, que convient-il de faire ? Oh ! l'entreprise sera longue, et la besogne n'est pas aisée, mais il convient de s'efforcer de modifier l'esprit public, de détruire certains préjugés, de faire prévaloir les attraits qui sont dans l'architecture.

Tout à l'heure, je disais que bien peu de personnes savaient lire un plan. Croyez-vous, Messieurs, qu'il serait long, à un point de vue pratique tout élémentaire, d'enseigner cette lecture qui demanderait à peine deux ou trois heures, dans toute la période d'instruction d'un jeune homme ? et de l'enseigner, non seulement au collège, au lycée, mais encore à l'école primaire ?

Cette connaissance sommaire ne nuirait pas à l'homme du monde, et serait fort utile à l'homme de la campagne, à l'agriculteur, au laboureur qui souvent ne sait pas s'orienter sur le plan des terres qu'il possède, qu'il veut acquérir ou qu'il a besoin de traverser. (*Très bien.*)

Entendons-nous bien : je ne demande pas pour cela qu'on enseigne obligatoirement la profession d'architecte ; votre légion est déjà, je crois, assez nombreuse et vous m'en voudriez de pousser comme cela à la concurrence ; (*Applaudissements.*)

Mais, dans la voie que j'indique, un grand pas a déjà été fait ici même, dans cette école, sous l'impulsion première et d'après les idées d'un grand artiste qui a été autrefois le directeur de l'école des Beaux-Arts, qui est un des esprits les plus élevés, un des hommes les plus remarquables, une des âmes les plus hautes et les mieux ouvertes de ce temps ; M. Eugène Guillaume] (*Applaudissements unanimes.*)

Oui il a fait mettre en pratique une grande pensée et réalisé une des réformes les plus utiles, le jour où ce qu'on appelle, l'*enseignement simultané des trois arts* a été institué à l'école des Beaux-Arts.

Par là, l'architecte pourra se rendre mieux compte des effets que peuvent lui donner la sculpture et la peinture, il connaîtra mieux leurs moyens ; et par là aussi, le sculpteur et le peintre seront mieux au courant des lois de l'architecture, ils se convaincront qu'ils doivent y subordonner leurs conceptions. Un peintre ne doit-il pas connaître la perspective ? Il faut qu'il soit capable également de distinguer un style d'un autre, soit pour se conformer à l'exigence décorative, soit pour dessiner même dans le fond d'un tableau un motif d'architecture sans commettre d'erreur d'époque.

Un sculpteur chargé de la décoration d'un fronton se servira des notions architectoniques qu'il aura reçues, pour arrêter à première vue les hauteurs de ses reliefs de manière à se conformer à l'importance des profils.

Cette idée généreuse, utile et féconde ne saurait trop être répandue et il faut en vérité être aveugle ou borné pour ne pas en apprécier l'excellence.

Oui il faut, messieurs, que l'architecte se rapproche de plus en plus de l'artiste, qu'ils mènent vie commune, que tout ce qui est art dans l'architecture soit dégagé, mis en relief, au premier plan et en lumière. Ce sera le meilleur moyen de limiter votre domaine, et d'élever la barrière par-dessus laquelle regarde, parfois avec suffisance, ce personnage impeccable, infaillible qui sait tout, qui ne se trompe jamais..... vous savez bien, qui sacrifie la beauté de la forme à la force de la résistance..... Je ne le nommerai pas, vous savez son nom ! (*Rires approbatifs et vifs applaudissements.*)

En somme une œuvre d'architecture est un être organisé, vivant dans son immobilité de pierre ; il se dégage de la contemplation des cathédrales la même émotion esthétique, une émotion aussi haute que de la vue d'un tableau de Millet ou de Delacroix, son corps c'est l'ossature qui la compose, mais son âme c'est l'impression qui s'en dégage. (*Très bien! Applaudissements.*)

Efforçons-nous donc, messieurs, autant que nous le pourrons, de consacrer ce principe de l'unité du beau, de faire que l'architecture attire davantage l'attention de l'amateur éclairé, qu'elle entre en relations suivies avec le dilettantisme intelligent et sincère. Elle a sa philosophie comme la sculpture, et la peinture, comme tous les arts elle a sa quintescence esthétique qu'il faut extraire. Croyez-vous à un point de vue supérieur que cette quintescence n'a pas été extraite à un moment donné et d'une manière féconde par Victor Hugo, par exemple, dans *Notre-Dame-de-Paris?* Mais j'ai garde d'oublier que parmi vos confrères, il en est de très distingués et d'éminents dont je pourrais citer les noms, qui déjà et plusieurs fois, par des conférences, par des livres et des brochures, se sont efforcés avec succès de vulgariser le goût et le respect de l'architecture

La société centrale qui a organisé ces conférences, qui est constituée en société, qui est prospère et qui est une force, peut beaucoup pour arriver au résultat désiré. En terminant je serais tenté de la remercier encore d'avoir organisé ces conférences, mais, voilà, j'ai peur d'avoir démontré par moi-même, que les bonnes intentions ne suffisent pas toujours... Je ne vous en remercie pas moins et sincèrement, messieurs, de votre patience et de votre affluence, mais les autres fois, aux conférences prochaines, revenez! Aujourd'hui, voyez-vous, ce n'était qu'un début; cela ne compte pas, comme on dit ; les autres jours vous entendrez, et vous en serez charmés, la parole d'hommes de valeur qui prendront cette place. Car je vous le dis en confidence ; la société a bien fait ; elle a été adroite, elle a gardé ce qu'elle avait de mieux pour plus tard ; (*Rires.*)

Elle a commencé par ce qu'elle avait de moins bon, pour vous attirer et vous faire revenir ; vous savez bien que dans tout banquet bien organisé on ne sert pas d'abord les morceaux les plus savoureux. (*Rires et applaudissements prolongés.*)

M. Paul Sédille, président :

Mesdames et Messieurs,

Vos applaudissements témoignent à M. Roger-Ballu tout l'intérêt que vous avez pris à sa conférence; je le remercie bien sincèrement au nom de la société centrale des paroles si pleines de bon sens et d'humeur avec lesquelles il vous a entretenus de notre art. Je voudrais qu'il en fut toujours ainsi, et je suis certain qu'alors le public arriverait peut-être à aimer davantage l'architecture et à moins redouter les architectes. (*Rires et applaudissements.*)

Le conférencier est félicité par un grand nombre d'assistants.

La séance est levée à trois heures et demie.

L'Académie de France à Rome

J'imagine que M. Geffroy, de l'Académie des sciences morales et politiques, a dû être fort étonné en lisant ces jours-ci, dans quelques journaux, qu'il était appelé à la direction de l'Académie de France à Rome. M. Geffroy, qui est l'historien de *Rome et les Barbares*, s'intéresse fort, assurément, aux choses d'art, mais il n'est ni peintre, ni musicien, ni sculpteur. On a confondu l'Académie de Rome avec l'Ecole française que nous entretenons dans la capitale italienne, où l'on ne s'occupe que d'archéologie et d'histoire.

M. Geffroy ne peut donc remplacer M. Hébert, qui, lui, est le conseil et l'appui de la villa Médicis. Son départ serait vivement regretté par eux, je crois. Il est avec eux dans l'intimité des réunions où, malgré de sérieuses et passionnantes études, on a parfois besoin de combattre la nostalgie de l'exil, cordial et amical. Il fait aussi bonne figure à la tête de notre Académie de Rome, dans un moment où il importe plus que jamais, pour le bon renom français, que les réceptions y soient brillantes et recherchées.

Il y aurait, un jour qu'on serait de loisir, un piquant petit travail à esquisser sur les directeurs qui ont tour à tour passé à la villa Médicis, non, au point de vue de leur mérite particulier, mais selon la façon dont ils ont compris leurs fonctions, en ce qui regarde leurs devoirs de représentants de la France. L'homme qui préside aux destinées de l'Académie est, lui ausssi, une sorte d'ambassadeur. Outre l'intelligente et libérale surveillance des travaux des prix de Rome, il a pour mission de faire estimer et respecter notre art et nos artistes, de faire priser, sur un terrain non politique, nos qualités nationales. Il est de tradition que les salons de l'Académie doivent rassembler, à Rome, l'élite de la société.

Ces traditions, ce fut surtout Horace Vernet qui les établit. Jamais l'Académie de Rome ne fut aussi aimable que de son temps, et de vieux Romains parlent encore de ses « jeudis », dont Mme Vernet et sa fille, qui devint la belle Mme Delaroche, faisaient les honneurs avec une grâce aisée. « C'est Paris à Rome », écrivait Stendhal, qui quittait volontiers son consulat de Civita-Vecchia pour venir assister à ces soirées qui n'étaient pas seulement éclatantes par la composition des hôtes de Vernet, mais qui aussi étaient gaies. On y dansait jusqu'au matin. Avec sa rondeur quasi-militaire, qui s'alliait à d'exquises manières, Vernet excellait à fondre, dans la conversation, les caractères les plus opposés. C'était, il est vrai, une époque exceptionnelle que celle qui pouvait réunir dans un salon, les uns pleins d'une vieille gloire, les autres imposant leur jeune renommée, le sculpteur Thorwaldsen, Mendelssohn, Léopold Robert, Méry, Auguste Barbier, Sigalon, H. Flandrin, Ambroise Thomas, qui venait d'arriver à Rome, Berlioz, à peine remis des émotions d'une tentative de suicide et qui terminait sa période de séjour, Brizeux se reposant de la publication de son poème de *Marie*... Et là encore on rencontrait parfois la comtesse Guiccioli, qu'avait aimée Byron.

Par contre, la période néfaste (j'entends au point de vue de l'éclat mondain de l'Académie), ce fut celle de la direction de M. Ingres. Plus de fêtes luxueuses, plus de bals, plus de concerts. Les somptueuses réceptions étaient remplacées par de petites soirées économiques, où l'on offrait chichement une tasse de thé. Amaury Duval a laissé des notes d'une amusante ironie sur ces « dimanches » bourgeois, d'un mortel ennui. Les pensionnaires s'esquivaient dès qu'ils avaient fait acte de présence et allaient prendre leur revanche, au café voisin, des mornes attitudes auxquelles ils avaient été contraints un moment. La société étrangère déserta la villa Médicis, effarée en voyant Mme Ingres assise, un tricot à la main, dans un coin. Ennemie des dépenses superflues, elle se levait parfois pour souffler une bougie ou éteindre une lampe. Un ton cérémonieux régnait, froid et guindé, là où, quelques années auparavant, de libres et vives conservations se mêlaient au hasard. On n'invitait plus de femmes, et c'en était bien fait du temps où des cohues de badauds se pressaient au bas des escaliers de l'Académie pour regarder le pimpant défilé des toilettes.

Parfois Ingres s'approchait d'un de ses hôtes qui essayait de faire bonne contenance et lui parlait, avec attendrissement, de sa femme. Il la voyait toujours jeune, toujours séduisante, et il racontait comment il s'était marié autrefois, pendant un premier séjour à Rome. Le mariage avait été convenu par les parents sans que les fiancés se connussent. Ingres avait envoyé un portrait de lui, et celle qui devait porter son nom était venue le rejoindre. La rencontre s'était faite au tombeau de Néron. Aussi les deux époux, qui s'aimaient comme au premier jour, y allaient-ils souvent en pèlerinage. Cette idylle, dont Ingres faisait le récit avec émotion, ne laissait pas d'étonner un peu quand, instinctivement, on tournait les yeux vers la maîtresse de la maison, absorbée dans le compte des points de son tricot.

Grâce au ciel, les directeurs qui se sont succédé à notre Ecole de Rome ont plus souvent imité Vernet que M. Ingres, et les salons de la villa Médicis ont conservé leur bonne réputation de large hospitalité. M. Gounod, un moment, avait souhaité ces fonctions, ayant même rédigé tout un plan de réformes. Je ne sais pour quelles raisons il vit échouer sa candidature, à laquelle bientôt il ne pensa plus. Sous son consulat, la

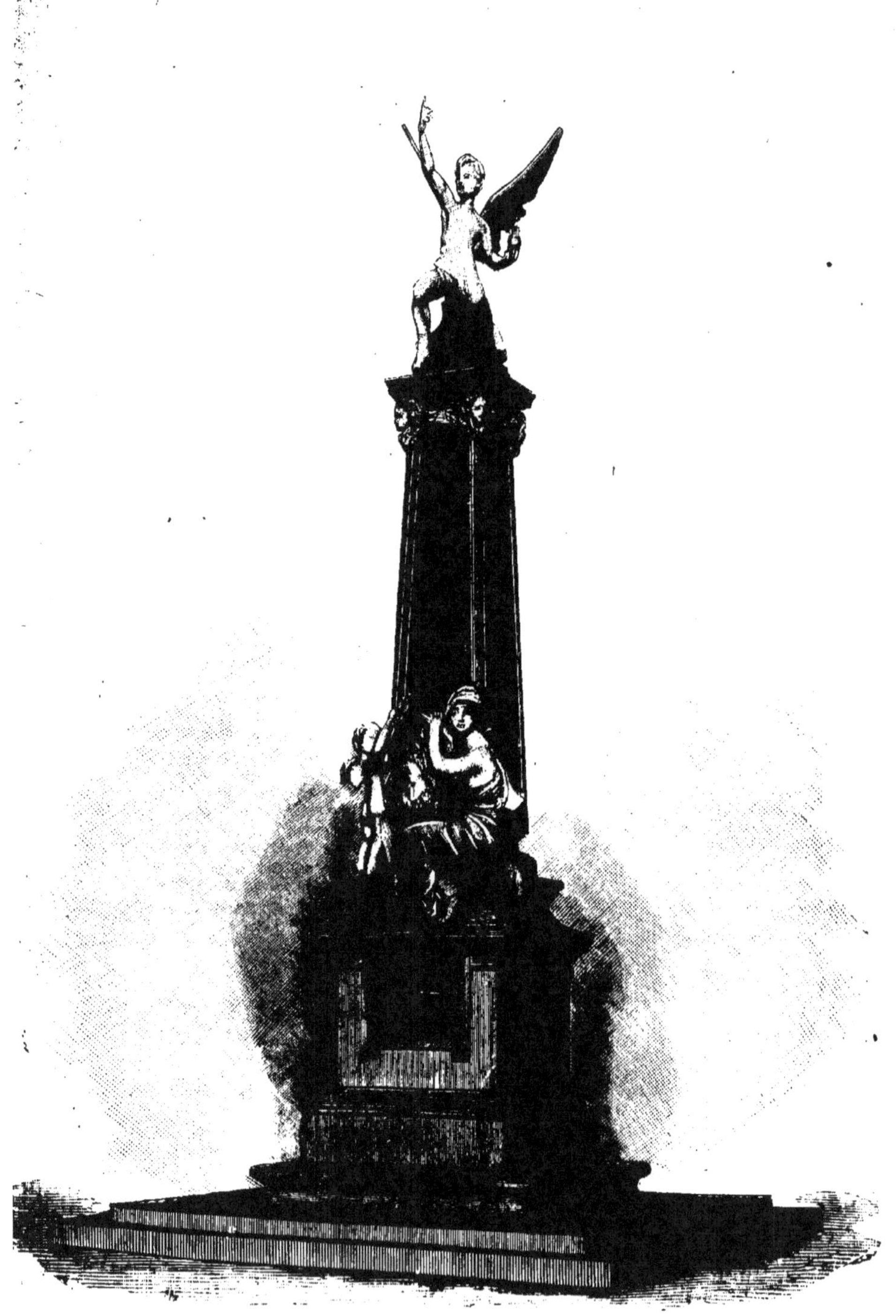

LE MONUMENT DE MADAME BOUCICAUT

Par MM. Boileau fils et Léon Perrey. — Gravure de Le Riverend.

vie, à l'Académie, eût assurément été brillante. Peut-être un séjour à Rome, dans le temps où il le désirait, lui eût-il évité un voyage... mystique en Angleterre, qui fut suivi des retentissants démêlés que l'on sait.

CONCOURS
Pour la décoration de la Salle des Mariages de la Mairie du XIVe arrondissement.

Par délibération, en date du 21 novembre 1888, le Conseil municipal de Paris a décidé qu'il y a lieu d'ouvrir un concours public entre les peintres français pour la décoration de la salle des mariages de la mairie du 14e arrondissement ;

En voici le règlement :

ARTICLE PREMIER. — Un concours est ouvert entre tous les artistes français pour la décoration de trois panneaux situés dans la salle des mariages de la mairie du 14e arrondissement, lesdits panneaux mesurant : l'un, 3 m. 15 c. de largeur sur 2 m. 70 c. de hauteur, et chacun des deux autres, 6 m. 20 c. de largeur sur 2 m. 70 c. de hauteur.

ART. 2. — La liberté la plus absolue est laissée aux artistes pour le choix et la composition des sujets et des motifs devant servir à ladite décoration.

ART. 3. — Les concurrents produiront des esquisses au 1/10e d'exécution ; chaque esquisse sera signée de son auteur.

ART. 4. — Lesdites esquisses devront être déposées contre récépissé, le 20 février 1889, de 11 heures du matin à 5 heures du soir, à l'Hôtel de Ville, salon du premier étage (entrée par la porte Sud), ou dans tel autre lieu que l'Administration fera connaître ultérieurement.

ART. 5. — Le jugement sera rendu, au plus tard, le dixième jour de l'exposition publique, qui durera quinze jours et commencera le 28 février 1889.

ART. 6. — Le jury chargé du classement des projets sera composé de la façon suivante :

Le préfet de la Seine ou son délégué, président ;

Six membres élus par le Conseil municipal ;

Deux désignées par l'Administration :

Trois élus par les concurrents ;

Et l'inspecteur en chef des Beaux-Arts et des travaux historiques, secrétaire.

ART. 7. — Les concurrents procéderont à l'élection de leurs trois jurés, le 21 février 1889, à deux heures précises, dans la salle Saint-Jean, à l'Hôtel de Ville, sous la présidence du préfet de la Seine ou de son délégué, assisté de deux membres de la 4e Commission du Conseil municipal.

L'élection se fera, au premier tour de scrutin, à la majorité absolue, et au deuxième, à la majorité relative. Le Conseil municipal désignera, immédiatement après, les six jurés à son choix.

Les concurrents ne recevront pas d'autre convocation que celle indiquée dans le programme. Ils apporteront les pièces nécessaires pour que, le jour de l'élection, le Bureau puisse constater, au besoin, leur identé et leur qualité de Français.

Tout membre du jury qui sera parent ou allié d'un candidat, à un degré quelconque, sera récusé d'office par l'Administration.

ART. 8. — Trois esquisses pourront être choisies parmi les œuvres des concurrents. Les auteurs de ces trois esquisses seront chargés de peindre chacun, grandeur d'exécution, un fragment compris dans les projets présentés par eux, ce fragment devant renfermer une des figures du sujet.

L'artiste qui, sur ce fragment, aura réuni les suffrages du jury, sera chargé de l'exécution définitive, moyennant une somme de 19.000 francs ; les deux autres, classés suivant le mérite de leurs œuvres, recevront : le premier, une prime de 1.500 francs ; le second, une prime de 1.000 francs.

Dans le cas où aucun des trois envois ne serait jugé digne d'être adopté, les trois concurrents recevraient, néanmoins, chacun une prime de 800 francs.

Il sera donné à chaque concurrent un délai de trois mois pour l'exécution de son travail ; le jugement définitif aura lieu, au plus tard, au mois de juin 1889.

ART. 9. — Si le jury use de son pouvoir de ne pas décerner le prix d'exécution, ou s'il décerne ce prix, il devra, dans l'un ou l'autre cas, motiver son jugement par un rapport écrit rendu public.

ART. 10. — Les trois esquisses primées provenant dudit concours appartiendront de droit à l'Administration.

ART. 11. — Tout artiste qui en fera la demande recevra, outre l'exemplaire du présent programme, un plan des emplacements à décorer avec leurs dimensions.

Il devra, à cet effet, s'adresser au bureau des Beaux-Arts, à l'Hôtel de Ville (escalier D, 2e étage).

ART. 12. — Les esquisses qui n'auraient pas été réservées par le jury devront être enlevées dans le délai de cinq jours après l'exposion publique, par les soins des concurrents, l'Administration ne prenant plus, passé ce délai, la responsabilité de leur conservation.

La Décoration de l'Hôtel-de-Ville

La question de la décoration de l'Hôtel-de-Ville de Paris est revenue jeudi devant le Conseil municipal.

Après quelques observations de M. Emile Richard, l'auteur du rapporteur, dont nous avons fait connaître les conclusions, une proposition de M. Levraud invitant la commission à n'attribuer à des artistes déterminés qu'une partie seulement des surfaces à décorer, et à ne proposer pour le concours qu'une partie seulement des emplacements réservés, a été repoussée par 51 voix contre 13.

Une motion de M. Longuet, qui proposait au conseil de ne se prononcer que sur les dix premiers articles spécifiés au projet de délibération, a été également repoussée par 52 voix contre 15, et les conclusions du rapport de M. E. Richard, ont été adoptées à mains levées.

Bulletin des Expositions et Concours

Bordeaux. — Exposition de la Société des Amis des Arts, du 9 mars 1889. — Dépôt chez Toussaint, rue du Dragon, du 10 au 20 janvier.

Nice. — Exposition de la Société des Beaux-Arts. Ouverture le 30 janvier. — Envois direct au secrétaire de la Société, du 1er au 10 janvier.

◆

LE MONUMENT DE MADAME BOUCICAUT

Nous reproduisons aujourd'hui le projet de monument à élever à Verjux, à la mémoire de Mme Boucicaut, la directrice du *Bon Marché*. Ce projet qui sera exposé au Salon de 1889, est l'œuvre de M. Boileau fils, sculpteur, — l'auteur du monument Gambetta aux Tuileries, — et de M. Léon Perrey, le sculpteur.

Médaillé en 1866 et 1867, M. Léon Perrey, élève de son père et de Jouffroy, s'est signalé de longue date par des groupes, des figures comme l'*Avare*, le *Joueur à la toupie*, le *Tondeur de moutons*, la *Charmeuse de pigeons*, la *Jeune fille désarmant l'amour*, la *Ramasseuse de moules*, *Jézabel*, qui ont eu un vif succès au Salon, par des morceaux de décorations sculpturales, telles que les cariatides des voussures d'une galerie du *Bon Marché*.

On jugera, par notre gravure, de l'arrangement des figures qui ornent et complètent le monument de Verjux, monument qui sera certainement l'un des grands attraits du Salon prochain.

◆

LE VOLEUR DE L'HOTEL DROUOT

L'audacieux voleur qui avait enlevé à l'Hôtel des Ventes un tableau de M. Lewis Brown, un casque Henri II en forme de salade et le paletot du commissaire-priseur, se nomme Georges Bloch : il a été retrouvé par M. Mouquin, commissaire de police du faubourg Montmartre, et cela dans les circonstances suivantes : Georges Bloch fréquentait assidûment l'Hôtel des Ventes et y commettait des vols fréquents, grâce à un procédé des plus simples : il circulait nue-tête à l'intérieur, un crayon derrière l'oreille, se donnant les allures d'un commis de l'administration. C'est ainsi qu'il avait pu s'introduire dans la salle où sont déposés les objets adjugés et s'emparer du tableau, du casque et du pardessus. Il avait immédiatement revendu 80 fr. la toile signée Lewis Brown et représentant deux cavaliers dans un paysage à un marchand de tableaux de la rue Laffitte, M. B... Celui-ci, en lisant dans les journaux la description du tableau volé, le reconnut et le porta au commissariat du faubourg Montmartre.

Georges Bloch avait eu l'audace incroyable de donner son véritable nom et son adresse, rue Saint-Lazare. M. Mouquin l'avait donc convoqué à son bureau pour avant-hier matin. Il va sans dire qu'il ne s'y était pas présenté ; mais, dans la journée, M. B... le rencontra à l'Hôtel des Ventes et lui fit observer que le tableau vendu par lui avait été volé. Georges Bloch, sans se troubler, se rendit avec le marchand de tableaux au commissariat. Il protesta de son innocence et dit tenir le tableau d'un de ses amis, publiciste, M. X..., connu par le rôle qu'il a joué, il y a quelques années, dans le procès de Mlle Colombier contre Sarah Bernhardt. M. X... fut appelé à son tour au commissariat et n'eut pas de peine à prouver qu'il n'avait eu aucun rapport avec Bloch depuis plus de deux mois. Mais le véritable voleur, pendant ce temps-là, avait quitté son domicile.

Vainement les inspecteurs de la sûreté l'avaient recherché toute la nuit dans les brasseries à femmes et autres endroits qu'il avait l'habitude de fréquenter. Enfin, hier dans l'après-midi, M. Mouquin, étant donnée l'impudence du voleur, eut l'idée d'envoyer tout simplement à l'Hôtel des Ventes : à peine entrés, les agents virent Georges Bloch s'y pavanant, en effet, revêtu même du pardessus café au lait et du foulard jaune à rayures noires dérobé au commissaire-priseur. Il a été aussitôt arrêté et envoyé au Dépôt. après interrogatoire. Il a fait des aveux complets et a indiqué où était le casque Henri II, qu'on a en effet retrouvé.

◆

CHRONIQUE JUDICIAIRE

Le tombeau de Seguin.

On n'a peut-être pas oublié que, pendant la campagne de Tunisie, M. Seguin, rédacteur du *Télégraphe*, correspondant, en Kroumirie, de ce journal, fut traîtreusement assassiné à Béjà par un parti d'Arabes. Ce pénible incident causa à cette époque une vive émotion. On fait à la victime de superbes obsèques et, sur la généreuse initiative d'un de ses confrères, M. Margat, à ce moment correspondant de la *Presse*, une souscription fut ouverte par le *Télégraphe* pour lui élever un tombeau.

Cette souscription. à laquelle prirent part, entre autres, les généraux du corps expéditionnaire, le bey de Tunis et Mustapha-Pacha, produisit un peu plus de 3.000 francs.

Les journalistes qui avaient pris l'initiative de cette souscription avaient pour ami un jeune statuaire, M. Hercule, à qui l'on parla du monument à exécuter. M. Hercule se considéra comme désigné. Malheureusement, aucun comité d'exécution ne fut constitué et personne ne prit l'initiative d'une commande formelle. Sur ces entrefaites, le *Télégraphe* tomba en liquidation, sans qu'il eût été fait emploi des 3.000 francs.

Le statuaire ne sut bientôt plus à qui s'adresser pour obtenir la réalisation des promesses premières.

En dernière analyse, après de nombreuses démarches et différentes correspondances, il prit le parti d'introduire devant le tribunal civil de la Seine, contre M. Margat, comme ayant été chargé par lui du travail, une demande en payement d'une provision de 1.000 francs.

M. Margat fut condamné par défaut.

Hier, l'affaire est revenue sur opposition de M. Margat.

Après plaidoiries de Mᵉ François Ducuing pour M. Hercule et de Mᵉ Forni pour M. Margat, le tribunal a débouté le statuaire de sa demande :

« Attendu, dit le jugement, que Seguin, journaliste, ayant été assassiné en Tunisie le 29 mai 1881, ses confrères alors présents dans le pays organisèrent une souscription pour lui élever un monument, souscription dont le produit a été versé au journal le *Télégraphe*, le 9 avril 1882, par Margat ;

« Attendu qu'Hercule prétend qu'il a été chargé par Margat, l'un desdits journalistes, d'exécuter ce monument, et qu'il réclame en conséquence de lui la somme de 1.000 francs de provision ;

« Mais, attendu qu'Hercule n'apporte aucune preuve que jamais Margat ait pris l'engagement de lui payer personnellement, soit des déboursés, soit le prix dudit monument ;

« Attendu qu'en admettant qu'Hercule ait le droit d'obtenir payement sur les fonds de la souscription, Margat n'en est plus débiteur depuis le versement par lui opéré ;

« Attendu que ce versement a été fait par Margat de bonne foi et avant toute réclamation d'Hercule... »

M. Hercule est condamné aux dépens.

Et le monument de Seguin reste toujours à l'état de projet !

ECHOS ET NOUVELLES

Un projet d'agrandissement des bâtiments de l'Exposition des Beaux-Arts de 1889 sera soumis d'ici peu à la commission des 43, sur les plans et devis de M. Formigé. Les emplacements primitifs sont devenus, en effet, insuffisants, à cause surtout des adhésions chaque jour plus nombreuses des comités étrangers.

A ce propos, nous croyons utile de rappeler aux artistes que l'Etat ne prend à sa charge l'emballage et le transfert des œuvres placées à l'étranger qu'à titre tout à fait exceptionnel

On vient de placer au musée du Luxembourg un tableau que nous avons été des premiers à remarquer et à signaler au dernier Salon : *Un port d'Angleterre*, de M. Zorn, peintre suédois.

La plupart de nos châteaux historiques tombent en ruines — faute d'argent pour les entretenir. Un des meilleurs moyens de les sauver serait d'en faire des musées. C'est à quoi a pensé M. Jullien, député de Loir-et-Cher, qui proposait d'affecter le château de Blois à un musée historique des arts décoratifs. Le ministre de l'instruction publique s'est montré favorable à ce projet.

A l'hôtel Continental, banquet traditionnel des adieux, offert par les lauréats du prix de Rome à leurs camarades de l'Ecole des Beaux-Arts. Les sections de sculpture, d'architecture, de gravure et de musique étaient seules représentées, le grand-prix de peinture n'ayant pas été décerné cette année.

On se souvient de l'exposition des 33, qui eut lieu au mois de janvier dernier, à la galerie Petit, rue de Sèze. Une réunion des membres de la société a eu lieu

dans laquelle il a été décidé que l'exposition s'ouvrirait cette année dans le même local le 28 décembre.

Plusieurs membres nouveaux ont été reçus de la Société des 33, parmi lesquels nous nommerons MM. Uhde, Harrisson, Carrière, etc.

L'Imprimeur-Gérant : Henry Lefebvre.

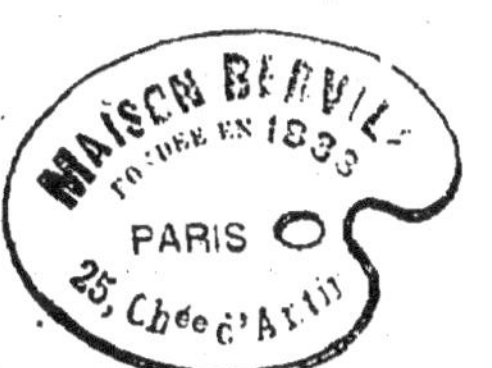

ENVOI FRANCO
DES
NOUVEAUX TARIFS

TARIF	H	La Peinture à l'huile.
—	A	L'Aquarelle et la Gouache.
—	E	L'Enluminure et la Miniature.
—	F	L'Etude du Fusain.
—	FF	Fac-similés de fusains.
—	D	Les divers genres de dessins.
—	P	Le Pastel.
—	C	Divers Cours d'aquarelle.
—	L	Librairie d'art, Traités.
—	T	La Peinture en imitation de Tapisserie.
—	G	La Gravure à l'Eau forte.
—	PP	La Peinture sur Porcelaine.
—	O	L'Optique appliquée au dessin.
—	MC	Matériel de campagne pour les Arts.
—	M	Le Modelage.
—	V	La Peinture genre Vernis Martin.
—	TF	La Peinture sur terre fine céramique.

ACADÉMIE JULIAN
ATELIERS DE PEINTURE
Sculpture et Dessin.

Distincts pour Hommes et pour Dames.
Toute la journée modèle vivant.

ATELIERS DISTINCTS
DE

MM. **BOUGUEREAU** et **T. ROBERT-FLEURY**

MM. **J. LEFEBVRE** et ....

MM. **F. FLAMENG** et **G. FERRIER**

M. **DOUCET**

Atelier de sculpture, professeur M. **CHAPU**

Ces éminents professeurs donnent régulièrement leurs conseils aux élèves.

COURS pour HOMMES

48, faubourg Saint-Denis (près la porte St-Denis).
28, faubourg Saint-Honoré (Près de la Madeleine).

COURS pour DAMES

5, rue de Berri (avenue des Champs-Elysées).
27, galerie Montmartre (Passage des Panoramas).

Cours d'Anatomie : M. CUYER.

Préparation au brevet supérieur de dessin de la ville de Paris et de l'Etat et aux concours de l'Ecole des Beaux-arts.

Aquarelle — Pastel — Nature morte, etc.

Il n'y a jamais de vacances.

On trouve dans chaque Atelier les renseignements qui le concernent.

Compiègne. — Imprimerie HENRY LEFEBVRE.

LA VIE ARTISTIQUE

COURRIER HEBDOMADAIRE ILLUSTRÉ

Des Ateliers, des Expositions & des Théâtres

BUREAUX A PARIS — 42, Rue de Chabrol, 42 — Dimanche 30 Décembre 1888 — 2e ANNÉE — N° 43 — ABONNEMENTS — Un An : DIX FRANCS

LE BUDGET DES BEAUX-ARTS

—

La discussion du budget des Beaux-Arts est venue lundi dernier devant le Sénat, qui en a adopté les divers chapîtres. Nous indiquons le montant des crédits spéciaux aux arts plastiques :

Personnel de l'Administration............	374.500
— des inspections et des services extérieurs....................	84.700
— de l'enseignement du dessin...	42.000
Frais divers des inspections et missions...	31.500
Matériel de l'Administration............	55.000
Académie de France à Rome............	152.200
Ecole des Beaux-Arts...................	358.210
Ecole des Arts Décoratifs................	106.000
Ecole de dessin pour les jeunes filles.....	40.200
Ecole spéciale d'architecture à Paris et écoles des Beaux-Arts dans les départements............................	63.000
Ecoles spéciales des Beaux-Arts et de dessin dans les départements.......	333.450
Palais du Trocadéro.....................	13.000
Travaux d'art, décorations d'édifices publics	1.000.000
Indemnités et secours....................	120.000
Manufacture de Sèvres..	624.450
— des Gobelins................	231.520
— de Beauvais................	116.350
— de Mosaïque................	25.000
Musées nationaux........	937.375
— départementaux et municipaux...	14.500
Souscriptions aux ouvrages d'art.........	80.000
Expositions de Paris et dans les départements	14.500
Monuments historiques..................	1.300.000
Expositions de 1889....................	772.700

A l'occasion des crédits afférents aux musées nationaux, M. Bardoux a présenté quelques observations que nous croyons intéressant de reproduire :

Les chiffres qui y sont inscrits sont au-dessous des besoins les plus essentiels.

Ainsi, en jetant les yeux sur le chapitre 24, je vois que pour les restaurations de tableaux, le rentoilage, les bordures, il est alloué une somme de 5.000 fr.; je vois que pour les nettoyages et restaurations de statues, déplacements, missions, frais de transport d'objets d'art il est alloué 4.640 fr.

Or, il s'agit des musées de Saint-Germain, de Versailles, du Louvre, du Luxembourg et du Trocadéro. Personne n'ignore que le musée du Louvre ne peut pas, en ce moment, faire réimprimer le catalogue, catalogue qui aurait besoin de répondre aux exigences de la critique moderne.

Il est pas moins incontestable que nous ne pouvons plus, avec le chiffre inscrit au budget pour les acquisitions d'objets d'art, faire une figure honorable dans les ventes importantes qui se produisent en Europe.

Tous ceux qui ont pu visiter les musées à l'étranger sont obligés de constater que les beaux tableaux qui ont fait l'objet d'enchères si intéressantes dans ces derniers temps n'ont pas été acquis par la France. Nous ne pouvons même pas enrichir nos galeries des grandes toiles des peintres contemporains, et si, de temps en temps, des donations d'amateurs intelligents ne venaient pas augmenter nos collections, ces lacunes ne feraient que s'accroître. Il n'est pas moins certain qu'en visitant nos palais nationaux on est également frappé de la médiocrité des crédits alloués pour les entretenir et les restaurer.

S'il ne s'agissait que de Versailles, je dirais que la somme de 420 000 fr. qui a été votée par le Parlement est plus qu'insuffisante ; ce seraient 4 millions qui seraient nécessaires.

Si je voulais même examiner le Louvre, je dirais que si l'on veut bien regarder la cour qu'on appelle la cour de François Ier, on verrait que les guichets ne sont pas entretenus ; que des colonnes sont effritées, que des cannelures ont disparu ; et, sur quelques parties du palais même où siège le Sénat, je serais en droit de présenter des observations analogues.

Que faire? Je le répète, nous ne pouvons pas demander à la Commission des finances d'augmenter les crédits du chapitre 24 et des chapitres suivants, et nous n'avons pas cette pensée. Il faut arriver à imiter ce qui se fait à l'étranger. Je crois qu'il est nécessaire de créer, avec des ressources que je vais vous indiquer, une caisse permanente des musées et palais nationaux. (Très bien ! sur plusieurs bancs.)

Nous avions espéré, messieurs, que nous pourrions créer cette caisse avec le produit de la vente des joyaux de la couronne. Il n'y faut plus songer, du moins je le crains.

Vous savez qu'il faut absolument que l'on fasse dit-on, des sacrifices pour la caisse des invalides du travail. D'autre part, on nous demande pour l'enseignement technique la moitié du prix de vente, et enfin le gouffre du budget a peut-être déjà tout absorbé. Je crains donc qu'il n'y ait qu'une illusion dans cet espoir de participer au produit de l'aliénation des diamants de la couronne pour créer une caisse des musées et palais nationaux. Il faut alors prendre son courage à deux mains, et, comme je le disais, imiter ce qui se passe dans certains pays étranhers, où l'on a créé la caisse des musées à l'aide de droits d'entrée. En Italie, le musée du Capitole, la villa Ludovisi, le palais Rospigliosi, le Forum romain certains jours, sauf fériés, ne peuvent être visités que moyennant une redevance qui varie de 50 centimes à 1 fr. En Allemagne, le musée de Dresde, une véritable merveille, ne peut également être visité que moyennant un droit d'entrée, excepté trois jours par semaine où l'entrée est gratuite. Le National Museum de Munich, le musée de Dusseldorf, ceux de Hanovre, de Weimar et de Mayence sont, deux ou trois jours par semaine, assujettis à une redevance.

En Hollande — vous avez tous voyagé, messieurs, je n'ai qu'à faire appel à vos souvenirs — l'entrée aux musées d'Utrecht, de Rotterdam, de Haarlem, de Leyde, d'Amsterdam, comporte également un faible prix d'entrée, sauf deux jours. Il en est de même, en Belgique, pour l'hôpital Saint-Jean, à Bruges, pour le musée de peinture d'Anvers, où l'entrée n'est gratuite que le dimanche. En Angleterre, les châteaux historiques, le chœur et les chapelles de l'abbaye de Westminster, le *National Gallery*, le Kensington-Museum, la Tour de Londres, ne sont également ouverts aux visiteurs que moyennant une redevance, sauf quelques jours par an, où l'entrée est gratuite. Enfin, messieurs, beaucoup d'entre vous ont visité le remarquable musée de Madrid ; là aussi il faut payer un droit d'entrée.

Partout, vous le voyez, sous une forme ou sous une autre on touche une redevance que les directeurs de ces musées emploieront.

Nous pourrons alors rentoiler et nettoyer nos beaux tableaux du Louvre ; nous pourrons nettoyer les statues des jardins de Versailles qui sont dans un état misérable et lamentable ; nous pourrons refaire des plafonds qui tombent et surtout ne pas laisser passer à l'étranger des richesses d'art qui devraient nous appartenir.

Une expérience de perception d'un droit d'entrée a a été faite au palais de Blois : elle a parfaitement réussi.

Mais ce qu'il y a de plus singulier encore dans notre pays, c'est que quelques-uns de nos musées donnent des produits et que ces produits ne profitent pas en totalité à l'art.

Ainsi, au musée du Louvre, on a établi un bureau de chalcographie qui vend des gravures.

Vous savez également qu'à notre musée du Trocadéro on vend des moulages et que, à la manufacture nationale de Sèvres, on peut commander des services de table chèrement payés.

Tous ces produits, au lieu d'être centralisés pour constituer cette caisse indispensable, si nous voulons avoir des ressources permanentes pour notre patrimoine artistique, tous ces produits, dis-je, sont dispersés dans les recettes du Trésor ; ils sont enregistrés sous le nom de produits divers et vont alimenter les nombreux chapitres du budget, parce qu'ils n'ont pas de destination spéciale.

Ces ressources ne seraient sans doute pas considérables ; mais, j'en suis sûr, elles s'accroîtraient le jour où elles aideraient à constituer la caisse nationale des musées et palais, pour faire face à des besoins qui éclatent aux yeux.

M. Larroumet, directeur des Beaux-Arts, a répondu que le gouvernement se préoccupait de la situation que M. Bardoux venait d'esquisser et qu'il présenterait en 1889, un projet de loi d'ensemble pour la restauration des statues placées dans les parcs et jardins nationaux, notamment à Versailles.

Il a ajouté :

L'honorable M. Bardoux a touché, chemin faisant, à une question assez grave. C'est celle du droit d'entrée à établir dans les musées nationaux. Permettez-moi de dire, messieurs, qu'il ne s'agit pas ici d'une mesure d'administration. C'est tout simplement un principe de notre droit public, de notre droit national à modifier.

La France n'a pas organisé ses musées, ses bibliothèques, son enseignement sur le modèle des pays étrangers. Elle a ouvert une tradition nouvelle. Les choses d'art, les choses d'esprit et d'enseignement sont chez nous un patrimoine national ; l'excès des musées, des bibliothèques, doit être ouvert à tous sans rétribution.

Pour établir un droit à l'entrée de nos musées il faudrait d'abord modifier un principe de notre droit public.

Or, j'estime, pour ma part, que tout ce qui est enseignement doit être accessible à tous. (Très bien ! très bien!) Les musées constituent un enseignement artistique permanent.

Je dirai plus. Une des choses qui, en France, frappent l'étranger d'admiration, c'est la manière dont nos musées, nos facultés, nos bibliothèques s'ouvrent devant eux. Nulle part, chez nous, on n'y exige de redevances ; tandis qu'il est impossible d'entrer dans un musée ou une faculté d'Allemagne ou d'Angleterre sans payer à la porte des droits souvent très élevés. Un étranger peut suivre pendant trois et quatre ans l'enseignement donné à la Sorbonne, au Collège de France, à l'Ecole des hautes Etudes, à l'Ecole des Chartes, sans avoir à payer de frais d'études. Il entre librement au Louvre et au Luxembourg.

Je crois donc, messieurs, que le jour où cette question serait abordée avec le sérieux qu'elle mérite, il y aurait un grand débat à engager. Les musées ne seraient pas seuls en cause ; il faudrait aussi examiner à ce point de vue tout notre système d'enseignement national par la littérature et par les beaux-arts.

Enfin, l'honorable M. Bardoux a parlé de certains services de nos musées qui seraient très productifs : la chalcographie, par exemple, les moulages, Sèvres. Je crois qu'il y a là un peu d'illusion ; jamais l'Etat n'a tiré un profit commercial de ses richesses artistiques. Veuillez remarquer que si la chalcographie peut donner ses estampes à bas prix, elle a été pendant longtemps assez onéreuse. Il y a eu là un capital accumulé, et qui commence à produire. Elle offre aujourd'hui, moyennant un prix minime, des gravures que l'industrie privée ne pourrait donner qu'à des prix très supérieurs.

Cela tient à ce que depuis deux cents ans ce fonds de chalcographie n'a cessé de s'enrichir.

Pour Sèvres, c'est le contraire. Vous savez les sommes considérables qui sont portées chaque année au budget pour cette manufacture : il n'y a pas de produits céramiques plus chers que ceux de Sèvres.

Pourquoi ? Parce qu'ils sont beaucoup mieux soignés que partout ailleurs ; mais le public en achète peu. La plupart servent à des cadeaux diplomatiques, au service des ambassades et des ministères, à la décoration des édifices publics. Il en est de même pour Beauvais et les Gobelins.

Ainsi, messieurs, je ne crois pas que nos musées ou nos manufactures artistiques puissent jamais être une source de produits pour l'Etat.

On a parlé de redevance à prélever sur les seuls étrangers. Il serait assez difficile de distinguer à la porte d'un musée, sans procéder à un interrogatoire peu pratique, qui est le Français, qui est l'étranger, et de savoir ainsi quel est celui qui doit payer.

La Société des Artistes Français

La société des Artistes français a tenu jeudi au Palais de l'Industrie, dans la salle Saint-Jean son assemblée générale annuelle, M. Bailly, président de la société, présidait cette importante réunion, assisté de plusieurs membres du comité, MM. Bonnat, Bouguereau, Guillaume, de Vuillefroy, Humbert, Hector Leroux : Daumet, trésorier ; Tony Robert-Fleury, rapporteur général.

M. Daumet, trésorier, rend compte de la situation financière. Notons ce détail : les bénéfices du Salon de 1888 ont été de 44.947 fr.

M. Tony Robert-Fleury donne lecture, au milieu de la plus vive attention, de son rapport sur les travaux du comité.

Le rapporteur, après avoir rappelé les réclamations qui se sont produites à propos de l'abandon fait par l'Etat de la direction et de l'organisation des expositions annuelles, montre que si les artistes se sont affranchis, l'Etat ne doit et ne peut avoir un art ' ·iel.

« Le rôle de l'Etat est d'en   ger les jeunes talents, de diriger et de   liter l'enseignement, de commander des travaux destinés à l'ornement de nos monuments et de nos places publiques, de prendre enfin la direction de ces grands concours où il convie toutes les nations civilisées.

« A côté du rôle de l'Etat, n'est-il pas naturel que les artistes aient la direction de ces expositions annuelles si utiles pour l'enseignement et le développement des artistes qui entrent dans la carrière ? «

Le rapport énumère les difficultés que la société a eu à traverser l'année dernière : d'une part, la demande sur l'initiative du directeur des domaines, faite par le ministre des Beaux-Arts appartenant au cabinet qui a précédé le cabinet Floquet, et relative à la gratuité complète des entrées du Salon le jeudi et le dimanche ; d'autre part, les réclamations de l'Assistance publique, en vertu d'une décision du Conseil municipal, et tendant à exiger de la société le droit des pauvres, soit 10 0/0 sur le produit des entrées du Salon.

Ces deux mesures inattendues ont causé dans le comité une émotion profonde. La demande du ministre, si elle avait été suivie d'effet, aurait fait perdre chaque année 100.000 fr. à la société, c'est-à-dire les bénéfices avec lesquels elle peut subvenir aux frais des divers services qu'elle a créés en dehors des expositions annuelles.

« Le comité se reproche presque d'avoir donné trop de publicité aux bénéfices annuels du Salon, bénéfices dus entièrement à la bonne administration et consacrés à des œuvres de charité. Le ministère tomba. Un nouveau ministère fut nommé. Le comité fit une démarche auprès du nouveau ministre des Beaux-Arts, M. Edouard Lockroy, et lui exposa sa situation, ses inquiétudes. Le ministre comprit nos raisons, nos réclamations, et promit de voir le ministre des finances, M. Peytral, de lui parler en notre faveur. Nous ne saurions trop lui être reconnaissants pour l'intérêt qu'il nous a témoigné en cette affaire. M. Peytral nous accorda une audience et il nous annonça qu'il retirait purement et simplement les dispositions prises par son prédécesseur. »

Quant au droit des pauvres, le rapport explique que cette mesure aurait fait perdre 30 ou 35,000 fr. à la société. Le comité a attaqué la décision du conseil municipal devant le conseil de préfecture, qui a rendu un arrêté aux termes duquel la société des Artistes français n'étant pas dans les conditions voulues pour payer ce droit, le conseil municipal a été débouté de ses prétentions.

La question en est là.

Parlant du prochain salon, le rapport dit qu'il aura lieu au palais de l'Industrie. L'exposition annuelle s'ouvrira comme d'habitude le 1er mai 1889, et, s'il faut que le salon ait une durée plus courte que les précédentes années, M. Alphand a pu promettre qu'il ne fermerait pas avant le 20 juin :

« Il y a des circonstances dans lesquelles il faut faire des sacrifices à la patrie, et nous avons dû nous incliner devant la nécessité de céder la place pour qu'on ait le temps de préparer les fêtes que l'on doit donner au palais de l'Industrie. »

Le règlement du Salon a subi des modifications importantes. Dans la section de peinture « une proposition tendant à modifier la constitution et le fonctionnement du jury, a été l'objet d'une longue discussion et repoussée à une assez grande majorité ».

Le rapport, sur la question des secours, constate que, depuis 1883, la Société a distribué à 231 artistes plus de 80.000 fr. La Société continuera à donner à l'Orphelinat des arts la subvention de 10,000 fr. Trois orphelins bénéficient cette année même des bienfaits de cet établissement, dont la directrice M^{mo} Marie Laurent est vivement félicitée par le rapporteur.

Au sujet des pensions de retraite, le rapport dit que, pour la première fois cette année, il a été versé dans la caisse les 500,000 fr. d'économies faite jusqu'à ce jour par la société.

« Mais la société ne voulant pas promettre plus qu'elle ne pourrait donner, il faut attendre quelque temps pour fixer la valeur des pensions de retraite et la date où elles pourront être touchées ».

Le rapport de M. Tony Robert-Fleury, interrompu par les applaudissements, se termine par des considérations très élevées sur la défense de la propriété artistique, montrant que l'agence créée dans ce but par la société a produit les meilleurs résultats, et que l'espoir des artistes de défendre d'une façon sérieuse leurs intérêts s'est enfin réalisée.

M. le président donne la parole à M. Frappa sur le projet de modification au mode de recrutement du jury, par voie de roulement.

M. Frappa dit que, s'il a pris l'initiative de ce projet de modification dans la formation du jury, c'est qu'il a été encouragé par des maîtres, comme MM. Meissonier, J.-P. Laurens, Carolus Duran, A. Morot, Detaille, Gérôme, Roll, etc. ; que, d'ailleurs, l'idée d'un roulement dans le jury n'est pas nouvelle puisque, dans le comité des 96 même, MM. de Vuillefroy et Humbert l'ont défendue, sans résultat, il est vrai.

Le projet élaboré par l'orateur ne porte aucune atteinte au suffrage universel, bien au contraire, il lui donne plus d'extension. Par exemple, on élirait 200 membres ; parmi eux on tirerait au sort 50 membres, qui feraient partie du jury la première année ; la seconde année, 50 autres noms seraient tirés au sort et ainsi de suite.

M. René de Gatines appuie le mode de roulement proposé par M. Frappa.

MM. Dieudonné, Wattelin et Lucas parlent contre.

Un grand nombre de membres demandent l'ordre du jour pur et simple qui, mis aux voix par assis et levé, est adopté à une grande majorité.

◆

LA MARQUE DE SÈVRES

Un artiste de talent. M. Alexandre Gouget, vient de mourir à Melbourne, où il avait été chargé du classement des objets d'art envoyés de France à l'exposition australienne. M. Goujet avait été longtemps attaché à la manufacture de Sèvres. C'est même à lui qu'on doit le dessin de la nouvelle marque de la fabrication de Sèvres.

Cette marque représente comme, on sait, le potier antique assis sur son tour. La marque de Sèvres a plusieurs fois été changée. Ainsi elle a consisté longtemps dans un soleil d'or, puis dans une comète. On raconte que cet astre errant fut pris comme modèle à raison de l'effroi qu'il répandit dans le public, et notamment parmi les ouvriers et artistes de la manufacture, dont deux moururent de peur. La comète annonçait alors infailliblement, paraît-il, la fin du monde. Depuis nous nous sommes aguerris. La comète, loin d'épouvanter, réjouit les populations entières. Le vigneron en chantant prépare ses barils, et salue d'un regard d'espoir l'astre chevelu qui lui promet bonne et abondante récolte. Mais cette croyance, peut-être, assurément, aussi peu fondée que l'effroi auquel elle s'est substituée, ne date que de 1811, l'année du fameux vin dit de la comète. La comète de Sèvres marque l'année 1769.

La marque de Sèvres, variable et mobile, a suivi les hommes et les événements. Les soucoupes du temps de la Révolution portaient un bonnet phrygien. Sous Louis-Philippe, les armes du roi étaient le signe distinctif de la fabrication.

De tout temps on s'est ingénié à mettre les produits de notre grande manufacture céramique à l'abri de la contrefaçon et l'on n'y est pas toujours parvenu. Le vieux Sèvres faux et même le Sèvres moderne imité se rencontrent fréquemment dans les ventes et les expositions.

La manufacture de Sèvres qui est aujourd'hui la manufacture de Saint-Cloud, car c'est dans le parc même de Saint-Cloud qu'elle a dû transférer ses ateliers, est une de nos traditionnelles institutions nationales. Elle remonte à Louis XIV et chose curieuse c'est à Saint-Cloud même que fut installée la première fabrication de porcelaine imitant la pâte de Chine et qui fut l'origine de la pâte tendre de Sèvres. A la suite de vives compétitions et de procès nombreux, — l'un de ces fabricants primitifs répondait au nom processif de Chicanneau, — l'atelier de porcelaine fut emmené à Vincennes. C'est de là que sont sorties ces fameuses pièces en pâte tendre si recherchées des amateurs, car leur fragilité en a singulièrement diminué le nombre. On remarquera cette ironie des désignations qui fait conserver le nom de vieux Sèvres à des pièces très rares, très précieuses, qui devraient s'appeler vieux Saint-Cloud ou vieux Vincennes. C'est toujours l'histoire de Colomb, à qui Améric souffle le baptême du monde nouveau qu'il découvre ; d'Argant, à qui un certain Quinquet vole la lampe qu'il a inventée et le nom même qu'elle portera. Depuis les abeilles de Virgile, cette mésaventure si vieille est toujours neuve.

On sait que la trouvaille de la fameuse pâte de Sèvres est due, comme bien d'autres découvertes plus importantes, à un hasard. La femme d'un chirurgien de Saint-Yrieix, se trouvant dépourvue de savon, prit pour se nettoyer les mains une terre blanchâtre qui se trouvait partout dans le pays. C'était le kaolin. Désormais on pouvait fabriquer de la porcelaine pâte dure pouvant résister à l'usage et rivalisant pour le décor et la richesse des tons avec la fameuse porcelaine chinoise.

La manufacture de Sèvres a subi des fortunes diverses. L'influence de l'empire lui fut fatale. C'est de cette époque que datèrent ces étranges, bizarres et ridicules compositions, vases en forme d'urne, pendules intercalées dans des mausolées, tombeaux grecs, sarcophages destinés à être des sucriers, bref tout le mauvais goût néo-romain qui sévit à ce moment aussi néfaste pour les arts que pour l'humanité.

On a pu reprocher aux artistes qui sont venus après, et qui avaient fini cependant par se débarrasser des fouilles d'Herculanum et des exhumations de Pompéi, d'avoir dénaturé la peinture sur porcelaine en cherchant à obtenir, à l'aide de la pâte, des couleurs et de la cuisson, des effets qui sont du domaine de l'aquarelle ou de l'huile appliquée sur la toile. Ces reproductions sur porcelaine de chefs-d'œuvre des maitres, de tableaux anecdotiques, de portraits fameux, sont rarement d'une belle venue et presque toujours d'un goût douteux.

Il ne faut jamais transporter les procédés d'un art distinct à un autre art. C'est le travers des musiciens qui veulent traduire des faits avec des rythmes et des sons, destinés uniquement à exprimer des sentiments ; c'est la faute des peintres qui s'efforcent, comme Chenevard, Wiertz, Cornélius, de dépasser les limites de l'art pictural en le faisant philosopher, généraliser, ratiociner et synthétiser. La jeune école poétique actuelle fait tout le contraire. Elle ne veut pas que la poésie enseigne, décrive, analyse, juge, compare et définisse, elle entend qu'elle indique seulement des sensations, retombant ainsi au niveau de la musique.

Cette étrange perversion artistique, heureusement, n'a pas persisté dans l'esprit des directeurs et des artistes de la manufacture de Sèvres. On est revenu aujourd'hui à des errements plus justes et plus pratiques à la fois. Nous ne doutons pas qu'à l'Exposition universelle la marque nouvelle de Sèvres n'obtienne auprès des amateurs un renouveau de gloire et un rajeunissement de curiosité.

En attendant, on a fort bien fait de prendre des précautions contre les contrefacteurs en exigeant que toutes les pièces fabriquées à Sèvres portassent la marque indiquée plus haut : le potier antique assis sur un tour, avec ces mots : *Manufacture nationale, Sèvres,* placés en exergue.

Cette disposition n'est pas inutile. Non-seulement, en effet, ceux qui falsifient et mettent en vente l'œuvre des faussaires, volent notre facrication nationale, mais encore très souvent, avec leurs grossières imitations, ils la déshonorent.

Expositions Lazerges et Lachenal

Pour un peintre qui revient d'un pays de soleil avec une ample moisson d'études, c'est jouer de malheur que d'ouvrir son exposition par un brouillard aussi intense, aussi pénétrant, aussi réfrigérant que celui dont Paris est enveloppé. Si hautes que soient les baies qui éclairent les salons de M. Georges Petit sur la rue Godot de Mauroy, la lumière qui tombe sur ses paysages reste terne et grise. Tout semble conjuré contre l'artiste.

Malgré notre désir d'être juste, peut-être avons-nous subi l'influence atmosphérique en examinant par ce temps gris les dix-huit tableaux et les diverses études de M. Lazerges. Quoi qu'il en soit, nous devons constater qu'ils ne nous ont pas réchauffé comme nous l'aurions désiré. Cependant il nous semble qu'aux éclatantes colorations d'un Ziem, aux pétards d'un Montenard, à la chaleur intense quoique plus discrète d'un Fromentin, au soleil d'un Guillaumet, notre enthousiasme serait éclos quand même. M. Lazerges n'a ni l'originale exagération des uns, ni la puissance des autres. Il ne paraît pas sensiblement s'élever au-dessus de ce que lui donne la réalité même, et ce que nous trouvons surtout chez lui, c'est une Algérie anecdotique, contée avec un talent consciencieux. Considérée à ce point de vue, l'exposition actuelle présente de l'intérêt. *Les femmes ramassant des herbes,* la *Rue de Blidah,* la *Caravane dans les dunes,* la *Baie d'Alger au clair de lune* et l'*Effet de soir dans les dunes* sont à signaler parmi les meilleurs épisodes reproduits par M. Lazerges.

Dans la même maison, une exposition de céramique appelle également les amateurs. M. Lachenal, dont nous avons loué l'an dernier les beaux émaux et les formes originales, nous convie à revoir un certain nombre de plats, de vases, de porte-bouquets qu'il nous a déjà montrés et à admirer quelques ouvrages nouveaux. Nous ne parlerons que de ces derniers, et surtout du service destiné à Mme Sarah Bernhardt. Toutes les pièces seront décorées d'animaux en haut relief.

Celles qui sont exécutées et le saladier dont on nous présente seulement la maquette donnent la meilleure idée du talent et du goût de M. Lachenal. Ce saladier, contre lequel se servent des faisans dorés à longue queue, promet d'être éblouissant. Les saucières formées de coqs évidés sont d'une rare élégance. En parcourant cette exposition, nous remarquons encore un admirable vase bleu décoré de pavots, un beau portrait d'enfant, un vide-poche formé d'une feuille de chou et de délicieuses grisailles. M. Lachenal prouve par ses travaux qu'il est un vésitable artiste. Cela vaut mieux que de le démontrer par une circulaire.

------◆------

EXPOSITION DE REIMS

Voici la liste des acquisitions :

ACQUIS PAR LES AMATEURS :

Alheim (d') : *Verger à Antibes; Chantier à Zara ; Place du marché à Raguse; Raguse.* — Appian : *Bords de Ruisseau.* — Binet (A) : *Convoitise.* — Berthier : *Trop de politique.* — Besnard : *Femme à l'épée; Femme romaine.* — Bouffay : *Panier de Grives.* — Brun : *Rade de Bordeaux.* — Beaumont (de) : *Près de l'Étang de Soustous.* — Biva (Henri) : *Fleurs de Printemps; Roses de Nice.* — Buffet : *Ophélie.* — Corbineau : *Un dernier point.* — Claude : *Soupière de prunes; Huîtres.* — Chaigneau : *Les moutons au repos; Le Soir.* — Chavagnat : *Roses trémières.* — Chitussi : *Vue d'Arquigny.* — Clavel : *Marine.* — Chavannaz : *Roses.* — Daux : *Étude ; Danse des Bacchantes.* — Dillon : *La répétition.* — Edouard : *Clio; Femme d'Orient.* — Feyen-Perrin : *Astarté.* — Frey : *Guignicourt; Le Soir.* — Frappa : *Madame Polichinelle.* — Gilquin : *Pêches et Prunes.* — Gérard (Gaston) : *Sous-officier de chasseurs; Le Café.* — Guillon : *Les tireuses en mer.* — Girardet (E.) : *Caravane.* — Girardet (J.) : *Un nid.* — Girard : *Le retour du troupeau; Chemin de Saint-Amand.* — Grivolas : *Pivoines.* — Huber : *Groseilles et Prunes.* — Iwill : *La Meuse à Dordrecht; Bords de la Meuse.* — Isenbart : *Ruisseau sous bois.* — Jongkind : *Marine.* — Janssens : *La Vanne.* — Karl-Robert : *Panneau décoratif.* — Leyendesker : *Bois de Cernay.* — Landelle : *Femme de Trébizonde.* — Loriac : *Dix minutes d'arrêt.* — Lancelot : *La Vierge de Foligno.* — Lesage : *La Marche.* — Laurent Der (Mme) : *Pêcheurs à Boulogne-sur-Mer.* — Mirallès : *Pêcheuses.* — Malapeau : *Vue de Honfleur.* — Michel : *Bords de la Mayenne.* — Moreau de Tours : *Jeune mère.* — Moisan : *Après la pose.* — Musin (Aug.) : *Fin d'un jour d'Automne.* — Nonclercq : *Paysanne ; Ane.* — Naigeon : *Rue de village près Bishra.* — Penne (de) : *Relai de Saint-Hubert; Au Terrier.* — Pescador : *Une ravaudeuse.* — Pétillon : *Cour de ferme.* — Petitjean : *À Rouen ; Paysage Lorrain.* — Petit : *Fleurs.* — Portielje : *Commérage.* — Poirrier : *Pour les fiançailles.* — Puisoye : *Carmen ; Guerrier (Emaux).* — Rosier. *Venise (Giudecca) : Venise ; Soleil couchant sous la lagune.* — Rivoire : *Fleurs.* — Ronner : *Nature morte.* — Saint-Marceaux (de) : *Bretonne.* — Smith-Hald : *Nuit d'été en Norwège (Musée); Le Soir.* — Simonet : *Printemps.* — Unterberger : *Pont de Londres ; Grand canal de Venise.* —

Voigt: *Moutons à l'abreuvoir.* — Weber: *Un sapeur.* — Vincendon: *Raisins ; Pavots.* — Walker (James): *Officier en reconnaissance.* — Biva (Paul): *Pivoines.* — Lemercier de Neuville (Mlle): *Nature morte.* — Larche: *Paris-Charenton ; Le vieux port de Marseille.* — Laurent-Desrousseaux: *A l'abreuvoir.* — Moynier: *La Seine à Sartrouville.* — Brielman: *Le Ruisseau à Saint-Cast.* — Dulont (Mlle): *Chrysanthèmes.* — Vayson: *Le Printemps.* — Bocquet: *La veillée du mort.* — Croegnent: *La liseuse.* — Falguière: *La Cigale.* — ('Bronze). — Roybet: *La lettre.* — Penet: *25° à l'ombre.* — Hopf: *A l'orgue.* — Wenz: *Correspondance.*

ACQUIS PAR LA SOCIÉTÉ:

Allongé: *Paysage* (fusain). — Ballin: *La Tamise.* — Binet (A): *Querelle de chats.* — Claude: *Groseilles et Prunes.* — Collinet: *Lisant le journal.* — Delsuc: *Vue de Boulleuse.* — Huber: *Pêches et Raisins.* — Hopf: *Paysan Bernois.* — Iwill: *Matinée de Septembre.* — Jamin: *Vendredi midi.* — Malapeau: *Dieppe.* — Monginot: *Boîte à surprise.* — Moormans: *Cabaret à Asnières.* — Muizon (Ch. de): *Vue de Saint-Rémy.* — Musin (Aug.): *Derniers rayons du jour.* — Roulleau: *Hébé* (bronze). — Salard: *Fleurs.* — Saurry: *Village en Sologne* — Sicard: *Visite aux Avant-postes.* — Simon: *Paysage* (Luxembourg). — Weisser: *A la fenêtre.* — Wenz: *Souvenirs* (dessin). — Lemercier de Neuville (Mlle): *Fromages.*

Total général des ventes 53.057 francs payés aux artistes.

DAUBIGNY ET SON ATELIER

Voici l'année qui finit.

C'est le moment de jeter un regard en arrière et de penser à ceux qui sont tombés.

En passant l'autre jour à Auvers, nous n'avons pu nous empêcher de songer à Daubigny et au superbe atelier qu'il s'y était fait construire.

C'est à Auvers en effet que Daubigny vécut ses dernières années, tout près de ses vieux amis Corot et Daumier, qui habitaient le village voisin, Valmondois. C'est d'Auvers qu'il a daté ses dernières toiles. Il y habitait depuis vingt ans une maison charmante dont il avait décoré toutes les pièces. Au haut du perron s'ouvrait la *loggia* des palais italiens, une *loggia* petite, étroite, mais dont chaque panneau était un chef-d'œuvre. Je vois encore sur le mur de gauche un solide paysage de Dupré, et sur le mur de droite, l'esquisse d'un Don Quichotte de Daumier, qui n'a jamais été achevé. Sur les panneaux du fond, à droite et à gauche de la porte, Corot avait peint des paysages de deux mètres de haut sur un mètre de large. Je n'avais jamais vu de tableaux de Corot aussi grands.

Mais ce fut bien autre chose quand j'entrai dans l'atelier. Il y avait là des Corot extraordinaires dont l'atelier tout entier était décoré, des toiles sur lesquelles Corot avait réalisé ce rêve de tous les peintres : mettre des figures de grandeur naturelle dans des paysages.

Pour le spectateur habitué à admirer l'œuvre de Corot dans des cadres de moyenne grandeur, ce devait être une bonne fortune sans seconde, que de surprendre l'artiste dans ces compositions vigoureuses si largement exprimées. Il y avait là trois Corot inoubliables ; Daubigny n'avait décoré que les panneaux d'encadrement de la fenêtre. L'une de ces grandes toiles montrait un site d'une perspective infinie au bord de la mer, une de ces plages fortunées sans rochers nus, sans sables arides, mais couvertes, jusqu'au bord des flots, d'une végétation puissante, comme les plages du golfe de Naples ou de la petite baie de Douarnenez en Bretagne. Au troisième plan, une villa toute blanche de lumière mettait une note vive entre l'azur calme de la mer et le parterre éblouissant des gazons semés de fleurs légères où broutaient des moutons qu'auraient signés Ch. Jacques. Deux pâtres, assis dans les herbes du premier plan, se découpaient en silhouettes chaudes sur les tonalités claires de l'ensemble.

Le second panneau représentait une vendange, et ressemblait d'assez près, comme allure, à la *Vendange* de Daubigny, qui est au Luxembourg, et que l'administration des Beaux-Arts aurait bien dû transporter au Louvre, en même temps qu'elle y transportait la *Source*, d'Ingres. Corot, qui s'était décidé déjà à remplacer les nymphes de ses premiers tableaux par des paysannes, avait peint les coteaux de vignes avec les sarments chargés de grappes mûres, les vendangeuses à fichus rouges et à tabliers bleus, les gamines en bonnets blancs et les moutards blonds, nu-tête, dans l'atmosphère chargée d'or des après-midi d'automne.

La troisième composition était absolument différente des deux premières. C'était une oseraie dont les vanniers faisaient la récolte, un paysage national, plein des tendresses grises qui sont dans la manière habituelle du maître.

Daubigny avait décoré de natures mortes la salle à manger et les chambres. Je me rappelle surtout la chambre de Mlle Daubigny, dont les panneaux étaient couverts de fleurs et de jouets d'enfants.

Qu'est devenu cet admirable musée, depuis la mort du grand paysagiste? Je ne sais ; mais ce que je sais bien, c'est que cet atelier sans pareil était devenu le salon de la famille, et que Daubigny détestait y travailler.

Daubigny était l'ennemi de l'atelier.

Le Salon de 1889

Comme nous l'avons indiqué, la Société des Artistes français a arrêté le règlement du Salon de 1889.

Nos lecteurs ne nous pardonneraient pas de reproduire ici in-extenso ce document qu'ils trouveront en tête du livret du Salon de 1888. L'un est la reproduction de l'autre, à part quelques modifications que nous signalons.

La première c'est que la durée de l'Exposition est réduite. Au lieu de se prolonger comme d'habitude au 30 juin, elle sera limitée au

5 juin, probablement en raison d'exigences que précise la lettre ministérielle suivante adressée au président de la Société des Artistes français :

Monsieur le Président,

M. le ministre du Commerce et de l'Industrie se propose de donner, l'année prochaine, une série de fêtes, bals, réceptions, etc..., à l'occasion de la célébration du Centenaire de 1889.

A cet effet, il me demande de mettre le Palais de l'Industrie à sa disposition, à partir *du 15 juin* prochain, date extrême pour la mise en train des travaux à exécuter, puisque les fêtes dont il s'agit commenceront *vraisemblablement* le 14 juillet.

Les motifs invoqués par mon collègue étant d'un intérêt national, j'ai le regret de vous faire savoir que je me trouve dans l'obligation de décider que le Palais devra être livré le 15 juin, à l'administration de l'Exposition.

J'ai tenu, Monsieur le Président, à vous avertir, dès à présent, afin que vous puissiez prendre vos arrangements en conséquence.

Je connais trop bien les sentiments de patriotisme qui animent la société des Artistes francais, pour ne pas être certain qu'elle comprendra la nécessité de cette mesure, tout exceptionnelle.

La Société n'a pas encore déterminé le jour de la fermeture du Salon ; elle se borne donc à dire que les ouvrages devront être retirés dans les dix jours qui la suivront.

Nous transcrivons maintenant les seules dispositions modifiées :

Section de Peinture, Dessins, Aquarelles, Pastels, etc.

ARTICLE PREMIER. — Les ouvrages de peinture, les dessins, aquarelles, pastels, miniatures, porcelaines, émaux, cartons de vitraux et vitraux, devront être déposés au Palais de l'Industrie, *du dimanche 10 mars au vendredi 15 mars inclusivement*, de onze heures à six heures.

ART. 3. — Le vote pour le jury de la section de peinture, dessins, etc , aura lieu au Palais des Champs-Elysées, le *lundi* 18 *mars*, de neuf heures du matin à quatre heures du soir. Le jury se compose de 40 membres. Tout artiste nommé membre du jury sera avisé de son élection et devra, par une lettre au président, faire connaître s'il accepte ou refuse les fonctions de juré.

ART. 7. — Le jury disposera de 40 médailles.

Les médailles seront de trois classes. Le jury fixera selon les besoins du Salon et après son travail préparatoire le nombre des médailles à affecter à chacune des classes.

Toutes les médailles, à l'exception de la Médaille d'honneur, seront votées par le jury devant les œuvres exposées. Le vote aura lieu séparément *pour les médailles* de chaque classe ; il sera secret, et les médailles seront décernées aux artistes qui auront obtenu le plus grand nombre de voix, pourvu toutefois que ce nombre représente la majorité absolue des jurés présents.

Les premières médailles pourront donner lieu à trois tours de scrutin. Les secondes et troisièmes ne donnent lieu qu'à un seul tour. Ses premières et secondes médailles qui ne seraient pas données, augmenteront d'autant le nombre des troisièmes médailles à décerner. Par contre, si le vote donnait un nombre de voix égal à plusieurs concurrents pour la dernière des médailles de seconde classe ou de troisième classe, des médailles seraient accordées à chacun des concurrents qui auraient obtenu le même nombre de voix pour chacune de ces dernières récompenses.

Section de sculpture, gravure en médailles et gravure sur pierres fines.

ARTICLE PREMIER. — Les ouvrages de sculpture, gra-

vures en médailles et gravure sur pierres fines, devron être déposées au Palais de l'Industrie, *du samedi 30 mars au samedi 5 avril* inclusivement ; de 10 à 5 heures. Passé ce délai, aucun ouvrage ne sera accepté. Toutefois les sculpteurs auront la faculté jusqu'au 25 avril inclusivement, de remplacer par les ouvrages exécutés dans leur matière définitive, le modèle en plâtre déposé dans les délais prescrits plus haut.

ART. 4. — Le vote pour le jury, aura lieu au Palais de l'Industrie, le *dimanche 7 avril*, de dix heures à quatre heures.

Section d'architecture.

ARTICLE PREMIER. — Les ouvrages d'architecture devront être déposées au Palais de l'Industrie *du 2 au 5 avril* inclusivement, de dix heures du matin à cinq heures du soir.

ART. 6. — Le vote pour l'élection du jury d'architecture aura lieu au Palais de l'Industrie le *lundi* 8 *avril*, de dix heures à quatre heures du soir. Le jury se composera de douze membres titulaires, plus de deux supplémentaires ; le bulletin de vote ne devra contenir que douze noms.

Section de gravure et de lithographie.

ARTICLE PREMIER. — Les ouvrages de gravure et de lithographie devront être déposés au Palais de l'Industrie *du 2 au 5 avril* inclusivement.

ART. 3. — Les ouvrages présentés devront être encadrés, à l'exclusion de toutes autres, dans des bordures dorées avec marges blanches. Ces marges ne devront pas excéder, cadre compris, 9 m. 25 sur les côtés, le tout mesuré à partir du champ extrême de la gravure. Pour les œuvres de petite dimension, c'est-à-dire au-dessous de 0 m. 25 de largeur, les marges ne devront même pas dépasser 0 m. 20 (cadre compris). L'administration du Salon est autorisée à refuser à l'enregistrement toutes les œuvres qui ne seraient pas dans les conditions ci-dessus énoncées.

ART. 4 — Le vote pour le jury de la section de gravure et de lithographie aura lieu au Palais de l'Industrie le 8 *avril*, de 1 heure à 4 heure du soir.

------◆------

LES VENTES PUBLIQUES

On a vendu jeudi en vertu d'un jugement du tribunal de première instance, en date du 20 octobre et en vertu d'une ordonnance de référé du président du tribunal civil, les tableaux saisis au Salon.

On va juger, par les prix obtenus, dans quelles conditions se sont vendus ces tableaux : nous ajoutons avec intention les mesures de ces toiles :

Lanel, *Couseuse*, mesurant 70 centimètres sur 82, 45 fr. ; *Etude bretonne*, du même artiste, tableau de même dimension, 17 fr. ; de Chambord, l'*Aurore*, 68 centimètres sur 75, 42 fr. ; Badulfe, les *Bords de l'Yères à Périgny*, 72 fr. ; Granié, *Portrait de Mme X...*, 61 centimètres sur 63, 20 fr. ; Lœvy, *Portrait*, 7 fr. ; Dubois, *Portrait du docteur*, 1 mètre 12 sur 85, 25 fr. ; Hippolyte Lazerges, les *Trois compagnons*, 1 mètre 72 sur 1 mètre 7, 470 fr. ; le *Christ*, du même, 510 fr. ; Michel de l'Hay, la *Seine à Bercy*, 2 mètres 50 sur 1 mètre 75, 73 fr. ; Bassot, les *Forgerons*, 2 mètres 90 sur 1 mètre 80, 95 fr. ; Carl Rosa, *Paysage*, 108 fr. ; Delpy, *Avant l'orage*, 1 mètre 76 sur 1 mètre 43, 170 fr.

Plusieurs de ces tableaux n'ont pas produit la moitié des frais de séquestre, et on peut penser, par les dimensions, ce que coûtaient les cadres.

ECHOS ET NOUVELLES.

M. Bouguereau, membre de l'Institut, est nommé professeur de dessin aux cours du soir de l'Ecole des Beaux-Arts, en remplacement de M. Bonnat, appelé aux fonctions de professeur chef d'atelier de peinture.

* *

M. Lucien Archambault, attaché au ministère des finances et fils de l'architecte de l'administration des Beaux-Arts, épouse une cousine de M. Charles Buloz, le directeur de la *Revue des Deux Mondes*.

* *

A l'occasion de l'exposition de Barcelone, MM. de Drauvard, peintre, Thiébaut, fondeur, ont été nommés chevaliers de la Légion d'Honneur.

* *

Nous avons dit que les amis de Feyen-Perrin se proposent d'organiser une exposition des œuvres du peintre.

Un comité vient de se former à cet effet. Il est ainsi composé :

Président, M. Jules Breton ; vice-président, le prince Stirbey ; membres, MM. Alphand, Adam, Bartholdi, Bonnet, Bracquemond, Alphonse Daudet, Dayot, Français, Henner, etc.

* *

Le sculpteur Aimé Millet travaille actuellement à une statue de Gay-Lussac, qui sera prochainement érigée à Limoges.

Le comité général chargé de veiller à l'exécution du monument, sous le patronage des grands savants de France, est présidé par M. Frémy, de l'Institut, directeur du Muséum d'histoire naturelle.

* *

Un monument à Claude Lorrain :

Un concours vient d'être ouvert pour un monument décoratif à élever, à Nancy, dans le parc de la Pépinière, à la mémoire de Claude Gelée, dit le Lorrain. Les figures seront en bronze, et le piédestal en pierre ou en marbre.

Les esquisses des concurrents devront être rendues à Paris, au palais des Champs-Elysées, avant le 20 février 1889. Elles seront exécutées au cinquième de la grandeur réelle.

Le premier prix, chargé de l'exécution, recevra une somme de 45.000 francs, et devra livrer le monument aux comités le 1er avril 1890.

Le deuxième projet classé recevra une prime de 1.500 francs ; le troisième, une prime de 1.00 francs, et les quatrième, cinquième et sixième recevront chacun une prime de dédommagement de 500 francs.

* *

Bonne nouvelle — pour ceux qu'elle intéresse :

La vente du Catalogue illustré du Salon de 1888 ayant produit un bénéfice net de 4.859 fr. 35, revenant aux artistes collaborateurs, ces messieurs n'auront qu'à se présenter à la caisse de l'agence générale, 17, faubourg Montmartre, tous les jours, de deux à quatre heures, pour y toucher leur part de bénéfice.

* *

A l'Académie Julian, 28, faubourg Saint-Honoré, MM. F. Flameng et J. Ferrier, professeurs, viennent de rendre le jugement suivant :

CONCOURS D'ACADÉMIE (femme).

Prix de 100 francs, *ex-æquo* : MM. H. L. Lévy et Duvent.

Mention : Richard Jack.

ACADÉMIE JULIAN

ATELIERS DE PEINTURE

Sculpture et Dessin.

Distincts pour Hommes et pour Dames.
Toute la journée modèle vivant.

ATELIERS DISTINCTS

DE

MM. **BOUGUEREAU** et **T. ROBERT-FLEURY**

MM. **J. LEFEBVRE** et ....

MM. **F. FLAMENG** et **G. FERRIER**

M. **DOUCET**

Atelier de sculpture, professeur M. **CHAPU**

Ces éminents professeurs donnent régulièrement leurs conseils aux élèves.

COURS pour HOMMES

48, faubourg Saint-Denis (près la porte St-Denis).
28, faubourg Saint-Honoré (Près de la Madeleine).

COURS pour DAMES

5, rue de Berri (avenue des Champs-Elysées).
27, galerie Montmartre (Passage des Panoramas).

Cours d'Anatomie : M. CUYER.

Préparation au brevet supérieur de dessin de la ville de Paris et de l'Etat et aux concours de l'Ecole des Beaux-arts.

Aquarelle — Pastel — Nature morte, etc.

Il n'y a jamais de vacances.

On trouve dans chaque Atelier les renseignements qui le concernent.

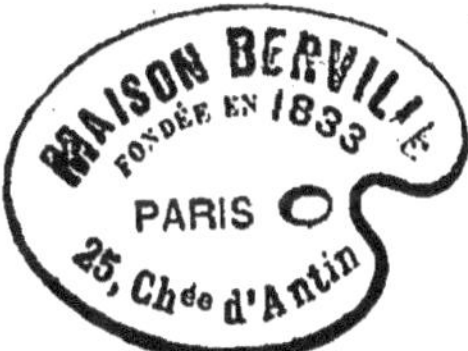

ENVOI FRANCO

DES

NOUVEAUX TARIFS

TARIF		
	H	La Peinture à l'huile.
—	**A**	L'Aquarelle et la Gouache.
—	**E**	L'Enluminure et la Miniature.
—	**F**	L'Etude du Fusain.
—	**FF**	Fac-similés de fusains.
—	**D**	Les divers genres de dessins.
—	**P**	Le Pastel.
—	**C**	Divers Cours d'aquarelle.
—	**L**	Librairie d'art, Traités.
—	**T**	La Peinture en imitation de Tapisserie.
—	**G**	La Gravure à l'Eau forte.
—	**PP**	La Peinture sur Porcelaine.
—	**O**	L'Optique appliquée au dessin.
—	**MC**	Matériel de campagne pour les Arts.
—	**M**	Le Modelage.
—	**V**	La Peinture genre Vernis Martin.
—	**TF**	La Peinture sur terre fine céramique.

L'Imprimeur-Gérant : HENRY LEFEBVRE.

TABLE GÉNÉRALE DES MATIÈRES

TEXTE

GRAVURES

Compiègne. — Imprimerie HENRY LEFEBVRE, rue Solferino, 31.